BAEDEKER

SKANDINAVIEN
NORWEGEN · SCHWEDEN · FINNLAND

www.baedeker.com

Verlag Karl Baedeker

Top-Reiseziele

Norwegen, Schweden und Finnland bieten eine Fülle von Sehenswürdigkeiten. Man könnte viele Reisen hierher unternehmen und hätte doch längst nicht alles gesehen. Hier haben wir für Sie zusammengestellt, was Sie auf keinen Fall versäumen sollten.

❺ ✱✱ Lyngenfjord
Noch immer wenig besucht: die Gegend um den Lyngenfjord.
Seite 464

❻ ✱✱ Lappland
In einer der großartigsten Landschaften Europas leben noch Rentiere, Wölfe und Bären.
Seite 258, 380, 539

❼ ✱✱ Jämtland
Wintersportler schätzen diese Gebirgslandschaft um die Städte Östersund und Åre.
Seite 588, 590

❽ ✱✱ Trondheim
Im prächtigen Nidaros-Dom werden die norwegischen Könige gekrönt.
Seite 465

❾ ✱✱ Geirangerfjord
Kein Fjord wird häufiger fotografiert, abgebildet oder besucht.
Seite 332

❿ ✱✱ Nordfjord
Hundertfach verzweigtes Labyrinth an der Westflanke Norwegens
Seite 401

⓫ ✱✱ Jostedalsbre
Der größte Gletscher des europäischen Festlands erstrahlt in unvergesslichem Blau.
Seite 364

❶ ✱✱ Nordkap
Eine sturmumtoste Klippe bildet das legendäre Ende der Welt.
Seite 404

❷ ✱✱ Alta
Rätselraten um tausende Felsritzungen aus der Stein- und Bronzezeit.
Seite 313

❸ ✱✱ Inarisee
Über 3000 Inselchen überziehen den drittgrößten See Finnlands.
Seite 262

❹ ✱✱ Lofoten
Ein außergewöhnliches Licht kennzeichnet diese Inselkette.
Seite 392

Lust auf...

... Bären und Wale aus nächster Nähe? Gemütliche Kanalfahrten in Schweden, ein Traumhotel in Norwegen? Oder einfach mal auf einem Leuchtturm wohnen? Es gibt so viel zu sehen!

ERLEBNISSE MIT TIEREN

- **Pottwal voraus** ▶
  Die norwegische Inselgruppe der Vesterålen liegt nördlich der Lofoten. Vom Fischerort Andenes starten Safaris per Boot, bei denen regelmäßig auch die bis zu 20 m langen Pottwale auf- und abtauchen.
  Seite 477
- **Die Bären sind los**
  Im finnisch-russischen Grenzgebiet stehen die Chancen gut, einen Bär zu sehen – ganz gefahrlos: Man wartet nachts in einer Beobachtungshütte, bis sich die Tiere den ausgelegten Ködern nähern. Der Traum eines jeden Fotografen.
  Seite 150

WEITE BLICKE

- **Stockholm von oben**
  Die schönste Aussicht über die schwedische Hauptstadt bietet der Turm des Stadshuset im Zentrum. Und auf das Dach des Globen trägt die Gondel des Skyview.
  Seite 613
- ◀ **Am nördlichsten Punkt**
  Sehnsuchtsziel Nordkap: Der Weg ist weit, der Rummel groß, doch der Ausblick vom rund 300 m hohen Nordkapfelsen auf das Eismeer ist einfach grandios – sollte man einmal erlebt haben.
  Seite 404

SCHIFFSTOUREN

- **Auf dem Geirangerfjord** ▶
  Den bekanntesten Fjord
  Norwegens kann man täglich auf
  einer rund eineinhalbstündigen
  Schifffahrt genießen. Aber auch
  schon die Fährfahrt zwischen
  Geiranger und Valldal bietet
  spektakuläre Ausblicke.
  Seite 332
- **Weltkulturerbe fast gratis**
  Eine der schönsten finnischen
  Schiffstouren dauert knapp 30
  Minuten und kostet fast nichts.
  Mit der Fähre geht es zum Bustarif
  vom Marktplatz in Helsinki zur
  Festungsinsel Suomenlinna – vom
  Wasser aus glitzert die Skyline der
  Hauptstadt noch mehr.
  Seite 218, 229
- **Der Götakanal**
  Die rund 400 km lange Wasserstra-
  ße stellt die Verbindung zwischen
  Nord- und Ostsee her. Je nach Lust
  und Zeit kann man hier 2-6-tägige,
  äußerst gemütliche Kanalfahrten
  unternehmen.
  Seite 508

UNGEWÖHNLICHE ÜBERNACHTUNGEN

- **Luxus am Fjord**
  Kvikne's Hotel in Balestrand
  ist ein nostalgischer Prunkbau
  von 1894. Von den Zimmern
  des weißen Holzpalastes
  schaut man direkt auf den
  norwegischen Sognefjord
  – an dem Blick konnten sich
  selbst Könige nicht satt sehen.
  Seite 443, 444
- **Hotel mit Geschichte**
  Das Seurahuone in Helsinki ist
  Finnlands bekanntestes Hotel.
  1833 von Stararchitekt Carl
  Ludwig Engel erbaut, ist es
  noch immer das beste Haus
  am Platz. Hier wurde die erste
  Oper in Finnland aufgeführt
  (1852), das erste Kabarett-
  programm gezeigt (1882)
  und der erste Film (1896).
  Seite 217
- ◄ **Wohnen im Leuchtturm**
  In einem Leuchtturm im
  äußeren Schärengarten von
  Luleå liegt das schwedische
  Rödkallen Fyrhotellrt – per-
  fekt für Abstand vom Alltag.
  Seite 553

HINTERGRUND

Zählt zu den schönsten im Land: Norwegens Tysfjord

Preiskategorien

Restaurants	Hotels
(Preis für ein Hauptgericht)	(Preis für ein DZ)

Norwegen		Norwegen	
€€€€	über 300 NOK	€€€€	über 1400 NOK
€€€	230 – 300 NOK	€€€	1000 – 1400 NOK
€€	150 – 230 NOK	€€	600 – 1000 NOK
€	bis 150 NOK	€	bis 600 NOK
Schweden		Schweden	
€€€€	über 350 SEK	€€€€	über 1500 SEK
€€€	200 – 350 SEK	€€€	1000 – 1500 SEK
€€	130 – 200 SEK	€€	500 – 1000 SEK
€	bis 130 SEK	€	bis 500 SEK
Finnland		Finnland	
€€€€	über 32 €	€€€€	über 150 €
€€€	22 – 32 €	€€€	100 – 150 €
€€	12 – 22 €	€€	50 – 100 €
€	bis 12 €	€	bis 50 €

Hinweis
Gebührenpflichtige Servicenummern
sind mit einemStern gekennzeichnet: *0800 …

REISEZIELE VON A BIS Z

PRAKTISCHE INFORMATIONEN

nachdenken · klimabewusst reisen

atmosfair ➤

HINTERGRUND

Kurz und knapp, verständlich geschrieben und schnell
nachzuschlagen: Wissenswertes über Skandinavien, über Land
und Leute, Wirtschaft und Kunst, Geschichte und Alltagsleben.

Im Licht des Nordens

Riesige Wälder, Fjorde, Seen und helle Nächte machen Skandinavien zu einem außergewöhnlichen Reiseziel. Wer unberührte Wildnis sucht, wird sie in dieser Fülle nirgendwo sonst in Europa finden. Für nette Ferienhäuser in ruhiger Umgebung sind Norwegen, Schweden und Finnland ebenso berühmt wie für die Vielfalt skandinavischer Kunst und Kultur.

Schon seit langem lockt der Norden Europas Reisende an, die das Besondere suchen: Wandern weitab der Zivilisation, Kajak- oder Hundeschlittenfahren, in Ländern unterwegs sein, wo noch Bären und Adler leben, und man Elch, Rentier und Biber beobachten kann. Andere Urlauber lockt die Aussicht auf einen erholsamen Hüttenurlaub, irgendwo an einem See oder an der sonnigen Küste. Regionen wie die Lofoten mit ihren bizarr geformten Bergen, die norwegischen Fjorde, die Schären Südschwedens und die finnische Seenplatte gehören zu den Traumzielen in Europa.

Königlich: das prachtvolle Schloss in Gripsholm

DREI REICHE LÄNDER

Schweden, Finnland und **Norwegen** sind hochtechnisierte Nationen, die zu den reichsten der Welt zählen. Öl und Zuchtlachs aus der Nordsee, Handys von Nokia und Möbel von IKEA mögen genügen, um die Innovationskraft des Nordens zu umreißen. Die **Infrastruktur** aller drei Länder ist sehr gut, Hotels und Restaurants aller Kategorien zahlreich vorhanden, das Reisen ist so sicher wie sonst kaum wo auf der Welt. Vor allem Autofahrer werden es mit der Zeit schätzen, dass auf den Straßen ein sehr geruhsamer Fahrstil vorherrscht. Umdenken muss man auch, was Tag und Nacht anbelangt. Die **skandinavische Sommernacht** ist bestenfalls eine zartblaue Dämmerung, die rasch dem Sonnenaufgang weicht. Nördlich des Polarkreises wird es im Hochsommer überhaupt nicht dunkel und man kann im Licht der Mitternachtssonne die Urlaubstage endlos ausdehnen. Viele Urlauber erleben diese konstante Lichtdusche als überaus wohltuend, andere tun sich anfangs mit dem Zubettgehn schwer. Im Winter hüllt dafür die **Polarnacht** diese Länder in lange

Dunkelheit. Die Nordspitzen von Norwegen, Schweden und Finnland werden von Lappland eingenommen. Man kann hier wochenlang unterwegs sein in einer Landschaft, die reduziert ist auf einen Dreiklang aus Himmel, Erde und Wasser. Am Nordkap hingegen, dem legendären Ende der Welt in Norwegen, ist man selten allein.

Die Zahl der Besucher ist immens, aber wer nicht gerade zur Mitternachtssonne anreist, kann sogar hier ruhige Stunden erleben. Lappland ist die **Heimat der Samen**, der einstigen Urbevölkerung Skandinaviens. Heute leben immer weniger Samen von der traditionellen Rentierzucht und wenn, dann halten sie ihre großen Herden längst mit Hilfe von Motorschlitten, Handy und GPS zusammen. Kulturell liegt der Schwerpunkt südlich des Polarkreises. Einzigartig sind die norwegischen Stabkirchen, deren Bauart tatsächlich eng verwandt ist mit der der einmaligen Wikingerschiffe. Die **Hauptstädte Stockholm, Helsinki** und **Oslo** liegen wunderschön am Meer und sind reich an international bekannten Museen, Galerien, Schlössern und architektonisch bedeutsamen Bauten. Bergen, Göteborg und Turku zählen ebenfalls zu den Höhepunkten einer Nordlandfahrt.

Die ausgelassenen Feiern zur Sommersonnenwende sind der Höhepunkt des Jahres.

KÖTTBULLAR & CO.

Zwar dürfte jeder IKEA-Kunde zumindest optisch schon einmal mit Köttbullar in Kontakt gekommen sein, dennoch zählen diese Hackfleischbällchen nicht zu den Flaggschiffen der skandinavischen Küche. Jedes Land, jede Region hat eigene Spezialitäten. Fangfrischen Fisch bekommt man fast überall serviert. Im Norden kann man außerdem Rentierschnitzel kosten, in Norwegen Spezialitäten wie Mysost und Rømmegrøt, in Schweden Surströmming und Spettkaka und in Finnland die berühmten Loimulohi – Lachsfilets, die an Holzbretter genagelt, am offenen Feuer gegart werden. Wenn irgend möglich, sollte man Platz für Mitbringsel lassen, z.B. für Rentierfelle oder Silberschmuck aus den Werkstätten der Samen, eines der berühmten finnischen Messer, schwedische Glas- und Töpferwaren, Norwegerpullover, für schmucke Designerware aus Finnland. So mancher Outdoorfan hat sich hier auch schon komplett neu eingekleidet, denn die skandinavischen Ausrüster produzieren erstklassige Ware.

Probieren und mitbringen

Fakten

Natur und Umwelt

Schmale Fjorde, endlose Wälder und tiefe Seen prägen weite Teile von Skandinavien. In den ausgedehnten Wildnisgebieten leben Elche und Rentiere, Bären und Seeadler. Gleichzeitig boomt die Wirtschaft: Norwegen ist dank Erdöl das reichste Land Europas, Finnland längst ein High-Tech-Standort, und in Schweden entwickelt sich am Öresund eine der ökonomisch stärksten Regionen im Ostseeraum.

Das Kerngebiet Skandinaviens umfasst die beiden Länder Norwegen und Schweden, ferner werden Dänemark und Finnland zu den skandinavischen Ländern gezählt. Dieses Buch informiert über **Norwegen, Schweden** und **Finnland**. Von allen drei Ländern liegen Einzelbände in der Reihe Baedeker Allianz Reiseführer vor, weiter gibt es einen Band Dänemark sowie den Städteband Kopenhagen.

DAS GESICHT SKANDINAVIENS

Norwegen und Schweden teilen sich die Skandinavische Halbinsel. Die westliche Hälfte gehört zu Norwegen, das direkten Zugang zum Atlantik hat, die östliche zu Schweden, das durch den Bottnischen Meerbusen von Finnland getrennt wird. Alle drei Länder haben **Anteil an Lappland**, wie die karge Region nördlich des Polarkreises genannt wird. In der Reihenfolge von West nach Ost – also zuerst Norwegen, dann Schweden und schließlich Finnland – werden die einzelnen Länder in diesem Reiseführer nacheinander vorgestellt.

Drei Länder

Die skandinavische Halbinsel wirkt recht einfach gegliedert: Ungefähr von Nord nach Süd zieht sich fast über ihre ganze Länge das Hochgebirge der Skanden auf rund 1700 km Länge (zum Vergleich: die Alpen sind 1000 km lang). Die höchsten Berge sind um 2500 m hoch, überwiegend sind die Skanden aber ein Mittelgebirge (1000 – 1500 m). Weite, teils vermoorte, **mit vielen kleinen Seen gesprenkelte Hochflächen**, (norweg. fjell, schwed. fjäll), charakterisieren die Skanden. In der Umgebung des norwegischen Sognefjord und in Nordschweden sind die Berggipfel vergletschert. Auf norwegischer Seite schneiden **Fjorde** tief in das Gebirge hinein. Auf der schwedischen Seite laufen die Skanden in ein wald- und flussreiches Gebiet aus. Etwa auf der Höhe von Stockholm zieht sich quer durch Schweden von Ost nach West ein Tieflandstreifen über das Gebiet des Mälarsees in die Mittelschwedische Senke. Dort breitet sich der **riesige Vänersee** aus, zehnmal größer als der Bodensee und letzte

Fjell, Fjord und See

Der Hardangerfjord gehört zu den Highlights in Norwegen.

Skandinavien

Hammerfest

Kirkenes

Tromsø

Narvik

Kiruna

Polarkreis

Rovaniemi

Luleå

Oulu

**SCHWEDEN
SVERIGE**

**FINNLAND
SUOMI**

Vaasa

Trondheim

Sundsvall

Tampere

*Åland-
Inseln*

HELSINKI

Turku

©BAEDEKER

**NORWEGEN
NORGE**

Bergen

OSLO

STOCKHOLM

Stavanger

Karlstad

Göteborg

Gotland

Öland

Malmö

Erinnerung an die Zeit, als Skandinavien noch von Meer bedeckt war. Südschweden ist hügelig und vor seinen Küsten erstrecken sich ausgedehnte Schärengärten.

Wie ein Fremdkörper hängt Schonen an der skandinavischen Halbinsel, und auch die **geologischen Verhältnisse** sind ganz anders als im übrigen Skandinavien. So entspricht der Untergrund ganz dem der dänischen Inseln, Fjorde und Schären gibt es hier nicht, vielmehr gestalten Nehrungen und Dünen die Küsten.

Sonderfall Schonen

Charakteristisch für das finnische Landeszentrum ist die Finnische Seenplatte, ein unübersichtliches Durcheinander von Seen, Seenbuchten, Inseln und Halbinseln. Im Norden begrenzt der Höhenzug **Suomenselkä** die Seenplatte, der die Wasserscheide zwischen dem Bottnischen und dem Finnischen Meerbusen bildet. Im Südosten findet diese Landschaft ein jähes Ende an dem eigenartigen, nur bis zu 233 m hohen Hügelstreifen des **Salpausselkä**. Südlich davon flacht das Land gleichmäßig, eben und – nur von wenigen kleinen Seen übersät – zum Finnischen Meerbusen hin ab. Dieses Gebiet besitzt eine unvergleichliche Harmonie aus Wasser, Wald und Himmel und ist Naturliebhabern besonders zu empfehlen.

Finnische Seenplatte

LAND AUS DEM EIS

Mehr als alle anderen Erdzeitalter formte die letzte große Eiszeit vor rund 100 000 Jahren die heutige Landschaft von Skandinavien. Ganz Nordeuropa und Norddeutschland waren mehrere Jahrzehntausende von mächtigen Eismassen bedeckt, und nur die höchsten Spitzen des skandinavischen Hochgebirges ragten als »Nunatakker« aus der Eisdecke heraus. Während aber Norddeutschland schon vor etwa 20 000 Jahren eisfrei wurde, war Skandinavien **vor rund 10 000 Jahren** noch weitgehend von Eis bedeckt. Von der alten, mittelschwedischen Meeresbedeckung sind die großen Seen zurückgeblieben; durch die reichliche Zufuhr von Flusswasser sind diese aber längst ausgesüßt.

Vermächtnis der Eiszeit

Hatten die etwa **3 km mächtigen Eismassen** durch ihr Gewicht das darunter liegende Land stark in die Tiefe gedrückt, so schwand diese Belastung mit dem Abschmelzen des Eises; das Land hob sich, und zwar am stärksten im Zentrum der ehemaligen Eisbedeckung. Damit kamen die Meeresstraßen in Mittelschweden und in Finnland vor rund 8500 Jahren wieder über den Meeresspiegel zu liegen, wurden also festes Land. Die Landhebung schreitet noch immer fort und beträgt in der Umgebung des Bottnischen Meerbusens etwa **1 m im Jahrhundert**, sodass dort manche Städte (z. B. Luleå und Oulu) ihre Hafenanlagen immer wieder verlegen mussten, um dem zurückwei-

Andauernde Landhebung

▶ Skandinavien

Norwegen (Norge)
Schweden (Sverige)
Finnland (Suomi)

©BAEDEKER

Lage:
Nordeuropa

Fläche:
Norwegen: 386 958 km²
Schweden: 449 964 km²
Finnland: 338 144 km²
(Deutschland 357 020 km²)

Einwohner:
Norwegen: **4,99 Mio.**
Schweden: **9,5 Mio.**
Finnland: **5,4 Mio.**
(Deutschland 81,9 Mio.)

59°
nördliche
Breite

SCHWEDEN

FINNLAND

NORWEGEN

Oslo　　788 km　　*Helsinki*
417 km　　396 km
Stockholm

10°
östl. Läng

Bevölkerungsdichte:
Norwegen: **13 Einw./km²**
Schweden: **21 Einw./km²**
Finnland: **16 Einw./km²**

Minderheiten: Samen (Lappen),
Kvener (Kwänen), Roma

▶ Religion

überwiegend evangelisch-
lutherisch (Norwegen **86 %**,
Schweden **75 %**, Finnland **85 %**)

▶ Flächenanteile

Wald: Norwegen **25 %**,
Schweden **53 %**,
Finnland **69 %**
Ackerfläche: Norwegen **3,5 %**,
Schweden **8 %**, Finnland **8 %**
Höchster Berg: Galdhøpiggen
2469 ü.d.M (Norwegen)
Größter See: Vänersee
5585 km² (Schweden)

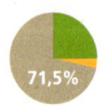

■ Wald
■ Ackerfläche
■ Rest

71,5%
Norwegen

53%
Schweden

69%
Finnland

▶ Ski nordisch

**Ewiger Medaillenspiegel
der Olympischen Winterspiele**
Platzierungen sind nach der Zahl der ge-
wonnenen Goldmedaillen sortiert, gefolgt
von den Silber- und Bronzemedaillen.

Gold　　Silber　　Bronze

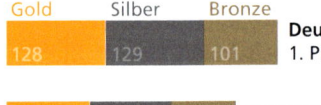

128　129　101　**Deutschlan**
1. Platz

107　106　90　**Norwegen**
3. Platz

48　33　48　**Schweden**
7. Platz

41　59　56　**Finnland**
9. Platz

► Staat

Norwegen und Schweden:
parlamentarische Monarchie
Finnland: Republik

► Wirtschaft

Bruttoinlandsprodukt (2011)
Norwegen: **352,8 Mrd. €**
Schweden: **387,5 Mrd. €**
Finnland: **189,3 Mrd. €**

Arbeitslosenquote:
Norwegen: **3,0 %**, Schweden:
7,3 %, Finnland: **7,5 %**

► Wirtschaftssparten

Dienstleistungen:
Norwegen: **66 %**, Schweden:
68 %, Finnland: **61 %**

Industrie:
Norwegen: **32 %**, Schweden:
30 %, Finnland: **35 %**

Land- und Forstwirtschaft:
Norwegen: **2 %**, Schweden:
2 %, Finnland: **4 %**

► Klimastation Stockholm

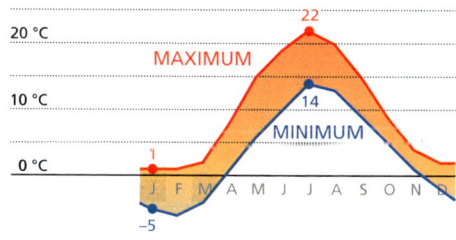

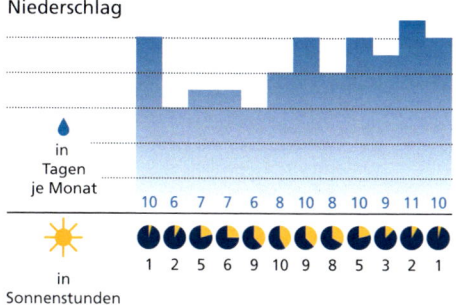

Was man im Winter beherrschen musste – Langlauf und Skispringen – wurde zum
olympischen Wettbewerb: Ski nordisch umfasst die beiden Ur-Disziplinen und eine
Kombinationswertung daraus. Biathlon gehört sportpolitisch nicht dazu.

Langlauf

Unterschieden wird
zwischen Klassischem
Stil und dem Skating.

Ski- und Stockspur

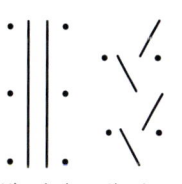

Klassisch   Skating

Skispringen

Das Springen ab einer
Hillsize von 185 m wird
Skifliegen genannt.

Ablauf Skisprung

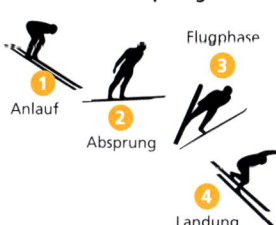

Nordische Kombination

Die Mehrkampfsportart
gilt als »Königsdisziplin«.
Der **klassische Wettbewerb**
beinhaltet ein Springen von
der **Normalschanze** und
einen **Langlauf über 15 km**.

Beim Sprung von der
Normalschanze werden
pro Meter 2 Punkte vergeben, die wiederum in
Zeit umgerechnet werden:
15 Punkte entsprechen
1 Minute.

Fjordbildung

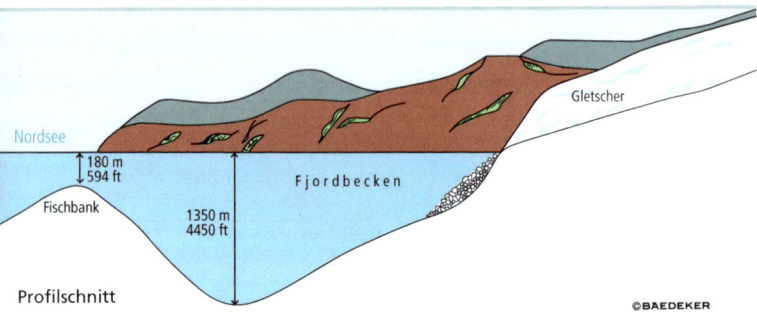

Nordsee
180 m
594 ft
Fischbank
Fjordbecken
1350 m
4450 ft
Gletscher
Profilschnitt
©BAEDEKER

chenden Meer nachzufolgen. Im 14. Jh. konnte Klaus Störtebeker mit seinem Schiff noch direkt vor den Toren Visbys vor Anker gehen. Heute erstreckt sich am ehemaligen Hafen der Stadtpark Almedalen. Und die reizvollen Schären vor Stockholms Küste werden immer zahlreicher: Hier beträgt die Hebung etwa 40 cm im Jahrhundert. Somit tauchen **immer neue Inselchen** auf.

Gletscher als Architekten

Vor allem die Gletscher gaben der Landschaft ihre heutige Form. In den Skanden haben sie, riesigen Planierraupen gleich, die Fjellplateaus überschliffen und nur die markanten »Nuatakker« genannten Bergrücken stehen lassen, die schon immer die Eismassen überragten. Die einzelnen Gletscherzungen hingegen **frästen die gewaltigen U-Täler** aus. Oft wurden die Täler von der schürfenden Arbeit des Eises übertieft oder durch den Schutt versperrt, den die Gletscher als Moränen vor sich herschoben, weshalb sich in ihnen in der Folge häufig Seen angestaut haben.

Fjorde – von breit bis kurz

Am charakteristischsten für alle ehemals eisbedeckten Küstengebiete sind die Fjorde, die man in Skandinavien in den verschiedensten Abwandlungen findet. In Nordnorwegen greifen sie trichterförmig in den Fjellrumpf ein. Breit und buchtenreich lagert sich dagegen der Trondheimfjord in ein Längstal. **Wie überflutete Alpentäler** muten die verzweigten Fjorde in der Umgebung der norwegischen Zweitausender an. Wo in Südnorwegen und im schwedischen Bohuslän die Gebirge sanfter zur Küste abfallen und die Eisbedeckung nicht mehr so mächtig war, sind die Fjorde kürzer. Nur der **Oslofjord** reicht im Bereich eines tektonischen Grabens weit in das Binnenland hinein. In Schweden und Finnland sind die Fjorde deutlich stärker mit dem Schärensaum verzahnt als in Norwegen: Ihre inneren Enden greifen nur zwischen die niedrigen Kuppen der Rundhöckerlandschaft.

Wo während der letzten Eiszeit bereits Flusstäler vorhanden waren, gruben und schliffen die Eismassen immer tiefere Furchen. Da das Eis in Küstennähe dünner war und somit weniger Druck ausübte, wurden die Fjorde an ihren Mündungen entsprechend weniger tief ausgefurcht. Die Mündungsschwellen erreichen etwa 180 m u.d.M., während im Inneren der Fjorde Tiefen bis zu 1350 m u.d.M. gemessen wurden, denn hier hobelten die Gletscher quasi auf der Stelle. So hat der **norwegische Sognefjord** mit 1245 m eine weitaus größere Tiefe als die Nordsee, die maximal rund 700 m tief ist.

Tiefer als die Nordsee

Als sich das Eis dann zurückzog, füllten sich die riesigen Fjordbecken mit Meerwasser. Dessen Salzgehalt und dem **wärmenden Einfluss des Golfstroms** ist es zuzuschreiben, dass die Fjorde – mit Ausnahme ihrer innersten Verzweigungen – heutzutage das ganze Jahr über eisfrei bleiben. Fjorde werden in Norwegen auch für die Anzucht von Lachsen in Gehegen genutzt, die sog. Aquakultur.

Immer eisfrei

KLIMA

Wer hat sich vor einer Skandinavienreise nicht schon einmal Gedanken über das vermeintlich schlechte Wetter gemacht? Tatsächlich ist es häufig unfreundlich. Doch je nach Jahreszeit und Region gibt es große Unterschiede. Dafür sind drei Faktoren verantwortlich: die enorme Nord-Süderstreckung der Skandinavischen Halbinsel, die Lage der Skanden quer zu den vorherrschenden Westwinden und der wärmende Golfstrom, der die Westküste bis in den hohen Norden auch in strengsten Wintern eisfrei hält. Keine Region der Welt in vergleichbarer Breitenlage hat **so mildes Klima wie Skandinavien,** kaum eine Küste ist so stürmisch wie die norwegische. Während das Klima am Atlantik maritim gemäßigt ist, dominieren im Schatten der Skanden kontinentale Einflüsse mit großen jahreszeitlichen Temperaturgegensätzen und deutlich geringeren Niederschlägen. Wintermild sind das südliche Schweden und Südfinnland, die den atlantischen Winden weitgehend ungeschützt ausgesetzt sind.

Eine Region der Extreme

Im Herbst und Winter fallen die meisten Niederschläge. Sehr regenreich ist mit durchschnittlich 1000 – 1400 Liter/Jahr die Atlantikküste. Besonders unerfreulich ist dies für Besucher der alten Hansestadt Bergen, wo es oft wie aus Kübeln gießt. Auf 2250 Liter im Jahr an 202 Tagen bringt es die Stadt, die deshalb nicht zu Unrecht den Beinamen »europäische Hauptstadt des Regens« trägt. Jenseits des Gebirgshauptkammes, der als Wetterscheide wirkt, nehmen die Niederschläge rasch ab. Groß sind die Unterschiede auch zwischen dem nordschwedischen Sarek-Massiv (bis 2000 l/Jahr) und dem angrenzenden Nordnorrland (300 – 400 l/Jahr). Südfinnland, Mittel- und Süd-

Wo es viel regnet

Skandinavien Sieben regionaltypische Klimastationen

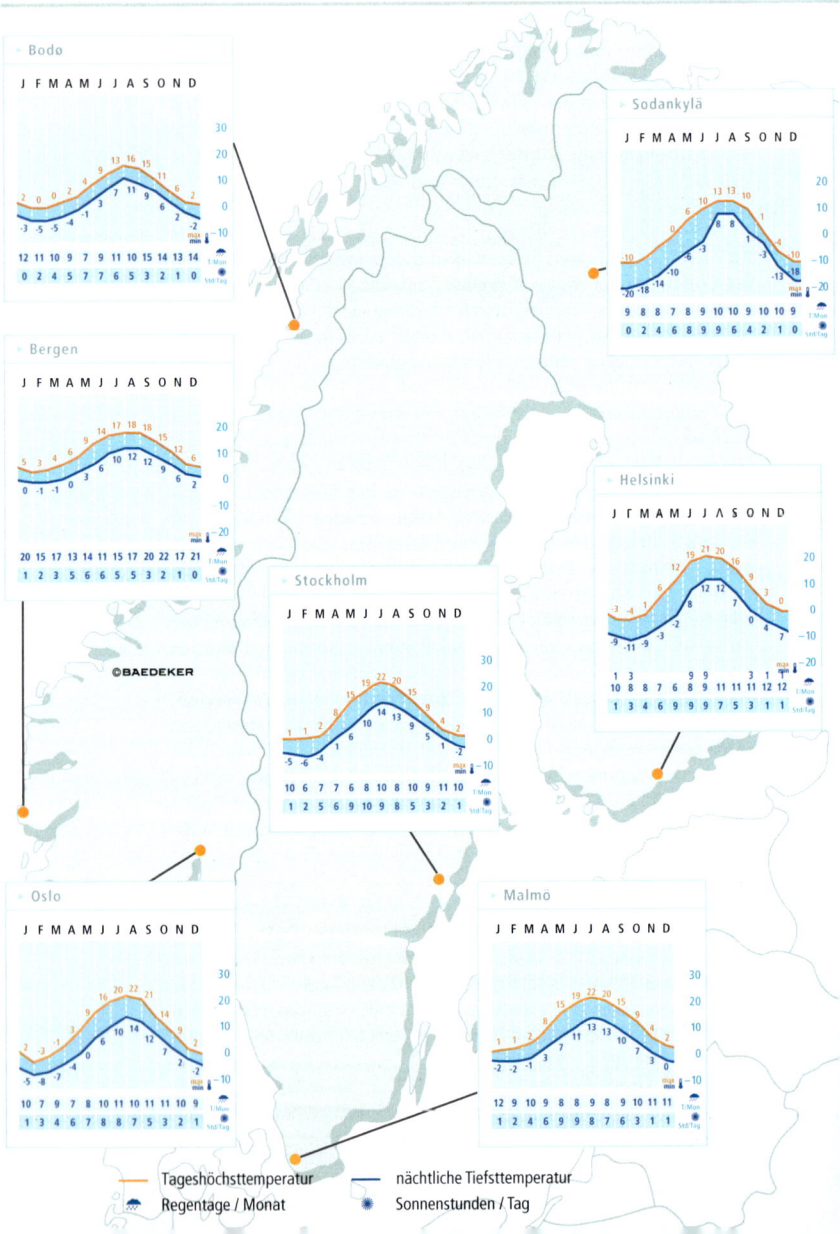

Tageshöchsttemperatur — nächtliche Tiefsttemperatur
Regentage / Monat — Sonnenstunden / Tag

schweden erhalten mit 500 – 750 l/Jahr zwar wesentlich mehr Niederschläge, sind aber trockener als viele Teile Deutschlands.

Das Frühjahr beginnt in Skandinavien spät. Polare Winde lassen das
Thermometer bis in den Mai hinein nur langsam steigen. Und selbst
im Hochsommer wird es oft nicht wärmer als 20 °C. Macht sich über
Skandinavien jedoch ein stabiles Hochdruckgebiet breit, kann das
Thermometer **sogar in Lappland auf über 30 °C** klettern. Während
im Süden angenehme Temperaturen von Juni bis September gemessen werden, verkürzt sich diese Zeit am Polarkreis und in höheren
Lagen auf Juli bis Mitte August, im nördlichen Lappland auf die vier
Juliwochen. Auch im Herbst noch recht mild sind Südschweden und
die Atlantikküste zwischen Stavanger und dem Sognefjord, wo dank
des Golfstromes die **Innenfjorde mit ihren reichen Obstplantagen**
und Gemüsegärten ein geradezu mediterranes Flair verbreiten.

Temperaturen im Sommer ...

Der Winter mit Schnee zieht in den Hochlagen schon Ende September ein, in Lappland im Oktober. Von November bis Ende April
herrscht hier Dauerfrost zwischen -5 °C und -15 °C. In den östlichen
Gebirgstälern von Norwegen kann das Quecksilber im kältesten Mo-
nat Februar auf unter -40 °C, in Lappland bis -50 °C sinken. **Kältepol
ist die norwegische Provinz Finnmark** (absolutes Minimum bei
Kautokeino: -55 °C am 6. Feb. 1998). In Südskandinavien und am
Atlantik überwiegt nasskalte Witterung mit längeren Frostperioden.
Auf den Hochflächen der norwegischen Fjells machen **große
Schneemengen** mit meterhohen Verwehungen die Straßen und
Eisenbahnlinien gelegentlich unpassierbar. In Lappland erreicht die
Schneedecke gewöhnlich über einen halben Meter. An der Atlantik-
küste, in Süd- und Mittelschweden und sogar im südlichen Finnland
gibt sich der Winter, nicht zuletzt durch die Klimaerwärmung, zu-
nehmend zahmer. Typisch ist der Wechsel von Frost- und Tauwetter,
wobei eine vorhandene Schneedecke immer wieder abtaut.

... und im Winter

Über das Jahr gesehen sind viele Orte Skandinaviens sonniger als die
meisten Regionen Deutschlands. Am freundlichsten ist Skandinavien im **Mai und Juni**, besonders entlang der schwedischen Ostseeküste. Deutlich benachteiligt ist das Fjordland. So werden in der
westnorwegischen Stadt Bergen durch den Luv/Lee-Effekt der Jotun-
heimer Bergriesen 40 % weniger Jahres-Sonnenstunden beobachtet
als im südlichen Kristiansand (1168 zu 1850 Std./Jahr). Entsprechend
liegen alle sonnigen Regionen Skandinaviens östlich der norwegischen Gebirgsscheide. Es sind dies: die **»Norwegische Riviera«** von
Kristiansand bis Oslo, alle östlichen Täler Norwegens, insbesondere
das Gudbrandsdal und das obere Ottatal, Südschweden von der
Grenze zu Norwegen bis Stockholm und Öland, die Küsten rund um
den Bottnischen Meerbusen und das südwestliche Finnland.

Hier scheint die Sonne

Aurora Borealis

Eine Aurora borealis bzw. ein Polarlicht in den Farbabstufungen Weiß, Gelb, Grün ist am Polarkreis keine Seltenheit. Solche leuchtenden Gemälde am Himmel treten immer dann auf, wenn erhöhte Sonnenaktivität zu verzeichnen ist – so zuletzt im Frühjahr 2012.

▶ **Wo entstehen Polarlichter?**
Polarlichter treten zeitgleich an den magnetischen Polen der Erde auf. Bei wolkenlosem Himmel sind auf Island die Bedingungen besonders in den Monaten September, Oktober und März ideal für eine Polarlichtbeobachtung.

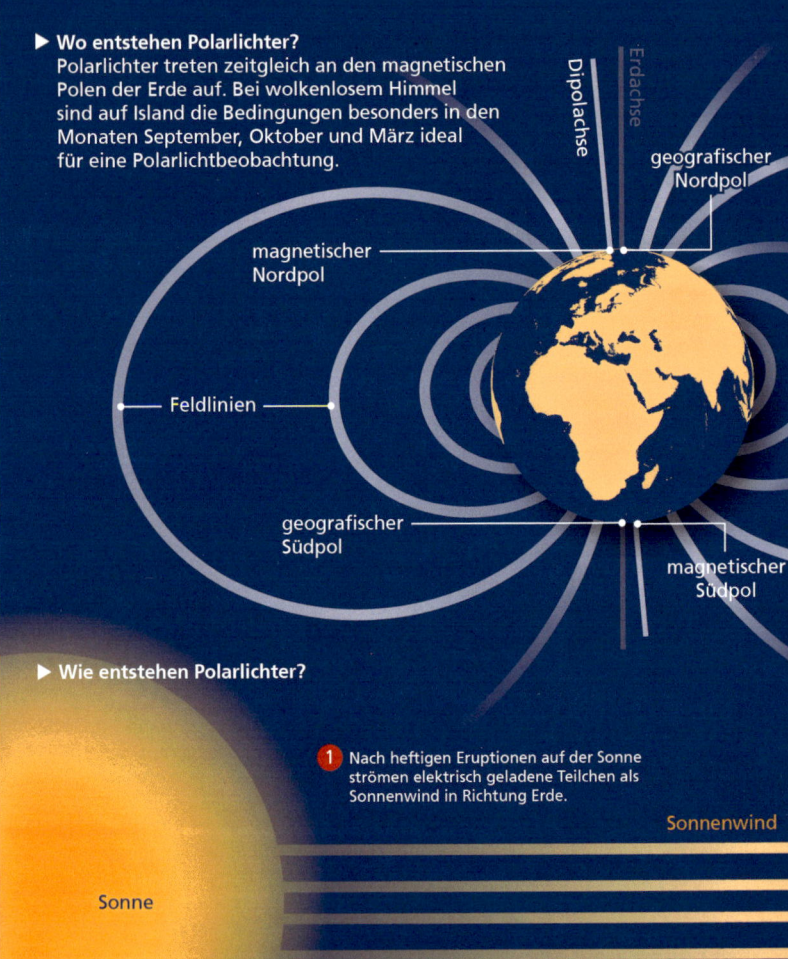

Dipolachse

Erdachse

geografischer Nordpol

magnetischer Nordpol

Feldlinien

geografischer Südpol

magnetischer Südpol

▶ **Wie entstehen Polarlichter?**

1 Nach heftigen Eruptionen auf der Sonne strömen elektrisch geladene Teilchen als Sonnenwind in Richtung Erde.

Sonnenwind

Sonne

Polarlicht (Film)

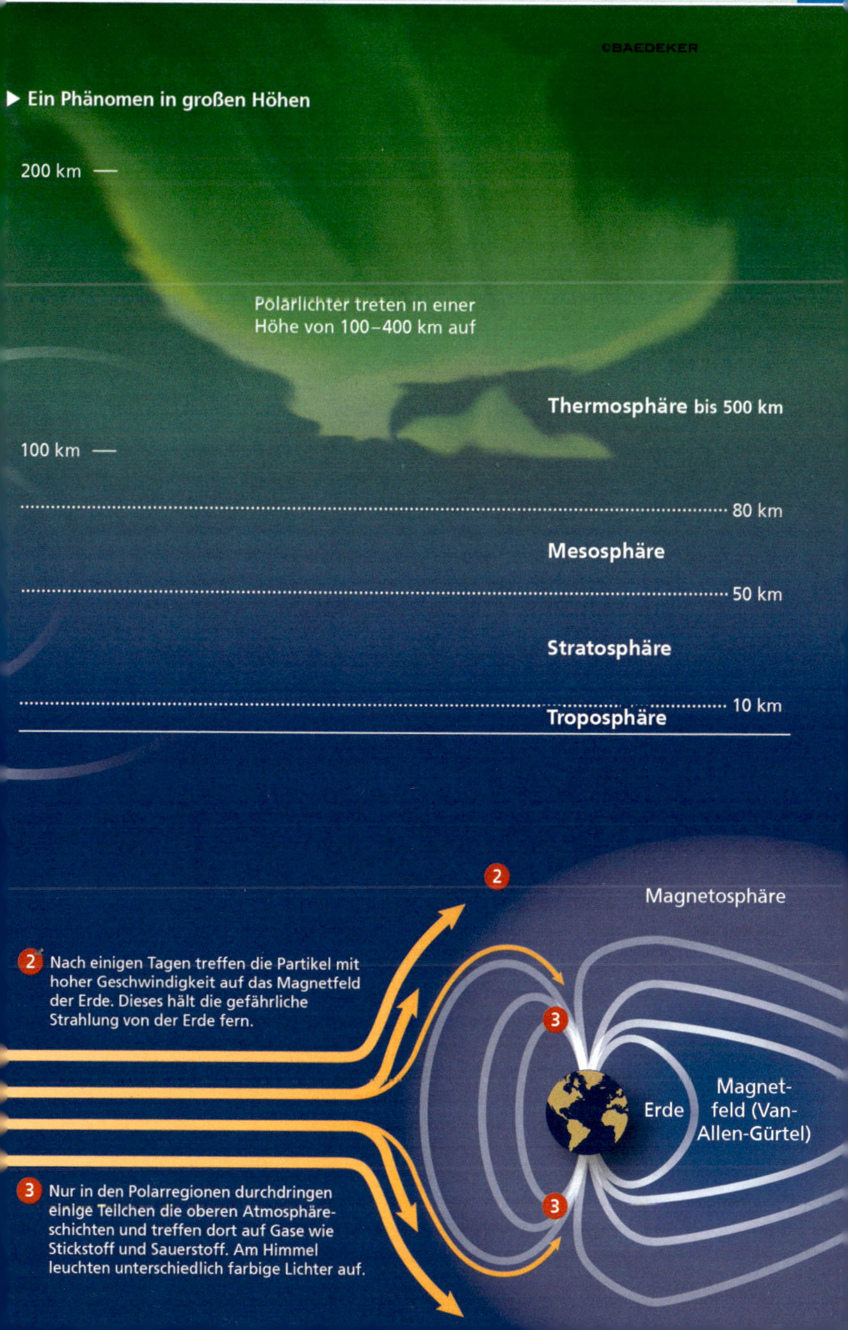

©BAEDEKER

▶ Ein Phänomen in großen Höhen

200 km —

Polarlichter treten in einer
Höhe von 100–400 km auf

Thermosphäre bis 500 km

100 km —

·· 80 km

Mesosphäre

·· 50 km

Stratosphäre

·· 10 km

Troposphäre

2

Magnetosphäre

2 Nach einigen Tagen treffen die Partikel mit
hoher Geschwindigkeit auf das Magnetfeld
der Erde. Dieses hält die gefährliche
Strahlung von der Erde fern.

3

Erde

Magnet-
feld (Van-
Allen-Gürtel)

3 Nur in den Polarregionen durchdringen
einige Teilchen die oberen Atmosphäre-
schichten und treffen dort auf Gase wie
Stickstoff und Sauerstoff. Am Himmel
leuchten unterschiedlich farbige Lichter auf.

3

Reisezeit Der Sommer (Juni bis August) ist durch die angenehmen Temperaturen und die langen Tage die **eindeutig beste Reisezeit**. Für die Sonne gilt: Je früher im Sommerhalbjahr, desto länger die Sonnenscheindauer; für die Temperaturen: je weiter östlich man sich in Skandinavien aufhält, desto angenehmer sind sie. Reisen nach Mittel- und Südskandinavien unternimmt man am besten zwischen Mitte Juni und Mitte August, Touren nach Lappland im Juli. Kernzeit für das Nordkap mit dem durchschnittlich besten Wetter (weniger Nebel und Wolken) sind die beiden Wochen um die Sonnenwende am 21. Juni. Die größten Chancen auf klares Wetter in den Fjorden bestehen im Mai und Juni. Daher sollte man bei Schiffsreisen, z. B. mit den Hurtigruten, **unbedingt die Frühjahrsabfahrten buchen**. Für einen Skiurlaub in Südnorwegen ist der Spätwinter ideal. Der Vorteil: längeres Tageslicht und Schneesicherheit.

Pflanzen und Tiere

Die größte Hirschart der Welt, lichte Birkenwälder und zarte Orchideen: Im dünn besiedelten Skandinavien lässt sich Natur noch unverfälscht und in großer Vielfalt erleben.

FLORA

Grenzen der Vegetation Die Vegetationsgrenzen ziehen sich trotz der Klimaunterschiede zwischen der Atlantikküste und dem Binnenland quer durch Skandinavien, denn die Vegetationszeit, die durch bestimmte Frühjahrs- und Herbsttemperaturen abgegrenzt wird, ist weniger vom west-östlichen Gegensatz betroffen, als vielmehr **nach Norden hin** abgestuft. Zumal sich auch die für das Pflanzenwachstum so wichtigen Lichtverhältnisse ändern, je weiter man nach Norden kommt. Daneben ist in den Gebirgen, wie überall auf der Erde, eine deutliche Höhengliederung der Vegetation zu beobachten.

Großer Waldreichtum Skandinavien ist ein Dorado für Freunde der Wälder: In Finnland sind rund 70 % des Landes mit Wald bedeckt, in Schweden über 50 % und Norwegen ist zu rund 25 % bewaldet. Die **Buche** kommt noch in Schonen, Halland und Blekinge vor, fehlt aber bereits in Småland. In Norwegen wächst sie bis zur Breite von Bergen. **Eichen** sind – als ein Rest der alten Kulturlandschaft –noch bis zur Breite von Trondheim in Norwegen und Gävle in Schweden vorhanden, ferner im südwestlichen Küstengebiet von Finnland und auf den Ålandinseln. Der größte Teil Schwedens, vor allem Norrland, gehört zur nörd-

lichen Nadelwaldzone, außerdem
zählen Innernorwegen und Finnland zu ihr. Als vorherrschenden
Waldbaum sieht man die **Nordische Fichte**, Picea excelsa, aber
auch **Kiefern** kommen vor. Die
Fichtenwälder in Nordskandinavien wirken sehr licht. In Nordschweden bilden die weitläufigen
Kiefern- und Birkenwälder auf
Sandböden den Übergang zur
nordschwedischen Tundrazone.
Typisch für Skandinavien und
einmalig auf der Erde ist die **Bir-
kenzone**, die sich in einem Streifen von 200 m relativer Höhe
noch über der Nadelwaldzone
ausbreitet. Die Gebirgstäler sind
grün von Birkenwald und Wei-
dengestrüpp, hier und dort sogar
undurchdringlich. Die Baum-

Nordische Spezialität: die Moltebeere

grenze des Birkenwalds liegt bei 500 – 800 m. Als Bodenwuchs sind
für die nordischen Wälder Beerensträucher und in trockeneren Lagen die Rentierflechte bezeichnend. Ferner werden die großen Wald-
gebiete Skandinaviens nicht nur von zahlreichen Seen, sondern ebenso von Mooren unterbrochen.

Ausgesprochene Almenmatten sind nur in den südlichen Teilen
Norwegens anzutreffen, während weiter nördlich Fjellheiden mit
Zwergsträuchern und Krautvegetation bis zur Schneegrenze empor-
reichen. Die Vegetation der Gebirgsheiden ist an kalkhaltigen Süd-
hängen besonders vielfältig; sie reicht von **Orchideen** bis zu trocke-
nem Gestrüpp mit Wacholder, Weide und Heidekraut. In
Skandinavien wachsen viele Beerensorten, darunter Blaubeere, Prei-
selbeere und die **begehrte Moltebeere** (wer einen Standort kennt,
verrät ihn meist nicht), außerdem zahlreiche Pilzarten.

Fjellheiden
mit Beeren

FAUNA

Weil Skandinavien nicht so dicht besiedelt ist und weniger in die Natur eingegriffen wurde, ist die **Vielfalt der Tierarten hier größer** als
in Mitteleuropa. Vielfach kommen noch Tiere vor, die bei uns ausgestorben oder verdrängt worden sind. In Skandinavien unterscheidet
sich die Tierwelt im Norden und Süden stark. Die Wälder der südlichen Landesteile gehören zur gemäßigten mitteleuropäischen Zone

Rehe
im Süden ...

Die schüchternen Riesen

Von Südostasien über Westsibirien bis Alaska und Kanada kommen Elche vor, doch nirgendwo leben mehr als in Skandinavien. Für viele hat der Riesenhirsch fast Kultstatus, das zeigt schon die Anzahl der geklauten Elch-Verkehrsschilder. Allerdings erspäht ihn kaum einer leibhaftig, wandert der scheue Einzelgänger doch meist sehr heimlich durch die weiten, nordischen Wälder.

Seit im Oktober 1997 ein Fahrzeug der Mercedes-A-Klasse in Stockholm umkippte, weiß jedes Kind, was ein **Elchtest** ist. Für die Testfahrer heißt es, mit hohem Tempo schnell die Spur zu wechseln, ohne dabei zu bremsen – ein Ausweichmanöver, das z. B. auf Skandinaviens Straßen nötig werden könnte, wenn ein Elch am Wegesrand auftaucht. Zwar sind viele Strecken durch Wildzäune geschützt, aber an ihrem Ende, also dort, wo meist auch die Elchschilder warnend stehen, sowie in der Dämmerung treten die Tiere dafür gehäuft auf die Straße heraus. Dort halten sie sich gerne auf, weil hier in der Regel weniger Insekten umherschwirren. Fast jeder zweite tödliche **Autounfall** in Schweden beruht auf der Begegnung mit einem Elch.

800 kg Lebendgewicht

Ein weiterer Grund dafür ist, dass die **größte Hirschart der Welt** immerhin bis zu 800 kg auf die Waage bringt. Elchbullen erreichen eine Schulterhöhe bis 2,3 m, der Körper ist mehr als 3 m lang. Charakteristisch ist das mächtige, schaufelförmige Geweih der Männchen. Aber nur den nordschwedischen Elchen wachsen fast ausnahmslos zwei **Schaufeln** auf dem Kopf, rund die Hälfte der südschwedischen Elche trägt ein Stangen-Geweih, ähnlich wie der Hirsch es tut. Eine Waffe ist der pompöse Kopfschmuck allerdings nicht. Wenn ein Elch sich gegen Wolf, Bär oder andere Angreifer (in Nordamerika etwa auch Pumas) verteidigen will, verteilt er lieber gefährliche Fußtritte und Schläge mit den Vorderläufen. Das Geweih dient allein dazu, dem **Imponiergehabe** während der Brunftzeit den nötigen Nachdruck zu verleihen. Kaum ist die herbstliche Brunft vorbei, werfen die Bullen den schweren Kopfschmuck ab und ziehen barhäuptig durch die Wälder, bis im Frühjahr nach und nach neue Schaufeln wachsen.

Elche sind überaus scheu und durchstreifen meist, abgesehen von Mutter und Kalb, als Einzel-

Elche halten sich gerne am und im Wasser auf.

gänger die weiten Wälder und Sumpfgebiete. Ihre Fähigkeit, sich »unsichtbar« zu machen, ist bei skandinavischen Jägern legendär. Am liebsten fressen diese Wiederkäuer **Zweige**, knien auf dem Boden, um Gräser zu zupfen und junge Bäumchen anzuknabbern, sorgen dabei für so manchen Forstschaden und setzen mitunter den Feldern der Bauern zu.

Besonders **gerne äsen sie im Wasser,** denn dort entkommen sie den lästigen Bremsen und Mücken. Hier weiden sie Schlingpflanzen und Seerosen ab und können bis zu einer Minute lang untertauchen. Sie **schwimmen gut** und außerordentlich schnell. Auch sonst sollte man die Elche nicht unterschätzen, bloß weil sie so plump und ungeschlacht wirken. Denn sie schaffen es mühelos, über 2 m

hohe Zäune zu springen. Zwar bleibt der Elch am liebsten, wo er ist. Doch wenn es an Futter mangelt, wandert er mitunter mehrere hundert Kilometer, um neue Weidegründe zu finden. Die nahrungsarme Winterzeit überstehen die Tiere dank ihrer Fettreserven unbeschadet.

Das große Halali

Derzeit leben rund 800 000 Elche in Skandinavien, die Hälfte davon in Schweden, je 200 000 in Norwegen und Finnland. Jährlich im Herbst wird zum großen Halali auf den König der nordischen Wälder geblasen. Anschließend hat man gute Chancen, **Elchsteak oder auch Elchgulasch** auf der Speisekarte vieler Restaurants zu finden – eine Delikatesse, die Fleischliebhaber besonders schätzen.

und werden im Wesentlichen von denselben Arten bevölkert wie sie in den Wäldern Deutschland anzutreffen sind oder zumindest früher waren (Reh, Hirsch, Fuchs, Hase, Dachs u. a.).

... Rentiere im Norden
Die nördlichen Gebiete Skandinaviens, insbesondere Lappland, gehören zum **arktisch-alpinen Bereich**. Ihre Fauna ist von Natur aus ärmer als die anderer Regionen und durch eine hervorragende Anpassung an härteste Lebensbedingungen gekennzeichnet. Am verbreitetsten ist das Rentier, das die endlosen, kargen Tundren in riesigen Herden beweidet und als Lieferant von Milch, Fleisch und Fellen für die einheimische Bevölkerung größte Bedeutung hat. Für diese Regionen typisch sind ferner Schneehuhn, Schneehase, **Vielfraß und Polarfuchs** sowie der Lemming, eine Wühlmausart von hamsterähnlichem Aussehen. Dass sich diese Tiere kollektiv in den Tod stürzen, ist übrigens ein Mythos. Durch gezielten Schutz hat sich der Bestand der **Elche** stark vergrößert (▶Baedeker Wissen S. 28). Die größte Hirschart der Erde, von der einzelne wildlebende Exemplare seit einiger Zeit auch in Deutschland gesichtet werden, lebt hauptsächlich in den Waldgebieten Südschwedens.

Tiere der Küste und des Meeres
Die stark zerklüfteten Felswände der norwegischen Küste bieten zahllosen Meeresvögeln, vorwiegend Alken und Lummen, aber auch in Mitteleuropa selten gewordenen oder gar ausgestorbenen Vogelarten noch immer geschützte Brutplätze, so etwa dem Seeadler und dem Steinadler. In den Küstengewässern Norwegens sind Robben und verschiedene Walarten (darunter **Orcas und Pottwale**) beheimatet. Lachs, Forelle, Karpfen, Hecht und Saibling besiedeln viele nordeuropäischen Flüsse und Seen.

Bevölkerung · Politik · Wirtschaft

Die beiden skandinavischen Königreiche und die Finnische Republik beurteilen Themen wie Atomkraft und die EU unterschiedlich – haben aber ähnlich hohe Ausbildungsstandards.

BEVÖLKERUNG

Dünn besiedelt
Skandinavien ist der Fläche nach wesentlich größer als Deutschland, hat aber **weniger Einwohner als Nordrhein-Westfalen und Niedersachsen** zusammen. Sieht man von den großen Metropolen ab,

Samische Rentierzucht: Ein Tier wird zur Markierung gebracht.

sind alle Städte verhältnismäßig jung. Der größte Teil der Bevölkerung lebt in den südlichen Landesteilen. Das ist ursprünglich einerseits klimatisch bedingt, vor allem aber macht die lange, winterliche Dunkelheit **den Norden als Wohnort unattraktiv**. Nördlich des Polarkreises geht die Sonne an vielen Tagen überhaupt nicht auf, in Kiruna (Schweden) bleibt es an 45, in Hammerfest (Norwegen) gar an 72 Tagen komplett dunkel! Erst im Sommerhalbjahr sind dann die Verhältnisse umgekehrt und die Sonne scheint auch nachts (▶ Baedeker Wissen S. 24).

Wichtigste Minderheit Skandinaviens sind die Samen, die als **Urbevölkerung Lapplands** gelten (▶Baedeker Wissen S. 546). Ethnologen nehmen an, dass die Samen sich aus einem finno-ugrischen Stamm entwickelt haben, der schon vor den Finnen nach Finnland eingewandert war und später nach Norden ins heutige Lappland abgedrängt wurde.

Samische Minderheit

Norwegen besitzt zwei offizielle Landessprachen: Bokmål ist eine Tochtersprache des Dänischen und wird von über 85 % der Norweger gesprochen; Nynorsk hingegen wurde aus verschiedenen norwegischen Dialekten konstruiert. Beide Sprachen zählen wie auch das **Schwedische** zu den indogermanischen Sprachen. Das **Finnische** hingegen gehört zur kleinen Gruppe der finno-ugrischen Sprachen,

Sprachen

die nur von 23 Mio. Menschen gesprochen werden. Auch das sehr ähnliche Estnisch und das weitläufig verwandte Ungarisch zählen hierzu. Finnisch und **Samisch**, das drei Hauptdialekte hat, weisen eine deutliche Verwandtschaft auf.

Gut ausgebildet

Norwegen, Schweden und Finnland besitzen einige Gemeinsamkeiten: Bezeichnend für Skandinavien ist die hervorragende Schulausbildung, was sich nicht zuletzt in den Ergebnissen der PISA-Studie niedergeschlagen hat. Das Bruttosozialprodukt ist ausgesprochen hoch, die drei Staaten zählen zu den **reichsten Ländern der Welt**. Die lutherische Kirche ist Staatskirche, doch mit recht bescheidenem Einfluss. Dem jeweiligen Staat hingegen wird von der Mehrheit der Bevölkerung auffallend großes Vertrauen entgegengebracht. Viel Geld müssen die drei Länder in die Infrastruktur investieren, denn die Distanzen sind gewaltig; in Norwegen stellen die Fjorde die Verkehrsplaner vor zusätzliche Herausforderungen.

POLITIK

Norwegen

Die beiden Länder Schweden und Norwegen sind noch heute Königreiche. In Norwegen herrscht seit 1981 Harald V., doch ist die Macht des Königs zugunsten des alle vier Jahre vom Volk gewählten Parlaments stark limitiert und beschränkt sich auf **reine Repräsentation**. Seit 2005 ist Jens Stoltenberg Ministerpräsident. Er steht an der Spitze einer Mitte-Links-Koalition, bestehend aus seiner eigenen Arbeiterpartei, der Sozialistischen Linkspartei und dem Zentrum. Die größte Oppositionspartei ist mit fast 23 Prozent der Stimmen die rechts-populistische Fortschrittspartei, die mit europakritischen und ausländerfeindlichen Parolen in den Wahlkampf zieht. Ins Gerede gekommen war sie, weil der Terrorist Anders Breivik, der im Sommer 2011 bei zwei Anschlägen 77 Menschen tötete, jahrelang Funktionär dieser Partei war.

Schweden

Schwedens Monarch Carl. XVI. Gustaf, der seit 1973 regiert, hat ebenfalls nur repräsentative Funktion; die gesetzgebende Gewalt übt der Reichstag aus, der auf vier Jahre gewählt wird. Regierungsoberhaupt ist seit 2006 Ministerpräsident Fredrik Reinfeldt. Er führt eine Allianz der Mitte-Rechts-Parteien an. Außer seiner eigenen Moderata samlingspartiet (Moderate Sammlungspartei), gehören die Centerpartiet (Zentrumspartei), die Kristdemokraterna (Christdemokraten) und die Folkepartiet (liberale Volkspartei) der Regierung an. Die Sozialdemokraten, die seit dem Zweiten Weltkrieg fast durchgehend die Regierung gestellt hatten, sind seitdem in der Opposition. Im Gegensatz zu Norwegen und Finnland finden in Schweden **rechtspopulistische Parteien relativ wenige Anhänger** – die Sverigedemokraterna (Schwedendemokraten) haben bei den letzten Wahlen gerade mal 5,7 % der Stimmen gewonnen.

In Finnland ist der **Präsident das Staatsoberhaupt.** Früher war er **Finnland** auch derjenige, der die großen Entscheidungen traf. Durch die Verfassungsreform von 1999 wurden seine Befugnisse deutlich eingeschränkt, wobei ihm auch jetzt noch wichtige Aufgaben verbleiben.
Er hat weit größere Rechte, als sein deutscher »Kollege«. In Zusammenarbeit mit der Regierung leitet er die Außenpolitik, er hat den Oberbefehl über die Streitkräfte und kann hohe Staatsbeamte und Richter ernennen. Der Präsident wird in direkter Wahl für eine Amtszeit von sechs Jahren gewählt. Seit 2012 bekleidet Sauli Niinistö dieses Amt. Er ist Mitglied der konservativen Nationalen Sammlungspartei. Damit gehört er derselben Partei an wie Ministerpräsident Jyrki Katainen, der einer Koalition aus Nationaler Sammlungspartei, den Sozialdemokraten, dem Linksbündnis, den Grünen, der Schwedischen Volkspartei und den Christdemokraten vorsteht. Blockübergreifende Koalitionen sind in Finnland völlig normal. Ohnehin ist die finnische Politik konsensorientiert. Die Opposition stimmt auch bei wichtigen Entscheidungen nicht aus Prinzip gegen Vorschläge der Regierung. **Zusammenarbeit über die Parteigrenzen hinweg** ist die Regel. Zu den Großen der finnischen Parteienlandschaft gehört seit den Wahlen 2011 auch die rechtspopulistische, ausländerfeindliche und EU-kritische Partei der »Wahren Finnen«. Sie konnte damals ihren Stimmenanteil mehr als vervierfachen und wurde mit 19 Prozent die drittstärkste politische Kraft im Land.

> **? BAEDEKER WISSEN** *Wussten Sie, ...*
>
> ... dass Finnland 1906 als erstes Land in Europa das **Frauenwahlrecht** einführte?
> ... dass Schweden bereits seit 1974 **Elternzeit und Elterngeld** ermöglicht? Heute entscheiden sich dafür rund 42 % der jungen Väter – die höchste Quote in einem EU-Staat.

Seit 1995 sind Schweden und Finnland Mitglieder der Europäischen **EU und Euro** Union (EU). Schon vor dem Beitritt zur EU haben finnische und schwedische Firmen immer weniger im eigenen Land, dafür mehr im EU-Raum investiert. Der **norwegische EU-Beitritt scheiterte** jedoch an der erneuten Ablehnung der Norweger (Referendum von 1994). Damit ist Norwegen von der Entwicklung in den zur EU gehörenden Nachbarländern abgekoppelt. Da die Erdölförderung jedoch weiterhin steigt, wird die norwegische Wirtschaft auf lange Sicht blühen. Norwegen ist seit 1994 Mitglied des Europäischen Wirtschaftsraums (EWR) und damit gezwungen, alle Entscheidungen der EU zu übernehmen, ohne darauf Einfluss ausüben zu können. Den Euro hat Schweden allerdings auch nicht eingeführt, **allein in Finnland** ist der Euro seit 2002 die gültige Landeswährung.

Öl und Gas aus dem Meer

Glückliches Norwegen! Vor seiner Küste liegen riesige unterseeische Öl- und Gasfelder, aber fast 95 % seines Strombedarfs gewinnt das Land aus Wasserkraft. Also wird das Öl verkauft: Norwegen ist die Nr. 14 unter den Erdöl produzierenden Staaten und die Nr. 7 bei Erdgas.

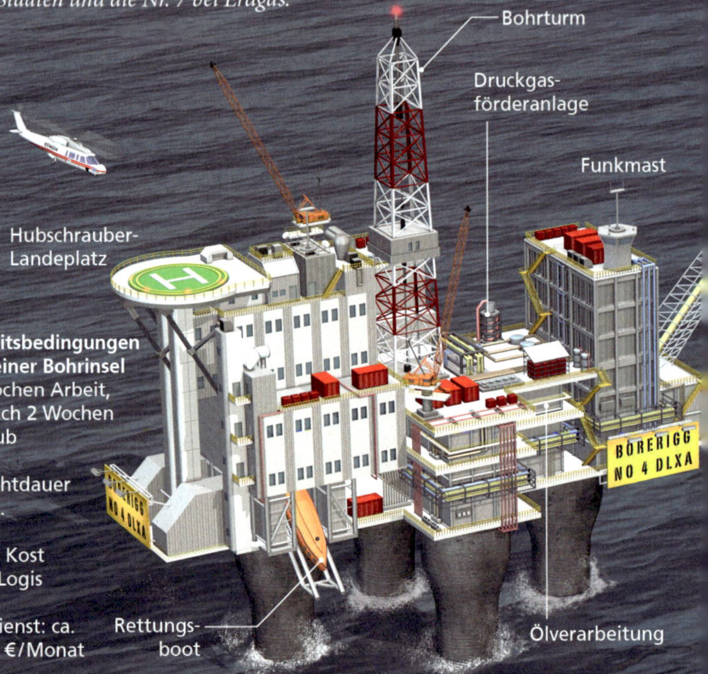

Bohrturm

Druckgas-förderanlage

Funkmast

Hubschrauber-Landeplatz

▶ **Arbeitsbedingungen auf einer Bohrinsel**
2 Wochen Arbeit, danach 2 Wochen Urlaub

Schichtdauer 12 St.

Freie Kost und Logis

Verdienst: ca. 6000 €/Monat

BÖRERIGG NO 4 DLXA

Rettungs-boot

Ölverarbeitung

▶ **Plattformtypen für unterschiedliche Bohrtiefen**

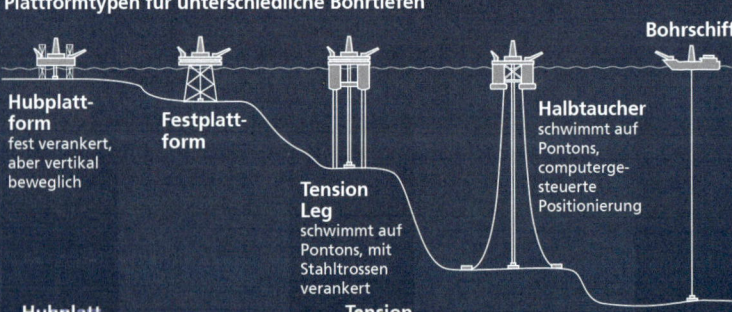

Bohrschiff

Hubplatt-form
fest verankert, aber vertikal beweglich

Festplatt-form

Halbtaucher
schwimmt auf Pontons, computer-gesteuerte Positionierung

Tension Leg
schwimmt auf Pontons, mit Stahltrossen verankert

Hubplatt-form
ca. 120–170 m

bis ca. 500 m

Tension Leg
ca. 150–1500 m

Halbtaucher
ca. 50–3000 m

bis ca. 3600 m

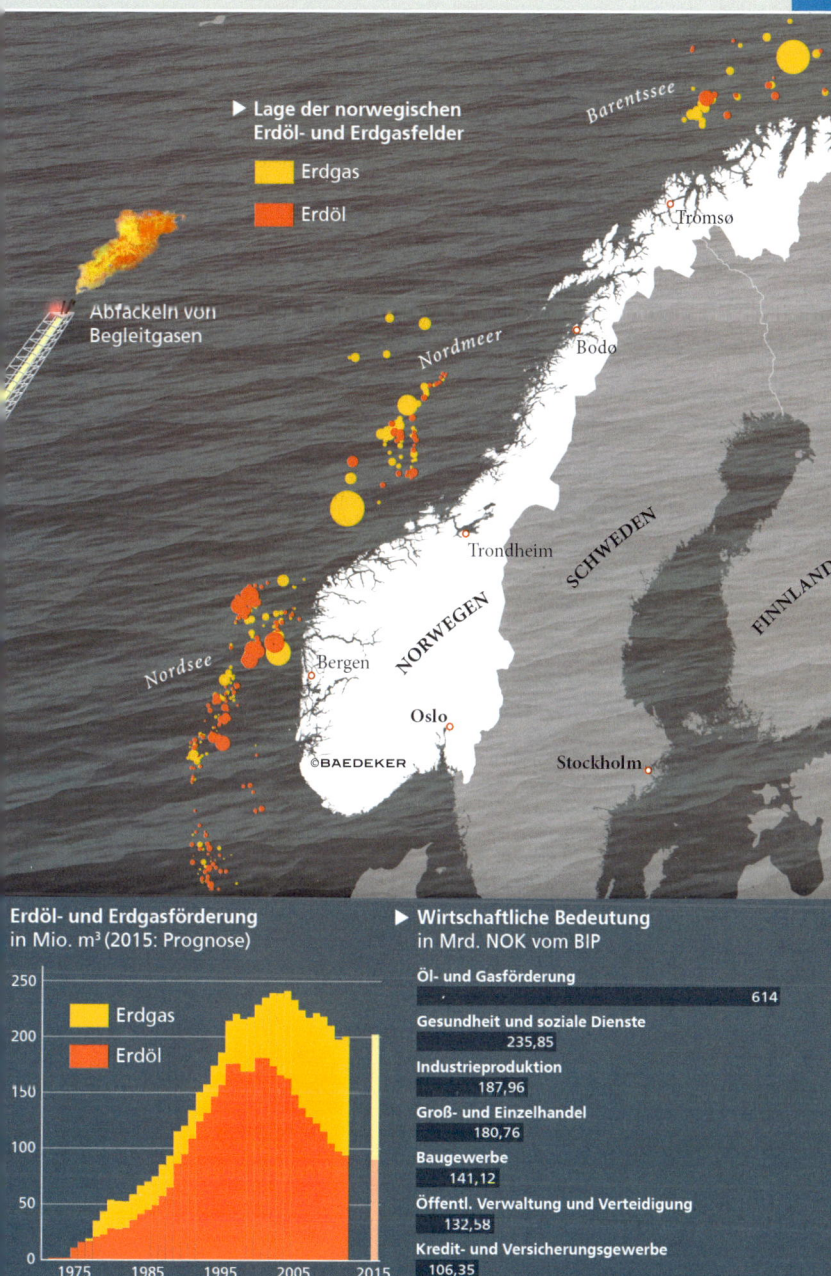

▶ Lage der norwegischen Erdöl- und Erdgasfelder

Erdgas

Erdöl

Abfackeln von Begleitgasen

Barentssee

Tromsø

Nordmeer

Bodø

Trondheim

NORWEGEN

SCHWEDEN

FINNLAND

Nordsee

Bergen

Oslo

©BAEDEKER

Stockholm

Erdöl- und Erdgasförderung in Mio. m³ (2015: Prognose)

Erdgas
Erdöl

1975 1985 1995 2005 2015

▶ **Wirtschaftliche Bedeutung in Mrd. NOK vom BIP**

Öl- und Gasförderung
614

Gesundheit und soziale Dienste
235,85

Industrieproduktion
187,96

Groß- und Einzelhandel
180,76

Baugewerbe
141,12

Öffentl. Verwaltung und Verteidigung
132,58

Kredit- und Versicherungsgewerbe
106,35

LAND- UND FORSTWIRTSCHAFT

Wenig Ackerland Innerhalb der Länder Nordeuropas sind die Bedingungen für die Agrarwirtschaft sehr unterschiedlich. Geeignetes Ackerland liegt in allen drei Ländern hauptsächlich im Süden, wo die Böden am fruchtbarsten sind. Natürlich spielt auch das Klima eine Rolle: Die Vegetationsperiode ist im hohen Norden ausgesprochen kurz; z. B. beträgt diese in Lappland nur etwa 140 Tage im Jahr. Deshalb wird **im Norden eher Vieh** gehalten als Ackerbau betrieben. Nördlich des Polarkreises ist noch heute die Rentierhaltung wichtig. Je weiter man nach Norden kommt, umso wichtiger wird auch die Forstwirtschaft.

Der Wald bringt Geld Der **Rohstoff Holz** ist insbesondere für Finnland und Schweden von allergrößter wirtschaftlicher Bedeutung. Holz wird hier in der Regel mit hoch technisierten Maschinen geerntet, entsprechend groß ist der Rationalisierungsgrad. In Norwegen, Schweden und Finnland beträgt die geschlossene Waldfläche 50 Mio. ha, jährlich werden ca. 180 Mio. m³ Holz eingeschlagen. **Finnland** ist das waldreichste Land Europas. Über zwei Drittel seiner Fläche sind mit Kiefern-, Fichten- und Birkenwald bedeckt, wobei die Nadelhölzer daran einen Anteil von 82 % haben. Der jährliche Holzeinschlag beläuft sich auf rund 60 Mio. Festmeter. Holz und Holzprodukte, Papier und Möbel stellen bis zu 40 % der finnischen Exporte. Finnland ist nach Kanada der zweitwichtigste Papier- und Kartonagen-Exporteur der Welt. In **Schweden** sind 53 % der Landesfläche bewaldet, wobei im Süden die Laubwälder überwiegen. Mit 85 % Nadelwaldanteil ist hier jedoch der Wert noch höher als in Finnland, ebenso der Holzeinschlag mit 85 Mio. Festmeter. Wie im Nachbarland wandert der allergrößte Teil des Holzes in die Zellulose- bzw. Papierindustrie. Gegenüber den Ländern Finnland und Schweden tritt in **Norwegen** die Waldwirtschaft – gemessen an ihrer nationalen Bedeutung – zurück, denn nur 25 % des Landes sind Wald. Umso mehr ist man in Norwegen darauf bedacht, die Waldfläche langfristig zu vergrößern.

WEITERE WIRTSCHAFTSZWEIGE

Fischerei Die Fischerei hat in **Norwegen** große Tradition. Gemessen am Jahresfang ist das Land die **bedeutendste Fischerei-Nation in Europa**, insbesondere, was die Hochseefischerei angeht. Jährlich werden hier 2,5 Mio. Tonnen Fisch angelandet. Heute wird vorwiegend nach Lodde (ein Lachsfisch), Kabeljau, Makrele, Schellfisch und Seelachs gefischt. Doch die Bestände in den Weltmeeren zeigen sich immer stärker überfischt: Hering und Kabeljau haben stark an Bedeutung verloren; ihre Fanganteile belaufen sich nur noch auf 15 bzw. 11 %. Immer wichtiger wird die Lachs- und Forellenzucht in großen Fischfarmen; derzeit gibt es rund 1000 derartiger Betriebe. Die moderne Aquakultur gilt in Norwegen als Innovation mit großer Zukunft: Hier werden derzeit rund 51 Mio. Tonnen Fische, Muscheln und Krebstiere gezogen, Ende der 1980er-Jahre waren es noch 2,4 Mio. Tonnen. Jeder zweite weltweit verkaufte Zuchtlachs stammt heute aus norwegischen Aquakulturen. International bedeutend ist die fischverarbeitende Industrie, die Fischmehl, Fischöl und Fischkonserven produziert. In **Schweden** hat die Fischerei kaum noch Bedeutung, ausgenommen an der Westküste, wo zwei Drittel der Anlandungen getätigt werden. Von der Menge her noch geringer ist der **finnische** Fischfangertrag, der sich zu 80 % aus Meeresfischen rekrutiert.

Weltwirtschaftlich bekannt wurden im 19. Jh. vor allem die Eisenerze von Kiruna und Gällivare-Malmberget in Schwedisch-Lappland. Über 80 % der schwedischen Erze kommen auch heute noch aus diesem Gebiet. Die Nutzung der umfangreichen Reserven (ca. 3 Mrd. t) an hochprozentigem Erz erhält allerdings auf dem Weltmarkt zunehmend Konkurrenz, und der Export ist seit den 1970er-Jahren um gut die Hälfte zurückgegangen. Outukumpu, in Mittelfinnland gelegen, gilt als eine der bedeutendsten Kupferminen Europas.

Bergbau

Kabeljau wird durch sorgsames Trocknen sehr lange haltbar. Der so hergestellte Stockfisch wird bis nach Portugal verkauft.

Kohle, Erdöl und Erdgas Die Energierohstoffe sind in Nordeuropa sehr ungleichmäßig verteilt. Finnland verfügt weder über Kohle noch über Erdöl. Schweden besitzt 80 % der bekannten **Uranvorräte** Europas. Kohle ist in nennenswertem Umfang nur im norwegischen Spitzbergen vorhanden. Erdöl und Erdgas aus der Nordsee haben seit 1971 größte wirtschaftliche Bedeutung für Norwegen, das zu einem weltweit wichtigen Erdölproduzenten und Nettoexporteur aufgestiegen ist. Derzeit werden täglich rund 2,34 Mio. Barrel Öl gefördert, das ist rund die Hälfte der europäischen Ölproduktion. Die Ergasförderung umfasst inzwischen rund 106 Mrd. m³ pro Jahr. Trotzdem erzeugt Norwegen 99 % des Elektrizitätsbedarfs aus Wasserkraft. Atomkraftwerke gibt es in Norwegen nicht.

Industrie Bedingt durch seine Meereslage hatte sich in **Norwegen** die Wirtschaftsentwicklung zunächst stark auf die Bereiche Fischerei, Schiff-

Der Tännfors-Wasserfall zählt zu Schwedens touristischen Zielen.

fahrt und Schiffbau konzentriert. Die bedeutendsten Standorte des Schiffbaus befinden sich heute bei Stavanger, Bergen und Trondheim. Dort hat dieser Wirtschaftszweig auch vom Ölboom profitiert, der eine große Nachfrage nach Offshore-Equipment – wie Bohrplattformen und Tankerausrüstungen – auslöste. Die billige Wasserkraft kommt vor allem der **norwegischen Hüttenindustrie** zugute, in der außer Aluminium auch andere importierte Rohstoffe wie Kupfer, Zink und Eisen zu hochwertigen Legierungen verarbeitet werden. So ist neben der Ölwirtschaft die Metallindustrie mit ihren Veredelungsbetrieben Norwegens wichtigster Devisenbringer. Auch in **Schweden** ist die metallverarbeitende Industrie ein wichtiges Standbein der Wirtschaft. Knapp die Hälfte des industriellen Produktionswertes wird von dieser Branche erwirtschaftet. Noch stärker als in Norwegen wurde die Wirtschaft in Schweden während der letzten Jahre internationalisiert. Dies gilt auch für die Elektro-, chemische und Holzindustrie. Konzerne wie Volvo, Elektrolux, ABB und LM Ericsson sind Beispiele dafür. In **Finnland** machte die Industrialisierung nach dem Zweiten Weltkrieg große Fortschritte. Das ist nicht zuletzt den Wirtschaftsbeziehungen zur (damaligen) Sowjetunion zu verdanken. Heute beansprucht das Land eine führende Rolle im IT-Sektor. 1972 wurde in Finnland das **erste Mobilfunknetz der Welt** eingerichtet. Der Mobilfunkhersteller Nokia ist trotz Krise nach wie vor das größte Wirtschaftsunternehmen im Land.

Schweden, Finnland und Norwegen werden als Reiseziele immer beliebter, nicht nur bei Outdoor-Fans. Größte Anziehungskraft entfalten die mittelschwedischen Seen sowie die finnische Seenplatte. Norwegen hat bisher insbesondere von seinem Kreuzfahrttourismus profitiert. In die **Wintersportgebiete** wurde viel Geld investiert, sodass Touristen nun auch im Winter nach Skandinavien kommen. **Ganzjähriger Tourismus**

Die Länder Nordeuropas befinden sich in einer Phase des Umbruchs: Das Modell des schwedischen Wohlfahrtsstaats begann Anfang der 90iger Jahre zu bröckeln, was sich auf die Nachbarländer auswirkte. Hohe Steuern und vor allem sprunghaft gestiegene Löhne hatten die Wettbewerbsfähigkeit der exportorientierten Industrie stark beeinträchtigt. Seit 1991 sucht die schwedische Regierung das Übergewicht des öffentlichen Sektors zu reduzieren und die für den europäischen Durchschnitt extrem **hohe Steuerbelastung** abzubauen. Doch bisher konnten die Probleme (u. a. Sanierung der Staatsfinanzen und Minderung der Arbeitslosigkeit) nicht gelöst werden. **Phase des Umbruchs**

Norwegen hat es immer noch nicht geschafft, seine starke wirtschaftliche Abhängigkeit vom Öl, aber auch von der Hüttenindustrie, Schifffahrt und der Fischzucht abzubauen. Weitaus größeren Problemen sah sich Finnland ausgesetzt, als 1991 der **Warenaustausch** **Chancen im Ostseeraum**

Am besten »made in Finland«

Finnische Angler, Waldarbeiter oder Sommerhausbesitzer kauften schon immer Nokia. Schwarz glänzend, wasserdicht und quasi unverwüstlich – die Gummistiefel aus einem kleinen Ort bei Tampere erfüllten höchste Qualitätsansprüche. Heute ist Nokia einer der größten Global Player der Telekommunikationsindustrie und das fast jedermann geläufige Aushängeschild finnischer Wirtschaftskraft.

Der Ingenieur Fredrik Idestam gründete 1865 im finnischen Südwesten einen forstwirtschaftlichen Betrieb. 1898 entstand die »Finnish Rubber Works Ltd.«, spezialisiert auf die Gummi-Ummantelung von Telegrafenleitungen. 1912 begann die »Finnish Cable Works« die Produktion von Fernmelde- und Starkstromkabeln. 1915 ging »Nokia« erstmals an die Börse. Telefon- und Telegrafentechnik waren damals das, was man heute ZukunftsIndustrien nennen würde.

Bereits in den 1960er-Jahren, als Gummistiefel zu den wichtigsten Produkten des Unternehmens gehörten, war Innovation kein Fremdwort: So verblüffte Nokia durch die Präsentation knallbunter Gummistiefel, stieg aber zeitgleich auch in den Telekommunikationsmarkt ein. 1963 bereits wurde – unbemerkt von der Öffentlichkeit – ein Funktelefon entwickelt, 1965 folgten dann Datenmodems. 1981 schließlich führte Skandinavien **das erste Mobilfunknetz der Welt** ein – die passenden Autotelefone hierzu kamen von Nokia.

Erstes Handy 1987

Der Konzern veränderte sein Gesicht und investierte in die Bereiche Fernsehen, PC-Technik sowie Telefonie und Informationstech-

nik. Heute steht das Unternehmen auf den zwei Säulen **Telekommunikationsnetze und Mobiltelefone**. Die Spezialisierung auf Telekommunikation machte Nokia zu einem der wichtigsten Hersteller und Entwickler von modernen Datenfernübertragungssystemen.

Marktführer

Politik und Technologie haben die Branche in den achtziger und neunziger Jahren des vergangenen Jh.s stark beeinflusst. Es fand eine breite Deregulierung statt, die den Wettbewerb anregte. Nokia war auf diesen Wettbewerb durch die Konzentration auf die Telekommunikation bestens vorbereitet und entwickelte sich schnell zum weltweiten Marktführer. Mobiltelefone »made in Finland« machen inzwischen zwei Drittel des Nokia-Umsatzes aus. Und der Markenname Nokia ist auch Nicht-Handy-Besitzern ein Begriff – wenn manche von ihnen auch immer noch glauben, dass Nokia ein Konzern aus Fernost ist . . .

Krisenjahre für Nokia

Nach jahrelangem Höhenflug geriet Nokia in den ersten Jahren des neuen Jahrtausends in Schieflage. Der Marktanteil bei den weltweit verkauften Handys ging zurück –

2010 stammten nur noch 28,4 Prozent aller Neuverkäufe von dem finnischen Konzern – für den einstigen Branchenprimus ein katastrophales Ergebnis. In Deutschland ins Gerede kam Nokia, als **2008 das Werk in Bochum schloss** und 3000 Mitarbeiter entlassen wurden. Zuvor hatte der Konzern allerdings großzügige, staatliche Subventionen in Anspruch gekommen. Die Produktion verlagerte man ins damals **Oslo,** wesentlich kostengünstiger produzierende Rumänien. Das dortige Werk wurde inzwischen aber schon wieder stillgelegt – auch hier unmittelbar, nachdem alle Subventionen in Anspruch genommen worden waren.

Nokias Krise war hauptsächlich dadurch ausgelöst worden, dass das Unternehmen den Anschluss auf dem Markt der Smartphones verpasst hatte. Jetzt versucht es u.a. dadurch wieder Boden zu gewinnen, indem es seine Handys mit dem Betriebssystem von Microsoft ausstattet und **auf weitere Eigenentwicklungen verzichtet.**

Übrigens: Auch die inzwischen so beliebten Kurzmitteilungen, SMS, wurden in Finnland erfunden. Als 1993 der Ingenieurstudent Riku Pihkonen die erste SMS abschickte, hielt man dies für keine besonders einschneidende Sache. Niemand konnte sich damals vorstellen, welche Bedeutung Textmitteilungen einmal gewinnen sollten. Heute sind sie weitaus beliebter als Telefonanrufe und ihr Datenvolumen entsprechend höher.

Am Puls der Zeit: Handys aus Skandinavien

mit der Sowjetunion nahezu gänzlich zusammenbrach – immerhin machte dieser bis zu einem Viertel des gesamten finnischen Außenhandels aus. Nun aber bietet die neue politische Konstellation im Osten auch für die Wirtschaft eine Chance, neue Impulse zu setzen. Im erweiterten Ostseeraum leben 40 Mio. Menschen, es gibt rund 50 Großstädte, über 70 Ostseehäfen und neben einem gut funktionierenden Fährsystem auch sechs internationale Flughäfen. Die **Wirtschaftsbeziehungen zwischen Helsinki und Tallinn** sind heute schon sehr eng, und viele Esten arbeiten bereits als Wochenendpendler in Finnland.

Boom-Region Öresund

Zu einem der wirtschaftlichen Brennpunkte Skandinaviens hat sich die Öresundregion entwickelt, zu der der Großraum Kopenhagen (Dänemark) wie auch ganz Schonen (Schweden) gerechnet werden. Keine andere Sektion Europas ist so dicht besiedelt, dank der Öresundbrücke sind die Länder seit dem Jahr 2000 auch nicht mehr durchs Meer getrennt (▶ S. 577). Unternehmen der Pharma- und Biotechnologie haben den Standort für sich entdeckt, weiter zählt die Region nach London, Paris und Amsterdam zur **viertwichtigsten Forschungsregion in Europa**.

UMWELT

Super-GAU in Tschernobyl

Mit einem Schlag ins Licht der Weltöffentlichkeit rückte Nordskandinavien 1986 bei der Reaktorkatastrophe von **Tschernobyl**, als der radioaktive Fallout die Weiden der Rentiere verseuchte. Noch heute lässt sich in manchen Regionen erhöhte Strahlung nachweisen.

Strom kommt vom Strom

Andere Umweltsünden gehen nicht auf das Konto eines ungünstigen Windes: Kein Land verbraucht weltweit mehr Strom pro Einwohner als Norwegen (23 500 kwh/Pers). Auch in Finnland (15 240 kwh/Pers) und Schweden (14 140 kwh/Pers kommt man in dieser Statistik auf Spitzenwerte. Zum Vergleich: In Deutschland ist der Stromverbrauch in den letzten Jahren beständig gesunken – auf inzwischen 1850 kwh/Pers. Die Gründe liegen nahe: So erfordern der dunkle lange Winter in den nördlichen Breiten ein Mehr an Beleuchtung und Heizung, wobei man in Skandiavien häufig mit Strom heizt. Zudem sehen weder Norweger noch Schweden Grund zum Stromsparen. Immerhin beziehen sie ihre elektrische Energie zum Großteil aus Wasserkraft. Die ist auf den ersten Blick billig zu haben, geht aber **auf Kosten der Natur**: Viele Flüsse sind gebändigt, Stauseen haben Lebensräume überflutet, Stromleitungen machen die Landschaft nicht schöner. In Schweden sah man sich genötigt, einen **»Tag des Wasserfalls«** einzurichten, an dem die zahmen Flusse ihr ursprüngliches Quantum Wasser führen und in alter Pracht strömen.

Auch nach dem Atomunglück im japanischen Fukushima ist in Finnland die Atomkraft völlig unumstritten. Gegenwärtig sind vier Meiler am Netz – 2013 soll ein fünfter in Betrieb genommen werden. Dies ist der **erste Neubau eines Atomkraftwerks** innerhalb der EU seit den 1980er Jahren.

Atomkraft in Finnland

Ein großes Problem ist nördlich des Polarkreises auch die zunehmende **Versauerung** der Böden und Binnengewässer, die auf schwefelhaltige Emissionen zurückgeht, welche von Schornsteinen außerhalb Skandinaviens herbeigeweht werden. In Südnorwegen gelten zwei Drittel der Seen als kurz vorm Umkippen, in Schweden und Finnland ist es nicht ganz so gravierend, aber dennoch Besorgnis erregend. Streit gab es lange um Holzfällarbeiten im **borealen Urwald Lapplands**. Im Herbst 2009 hat die finnische Regierung schließlich ein 20 Jahre laufendes Moratorium verkündet, während dem dort keine Bäume mehr gefällt werden dürfen.

Boden, Wald und Wasser

Kraft des Wassers: Dammstraße bei Punkaharju in Finnland

Willkommen im Alltag

Skandinavien abseits der üblichen Touristenpfade erleben – hier können Sie auch mal ganz »normale Leute« treffen.

ZU GAST AUF EINEM BAUERNHOF

Als Gast auf einem Bauernhof muss man bei der Heuernte, beim Melken, Füttern und der Frucht- und Gemüseernte mit anpacken, manchmal bis zu 35 Stunden in der Woche. Für die Hilfe erhält man freie Unterkunft und Verpflegung und dazu ein (steuerpflichtiges) Taschengeld von umgerechnet etwa 100 € pro Woche. Erfahrungen in der Landwirtschaft oder mit dem Gärtnern sind von Vorteil, aber keine Bedingung.

Norwegischkenntnisse werden nicht verlangt, aber man sollte sich auf Englisch verständigen können. Die Anmeldegebühr für Bewerber zwischen 18 und 30 Jahren beträgt rund 100 €. Eine der Bedingungen: Die Anreise muss man selbst finanzieren. Deutsche, österreichische und Schweizer Staatsbürger brauchen keine Arbeitserlaubnis, bei der Polizei anmelden genügt. Die Bewerbungsunterlagen können online angefordert werden bei:
www.atlantis.no

ALLTAG DURCH ARBEIT

In Norwegen zu arbeiten bietet nicht nur die Möglichkeit Land und Leute kennen zu lernen, auch die Löhne sind attraktiv. Die NAV (Norwegens Arbeits- und Sozialverwaltung, www.nav.no) ist die Anlaufstelle für Arbeitssuchende (etwa auch im Tourismus) in Norwegen. Einige der Dienstleistungen der NAV-Büros können auch vom Ausland aus in Anspruch genommen werden. Die Arbeitsämter in allen EU-Mitgliedsstaaten arbeiten beim Austausch von Informationen über Arbeits- und Wohnverhältnisse im europäischen Netzwerk EURES (European Employment Services) zusammen. Dieses Netzwerk verfügt auch über eine Datenbank mit offenen Stellen innerhalb der EU.

Infos: www.ec.europa.eu/eures

SPRACHKURSE

Sprachkurse in Schweden gibt es viele. Empfehlenswert sind die Kurse, die das Schwedische Institut (Svenska Institutet) zusammen mit Volkshochschulen und Universitäten anbietet.

Infos: www.si.se

EIN EIGENES FLOSS BAUEN

Mit dem Floß den Klarälv hinunter schippern und am Ufer des Flusses campen – in Schweden werden Kindheitsträume wahr. Bevor es losgeht, baut man sich sein Floß sogar selbst. Dazu braucht man nichts weiter als Baumstämme und Seile. Sechs Stunden dauert es in etwa, bis auch Großstädter ihr Floß – unter Anleitung – fertigstellen, und dann geht es direkt hinein ins Abenteuer.

Infos u.a.bei: Vildmark i Värmland, www.vildmark.se

SOMMERKOLLEG IN GRÄNNA

Am Ostufer des Vänernsees liegt der Ort Gränna mit seiner Altstadt aus typisch schwedischen Holzhäusern. Hier befindet sich auch das Grennaskolan Riksinternat, in dem während der Ferien zusammen mit dem Nordkolleg Rendsburg ein Sommerkolleg stattfindet, das mit verschiedenen Kursangeboten fundierte Einblicke in die Kultur des Landes bietet – eine gute Gelegenheit für alle Fans des hohen Nordens.

Infos unter www.grennaskolan.se und www.nordkolleg.de

Geschichte

Skandinavische Frühgeschichte

Skandinavien rückte erstmals der Wikinger wegen ins Licht der Weltgeschichte. Später hatte Dänemark lange Zeit das Sagen im Norden, bis Schweden sich zur Großmacht aufschwang. Nach 1945 gingen Norwegen und Schweden den Weg der westlichen Industrienationen, während Finnland an den Ostblock gebunden wurde, ohne dabei allerdings seine Souveränität zu verlieren.

Kaum zog sich am Ende der letzten Eiszeit das Eis zurück, wanderten Jäger und Fischer über eine Landbrücke zwischen Dänemark und Schonen nach Schweden. Die **ältesten Funde** auf Schonen sind rund 13 000 Jahre, in Norwegen 10 000 Jahre alt. Finnland wurde vor rund 9000 Jahren von Süden und Osten her besiedelt. **Jäger und Sammler**

Sesshafte Ackerbauern sind in Skandinavien erstmals um 5000 v. Chr. in Schweden nachweisbar. Aus dieser Zeit stammen die Megalithbauten an der Küste von Västergötland. Diese als **»Gånggrifter«** (Ganggräber) bezeichneten Bauwerke aus großen Steinen wurden über mehrere Generationen für Bestattungen genutzt. Heute liegen die Steine frei, einst überdeckte sie ein Hügel aus Erde. **Erste Bauern**

Ein herausragendes Zeugnis der frühgeschichtlichen Menschen bilden die Felszeichnungen, die in Norwegen und Schweden an vielen Stellen so eindrücklich zu studieren sind (z.B. in ▶ Alta/Norwegen, in Tanum nördlich von ▶ Göteborg, an der schwedischen Ostküste, nördlich vom Mälarsee und an der Westseite des Oslofjordes). Unbekannte Künstler haben Schiffe, Rentiere, Hirsche und Menschen mit Äxten in den Fels geritzt. Die Datierung der Kunstwerke ist schwierig, ein Teil reicht sicher bis in die **Jungsteinzeit** zurück, ist also über 8000 Jahre alt. Den größten Teil datieren Archäologen in die **Bronzezeit** ca. zwischen 1800 und 500 v. Chr. Allein im schwedischen Bohuslän wurden 40 000 dieser sog. **»Hällristningar«** gezählt. Sie gehören zum Weltkulturerbe der Unesco. **Felsritzungen**

Während der nordischen Eisenzeit (ca. 500 v. Chr. bis 500 n. Chr.), aus der nur spärliche Funde (z.B. auf Öland und Gotland) vorliegen, wurde die Waffentechnik verbessert. Bereits seit dem 2. Jh. n.Chr. sind Runeninschriften auf Schmuck und Geräten bekannt; etwa am Ende des 4. Jh.s begann man in Norwegen und Schweden, **Runen** auch in Stein zu schlagen. Der germanische Siedlungsraum dehnte sich in dieser Zeit in Norwegen bis zum Polarkreis aus. **Eisenzeit**

Im Jahr 872 einte Harald Schönhaar Norwegen, woran diese Skulptur bei Stavanger (Südnorwegen) erinnert.

Ein Ruf wie Donnerhall!

Mehr als drei Jahrhunderte lang versetzten sie ganz Europa in Angst und Schrecken: Die Wikinger unternahmen ausgedehnte Kriegs- und Beutezüge, die bis heute ihren Ruf begründen. Allerdings taten sie sich auch als Händler, Entdecker und begnadete Schiffsbauer hervor.

Ihren ersten blutigen Auftritt auf der Bühne der Geschichte hatten die Wikinger 793 n. Chr., als sie die prachtvolle englische Abtei Lindisfarne überfielen. 845 belagerten sie Paris, **862 eroberten sie Köln**, und 882 plünderten sie die Stadt Trier. Die große Zeit der Wikinger (von altnordisch »vik« = Bucht) dauerte rund 300 Jahre zwischen dem 8. und 11. Jh. Ursprünglich besiedelten sie küstennahe Gebiete der heutigen Länder Dänemark, Norwegen und Schweden, verließen sodann ihre nordische Heimat und zogen ins übrige Europa sowie weit darüber hinaus.

Als Erste in Amerika

Die so genannten »Rus« (wohl das finnische Wort für die aus Schweden stammenden Wikinger) zogen nach Südosten zu den slawischen Stämmen, trieben mit diesen Handel und ließen sich dort auch nieder. Sie gründeten **einen neuen »ru(s)ischen« Staat** und dehnten ihre Machtsphäre bis nach Konstantinopel und nach Bagdad aus. Die westlichen Nordmänner (Norweger) fuhren nach Südwesten, ließen sich in den fast unbewohnten Gegenden Schottlands nieder, ebenso auf den Shetland-Inseln, den Orkneys und den Hebriden. Von dort aus überfielen und besiedelten sie England und Irland. Jahrzehntelang pressten sie den

Bewohnern der französischen Nordwestküste hohe Tribute ab, bis ihnen der französische König das Land als Lehen gab: die **Normandie**, das »Land, in dem die Normannen herrschen«. Sie überfielen Spanien, Italien und drangen bis nach Antiochien vor, sie besiedelten Island, das bis dahin unbewohnt gewesen war, und brachten dort die nordgermanische Kultur zu ihrer größten Blüte. Ihre Abenteuerlust trieb sie immer weiter. Von Island aus entdeckte Erik der Rote Grönland, wo sich bald viele Norweger niederließen. **Leif Eriksson**, sein Sohn, verließ im Jahre 992 Grönland, drang nach Westen vor und landete in Neufundland, das heute die östlichste Provinz Kanadas ist. Demnach haben die Wikinger bereits **500 Jahre vor Kolumbus** Amerika entdeckt.

Auszug in die Welt

Was hat die lange Zeit relativ friedlich lebenden Wikinger plötzlich in die Welt hinausgetrieben? Eine wichtige Rolle spielte in der bäuerlichen nordischen Gesellschaft das Erbrecht. Jeweils **der älteste Sohn erbte** den ganzen Hof, die anderen mussten ihr Auskommen dann selber – woanders – suchen. Zum andern wurde Ende des 8. Jh.s das Klima wärmer, die Winter milder, weswegen die Felder besser genutzt werden konnten. Mehr Getreide bedeutete weniger Hunger und damit auch mehr **Bevölkerungswachstum**. Da die Ausdehnung der landwirtschaftlichen Nutzfläche nicht mit dem Bevölkerungswachstum Schritt halten konnte, waren viele Wikinger gezwungen, in der Fremde als Händler und Kolonisten oder als gefürchtete Krieger und Plünderer für ihren Unterhalt zu sorgen.

Geniale Seefahrer

Dass die Wikinger so erfolgreich die Welt erobern konnten, lag in erster Linie an ihrer Überlegenheit zur See. Auf den Weltmeeren waren sie zu Hause, sie erwiesen sich als hervorragende Seeleute und ihre langen, dennoch sehr wendigen **Drachenboote** waren die seetüchtigsten Schiffe ihrer Zeit. Der 20 bis 25 m lange und ca. 3 bis 5 m breite Rumpf war mit gleichartigem Bug und Heck versehen, was ein Steuern bei Vorwärts- wie auch bei Rückwärtsfahrt erlaubte. Die leichten und dennoch stabil gebauten Holzboote hatten geringen Tiefgang, konnten schnell ans Ufer und sogar über Land gezogen werden. Die bessere Technik allein erklärt den kriegerischen Siegeszug der Wikinger allerdings noch nicht ganz. Eine weltanschauliche Komponente könnte mitentscheidend gewesen sein. Ganz Skandinavien war bis weit ins Mittelalter hinein heidnisch geblieben, die **Christianisierung begann erst ab dem 9. Jh.**. Im Götterhimmel der Nordmänner herrschte daher Odin, der Gott der Dichtkunst und des Krieges. Er entschied, wer auf dem Schlachtfeld sterben sollte, und nahm die Tapfersten zu sich ins Paradies, nach Valhall (Walhalla). Die Wikinger suchten daher den Kampf und den Tod mit der Waffe in der Hand richtiggehend, um nach Valhall zu gelangen – und um dort, zusammen mit den Göttern, **eine letzte große Schlacht** gegen die dunklen Mächte des Kosmos zu schlagen.

Leif Eriksson entdeckt Amerika. Gemälde von Christian Krohg (1893), ausgestellt im Seefahrtsmuseum Oslo

Scandinavia Der Name »Scandinavia« tauchte erstmals bei dem römischen Geschichtsschreiber Plinius d.Ä. um 75 n.Chr. auf; Tacitus erwähnte die mächtigen Schwedenkönige (Suiones) um 100 n.Chr. in seiner Germania sowie die Finnen (Fenni). Auf der skandinavischen Halbinsel lebten Goten (Göta), nördlich von ihnen Schweden (Svear). Wald und Gebirge, im Südwesten der Vänersee und der Götaälv bildeten die Grenze zum Stamm der Norweger, dessen Name nicht überliefert ist. Das spätere Wort »Norvegr« bzw. »Nordmenn« deutet wohl mehr auf die Himmelsrichtung hin.

Geschichte von Norwegen

Beitritt zur EU? Dazu haben die Norweger bereits zweimal »nei« gesagt. Nach Jahrhunderten unter dänischer und schwedischer Herrschaft schätzen sie ihre Unabhängigkeit.

um 872	Harald Schönhaar eint das Land.
8. – 11.Jh.	Wikinger verbreiten Angst und Schrecken.
10./11.Jh.	Gewaltsame Christianisierung der Bevölkerung
um 1250	Unter Håkon Håkonsson erreicht Norwegen den Höhepunkt seiner Macht.

Alle Macht in einer Hand Bis zum 8. Jh. n.Chr. entstanden Dutzende kleiner Königtümer. Der aus einem alten Herrengeschlecht am Oslofjord stammende Harald Hårfagre (»Schönhaar«; 872 – 930) besiegte die anderen Kleinkönige und vereinigte um 872 West- und Südnorwegen unter seiner Herrschaft. Doch nach seinem Tod lebten die Kleinkönigreiche zum Teil wieder auf. In dieser Zeit unternahmen auch die **Wikinger** ihre spektakulären Kriegs- und Beutefahrten in weite Gebiete West- und Mitteleuropas sowie in den atlantischen Raum hinein.

Christliche Bekehrung Rund zwei Jahrhunderte lang dauerte es, bis die gesamte heidnische Bevölkerung den christlichen Glauben angenommen hatte. Mit harter Hand setzte Olav Haraldsson (1015 – 1030) die Reichseinheit und das **Christentum** durch. Er kämpfte gegen die Dänen und die Trondheimer, wurde im Jahre 1028 vertrieben, versuchte zurückzukehren und fiel 1030 in der **Schlacht bei Stiklestad**. Bald darauf wurde er als Märtyrer verehrt. Als **Olav der Heilige** und Norwegens ewiger König ging er in die Geschichte ein, sein Leichnam wurde nach Nidaros (heute Trondheim) gebracht und dort begraben.

Geeintes Königreich Unter Håkon Håkonsson (1217 – 1263) erreichte das durch Erbmonarchie gefestigte norwegische Königtum den Höhepunkt seiner

Macht. Die Krone kontrollierte den Adel, die Verwaltung wurde neu geordnet, die Bevölkerungszahl stieg, Städte entstanden oder wuchsen weiter, wie die heutige Hauptstadt Oslo (gegründet um 1000) und Bergen (1070), in dem 1360 ein Hansekontor eröffnete und das bis Ende des 19. Jh. die größte Stadt Norwegens bleiben sollte. Das Land erlangte mit der Eingliederung von Island, Grönland, den Färöern, den Hebriden und Teilen Schwedens die **größte territoriale Ausdehnung** in seiner Geschichte.

UNTER DÄNISCHER HERRSCHAFT

1397	Die Kalmarer Union vereinigt Norwegen, Dänemark und Schweden.
1387 – 1814	Norwegen gehört zu Dänemark.
1536	Reformation

Nachdem Norwegen bereits im 11. Jh. kurze Zeit unter dänischer Herrschaft gestanden hatte, kam das Land nach dem Erlöschen seines Königshauses 1319 in Personalunion an Schweden, denn laut Erbfolgerecht war der schwedische Thronfolger **Håkon VI.** (1340 – 1380) rechtmäßiger Erbe der norwegischen Krone. Håkon heiratete **Margarete von Dänemark**, Tochter des dänischen Königs Waldemar IV. Atterdag. Nach dem Tod ihre Mannes 1389 vereinigte Margarete die Herrschaft über Dänemark, Schweden und Norwegen auf sich. Die verfassungsmäßige Grundlage für diesen Staatenbund, in dem Norwegen seine Unabhängigkeit endgültig verlor, legte 1397 die **Kalmarer Union**, in der die nordischen Länder gegen das Deutsche Reich vereinigt werden sollten. Norwegen wurde zu einem dänischen Teilgebiet erklärt.

Verlust der Unabhängigkeit

1536 wurde schließlich der norwegische Reichsrat aufgelöst, ab 1572 herrschte ein **dänischer Statthalter** in Norwegen. Nach der **Reformation** 1536 wurde Dänisch Amts-, Kirchen- und Schulsprache (das heutige »Bokmål«); das Altnorwegische lebte nur noch in Mundarten fort. Wirtschaftlich erlebte Norwegen zwar einen Aufschwung, doch wurde der Handel im 15. und 16. Jh. nahezu vollständig von der deutschen **Hanse** diktiert. Zu einem Aufbegehren gegen die dänische Herrschaft kam es erst Anfang des 19. Jh.s. Als **Napoleon I.** 1806 die Kontinentalsperre gegen England verhängte, reagierten die Briten mit einer Blockade der norwegischen Küste, wodurch die Schifffahrt lahmgelegt wurde und bald schon wirtschaftliche Not das Land heimsuchte. Verständlich, dass Norwegen sich nun von Dänemark lösen wollte, das mit Napoleon verbündet war. Nach der Niederlage Napoleons musste Dänemark im **Frieden von Kiel** Norwegen an Schweden abtreten. Am 14. Januar 1814 endete die dänische Ära.

Hanse und Reformation

UNION MIT SCHWEDEN

1814	Norwegen gibt sich am 17. Mai (Nationalfeiertag) eine liberale Verfassung.
1814 – 1905	Personalunion mit Schweden
1854	Eisenbahn zwischen Oslo und Eidsvoll

Eigene Verfassung

Die Norweger wollten sich jedoch nicht auf eine Union mit Schweden einlassen, sondern erklärten das Land für selbstständig und gaben sich am 17. Mai 1814 (heute Nationalfeiertag) eine liberale Verfassung. Erst nach dem **Einmarsch schwedischer Truppen** ins Land akzeptieren die Norweger notgedrungen die Personalunion mit Schweden. Im Gegenzug durften sie ihre neue Verfassung behalten.

Aufschwung der Wirtschaft

Von den 1830er-Jahren an erlebte Norwegen einen wirtschaftlichen Aufschwung. Textilfabriken und Maschinenwerkstätten bildeten die Grundlage für die Industrie des Landes. Zwischen 1850 und 1880 stieg Norwegen dank seiner immer größer werdenden Handelsflotte sogar zu einer wichtigen **Schifffahrtsnation** auf.

Seit 1905 unabhängig

Dank schwedischer Zugeständnisse erhielten die Norweger die innere Selbstverwaltung. Doch alle Gesetze, die die norwegische Reichsversammlung (Storting) erließ, konnten vom schwedischen König per Veto abgelehnt werden. 1880 gelang es dem Storting, dieses Vetorecht aufzuheben. Von da ab war Norwegen innenpolitisch eigenständig, nur die Außenpolitik der Union wurde weiterhin von Stockholm im Alleingang bestimmt. Als 1905 das Storting erneut mit Abspaltung drohte, verlangte Stockholm eine **Volksabstimmung**, die über die Zukunft der Union entscheiden sollte. Nachdem 368 392 Norweger für die Auflösung der Union mit Schweden und nur 184 für den Erhalt gestimmt hatten, entließen die Schweden widerspruchslos Norwegen in die Unabhängigkeit.

20. UND 21. JAHRHUNDERT

1914 – 1918	Im Ersten Weltkrieg bleibt Norwegen neutral.
1940	Norwegen wird von deutschen Truppen besetzt.
ab 1946	Rascher Wiederaufbau und Aufschwung
1969	Das legendäre Ekofisk-Ölfeld wird entdeckt.
1972/1994	Nein zur Mitgliedschaft in EG bzw. EU

Erster Weltkrieg

Zum Zeitpunkt der Unionsauflösung befand sich Norwegen gerade in einem wirtschaftlichen Aufschwung. Auch politisch entwickelte sich Norwegen zu einer der fortschrittlichsten und liberalsten Nationen Europas. Im Ersten Weltkrieg blieb Norwegen **neutral**. Unter dem von den Deutschen geführten **U-Boot-Krieg** hatte das Land am Nordatlantik sehr zu leiden. Andererseits brachte der Krieg den Norwegern, deren Fische und Erze (besonders Kupfer) bei den Kriegsgegnern heiß begehrt waren, auch eine Menge Geld ein.

Auch im Zweiten Weltkrieg versuchte Norwegen neutral zu bleiben. Allerdings hatten Deutsche wie Alliierte größtes Interesse an einer Beherrschung der norwegischen Küste, insbesondere dem Hafen Narvik, über den **Eisenerz aus dem schwedischen Kiruna** nach Deutschland verschifft wurde. Im April 1940 marschierten deutsche Truppen in Norwegen ein. Die norwegische Armee zog sich zwar zurück, leistete aber Widerstand, unterstützt von britischen, französischen und polnischen Expeditionskorps. Im Juni 1940 kapitulierte die norwegische Streitmacht, die königliche Familie und die Regierung gingen **nach London ins Exil**, wo die norwegische Exilregierung ihre Arbeit aufnahm. Vidkun Quisling, Führer einer unbedeutenden faschistischen Gruppierung, machten die Deutschen zum Ministerpräsidenten einer Marionettenregierung. Im Zweiten Weltkrieg wurden 10 262 Norweger getötet, viele Städte waren durch Bomben oder Terrorbrände zerstört. Am 8. Mai 1945 kapitulierte Deutschland, im Juni kehrte König Håkon VII. aus dem Exil zurück.

Zweiter Weltkrieg

Der Wiederaufbau nach dem Krieg verlief unerwartet schnell: Bereits 1946 waren die Industrieproduktion und das Bruttosozialprodukt größer als im Jahr 1938. Gleichwohl war Norwegen in den Sechziger Jahren eines der ärmsten Länder Nordeuropas, dessen Einnahmen vor allem auf der Fischerei, Land- und Forstwirtschaft beruhten. Bis dann 1969 das Ölzeitalter in Norwegen begann, als die **Erdöl- und Erdgasvorkommen** des Ekofisk-Feldes in der Nordsee entdeckt wurden. Buchstäblich über Nacht kam das Land zu Reichtum, was auch den allmählichen Aufbau eines Wohlfahrtsstaates nach schwedischem Modell ermöglichte.

Wohlfahrtsstaat und Ölförderland

In den ersten Nachkriegsjahren hielt sich Norwegen außenpolitisch sehr zurück, orientierte sich aber angesichts der zunehmenden Spannungen zwischen Ost und West im Kalten Krieg neu. 1949 trat das Gründungsmitglied der Vereinten Nationen (UN) dem nordatlantischen Verteidigungsbündnis NATO bei. Das Verhältnis zur Europäischen Union blieb indes ein loses: 1972 und auch 1994 sprach sich das norwegische Volk gegen eine Vollmitgliedschaft in der EG bzw. EU aus. Zu groß war wohl nach den jahrhundertelangen Zwangsgemeinschaften mit Dänemark und Schweden und nach der deutschen Besetzung während des Zweiten Weltkrieges das **Misstrauen gegen Unionen jeglicher Art**. Auch fürchteten viele, ihr an Ölvorkommen reiches Land würde von Europa als weiterer Nettozahler vereinnahmt werden.

Norwegen und Europa

Norwegens Königspaar Harald V. und Sonja, flankiert vom schwedischen Königspaar Silvia und Carl XVI. Gustav. Links die Thronfolger Victoria (Schwed.) und Håkon (Norw.), rechts seine Frau Mette-Marit

Von Prinzen und Prinzessinnen

Als der norwegische Thronfolger Håkon seine Verlobung mit der bürgerlichen Mette-Marit Tjessem Høiby bekannt gab, wurde dies von vielen Norwegern keineswegs begeistert aufgenommen. Diskussionen entzündeten sich vor allem am Vorleben von Mette-Marit. Doch als dann Ende August 2001 die Vermählung stattfand, kannte der Jubel keine Grenzen. Am 21. Januar 2004 wurde dem Paar das Mädchen Ingrid Alexandra geboren. Sie könnte dank der neuen Thronfolgeregelung einst Königin werden, was Frauen bislang nicht möglich war. Am 3. Dezember 2005 kam ihr Bruder Prinz Sverre Magnus zur Welt.

Verheerender Anschlag

Am 2. Juli 2011 zündete der rechtsradikale Fanatiker Anders Breivik im Zentrum des Regierungsviertels von Oslo eine Bombe – ein Anschlag, bei dem acht Menschen ums Leben kamen. Kurz danach erschoss er **auf der Insel Utøya**, auf der das traditionelle Jugendlager der sozialdemokratischen Arbeiterpartei stattfand, 69 Menschen – die meisten von ihnen waren Kinder und Jugendliche. Seit dem Zweiten Weltkrieg waren nicht mehr so viele Norweger an einem einzigen Tag ums Leben gekommen. Ein Jahr später wurde Breivik zu 21 Jahren Haft, der **höchst möglichen Haftstrafe in Norwegen**, mit anschließender Sicherungsverwahrung verurteilt.

Geschichte von Schweden

Die einstige Großmacht gilt seit Jahrzehnten als Vorbild für einen Sozialstaat, in dem sich Beruf und Familie gut vereinbaren lassen. Seit 1976 auf dem Thron: eine deutsche Königin.

um 830	Christliche Missionare erreichen Schweden.
14. – 16. Jh.	Hansezeit
1397 – 1521	Kalmarer Union: Dänemark, Schweden-Finnland und Norwegen unter einem König vereint
1471	Sieg über die Dänen
1521	Stockholmer Blutbad

Der Name (Svea rike = **Sverige** = Schweden) leitet sich vom **Stamm der Svear** ab, die ab 500 n.Chr. im Gebiet um das heutige Stockholm lebten. Ein weiteres Zentrum der Besiedlung lag weiter südlich im Bereich des heutigen Östergötland. Die hier ansässigen Götar wurden um das Jahr 750 von ihren Nachbarn unterworfen, woraufhin der Stammesname der Svear auf das ganze Land überging.

Sverige

Um 800 setzte eine **starke Expansion** ein. Die Skandinavier machten sich im Ausland als Händler, vor allem aber als plündernde Wikinger bemerkbar, und die schwedischen Wikinger gelangten über die russischen Flüsse mit ihren leichten Booten bis zum Kaspischen Meer (► Baedeker Wissen S. 49). Doch die Wikinger verstanden nicht nur mit dem Schwert umzugehen, wie der Runenstein von Lund (siehe Bild rechts) belegt.

Wikinger

Markante Zeichen: Runenstein von Lund

Um 830 predigte der **Heilige Ansgar** das Christentum in Birka am Mälarsee, das seinerzeit Schwedens größte Handelsniederlassung bildete. Nur zögerlich legte die Bevölkerung den Glauben an die germanischen Götter wie Thor und Odin ab, und lange existierte ein Nebeneinander von Heiden und Christen. Erst im Jahr 1000 ließ sich König Olof Eriksson taufen. 1157 rief Schweden zum Kreuzzug gegen die Heiden in Finnland auf. Weite Teile Finnlands wurden besetzt und seit 1284 stand das **Herzogtum Finnland** ganz unter Schwedens Einfluss und erhielt erst knapp 100 Jahre später innere Autonomie.

Beitritt zur Hanse

Unter der Führung Lübecks hatten sich im 14. Jh. die deutschen Städte in der **Hanse** zusammengeschlossen. Die Handelsgemeinschaft sicherte sich im gesamten Ostseeraum, so auch in Schweden, die Vorherrschaft und gründete auch hier zahlreiche Städte. **Visby** auf der Ostsee-Insel Gotland war einer der Hauptstützpunkte der Hanse an der Ostseeküste.

KALMARER UNION

Vereinigt mit Dänemark und Norwegen

Ein wichtiges Datum in der schwedischen Geschichte ist das Jahr 1397, als unter der Führung der dänischen **Königin Margarete** Dänemark, Norwegen und Schweden zu einem Reich vereinigt wurden. Nach dem Tod Margaretes 1412 wurde die **Kalmarer Union** immer mehr zu einem Machtinstrument Dänemarks und entwickelte sich zum Nachteil Schwedens. Das Land wurde mit hohen Steuern belegt, und der Dauerstreit mit der **Hanse**, die den Ostseeraum dominierte, führte zu einem Boykott von schwedischem Eisen und Kupfer. 1434

Im schwedischen Kalmar wurde 1397 die Union zwischen Dänemark, Norwegen und Schweden unter dänischer Führung beschlossen.

kam es deshalb unter der Führung des Bergwerksbesitzers **Engel-brekt Engelbrektsson** zum Aufstand gegen die dänische Vormacht. Nach dem Sieg seines Bauernheeres wurde Engelbrektsson für kurze Zeit sogar Reichsverweser. Zwar wurde er 1436 ermordet und der Adel eroberte sich die Macht zurück, doch viele Freiheiten blieben den Bauern erhalten.

Auch die folgenden Jahrzehnte waren von großen Unruhen geprägt. Ab 1436 stand Karl Knutsson an der Spitze des Kampfs gegen den Kalmarer Unionskönig Erich von Pommern. Karl Knutsson wurde 1448 zum König gewählt, verlor aber in den bis zu seinem Tod (1470) andauernden erbitterten Kämpfen gegen König Christian I. von Dänemark und gegen schwedische Adlige zweimal die Herrschaft. Doch der **Kampf gegen die Dänen** und für die Auflösung der Kalmarer Union ging weiter. Immer wieder eroberten die Dänen ihre Macht zurück. Tragischer Höhepunkt der Auseinandersetzung war das »**Stockholmer Blutbad**« im Jahr 1521, als Dänenkönig Christian II. 82 schwedische Adlige, die angeblich einen Aufstand gegen ihn geplant hatten, brutal ermorden ließ. In der Folge brach nun tatsächlich ein Aufstand unter Führung von Gustav Wasa aus, der zur Absetzung von Christian II. führte.

Widerstand gegen Dänemark

AUF DEM WEG ZUR GROSSMACHT

1523	Gustav Wasa wird zum König gewählt.
1527	Reformation
1632	Gustav II. Adolf fällt in der Schlacht von Lützen.
1648	Im Westfälischen Frieden bekommt Schweden u.a. Vorpommern zugesprochen.
1658	Größte Ausdehnung des Staatsgebiets in der Geschichte
ab 1697	Niedergang Schwedens

Gustav Wasa wurde 1523 **zum König von Schweden** gewählt. Er ließ 1527 die Reformation einführen, brach die Macht der Hanse und machte Schweden 1544 zur Erbmonarchie. Zu Beginn des 17. Jh. betrieb **Gustav II. Adolf** eine aggressive Expansionspolitik Richtung Osten und beendete die bereits von seinem Vater **Karl IX.** begonnenen Kriege gegen Russland und Polen siegreich. Er reformierte die Verwaltung und Wirtschaft. Auf Bitten der protestantischen Fürsten griff Gustav II. Adolf in Deutschland in den **Dreißigjährigen Krieg** (1618 – 1648) ein; dort fiel er 1632 in der Schlacht von Lützen.

Wasa-Zeit

Unter seiner Nachfolgerin Christine setzte sich der **Aufstieg Schwedens zur Großmacht** fort. Im Westfälischen Frieden, der den Dreißigjährigen Krieg beendete, sicherte sich Schweden unter anderem

Gipfel der Macht

Vorpommern **mit Rügen und Wismar sowie Bremen** und das Bistum Verden. Weitere Eroberungen folgten im Krieg gegen Dänemark-Norwegen. 1658 stand Schweden auf dem Gipfel seiner Macht, eine größere territoriale Ausdehnung sollte es in der Folgezeit nie mehr erreichen.

Sinkender Stern
Doch fehlten dem rein agrarisch geprägten Land die wirtschaftlichen Ressourcen, um das riesige Gebiet absichern zu können. Als 1697 der 15-jährige **Karl XII.** den Thron bestieg, begann der **Niedergang Schwedens**. Zunächst konnte der kriegerische König zwar noch militärische Erfolge feiern, doch die Niederlage im **Großen Nordischen Krieg** (1700 – 1721) gegen Dänemark, Polen und Russland brachte den Verlust der Ostseeprovinzen, Bremens, Verdens und Vorpommerns. Die Vormachtstellung in Europa war dahin.

FREIHEITSZEIT · INDUSTRIALISIERUNG

1719 – 1772	Freiheitszeit: Die Macht des Königs wird eingeschränkt.
1772 – 1809	Gustavianische Epoche
1809	Schweden verliert Finnland.
1814 – 1905	Union mit Norwegen
1818	Jean Baptiste Bernadotte besteigt den Thron.
1900 – 1930	Aufstieg zur Industrienation

Mächtiger Reichsrat
Nach dem Zusammenbruch erholte sich das Land wirtschaftlich überraschend schnell. In der »Freiheitszeit« genannten Epoche gelang es dem Adel, die Macht des Königs zugunsten des **Reichsrates** deutlich einzuschränken. Die Macht lag nun ganz beim Reichsrat und dem Parlament – Vergleichbares konnte zu dieser Zeit nur England aufweisen. Gustav III., der 1772 den Thron bestieg, schränkte den Einfluss der Parteien wieder stark ein. Er regierte im Sinne des aufgeklärten Absolutismus, schaffte die Folter ab und führte die **Pressefreiheit** ein. Gustav ging auch als bedeutender Förderer von Kunst und Kultur in die Geschichte des Landes ein.

Union mit Norwegen
1805 tobte in Europa wieder ein Krieg. Schweden verbündete sich mit England gegen Russland und Frankreich – und unterlag. Die Provinz Finnland ging verloren. Da man Gustav IV. Adolf als Schuldigen für die Niederlage ausgemacht hatte, wurde er abgesetzt und durch **Karl XIII.** ersetzt. Die eigentliche Macht übte aber **Jean Baptiste Bernadotte** aus, ein ehemaliger Marschall aus der napoleonischen Armee. Er wurde 1810 **als Kronprinz ins Land geholt** und zog 1813 gegen Frankreich und Dänemark in den Krieg. Als Kriegsfolge musste Dänemark **Norwegen** abtreten und dieses eine Union mit Schweden eingehen, die bis 1905 währte. 1818 bestieg Jean Bap-

tiste Bernadotte als Karl XIV. Johann den Thron. Seine Nachkommen stehen noch heute an der Spitze des schwedischen Staates.

Im Laufe des 19. Jh.s verschlechterte sich die wirtschaftliche Situation in Schweden zusehends. Vor allem die Landbevölkerung verarmte und rund 1,5 Millionen Menschen (bei einer Bevölkerung von nur 3,5 Millionen) wanderten vor allem **nach Nordamerika** aus. Wer nicht emigrierte, versuchte sein Glück in der Stadt. Die einsetzende Industrialisierung schuf zwar neue Arbeitsplätze, doch für viele ehemalige Bauern endete der Umzug in die Stadt in größter Armut. 1889 wurden die ersten **Arbeiterschutzgesetze** erlassen und die Sozialdemokratische Partei sowie die Zentralgewerkschaft gegründet. Bis 1930 durchlief die Industrialisierung eine äußerst rasche Entwicklung; Wirtschaft und Kultur erreichten ein höheres Niveau.

Auswander-welle

20. UND 21. JAHRHUNDERT

1914 – 1918 /	In den Weltkriegen bleibt Schweden zumindest auf dem
1939 – 1945	Papier neutral.
1946	Beitritt zu den Vereinten Nationen
2003	Schweden stimmt gegen den Euro.

Im **Ersten Weltkrieg** verfolgte die schwedische Regierung offiziell eine Politik der Neutralität, da man aber in Wirklichkeit eine sehr deutschfreundliche Linie fuhr, verhängte England schließlich eine Blockade gegen das Land. Das Kriegsende leitete eine Reihe politischer und sozialer Reformen ein, durch die der Grundstein zur Schaffung des schwedischen Wohlfahrtsstaates gelegt wurde. Im **Zweiten Weltkrieg** erklärte Schweden erneut seine Neutralität, trieb aber regen Handel mit Deutschland und lieferte Eisenerz für Hitlers Waffenschmieden. Außerdem wurde den deutschen Truppen ein **Transitrecht ins besetzte Norwegen** gewährt.

Die beiden Weltkriege

Nach dem Krieg wurden die sozialen Reformen fortgeführt und eine sozialdemokratische Regierung folgte auf die andere. 1946 trat Schweden den **Vereinten Nationen** bei, 1949 dem Europarat und 1951 gründete das Land zusammen mit seinem Nachbarn den **Nordischen Rat**. All dies geschah unter der Führung des Sozialdemokraten Tage Erlander (Ministerpräsident 1946 – 1969). Ihm folgte **Olof Palme** im Amt. Der beliebte Ministerpräsident wurde 1986 von einem Unbekannten **ermordet.** Dasselbe Schicksal erlitt 2003 die sozialdemokratische schwedische Außenministerin **Anna Lindh**, die in einem Kaufhaus in der Stockholmer Innenstadt einer Messerattacke zum Opfer fiel. Sie war ohne Leibwächter unterwegs. Der Täter wurde zu einer lebenslangen Haftstrafe verurteilt.

Wohlfahrts-staat

Eine Deutsche wird Königin 1976 heiratete König Carl XVI. Gustaf **Silvia Sommerlath**. Er hatte die Deutsche 1972 während der Olympischen Spiele in München kennen gelernt, wo sie als Hostess arbeitete. Am 14. Juli 1977 kam **Victoria** Ingrid Alice Desirée, ihr erstes Kind, auf die Welt. Seit 1980 gilt in Schweden bei der Königsnachfolge das Erstgeburtsrecht, damit ist Victoria schwedische Thronfolgerin. Ihr Bruder Prinz Carl Philip wurde 1979 geboren, ihre Schwester Prinzessin Madeleine 1982. Am 19. Juni 2010 heiratete Kronprinzessin Victoria ihren ehemaligen Fitnesstrainer Daniel Westling. Am 23.2.2012 bekamen sie ihr erstes Kind – Prinzessin Estelle.

Schweden und Europa Als eines der ersten Länder Europas schlitterte Schweden im Laufe der 1990er-Jahre in eine schwere Wirtschaftskrise mit hoher Arbeitslosigkeit und Betriebsbankrotten. In dieser Situation beantragte die Regierung den in der Bevölkerung äußerst umstrittenen **Beitritt zur Europäischen Gemeinschaft**. Seit 1995 ist das Land Mitglied der Europäischen Union. Der Beitritt zur Europäischen Währungsunion und damit die Übernahme des **Euro** wurde aber in einer Volksabstimmung im September 2003 von einer breiten Mehrheit der Bevölkerung **abgelehnt**. Ein Grund für die Ablehnung war der eigene Wirtschaftsaufschwung, den man durch den Euro gefährdet sah. Nach wie vor herrscht in Teilen der schwedischen Bevölkerung EU-Skepsis. Man möchte seine Souveränität innerhalb Europas aufrechterhalten und sich nicht von Institutionen in Brüssel beherrschen lassen. Schweden gehört in der EU zu den Nettozahlern, zahlt also mehr ein, als es zurückbekommt.

Geschichte von Finnland

Erst Schweden, dann Russland, schließlich der Schatten der Sowjetunion: Finnland musste lange um echte Unabhängigkeit ringen. 1995 trat der Staat der EU bei, 2002 dem Euro.

Die Finnen kommen Wohl aus dem Landschaftsraum westlich des Urals (Sibirien) strömten im ersten Jh. n.Chr. die Vorfahren der heutigen Finnen bis nach »Suomi«. Im Zeitraum vom 6. bis 10. Jh. drängten die Finnen die **Samen**, die vor ihnen hier siedelten und vermutlich aus Eurasien eingewandert waren, aus dem küstennahen Raum im Südwesten ins Landesinnere und in das Gebiet des heutigen Lappland zurück. Im Osten bildeten die **Karelier** am Ladoga-See ein eigenes Stammesgebiet. Finnen und »schwedische« Wikinger jenseits des Bottnischen Meerbusens pflegten einen regen Pelzhandel; die besten Jagdgründe dafür waren im Besitz der Samen.

DIE SCHWEDISCHE EPOCHE

1157	Schwedischer Kreuzzug gegen die heidnischen Finnen
1284	Finnland wird schwedisches Herzogtum.
1527	Gustav Wasa I. führt die Reformation ein.
1700 – 1721	Nordischer Krieg, Ostkarelien und Vyborg gehen an Russland.

Während die Fürsten von Nowgorod friedfertige Mönche vorschick-ten, um den Karellern (vom heute russischen Vyborg aus) den ortho-doxen Glauben näher zu bringen, bekehrten die Schweden die Fin-nen **mit dem Schwerte zur römisch-katholischen Kirche**: 1157 rief Erik IX. zum Kreuzzug gegen die Heiden auf. Mit Rittern und Pries-tern kamen die ersten Bauern und Fischer und siedelten an der Süd- und Südwestküste.

Christentum per Gewalt

Schweden kolonisierte sodann im 13. Jh. das Land von Süd- und West-Finnland her. Ab 1284 ist das besetzte Gebiet, das Herzogtum Finnland, ein integraler Bestandteil der schwedischen Machtsphäre. 1293 dehnte sich der Machtbereich der Schweden bis zum Ladoga-See aus, Vyborg wurde befestigt. 1323 wurden **Karelien und Mittel-Finnland** zwischen dem Schwedischen Reich und dem Stadtstaat Nowgorod aufgeteilt.

Herzogtum Finnland

In der Kalmarer Union vereinte **Königin Margarete** 1397 Däne-mark, Norwegen und Schweden (wozu Finnland damals gehörte). Schon unter dem ersten gemeinsamen Herrscher **Erik XIII.** brach das zentralistisch regierte Gebilde 1439 zeitweilig auseinander; 1523 lös-te **Gustav Wasa I.** (1523 – 1560) das Königreich Schweden endgültig aus dem Verbund.

Kalmarer Union

Finnland wurde 1581 zum Großfürstentum erhoben; kulturell und wirtschaftlich blühte der schwedischsprachige Teil dadurch auf (1640 Gründung der Universität von Åbo). Im **Nordischen Krieg** (1700 – 1721) kamen Vyborg und Ostkarelien von Schweden an Russland.

Finnland wird Groß-fürstentum

DIE RUSSISCHE EPOCHE

1809	Finnland erhält von Russland den Status »autonomes Großfürstentum«.
1812	Helsinki löst Turku als Hauptstadt ab.
1863	Finnisch und Schwedisch werden zu gleichberechtigten Sprachen.

Helsinki wird Hauptstadt

1807 standen **Napoleons** Truppen an der Ostsee und besetzten Schwedisch-Vorpommern. Russland beteiligte sich an der Kontinentalsperre gegen Großbritannien; dafür bekam es freie Hand, Finnland in seinen Machtbereich einzugliedern. 1808 drang die russische Armee in Finnland ein. Um eine russenfreundliche Stimmung zu erzeugen, erklärte Alexander I. 1809 Finnland zum **autonomen Großfürstentum**. 1812 wurde statt Åbo (dem heutigen Turku) das russlandnahe Helsinki zur Hauptstadt erklärt.

Russifizierung

Unter dem seit 1881 regierenden **Alexander III.** begann eine Russifizierungswelle in allen Außenposten des Zarenreichs; auch sein Nachfolger **Nikolaus II.** (1894 – 1917) setzte diese fort: Russisch wurde Pflichtfach an finnischen Schulen und Staatssprache in der Verwaltung. Ende Oktober 1905 kam es zu einer revolutionären Erhebung in St. Petersburg, auch die finnischen Arbeiter traten in den Generalstreik. 1906 billigte der Zar ein Parlament. Erstmalig erhielten jetzt alle Finnen das Wahlrecht, doch durfte das finnische Parlament, die Eduskunta, nur über Lokales bestimmen. Alles, was von übergeordnetem Staatsinteresse war, entschied wie bisher schon das russische Parlament, die Duma. 1905 konnten sich die Finnen für 10 Millionen Finnmark im Jahr von der Einberufung in die russische

Beeindruckendes Erbe aus der Zeit, als Finnland noch ein russisches Großfürstentum war: die Uspenski-Kathedrale in Helsinki

Armee »freikaufen«. Als Russland 1914 in den Ersten Weltkrieg eintrat, betraf dies Finnlands Soldaten nicht.

UNABHÄNGIGKEIT UND WELTKRIEG

6.12.1917	Finnland wird unabhängig.
1918 – 1919	Bürgerkrieg zwischen »Roten« und »Weißen«
1939 – 1940, 1941 – 1944	»Winterkrieg« und Fortsetzungskrieg gegen die Sowjetunion
1944	Lapplandkrieg gegen Deutschland
1947	Der Pariser Friedensvertrag diktiert hohe Reparationszahlungen Finnlands an die Sowjetunion.

Am 15. März 1917 dankte Zar Nikolaus II. ab, Russland war nun Republik. Der Wunsch nach Unabhängigkeit erwachte von Neuem, Finnland sollte nicht Teil eines neuen »roten«, sowjetischen Reichs werden. Am 6. Dezember erklärte das Parlament die **Unabhängigkeit**, und Lenin entließ das gespaltene Finnland am 31. Dezember in eine Selbstständigkeit, die in einen Bürgerkrieg mündete, der 25 000 Menschen das Leben kosten sollte. 1919 entschieden die Regierungstruppen den Kampf unter **General Carl Gustav Mannerheim** in der Schlacht von Tampere für sich. **Schritt zur Souveränität**

Der **»Hitler-Stalin-Pakt«** schlug Finnland 1939 der sowjetischen Interessensphäre zu. Am 30. November überschritt die Rote Armee die Grenze, und der für Finnland von vornherein aussichtslose **»Winterkrieg«** (finnisch »talvisota«) begann. Am 13. April 1940 unterzeichnete Finnland in Moskau die Friedensbedingungen, die u. a. die Abtretung von Teilen Kareliens vorsahen. Finnland hoffte, mit Hitlers Hilfe verlorenes Terrain zurückgewinnen zu können, und billigte deshalb 1940 die Stationierung von deutschen Verbänden in Lappland. Am 22. Juni 1941 griff Nazi-Deutschland die Sowjetunion an, Finnland folgte Anfang Juli. Im so genannten **»Fortsetzungskrieg«** konnte das gut ausgerüstete Land seine eigenen militärischen Ziele in Karelien bis Ende 1941 erreichen. Doch nach der Niederlage der Deutschen in Stalingrad suchte Finnland wieder die Verständigung mit der Sowjetunion. **Winterkrieg**

Die 1944 gestellten und 1947 bestätigten Friedensbedingungen waren bitter: Die alten Grenzen von 1940, der Verlust von Petsamo (einem Stadtteil von Tampere), dazu **Reparationszahlungen an die Sowjetunion** im Wert von 300 Mio. US-Dollar. 1948 schloss Finnland mit der Sowjetunion einen »Vertrag über Freundschaft, Zusammenarbeit und **gegenseitigen Beistand**«. Er sah u.a. gegenseitigen Beistand im Falle eines Angriffs von außen vor. **Teurer Frieden**

20. UND 21. JAHRHUNDERT

1952	Olympische Sommerspiele in Helsinki
1956	Urho Kekkonen wird Staatspräsident.
1973 – 1975	Erste KSZE-Konferenz in Helsinki
ab 1991	Schwerste Wirtschaftskrise der Nachkriegszeit
1995	EU-Beitritt
1.1.2002	Der Euro löst die Finnmark ab.

Zwischen den Stühlen 1948 wurde zwischen Finnland und der Sowjetunion ein Friedens- und Beistandsvertrag geschlossen: Helsinki verpflichtete sich, keine fremden Truppen ins Land zu lassen und keiner Allianz beizutreten, die gegen die Sowjetunion gerichtet sein könnte. Während man sich im übrigen Europa auf die Konfrontation der Supermächte einstellte, schien sich Finnland – obwohl eigentlich eine westliche Nation – von Moskau eine Neutralität diktieren zu lassen. Das erregte Widerwillen in vielen westlichen Hauptstädten. Doch die Finnen hatten keine Wahl: Das Schicksal der osteuropäischen Staaten bot ein überaus warnendes Beispiel dafür, wie die Sowjetunion mit Ländern innerhalb ihres Machtbereiches umspringen konnte; die damals sehr starke Position der finnischen, angeblich putschbereiten Kommunisten und die lange, verletzliche Landgrenze zur Sowjetunion taten ein Übriges, um die Regierung unter **Juho Kusti Paasikivi** zum Einlenken zu zwingen. Einen dritten Waffengang gegen die Russen innerhalb eines Jahrzehnts konnte und wollte man sich nicht mehr vorstellen. In der Folge musste Finnland stets sowjetische Interessen berücksichtigen: Weder konnte es am Marshall-Plan partizipieren noch dem westlichen Bündnis der NATO beitreten. Im Gegenzug konnte die **staatliche Souveränität** erhalten bleiben. Wirtschaftlich ging es nach dem Krieg rasch bergauf, was zur Entschärfung der Lage beitrug; Finnland erlangte mit Holzexporten beträchtlichen Wohlstand und entwickelte sich zu einer florierender Industrienation.

Schaukelpolitik Viele Kritiker beargwöhnten die erfolgreiche Schaukelpolitik der Finnen. Vertraglich und wirtschaftlich an die Sowjetunion gebunden, hatte sich Finnland seine Unabhängigkeit und Neutralität bewahren können – besaß aber nicht die Freiheit, einem westlichen Militärbündnis beizutreten. Kritik an innersowjetischen Angelegenheiten kam finnischen Politikern der Nachkriegszeit aus den genannten Gründen fast nie über die Lippen.

Staatspräsident Kekkonen 1955 wurde Finnland Mitglied in der **UNO** und im **Nordischen Rat**. Am 1. März 1956 übernahm Urho Kaleva Kekkonen das Amt des Staatspräsidenten, das er über 25 Jahre bis 1981 bekleiden sollte. Der große Staatsmann konnte in der Zeit des erbitterten Kalten Krieges das Kunststück des finnisch-sowjetischen Ausgleichs durchsetzen.

Sein Rezept war einfach, aber wirkungsvoll: **Nicht politischer Druck, nur Entspannung** konnte den Weg der angestrebten Neutralität zwischen Ost und West offen halten. 1961 schloss sich Finnland der EFTA an, nachdem sich die Europäische Freihandelsgemeinschaft auch für die Sowjetunion göffnet hatte. Um aller Welt zu demonstrieren, dass Finnland nicht nur ein Werkzeug in den Händen der östlichen Supermacht war, sondern seinen eigenen Weg ging, regte Kekkonen 1969 eine »Konferenz über Sicherheit und Zusammenarbeit in Europa« (KSZE) an. Von 1972 bis 1975 tagten Abgesandte aller europäischen Staaten außer Albanien in der Hauptstadt, und Helsinki wurde zum Synonym für politische Entspannung.Diese Konferenz endete 1975 mit der Unterzeichnung der »KSZE-Akte«.

Am 25. Okt. 1988 erkannte der sowjetische Staatschef **Michail Gorbatschow** Finnlands Status als neutrales Land ohne Einschränkung an. Nach dem Ende der Sowjetunion 1991 orientierte sich Finnland neu, wurde am 1. Januar 1995 **Mitglied der Europäischen Union**, 2002 wurde der Euro eingeführt. Von 2000–2012 stand in Finnland mit **Tarja Halonen** zum ersten Mal in der Geschichte des Landes eine Frau an der Spitze des Staates. Aufsehen erregte Finnland, als bei den Wahlen von 2011die rechtspopulistische Partei »Wahre Finnen« ihren Stimmenanteil mehr als vervierfachen konnte und mit 19 Prozent drittstärkste Kraft im Land wurde. An der blockübergreifenden Mehrparteienregierung des konservativen Ministerpräsidenten Jyrki Katainen ist sie aber nicht beteiligt. Präsident ist seit 2012 Sauli Niinistö, der seinerseits ebenfalls der Konservativen Partei angehört.

Die letzten Jahre

Finnlands Außenminister unterzeichnet 1955 das Porkkala-Abkommen, das auch die Kooperation mit der Sowjetunion regelt.

Kunst und Kultur

Von Felskunst und Designstars

**In der Frühgeschichte setzte Skandinavien mit der Wikinger-
kunst und den Stabkirchen eigene Impulse, nahm dann aber
stark auch Anregungen von außen auf. Nach 1850 gelangten
Künstler wie Grieg, Sibelius, Munch oder Anders Zorn zu Weltruhm. Seit dem 20. Jh. setzt der Norden auf dem Gebiet von
Architektur und Design international beachtete Akzente.**

Aus vorgeschichtlicher Zeit sind in Norwegen und Schweden vor allem die Felsritzungen bemerkenswert, die zu den bedeutendsten ihrer Art zählen. Entstanden sind sie teils in der Jungssteinzeit, teils in
der Bronzezeit (▶Baedeker Wissen S. 486).

**Felsbilder in
der Frühzeit**

GERMANISCHE KUNST

Die Träger des **nordischen Kulturkreises** waren mit Sicherheit Ger-
manen. Der Beginn der germanischen Kunst, die den Zeitraum von
1800 v. Chr. bis zur Christianisierung um 1100 n. Chr. umspannt,
wird in die Bronzezeit datiert. Diese währte in Skandinavien etwa
von 1800 bis 600 v. Chr.. Die Bronzearbeiten sind künstlerisch und
technisch sehr hochwertig. Wichtige Funde sind vor allem aus Gräbern überliefert, besonders beigabenreich waren die Hügelgräber im
schwedischen Uppsala und in Seddin (heutiges Brandenburg).

Bronzezeit

In der germanischen Zeit entwickelte sich die Kunst, Schmuckstücke
aus Metall herzustellen, sehr weit. Bis um 350 n. Chr. wurden Fibeln
(eine Art Brosche) mit gekörnten Gold- oder Silberdrähten verziert.
Bis 550 n. Chr. ließ man sich **vom Orient inspirieren**, übernahm
ornamentale Techniken iranischer Herkunft und versah Goldschmuck mit wunderschönen roten Einlagen aus Almandin (Eisen-
tongranat). Charakteristisch ist auch der »Tierstil«: Schmuckstücke
tragen dabei seltsam ineinander verschlungene Tiergestalten, die teils
so abstrakt sind, dass man darin kaum ein Tier erkennt.

Tierstil

Eine Besonderheit stellen die Bildsteine auf Gotland dar. Auf diesen
2 – 4 m hohen Kalksteinplatten sind Schiffe und Menschen, manch
mal **ganze Sagenzyklen** dargestellt. Sie datieren in die Zeit der Völ-
kerwanderung (ab ca. 375 n. Chr.) bis zur Christianisierung.

**Bildsteine
auf Gotland**

Von zeitgenössischen Autoren werden die Nordgermanen ab ca.
800 n. Chr. »Wikinger« genannt, insofern kann man zwischen 800

**Wikinger-
kunst**

Kreationen der finnischen Marimekko-Designerin
Maija Isola im Designmuseum in Helsinki

Meisterwerke in Holz

Die hölzernen Stabkirchen (norwegisch »Stavkirker«) sind die bekanntesten und eigenständigsten Zeugnisse mittelalterlicher Baukunst in Norwegen. Von ursprünglich rund 600 dieser Holzkirchen haben nur 31 die Stürme der Zeit bis heute überstanden. Diese werden nun als nationale Schätze gehütet.

Stabkirchen sind ein- oder dreischiffige Holzkirchen mit einem steilen, mehrstöckig gestuften Dach. Ihren Namen verdanken sie der **Stabbauweise**, die – im Gegensatz zur Blockbauweise mit horizontalen Balken – im Boden oder auf freiliegenden Schwellenrahmen verankerte Pfosten verwendet, die das Satteldach tragen. Ähnlich wie bei den berühmten **Schiffskonstruktionen der Wikingerzeit** (Spanten) versteift die Anordnung von Rahmenhölzern, Knaggen und Andreaskreuzen das bauliche Gefüge so stark, dass es den nordischen Stürmen gut standhalten kann. Massive, runde Eckstützen stabilisieren die Außenwand, die vom Kircheninneren gelöst ist. Zwischen den Pfosten und Pfeilern im Inneren der Kirche, zu deren Bau weder Eisenteile noch ein einziger Eisennagel verwendet worden sind, gewährleisten die vorhandenen Rundbögen die notwendige Elastizität. Die **Blütezeit** der schon im 9. Jh. nachweisbaren Stabkirchen fällt in das 12. und 13. Jh., also in einen Zeitraum, in mit dem Vordringen des Christentums auch in Skandinavien schon Kirchen aus Stein errichtet wurden.

Erbe der Wikinger

Romanische Formen verbanden sich mit der uralten Technik des Holzbaus, während die Ornamentik zunächst noch der Tradition der Wikinger verhaftet war. Aus dieser Periode stammen auch kunstvoll stilisierte Tier- und Flechtwerkschnitzereien, die durch ihre dekorativen Kompositionen mit **Motiven der vorchristlichen Eddadichtung** eine fantastische, sogar fast unheimliche Wirkung erzeugen. Mit der Christianisierung wurde indes der als heidnisch betrachtete Figurenschmuck zurückgedrängt und in der normannischen Stilepoche von der kargeren Ornamentik abgelöst, die ihre Vorbilder in zeitgenössischen Steinbauten suchte. Zugleich trat neben den älteren, einschiffigen Grundriss der **basilikale Typ** des Kirchenraumes mit überhöhtem Mittelschiff, das durch mastbaumartige Säulen von den Seitenschiffen getrennt wurde. Während sich die römische Basilika zum vorherrschenden Bau entwickelte, entstanden auch die ersten festen Bischofssitze in Norwegen, wo es zuvor nur missionierende Wanderbischöfe gegeben hatte. Allmählich nahm der Figurenschmuck an Formenreichtum wieder zu, und die Wikingertradition erlebte formal eine Renaissance. Die heidnischen Ornamente von einst wurden von europäisch beeinflussten, christlichen Motiven abgelöst. So entstand im 18. Jh. der berühmte »**Drachenstil**«, benannt nach den Furcht erregenden Drachenköpfen am First der Bauwerke. Auch die wesentlich jüngere Kirche in Gravdal (1905) wurde in diesem Stil errichtet. Große Wandmalereien waren aufgrund der dürftigen Lichtverhältnisse relativ selten.

Stabkirchen in Norwegen

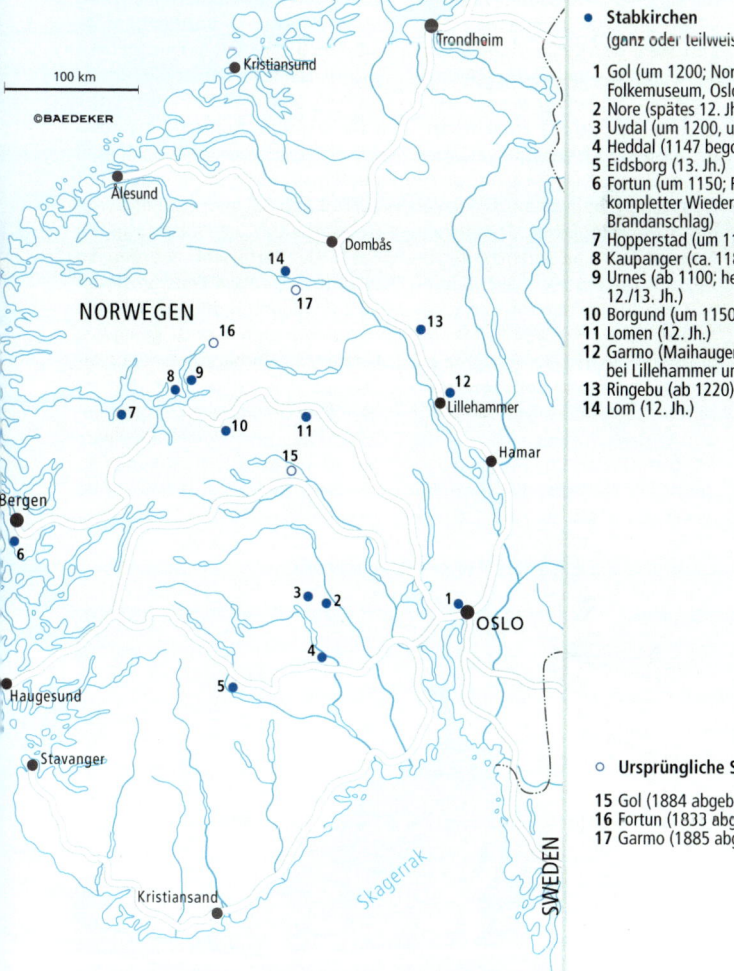

100 km

©BAEDEKER

NORWEGEN

Trondheim
Kristiansund
Ålesund
Dombås
14
17
16
8 9
13
12
Lillehammer
7
10 11
15
Hamar
Bergen
6
3 2
1
OSLO
4
5
Haugesund
Stavanger
Kristiansand
Skagerrak
SWEDEN

● **Stabkirchen**
(ganz oder teilweise erhalten)

1 Gol (um 1200; Norsk Folkemuseum, Oslo)
2 Nore (spätes 12. Jh., umgebaut)
3 Uvdal (um 1200, umgebaut)
4 Heddal (1147 begonnen)
5 Eidsborg (13. Jh.)
6 Fortun (um 1150; Fantoft; 1992 kompletter Wiederaufbau nach Brandanschlag)
7 Hopperstad (um 1130)
8 Kaupanger (ca. 1185)
9 Urnes (ab 1100; heutiger Bau 12./13. Jh.)
10 Borgund (um 1150)
11 Lomen (12. Jh.)
12 Garmo (Maihaugen bei Lillehammer um 1200)
13 Ringebu (ab 1220)
14 Lom (12. Jh.)

○ **Ursprüngliche Standorte**

15 Gol (1884 abgebaut; s. Nr. 1)
16 Fortun (1833 abgeb.; s. Nr. 6)
17 Garmo (1885 abgeb.; s. Nr. 12)

Stabkirchen heute

Um das Jahr 1300 soll es in Norwegen weit über 600 Stabkirchen gegeben haben. Nachdem die **Pest** jedoch mehr als die Hälfte der norwegischen Bevölkerung dahingerafft hatte, verfielen die meisten der sakralen Holzbauten, und vom 17. bis zum 19. Jahrhundert wurden viele der Kirchen abgerissen: Sie waren für die wachsenden Gemeinden zu klein geworden. Heute sind nur noch 31 Stabkirchen – mehr oder auch weniger verändert – erhalten. Die meisten dieser Holzkirchen befinden sich noch an ihren ursprünglichen Standorten. Einige wurden an andere Orte versetzt und als museale Sakralbauten neu errichtet (siehe Übersichtskarte auf der vorherigen Seite). Um die Mitte des 19. Jh.s erwachte ein **neues Interesse** an den mittelalterlichen Gotteshäusern, und zwar durch den norwegischen Maler J. C. Dahl. Er war seit 1824 außerordentlicher Professor der Kunstakademie zu Dresden und begann nach häufigen Reisen in seine norwegische Heimat, um den Erhalt der einzigartigen Kulturdenkmäler zu kämpfen. Dahl veranlasste etwa den preußischen König Friedrich Wilhelm IV., die Stabkirche von Vang in Valdres zu erwerben, die zuerst auf der Pfaueninsel bei Berlin und später in Brückenberg im Riesengebirge wieder aufgebaut wurde. Damit rückte er die norwegischen Stabkirchen ins Licht der Öffentlichkeit. Nun ging man daran, die noch vorhandenen Sakralbauten zu retten, wobei allerdings auch durch so manche Restaurierungsarbeiten der ursprüngliche Eindruck **verfälscht** wurde. So brachte man etwa **Fensteröffnungen** an, während der Kirchenraum früher nur durch hoch gelegene, kleine Luken schwach erhellt worden war. Die heute noch erhaltenen Stabkirchen stehen im südlichen Teil Norwegens, in einem Gebiet, das zwischen Oslo und Bergen liegt und nordwärts etwa bis Trondheim reicht.

Eine große Liebe zum Detail zeigt sich auch in den Schnitzereien an der Stabkirche von Lom.

und 1100 n. Chr. auch von »Wikingerkunst« sprechen. In der Tat zeichneten sich die Wikinger nicht nur durch ihre blutigen Raubzüge aus, sondern brachten auch einen eindrucksvollen Kunststil hervor, der als **jüngere Tierornamentik** bekannt ist. Prachtvolle Tierkopfpfosten zieren die Wikingerschiffe, z. B. das Osebergschiff. Der sog. **Jellingstil** (900 – 1100 n. Chr.) zeigt starken Einfluss von irisch-keltischer Tierornamentik. Mit der Übernahme des Christentums schwindet die Kraft dieser Kunstform. Die letzten Arbeiten, die **Stabkirche von Urnes in Norwegen** und die schwedischen Runensteine, stammen aus der Zeit um 1100.

Norwegische Kunst

Als wär's ein Eisberg: Das moderne Opernhaus am Oslo-Fjord ist nur ein Beispiel für die sehenswerte Architektur im Land. Berühmtester Maler ist der frühe Expressionist Evard Munch.

Den Stabkirchen (▶Baedeker Wissen S. 68) folgen in Norwegen die Steinbauten der Romanik. Sie gehen, wie der **Dom von Stavanger** (um 1130) und die **Kirche des Lyseklosters** (ab 1146), auf englische Vorbilder zurück. Der Architekturstil der **gotischen Kirchen** ist vielfach von französisch-spanischen Vorbildern inspiriert; einige Bauten sind der deutschen **Backsteingotik** verpflichtet. Englischen Einfluss zeigt beispielsweise der **Dom von Trondheim** (Neubau ab 1152). Sehr häufig werden Flügelaltäre aus Norddeutschland und den Niederlanden eingeführt. Romanik und Gotik

Die Zeit in der Kalmarer Union unter der Oberhoheit Dänemarks bedeutet für die norwegische Kunst ein Tief. Erst mit der barocken »Rosenmalerei« besinnt man sich vor allem in Telemark und Halingdal wieder auf eigene Kunstformen. An Baudenkmälern sind die **Håkonshalle** im Königshof in Bergen und die Festung Akershus in Oslo besonders erwähnenswert. Der wehrhafte Schlossbau wurde auf der Ostseite des Oslofjordes errichtet und dient noch heute der norwegischen Regierung als würdiger Rahmen für repräsentative Anlässe. Barock

Seit es dank Erfindung der Säge Ende des 16. Jh.s möglich war, Bretter herzustellen, entstehen Holzhäuser, deren Fassadengestaltung sich eng an die von Steinbauten anlehnt. Besonders schön sind die historischen Gebäude der Bergbaustadt Røros und die (teils nachgebauten) hanseatischen Kaufmannshäuser auf der Bryggen in Bergen. Der **Trondheimer Stiftsgården**, das größte Holzbauwerk Norwegens, zeigt imposant die Nachbildung einer barocken Steinfassade. Holz-architektur

Architektur im 19. bis 21. Jh. Nach der Auflösung der Union mit Dänemark nimmt das künstlerische Schaffen wieder stark zu, es entsteht z.B. das klassizistische königliche Schloss in Oslo. Auch der Holzbau öffnet sich neuen Impulsen: Rasch verbreitet sich der sog. Schweizerstil, der sich stark vom **Drachenstil** der Stabkirchen inspirieren ließ. Eines der schönsten Beispiele ist das Restaurant »**Frognerseteren**« am Holmenkollen bei Oslo. Herausragend für die moderne Architektur ist das 2008 eröffnete **neue Opernhaus in Oslo**. Mit seinen geneigten, aus dem Fjordwasser ragenden Dachflächen erinnert es mehr an Landschaftsformationen (wie einen Eisberg) als an einen klassischen Kulturbau.

Kunst im 20. Jh. Bekannte Vertreter der jüngeren norwegischen Künstlergeneration sind die Bildhauer **Stephan Sinding** (1846 – 1922), **Ingebrigt Vik** (1867 – 1927) und **Gustav Vigeland** (▶Berühmte Persönlichkeiten). Beachtliches leisten norwegische Künstler auch in der **Malerei**. Noch in das 19. Jh. fällt die Schaffenszeit des Romantikers Johann Christian Dahl (1788–1857). Wichtige Impulse kommen nach wie vor aus dem Ausland: So schließen sich J. Eckersberg (1882 – 1870) und Hans Gude (1825 – 1903) der sog. Düsseldorfer Schule an, während Gerhard Munthe (1849 – 1929), Erik Werenskiold (1855 bis 1938) und Christian Krohg französischen Vorbildern folgen. Von überragender Bedeutung ist **Edvard Munch** (▶Berühmte Persönlichkeiten).

Kunst in Schweden

Prächtige Kirchen, stolze Schlösser und wegweisendes, zeitgenössisches Design begeistern Kulturfans in Schweden.

Romanik Die Übernahme des Christentums markiert auch in Schweden das Ende der germanisch-wikingischen Kunstentfaltung. Um 1160 wird der Backsteinbau eingeführt. Kirchenbauten aus Stein, die die Macht des neuen Glaubens demonstrieren, sind die besterhaltenen Baudenkmäler aus dieser Epoche. Das **bedeutendste romanische Bauwerk Skandinaviens** ist der Dom von ▶Lund, eine von den Kaiserdomen des Rheinlands beeinflusste Basilika. Die Steinkirchen des 12. und 13. Jh.s sind meist einfacher Art; vor allem auf Gotland stehen auch noch einige Rundkirchen. Mitte des 12. Jh.s kommen Zisterzienser ins Land, die u.a. in Varnhem Klöster errichten.

Gotik Die gotischen Kirchen des 13. bis 15. Jh.s orientieren sich in Südskandinavien vielfach an französischen oder spanischen Vorbildern, etliche auch an der niederdeutschen Backsteingotik. In Schweden bleiben die Formen der Gotik eher gedrungen. Für größere Bauprojekte werden Baumeister und Handwerker ins Land geholt; so schuf der Kölner Meister Gerlach den gotischen Hallenchor des Doms zu Linköping. Ein schwedisches Hauptwerk der Gotik ist der **Dom zu Uppsala** (um 1280 begonnen; allerdings im 19. Jh. durch Restaurierung verfälscht). Die **Malerei des Mittelalters** zeigt kaum eine eigene Note. Bemerkenswert ist aber, dass sich in Schweden **viele Wandmalereien in den Kirchen** erhalten haben, besonders prachtvoll in den Domkirchen zu Strängnäs und Härkeberga. Wie in Norwegen hat man auch in Schweden im Spätmittelalter zahlreiche Skulpturen und Schnitzaltäre aus Deutschland importiert (z.B. den Hl. Georg von Bernt Notke in der Storkyrka in Stockholm). Hier schlägt sich auch der bedeutende Einfluss nieder, den die Hanse ausübte.

Nach der Reformation werden deutlich weniger Kirchen, dafür aber mit Beginn der Wasa-Zeit mehr Schlösser gebaut (Kalmar, Vadstena, Uppsala). Wieder lässt man sich vom Ausland inspirieren: Deutsche Baumeister bringen im 16. Jh. lombardische Renaissanceformen nach Schweden. Der bedeutendste Schlossbau des 17. Jh.s ist **Drottningholm**, das königliche Sommerschloss, das sich an niederländischen Vorbildern orientiert. Ebenfalls erwähnenswert sind das Stadtschloss von Stockholm, das nach einem Brand umgebaut wurde, sowie der mächtige Dom von Kalmar (1660 – 1699).

Renaissance und Barock

Ausdrucksstark: Werke von Carl Milles im Millesgården in Stockholm

Klassizismus Mit dem bedeutenden Bildhauer **Johann Tobias Sergel** (1740 – 1814) setzt sich der Klassizismus in Schweden durch. In der Malerei sind vor allem die Innendekorationen der Schlösser von Kalmar und Stockholm zu erwähnen. Wichtige klassizistische Werke auf dem Gebiet der Architektur sind das Alte Opernhaus und die Börse in Stockholm.

Bauern-
malerei Die Blütezeit der südschwedischen Bauernmalerei liegt zwischen 1750 und 1850 (Dalarna, Gästrikland, Helsingland). Die **für festliche Gelegenheiten** hergestellten Wandbehänge bestehen meist aus Stoff oder Papier; im Norden wird die Wand- und Deckenmalerei gepflegt.

Kunst
im 19. Jh. Im 19. Jh. gehen viele schwedische Maler **zur Ausbildung nach Düsseldorf**, später nach Paris. Erwähnenswert sind der Landschaftsmaler C. J. Fahlcrantz (1774 – 1861), C. Wahlbom (1810 – 1858), A. Wahlberg (1834 – 1906), vor allem aber der Hauptmeister der neuen schwedischen Malerei, **Anders Zorn** (1860 – 1920).

Kunst
im 20. Jh. Für die **Architektur des 20. Jh.s** ist ganz Skandinavien von großer Wichtigkeit. Besonders in den 1920er- und 1930er-Jahren wird eine bodenverbundene Bauweise sehr geschätzt. So gewinnt der internationale Funktionalismus von **Gunnar Asplund** (1885 – 1940) an Bedeutung, der die Stockholmer Hallen für die Werkbundausstellung von 1930 in luftigen, von Beton und Glas bestimmten Formen geschaffen hat. **Sven Markehus** baut 1936 das Konzerthaus in Helsingborg. Die Ideen moderner Gestaltung des schwedischen Werkbunds lösen eine eigene skandinavische Schule der Inneneinrichtung und des Designs aus. Als der bedeutendste schwedische Bildhauer seiner Zeit gilt **Carl Milles** (1875 – 1955). Neben Anders Zorn wird besonders **Carl Larsson** (▶ Berühmte Persönlichkeiten) bekannt.

Kunst aus Finnland

Nach der eigenen Jugendstilbewegung und sachlicher Strenge besinnt sich das Land auf sein ureigenstes Material: Holz.

Mittelalter Bis ins Mittelalter steht die Kunstgeschichte Finnlands **eng mit den anderen Ländern Nordeuropas in Verbindung**; so findet man auch hier Stabkirchen, und auch hier arbeiten Künstler der Hanse. Dies bezeugt z.B. der von Meister Francke gestaltete Barbara-Altar (um 1410, heute Nationalmuseum Helsinki). Aus dem Mittelalter haben sich insgesamt rund 70 Kirchen erhalten, die z.T. deutlichen, schwedischen Einfluss verraten. In diesen aus Feldsteinen gemauerten, einfachen Kirchenbauten hinterließ die internationale Gotik

Spuren – die Ziegelsteinprofile der Tür- und Fensteröffnungen und der aus Backstein gemauerte Giebeldekor. Die bedeutendste mittel-alterliche Kirche Finnlands ist der imposante **Dom zu Turku**, dessen wechselhafte Baugeschichte um 1250 beginnt. Auch in Finnland wer-den viele Kirche im Spätmittelalter in volkstümlicher Weise ausge-staltet, so etwa in Salvinen (1632) oder Padasjoki (1675).

Während der Großmachtzeit Schwedens erlebt Finnland eine rasche wirtschaftliche Entwicklung. Der Wohlstand des Adels zeigt sich in Herrenhäusern wie Louhisaari bei Askainen (1650); hier experimen-tiert man mit den Stilidealen des **Barock**. In der Kirchenarchitektur tritt die Kreuzkirche als eine neue, durch internationale Vorbilder der **Renaissance** beeinflusste Bauart auf. Zu Beginn des 18. Jh.s setzt sich der Barock als maßgebender Stil durch. Neue Festungsbauten wie die achteckige Radialstadt Hamina (ab 1723) und die im Jahre 1748 ge-gründete Festungsinsel Suomenlinna (früher Sveaborg) entstehen. **Renaissance und Barock**

In der sog. gustavianischen Zeit (1775 – 1809) werden die **klassizis-tischen Züge** in der Architektur deutlicher: Zu den Hauptwerken gehören die Kirche in Hämeenlinna (1798) und das Akademiegebäu-de in Turku (1801 – 1815). Als 1812 Helsinki Hauptstadt wird, beauf-tragt der russische Zar den Berliner Architekten **Carl Ludwig Engel** (1778 – 1840), das neue repräsentative Zentrum der Stadt zu planen – eines der schönsten klassizistischen Ensembles weltweit. **Klassizismus**

In der als »Nationalromantik« bezeichneten **goldenen Ära der fin-nischen Kunst** machen sich auch die Architekten auf die Suche nach den Wurzeln der finnischen Kultur. Sie finden sie in Karelien und in den bescheidenen Holzkirchen oder den Steinburgen des Mittelalters und verweben ostfinnisch-karelische Elemente mit denen des interna-tionalen Jugendstils zu einer Synthese, die am besten in dem Haus und Gesamtkunstwerk **Hvitträsk** östlich von Helsinki zu besichtigen ist. **National-romantik**

Nach der Ära der Nationalromantik begründen klare, ruhige Formen die Weltgeltung finnischer Architektur. Trotz einer bedingungslosen Progressivität bleibt sie der **Strenge der finnischen Landschaf**t ver-pflichtet. Internationale Geltung verschaffte sich vor allem Alvar Aal-to (▶ Berühmte Persönlichkeiten); er berücksichtigte vor allem die Wirkung der Farbe. In Finnland baute er u.a. das Sanatorium in Pai-mio (1930) und den Kulturpalast in Helsinki (1955 – 1958). **Funktio-nalismus**

Finnlands zeitgenössische Architektur war bis ins neue Jahrtausend noch durch die Tradition des Funktionalismus geprägt. Allerdings be-sinnen sich finnische Architekten nach Beton und Stein jetzt wieder auf **den ureigensten Baustoff des Landes, das Holz**. Ein weithin beachtetes Beispiel ist die 2000 entstandene Sibeliushalle in Lahti. **Zeit-genössische Architektur**

Verführung auf der Tanzfläche

Der Tango gelangte erstmals 1908 von Argentinien über Paris in die europäischen Hauptstädte. Allerorten löste der »verruchte« Tanz eine heftige, jedoch zumeist schnell verebbende Tangomanie aus. In Finnland hingegen trafen die melancholischen Klänge mitten ins Herz der Volksseele. Und so haben die schwermütigen Weisen im fernen Norden überraschend eine neue Heimat gefunden.

Es war der **Sommer 1913.** Damals trat eines Abends ein dänisches Tanzpaar in einem populären Helsinkier Restaurant auf und betörte mit einem verführerischen und bis dahin unbekannten Tanz das Publikum. Nicht lange, und der Tango war der ausgemachte **Lieblings- tanz** der weltoffenen Oberschicht und der finnischen Bohème. Der einfache Mann auf der Straße jedoch schüttelte den Kopf über solch schamloses und unverhohlen erotisches Gebaren ... Dann kam der Zweite Weltkrieg. Auch die Barmusiker und -komponisten mussten zum Vaterlandsdienst in die Armee. Statt in den Salons der Hauptstadt entstanden ihre Stücke jetzt in den Schützengräben an der Front. Und der einst so frivole und feurige, aber auch schon wehmüti- ge Tango wandelte sich, beein- flusst von russischen Romanzen und deutscher Marschmusik, zu ei- ner ernsten, tieftraurigen Musik. Die Texte handeln vom Ende – dem Ende einer Liebe, des Sommers oder gar des Lebens, von unerfüll- ten Hoffnungen und Wünschen. Nach dem Zweiten Weltkrieg blieb der finnische Tango auf Erfolgs- kurs. Fast jedes Lied, das damals im finnischen Rundfunk gespielt wur- de, stammte aus der Feder des Komponisten **Toivo Kärki**. Als der

Sender nicht mehr immer nur den selben Komponisten spielen woll- te, reagierte Kärki mit finnischer Bauernschläue: Er erfand eine Rei- he von »Pappkollegen« namens Kaari Aava oder den Spanier Pedro de Punta, den Italiener Antonio Brave, die Herren Stone aus Ameri- ka und Klaparow aus Russland. Waren deutsche Klänge gefragt, agierte Kärki unter dem Pseudo- nym Karl Stein. Dem finnischen Rundfunk blieb dieses Schelmen- stück über Jahre vollkommen ver- borgen und deswegen spielte man dort nach wie vor – wenn auch un- gewollt – weiterhin unzählige Kär- ki-Stücke.

Zwei tragische Gestalten

Der populärste Sänger der damali- gen Zeit – und noch heute in Finn- land eine Legende – war **Olavi Vir- ta**. Zwischen 1939 und 1966 nahm er nahezu 600 Lieder auf. In den 1960er-Jahren entstand der Tango **»Satumaa«**, (dt. Märchenland), ge- schrieben von **Unto Mononen** – das bis heute bekannteste und belieb- teste Lied Finnlands. Es gibt wohl kaum einen Finnen, der zu dieser Melodie nicht schon einmal ge- tanzt, gesungen, geweint oder zu- mindest getrunken hat. Die Leben von Virta (geboren 1915 in Sysmä) und Mononen (geboren 1930 in

Muolaa) verliefen tragisch wie die der Helden in ihren Liedern – sie liefen einem unerreichbaren Glück hinterher und **verfielen beide dem Alkohol.** Der eine starb 1972 völlig verarmt – Virtas Karriere kam ins Stocken, nachdem er wegen Alkohols am Steuer verhaftet worden war und die Presse sich über ihn lustig machte. Der andere beendete 1968 seinen aussichtslosen Kampf gegen den Alkoholismus, indem er sich das Leben nahm.

Tangohauptstadt

Im Sommer **1985** veranstaltete die Gemeinde Seinäjoki erstmals ein Tangofestival. Schnell wurde aus der kleinen, regionalen Veranstaltung **das größte Festival Finnlands**, bei dem sich jeden Sommer hunderttausende Musik- und Tanzbegeisterte treffen. Bei dieser Gelegenheit werden auch die besten Tangosänger des Landes – die Tangokönigin und der Tangokönig – gewählt. Die Gewinner des Wettbewerbes sind ganz automatisch Volkshelden und ihre Namen bleiben für lange Zeit im Gedächtnis haften. Ganz zu schweigen von den rasant steigenden Umsätzen, die ihre Platten machen. Beim Tangofestival wird eine Woche lang Tag und Nacht in den Straßen und Kneipen der Stadt getanzt, dabei herrscht eine Stimmung, bei der man sich in Argentinien wähnen könnte – zumindest fast. Denn in den Bewegungen der finnischen Tänzer sucht man die südamerikanische Leidenschaft meist vergebens und außerdem sind die Paare bei den Freiluftveranstaltungen nur selten im geschlitzten Abendkleid und im Frack unterwegs, sondern oft in der finnischen »Nationaltracht« – dem **Trainingsanzug.** Ein Besuch in Seinäjoki ist auch für Nichttänzer ein einmaliges Erlebnis. Nirgends kann man den finnischen Nationalcharakter – falls es denn so etwas gibt – so intensiv kennen lernen wie während der Woche des Tangomarktes Mitte Juli in Seinäjoki.

Bewegte schon in alten Tagen die Volksseele: finnischer Tango

ALVAR AALTO (1898 – 1976)

Alvar Aalto gilt als Nestor der großen Architekten unseres Jahrhunderts. Er wurde am 1898 in Kuortane geboren. Nach seiner Ausbildung an der Technischen Hochschule in Helsinki eröffnete er 1923 im damals unbedeutenden Jyväskylä ein Architekturbüro. 1944 wurde Aalto mit dem Wiederaufbau der im Zweiten Weltkrieg zerstörten Stadt Rovaniemi beauftragt; von 1946 bis 1948 war er Gastprofessor am Massachusetts Institute of Technology in Cambridge (USA). Gemeinsam mit seiner ersten Frau Aino Marsio (gest. 1949) entwarf er Möbel, die, wie die aus gebogenem Schichtholz gefertigte Serie **»Artek«**, zu weltbekannten Designklassikern werden sollten. Aalto gilt als Vertreter des »organischen Bauens«. Sein Konzept bestand darin, Baukörper ihrer landschaftlichen Umgebung anzugleichen, wobei er oft freie Formen verwendete, unter Nutzung einheimischer natürlicher Baustoffe, vor allem Holz. Sein bekanntestes Gebäude ist das 1962 – 1971 gebaute Kongress- und Konzertzentrum Finlandia-Halle in Helsinki. Alvar Aalto starb am 11. 5. 1976 in Helsinki. Sein preisgekrönter **Entwurf des Opernhauses in Essen** wurde unter Mitwirkung seiner zweiten Frau Elissa Makiniemi 1983 – 1988 posthum ausgeführt.

Architekt, Designer

Cool: Designermöbel von Alvar Aalto

GUSTAV II. ADOLF (1594 – 1632)

Gustav II. Adolf, Sohn Karls IX. und Enkel Gustavs I. Wasa, gilt als **der bedeutendste schwedische König**. Gegen die Garantie umfassender Rechte, insbesondere der Mitwirkung des Adels an der Regierung des Landes, erklärte der Reichstag den 17-Jährigen 1611 nach dem Tod seines Vaters für mündig. Mit einer Reihe innerer Reformen schuf Gustav Adolf die Voraussetzungen für die schwedische Großmachtpolitik im Ostseeraum. Bedeutung hatten insbesondere die Heeresreform und der zielstrebige Ausbau der Wirtschaft. 1613 bzw. 1617 gelang es ihm, die Kriege gegen Dänemark und Russland

Monarch

Greta Gustafsson (Schweden) schrieb als »Greta Garbo« Filmgeschichte.

zu beenden, die Karl IX. begonnen hatte. Auf dem europäischen Festland wütete seit 1618 der Dreißigjährige Krieg. Da das Vordringen der habsburgisch-kaiserlichen Macht in den Ostseeraum den schwedischen König beunruhigte, entschloss er sich, in den Krieg einzugreifen. Im Juni 1630 landete er auf der Insel Usedom, um die Protestanten zu unterstützen. In Mitteldeutschland besiegte er den kaiserlichen Feldherrn Tilly und zog durch Thüringen und Franken bis Mainz. Nach einem zweiten Sieg über Tilly kam es am 16. November 1632 bei Lützen zum Kampf zwischen den Schweden und den von **Wallenstein** befehligten kaiserlichen Truppen. Zwar siegten die Schweden, doch König Gustav II. Adolf fiel in der Schlacht.

ROALD AMUNDSEN (1872 – 1928)

Polarforscher

Der große norwegische Polarforscher Roald Amundsen war an der Erforschung der Nordpolarzone und der Südpolargebiete beteiligt. Von 1897 bis 1899 nahm er an einer belgischen Südpolarexpedition teil und 1903 bis 1906 durchfuhr Amundsen als Erster mit dem Schiff die Nordwestpassage, die kürzeste Verbindung zwischen Atlantik und Pazifik über den Norden Nordamerikas. Dann beteiligte er sich am Wettlauf zum Südpol, den bis dahin noch nie ein Mensch erreicht hatte: Im Januar 1911 landete der Forscher an der Küste der Antarktis (Ross-Barriere) und stieß mit Hundeschlitten über das Schelf- und Inlandeis **zum Südpol vor, den er am 14. Dezember 1911 als Erster entdeckte**. Als sein Rivale, der Engländer Robert Falcon Scott, am 17. Januar 1912 den Südpol mit Hilfe von Ponys erreichte, wehte hier schon die Flagge der Norweger. Auf dem Rückweg entdeckte Amundsen die Königin-Maud-Gebirgskette, alle Teilnehmer der Scott-Expedition hingegen kamen um, nur 18 km vom Basislager entfernt. Von 1918 bis 1920 bezwang er als Zweiter – nach Adolf Erik von Nordenskiöld – die Nordostpassage, den Weg, der ebenfalls Atlantik und Pazifik verbindet, aber nördlich von Sibirien entlang führt. Sein eigentliches Ziel, die Drift über den Nordpol, erreichte Amundsen jedoch nicht. Im Juni 1928 ist Roald Amundsen auf einem Flug nach Spitzbergen verschollen.

INGRID BERGMAN (1915 – 1982)

Schau-
spielerin

Die in Stockholm geborene Filmschauspielerin Ingrid Bergman arbeitete ab 1935 beim schwedischen Film, **später auch in Deutschland** und den USA. Hier drehte sie zusammen mit Humphrey Bogart und unter der Regie von Michael Curtiz den Streifen **„Casablanca"** (1942), eine tragische Liebesgeschichte, die den Oscar erhielt und alsbald zum Kultfilm wurde. Ingrid Bergman selbst bekam die be-

»Ich seh dir in die Augen, Kleines...« Humhrey Bogart
und Ingrid Bergman im 1942 gedrehten Kultfilm »Casablanca«

gehrte Auszeichnung für ihre Hauptrolle in „Gaslight" (1944), später
für ihre Verkörperung der Anastasia (1956) und für die beste weib-
liche Nebenrolle in „Mord im Orient-Express" (1974). Als sie sich
1950 von Mann und Tochter trennte, um den italienischen Regisseur
Roberto Rossellini zu heiraten, löste dies in Hollywood einen Skan-
dal aus. Mit Rossellini hatte sie drei Kinder, darunter **Isabella Rossellini**, die ebenfalls Schauspielerin wurde. Ingrid Bergman starb an
ihrem 67. Geburtstag in London.

INGMAR BERGMAN (1918 – 2007)

Der Film- und Theaterregisseur Ingmar Bergman wurde als Sohn
eines Geistlichen in Uppsala geboren. Ab 1937 studierte er Literatur-
geschichte, brach sein Studium aber bald ab. Danach veranstaltete er
Laienaufführungen, arbeitete an einem Studententheater und wandte sich schließlich dem Film zu. Anfangs zeichnete er in seinen Filmen Porträts der skeptischen Nachkriegsjugend; später behandelte
er die Probleme der reiferen Generation, deren Aufgaben im Bereich

Regisseur

von Familie und Beruf liegen. In den 1950er-Jahren wandte er sich dann eher religiösen Themen zu: den Fragen nach Gott, nach dem **Sinn des Lebens** und nach dem Selbstverständnis des Menschen. Nachdem Bergman eine Auseinandersetzung mit den schwedischen Steuerbehörden gehabt hatte, arbeitete er eine Zeit lang überwiegend in Deutschland. Besonders durch den Film **„Wilde Erdbeeren"** (1957), den melancholischen Lebensrückblick eines alternden Mannes, zog Bergman die Aufmerksamkeit des deutschen Publikums auf sich. Bekannt wurde auch der Streifen **„Szenen einer Ehe" (1973) mit Liv Ullmann**, die lange Zeit seine Lebensgefährtin war. Bergman starb am 30. Juli 2007 in seinem Haus auf der Ostseeinsel Fårö, wo er seit 1965 die meiste Zeit lebte.

LEIF ERIKSSON (UM 975 – UM 1020)

Entdecker Amerikas Der norwegische Seefahrer Leif Eriksson kam um 1000 auf der Fahrt nach Grönland vom Kurs ab und gelangte an die Küste Nordamerikas. Vermutlich erreichte er das Gebiet von Nova Scotia, einer Halbinsel, die heute zu Kanada gehört. Leif Eriksson, der als Entdecker Amerikas **vor Kolumbus** gilt, nannte das Land an der Ostküste Nordamerikas »Vinland« (»fruchtbares, wiesenreiches Land«).

GRETA GARBO (1905 – 1990)

Filmdiva Die Filmschauspielerin Greta Garbo, genannt **»die Göttliche«**, kam als Greta Lovisa Gustafsson in Stockholm zur Welt. Schon ihr erster Film, der 1924 nach der gleichnamigen literarischen Vorlage von Selma Lagerlöf gedrehte Streifen »Gösta Berling«, wurde ein überwältigender Erfolg. Nach dem im Folgejahr in Deutschland entstandenen Film »Die freudlose Gasse« arbeitete die Diva für die US-amerikanische Filmgesellschaft Metro-Goldwyn-Mayer. Die Garbo, die als eine der schönsten und geheimnisvollsten Darstellerinnen der Filmgeschichte gilt, verkörperte **meist elegante, aristokratische Gestalten** (»Anna Karenina«, »Mata Hari«, »Königin Christine«). Im Jahr 1941 zog sie sich völlig aus der Welt des Films zurück.

EDVARD HAGERUP GRIEG (1843 – 1907)

Komponist Der in Bergen geborene Komponist Edvard Grieg studierte am Leipziger Konservatorium Musik und setzte sein Studium bei Niels Wilhelm Gade, dem damals führenden dänischen Komponisten, in Kopenhagen fort. 1866 gab Grieg in Christiania (heute Oslo) das erste Konzert mit eigenen Kompositionen (Klavier- und Violinsonaten,

Lieder). In Rom lernte er Franz Liszt kennen und schloss sich nach seiner Rückkehr einem Kreis junger Musiker und Schriftsteller an, die eine nationale Kunst ins Leben rufen wollten. Grieg verschaffte **der norwegischen Musik Weltgeltung**, indem er bei Bearbeitungen von Volksliedern die nationale Idiomatik mit den Kompositionsformen seines Jahrhunderts verband. Er schuf Klaviermusik, Kammermusik sowie Orchesterwerke (»Aus Holbergs Zeit«; eine Festmusik zum 200. Geburtstag des Lustspieldichters Ludvig Holberg) und ein Klavierkonzert. Neben den Orchesterstücken zu Bjørnstjerne Bjørnsons »Sigurd Jorsalfar« (1872) ist besonders die Schauspielmusik zu Henrik Ibsens **»Peer Gynt«** von Bedeutung, die 1874 bis 1876 auf Wunsch des Dichters entstand.

MIKA HÄKKINEN (* 1968)

Mika Pauli Häkkinen wurde am 28. September 1968 in Vantaa geboren. Als Fünfjähriger saß er angeblich das erste Mal in einem Go-Kart – und das entfachte eine Leidenschaft, die ihn übers Kartfahren und Formel-3 bis in die Königsklasse des Motorsports brachte: 1991 fuhr er erstmals in der Formel-1, zunächst für das Lotus-Team, 1993 wechselte er als Testfahrer zu McLaren-Ford. Kaum ließ man ihn auch im Rennen ans Steuer, fuhr er schon im ersten Qualifying seinem Teamkollege Ayrton Senna davon. Einige Male stand Häkkinen auf dem Treppchen, bis er 1997 den ersten Grand-Prix-Sieg errang, jetzt auf McLaren-Mercedes. Legendär ist der Wettstreit, den er sich **mit seinem Erzrivalen Michael Schumacher** lieferte. 1998 und 1999 holte sich Häkkinen den Weltmeistertitel, in der Saison 2000 behielt jedoch Schumacher die Oberhand, Häkkinen wurde Vizeweltmeister. Nach der enttäuschenden Saison 2001 beendete er seine Karriere als Formel-1-Pilot. Von 2005 bis 2007 fuhr er erfolgreich DTM-Rennen (Deutsche Tourenwagen Masters) für Mercedes-Benz.

Formel-1-Pilot

KNUT HAMSUN (1859 – 1952)

Knut Hamsun (eigentlich Pedersen), Träger des Nobelpreises für Literatur, war der Sohn armer Schneidersleute. Die Familie siedelte 1862 nach Hamarøy, gegenüber den Lofoten am Hamsund gelegen, über, inspiriert von diesem Ort wählte der Schriftsteller seinen Namen. In seiner Jugend führte er ein ruheloses Wanderleben und verdiente seinen Lebensunterhalt u. a. als Arbeiter und Hilfslehrer. Zweimal besuchte er Nordamerika und gelangte dabei zu einem pessimistischen Urteil über die technisierte amerikanische Kultur. Nach weiteren Reisen lebte er ab 1918 auf dem Gut Nørholm bei Grimstad in Südnorwegen. **1920 erhielt er den Nobelpreis für Literatur** für

Schriftsteller

seinen Roman „Segen der Erde". Aufsehen erregte er erstmals mit dem Roman »Hunger« (1890), in dem er das Ringen eines Schriftstellers nach Erfolg und seine bis zur körperlichen und seelischen Erschöpfung führenden Entbehrungen beschreibt. Hamsuns Werke lassen ein ausgeprägtes Naturgefühl und den Glauben an eine alles durchwaltende Lebenskraft erkennen. Bis heute ist Hamsun umstritten, denn er begrüßte die Besetzung Norwegens durch deutsche Truppen 1940. Ferner veröffentlichte er Artikel in den Zeitungen der Partei von Vidkun Quisling, der mit den Nationalsozialisten zusammenarbeitete. Nach dem Zweiten Weltkrieg wurde Hamsun verhaftet und zu einer Geldstrafe verurteilt, die ihn ruinierte.

SVEN HEDIN (1865 – 1952)

Asienforscher Der Asienforscher Sven Hedin, **der letzte große Landreisende der Entdeckungsgeschichte**, wurde in Stockholm geboren. In Berlin wurde er Schüler des Geografen und Chinaforschers Ferdinand Freiherr von Richthofen. Zwischen 1894 und 1935 unternahm er vier Expeditionen nach Zentralasien, die ihn u.a. nach Tibet, Lhasa und zum Karakorum führten. Außerdem betrieb er Forschungen in entlegenen Regionen wie dem Tarimbecken, einer Senke zwischen den Gebirgen Tien Shan, Pamir und Kunlun. Er besuchte das Quellgebiet

Berühmt als Asienforscher: Sven Hedin

der Flüsse Brahmaputra und Indus an der Nordflanke des Himalaya und erforschte den Transhimalaya, der seither auch als »**Hedin-Gebirge**« bezeichnet wird. Auf seiner letzten Expedition leitete er eine internationale, interdisziplinäre Forschungsgruppe, die sich in der zentralasiatischen Wüste Gobi und in Turkestan aufhielt. Sven Hedin wertete seine Reisen nicht nur in wissenschaftlichen Berichten aus, sondern schrieb auch volkstümliche Reise- und Abenteuerschilderungen für Jugendliche. Sven Hedin starb 1952 in Stockholm.

THOR HEYERDAHL (1914 – 2002)

Der Zoologe und Ethnologe Thor Heyerdahl setzte sich das Ziel, die Möglichkeit früher transozeanischer Kontakte zu beweisen. Zu diesem Zweck überquerte er mehrere Ozeane in einfachen Booten und allein mit Hilfe von Wind und Meeresströmung. Bei seiner ersten Expedition (1947) wagte sich Heyerdahl **auf einem Floß namens »Kon-Tiki« auf den offenen Pazifik**. In Peru stach er in See und erreichte nach 8000 Kilometern und 101 Tagen schließlich Polynesien (Tahiti). Von 1969 bis 1970 führte ihn seine Expedition »Ra« von Marokko aus nach Mittelamerika zur Karibikinsel Barbados. Mit dem nach sumerischen Vorbildern gebauten Schilfboot »Tigris« gelangte er 1977/1978 von Basra durch den Persischen Golf nach Dschibuti an der ostafrikanischen Küste. 1955/1956 erforschte er die Kultur der Osterinsel. 1983 entdeckte er auf den Malediven im indischen Ozean Reste einer alten Hochkultur. In mehreren Büchern hat Thor Heyerdahl über seine Unternehmungen berichtet.

Forscher

HENRIK IBSEN (1828 – 1906)

Henrik Ibsen, der **größte Dramatiker Norwegens**, wurde in Skien geboren und absolvierte in Grimstad eine Apothekerlehre; 1850 begann er ein Medizinstudium. Ab 1851 arbeitete Ibsen als Dramaturg am Theater von Bergen, dann wurde er zum künstlerischen Leiter an das Theater in Christiania berufen. 1864 verließ Ibsen nach Misshelligkeiten Norwegen und lebte viele Jahre lang im Ausland, u. a. in Rom, Dresden und München. Ibsen, der schon in jungen Jahren als Theaterdichter hervortrat, begann mit dem Römerdrama »Catilina« (1850). Die Bühnenwerke der folgenden Jahre entstanden unter dem Einfluss der Nationalromantik, deren konservative Züge Ibsen bekämpfte. Im Anschluss an historische Dramen und Ideendramen schuf Ibsen die neue Gattung des »Gesellschaftsstücks«, das mit radikaler Kritik an den gesellschaftlichen Verhältnissen den Beginn des modernen Dramas markiert. In dem Stück »Stützen der Gesellschaft« (1877) und den nachfolgenden Werken enthüllte der Dichter

Dramatiker

an Stoffen aus dem Alltag die Lebenslüge und die oft verdeckte Brüchigkeit zwischenmenschlicher Beziehungen. Mit dem Ehedrama **»Nora oder ein Puppenheim«** (1879), in dem sich die Frau als eine dem Mann gleichwertige Partnerin behauptet, gelang Ibsen der Durchbruch zum Weltruhm. Zu dem in Italien entstandenen Schauspiel »Peer Gynt« (1867), dessen Schauplätze u. a. das Gudbrandsdal und das Hochgebirge sind, komponierte Edvard Grieg die Musik.

INGVAR KAMPRAD (* 1926)

IKEA-Gründer

Mit dem Verkauf von Streichholzschachteln verdiente der Förstersohn Ingvar Kamprad seine ersten Øre, heute wird sein Privatvermögen auf 23 Milliarden Dollar geschätzt. Damit ist er **einer der zehn reichsten Männer der Welt**. Kamprad, geb. 1926, gründete mit 17 Jahren eine winzige Firma, der er den Namen »IKEA« gab, zusammengesetzt aus den Initialien von Ingvar, Kamprad, Elmtyard, Agunnaryd: Auf dem Hof Elmtyard beim Städtchen Agunnaryd war Kamprad 1928 geboren worden. Anfangs handelte Kamprad erfolgreich mit Uhren und Strümpfen, erst 1948 kamen Möbel hinzu. Weil er sich Artikelnummern schlecht merken konnte, erhielten seine Möbel Namen und um Transportkosten zu sparen, wurden den Tischen die Beine abgeschraubt. Dieses Konzepte hat die Firma bis heute beibehalten bzw. weiterentwickelt. 1953 eröffnete das erste IKEA-Möbelhaus in einer Zeit, als in Schweden der Wohlstand wuchs und damit die Mittel vorhanden waren, Wohnungen neu einzurichten. Und IKEA produzierte erschwingliche, ansprechende Möbel. Heute werden die meisten IKEA-Möbel aufgrund niedrigerer Produktionskosten in Polen und China hergestellt. Kamprad hat sich aus dem Tagesgeschäft zurückgezogen und lebt in der Schweiz.

URHO KALEVA KEKKONEN (1900 – 1986)

Staatspräsident

Der finnische Staatspräsident Urho Kaleva Kekkonen gilt als **der überragendste Politiker in Nordeuropa** während des vergangenen Jahrhunderts. Mit 26 Dienstjahren ist er bisher das am längsten amtierende republikanische Staatsoberhaupt der Welt (1956 – 1981). Kekkonen wurde in Pielavesi geboren und wuchs in einfachen Verhältnissen in Nordostfinnland auf. Am Freiheits- und Bürgerkrieg 1918 nahm er als Melder teil. Danach studierte er Jura und ging in die Politik. Seit 1936 war er Mitglied des Finnischen Reichstags (Bauernpartei, später Zentrum), bekleidete mehrere Ministerposten und war nach 1945 mehrfach Ministerpräsident. 1956 wurde er zum Staatspräsidenten gewählt. Von Anfang an hatte er die Bürgerlichen und einen Großteil der Sozialdemokraten gegen sich. Stützen konnte er sich nur auf die Agrarunion (jetzt Finnisches Zentrum) und auf die Volksdemokraten, die seinen Kurs der Verständigung mit der Sowjetunion begrüßten. Aus dieser Situation heraus entwickelte Kekkonen seinen autoritären Regierungsstil. Besser noch als sein Vorgänger Paasikivi vermochte Kekkonen die Staatsführungen der beiden damaligen Supermächte von der **Ehrlichkeit des finnischen Neutralitätsstrebens** zu überzeugen. Ein Angelunfall erzwang 1981 seinen Rückzug von den Staatsgeschäften.

SELMA LAGERLÖF (1858 – 1940)

Berühmt wurde Selma Ottilia Lovisa Lagerlöf, die bekannteste schwedische Schriftstellerin ihrer Zeit, mit dem Buch **»Die wunderbare Reise des kleinen Nils Holgersson mit den Wildgänsen«**. Das Buch über Nils Holgersson war ursprünglich als Lesebuch für Schulen bestimmt. Selma Lagerlöf wurde auf dem Gut Mårbacka im Värmland geboren, wo sie einen großen Teil ihres Lebens verbrachte. Nachdem sie einige Jahre als Lehrerin gearbeitet hatte, unternahm sie 1895/1896 eine Italienreise; im Anschluss an eine Reise durch Ägypten und Palästina (1899/1900) schrieb sie den religiösen Schicksalsroman »Jerusalem«. Bekannt wurde sie besonders durch Werke, die in Schweden spielen, darunter »Gösta Berling« und »Liljecronas Heimat«. Im Jahr 1909 erhielt Selma Lagerlöf den **Nobelpreis für Literatur**.

Schriftstellerin

CARL LARSSON (1853 – 1919)

Der Maler Carl Larsson wurde in Stockholm geboren. Er ist der **Hauptvertreter des Jugendstils in Schweden**; für das Treppenhaus des Nationalmuseums in Stockholm schuf er sechs große Fresken, deren Motive wichtige Ereignisse aus der Kunstgeschichte des Landes darstellen. Larsson war ein glänzender Zeichner und Aquarellist; volkstümlich wurde er durch seine Bilder, die das Leben seiner Familie in Sundborn bei Falun schildern und von denen eine Auswahl sein 1909 erschienenes Buch »Das Haus in der Sonne« illustriert.

Maler

ZARAH LEANDER (1907 – 1981)

Die als Zarah Stina Hedberg in Karlstad geborene Sängerin erlangte Berühmtheit durch ihre **unverwechselbare, dunkle Singstimme**. Seit 1930 als Filmschauspielerin tätig, war sie 1937–1943 einer der erfolgreichsten Stars der Berliner Ufa. Wegen ihrer Verbindungen zu den Größen des Dritten Reichs wurde sie nach Kriegsende bis 1949 mit Auftrittsverbot belegt. Zarah Leander starb in Stockholm.

Sängerin

ASTRID LINDGREN (1907–2002)

Schrift-
stellerin

Die als Astrid Ericsson im südschwedischen Vimmerby geborene Astrid Lindgren ist **eine der erfolgreichsten Jugendbuchautorinnen der Gegenwart.** Am 13. September 1945 gab die damals 38-Jährige beim Verlag Raben & Sjörgen in Stockholm das Manuskript eines Buches ab, in dem »Pippilotta Viktualia Rollgardina Pfefferminza Efraimstochter Langstrumpf« die Hauptrolle spielte, eine selbstbewusste Göre mit knallroten, abstehenden Zöpfen. Anfangs gab es Kritiker, die diese Geschichten als »anarchisch« ablehnten, doch mit der Kinderbuchserie **»Pippi Langstrumpf«** war die Grundlage ihres weltweiten Erfolgs gelegt. Auch in anderen ihrer Werke geht es teils turbulent zu (u.a. »Karlsson auf dem Dach«, »Michel aus Lönneberga«, »Wir Kinder aus Bullerbü«, »Ferien auf Saltkrokan«), sie wurden verfilmt oder für das Fernsehen bearbeitet. 1978 erhielt die Autorin den **Friedenspreis des Deutschen Buchhandels.**

Schrieb für Kinder: Astrid Lindgren

CARL VON LINNÉ (1707–1778)

Der Naturforscher Carl von Linné (Carl Linnaeus) aus Småland ist **Begründer der biologischen Systematik.** Er studierte an der Universität Lund Medizin und Naturwissenschaften, unternahm später zahlreiche ausgedehnte Forschungsreisen (u.a. nach Lappland) und ließ sich später als Arzt in Stockholm nieder. Hier wurde er auch Präsident der Akademie der Wissenschaften, deren Gründung er angeregt hatte. 1757 wurde Linné geadelt. Er gestaltete den botanischen Garten von Uppsala um und richtete das naturhistorische Museum ein. Seine letzten Lebensjahre verbrachte er auf dem südlich von Uppsala gelegenen Gut Hammarby. Das große wissenschaftliche Verdienst Carl von Linnés ist die Entwicklung der binären Nomenklatur, die noch heute uneingeschränkt gültig ist.

ELIAS LÖNNROT (1802 – 1884)

Lönnrot wurde am 9. 4. 1802 in dem westlich von Helsinki gelegenen **Schriftsteller** Dorf Sammatti als achter Sohn eines Schneiders geboren. Der spätere Arzt, Schriftsteller, Sprachforscher, Volkskundler und Botaniker nahm nach dem Besuch der Kathedralschule in Helsinki, die er aus Geldmangel 1818 verlassen musste, zunächst Privatunterricht. An das Studium der Philologie hängte er ein Medizinstudium an und promovierte 1832 mit dem Thema »On finnares magiska medicin«, was bereits auf sein späteres Interessengebiet hindeutete. Die von ihm mitgegründete Finnische Literaturgesellschaft erkannte den Wert seiner Arbeit und unterstützte ihn fortan finanziell. Nach dem Abschluss seines Studiums war Lönnrot als Kreisarzt in ▶Kajaani tätig, auf seinen Reisen aber sammelte er überlieferte Volksdichtung, die er 1835 im Nationalepos **»Kalevala«** zusammenfasste. Lönnrot stellte ein finnisch-schwedisches Wörterbuch mit allen vorhandenen finnischen Wörtern zusammen und gab 1874 einen »Schwedischen, finnischen und deutschen Sprachführer« mit etwa 10 000 Wörtern heraus. Mit diesem Wörterbuch schuf er die **Grundlage zur finnischen Schriftsprache**. Nebenbei gab Lönnrot 1839 »Des finnischen Bauern Hausarzt« heraus, in dem er zahlreiche, bisher in der finnischen Sprache unbekannte medizinische Begriffe prägte und einführte. 1850 übernahm er eine Professur für finnische Sprache und Literatur an der Universität Helsinki, die er 1862 aufgab, um sich ganz der Herausgabe des finnisch-schwedischen Wörterbuches zu widmen. Das zweibändige Werk, das zwischen 1867 und 1880 fertig gestellt wurde, umfasst mehr als 200 000 Wörter. Lönnrot starb am 19. 3. 1884 in seinem Geburtsort Sammatti.

HENNING MANKELL (* 1948)

Seine **Kurt-Wallander-Krimis**, mittlerweile mehrfach verfilmt, haben ihn weltberühmt gemacht: Heute ist Henning Mankell **der** **Schriftsteller,** **meistgelesene skandinavische Autor**. In Stockholm wurde Man- **Regisseur** kell am 3. Februar 1948 geboren, mit 17 Jahren wurde er Regie-Assistent am dortigen Riks-Theater. 1972 reiste Mankell das erste Mal nach Afrika, 1979 kam sein erster Roman heraus. Mankell pendelte in den folgenden Jahren zwischen Schweden und Afrika. In Maputo/ Mosambik baute er eine Theatergruppe auf, die er bis heute leitet. Immer wieder übte er Kritik an den westlichen Industriestaaten, die Afrika seines Erachtens »im Stich lassen«. 2000 veröffentlichte er den Roman »Der Chronist der Winde«, in dem er das Leben der Straßenkinder in Maputo beleuchtet. Bereits 1991 erschien der erste Wallander Krimi, »Der Mörder ohne Gesicht« (dt. 1993). Zwar spielen diese Krimis im südschwedischen Ystad, geschrieben hat Mankell sie jedoch zum größten Teil **in Mosambik, das heute seine Wahlheimat ist**. Im Sommer jedoch kehrt er oft mit seiner dritten Frau Eva, Tochter von Ingmar Bergman, in sein Ferienhaus in Ystad zurück.

EDVARD MUNCH (1863 – 1944)

Maler Edvard Munch (sprich: Munk), **der größte Maler Skandinaviens**, wurde in Løten bei Hamar geboren und verbrachte seine Kindheit in Oslo. Ab 1885 lebte Munch mit Unterbrechungen in Paris, wo er

durch Van Gogh und Paul Gauguin beeinflusst wurde. Später hielt er sich häufig in Deutschland auf, besonders in Berlin. 1909 kehrte Munch nach einem Nervenzusammenbruch nach Norwegen zurück und schuf hier die Wandbilder für die Universität Oslo (1916). Während seiner letzten Lebensjahre, die von einem Augenleiden überschattet waren, hielt sich der Maler oft in Åsgårdstrand auf. Die Küste und das Meer bilden den Schauplatz vieler seiner Bilder. In den Landschaften, deren Formen er in vereinfachten, dunkel leuchtenden Farbflächen zusammenfasste, kommt persönliches Erleben intensiv zum Ausdruck, sodass sie **Vorläufer der expressionistischen Malerei** bilden. In seinen meist düster gestimmten Menschendarstellungen finden Grunderfahrungen wie Angst, Tod und Erlebnisse erotischer Art

2004 geraubt: »Der Schrei« von Edvard Munch

ihren Niederschlag. Bekannt wurden von Munchs Bildern u. a. »Das kranke Kind« (1885/1886), »Der Schrei« (1893), »Tanz des Lebens« (1899/1900) und »Die Mädchen auf der Brücke« (1900). Rund 80 Arbeiten Munchs aus öffentlichen deutschen Sammlungen wurden 1937 von den Nationalsozialisten als »entartet« bezeichnet und konfisziert. Am 22. August 2004 stahlen bewaffnete, vermummte Räuber aus dem Munch-Museum in Oslo die Gemälde »Der Schrei« und »Madonna«. Ihr Schätzwert lag bei rund 80 Millionen Euro. 2006 konnten die beiden Bilder **bei einer Razzia sichergestellt** werden, allerdings in einem stark beschädigten Zustand.

FRIDTJOF NANSEN (1861 – 1930)

Der Polarforscher und Friedensnobelpreisträger Fridtjof Nansen, der   **Polarforscher**
auf einem Hof bei Christiania (heute Oslo) geboren wurde, durch-
querte zusammen mit seinem Landsmann Otto Sverdrup
(1854 – 1930) 1888 **erstmals Grönland von der Ostküste zur
Westküste** – auf Skiern und mit Schlitten auf Skikufen. 1893 unternahm er mit dem Schiff »Fram« (»Vorwärts«) von den Neusibiri-
schen Inseln (»Nowaja Semlja«) aus eine wissenschaftliche Driftfahrt
ins Nordpolarmeer. 1895 gelangte er beim Versuch, von der »Fram«
aus auf Schlitten den Nordpol zu erreichen, bis auf 86° 14' nördlicher
Breite; ein Jahr später kehrte Nansen über Franz-Josef-Land nach
Norwegen zurück. Dort wurde er Professor für Zoologie (1896) und
für Ozeanografie (1897). Über die Erlebnisse seiner Forschungsreisen berichtete er in mehreren Büchern. Das Forschungsschiff »Fram«
ist heute im sog. Fram-Museum auf der Halbinsel Bygdøy in Oslo
ausgestellt. Nansen hat später auch politische Ämter übernommen:
1920 leitete er die Rückführung der Kriegsgefangenen aus Russland;
1921 – 1923 organisierte er als Hochkommissar des Völkerbundes
eine Hilfsaktion in den Hungergebieten der Sowjetunion. Für sein
Engagement erhielt Nansen **1922 den Friedensnobelpreis.**

ALFRED NOBEL (1833 – 1896)

Der Chemiker Alfred Nobel arbeitete zunächst in der väterlichen Ma-   **Chemiker,**
schinenfabrik im russischen St. Petersburg. Seit 1859 beschäftigte er   **Stifter**
sich in Stockholm mit der Sprengstoffchemie und **erfand 1867 das
Dynamit**, eine Mischung von Nitroglyzerin und Kieselgur, die sicher
zu handhaben ist und seinen Reichtum begründete. Aufgrund von
Nobels Erfindungen entstanden Sprengstoff-Fabriken in vielen Indus-
trieländern, u.a. in Deutschland (Dynamit Nobel AG). Seit seinem Tod
bildet Alfred Nobels enormes Vermögen die Grundlage einer Stiftung.
Er verfügte testamentarisch, dass die Zinsen jährlich zu fünf gleichen
Teilen an Persönlichkeiten zu vergeben sind, die der Menschheit besonderen Nutzen erbracht haben. Sie erhalten den **»Nobel-Preis«.**

PAAVO NURMI (1897 – 1973)

Einer der erfolgreichsten Leichtathleten aller Zeiten wurde am 1897   **Leichtathlet**
in Turku geboren. Der Langstreckenläufer Paavo Nurmi lief zwi-
schen 1922 und 1931 insgesamt **22 Weltrekorde** auf den Strecken
von 1500 m bis 2000 m und »brachte damit Finnland auf die Welt-
karte«, so ein US-Reporter. Bei den Olympischen Spielen 1920 (Ant-
werpen), 1924 (Paris) und 1928 (Amsterdam) gewann er neun Gold-

Nobelpreis

Die 1901 erstmals vergebenen Nobelpreise bedeuten für die damit Ausgezeichneten die Krönung ihrer Arbeit. Außer Personen können auch Organisationen den Preis erhalten.

Die Urkunde
wird von einem Künstler und einem Kalligrafen speziell für den Laureaten angefertigt.

Die Goldmedaille
trägt das Porträt Alfred Nobels und eine Widmung.

▶ **Irrtum**
Entgegen einer vielfach kolportierten Geschichte hat Alfred Nobel den Friedenspreis nicht wegen seiner vermeintlichen Bestürzung über die militärische Verwendung von Dynamit gestiftet.

Nobelpreis für Physik
Vergeben von der Königlich-Schwedischen Akademie der Wissenschaften an »denjenigen, der auf dem Gebiet der Physik die bedeutendste Entdeckung oder Erfindung gemacht hat«.

Nobelpreis für Chemie
Vergeben von der Königlich-Schwedischen Akademie der Wissenschaften an »denjenigen, der die wichtigste chemische Entdeckung oder Verbesserung gemacht hat«.

Nobelpreis für Medizin
Vergeben von der Nobelversammlung des Karolinska-Instituts in Stockholm an »denjenigen, der die wichtigste Entdeckung in der Domäne der Physiologie oder Medizin gemacht hat«.

194

163

201

Männer 717

Preisträger insgesamt 790
(ohne den von der schwedischen Reichsbank gestifteten Preis für Wirtschaftswissenschaften)

Das Preisgeld
ca. 1,1 Millionen Euro
je Kategorie bis 2011,
seit 2012 herabgesetzt
auf ca. 900 000 Euro

▶ **Mehrfachpreisträger**
seit 1901 ist der Preis
nur vier Menschen
zweimal verliehen
worden:

Marie Skłodowska Curie
(1867 – 1934)
polnischer Herkunft
1903 Nobelpreis für
Physik für »die Erfor-
schung der Strah-
lungsphänomene«
1911 Nobelpreis für
Chemie für »die
Endeckung der che-
mischen Elemente
Polonium und Radium«
mit Ehemann
Pierre Curie

Nobels Testament
Alfred Nobel verfügte,
dass mit seinem Ver-
mögen eine Stiftung
gegründet werden
sollte, deren Zinsen:

»als Preis denen zugeteilt
werden, die im verflos-
senen Jahr der Mensch-
heit den größten Nutzen
geleistet haben«

Linus Carl Pauling
(1901–1994)
US-Amerikaner
1954 Nobelpreis
für Chemie
»für seine Forschun-
gen über die Natur
der chemischen Bindung ...«
1963 Friedensnobelpreis »für
seinen Einsatz gegen Atom-
waffentests«

Das Geld sollte zu fünf gleichen Teilen auf
folgende Gebiete verteilt werden:

©BAEDEKER

Nobelpreis für Literatur
Vergeben von der
Schwedischen Akademie
an »denjenigen, der in
der Literatur das
Herausragendste in
idealistischer Richtung
produziert hat«.

Friedensnobelpreis
Vergeben vom
fünfköpfigen norwegi-
schen Nobelkomitee an
»denjenigen, der am
meisten oder am besten
auf die Verbrüderung
der Völker und die
Abschaffung oder
Verminderung
stehender Heere ...
hingewirkt hat«.

John Bardeen
(1908 –1991)
US-Amerikaner
1956 Nobelpreis für
Physik »für die
Entwicklung des Transistors«
1972 Nobelpreis für Physik
»für den fundamentalen
Beitrag zur Theorie der
Supraleitfähigkeit«

109

125

Frauen **40**

24

Organisationen **24**

Frederick Sanger
(geb. 1918) Brite
1958 Nobelpreis
für Chemie »für die
Aufklärung der Struk-
tur des Insulins ...«
1980 Nobelpreis für Chemie
»für Untersuchungen zur
Ermittlung der Basensequenz
in Nukleinsäuren«

und drei Silbermedaillen, wobei er allein 1924 in Paris innerhalb von 70 Minuten zwei Goldmedaillen erringen konnte. Von der Teilnahme an den Olympischen Spielen 1932 in Los Angeles, bei denen er seine Sportler-Laufbahn mit einem Sieg im Marathonlauf krönen wollte, wurde er durch einen stark umstrittenen Beschluss des Internationalen Leichtathletik-Verbandes wegen »Verstoßes gegen das Amateurstatut« ausgeschlossen. Da die Finnen diesen Beschluss ignorierten, konnte der 36-jährige Nurmi als »Nationaler Amateur« 1933 noch Finnischer Meister über 1500 m werden. Am Olympiastadion in Helsinki erinnert ein Bronzestandbild an die Leistungen Paavo Nurmis.

JEAN SIBELIUS (1865 – 1957)

Komponist Der **international bekannte finnische Komponist** wurde als Johan Julius Christian Sibelius am 8. 12. 1865 in Hämeenlinna geboren. Ab 1885 studierte er Violine am Konservatorium in Helsinki und später Komposition in Berlin und Wien. Nach 1892 kehrte er nach Finnland zurück und lehrte als Dozent am Konservatorium und an der Orchesterschule des Philharmonischen Orchesters in Helsinki. Mit seiner vom finnischen Nationalepos »Kalevala« inspirierten Chorsinfonie **»Kullervo«**, die als bahnbrechend für die finnische Nationalromantik gilt, gelang ihm bereits 1892 der erste große Erfolg. Ab 1897 erhielt er ein unbefristetes staatliches Stipendium, und so konnte er sich ohne materielle Sorgen ganz der schöpferischen Arbeit widmen. Im Jahre 1904 zog er mit seiner Frau Aino in die Villa Ainola nach Järvenpää bei Helsinki, wo er, unterbrochen von vielen Konzertreisen, bis zu seinem Tod lebte. Sibelius wurde zu **einem der bedeutendsten Vertreter der skandinavischen Musik**. Seine sinfonischen Dichtungen sind meist programmatisch ausgerichtet, indem sie Themen der finnischen Volksdichtung, Geschichte und Mythologie musikalisch umsetzen. Das Konzert auf der Pariser Weltausstellung von 1900 brachte Sibelius u. a. mit der 1. Sinfonie e-Moll und der sinfonischen Dichtung »Finlandia« verdiente internationale Anerkennung. In Deutschland wurden seine großartigen Sinfonien erst in den sechziger Jahren des vergangenen Jahrhunderts einer größeren Öffentlichkeit bekannt.

LINUS TORVALDS (* 1969)

Software-Revolutionär Linus Torvalds' Familie gehört zur Schwedisch sprechenden Minderheit in Finnland. Er wurde am 28. Dezember 1969 in Helsinki geboren, wo er ab 1988 die Universität Helsinki besuchte. Dort entwickelte er 1991 eine Software, um sich effizienter in die UNIX-Rechner seiner Universität einwählen zu können. Bald entstand der Plan, ein

Bedeutender Vertreter skandinavischer Musik: Jean Sibelius

richtiges Betriebssystem zu entwickeln. Die erste fehlerfrei lauffähige Version von **Linux** wurde im März 1994 an der Universität Helsinki vorgestellt. 1996 veröffentlichte Linus Torvalds den Linux-Kernel 2.0. Zusammen mit der freien GNU-Software der Free Software Foundation und vieler anderer Open-Source-Software verbreitete sich das auf dem Linux-Kernel basierende Betriebssystem auf vielen verschiedenen Rechnerarchitekturen auch mit Prozessoren, die nicht mit denen des Marktführers Intel kompatibel sind. Seinen Lebensstil beschrieb Torvalds in seiner Autobiographie so: »Ich aß. Ich schlief. Vielleicht ging ich zur Uni. Ich programmierte. Ich las eine Menge E-Mails. Mir war klar, dass manche meiner Freunde mehr Sex hatten, aber das war okay. Offen gesagt, die meisten meiner Freunde waren auch Loser.« Tux der Pinguin wurde zum offiziellen Logo für Linux. Linus lebte mehrere Jahre mit Frau und drei Töchtern in der Nähe von Portland, Oregon (USA). Er arbeitet heute beim Open Source Development Lab (OSDL), um hauptberuflich die Weiterentwicklung des Linux-Kernels voranzutreiben.

SIGRID UNDSET (1882 – 1949)

Schrift-
stellerin

Die mit einem Nobelpreis ausgezeichnete Schriftstellerin Sigrid Undset stammt aus dem dänischen Städtchen Kalundborg und wuchs ab dem 3. Lebensjahr in Oslo auf. Nach dem frühen Tod des Vaters musste sie ihr Studium aufgeben, arbeitete als Büroangestellte und war von 1912 bis 1925 mit dem Maler A. C. Svarstad verheiratet. Nachdem sie schon in den 1930er-Jahren **vor dem Nationalsozialismus gewarnt** hatte, floh sie 1940 nach Amerika. Einer ihrer Söhne war im Widerstand gegen Hitler aktiv. 1945 kehrte sie nach Norwegen zurück. In ihren Romanen und Erzählungen stellte Sigrid Undset realistisch und mit tiefer Einfühlung scheinbar unkomplizierte Durchschnittsmenschen dar. Sie befasste sich besonders mit der Frage, ob die Frau ihr Lebensglück in der Arbeit, in der Erotik oder als Mutter suchen solle. Sigrid Undset begann ihre literarische Laufbahn mit gegenwartsbezogenen Romanen und Novellen. Sie wandte sich dann Romanen aus der norwegischen Vergangenheit zu, die sich an altisländischen Sagas orientierten. Mit diesen Arbeiten sollte sie Weltruhm erlangen. Von 1920 bis 1922 entstand ihr dreibändiges Werk »Kristin Lavransdatter« (dt. »Kristin Lavranstochter«). Für ihr literarisches Gesamtwerk erhielt sie **1928 den Nobelpreis** verliehen.

ADOLF GUSTAV VIGELAND (1869 – 1943)

Bildhauer

Im südnorwegischen Mandal erblickte der Bildhauer Adolf Gustav Vigeland das Licht der Welt. Seine Ausbildung erhielt der künstle-

risch sehr begabte junge Mann in
Oslo, Kopenhagen, Paris, Berlin,
Rom und Florenz. Vigeland schuf
Bildwerke und vor allem Büsten.
In der frühen Periode seines
Schaffens war er sehr stark von
Auguste Rodin beeindruckt. Dies
kommt in einer seiner bekanntesten Büsten zum Ausdruck, der
1905 entstandenen Studie von
N. H. Abel. In seinen späteren
Schaffensperioden wandte sich
Vigeland einem mehr von der
Klassik beeinflussten Stil zu. Zu
seinen berühmtesten Werken aus
der späteren Phase gehören die
monumental wirkende **Skulptu-
renanlage im Osloer Frogner-
park (Vigelandspark)**, für die er
rund 100 symbolistische Figuren-
gruppen und Reliefs aus Granit
und Bronze geschaffen hat. Vigeland starb 1943 in Oslo. Nach seinem Tode hat man sein Atelier als
Museum zugänglich gemacht.

Vigelands Plastiken im Osloer Vigelandspark
sorgen immer wieder für Gesprächsstoff.

ANDERS ZORN (1860 – 1920)

Der Maler, Grafiker und Plastiker Anders Leonard Zorn wurde in   Maler,
Mora am Siljansee geboren. Seinen Vater, einen unterfränkischen   Bildhauer
Bierbrauer, hat er nie kennen gelernt, nahm aber später seinen Nach-
namen an. Seine Studienzeit verbrachte er im Wesentlichen in Stockholm; ursprünglich wollte er Bildhauer werden, fand dann aber sein
eigentliches Ausdrucksmittel in der Aquarellmalerei. Längere Reisen
führten ihn nach Spanien, Italien und in die Maghreb-Länder. Um
1888 verlegte er sich zusehends auf die Ölmalerei. Zorn ist **der wichtigste Impressionist Schwedens**. Seine Erfolge brachten auch eine
Reihe offizieller Aufgaben mit sich; er zählte 1890 zu den Begründern
der Pariser Société Nationale des Beaux-Arts und war 1893 Kommissar der schwedischen Delegation für die Weltausstellung in Chicago.
Auch später führten ihn noch etliche Reisen in die Vereinigten Staaten von Amerika. 1907 gründete er die **Bauernhochschule in Mora**,
wo er seinen ständigen Wohnsitz hatte. Zorn starb als reicher Mann
und hinterließ dem schwedischen Staat 6 Millionen Dollar, um das
Zorn-Museum einzurichten, das 1939 in Mora eröffnet wurde.

ERLEBEN UND GENIESSEN

Welches sind die schönsten Souvenirs? Was hat es mit Starköl, Kalakukko und Laxpudding auf sich? Warum sind Hotels in Skandinavien im Sommer oft erstaunlich günstig? Lesen Sie hier nach – am besten noch vor der Reise!

Essen und Trinken

Viel Fisch, viel Fleisch

In Skandinavien ist Fisch immer eine gute Wahl – wobei manche norwegische Zubereitungsart gewöhnungsbedürftig ist. Ren und Elch kommen ebenso auf den Tisch, und eine spezielle Wurst krönt in Finnland jeden Saunabesuch.

Essen gehen ist in Skandinavien verhältnismäßig teuer. Die Preise in den Restaurants liegen in Norwegen um etwa 50 – 100 % über den mitteleuropäischen. Schweden und Finnland sind etwas günstiger. Selbstverständlich haben Fast-Food-Ketten längst auch die nordischen Länder erobert, doch landestypische Kost ist hier nicht zu erwarten. **Restaurantempfehlungen** finden Sie unter den einzelnen Ortskapiteln nach Preisen gestaffelt (zu den Preisstufen siehe den unten stehenden Kasten »Restaurantpreise«).

Teure Restaurants!

ESSEN UND TRINKEN IN NORWEGEN

Wer nach Norwegen reist, tut dies höchstwahrscheinlich nicht in erster Linie wegen der kulinarischen Köstlichkeiten. Man ist sogar gewarnt, denn kaum ein Reiseführer lobt die norwegische Küche, oft ist sogar von sonderbaren Gerichten die Rede. Keine Angst, so schlimm ist es gar nicht, man muss also nicht unbedingt den gesamten Kofferraum mit Fertiggerichten aus dem heimischen Supermarkt beladen. Ein kleiner **Vorrat an Bier**, Wein oder Süßigkeiten kann jedoch nicht schaden, denn gerade diese Genussmittel kosten im Norden Europas besonders viel.

Schokolade mitnehmen

Bis ins 20. Jahrhundert war Norwegen ein armes Land, deshalb kam überwiegend einfache, bodenständige Hausmannskost auf den Tisch. Mit dem Wohlstand hat sich – vor allem in den größeren Städten – ein **bemerkenswerter Wandel** vollzogen. Die Anzahl der Restaurants hat deutlich zugenommen, und die einst eher einfache Hausmannskost wird

?	*Restaurant-Preise*

BAEDEKER WISSEN

Norwegen
⊙	bis 150 NOK
⊙⊙	150 – 230 NOK
⊙⊙⊙	230 – 300 NOK
⊙⊙⊙⊙	über 300 NOK

Schweden
⊙	bis 130 SEK
⊙⊙	130 – 200 SEK
⊙⊙⊙	200 – 350 SEK
⊙⊙⊙⊙	ab 350 SEK

Finnland
⊙	bis 12 €
⊙⊙	12 – 22 €
⊙⊙⊙	22 – 32 €
⊙⊙⊙⊙	über 32 €

Die Preise gelten jeweils für ein Hauptgericht.

Alles frisch: Fischmarkt (Torget) von Bergen

durch **französische, italienische oder spanische Einflüsse** erheblich aufgewertet. Auch die einheimischen Fischgerichte sind oft exzellent. Wer nach Norwegen reist und mit dem Essen nicht zufrieden ist, der hat vermutlich nur nicht tief genug in die Tasche gegriffen, denn Restaurantbesuche sind erheblich teurer als in Deutschland.

Preisgünstige Alternativen

Für den schnellen Hunger zwischendurch gibt es »gatekjøkken«, die pølse (Würstchen) in allen Varianten, Kebab und Burger anbieten. Preisgünstig, aber auch wenig raffiniert, ist das **»dagens rett«** (Tagesgericht), das fast überall angeboten wird und zu einem fairen Preis satt macht. Auf dem Teller findet man meistens ein Stück Fleisch oder Fleischbällchen (kjøttkaker), Kartoffeln, eine Gemüsebeilage und eine schwere braue Sauce. Ein typisches Alltagsgericht ist auch fårikål, ein Weißkohleintopf mit Hammelfleischeinlage.

Mit Buffets durch den Tag

Der Morgen beginnt mit **frokost**, in Hotels vom mehr oder minder üppigen Buffet. Mittags gibt es lunj, traditionell ein eher kleiner Imbiss oder man geht für ein dagens rett in eines der Selbstbedienungsrestaurants. Die Hauptmahlzeit wird am frühen Abend eingenommen und heißt in Norwegen middag. Das berühmte skandinavische Buffet, das **koldtbord**, ist vorzüglich und bietet einen reichhaltigen Querschnitt durch die Speisekammer, mit den allseits gelobten Fischspezialitäten, Salaten, kalten Fleischgerichten, Brot, Aufschnitt und Desserts. Jeder kann essen, soviel er will und kann, es wird reichlich nachgelegt. Diesen Augen- und Gaumenschmaus sollte man sich mindestens einmal gönnen, eine gute Gelegenheit bietet sich oft während der Fährpassage auf der An- oder Abreise.

Frisch aus dem Meer

Beim Blick auf die Speisekarte stellt sich die Frage: Fisch oder Fleisch? Meistens ist Fisch eine gute Wahl, denn in allen Variationen zählt er quasi zu den Grundnahrungsmitteln – und dank des kurzen Weges vom Kutter in die Küche ist er immer frisch. Den Alltagshunger stillen **fiskeboller, fiskepudding und fiskekaker**, die alle aus pürierten Fischresten bestehen, die mit Kartoffeln gebunden werden. Am besten schmeckt gedünsteter oder gebratener Wildlachs mit frischen Kräutern (Petersilie, Schnittlauch, Kerbel, Dill, Thymian, Basilikum und Fenchelkraut), zu dem meist Salzkartoffeln gereicht werden. Die an der Küste in großen Aquafarmen gezüchteten Lachse sind deutlich preisgünstiger, aber auch nicht so gut im Geschmack. Aufgrund von Überfischung ist Dorsch in den letzten Jahren recht rar geworden und wird deshalb oft teurer als Lachs angeboten. Dorsch war ursprünglich norwegische Hausmannskost. Auch der in letzter Zeit seltener gewordene Hering (sild) gehört zu den norwegischen Fischspezialitäten. Er wird in vielerlei Variationen und mit unterschiedlichen Marinaden zubereitet. Ein Genuss sind in Norwegen auch gekochte Seeteufelfilets und **gebratene Heilbuttschnitten**.

Als Süßwasserfisch wird die Forelle in der norwegischen Küche sehr geschätzt. Vortrefflich schmecken die **im Tannenholzrauch gegarten Forellenfilets**. Von Ende Juli bis Anfang September werden mancherorts in Salzwasser gekochte Krebse mit Dill angeboten.

Stehen elg oder reinsdyr auf der Speisekarte, kann man getrost zugreifen, denn Elch- und Rentierfleisch sind fettarm und zeichnen sich durch einen **angenehmen Wildgeschmack** aus. Vielerorts werden Elch- und Rentierbraten mit Preiselbeeren serviert. Auch geräuchert schmeckt Rentierfleisch vorzüglich.

Elch- und Rentierfleisch

Mutige können sich auch an die typischen Spezialitäten der traditionellen norwegischen Hausmannskost wagen, die allerdings immer öfter aus den Regalen der Supermärkte und von den Speisekarten der Restaurants verschwinden. Gewöhnungsbedürftig ist die **Blutwurst**, die mit Zucker und Butter serviert wird, ebenso der blodpudding. Auch das lungemos, ein Lungenhaschee, ist nicht unbedingt jedermanns Geschmack. Nur Norwegenenthusiasten oder wirkliche Feinschmecker finden Gefallen an **lutefisk und rakörret**. Lutefisk ist Stockfisch, der einige Tage in einer Lauge und dann noch in Wasser renaturiert wurde. Für viele Norweger ist er ein traditionelles Weihnachtsessen, aber selbst bei den Einheimischen ist das Urteil über diese Spezialität gespalten. Rakørret ist vergorene, gesalzene Forelle, die vor dem Verzehr einige Monate reifen muss. **Gammelost** bedeutet soviel wie alter Käse. So sieht er auch aus, und er riecht sogar nach ganz altem Käse.

Norwegische Spezialitäten

Gehaltvoll: ein »Spekebrett« mit Schinken und Wurst

Brot
und Fladen

Beim Gang durch den Supermarkt sucht man Schwarzbrot oder Vollkornbrot meist vergebens. Gewöhnungsbedürftig ist auch, dass vielen Brotsorten Zucker zugesetzt wird. Flatbrød ist die hauchdünne Variante des Knäckebrots. Früher, aus der Not heraus, nur einmal jährlich gebacken und dann im Vorratsspeicher gelagert, hat es nichts von seiner Beliebtheit eingebüßt. Statt Brot werden auch gerne **lefser und lumper**, weiche Fladen aus Kartoffelmehl, gegessen.

Getränke

Das Nationalgetränk der Norweger ist **Kaffee**, der morgens, mittags, abends und selbst um Mitternacht getrunken wird. Außer Kaffee ist noch Milch in allen Variationen beliebt. H-melk ist Vollmilch, lett melk die fettarme Variante, kulturmelk kennen wir als Buttermilch, skummet kulturmelk ist fettarme Buttermilch. Außerdem gibt es noch verschiedene Sauermilchtypen wie cultura und kefir. **Mineralwasser ist eher selten** in Norwegen, die einzige heimische Quelle Farris kann sich wegen der fehlenden Konkurrenz »The King of Table Waters« nennen.

Bier, Wein
und Schnaps

Norwegen hat **sehr restriktive Alkoholgesetze**, die in den letzten Jahren etwas gelockert worden sind. Geblieben sind aber die hohen Preise, die um ein Vielfaches über deutschem Niveau liegen. Private Schnapsbrennereien sind verboten, der Vertrieb und Ausschank alkoholischer Getränke ist streng reglementiert. In Supermärkten gibt es nur Bier. Wein und hochprozentige alkoholische Getränke wie Aquavit dürfen nur die wenigen, unter staatlicher Regie stehenden **Vinmonopolet-Geschäfte** verkaufen, die nur in größeren Orten zu finden sind. Die meisten Restaurants haben eine Ausschankgenehmigung für Bier und Wein. Hochprozentiges (brennevin) ist an den Bars größerer Hotels zu haben. An Sonn- und Feiertagen herrscht aber **Ausschankverbot** für hochprozentige alkoholische Getränke. Doch egal, ob man sich für Bier, Wein oder Hochprozentiges entscheidet, die Preise lassen ohnehin wenige Freude aufkommen.

ESSEN UND TRINKEN IN SCHWEDEN

Köche in
WM-Form

Schweden hat **mit die besten Köche der Welt**. Das jedenfalls zeigt sich in regelmäßigen Abständen bei der Weltmeisterschaft der Köche. Lange Zeit war die schwedische Nationalmannschaft am Herd unschlagbar, und auch heute landet das Drei-Kronen-Team immer wieder auf den vorderen Plätzen. Die Köche angeblicher Gourmetnationen wie Italien und Frankreich kommen übrigens meist im abgeschlagenen Mittelfeld an.

Schnelle
Küche

Dabei hatte Schweden lange Zeit überhaupt keinen guten Ruf, was seine Küche anging. Das Land war als Heimat fettiger Fleischbällchen (köttbullar) mit matschigem Kartoffelbrei verrufen, und von **pytt i panna**. Restepfanne könnte man dieses Gericht auch nennen – was vom Vortag übrig bleibt, wird mit viereckigen Kartoffelstückchen verkocht. Und damit das Ganze nicht allzu unappetitlich aussieht, schlägt man zur Tarnung noch ein Ei darüber. Als Billiggericht steht es auf den Speisekarten vieler schwedischer Restaurants. Ebenso berüchtigt ist **Janssons frestelse**, ein Auflauf aus Kartoffeln, Anchovisfilet und jeder Menge Sahne, was übersetzt etwas euphemistisch „Janssons Versuchung" heißt. Verwenden die Schweden Bückling statt Anchovis, nennen sie das entsprechende Gericht Karlssons frestelse, ganz ohne Fisch heißt es Svenssons frestelse. Die Herren Jansson, Svensson und Karlsson scheinen leicht verführbar, denn kulinarisch Hochwertiges sieht anders aus.

Wer in Schweden essen gehen möchte, sollte sich auf ein Preisniveau gefasst machen, das deutlich über dem deutschen liegt. Eine einfache Pizza ist kaum unter 12 € zu haben, ein Hauptgericht im Restaurant kostet gut das Doppelte und für ein Bier sind mindestens 6 € fällig. Für ein Glas Wein muss man sogar noch etwas mehr kalkulieren. Allerdings wird in der Regel gute Qualität geboten, auf **frische und auch oft regionale Zutaten** legen immer mehr Restaurants wert. Gleichwohl gilt: In vielen „normalen" Restaurants wird mitunter etwas einfallslos gekocht.

Hohe Preise, gute Qualität

Die meisten Touristen lernen schon auf der Anfahrt mit dem Schiff das schwedische smörgåsbord kennen, den riesigen **Selbstbedienungstisch** mit vielen leckeren kalten und warmen Gerichten. Seinen Ursprung hat das smörgåsbord in der Tradition der Bauernfeste, als das ganze Dorf zusammenkam, und jeder Gast eine oder zwei Mahlzeiten zum Fest mitbrachte. Dann baute man das Ganze auf einem Tisch auf und los ging die Schlemmerei. Der echte Smörgåsbordspezialist schlemmt übrigens nach System. Es wird nicht einfach aufgepackt was gefällt, sondern **man beginnt mit den Fischgerichten,** geht dann zu den kalten Vorspeisen über, bevor man sich das Warmgericht seiner Wahl auf den Teller lädt und das Ganze mit dem Dessert und einem kleinen Stück Käse abschließt.

Ssmörgåsbord auch an Bord

Bekannt ist Schweden für seine Fischgerichte. Lachs wird in allen möglichen Variationen serviert – gegrillt, gedünstet, und er wird als Grundlage für eine herzhafte Suppe verwendet. Besonders wohlschmeckend ist der Ostseelachs, der fleischiger und heller ist als der, der vor der Westküste geangelt wird. Eine Spezialität ist **laxpudding**, der aus Lachs, Kartoffeln und Eiern zubereitet und mit geschmolzener Butter serviert wird. Hering (strömming) ist der proletarische Bruder des feinen Lachses. Besonders beliebt im Sommer sind **Matjesheringe mit saurer Sahne**, frischen Kartoffeln und Petersilie,

Lachs und Hering

Von den Lofoten auf den Tisch

Der arktische Kabeljau, bei uns auch als Dorsch bekannt, wird von den Norwegern »skrei« genannt, was soviel wie »Wanderer« bedeutet.

Diesen Namen trägt er zu Recht, denn nach Neujahr wandern Millionen Fische aus dem Eismeer die norwegische Küste entlang bis zu den Lofoten, wo sie – besonders im Vestfjord – **ideale Laichbedingungen** finden. Doch hier warten schon die Lofotenfischer auf sie. Gegen Ende des 19. und zu Beginn des 20. Jahrhunderts arbeiteten bis zu 30 000 Fischer auf den Lofoten und die Fänge waren hervorragend. In den 1980er Jahren mussten die Quoten wegen jahrzehntelanger Überfischung drastisch zurückgefahren werden, und in den kleinen, malerischen Hafen wurde es ruhig. Wie hektisch und hart es einst auf dem Vestfjord zuging, erzählt Johan Bojer in seinem Roman Die Lofotfischer. Es ist die beeindruckende Geschichte vom Kampf der Fischer um 1900 gegen Wind und Wellen sowie von ihrer Suche nach Reichtum und Glück.

Mittlerweile hat sich der Bestand des skrei durch das gute norwegische Fischereimanagement, die erfolgreiche Bekämpfung der russischen Piratenfischer sowie günstige Umweltbedingungen erholt: Fischer und Verbraucher können sich über **mehr als 300 000 Tonnen Kabeljau pro Fangsaison** freuen. Damit auch der kritische Fischliebhaber zufrieden ist, trägt der norwegische Kabeljau das Nachhaltigkeitssiegel vom Marine Stewardship Council.

Rorbuer gehören wie die wild gezackten Berge und das Meer zum Bild der Lofoten: Die bunt gestrichenen Holzhäuser, die direkt am oder auf Pfählen über dem Wasser stehen, waren früher die Unterkünfte der Lofotenfischer – und ein Riesenluxus: Zuvor schliefen viele Fischer unter ihren umgedrehten Booten, einen ganzen harten Winter lang. Die rorbuer wurden von den Besitzern an die Fischer für die Saison vermietet, als Gegenleistung verkauften sie ihnen ihren Fisch. Heute wohnen die meisten Fischer zwar beengt, aber doch recht komfortabel auf ihren Booten. Und die roten Hütten werden **als romantische Ferienwohnungen an Touristen** vermietet.

Früher wurde der gefangene Fisch sofort ausgenommen und auf große Holzgestelle gehängt. Dort trocknete er über Monate zu **Stockfisch.** Die beste Qualität wird noch heute nach Italien exportiert, wo er eine beliebte Fastenspeise ist. Die minderwertigen Fische und auch die getrockneten Köpfe gehen nach Afrika. Heute werden für Abnehmer in ganz Europa zuerst die Kühlhäuser mit Kabeljaufilets gefüllt, der Rest des Fanges kommt dann auf die Trockengestelle.

Infos:

Lofoten Stockfisch Museum, www.lofoten-info.no/stockfish.htm

dazu knuspriges Knäckebrot. Die typische schwedische Vorspeise besteht aus einer kleinen Platte Heringe mit Brot, Butter und einem Stück gut gereiftem Käse. Im ganzen Land sehr gerne gegessen werden Fischsalate.

Gerichte aus Rentier- und Elchfleisch gibt es auf dem schwedischen Speisezettel selbstverständlich auch. Doch **renskarv**, in Scheiben geschnittenes Rentierfleisch oder gar Elchsteak kommen wesentlich weniger auf den Tisch, als man dies vielleicht annehmen möchte.

Von Elch und Rentier

Was hat die schwedische Küche noch zu bieten? Brot wird meist mit Sirup gebacken und schmeckt ungewöhnlich süß, Butter wird gesalzen, Joghurt und Milchgetränke gibt es in viel größerer Auswahl als in Deutschland, **Erbsensuppe kommt jeden Donnerstag** auf den Tisch.

Süsses Brot, salzige Butter

Dazu kommen viele regionale Spezialitäten. In Skåne (Schonen) wird beispielsweise **gerne Aal** gegessen. Ihm widmet man bei den Ålagille-Festen im August / September sogar eine eigene Veranstaltung. Småland ist bekannt als die »Preiselbeerprovinz«: Preiselbeermarmelade wird zu verschiedenen Mahlzeiten und als Dessert gereicht. Beliebtestes Gericht sind Kartoffelklöße (kroppkakor), die mit geräuchertem und gesalzenem Schweinefleisch, Zwiebeln und Pfeffer gefüllt und mit geschmolzener Butter und Preiselbeermarmelade serviert werden. In Bohuslän, an der Westküste Schwedens, werden **Hummer, Garnelen, Meereskrebse, Krabben und Austern** sowie Seezunge, Steinbutt und Heilbutt gefangen und frisch zubereitet.

Regionale Leckereien

In der värmländischen Küche findet man – da dort viele, eingewanderte Finnen leben – auch Spezialitäten aus dem Nachbarland, wie beispielsweise einen Brei, der mit Schweinefleisch und Preiselbeeren serviert wird. Am bekanntesten ist die **värmlandskorv**, eine Wurst, aus Rindfleisch, Schweinefleisch, Zwiebeln und rohen Kartoffeln.

Finnische Einflüsse

Ein leckerer und für den ganzen Norden typische Nachtisch sind **Moltebeeren in jeglicher Zubereitungsform.**

Tolle Beeren

Wer an schwedische Getränke denkt, dem fallen zunächst natürlich Akvavit und (Absolut) Wodka ein. Rein statistisch gesehen sind aber Milch und Kaffee die meist getrunkenen Getränke. Ungefähr 170 Liter konsumiert jeder Schwede davon pro Jahr. Beim Kaffeeverbrauch sind die Schweden, **nach Nachbar Finnland, die Nummer 2 der Welt**. Noch bis vor kurzem war es üblich, dass man in den Kaffeehäusern nur die erste Tasse bezahlen musste, die zweite (påtar) gab es umsonst. In einer Zeit, in der nicht mehr der Kunde, sondern das Geld König ist, sind leider viele Kaffeehäuser dazu übergegangen,

Land von Milch und Kaffee

jede Tasse zu berechnen. Die zweite Tasse bieten einige zumindest zu einem günstigeren Preis an.

Gebäck
Zum Kaffee isst man in Schweden u.a. **schneckenartiges Hefegebäck** (vetebullar), in den Konditoreien neben Torte (tårta) vor allem Kleingebäck (småkakor) und frische Waffeln (våfflor) mit Himbeeren oder Preiselbeeren.

Bier
Aber zurück zur Statistik. Mit 52,3 Liter pro Jahr und Person (zum Vergleich Deutschland: 109,6 Liter) bleibt der Bierverbrauch **deutlich hinter dem Kaffeekonsum** zurück. Böse Zungen behaupten, dass dies nicht nur am hohen Preis, sondern auch der schlechten Qualität schwedischer Brauereierzeugnisse liegt.

Alkohol-
monopol
Im Supermarkt kann man **nur Bier bis 3,5%** kaufen. Alles andere (Wein, Schnaps, stärkeres Bier) muss man für teures Geld im staatlichen Alkoholmonopol – Systembolaget – kaufen.

ESSEN UND TRINKEN IN FINNLAND

Die Wurst
zur Sauna
Der Rundgang durch die Welt der finnischen Speisen beginnt, wie könnte es anders sein, in der Sauna – und zwar gleich mit etwas so Einfachem wie der Wurst. Sauna und **lenkkimakkara**, die finnische Saunawurst, sind nicht voneinander zu trennen. Bevor der Finne in der Sauna auf der Holzbank Platz nimmt, wickelt er seine Saunawurst in Alufolie und legt sie auf den Ofen. Während der Mensch nun bei 100 Grad vor sich hin schwitzt, wird auch die lenkkimakkara langsam gar. Finnische Männer – in der Wurstfrage gibt es einen deutlichen Unterschied zwischen den Geschlechtern – sind wahre Wurstfanatiker. Nicht nur in der Sauna, sondern auch bei allen anderen Gelegenheiten ist makkara immer die richtige Mahlzeit – und zwar **mit einer großen Portion sinappi, Senf.** Der finnische Senf ist so gut, dass in ihn getaucht sogar die schlechteste Wurst schmeckt.

Fisch trifft
auf Schwein
Weiter führt der Rundgang von der Sauna in die Küche: Zu den wichtigsten finnischen Speisen gehört selbstverständlich Fisch. Lachs, Forelle und Hering sind die beliebtesten Speisefische. Eine ostfinnische Fischspezialität ist außerdem **kalakukko, ein in Brotteig gebackenes Fisch- und Fleischgemisch.** Um dieses Gericht zuzubereiten, verwendet man muikko, eine finnische Maränenart und unglaublich fettes Schweinefleisch. Manch ungeübter Magen hat mit diesem Mahl so seine Probleme! Mutige, die kalakukko trotzdem probieren wollen, sollten das **am besten in Kuopio** tun. Diese Stadt im finnischen Seengebiet ist besonders bekannt für diese Spezialität, die dort auf jedem Markt gekauft werden kann.

In Brotteig gebackene Speisen sind in Karelien ohnehin sehr beliebt. Hauptspeise
Früher konnten die Bauern Brot und Hauptspeise auf diese Weise im Brotteig
bequem mit aufs Feld nehmen. **Fleisch- und Reispiroggen** sind weitere, ursprünglich aus Ostfinnland stammende Spezialitäten. Heute
isst man diese piirakkas im ganzen Land – traditionellerweise mit
Eibutter.

Die Finnen lieben **Schweine- und
Lammfleisch**. Eine karelische Spezialität ist särä, ein in einer riesigen
Holzform gebackenes Lammgericht.
Poroliha – Rentierfleisch – wird dort
ebenfalls gerne serviert, spielt aber
im täglichen Leben der Finnen eine
weitaus geringere Rolle, als sich der
Tourist das gemeinhin vorstellt.
Nicht in Restaurants, sondern nur
im Lebensmittelladen kann man die
verschiedenen Laatiko-Gerichte
kaufen: Das finnische Wort »laatiko« bedeutet nichts anderes als
Schachtel. **Maksalaatikko (Leberauflauf), lanttulaatikko (Kohlauflauf)** und porkkanalaatikko (Möhrenauflauf) erhielten ihren Namen einfach nach dem Behältnis, in
dem sie verkauft werden. Laatikos sind ein typisch finnisches Gericht
und geschmacklich gewöhnungsbedürftig.

> **BAEDEKER TIPP** ❗
>
> *Karjalan Piirakka*
>
> Die beliebteste finnische Speziali
> tät sind wohl die **Karelischen
> Piroggen**. Sie bestehen aus einer
> feinen »Sohle« aus Roggenteig
> mit einer Füllung aus Milchreis
> oder Kartoffelmus. Man isst sie
> frisch aus dem Ofen mit einer
> gehörigen Portion »Munavoi«,
> einer Mischung aus salziger
> Butter und hart gekochten Eiern.
> Die wahrscheinlich besten gibt
> es frisch gebacken auf dem
> Markt in Joensuu.

Sehr schmackhaft ist dagegen **ruisleipä**, das dunkle finnische Brot. Finnisches
Ebenfalls zu empfehlen sind allerlei Molkereiprodukte, von denen es Brot
eine größere Auswahl gibt, als man aus deutschen Kühlregalen gewohnt ist.

Zur guten Verdauung gönnt man sich gern einen kräftigen Schluck Verdauen
Wodka – so man sich bei den finnischen Alkoholpreisen leisten mit Schnaps
kann. Die bekannteste finnische Wodka-Marke heißt »Koskenkor und Likör
va«. Oder versuchen Sie einmal einen der Beerenliköre wie beispielsweise **Multebeerenlikör**, lakkalikööri.

Finnisches Bier, **olut**, ähnelt im Geschmack dem deutschen hellen Bier in
Bier und schmeckt recht ordentlich. Den Gerstensaft gibt es in drei drei Stärken
Stärken. Nummer 1 beinhaltet beinahe keinen Alkohol. Das mittelstarke Bier heißt keskiolut und wird in Flaschen mit einer 3 auf dem
Etikett verkauft. Bier Nummer 4 ist eine Art Starkbier. Wegen seines
»hohen Alkoholgehalts« kann man es **nur in den staatlichen Alkoholgeschäften – ALKO** genannt – kaufen.

Einfach, kalorienreich, köstlich

Die traditionelle Küche kündet von einer Zeit, als das Leben in Skandinavien von harter Arbeit in der Natur geprägt war.

Typisch norwegische Gerichte

Was sollte man in Norwegen probieren? Natürlich **Lachs** (unten), der ist gebraten, gedünstet, gegrillt oder auch geräuchert über alle Zweifel erhaben. Typisch norwegisch ist gravet laks. Der filetierte Fisch wird roh mit Pfeffer, Salz und Dill für 24 Stunden eingelegt und dann frisch serviert – eine ausgesprochene Delikatesse.

Herzhaft geht es weiter, und zwar mit **Spekemat**. Gesalzenes und getrocknetes Fleisch hat eine lange

Tradition, denn als es noch keine Kühlschränke gab, war es schwierig, frisches Fleisch aufzubewahren. Vor allem ganze Schinken und Hammelkeulen sowie verschiedenste Würste wurden nach der Herbstschlachtung im Speicher gelagert. Wer im Gebirge wandern geht, für den ist spekemat der ideale Proviant. Mit flatbrød, Sauerrahm und Rühreiern wird spekemat zu einem reichhaltigen Hauptgericht.

Ebenfalls eine kalorienreiche Hauptmahlzeit ist **Römmegrøt**, eine fette Grütze aus saurer Sahne, mit Grieß oder Mehl gebunden, die mit Zucker, Zimt und Butter verfeinert wird. Römmegrøt ist quasi das norwegische Nationalgericht, jede Region, ja fast jede Familie, bereitet den fetten Brei nach einem speziellen Rezept zu.

Wenigstens ein Mal muss man den süßen, bräunlichen **Geitost** probieren. Entweder mag man den Karamellgeschmack und nimmt fortan immer ein Stück mit nach Hause oder man belässt es beim Probieren. Er wird aus Ziegen- und Kuhmilch hergestellt, auch wenn der Name suggeriert, dass es sich um einen reinen Ziegenkäse handelt. Streng genommen handelt es sich nicht einmal um Käse, denn zu seiner Herstellung werden Molken langsam eingekocht, bis die Flüssigkeit karamellisiert. Mit dem Käsehobel vom Ein-Kilo-Block in feine Scheiben geschnitten, wird er auf flatbrød gelegt und mit einem Teelöffel Marmelade verfeinert.

Vor allem in Nordnorwegen werden zum Nachtisch **Moltebeeren** (rechts) serviert. Die gelben, brombeerartigen Beeren schmecken mit Zucker und Schlagsahne ganz vorzüglich. Man kann sie aber auch zu Marmeladen verarbeiten.

Typisch schwedische Gerichte

Knäckebrot (unten) ist der vielleicht größte schwedische Exportschlager der letzten Jahrhunderte. Das lange haltbare Brot wurde auf schwedischen Bauernhöfen »erfunden«. Im Winter froren die Flüsse und Bäche zu und deswegen konnte auch kein Mehl gemahlen

werden. Darum machte man sich im Herbst daran, einen Vorrat für den ganzen Winter zu backen und im Frühjahr buk man den Sommervorrat. In den wenigen Sommermonaten hatte ein Bauer nämlich so viel zu tun, dass keine Zeit zum Brotbacken blieb.

Gravad lax heißt wörtlich übersetzt »eingegrabener Lachs«. So wurde schon lange vor Erfindung der Kühlhäuser frisch gefangener Lachs für einige Wochen haltbar gemacht. Die ausgenommenen Fische werden mit Salz, Zucker, Pfeffer und vor allem Dill gewürzt und für mindestens drei Tage vergraben und mit Steinen beschwert. Diese Delikatesse wird gerne mit Salzkartoffeln verspeist.

Nur Experimentierfreudigen und wirklich starken Mägen ist **Surströmming** zu empfehlen. Er wird aus Ostseeheringen hergestellt, die im Frühjahr in Salzlake eingelegt werden und bald zu gären anfangen (unten). Rund einen Monat vor der Surströmming-Premiere im August wird er in Konserven abgefüllt. Der anhaltende Gärungsprozess führt dazu, dass sich Boden und Deckel der Dosen wölben. Wer diesen sehr intensiv riechenden, viele sagen auch stinkenden, Fisch versuchen will, sollte sich unbedingt einen schwedischen „Klaren" bereit stellen, um das Ganze etwas verträglicher zu gestalten.

Ebenfalls schwer verdaulich ist der **Lutfisk**, der gerne zu Weihnachten verzehrt wird. Grundstoff ist getrockneter Dorsch, auch Stockfisch genannt. Dieser wird in einer wässrigen Lauge aus Ätznatron rehydriert, wobei das Fleisch eine gelatinöse Konsistenz bekommt. Vor der Zubereitung wird der Fisch gespült, behält aber einen eher gewöhnungsbedürftigen Geschmack. Dazu gibt es ausgelassenen Speck, Erbsenpüree und Kartoffeln.

Im ganzen Land berühmt ist die **Falukorv**, die Faluner Wurst, aus der Provinz Dalarna. Sie wird aus gehacktem Rind-, Kalb- und Schweinfleisch, sowie Kartoffelmehl und Gewürzen hergestellt. Das Rezept geht auf deutsche Bergleute zurück, die ab dem 16. Jh. in Falun unter Tage arbeiteten. Für die Lederriemen der Aufzugskörbe benötigte man viele Hundert Ochsen. Was lag da näher, als das verbleibende Fleisch zu Wurst zu verarbeiten?

Löjrom (roter Kaviar) ist eine der schmackhaftesten Köstlichkeiten Norrbottens. Der rote Kaviar wird aus dem Rogen der im Oktober gefangenen Kleinen Maräne, die etwa 15 cm groß wird, hergestellt. Der Rogen wird gesalzen und gefroren und meist mit saurer Sahne, fein gehackten Zwiebeln, Zitrone und Dill serviert. Auf Schwedisch heißt der Rogen rom, daher der Name löjrom. Eine exklusive Vorspeise ist der mit löjrom garnierte Toast Skagen.

Auf Gotland isst man gerne **Lamm** (re. oben). In Schweden kennt man Gotland deshalb auch als Insel der Lämmer, und nicht umsonst ziert eines die Landesflagge. Auf Gotland nennt man auch die erwachsenen Tiere Lämmer, es gilt also keine Schafe, nur Lämmer und Junglämmer. Das Fleisch ist durch

die kräuterreichen Wiesen sehr schmackhaft. Trotzdem ist nicht jedes Lammgericht als Delikatesse zu empfehlen. Lammskallar sind in Milch gekochte Lammköpfe – hört sich nicht wirklich lecker an, oder?

Typisch finnische Gerichte

Besonders beliebt sind **Lachs** (lohi) und **Regenbogenforelle** (kirjolohi). Lachs wird geräuchert, gebraten und gekocht gerne gegessen. Als Beilage reicht man dazu meist Kartoffeln. Gerne isst man Fischsuppe (kalakeitto), oder man backt den Lachs in einer Teigtasche (piirakka) ein.

Wer es machen will wie die Finnen, der isst am Donnerstag **Erbsensuppe (hernekeitto)**. Zur Verfeinerung werden den Erbsen oft Speck,

Zwiebeln und Karotten beigegeben. Als Finnland noch zu Schweden gehörte, suchte der König in Stockholm nach immer neuen Wegen, seinen Untertanen Geld abzuknöpfen. Einmal in der Woche sollte nur billiges Essen, nämlich Erbsensuppe, aufgetischt werden, wies er sein Volk an. Das so eingesparte Geld floss in seine Kasse. Erbsen mögen die Finnen überhaupt sehr gern – auch roh, als Imbiss zwischendurch.

Rentierfleisch (poronliha) und **Elch (hirvi)** findet man ebenfalls auf den meisten Speisekarten. Oft serviert wird Rentiergeschnetzeltes (poronkäristys), mit Kartoffelpüree und Preiselbeeren. Zu Rentier- und Elchfilet werden oft Moltebeeren oder eine Sahnesoße mit Preiselbeeren gereicht. Poronpaisti ist ein rustikaler Rentierbraten, der vor allem im Norden des Landes recht beliebt ist.

Es wird Licht!

Der Beginn der hellen Sommernächte an Midsommer wird in Norwegen, Finnland und besonders in Schweden gefeiert – dort außerdem das »Lichterfest Lucia« im dunklen Winter.

FESTE IN NORWEGEN

Der Nationalfeiertag **am 17. Mai** ist für viele Norweger ein willkommener Anlass zum Feiern. Im ganzen Land finden festliche Umzüge statt, bei denen vor allem die norwegische Fahne nicht fehlen darf. Besonders viel Trubel herrscht an diesem Tag in Oslo auf der Prachtstraße Karl Johan. Zwischen Storting und Schloss stehen die Menschen schon am Morgen dicht gedrängt, schwenken ihre Fähnchen und schwelgen in Nationalstolz. Der Nationalfeiertag erinnert an das Jahr 1814, als Norwegen sein Grundgesetz erhielt und **die 400jährige dänische Herrschaft zu Ende ging**. Schon lange ist der 17. Mai vor allem ein Familienfest, bei dem die Kinder im Mittelpunkt stehen. Sie veranstalten Umzüge, bei denen sie mit Trommelwirbeln und Marschmusik des Schulkorps die Zuschauer begeistern. Auch die königliche Familie lässt es sich nicht nehmen, vom Balkon des Osloer Schlosses den Kindern stundenlang zuzuwinken.

Nationalfeiertag

Am Nationalfeiertag geht es aber nicht nur traditionell und gesittet zu, denn an diesem Tag erreicht auch das russefeiring seinen Höhepunkt: Wenn norwegische Schüler **die Oberstufe abgeschlossen** haben, nennen sie sich russ, wobei die Absolventen der Gymnasien rødruss und die der Handelsgymnasien blåruss sind. Erstere tragen rote, letztere blaue Mützen und Kleidung. Bei den Schulabgängern geht es allerdings erheblich wilder und lauter zu als bei den jüngeren Schülern und der Alkohol fließt in Strömen.

Russefeiring

Mittsommer heißt **in Norwegen St. Hans** und wird an einigen Orten mit großen Feuern gefeiert: Man sitzt zusammen, klönt mit Freunden, isst und trinkt. Doch im Vergleich zu Schweden geht es an Mittsommer in Norwegen eher ruhig zu.

Ruhiger Mittsommer

Eines der farbenprächtigsten Feste ist das Osterfest der Samen in der Finnmark, für das sich die weite Anreise in den hohen Norden lohnt. Nirgendwo sonst sind so viele farbenfrohe Trachten wie während der **Osterfeiern in Kautokeino** zu bewundern. Früher, als die Samen noch als Nomaden mit ihren Rentieren durch den Norden Skandinaviens zogen, war das Osterfest eine der wenigen Gelegenheiten, die über die ganze Finnmark verstreuten Freunde und Verwandten wie-

Ostern bei den Samen

Traditionell: Mittsommertanz am Siljansee

derzusehen. Spektakulär sind die **Rentierrennen**, bei denen die ansonsten trägen Tiere mit atemberaubender Geschwindigkeit um die Bahn rasen. Kultureller Höhepunkt ist der **Sami Grand Prix**, das alljährliche Treffen samischer Musiker in Kautokeino. Wenn joiks oder die Lieder auf samisch vorgetragen werden, ist die Halle in Kautokeino bis auf den letzten Platz ausgebucht.

Weihnachten Für alle Norweger ist Weihnachten das wichtigste Fest des Jahres, das **fast ausschließlich im Kreis der Familie** gefeiert wird. Doch auch Touristen spüren die vorweihnachtliche Stimmung. Auf vielen Plätzen stehen mit Kerzen geschmückte Weihnachtsbäume, und die Straßen sind voller Girlanden und Lichter. Schon Wochen vor dem Fest wird das **juleøl, das Weihnachtsbier**, gebraut. Auch julekaker, ein süßes Weihnachtsbrot, das Ähnlichkeit mit unserem Christstollen hat, gehört zur Vorweihnachtszeit. Restaurants bieten ein opulentes Weihnachtsbuffet an, und auch stimmungsvolle Weihnachtsmärkte haben Tradition.

FESTE IN SCHWEDEN

Mittsommer Für die meisten Schweden ist Mittsommer **das schönste Fest des Jahres** und viel wichtiger als der Nationalfeiertag am 6. Juni. Die kürzeste Nacht des Jahres markiert den Anfang der Freiluftsaison, den **Beginn der langen Tage und hellen Nächte**, die Erfüllung der Sehnsucht nach Wärme und Sonne. Es ist die Hoffnung auf einen

Nachschub: Marketenderin bei der Mittelalterwoche in Visby

langen Sommer! Nur wer schon einmal einen langen und dunklen Winter im Norden erlebt hat, kann die Freude über Mittsommer wohl richtig nachvollziehen. Gefeiert wird immer **an dem Wochen-ende, das dem 24. Juni am nächsten liegt.** Am Morgen des Mitt-sommertages (21. Juni) werden Haus und Hof mit Blumen und Zwei-gen geschmückt, und auf dem Land stellen die Männer die majstång, einen reich geschmückten Baumstamm, auf. Die majstång hat übri-gens nichts mit unserem Maibaum zu tun. Ihren Namen hat sie nicht vom Monat Mai, sondern von dem schwedischen Wort majen, was soviel wie winden bedeutet und sich auf die Blumen und Zweige be-zieht, mit denen die majstång umwickelt wird.

Mittsommer feiern die Schweden **am liebsten mit Freunden und Bekannten** und vor allem dort, wo sie sich wohlfühlen: Das kann in dem kleinen Sommerhäuschen, auf dem eigenen Boot irgendwo in den Schären oder auf dem Campingplatz sein. In jedem Fall gehören Musik und Tanz, aber auch gutes Essen und eine Portion Alkohol dazu. Das traditionelle Mittsommeressen ist matjessill, marinierter Hering in süßer Soße, dazu gibt es Kartoffeln mit Dill.

Feiern, wo man sich wohl fühlt

In der **zweiten Augustwoche**, wenn der Sommer schon fast vorbei ist, trifft man sich zur Krebspremiere (kräftpremiären). Früher, als es noch genügend Krebse gab, konnte man sie das ganze Jahr über ge-nießen. Als dann aber der Krebsfang bis Mitte August verboten wur-de, beschloss man, die ersten Fangtage ausgiebig zu feiern. So ist es bis heute geblieben. Man trifft sich mit Freunden, setzt sich ein Pa-pierhütchen auf den Kopf, hängt sich eine Serviette um den Hals und verspeist jede Menge der kleinen Tierchen.

Krebs-premiere

Während der dunklen Jahreszeit werden vor allem das Luciafest am **13. Dezember** und natürlich Weihnachten gefeiert. Am Luciatag sieht man überall Jugendliche mit weißen Umhängen mit Kerzen in den Händen durch die winterliche Dunkelheit ziehen. Angeführt wird jeder Zug von Lucia, die einen Kerzenkranz auf dem Kopf trägt. Jeder Verein und jede Schule – alle haben ihre eigene Lucia. Auch Krankenhäuser und Altenheime erhalten von Lucia Besuch, bei die-ser Gelegenheit gibt es **lussebullar, mit Safran gewürztes Hefege-bäck**, Pfefferkuchen und heißen, aromatischen glögg, die schwedi-sche Variante unseres Glühweins.

Luciafest

Weihnachten beginnt in Schweden eigentlich schon Ende November – mit Weihnachtsmärkten und -konzerten sowie festlich geschmück-ten Weihnachtsbäumen auf öffentlichen Plätzen. Berühmt sind die **Weihnachtsmärkte in dem Stockholmer Freilichtmuseum Skan-sen und im Göteborger Vergnügungspark Liseberg.** Um sich schon mal auf die Feiertage einzustimmen, wird den ganzen Dezem-

Weihnachten mit Julbord und Tomte

ber über in Restaurants das julbord – **die üppigste Variante des smörgåsbord** – angeboten. Die Geschenke zum Weihnachtsfest, das ähnlich wie bei uns gefeiert wird, bringt der tomte, der unserem Weihnachtsmann sehr ähnlich sieht.

FESTE IN FINNLAND

Die Flagge hissen Die Finnen zeigen gerne Flagge. Deswegen haben sie auch gleich **zwei Dutzend Flaggentage** erfunden: Tage, an denen einem besonderen Ereignis oder einer besonderen Person gedacht wird. Tage, an denen Finnlands Hausmeister in Aktion treten und die blau-weiße Landesflagge hissen. Das kann der Tag der Dichtung, der finnischen Sprache, der Gleichberechtigung oder der finnlandschwedischen Kultur sein. Oder aber der **Tag des Nationalepos Kalevala**, der finnischen Musik, der Geburtstag des Dichters Johan Ludvig Runeberg oder der des Philosophen Johan Vilhelm Snellman. Und auch zum Tag der finnischen Flagge wird die finnische Flagge hochgezogen.

Feiertage Und dann gibt es noch die richtigen Feiertage. An denen wird die Flagge selbstverständlich ebenfalls gehisst – doch zusätzlich gibt's arbeitsfrei. Die drei wichtigsten finnischen Feiertage sind vappu, juhannus und joulua – der **1. Mai, Mittsommer und Weihnachten**.

Vertreibt böse Geister: Mittsommerfeuer in Finnland

Der 1. Mai – vappu – ist in Finnland nur in zweiter Linie der Feiertag der Arbeiter. Vielmehr gilt er als **Fest der Abiturienten und Studenten**. Bereits am Vorabend des 1. Mai geht es hoch her: Helsinkis Innenstadt ist dann voller feiernder Menschen. Das jedenfalls ist die jugendfreie Beschreibung dessen, was an vappu passiert. Genaugenommen wird hemmungslos gesoffen. Und allerspätestens ab 20 Uhr findet man in der gesamten Innenstadt von Helsinki und vermutlich in ganz Finnland keine nüchterne Seele mehr. Dann lassen die Finnen so richtig die Sau raus und verlieren alle Zurückhaltung, die sie sonst auszeichnet. Offiziell wird das Fest eröffnet, indem der Brunnenfigur »Havis Amanda« am Helsinkier Hafen am frühen Abend eine riesige Studentenmütze über den Kopf gezogen wird. Eine ylioppilaslakki, die weiße Studentenmütze, trägt aber nicht nur die nackte Brunnenfigur. Jeder, der irgendwann einmal eine Uni besucht hat, trägt sie an diesem Tag auf dem Kopf.

1. Mai

Wer in Helsinki den Vorabend gut überstanden hat, kommt am nächsten Morgen zum Ursa-Observatorium in den Kaivopuisto-Park. Mit Sekt stößt man dort ganz zivilisiert auf das Vappu-Fest an und lässt sich auf dem Rasen zu einem **Frühlingspicknick** nieder.

Am Morgen danach

Auch beim Mittsommerfest **juhannus** spielt Alkohol eine große Rolle. Nur dass man ihn nicht öffentlich trinkt, sondern im Familien- und Freundeskreis – am liebsten im Sommerhaus am See. Neben Essen und Trinken steht an juhannus das **Kokko-Feuer** im Mittelpunkt. Traditionell zündet es der Hausvater an, und dann umtanzt man es die ganze Nacht. Ursprünglich sollten durch das Abbrennen des Johannisfeuers böse Geister vertrieben und die Fruchtbarkeit der Frauen beschworen werden. Früher wurde juhannus immer am 21. Juni gefeiert, dem längsten Tag des Jahres. Heute macht man das ganz praktisch an dem Samstag, der zwischen dem 20. und dem 26. Juni liegt. Dann hat man am folgenden Tag noch genug Zeit, sich ausgiebig um seinen Kater zu kümmern.

Mittsommer

Weihnachten – **joulua** – ist ein Fest, das sich bei den Finnen über nahezu sechs Wochen hinzieht. Bereits Mitte November beginnen die ersten Vorweihnachtsfeste, die Pikkujoulu-Feierlichkeiten. Dann feiert man mehrmals wöchentlich mit Betriebs- und Vereinskollegen. Das Weihnachtsfest selbst ist dann eine reine Familienangelegenheit. Der offizielle Startschuss fällt am Heiligen Abend um 12 Uhr, und der wird von Herrn Lehmusto gegeben. Jouko Lehmusto ist im normalen Leben Stadtkämmerer in Turku. Doch am 24. Dezember um die Mittagszeit verliest er **vom Balkon des Rathauses von Turku die Weihnachtsbotschaft**. Dann sitzt ganz Fernsehfinnland vor den Bildschirmen. Erst nach Ende der Sendung beginnt im Gefühl der Finnen dann das eigentliche Weihnachtsfest.

Weihnachten

Tradition und Kommerz Es wird viel gegessen an Weihnachten – besonders gerne Fisch und Schinken. Für einige Tage verlässt nahezu kein Finne das Haus. Für viele Finnen ist Weihnachten **das wichtigste Fest des Jahres**. Kein Wunder, denn aus Finnland, oder genauer gesagt vom Korvatunturi in Lappland, stammt schließlich der Weihnachtsmann. Der Name Korvatunturi, Ohrenberg, kommt angeblich daher, weil der Weihnachtsmann von dort aus die Wünsche der Kinder besonders gut hören kann. Doch diese Version der Legende passte der finnischen Tourismusindustrie nicht so recht ins Geschäft. Der Berg lag einfach zu weit abseits von den Shoppingrouten der Weihnachtssouvenirkäufer. Deshalb wurde die Legende um einen modernen Teil erweitert. Kurzerhand erhielt der alte Mann einen Zweitwohnsitz verpasst, und der liegt praktischerweise verkehrsgünstig in unmittelbarer Nähe des internationalen Flughafens von **Rovaniemi** direkt am Polarkreis.

Gesetzliche Feiertage in Skandinavien

NORWEGEN
1. Januar (Neujahr), Palmsonntag, Gründonnerstag, Karfreitag, Ostersonntag, Ostermontag, 1. Mai (Tag der Arbeit), 17. Mai (Nationalfeiertag), Christi Himmelfahrt, Pfingstsonntag, Pfingstmontag, 25. und 26. Dezember (1. und 2. Weihnachtstag).

SCHWEDEN
Neujahr, 6. Januar (Heilige Drei Könige), Karfreitag, Ostermontag, 1. Mai (Tag der Arbeit), Himmelfahrt, Pfingstmontag, 24. Juni (Mittsommer), 1. November (Allerheiligen), Heiligabend, 1. und 2. Weihnachtsfeiertag und Silvester. Der schwedische Nationalfeiertag am 6. Juni wird formlos begangen, ist aber arbeitsfrei.

FINNLAND
Neujahr, Dreikönigstag, Karfreitag, Ostermontag, Erster Mai, Christi Himmelfahrt, Mittsommer (wird immer an einem Samstag gefeiert, am Abend vor dem Mittsommerfest sind bereits viele

Geschäfte geschlossen), Allerheiligen, Unabhängigkeitstag am 6. Dezember, 1. und 2. Weihnachtsfeiertag.

Festkalender

ALLGEMEINES
Abkürzungen
Die Veranstaltungen sind jeweils nach Termin und Ort sortiert. (N) steht für Norwegen, (S) für Schweden, (F) für Finnland.

Informationen zu Festivals
(N): www.norwayfestivals.com
(S): www.visitsweden.com
(F): www.festivals.fi

JANUAR
Internationales Filmfestival in Tromsø (N)
Gezeigt werden jedes Jahr neue Filme aus der ganzen Welt, wobei der Schwerpunkt auf Produktionen aus Skandinavien, Russland und Kanada liegt.
www.tiff.no

Nordlichtfestival in Tromsø (N)

Von Barock und Klassik bis zu zeitgenössischen Komponisten.
www.nordlysfestivalen.no

FEBRUAR
Rørosmartnan (N)

Großer Wintermarkt in Røros in Mittelnorwegen.
www.rorosmartnan.no

Wintermarkt in Jokkmokk (S)

Seit 1605 wird in Jokkmokk ein großer, samischer Wintermarkt abgehalten. Bei diesem ältesten Markt Schwedens wird samisches Handwerk verkauft und die samische Kultur präsentiert.
www.jokkmokksmarknad.se

Musica Nova (F)

Jedes zweite Jahr findet in Helsinki dieses Festival für moderne klassische Musik statt.
www.musicanova.fi

MÄRZ
Holmenkollen Skifestival (N)

Weltcup-Rennen im Skilanglauf, Nordische Kombination und Skispringen auf Oslos berühmter Anlage.
www.holmenkollen.com

Birkebeinerrennet (N)

Internationales Langlaufrennen zwischen Lillehammer und Rena.
www.birkebeiner.no

Finnmarksløpet (N)

Europas längstes Hundeschlittenrennen führt wahlweise über 1000 oder 500 km quer durch die Finnmark.
www.finnmarkslopet.no

Wasalauf (S)

Am bekanntesten Sportereignis des Winters nehmen jedes Jahr mehr als 30 000 Skiangläufer teil. Die Strecke von Sälen nach Mora ist 90 km lang.
www.vasaloppet.se

Farbenfrohes Feuerwerk: Neujahrsfeier in Stockholm

Tampere Film Festival (F)
Internationales Filmfestival in
Finnlands zweitgrößter Stadt.
www.tamperefilmfestival.fi

APRIL
Walpurgisnacht (S)
Am 30. April wird überall die Wal-
purgisnacht gefeiert. Für Touristen
am eindrucksvollsten sind die
Feierlichkeiten im Stockholmer
Freilichtmuseum Skansen.
www.skansen.se

Osterfestival der Samen (N)
Ein Höhepunkt der Feiern in Kautokeino und Karasjok sind die
Rentierschlittenrennen, an denen
auch Touristen teilnehmen

**Norwegens Traditionsinstrument:
die Hardanger-Geige**

können. Beim Sami Grand Prix
bekommt man auch den joik,
den traditionellen Gesang der
Samen, zu hören.
www.samieasterfestival.com

Apriljazz (F)
Im Helsinkier Vorort Espoo
kommen jedes Jahr im April die
führenden finnischen Jazzmusiker
zusammen. Aber auch internationale Kollegen spielen beim April-
jazz. Neben Jazz wird auch Blues
und Ethnomusik geboten.
www.apriljazz.fi

MAI
Norwegischer
Nationalfeiertag (N)
Wird am 17. Mai mit festlichen
Umzügen begangen, die in Oslo
sind die größten.

Festwoche in Bergen (N)
Bekannte Interpreten der
klassischen und modernen
Musik sowie der darstellenden
Kunst treten auf.
www.fib.no

JUNI
Nordkap-Festival (N)
In Honningsvåg feiert man die
hellen Nächte mit Musik, Theater
und Ausstellungen.
www.nordkappfestivalen.no

Den Store Styrkeprøven (N)
Die Große Kraftprobe ist ein
Jedermann-Radrennen, das über
540 km von Trondheim nach Oslo
führt. Es werden auch Strecken
von 60, 135, 190 und 350 km
angeboten.
www.styrkeprøven.no/trondheim-
oslo

Nordnorwegen-
Festspiele (N)

In Harstad werden Musik, Theater, Tanz und Kunstausstellungen geboten.
www.festspillnn.no

Bislet Games (N)

Die weltbesten Leichtathleten in Oslo auf Weltrekordjagd.
www.diamondleague-oslo.com

Stockholm Marathon (S)

15 000 Läufer aus aller Welt nehmen jedes Jahr am Stockholm Marathon teil – durch die schönsten Viertel der Stadt.
www.stockholmmarathon.se

Mittsommer (S)

Mittsommer wird im ganzen Land gefeiert – traditionell im Stockholmer Freilichtmuseum Skansen sowie rund um den Siljansee.

Musikfestspiele
von Naantali (F)

Klassische Musik wird in Kirchen der Region und im Park gespielt.
www.naantalimusic.com

Filmfestival von
Sodankylä (F)

Draußen scheint die Mitternachtssonne, drinnen werden die neuesten Filme gezeigt. Das Festival in dem lappländischen Dorf riefen die beiden Starregisseure Aki und Mika Kaurismäki ins Leben.
www.msfilmfestival.fi

Provinssirock Seinäjoki (F)

Finnlands größtes Rockfestival findet in lieblichen Parks auf der Insel Törnävänsaari statt.
www.provinssirock.fi

JULI
Kongsberg Jazzfestival (N)

Für vier Tage wird Kongsberg zum Treffpunkt der Jazz-Freunde.
www.kongsberg-jazzfestival.no

Molde Jazzfestival (N)

Beim größten Jazzfestival Norwegens treten auch viele internationale Kunstler auf.
www.moldejazz.no

Riddu Riddu Festival (N)

Treffen samischer Künstler in Kåfjord/Troms.
www.riddu.no

Musik am Siljansee (S)

Alljährlich fast 100 Programme rund um den See.
www.musikvidsiljan.se

Kaustinen Folk Music
Festival (F)

Am größten und ältesten Folk-Festival in Nordeuropa nehmen Stars aus aller Welt teil.
www.kaustinen.net

Seinäjoki Tangofestval (F)

Das Großereignis des finnischen Tangos: Hunderttausend kommen in die Kleinstadt in Westfinnland, um zu tanzen und den Tangokönig und seine Königin zu küren.
www.tangomarkkinat.fi

Akkordeon Festival (F)

Das Akkordeon ist eines der wichtigsten Instrumente in der finnischen Volksmusik. Beim Sata-Häme Soi-Festival in Ikaalinen kommt es aber auch im Jazz, in der Rock- und Weltmusik, sowie in der Klassik zum Einsatz.
www.satahamesoi.fi

Großes Kochen in Mandal beim Schalentierfest

Sommer in Jyväskylä (F)

Finnlands ältestes Stadtfestival mit Theater- und Musikveranstaltungen.

www.jyvaskylankesa.fi

Pori Jazz (F)

Pori Jazz ist die größte Musikveranstaltung in Finnland. Jährlich kommen über 150 000 Zuschauer zu mehr als 100 Veranstaltungen. Internationale Topstars – nicht nur des Jazz – geben sich dabei das Mikrofon in die Hand.

http://porijazz.fi

Savonlinna
Opern Festival (F)

Den ganzen Juli treten Weltstars in der Burg von Olavinlinna auf.

www.operafestival.fi

AUGUST
Schalentierfestival
in Mandal (N)

An langen Tischen mitten in der Stadt werden Köstlichkeiten des Meeres serviert.

http://skalldyrfestivalen.no

Holzbootfestival Risor (N)

Alte und neue, große und kleine Holzboote geben sich im Hafen der südnorwegischen Stadt ein sehenswertes Stelldichein.

www.trebatfestivalen.no

Peer-Gynt-Festival (N)

In Vinstra im Gudbrandsdal werden Theateraufführungen zur Musik von Edvard Grieg gezeigt.

www.peergynt.no

Amanda-Filmfestival (N)

In Haugesund in Südnorwegen findet das wichtigste Filmfestival des Landes statt. Verliehen wird seit 1985 jedes Jahr der begehrte Amanda-Preis, der norwegische Oscar.

www.filmweb.no/filmfestivalen

Matfestivalen (N)

Großes, kulinarisches Festival für norwegisches Essen und Trinken in Ålesund, mit Kochwettstreit, Fachseminaren, Konzerten und natürlich viel zu verkosten.

www.matfestivalen.no

Stockholm Pride (S)
Das schwedische Gegenstück
zum Christopher Street Day.
www.stockholmpride.org

Mittelalterwoche
in Visby (S)
Eine Woche lang zeigt sich Gotlands Hauptstadt mittelalterlich:
Es gibt Ritterturniere, Gaukler-
vorführungen und Theaterstücke.
www.medeltidsveckan.com

Helsinki Festival (F)
Die Straßen und Plätze der Hauptstadt werden zur Bühne für
Musikerlebnisse von Barock bis
Rock. Die Ambition der Veranstalter ist es, Kultur zu den Menschen
zu bringen. Unter dem Motto
»Kunst kommt in die Kneipe«
werden beispielsweise in den
unterschiedlichsten Lokalen
Aufführungen dargeboten. Der
Höhepunkt des Festivals ist die
lange Nacht der Kunst, wenn
rund um die Uhr gefeiert wird.
www.helsinkifestival.fi

SEPTEMBER
Oslo-Marathon (N)
Soweit die Füße tragen durch
die norwegische Hauptstadt.
www.oslomaraton.no

OKTOBER
Helsinki Heringsmarkt (F)
Jedes Jahr Anfang Oktober findet
der Heringsmarkt auf dem Marktplatz von Helsinki statt. Eine
Woche lang bieten Berufsfischer
mitten in der finnischen Hauptstadt Salzhering, Kräuterfische
und in unterschiedlichste Marinaden eingelegte Heringe an. Dazu
gibt es natürlich das für den

Schärengarten typische, dunkle
Brot. Der Heringsmarkt ist die
älteste regelmäßig stattfindende
Veranstaltung in Helsinki. Er wurde im Jahr 1743 zum ersten Mal
erwähnt und findet seit 1820
immer an der gleichen Stelle im
Südhafen statt.

Apfelmarkt in Kivik (S)
Zur Apfelernte in Schonen feiert
man einen Apfelmarkt. Besonders
spektakulär sind die Skulpturen,
die aus Tausenden von Äpfeln
gebildet werden.
www.applemarknaden.se

NOVEMBER
Stockholm Filmfestival (S)
Im Vergleich zu Cannes oder
Berlin geht es auf dem Filmfestival
in Stockholm eher beschaulich zu.
Für Liebhaber skandinavischer
Filmkunst ist es aber in jeder
Hinsicht ein Muss.
www.stockholmfilmfestival.se

DEZEMBER
Nobelpreisverleihung (N)
Verleihung des Friedensnobelpreises am 10. Dezember in Oslo.

Nobelpreisverleihung (S)
Verleihung der Nobelpreise am
10. Dezember in Stockholm.

Weihnachtsmärkte
Die beiden größten in Schweden
werden im Vergnügungspark Liseberg (Göteborg) und im Museum
Skansen (Stockholm) veranstaltet.
In Finnland sind besonders schön:
der Frauen-Weihnachtsmarkt
(auch für Männer) im Vanha
Satama Helsinki und der Weihnachtsmarkt von Turku.

Spaß mit Pippi und den Mumins

Ob am Strand, in den Bergen, am Seeufer oder am Fjord: An schönen Sommertagen ist die Natur der beste Abenteuerspielplatz. Und für Regenstunden gibt es viele Vergnügungsparks.

Norwegen, Schweden und Finnland sind große Länder. Dazu kommt noch die An- und Abreise, die in der Regel mindestens je einen ganzen Tag in Anspruch nimmt. Mal eben einen Abstecher nach Lappland oder zum Nordkap machen, das bedeutet viele Stunden – oder, realistischer betrachtet, **einige Tage – im Auto** zu verbringen. Das mag der Nachwuchs, egal, wie alt er ist, überhaupt nicht. Da hilft es auch nicht, wenn man ihm von der tollen Mitternachtssonne am Ziel vorschwärmt. **Lange (An-)Reise**

Um die ständig quengligere Frage »Wann sind wir endlich da«? nicht allzu oft hören zu müssen, sollten sich Eltern **realistische Tagesziele** setzen und vor allem berücksichtigen, dass es nur relativ wenige Autobahnen gibt. Wenn sie dann unterwegs noch einige vollkommen autofreie Tage einlegen, werden die Kleinen vermutlich begeistert sein, denn Norwegen, Schweden und Finnland sind wegen ihrer unzähligen Möglichkeiten für Aktivitäten in der Natur **phantastische Reiseländer für Familien**. Egal, ob man Ausflüge zu Fuß, mit dem Rad oder Boot einplant, die Angel mitnimmt oder einfach am Strand Urlaub macht, der Nachwuchs ist eigentlich immer beschäftigt. Und wenn das Wetter mal nicht mitspielt, bleibt immer noch der Besuch in einem Tier- oder Vergnügungspark. Dies gilt selbst für die Hauptstädte, die mit kinderfreundlichen Museen, Bademöglichkeiten oder Vergnügungsparks für Abwechslung sorgen.

Adressen Norwegen

TusenFryd

Norwegens größter Vergnügungspark liegt südlich von Oslo an der E 18. Hier gibt es Karussells, ein Wikingerland, ein großes Spaßbad sowie Achterbahnen. Einziger Nachteil sind die hohen Eintrittspreise, die sich nur lohnen, wenn man sich einen ganzen Tag für einen Besuch Zeit nimmt.
www.tusenfryd.no

Det Internasjonale Barnekunstmuseet

Das Kinderkunstmuseum in Oslo heißt zwar so, ist aber nicht nur ein für Kinder spannend, sondern auch für Erwachsene, die hier die Welt wieder einmal mit Kinderaugen sehen können. Gezeigt werden eindrucksvolle Kunstwerke von Kindern und Jugendlichen aus aller Welt.
www.barnekunst.no

Stets im Mittelpunkt: skandinavischer Nachwuchs

Norsk Teknisk Museum

Das Osloer Museum informiert unterhaltsam über Technologie, Wissenschaft und Medizin. Im naturwissenschaftlichen Erlebniscenter kann man sich an Experimenten versuchen. Am Wochenende gibt es besonders viele Aktivitäten für die ganze Familie.
www.tekniskmuseum.no

Bogstad Gård

Auf dem alten Landsitz vor den Toren Oslos kann man Schafe, Kühe, Pferde, Schweine, Kaninchen und Hühner hautnah erleben. Spannend sind auch Kinderreiten, Stallbesuche und Schafschur. Café, Laden und Galerie erfreuen die Eltern.
www.bogstad.no

Oslo Reptilpark

Rund 100 verschiedene Reptilien – von der Riesenschlange bis zum Gekko – sind zu sehen. Dienstags kann man bei der Fütterung zuschauen.
www.reptilpark.no

Bo Sommerland

Der größte Wasserpark Norwegens liegt in der Provinz Telemark und lockt Kinder mit mehreren Wasserrutschen und weiteren Wasseraktivitäten.
www.sommarland.no

Kristiansand Dyrepark

Zu den Hauptattraktionen gehören der Tierpark mit seinem Affendschungel und den nordischen Tieren, die nach Vorlagen des norwegischen Kinderbuchautors Torbjørn Egner erbaute Stadt Kardemomme und Kapitän Säbelzahns Reich mit dem Piratenschiff. Zusammen mit dem Badeland gibt es genug Abwechslung für einen ganzen Tag.
www.dyreparken.no

Lilleputthammer

Lilleputthammer ist ein Modell der Storgata in Lillehammer wie in den 1930er Jahren – im Maßstab 1:4. In der Miniaturstadt können Kinder sich wie Riesen fühlen und an Mal- und Bastelaktivitäten teilnehmen, sich verkleiden oder einen Film ansehen. Außerdem können sie sich auch auf dem Kletterturm, beim Hindernisrennen, auf der Hüpfmatte oder den Trampolins vergnügen. Hier fühlen sich vor allem Kinder bis zu acht Jahren wohl.
www.lilleputthammer.no

Atlantahavsparken

In einem der größten Aquarien Norwegens in Ålesund bekommen Besucher die ganze Vielfalt der atlantischen Küstengewässer gezeigt. Spektakulär ist die Unterwassershow, bei der Taucher die großen Fische von Hand füttern. Sehr beliebt ist auch der Außenbereich mit den Pinguinen.
www.atlanterhavsparken.no

Langedrag

Der weitläufige Bergbauernhof zwischen Bergen, Oslo, Numedal und Hallingdal liegt auf 1000 m Höhe. Insgesamt leben auf dem Hof 350 Tiere, besondere Attraktion sind die fünf Wölfe im großen Freigehege. Die Milch der 50 Ziegen wird direkt vor Ort zu Molkenkäse verarbeitet.
www.langedrag.no

Solvruvene

Die Silberstadt Kongsberg liegt 80 km westlich von Oslo und besitzt eine lange Bergwerksgeschichte. Mit einer Grubenbahn kann man gut 2 km in die stillgelegte Königsgrube einfahren.
www.visitkongsberg.no

Grönligrotta

Die Grönligrotte in der Nähe von Mo i Rana ist eine der wenigen für Touristen zugänglichen Höhlen. Während einer Führung durch verwinkelte Gänge kommt man zu Gletschermühlen und einem unterirdischen Bach. Etwas abenteuerlicher, und nur für größere Kinder geeignet, ist der Besuch der nicht weit entfernten Setergrotte.
www.gronligrotta.no
www.setergrotta.no

Vassfaret Björnepark

Die Stars des Parks im Hallingdal sind die Elchkuh »Elfine«, die sogar schon in einem Fernsehspot mitspielen durfte, sowie der stattliche Braunbär »Rugg«. Außerdem gibt es noch Luchs, Fuchs und Reh hautnah zu bewundern. Die neueste Attraktion ist der große Abenteuerspielplatz.
www.bjorneparken.no

Adressen Schweden

Kolmårdens Tierpark

Im nordöstlich von Norrköping gelegenen Tierpark kann man auf Safari gehen. Auf dem weitläufigen Gelände tummeln sich nicht nur einheimische Tiere wie Elche und Rentiere, hier gibt es auch Löwen, Tiger, Elefanten und Nashörner zu sehen. Eine beliebte Attraktion ist auch die Delfinschau. Wer länger als einen Tag bleiben möchte, übernachtet komfortabel im Vildmarkshotellet.
www.kolmarden.com,
www.kolmarden.com/vildmarkshotellet

Universeum

Das Göteborger Universeum zeigt Wissenschaft als spannendes Abenteuer. Hier können Kinder und Erwachsene nach Herzenslust experimentieren, unter Glas durch einen tropischen Regenwald spazieren und im Haitunnel erleben, wie ihnen die Raubfische direkt über den Kopf hinweg gleiten.
www.universeum.se

Kneippbyn

Auf Gotland, einige Kilometer südlich von Visby, bietet dieser Vergnügungspark Fahrgeschäfte und ein Spaßbad. Größte Attraktion ist die Villa Villekulla, die als Villa Kunterbunt in den Verfilmungen der Pippi-LangstrumpfGeschichten bekannt wurde.
www.kneippbyn.se

Gröna Lund

Schwedens ältester Vergnügungspark liegt mitten in Stockholm auf der grünen Insel Djurgården. Hier gibt es Los- und Spielbuden, Achterbahn und Riesenrad – von dem man einen schönen Blick auf die Hauptstadt hat. Häufig treten auch bekannte Künstler auf.
www.gronalund.com

Astrid Lindgrens Welt

Hier ist der Name Programm. In Vimmerby, dem Geburtsort der bekanntesten schwedischen Kinderbuchautorin, trifft man all ihre Romanfiguren: Pippi Langstrumpf, Karlsson vom Dach, Michel aus Lönneberga, die Brüder Löwenherz und natürlich Ronja Räubertochter. Als Kulisse dienen die Villa Kunterbunt, die Krachmacherstraße und Bullerbü.
www.alv.se

Orsa Grönklitt

Orsa in der Provinz Dalarna ist vor allem als Wintersportort bekannt. Im Sommer lockt der Björnparken hingegen insbesondere Familien an, die einen Blick auf die Braunbären, Eisbären und Kamchatka-Bären in dem großen Freigehege werfen wollen. Nicht weit entfernt, südlich von Mora, liegt zudem die Märchenwelt Tomteland.
www.orsagronlitt.se
www.tomteland.se

Junibacken

In einer alten Bootshalle im Stockholmer Stadtteil Djurgården werden seit 1996 Kinderträume wahr, zumal Astrid Lindgren an der Gestaltung mitgewirkt hat: So ist es nicht verwunderlich, dass man (unter anderem auf einer Theaterbühne) all ihren Helden begegnet. Man erfährt aber auch alles über andere skandinavische Kinderbuchklassiker, den kleinen Willi Wiberg von Gunilla Bergström, die Mummins von Tove Jansson und Pettersson und Findus von Sven Nordqvist.
www.junibacken.se

Liseberg

Liseberg im Zentrum von Göteborg gilt als einer der größten und schönsten Vergnügungsparks Nordeuropas mit zahlreichen Fahrgeschäften und Attraktionen. Vom 85 m hohen Lisebergturm überblickt man die ganze Stadt.
www.liseberg.se

Spritziges Vergnügen im Freizeitpark »Liseberg«

Skansen

Das weitläufige Freilichtmuseum mitten in Stockholm beherbergt rund 150 historische Gebäude aus allen Landesteilen. Doch Skansen ist kein langweiliges Museum, gerade für Kinder bietet es eine bunte Mischung: Im alten Stadtviertel kann man in der Goldschmiede, der Bäckerei und der Glasbläserei traditionellen Handwerkern zuschauen. Außerdem gibt es Spielplätze, Buden mit Süßigkeiten und Andenken sowie mehrere Restaurants. Auch spannend: der kleine Zoo und das Aquarium mit Krokodilen, Schlangen und Vogelspinnen. Traditionelle schwedische Feste wie die Weihnachtsmesse in der Seglora Kirche, das Walpurgisfeuer, Mittsommer, das Lucia-Fest und die Adventszeit sind in Skansen immer sehr stimmungsvoll. www.skansen.se

Gränna

Der kleine Ort liegt am Südostufer des Vättersees und ist bekannt für seine »Polkagriser«. Die bunt geringelten Zuckerstangen werden in mindestens einem Dutzend Geschäften angeboten. Man kann aber auch in mehreren Kochereien zuschauen, wie die klebrige Süßigkeit entsteht. www.destinationjonkoping.se/grannavisingso

Adressen Finnland

Linnanmäki

In dem Freizeitpark in Helsinki wird nicht nur auf spektakuläre Fahrgeschäfte gesetzt. Das macht den Park auch für Eltern mit kleinen Kindern interessant. www.linnanmaki.fi

Heureka

Im Wissenschaftszentrum in Vantaa bei Helsinki können Kinder (und Erwachsene) alle Versuchsanordnungen selbst ausprobieren. www.heureka.fi

Tietomaa/Oulu

Die Entsprechung von Heureka (s. oben) im Norden des Landes. Wer sie selbst ausprobieren kann, versteht wissenschaftliche Experimente einfach besser. www.tietomaa.fi

Büro des Weihnachtsmanns

Kindertraum am Polarkreis: Einige Kilometer nördlich von Rovaniemi wohnt der Weihnachtsmann und empfängt dort ganzjährig in seinem Büro Kinder aus aller Welt. www.santaclauslive.com

Mumintal Museum

In dem Museum in Tampere erfährt man alles über die Muminfiguren von Tove Jansson. http://inter9.tampere.fi/muumilaakso

Muumimaailma

Im Freizeitpark »Muminwelt« in Naantali spielen die Mumins – die trollartigen, von der Autorin Tove Jansson geschaffenen Figuren – die Hauptrolle. Die perfekte Ergänzung zum Mumintal (s. oben). www.muumimaailma.fi

Shopping

Von puristisch bis verspielt

Liebhaber modernen Design werden in allen drei Ländern fündig. Aus Schweden reist manches Holzpferd mit, finnische Teerseife macht beim nächsten Saunabesuch Eindruck.

Norwegen

Norwegen zählt zu den teuersten Reiseländern. Vor allem Restaurantbesuche und Alkoholisches kosten in Norwegen mehr als bei uns. Deshalb nehmen viele Touristen einen Vorrat an Bier und Wein mit und decken sich im heimischen Supermarkt ein.

Vorräte

Wer sich von den hohen Preisen nicht abschrecken lässt und hin und wieder einen Blick in die Kunsthandwerksläden und Souvenirshops wirft, wird feststellen – es lohnt sich. Beliebt als Souvenir sind vor allem Gebrauchsartikel aus Holz (Löffel und Gabeln), Glas, Zinn, Emaille, Messing und auch **Silberschmuck aus der Telemark**. Auch Handarbeiten wie Puppen in Nationaltracht, Webwaren, Wandteppiche, und Stickereien sind als Souvenirs begehrt. Der nächste Winter kommt bestimmt, warum also nicht nach bunten Strickmützen oder gar wärmenden Socken und Strümpfen aus Schafwolle Ausschau halten. **Berühmt für Strickwaren ist das Setesdal**. Eine gute Auswahl an traditionellem Kunsthandwerk bieten in vielen Städten die Husfliden-Läden.

Typische Souvenirs

Besonders in Telemark und Hallingdal ist die norwegische Bauernmalerei zu Hause. Hier werden seit Jahrhunderten Möbel und andere Gegenstände aus Holz vornehmlich **mit Rosenmotiven** verziert.

Bauernmalerei

Die in der norwegischen Mythologie verwurzelten Trolle werden sowohl als hübsche und ansprechende **Holzschnitzarbeiten** als auch als billiger Kunststoffkitsch angeboten.

Trolle für zu Hause

Modernes norwegisches Design zeichnet sich durch **einfache und klare Linienführung** aus. Dies gilt nicht nur für die aus hellem Holz gefertigten Möbel, sondern auch für diverse Gebrauchsgegenstände und kunsthandwerkliche Erzeugnisse.

Nordisches Design

Viele Norwegen-Besucher lassen es sich nicht nehmen, Rentierfelle und -geweihe bzw. **Schnitzereien aus Geweihen** als Andenken mit nach Hause zu nehmen.

Rentier-Andenken

Jede Menge leckere Meeresfrüchte gibt's auf Bergens Fischmarkt.

Schnitzereien aus Nusnäs

Für Touristen ist das schwedische Nationaltier der Elch. Die Einheimischen bevorzugen das Pferd – eines aus Holz, hergestellt in Nusnäs.

Bill Clinton hat eines, Elvis Presley hatte eines, Frank Sinatra und Yassir Arafat auch. Die Rede ist von einem dalahäst, ein Pferd aus Dalarna. Nein, kein lebendiges Pferd. Es ist aus Holz, rot oder blau bemalt und reich verziert. Mehr noch: Dalapferde sind eines der schwedischen Nationalsymbole, und deswegen erhält Lasse Olsson auch öfters Bestellungen der Regierung – die Holztierchen sind das ideale Geschenk für Staatsgäste.

Lasse Olsson gehört die **»Dalapferdefabrik«** in Nusnäs in der Provinz Dalarna. Er ist der Sohn von Jannes Olsson, dem Erfinder der hölzernen Pferde. 1928 hat dieser mit seinem Bruder Nils sein erstes Holzpferd geschnitzt. Gerade erst 15 und 13 Jahre alt waren die beiden und doch schon die ersten professionellen schwedischen Holzpferdehersteller. »Anderes gab es damals auf dem Land auch nicht zu tun«, sagt Lasse Olsson trocken.

Auch heute ist die Herstellung eines Dalahäsʇs noch Handwerk, allerdings wird ein Pferd **nicht mehr nur von einer Person** hergestellt, sondern muss eine Reihe von Arbeitsschritten durchlaufen: Zuerst werden die Umrisse der Pferdefiguren auf Holzblöcke aufgestempelt, dann mit der Stichsäge ausgesägt. Ist die Grobform festgelegt, kommt das Schnitzmesser zum Einsatz. Diese Feinarbeit erledigen

»für uns ungefähr 50 Rentner in Heimarbeit«, sagt Olsson. Dalapferdschnitzer sind in der Region angesehene Leute, und in manchen Familien wird der Beruf **von Generation zu Generation weitervererbt.** Anders als sonst, übernehmen hier aber nicht die Jungen das Geschäft, sondern die Alten. Erst wer aus dem Berufsleben ausgeschieden ist, wird Pferdeschnitzer.

Kommen die Tiere von den Schnitzern zurück, erhalten sie ihre Farbe. Es braucht schon seine Zeit, bis ein Dalapferd fertig ist und in den Verkaufsraum hinausgaloppiert.

Wie aber kam es eigentlich, dass aus den Holzpferden von Jannes und Nils ein **nationales Symbol** wurde? Lasse Olsson schüttelt den Kopf und lacht. Nicht einmal der Herr der schwedischen Holzpferde kennt die Antwort. Die Dalapferde sind zwar schön anzusehen, aber im Grunde eben doch nicht mehr als rot oder blau angemalte Holzfiguren. **100 000 verkauft Olsson davon jedes Jahr**, und die gleiche Menge bringen die Cousins im Laden gegenüber unters Volk. Obwohl rein rechnerisch inzwischen in jedem schwedischen Haushalt ein Dalapferd stehen müsste, lässt die Nachfrage bei Olssons nicht nach.

Infos:

www.nohemslojd.se
www.grannas.com

Der Hit unter den Reisemitbringseln aus Norwegen ist Goldschmuck im **altnordischen Stil** bzw. originalgetreu nachgebildeter Gold- und Silberschmuck der Wikinger. Der echte Linie Aquavit ist zwar typisch norwegisch, doch zu Hause bekommt man alles Hochprozentige deutlich günstiger. Von der **Multebeeren-Marmelade** und dem braunen, süßen geitost kann man aber getrost einen Vorrat mit nach Hause nehmen.

Goldschmuck

Das hohe Preisniveau wird durch das Tax-free-Shopping-System ein gutes Stück erträglicher. In mehr als 3000 Geschäften mit dem Tax-free-Shopping-Logo können sich ausländische Touristen bei der Ausreise **die Mehrwertsteuer rückerstatten** lassen. Da jedoch nicht alle Geschäfte das Logo zeigen, lohnt es sich, die Verkäufer zu fragen, ob den Kunden dieses Angebot gemacht wird. Die Verkaufssteuer liegt in Norwegen für normale Güter bei 25 Prozent und ist im Verkaufspreis enthalten, davon entfallen 20 Prozent auf die Mehrwertsteuer, dieser Betrag wird beim Tax-free-Shopping rückerstattet. Die Mehrwertsteuer für Lebensmittel beträgt 14 Prozent. Der von der Regierung festgesetzte Mindestverkaufspreis, der zu einer Erstattung berechtigt, liegt bei 315 norwegischen Kronen, beziehungsweise bei 285 norwegischen Kronen für Lebensmittel.
Nach dem Einkauf bekommt man einen Tax-free-Schein ausgestellt, die Ware wird verpackt und versiegelt und darf erst außerhalb Skandinaviens wieder ausgepackt werden. Die Steuer wird dem Käufer erst **bei der Ausreise** zurückerstattet. Bei der Ausreise aus Norwegen legt man bei Norway Tax-free Shopping (nicht beim Zoll!) die gekauften und versiegelten Waren, samt Reisepass und den Tax-free-Shopping-Schecks, vor. Dann erhält man die gezahlte Mehrwertsteuer abzüglich einer Gebühr zurückerstattet.
❶ www.global-blue.com

Tax-free-Shopping

Ein **einheitliches Ladenschlussgesetz** gibt es in Norwegen nicht. Die Geschäfte haben normalerweise Mo. – Fr. von 10.00 – 18.00 (in den Großstädten bis 20.00) und Sa. von 10.00 – 14.00 (in den Großstädten bis 18.00) Uhr geöffnet. Viele Supermärkte sind auch an Sonntagen geöffnet.

Öffnungszeiten

Wein und Spirituosen gibt es im Vinmonopolet von Mo. – Mi. 10.00 – 16.00, Do. 10.00 – 17.00, Fr. 9.00 – 16.00, Sa. 9.00 – 13.00 Uhr.

Vinmonopolet

Schweden

Zum Einkaufen fahren nur die wenigsten Touristen nach Schweden. Bevor das Land 1995 der EU beitrat, war einkaufen dort teuer. Schwedenfans fuhren damals meist mit einem gut gefüllten Kofferraum voller deutscher Lebensmittel und geschmuggeltem Bier oder

Günstiger als sein Ruf

Wein ins Land ihrer Träume. Obwohl sich die Zeiten geändert haben, ist Schweden seinen Ruf als Hochpreisland bis heute nicht losgeworden. Manche Waren und Dienstleistungen – wie beispielsweise Alkohol oder Restaurantbesuche – sind zwar immer noch teurer als hierzulande, anderes aber kauft man in Schweden sogar günstiger ein – (Marken-) Kleidung zum Beispiel. Wer Lederbekleidung und vor allem **Outdoorausrüstung** sucht, kann dies in Schweden z.T. deutlich günstiger als zu Hause einkaufen.

Modernes Design

Weltbekannt ist Schweden für sein modernes Design, das sich vor allem durch seine klare Formsprache auszeichnet. Entsprechend gehören Glaswaren aus den **småländischen Glashütten von Kosta Boda und Orrefors** zu den beliebtesten Souvenirs. Auch schwedische Designerkleidung von Acne, Filippa K, J Lindberg, Cheap Monday oder Weekday hat internationalen Ruf. Ein traditionelles Mitbringsel ist das rot oder blau bemalte Schwedenpferd, der dalahäst. **Dalapferde** sind eines der schwedischen Nationalsymbole. Hergestellt werden sie in der kleinen Gemeinde Nusnäs am Siljansee, und das auch heute noch in Handarbeit.

Felle und Birkenholz

Ebenfalls beliebt als Souvenir ist **samisches Kunsthandwerk** aus Rentiergeweih, Rentierfellen oder Birkenholz.

So schmeckt Schweden

Kulinarisch kann man in Schweden einige Spezialitäten erstehen: das reicht vom Elchschinken bis zur **hjortronsylt, das ist Marmelade aus Multebeeren**. Sehr gut schmeckt auch schwedischer Senf, aromatisch und leicht süßlich.

Öffnungszeiten

In Schweden gibt es keine staatlich festgelegten Öffnungszeiten. Jeder Ladenbesitzer kann **öffnen, wann er es für richtig hält**. In der Praxis haben die Supermärkte abends oft bis 21.00 Uhr und länger geöffnet, kleinere Läden schließen häufig gegen 18.00 Uhr. Supermärkte und Kaufhäuser sind in der Regel auch am Wochenende geöffnet und schließen dann meist etwa um 18.00 Uhr.

Finnland

Ähnliche Mitbringsel

Vieles, was man aus Norwegen oder Schweden als Souvenir mit nach Hause nimmt, bekommt man in ähnlicher Form auch in Finnland. Samisches Kunsthandwerk beispielsweise oder kulinarische Mitbringsel wie **Ren- und Elchschinken**, Lachs oder Multebeeren-Marmelade.

Alles für die Sauna

Aus dem Land der Sauna nehmen viele Touristen aber gerne auch Sauna-Accessoires mit: **hölzerne Saunakübel und -löffel**, Saunauhren, einen speziellen Aufguss oder ein Badetuch mit Aufschrift.

Das alles mag schön sein, doch wer so etwas kauft, muss wissen, dass die Finnen all das nicht verwenden. Ihnen reicht ein Plastikeimer zum Wasser holen, und von einer Saunauhr würde sich kein Finne vorschreiben lassen, wie lange er in der Sauna bleiben darf. Lediglich **Teerseifen und -shampoos sind wirklich authentisch**. Die bekommt man aber billiger in einem normalen Supermarkt – einen Souvenirshop muss man deswegen nicht aufsuchen.

Finnisches Design ist mindestens ebenso beliebt wie das aus dem Nachbarland Schweden: Geschirr von Arabia, Haushaltswaren von Hackmann, Möbel von Artek, **Textilien von Marimekko** oder Glas von Iittala – das sind die bekanntesten Produkte und Marken. Doch gerade die Vielfalt kleiner Labels macht das Einkaufen in Finnland zu einem Vergnügen. Nicht umsonst wurde der Hauptstadt Helsinki für 2013 der Titel der **Welthauptstadt des Designs** verliehen.

Finnisches Design

Feste Ladenöffnungszeiten gibt es in Finnland nicht. Die meisten größeren Geschäfte sind in den Großstädten von Mo. – Fr. von 9.00 – 20.00 / 21.00 geöffnet, samstags von 9.00 – 18.00 Uhr. Kleinere Läden und Geschäfte auf dem Land schließen früher, wochentags oft um 18.00 und samstags um 14.00 Uhr.

Öffnungszeiten

Schöne Souvenirs: samisches Kunsthandwerk

Platz ist in der einsamsten Hütte

In der skandinavischen Wildnis sind Hütten besonders beliebt – besonders an einem Seeufer. Auch Zelten ist oft möglich. Und für mehr Luxus gibt es Design-und Erlebnishotels.

NORWEGEN

Für viele Norweger gehört die einsame Hütte im Gebirge, am Fjord oder im Wald mit dem eigenen, kleinen See vor der Tür zum Lebensgefühl. Selbst wenn ein Flug in die Wärme mittlerweile auch seinen Reiz hat, verzichtet man nur ungern auf ein paar Urlaubstage in der Einsamkeit. Entweder man fährt in die eigene Hütte oder man kennt jemanden, der einem seine überlässt. Dabei **spielt der Komfort des Feriendomizils oft keine Rolle**, so manche Hütte hat kein elektrisches Licht, und das Wasser muss aus dem Brunnen oder dem nahen Bach geholt werden. *Ab in die Hütte*

Auch viele Norwegenreisende schätzen mittlerweile die Vorteile eines Ferienhauses. Die Auswahl reicht **von der Fischerhütte (rorbu) über die einfache Berghütte (fjellhytte)** bis zum luxuriösen Feriendomizil. Meist hat man die Wahl zwischen Ferienhaussiedlungen und einzeln liegenden Häusern. *Ferienhäuser*

Die Preise für ein Ferienhaus oder eine Hütte sind stark von der Jahreszeit, der Ausstattung und der Größe abhängig, doch in der Regel ist ein Hüttenurlaub deutlich billiger als einer im Hotel. Unzählige Ferienhausagenturen tummeln sich auf dem Markt, wer rechtzeitig bucht, findet bestimmt sein Traumhaus.

Ferien auf dem Land sind auch in Norwegen eine preiswerte Alternative, vor allem für Familien. Besonders stimmungsvoll sind die mittelalterlichen Höfe in der Region **Gudbrandsdal**. Das Angebot ist vielfältig, es gibt Zimmer mit und ohne Verpflegung, Ferienwohnungen und Ferienhäuschen. Auf vielen Höfen werden Tiere gehalten, und man hat die Gelegenheit zum Reiten.

> **BAEDEKER TIPP** !
>
> *Preiskategorien*
>
> Hotels Norwegen
> ◉ bis 600 NOK
> ◉◉ 600 – 1000 NOK
> ◉◉◉ 1000 – 1400 NOK
> ◉◉◉◉ über 1400 NOK
>
> Schweden
> ◉ bis 500 SEK
> ◉◉ 500 – 1000 SEK
> ◉◉◉ 1000 – 1500 SEK
> ◉◉◉◉ über 1500 SEK
>
> Finnland
> ◉ bis 50 €
> ◉◉ 50 – 100 €
> ◉◉◉ 100 – 150 €
> ◉◉◉◉ über 150 €
> Die Preise gelten jeweils für ein Standard-DZ.

Kaltes Vergnügen: Eingangshalle zum Eis-Hotel bei Kiruna, Schweden

Hotels Die norwegischen Hotels entsprechen in Komfort und Service dem internationalen Standard vergleichbarer Preisklassen. Nicht nur in großen Städten findet man luxuriöse Hotels, auch viele kleinere Orte besitzen oft vortreffliche Unterkünfte. Es gibt kein Sternesystem, doch in der Regel ist der Standard in allen Hotels hoch. Zahlreiche Häuser bieten **preiswerte Familienzimmer mit drei bis fünf Betten** an. Als turisthotell oder høyfjellshotell wird eine komfortable Unterkunft im Gebirge bezeichnet. Viele Hotels bieten während der Sommersaison oder sogar ganzjährig an Wochenenden Zimmer zu reduzierten Preisen an. Vor allem in den Oster- und Sommerferien ist es ratsam, Hotelübernachtungen im Voraus zu buchen.

Pensionen & Gasthäuser Etwas preiswerter als Hotels sind Pensionen und Gasthäuser, die sich pensjon, gjestgård, gård, fjellstue, gjestgiveri oder turistheim nennen An Straßenrändern sieht man häufiger Schilder mit der Aufschrift rom oder overnatting, die **auf private Zimmer hinweisen**. Auch die regionalen Touristenbüros vermitteln Zimmer.

Jugendherbergen Die rund 100 Jugendherbergen in Norwegen heißen vandrerhjem. Sie haben schon lange nicht mehr nur spartanisch eingerichtete Schlafsäle und sind **nicht nur für Jugendliche** zugänglich. Jugend- und Familienherbergen in Norwegen sind eine gute Alternative für Reisende, die eine günstige Unterkunft suchen. Meistens kommt man

Eine der schönsten Arten, in Skandinavien auszuspannen, ist der Urlaub im Ferienhaus.

in Einzel- bis Vierbettzimmern oder speziellen Familienzimmern unter. Mitglieder der Herbergsverbände erhalten Ermäßigungen.

In Norwegen sind insgesamt **rund 1400 Campingplätze** in fünf Kategorien (1 – 5 Sterne) klassifiziert. Dazu kommt noch eine große Anzahl nicht klassifizierter Plätze. Vielerorts werden auch einfache Campinghütten mit vier bis sechs Schlafplätzen tageweise vermietet.

Die wachsende Zahl der Wohnmobiltouristen stellt die freizügige Handhabung des Jedermannsrecht immer mehr in Frage. Verunreinigungen und rücksichtsloses Verhalten haben schon zu heftigen Konflikten zwischen Grundbesitzern und Campern geführt. Es ist eigentlich eine Selbstverständlichkeit: Wer in der Natur übernachtet, darf absolut keine Spuren hinterlassen.

SCHWEDEN

Eine einsame Hütte, eine stuga im Wald und möglichst den See gleich vor der Haustür, so wünschen sich viele den Schwedenurlaub. Das Ferienhaus ist die wohl typischste schwedische Unterkunft, auch die Schweden verbringen hier am liebsten den Urlaub. Schwedische Ferienhäuser gibt es **in allen Ausstattungsvarianten** – von der schlichten Holzhütte mit Außentoilette und Wasser aus dem Brunnen oder See bis hin zum Luxushaus mit Farbfernseher, Whirlpool und Sauna. Manche liegen einsam auf einer kleinen Schäreninsel und sind **nur mit dem Ruderboot zu erreichen** und garantieren ungestörte Erholung. Wer mehr Gesellschaft sucht, sollte sich in einem stugby einquartieren, einem kleinen Dorf aus Ferienhäusern. Die Preise variieren extrem und sind abhängig von Größe, Lage und Reisezeit.

Ländlich und in der Regel **mit Familienanschluss** ist der Urlaub auf dem Bauernhof. Oft werden die Zimmer mit Frühstück angeboten, es gibt aber auch einige für Selbstversorger. Diese Art von Unterkunft ist **ideal für Familien mit Kindern und Aktive**, denn häufig vermittelt der Vermieter Angel- oder Reitmöglichkeiten oder stellt Fahrräder zur Verfügung. Auf einigen Bauernhöfen kann man sogar auch mitarbeiten.

Für spontane Übernachtungen in Privatzimmern sollte man am Wegesrand auf Schilder mit der Aufschrift **»rum ledigt«** achten.

Schwedische Hotels sind in den letzten Jahren attraktiver geworden. Einerseits sind die Preise gesunken, andererseits sind viele **Design- und Erlebnishotels** entstanden. Vor allem Wellness und Spa liegen im Trend. Der Zusatz zum Hotelnamen sagt manchmal schon etwas

Marginalia:
Zelt und Wohnwagen

Korrektes Verhalten

Ferienhäuser

Urlaub auf dem Bauernhof

Zimmer frei!

Hotels in Schweden

(Ein) Raum zum Atmen

Baumhäuser waren früher nur etwas für Kinder. Heute kann man in ihnen luxuriös seinen Urlaub verbringen.

Anne-Charlotte Ottoson ist Chefin im Sjunde Himlen, dem »Siebten Himmel« – und sie gibt ihren Gästen andrum, »Raum zum Atmen«. Sjunde Himlen und andrum heißen die beiden Baumhäuser, die Anne-Charlotte mit ihrem Mann Bo als Hotel betreibt – 12 km westlich von Falköping, in der schwedischen Provinz Västergötland. Am nahen Hornborgasjö-See rasten im Frühjahr **Tausende Kraniche**.

Andrum sieht aus wie viele andere Holzhäuschen in Schweden: rot mit weißen Fensterrahmen und sehr gemütlich – als wäre Pipi Langstrumpf gerade aus der Tür gestürmt. Nur, und das hätte Pippi sicher gefreut, steht Andrum nicht auf festem Boden, sondern **schwebt in 6 m Höhe** in den Ästen einer wuchtigen Eiche. Der Siebte Himmel liegt noch einen Meter höher – auch das gelbe Traumschlösschen mit Giebeln und Türmchen versteckt sich unter den Blättern.

Gebaut hat die beiden Häuser Bo, der als ehemaliger Bauer »alles kann«, wie Anne-Charlotte stolz sagt. Offenbar auch zu Recht: Denn abends steht Bo in der Küche und zaubert für die Gäste aus feinsten regionalen Zutaten **»Slow-Food«**. Der Fisch kommt aus dem nahe gelegenen Vänersee, das Fleisch vom Biobauern um die Ecke, und Gemüse und Kräuter baut die Hausherrin selbst an. Das Frühstück liefert Bo den Gästen aufs Zimmer. Damit die in ihrem Traumhäuschen aber nicht gestört werden, zieht er jeden Morgen selbstgemachte Marmeladen, Käse, Wurst, Brot, Kaffee und Tee im Weidenkörbchen nach oben. Weil man in den beiden Baumhäusern die Welt und den Alltagsstress vergessen soll, findet sich in den ansonsten sehr luxuriös ausgestatten Häuschen **weder Fernseher noch Internetanschluss** – und auch keine Dusche. Wie in alten Zeiten steht das Waschwasser in einer Porzellanschüssel bereit.

Anne-Charlotte und Bo unterstützen **Kinderhilfsprojekte** rund um den Globus, die sie auch besuchen. So kamen sie nach Sri Lanka und übernachteten dort in einem Baumhaus. Das gefiel ihnen so gut, dass sie beschlossen, ihr eigenes Baumhaushotel zu bauen. Der Erfolg aber überrascht sie: »Ich hätte nicht gedacht, dass die Leute so gerne in einem Baumhaus wohnen«, sagt Anne-Charlotte.

Infos

www.islanna.com

Weitere Baumhäuser

Hotell Hackspett in Vestaräs:
www.mikaelgenberg.com
Granö Beckasin:
www.granobeckasin.com
Treehotel Harads:
www.treehotel.se

über die Art der Unterkunft aus. Ein herrgård ist ein alter Herrensitz, meistens am See gelegen und von einem schönen Park umgeben. Ein **värdshus ist eher ein kleines, gemütliches Hotel,** das oft von einer Familie bewirtschaftet wird. Gerade im Sommer bekommt man in Schweden besonders leicht ein Hotelzimmer, und das noch zu einem günstigen Preis. Grund dafür ist die normalerweise hohe Auslastung der Häuser mit Geschäftsreisenden, die in den landesweiten, schwedischen Sommerferien fast alle gleichzeitig in den Urlaub gehen. Seit 2003 können sich Hotels mit ein bis fünf Sternen klassifizieren lassen, **insgesamt ist der Standard durchweg sehr gut** (zu den Preiskategorien der schwedischen Hotels siehe Kasten auf S. 139).

Bed & Breakfast-Zimmer vermitteln in der Regel die lokalen Touristeninformationen.

B & B

Die preiswerte Alternative zu Hotels sind Jugendherbergen (vandrarhem). Die **mehr als 300 Vandrarhem** werden vom Svenska Turistförening (STF) betrieben und sind weit mehr als klassische Jugendherbergen: Der Standard reicht von einfach bis luxuriös, es gibt keine Altersbeschränkung, fast alle Häuser bieten neben Betten in Schlafsälen auch Doppel- und Familienzimmer an. Einige vandrarhem sind wahre Schmuckstücke, denn sie sind in schönen, alten Holzhäusern, in Segelschiffen, Pfarrhäusern oder anderen Gebäuden mit Charme untergebracht. Die Übernachtungspreise steigen mit dem Komfort, Mitglieder vom STF und vom Internationalen Jugendherbergswerk erhalten Rabatte, eine Mitgliedschaft ist fürs Übernachten jedoch nicht erforderlich.

Attraktive Jugend– herbergen

Neben dem Urlaub im Ferienhaus ist Camping in Schweden äußerst beliebt. Hunderte von Campingplätzen sind über das ganze Land verstreut, die meisten sind **nur von Mai bis August** geöffnet. In den letzten Jahren hat sich jedoch auch das Angebot für Wintercamper stark verbessert. Viele Plätze bieten nicht nur Stellplätze für Zelte, Wohnmobile und Wohnwagen, sondern vermieten auch Hütten, oft sogar tageweise. Die Preise für Hütten und Stellplätze variieren je nach Saison und Ausstattung, für einen einfachen Stellplatz zahlt man ab ca. 120 SEK. Um auf einigen schwedischen Campingplätzen zu übernachten, benötigt man eine Campingkarte, den **Camping Key Europe**, die die Camping Card Scandinavia ablöst (150 SEK).

Camping, auch in Hütten

❶ www.campingkeyeurope.com

FINNLAND

Die eigene Hütte am See ist wahrscheinlich der Traum der meisten Finnlandtouristen. Ein paar Wochen so richtig ausspannen, von kei-

Hütte am See

nen Nachbarn gestört werden und abends die Sauna anzuschüren – so sieht für viele der perfekte Urlaub aus.

Ferienhäuser Insgesamt werden weit über 10 000 Ferienhäuser, mökkis, in allen Teilen des Landes zur Miete angeboten. Das Angebot reicht dabei von einfachen Hütten ohne fließend Wasser **bis zu luxuriösen mit Satelliten TV**. Eine Sauna hat aber jedes Ferienhaus in Finnland.

Wander-hütten Die Wanderhütten entlang der Wanderpfade **in den Nationalparks** sind sehr einfach ausgestattet (Gemeinschaftsschlafraum), dafür aber zum Teil sogar kostenlos zu benutzen.

Ferien beim Bauern 300 Bauernhöfe in Finnland bieten Übernachtungsmöglichkeiten an. Über die »Gesellschaft für Ökologisch-landwirtschaftlichen Touris-mus« – ECEAT kann man **Urlaub auf dem Ökobauernhof** buchen.

Kurze Camping-Saison Auf Grund der klimatischen Bedingungen ist die Campingsaison auf die Monate **Mai bis September** beschränkt. In ganz Finnland gibt es rund 200 Campingplätze von unterschiedlichster Qualität. Cara-vaning ist außer in den Nationalparks (dort nur mit Zelt) auf allen Plätzen möglich. Viele Campingplätze vermieten auch Hütten. Mit der Karte »Camping Key Europe« für den Preis von 16 Euro erhält man Ermäßigungen auf den meisten Campingplätzen und ist dort während seines Aufenthalts unfallversichert. Einige Fährlinien geben zudem **Ermäßigungen für die Überfahrt nach Finnland**.

Romantisch: Ferienhaus im Birkenwald, Hammarland

»Wildes Zelten« ist in großen Teilen des Landes problemlos möglich. In bevölkerten Regionen gebietet es allerdings der Anstand, zuerst den Landbesitzer um Erlaubnis zu bitten.

Finnland gehört zu den Ländern, in denen die meisten Kongresse veranstaltet werden. Die Hotels sind entsprechend groß und gut ausgestattet. Wenn dann im Sommer die Geschäftsreisenden wegbleiben, stehen sie leer. Für Touristen entsteht so die angenehme Situation, dass zu ihrer Hauptreisezeit für die Hotels absolute Nebensaison ist und die **Zimmer entsprechend günstig** sind. Für wenig Geld kann man dann sogar auch in 4- oder 5-Sterne-Häusern übernachten. Vorausbuchungen sind dann in der Regel nicht nötig, allerdings bekommt man online häufig günstigere Preise als vor Ort. Gut zu wissen: In finnischen Hotels wird der **Preis oft pro Zimmer und nicht pro Person** berechnet, dadurch ist die Übernachtung in einem Einzelzimmer ebenso teuer wie in einem Doppelzimmer.

Hotels

In den Jugendherbergen in Finnland sind Gäste jeden Alters willkommen. Viele »retkeilymajas« sind jedoch nur in der Sommerreisezeit geöffnet. Die Übernachtungspreise hängen von der Ausstattung der Herberge ab und beginnen bei 10 € für ein Bett im Mehrbettzimmer in einer Jugendherberge auf dem Land und enden bei etwa 100 € in einem Einzelzimmer in einer Stadtjugendherberge. Kann man einen Jugendherbergsausweis vorlegen, wird eine Ermäßigung gewährt. Im Winter sind viele Jugendherbergen geschlossen. Generell ist dann Vorausbuchung obligatorisch!

Jugendherbergen

Infos Norwegen

FERIENHÄUSER
Eine große Auswahl Ferienhäuser bieten Novasol (www.novasol.de), Norbooking (www.norbooking.no) und DanCenter (www.dancenter.com).

FERIEN AUF DEM LAND
Jährlich erscheint ein aktueller Katalog, den man online anschauen und bestellen kann. www.nbt-nett.no

HOTELS
Ein aktuelles Unterkunftsverzeichnis kann beim Norwegischen Fremdenverkehrsamt angefordert werden. www.visitnorway.com/de Mit Hotelschecks, die vor Antritt der Reise in Deutschland, Österreich, in der Schweiz oder in einem skandinavischen Land erworben werden müssen, bekommt man Ermäßigungen auf den Übernachtungspreis. www.fjord-pass.com

BED & BREAKFAST

Ein aktuelles Verzeichnis mit Adressen und Preisen ist im Buchhandel und im Internet erhältlich. The Norway Bed & Breakfast Book, www.bbnorway.com

VANDRERHJEM

Alle norwegischen Jugendherbergen gehören zu Hostelling International oder VIP Backpackers Resorts International. www.hihostels.com, www.vipbackpackers.com

CAMPING

Die Fremdenverkehrsverbände, Automobilclubs und Campingorganisationen geben jährlich Campingplatzverzeichnisse heraus, aus denen Lage, Größe, Einrichtungen und Qualität aller Plätze zu ersehen sind. www.camping.no, www.nafcamp.com Zum Übernachten auf Campingplätzen benötigt man den Camping Key Europe. www.campingkeyeurope.com

Infos Schweden

FERIENHÄUSER

Große Anbieter für Ferienhäuser aller Größen und Preisklassen sind unter anderem DanCenter (www.dancenter.com), Novasol (www.novasol.de), SCR (www.stuga.nu) und außerdem das Ferienhausportal www.stugguiden.se

URLAUB AUF DEM BAUERNHOF

Bo på Lantgård Tel. 035 12 78 70 www.bopalantgard.org

HOTELS

www.visitsweden.com/booking, www.hotelsinsweden.com und www.stayinsweden.se.

Schwimmende Jugendherberge: Segelschiff Af Chapman

Infos Finnland

FERIENHÄUSER
Folgende Anbieter haben eine
große Auswahl im Programm.
Fintouring: www.fintouring.de
Novasol: www.novasol.de/ferien-
haeuser/finnland.html
Lomarengas: www.lomarengas.fi/
ferienhauser
Tour Finland: www.tourfinland.
de/fewos.html
Bestfewo: www.bestfewo.de/
finnland.html

FERIEN AUF DEM
BAUERNHOF
www.luomu-liitto.fi/
luomumatkailu/de

CAMPING
Camping Key Europe:
www.campingkeyeurope.com

WOHNMOBILVERLEIH
Touring Cars
01720 Vantaa
Tiilenlyöjänkuja 6

Tel. 09 8 49 40 50
http://touringcars.eu

JUGENDHERBERGEN
Suomen Retkeily-
majajärjestö –
SRM (Hostelling
International
Finland)
00100 Helsinki
Yrjönkatu 38 B 15
Tel. 09 5 65 71 50
www.hostellit.fi
Den internationalen JH-Ausweis
kann man auch meist problemlos
vor Ort bei seinem ersten Her-
bergsbesuch kaufen, oder man
bestellt ihn bei:

Deutsches
Jugendherbergswerk
32760 Detmold
Im Gilde-Park
Leonardo-da-Vinci-Weg 1
Tel. 05231 99 36-0
www.jugendherberge.de

Viel Zeit an der frischen Luft

Wanderschuhe! Badehose! Skiklamotten! Angel! Kajak! Die Landschaften in Skandinavien bieten so viele Outdoor-Optionen, dass man darüber die Städte – fast – vergessen könnte.

AKTIV IN NORWEGEN

Friluftsliv nennen die Norweger jegliche Aktivität im Freien. Es ist ein Wort, das jeder Norweger nach seinem ganz persönlichen Geschmack mit Leben erfüllt. Friluftsliv kann ein gemütlicher Hüttenurlaub mit dem See vor der Tür und der Angel im Gepäck sein. Oder eine schweißtreibende Wanderung mit dem Rucksack im Fjell. Auch mit dem Fahrrad auf dem rallarvegen über die Hardangervidda fahren oder mit den Langlaufskiern neue Loipen entdecken, all das zählt zum friluftsliv. Die Norweger sind ein ausgesprochen aktives, naturverbundenes Volk und Statistiken behaupten, dass mehr als die Hälfte von ihnen Sport treibt. Im Sommer besonders beliebt sind **Wandern und jede Art von Wassersport**, im Winter ist Skilaufen der Lieblingssport und die Angel kommt zu jeder Jahreszeit zum Einsatz.

Hauptsache draußen!

Das gut markierte Wegenetz, die vielen Berghütten, die spärliche Besiedlung, die zahlreichen Nationalparks sowie die abwechslungsreiche, oftmals sogar spektakuläre Landschaft machen Norwegen zu einem idealen Land für **kurze und lange Wanderungen**. Ein Viertel des Landes liegt über 1000 m und damit über der Baumgrenze, oftmals reihen sich hier beeindruckende Gebirgszügen und Gletscher direkt aneinander. Der Bogen interessanter Wandergebiete spannt sich vom Waldland an der schwedischen Grenze bis zu den majestätischen Fjorden mit ihren senkrechten Felswänden, und von den Gipfeln rund um das Setesdal im Süden bis zu den weiten Ebenen der Finnmarksvidda im hohen Norden. Die beste Zeit, um zu einer **fjelltur** aufzubrechen, sind die Monate Juli und August, im

BAEDEKER TIPP !

Jedermannsrecht

In Skandinavien hat jedermann das Recht, Strand, Ufer, Wald und Wiese auch dann zu benutzen, wenn sie Privateigentum sind. Man darf dieses Recht allerdings keinesfalls als Freibrief für ungehemmtes, wildes Campen verstehen. Wer nicht anecken will, sollte vermeiden, auf dem Grund und Boden anderer ohne Genehmigung zu zelten, Feuer zu entfachen oder auch Lärm zu machen. Wohnwagen, -mobile und Zelte dürfen **nie näher als 150 m vom nächsten Haus** oder der nächsten Hütte aufgestellt werden. Beim Verlassen des Platzes dürfen keinerlei Fäkalien oder Müll hinterlassen werden, und der Platz muss so verlassen werden, wie er vorgefunden wurde.

Gut festhalten: fröhliche Raftingtour auf der Otra im Setesdal

Immer mit der Geduld

Der Nordosten Finnlands ist das Revier der Braunbären. In der Nähe von Kuusamo kann man mit einem erfahrenen Guide auf Bärenjagd gehen – allerdings nur mit der Kamera.

Pekka sieht aus, wie man sich einen Bärenjäger vorstellt: Groß, muskulös und cool. Und er spricht wenig. »Du musst ruhig sein«, ermahnt er mich. Pekka ist der Bärenmann. In der Nähe von Kuusamo in Nordostfinnland bietet er seit einigen Jahren Bärenbeobachtungen für Touristen an. Vorher hat er das getan, was zu seinem Aussehen passt – er war Bärenjäger. Schießen würde er heute keine mehr: »Bären sind meine Freunde geworden«, sagt er. Auf dem Weg zu der Beobachtungshütte im Wald gibt er mir flüsternd ein paar Sicherheitsanweisungen. Sollte mir ein Bär auflauern, möge ich **ruhig bleiben, ein bisschen mit ihm reden und vor allem nicht weglaufen**. Kein Problem, dann bleibe ich eben cool.

Raben als Zeichen

Bald haben wir die am Rande einer Lichtung stehende Hütte erreicht. Drinnen rückt Pekka vorsichtig die Stühle zurecht und öffnet die Beobachtungsluken. Ungefähr einhundert Meter entfernt hat er vor einigen Tagen einen Köder ausgelegt: schönes, altes Elchfleisch. Das mögen Bären. Und die Raben auch, die den Kadaver umkreisen. Es sei wichtig, dass die Vögel da seien, erklärt Pekka. Denn dann fühlten sich die Bären sicher. Damit die großen Raubtiere den Kadaver nicht einfach in den Wald schleppen und dort hinter Bäumen ver-

steckt verspeisen, hat Pekka den toten Elch mit einer dicken Eisenkette an einem Baum befestigt. Schon senkt sich langsam die Dämmerung über den finnischen Spätsommer. Der Wald verwandelt sich in ein Reich der Schattenwesen und ein paar Mal glaube ich, am Waldrand etwas zu erkennen. Doch jedes Mal Fehlalarm. Weiter sitzen wir schweigend da. Zwei Männer im finnischen Wald warten geduldig auf **das größte Raubtier Europas**.

Irgendwann kramt Pekka aus seinem Rucksack ein großes Messer und einen riesigen Schinken hervor. Er schneidet ein Stück davon ab und reicht es mir. »Elch« sagt er und fügt noch hinzu »selbst geschossen«. Seit die Bären seine Freunde sind, jagt Pekka nur noch Elche. Das Elchfleisch schmeckt ausgezeichnet und gemeinsames Essen schweißt offenbar zusammen. Pekka wird redselig und erklärt mir die Vogelwelt. Neben den Raben rasten noch vier Krickenten auf dem winzigen Tümpel, der zwischen uns und dem Elchkadaver liegt. Und dann ist da noch ein seltener Bruchwasserläufer. Der kleine, braun-weiße Vogel muss bis auf Weiteres in Ermangelung größerer Tiere, als Pausenfüller dienen. Pekka erzählt mir, dass es in der finnischen Sprache **200 Ausdrücke für das Wort Bär** gibt. Das eigentlich hochsprachliche Wort

»karhu« durfte man früher nicht in den Mund nehmen. Wer das tat, beschwor mutwillig einen Bärenangriff herauf.

Ein Bär im Regen

Dann beginnt es zu nieseln, und Pekka wird pessimistisch. Bei Regen würden Bären eine nasse Schnauze bekommen, und das mögen sie nicht. Deswegen würden sie lieber im Unterholz bleiben. Allerdings haben die auch eine paar Kilometer Anmarsch, denn ihr eigentliches Verbreitungsgebiet liegt jenseits der Grenze in Russland. Trotzdem gehören **zwischen zehn und 15 Bären** zu Pekkas Stammgästen beim Elchdinner. Ein Fuchs ist jetzt dabei, sich am Elchfleisch gütlich zu tun. Doch offenbar belebt Konkurrenz das Geschäft. Der Fuchs macht sich noch immer an dem Kadaver zu schaffen, als mich Pekka plötzlich vorsichtig anstößt und mit seinem Finger in die Ferne weist. Und wirklich: Etwa 300 m entfernt taucht am Waldrand ein Bär auf. Gemächlich trottend kommt er näher. Eigentlich ist er aber eine sie. Pekka hat allen seinen Bären Namen gegeben, und er erkennt sie schon von Weitem. »Das ist Nätti«, stellt er mir die Bärendame vor. Nätti heißt auf Finnisch in etwa »die Schöne« – und genau das ist die Bärin jetzt für mich. Schließlich habe ich lange auf sie gewartet. Mehr als drei Stunden sitze ich mit Pekka schon in der Hütte. Dafür lässt sich Nätti jetzt auch genau beobachten. In aller Ruhe macht sie sich über das Fleisch her. Mal dreht sie sich nach links, mal nach rechts, zeigt sich von allen Seiten. Sie hat es so gar nicht eilig beim Fressen. Sie weiß, dass sie **die Königin des nordischen Waldes** ist. Und offenbar weiß sie auch, dass Pekka die Bärenjagd aufgegeben hat.

Infos:

www.karhukuusamo.com
http://wbb.fi/bear

Finnischer Bär: das größte Raubtier Europas

Süden sowie außerhalb des Hochgebirges sind auch Juni und September empfehlenswert.

Achtsam mit der Natur Wer in Skandinavien wandern geht, trifft auf eine äußerst fragile Natur. Schäden der Vegetationsdecke schließen sich erst nach Jahren und im Sommer ist **Vorsicht mit offenem Feuer** geboten.

Sportklettern Auch Sportkletterer haben schon längst Norwegen als Betätigungsfeld entdeckt. Sie tummeln sich vor allem **im Romsdal, im Hurrungane und auf den Lofoten**. Das Romsdal bietet sowohl schwierigste Routen als auch einige der höchsten Wände. Berühmt unter Spitzenbergsteigern ist die 1000 m hohe, überwiegend senkrechte Trollveggen.

Ein Paradies für Angler Die vielen Fjorde und Buchten an der Atlantikküste sowie viele tausend Binnengewässer bieten geradezu ideale Voraussetzungen für leidenschaftliche Angler. Diese benötigen eine Angelkarte (fiskekort), die in Fremdenverkehrsbüros, an Hotelrezeptionen, auf Campingplätzen, in Sportgeschäften und Postämtern erhältlich ist. Alle Angler ab dem 16. Lebensjahr müssen zudem eine **staatliche Angellizenz** (fiskeravsgiftskort) erwerben, die man auf den Postämtern mit einer speziellen Zahlkarte kaufen kann. Ohne Lizenz darf man im Meer bzw. an den Fjorden mit der Rute angeln, **Lachse und Seeforellen allerdings nur im Juni und Juli**. Das ganze Jahr über kann man im Meer Makrele (makrell), Schellfisch (hyse), Dorsch / Kabeljau (torsk), Heilbutt (kveite), Seelachs (sei), und Hering (sild) fangen. Zu den berühmten Lachsflüssen gehören: Alta, Drammenselva, Gaula, Målselva, Namsen, Neiden, Numedalslågen, Orkla, Størdalselva und Tana.

Strandurlaub Badeurlauber zieht es vor allem **an die Südküste zwischen Oslo und Stavanger**. Lange Sandstrände, Inseln, Holmen, Schären und blank geschliffene Felsen bieten viel Abwechslung. Bei einer Wassertemperatur bis zu 20° C stellt sich sogar unbeschwertes Badevergnügen ein. In vielen kleinen Binnenseen, die oft auch schöne Sandstrände haben, wird das Wasser gelegentlich sogar noch wärmer. Die schönsten Strände liegen allerdings **jenseits des Polarkreises auf den Lofoten**. Ihnen gebührt ohne Zögern das Prädikat »Traumstrand«, wenn nur das Wasser nicht so kalt wäre.

Mit Kanu und Kajak Die Gewässer östlich des Femundsees sind bei Kanuten und Kajakfahrern besonders beliebt. Ein besonderes Erlebnis ist das **Paddeln auf dem Telemark-Kanal**, der durch eine sehr reizvolle Landschaft führt. Über eine Treppe von 18 Schleusen erreicht man eine Höhe von 72 m über dem Meeresspiegel. Ein besonders aufregendes Erlebnis bietet Rafting. Mit den großen Schlauchbooten kann man unter sachkundiger Führung einige Wildwasserflüsse wie die Sjoa im Heidal befahren.

Auf Radfahrer warten in Norwegen einige Herausforderungen, aber auch schöne Genusstouren. Wer nicht laufend sein Rad schieben möchte, muss über eine **gute Gangschaltung und ebensolche Kondition** verfügen. Tunnel sind oft für Radfahrer gesperrt und müssen umfahren werden. Es gibt nur relativ wenige, ausgewiesene Radwege, deshalb sollte man insbesondere im Hochsommer die Hauptrouten wie die E 6 meiden. Die Lofoten bieten die Möglichkeit für genussvolle Radtouren ohne große Höhenunterschiede. Auch die Küstenstraße Nr. 17 von Steinkjer nach Bodø ist für Radfahrer ideal.

Radtouren

Die norwegischen Fjordpferde sind eher als gutmütig bekannt und erfreuen sich auch als Reittiere größter Beliebtheit. Auf vielen Höfen kann man Pferde mieten, und vielerorts wird auch Reitunterricht angeboten.

Reiturlaub

Schneesicherheit und stabile Temperaturen unter Null von Dezember bis Ende April haben Norwegen zur **Wiege des modernen Wintersports** werden lassen. Die Telemark, das Gudbrandsdal, Oslo und der Holmenkollen, Lillehammer und Umgebung sind die Gebiete, in denen erstmals Skilauf unter sportlichen Bedingungen betrieben

Ski und Rodel sehr gut

Wir haben uns einfach gern: Fjordpferde

worden ist. Für Langläufer werden **viele tausend Kilometer Loipen** präpariert, große alpine Skizentren sind Trysil, Hemsedal, Skeikampen, Oppdal und Geilo.

AKTIV IN SCHWEDEN

Aktivitäten in großartiger Natur

Bis auf wenige Ballungsgebiete ist Schweden ein relativ dünn besiedeltes Land mit grandioser Natur. Wer die Einsamkeit sucht, reist gen Norden, doch auch, wer im Süden bleibt, findet jede Menge Möglichkeiten für Freiluftaktivitäten. Dabei garantiert das **Jedermannsrecht**, das so umfassend nur noch in Skandinavien existiert (s. Seite 149), jedem fast uneingeschränkte Bewegungsfreiheit in der Natur. Auch die Schweden nutzen zu jeder Jahreszeit die **endlosen Wälder**, die fast menschenleeren Gebirge, die zahlreichen Nationalparks sowie die lange Küstenlinie mit ihren Schären und Stränden für vielfältige Aktivitäten in der Natur.

Wandern

Wandern steht seit jeher ganz oben auf der Beliebtheitsskala, kein Wunder also, dass Hütten und markierte Wege **so gut wie alle Gebirgsregionen erschließen** und schier unbegrenzte Tourenmöglichkeiten eröffnen. Ganz anders als in den Alpen führt in Schweden auf kaum einen Gipfel eine Seilbahn, und auch das Straßenetz ist eher weitmaschig. So **muss man sich seine Ziele wirklich erwandern**, auch wenn es ein wenig mehr Schweiß kostet, doch als Belohnung wartet oft ein Rundumblick ohne Spuren menschlicher Zivili-

Gibt's auch in Schweden: Strand und Baden gut

sation. Aber keine Angst, die nötige Infrastruktur gibt es trotzdem überall – nur nicht im Sarek-Nationalpark. Der bekannteste Fernwanderweg ist der gut **400 km lange Kungsleden (Königspfad)** in Nordschweden. Wer die lange Anfahrt bis zum Kungsleden scheut, findet im Bergslagsleden in Mittelschweden eine Alternative. Denn der 280 km lange Fernwanderweg führt auf 17 relativ einfachen Etappen in Nord-Süd-Richtung durch die Provinz Örebro. Nach 10 bis 20 km langen, gut markierten Tagesetappen durch Wälder und an Seen entlang, warten an den Etappenzielen **einfache Übernachtungsmöglichkeiten**.

❶ Informationen und Karten zum Bergslagsleden: Touristenbüro von Örebro

Genuss-wandern in Schonen

Selbst die südlichste Provinz Schonen bietet gute Möglichkeiten zum Wandern. Die vier Routen des Skåneleden haben eine Gesamtlänge von mehr als 900 km. Mit rund einem Drittel der Gesamtlänge ist der Kust till Kustleden der längste Teil des Skåneleden, er führt **in 20 einfachen Etappen von Sölvesborg an der Ostküste bis zur Bärenhalbinsel an der Westküste** und bietet vor allem auch Ungeübten abwechslungsreiches Genusswandern durch die liebliche, leicht hügelige Landschaft Schonens.

Badeurlaub

Bevorzugte Badeziele sind die Küsten Südschwedens und die **unzähligen Seen im Landesinnern**. Im Juli und August sind Wassertemperaturen bis 20° C keine Seltenheit. Skåne besitzt insgesamt 300 km flach abfallende Sandstrände, teilweise mit Dünen. Die Westküste wird auch **»schwedische Riviera«** genannt, im südlichen Teil überwiegen Sandstrände, im nördlichen Teil Felsen.

Im Sommer Kanu fahren..

Im Sommer kann man natürlich auch Touren mit dem Rad oder Kanu machen, Angeln oder Golf spielen. Im Meer darf jeder sein Glück mit der Angel versuchen. Wer in Seen oder Flüssen seine Angel auswerfen möchte, benötigt dagegen eine Fiskekort, die es im örtlichen Touristenbüro, im Hotel oder auf dem Campingplatz gibt. Gute Lachsflüsse haben allerdings ihren Preis. Im Gegensatz dazu ist **Golf Volkssport** und jeder Gastspieler ist gegen eine durchaus moderate Greenfee-Gebühr auf einem der zahlreichen Golfplätze herzlich willkommen.

... im Winter Ski

Im Winter schnallt man sich in Schweden die Skier an, traditionell ist Langlauf sehr beliebt, in den letzten Jahren verzeichnet aber auch der alpine Skilauf viel Zulauf. Die besten Monate für Skifahrer sind **Januar bis April**, im Norden sogar bis Mai. Von Småland bis in den hohen Norden Lapplands bieten sich Wintersportmöglichkeiten. Schwedens südlichstes, hochalpines Gebiet mit mehr als 30 Gipfeln zwischen 1000 und 1800 m und guten Skimöglichkeiten ist das **Funäsdalsfjäll im Härjedalen**.

Königspfad durch die Wildnis

Der Königspfad (Kungsleden) ist der bekannteste Fernwander- und Skitourenweg Skandinaviens. Über 425 km führt er von Abisko im Norden bis Hemavan im Süden. Es gibt kaum eine bessere Möglichkeit, die grandiose Landschaft Nordschwedens kennen zu lernen. Man begegnet Samen und ihren Rentieren, sieht vielleicht aus der Ferne sogar Bär, Wolf oder Luchs. Und die Infrastruktur ist hervorragend.

Der Kungsleden lässt sich in vier Abschnitte unterteilen, die jeweils gut in rund einer Woche zu bewältigen sind. Die Anfangs- und Endpunkte der Teilstrecken sind leicht mit dem Auto oder öffentlichen Verkehrsmitteln zu erreichen. Zwischen Kvikkjokk und Ammarnäs ist der Weg auch markiert, doch hier gibt es keine Hütten zur Übernachtung. Wer dieses Verbindungsstück zwischen nördlichem und südlichem Kungsleden gehen möchte, braucht Zelt und Zeit.

Abisko – Kebnekaise

Dies ist der bekannteste und damit auch meistbegangene Abschnitt des Kungsleden, der durch mächtige Trogtäler verläuft und Ausblicke auf einige der höchsten Berge und Gletscher Schwedens bietet. Hier passiert man auch **den höchsten Punkt** des gesamten Fernwanderweges, den Tjäktjapass auf 1150 m, von dem man eine fantastische Aussicht auf die Talsenke und das umliegende Hochgebirge genießt. Lohnend ist der Abstecher von **Sälka** zum gleichnamigen Gipfel (1865 m ü.d.M.) oder zur Nallohütte, die tief in einem Tal eingebettet liegt, das von hohen Bergen umgeben ist. Von der **Fjällstation Kebnekaise** bietet sich die Besteigung des höchsten Berges Schwedens, dem 2117 m hohen Kebnekaise, an. Vom Endpunkt der Wanderung, der Kebnekaise Fjällstation, muss man noch 19 km bis Nikkaluokta zu Fuß einplanen, bevor man dort die Straße erreicht (Dauer: 7 – 8 Tage).

Kebnekaise – Saltoluokta

Steigt man in Kebnekaise in den Kungsleden ein, beginnt dieser Abschnitt mit der 19 km langen Wanderung von Nikkaluokta zur Kebnekaise Fjällstation, bevor man dann auf dem eigentlichen Kungsleden weiterwandert. Die Strecke führt **über Fjällplateaus** und durch die scharf eingeschnittenen Täler bei Teusajaure und Kaitumjaure. Unterwegs passiert man den **Nationalpark Stora Sjöfallet** und genießt schöne Ausblicke auf die markanten Gipfel des **Sarek**. Von Vakkotavare nimmt man bis zum Anleger Kebnatsbryggen den Bus, bevor man dann mit dem Boot (Gebühr) zur Fjällstation Saltoluokta übersetzt (Dauer: 5 – 7 Tage).

Saltoluokta – Kvikkjokk

Dies ist ein **besonders abwechslungsreicher Abschnitt**, der durch Urwald, Kultur- und Heidelandschaft und an den Ufern mehrerer kristallklarer Seen entlangführt. Nachdem man den See Sitojaure überquert hat und am höchsten Punkt des darauf folgenden Anstiegs angelangt ist, sollte man unbedingt einen Abstecher zum Skiefeklippen machen, um von dort den sagenhaften Blick ins **Rapadalen**, über Gipfel und Gletscher des Sarek sowie das Pårtetjåkko-Massiv zu genießen (Dauer: 4 – 7 Tage).

Ammarnäs – Hemavan

Der südliche Abschnitt des Kungsleden führt durch das Naturreservat Vindelfjällen. Diese Strecke ist relativ einfach und durchquert überwiegend flache Gebirgsregionen und Fjällheiden, wobei auch zahlreiche, große Seen passiert werden (Dauer: 5 – 7 Tage).

Reiseinfos

Der gesamte Kungsleden ist sommers wie winters gut markiert, und am Ende jeder Tagesetappe findet man eine der 22 STF-Fjällhütten zur Übernachtung. Deren Adressen findet man unter www.stfturist.se bzw. erhält sie über den SFT (▶Praktische Informationen / Wandern). Die **Hütten** sind einfach, aber funktionell eingerichtet und nicht im Voraus buchbar. Während der Saison werden sie bewirtschaftet. Die Hütten sind für Selbstversorger ausgelegt, d. h. neben Karte und Kompass, sturmsicherem Zelt und robuster Ausrüstung muss im Rucksack noch Platz für Verpflegung sein. Es gibt Etappen, auf denen man mutterseelenallein unterwegs ist. Andere, vor allem solche, die Tagesetappen rund um die Einstiege bilden, sind besonders während der schwedischen Sommerferien fast schon überlaufen . **Wanderzeiten** sind Anfang Juli bis Ende Sept. und für Wintertouren Ende Feb. bis Ende April. Im Juli sind die meisten Wanderer unterwegs, und auf den Hütten kann es eng werden. Für Wintertouren ist der April der schönste Monat mit langen und oft sonnigen Tagen, an denen der Schnee wunderbar glitzert.

Zelten ist auf dem Kungsleden eine beliebte Alternative zur Wanderhütte – und gehört unbedingt dazu.

Eisangeln Auch im Winter haben Angler in Schweden Saison. Dick eingepackt, Miniangel, Stuhl und Eisbohrer im Gepäck, ziehen sie sie **auf die zugefrorenen Seen**, in der Hoffnung auf einen guten Fang.

Schlittschuh-laufen Dass Schlittschuhe nicht nur für ein paar Runden auf dem zugefrorenen Teich oder See vor der Haustür gut sind, sondern auch ein **ideales Fortbewegungsmittel für lange Touren**, hat sich in Deutschland noch nicht herumgesprochen. Ganz anders in Schweden, da besitzt das lautlose Gleiten über zugefrorene Seen und Kanäle eine relativ große Fangemeinde. Wen der Sport auf langen Kufen gepackt hat, der ist »isbitnad«, vom Eis gebissen und verabredet sich bei guten Eisverhältnissen am Wochenende mit Freunden zum gemeinsamen långfärdsskridso. Unterwegs darf natürlich das **Lagerfeuer mit heißer Suppe** und dampfendem Kaffee nicht fehlen.

AKTIV IN FINNLAND

Wandern und angeln Finnland ist das perfekte Land für nahezu jede Art von Outdooraktivität – und Wandern steht dabei ganz oben auf der Liste. Über interessante Wanderrouten informieren die Touristenbüros vor Ort. **In fast jedem Nationalpark sind Wanderrouten ausgezeichnet**. Selbst, wer die Hauptstadt Helsinki besucht, kann einen Wanderurlaub verbringen. Nur wenige Kilometer vor den Toren der Stadt liegt der Nuuksio Nationalpark mit schönen Routen, auf denen man zumindest während der Woche nahezu allein unterwegs ist. Empfeh-

Bitte nie ohne Lizenz: Angler in Finnland

lenswert sind auch die Strecken im Seitseminen Nationalpark bei Parkano. Durch den Patvinsuo Nationalpark bei Lieksa führt **der berühmte Wolfenpfad**, der susitaival. Weiter nördlich, in der Nähe von Kuusamo, liegt der karhunkierros, der 133 km lange Bärenpfad. Die meisten Finnen haben auf ihren Wandertouren eine Angelroute dabei und verbinden damit die beiden – zumindest bei Männern – beliebtesten Freizeitaktivitäten. Fast jeder Finne ist Hobbyangler, und das sowohl im Sommer als auch im Winter. Die **jährliche Meisterschaft im Eislochangeln**, dem pilkki, ist ein Ereignis, über das auf den Sportseiten seitenweise berichtet wird.

Wer in einem finnischen See angeln will, muss eine Angellizenz erwerben (kalastus-kortti), erhältlich online, auf jedem Postamt und bei Banken. Die Angellizenz allein genügt noch nicht, um legal Fische an Land ziehen zu dürfen. Auch der Besitzer des jeweiligen Gewässers will noch seinen Obolus haben. Die lokale Angelerlaubnis wird meist an den Campingplätzen, Hotels oder der Touristeninformation ausgegeben. Man kann sie **für eine Woche oder für nur wenig mehr Geld fürs ganze Kalenderjahr** erwerben. Für Eisangeln im Winter und das Angeln auf den Ålandinseln braucht man keine Angellizenz, die lokale Angelerlaubnis ist aber nötig.

Lizenz zum Angeln

Dem Wandern im Sommer entspricht das Skilanglaufen im Winter. Fast jede finnische Stadt bietet ihren Bürgern perfekt gespurte Loipen an, in den Feriengebieten kann man meistens schon direkt vom Ferienhaus in die Spur gehen. Ein besonderes Erlebnis ist die Teilnahme am **Finlandia-Lauf**, der jedes Jahr Ende Februar über 75 km von Lahti nach Hämeenlinna führt. In den Skigebieten Nordfinnlands, in Ruka oder Levitunturi beispielsweise, kann man auch Alpinski fahren. Allerdings von Bergen, die in Mitteleuropa allenfalls als Hügel gelten würden. In Mittel-und Nordfinnland werden auch Motorschlittentouren und Ausfahrten mit dem Hundeschlitten angeboten. Das besondere hierbei: Während man bei entsprechenden Ausfahrten in Mitteleuropa nach wenigen Kilometern im nächsten Dorf landet, kann man in Finnland tagelang auf Hüttentour unterwegs sein, ohne eine Menschenseele zu treffen.

Mit Ski und Schlitten

Radfahren in Finnland wird oft unterschätzt. Zwar gibt es keine wirklich hohen Berge, dafür geht es aber beständig auf und ab – längere Touren sind auch hier nichts für Anfänger. Wer es wirklich flach haben will, sollte eine **Tour auf den Ålandinseln** unternehmen – auch landschaftlich ein Paradies für Radler. Kanufahren auf den finnischen Seen ist die perfekte Option für alle, die **eine Spur Robinsonblut** in sich spüren – denn wo sonst kann man jeden Abend auf einer anderen einsamen Insel sein Zelt aufschlagen. Auf vielen Flüssen Ost- und Nordfinnlands werden **Raftingtouren** angeboten.

Mit Rad und Kanu

Erfrischend und gesund

Die Sauna ist ein elementarer Teil des finnischen Lebens und auch in den übrigen Ländern Skandinaviens sehr beliebt. In Skandinaviens Saunen ist Textilfreiheit zwingend vorgeschrieben, allerdings werden die Geschlechter getrennt. Doch auch andere Kulturen kennen Schwitzbäder.

▶ **Ablauf eines Saunabesuchs**
Nicht nur das Schwitzen gehört zur Sauna, auch das Abkühlen danach. Man kann den Saunabesuch in drei Phasen einteilen, zusammen dauern sie ca. eine Stunde. Bis zu drei Mal hintereinander lässt sich dieser Ablauf wiederholen. Mehr ist jedoch nicht gesund.

1 Duschen und Abtrocknen

40° 15 min.

2 Schwitzphase

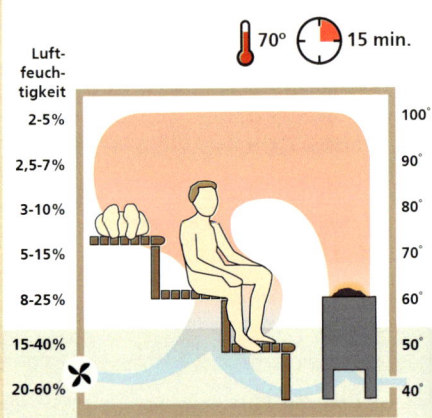

70° 15 min.

Luft-feuch-tigkeit

2-5%	100°
2,5-7%	90°
3-10%	80°
5-15%	70°
8-25%	60°
15-40%	50°
20-60%	40°

▶ **Schwitz- und Dampfbäder weltweit**

Raumtemperatur 70°
Luftfeuchte 25%

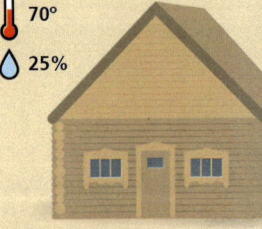

Banja (Russland)
In Russland ist das Dampfbad beliebt, um Kontakte zu pflegen. In der Banja trifft man nicht nur Normalbürger, hier werden oft auch Geschäfte und politische Entscheidungen besprochen. Traditionell ist die Banja in einer Holzhütte untergebracht.

60°
85%

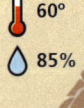

Temazcal (Mittelamerika)
Das Temazcal geht auf die Azteken zurück. Die Schwitzhütte aus Stein und Lehm ähnelt einem Iglu. Das Temazcal dient der Reinigung und Heilung, manchmal werden auch Schwangere auf die Geburt vorbereitet.

Vihta (Birkenzweig)

Mit einem Birkenzweigbündel wird der Körper abgeklopft. Dies fördert die Blutzirkulation und entspannt die Muskulatur.

▶ **Warum ist Sauna gesund?**

Die trockene Hitze wirkt auf den Körper wie ein Fieberschub: Krankheitserreger werden vernichtet. Mit Saunieren kann man gut Erkältungen und anderen Krankheiten vorbeugen, denn der Warm-Kalt-Wechsel wirkt sich positiv auf den Kreislauf, den Blutdruck, den Stoffwechsel, die Atmung und das Immunsystem aus.

3 Abkühlphase (frische Luft und kalte Dusche)

20° 7 min. 20° 7 min.

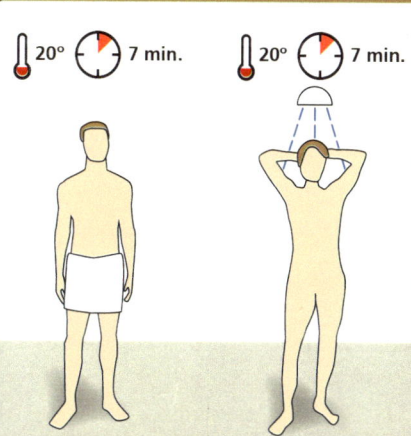

4 Ruhephase

30° 15 min.

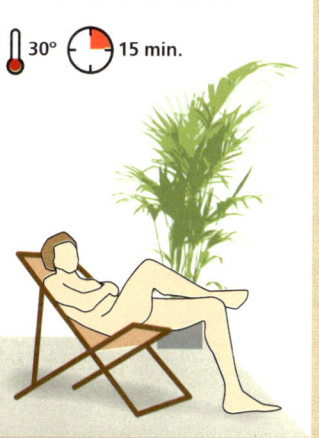

©BAEDEKER

 50°

💧 100%

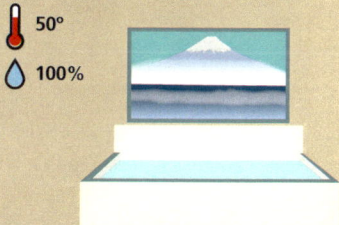

...entō (Japan)

...in Sentō ist ein Badehaus, das aus einem ...chten Dampf- bzw. Schwitzbad (iwaburo) ...ervorgegangen ist. Es gibt verschiedene Becken ...it unterschiedlich temperiertem Wasser, das ...ber immer mindestens 40 Grad heiß ist. ...ypisch sind Landschaftsbilder über dem Becken, ...ft ist der Berg Fuji abgebildet.

...amam (Türkei)

...n türkischen Dampfbad schwitzt man auf ...em von unten aufgeheizten marmornen ...Nabelstein« ca. 10 bis 15 Minuten lang ...ei 40 bis 50 °C.

🌡 40°

💧 95%

Infos Norwegen

ANGELN
Norges Jeger- og Fiskerforbund
1378 Nesbru
Postboks 94
Hvalstadåsen 5
Tel. 66 79 22 00
www.njff.no
Beim norwegischen Fremdenverkehrsamt ist kostenlos die Broschüre »Der offizielle Angelkatalog« erhältlich.

GOLF
Norges Golfforbund
Tel. 21 02 91 50
www.golfforbundet.no

KANU, KAJAK, RAFTING
Norges Padleforbund
Tel. 21 02 98 35
www.padling.no

Sjoa Raftingcenter
Tel. 47 66 06 80
www.sjoaraftingsenter.no

RADFAHREN
Stiftelsen Sykkelturisme i Norge
5004 Bergen
Strandgatan 59
www.cyclingnorway.no

REITEN
Norges Ryytterforbund
Tel. 21 02 96 50
www.rytter.no
Eine Übersicht über Bauernhöfe mit Reitmöglichkeiten findet man unter www.nbt-nett.no.

SEGELN
Kongelig Norsk Seilforening

Tel. 23 27 56 00
www.kns.no

SKILAUFEN
Skiforeningen
Tel. 22 92 32 00
www.skiforeningen.no

TENNIS
Norges Tennisforbund
Tel. 22 72 70 00
www.tennis.no

WANDERN
Den Norske Turistforening (DNT)
Tel. 40 00 18 70
www.turistforeningen.no

WINTERSPORTZENTREN
Oslo und Umgebung
Oslo, Eggedal, Hurdal, Norefjell, Ringerike, Vikersund-Modum (Sprungschanze)

Kongsberg und Numedal
Kongsberg, Flesberg und östliches Blefjell, Numedal bis Dagali, Uvdal

Telemark
Bolkesjø und Blefjell, Gautefall, Haukelifjell, Lifjell, Morgedal, Rauland, Vinje, Rjukan

Setesdal
Byglandsfjord, Hovden, Vråliosen, Vrådal-Kviteseid, Åserdal

Hallingdal und Bergenbahn
Dagli-Skurdalen, Geilo (gilt als überaus familienfreundlicher Skiort, 39 Abfahrten, 18 Lifte und 550 km Loipen) Ustaoset, Gol, sowie Golsfjell Hemsedal

(52 Abfahrten, Snowboarder-
Hochburg)

Valdres, Fagernes-Gebiet
Aurdal - Tonsåsen, Fagernes,
Fjellstølen, Hovda – Sanderstølen,
Vaset – Nøsen

Beitostølen-Gebiet
Beitostølen mit Umgebung

Vang / Filefjell-Gebiet
Tyin, Eidsbugarden – Tyin-
holmen – Jotunheimen

Westnorwegen
Finse, Mjølfjell, Vatnahalsen, Voss,
Oppheim, Seljestad, Stranda,
Sykkylven, Ørsta, Utvikfjell

Vestoppland – Gjøvik
Gjøvik, Toten, Lygnaseter,
Synnfjell

Lillehammer und Umgebung
Ausgezeichnetes Gelände
für Langlauftouren (mehr als

2000 km Loipen in der Region),
Nordseter, Sjusjøen, Øyerfjell,
Tretten, Hamar

Hafjell
Hafjell-Alpinzentrum,
15 km nördlich von Lillehammer:
15 Lifte, 30 km leichte bis mittel-
schwere Pisten; größter Höhenunterschied 850 m; 300 km
alpine Loipen

Mittleres Gudbrandsdal
Espedal, Kvam, Gausdal, Vinstra.
Kvitfjell: olympische Abfahrts-
strecke, 50 km nördlich von
Lillehammer bei Ringebu

Nördliches Gudbrandsdal
und Jotunheimen
Bøverdalen, Sjodalen, Vågå

Rondane
Høvringen, Mysuseter, Otta

Dovrefjell
Bjorli, Dombås, Hjerkinn

Hoch zu Ross durch den Ovre Dividal-Nationalpark

Østerdal

Atna, Engerdal, Elverum, Folldal, Os, Rendalen, Tynset

Trysilfjell

Das größte zusammenhängende

Skigebiet Norwegens mit 66 km Abfahrtpisten und 31 Liften liegt nordwestlich von Lillehammer, unweit der schwedischen Grenze, und lockt Wintersportler aus der ganzen Region.

Infos Schweden

Minto – Wege in die Natur

4579 Tanumshede
Rosenlund 3
Tel. 0525 2 33 32
www.minto.se
Outdoorveranstalter, der neben Kanu- und Seekajaktouren, Makrelen- und Hummersafaris auch Schlittschuhtouren anbietet.

BALLONFAHREN
Grenna Ballong & Luftskepp AB

Björkhaga
Tel. 0390 3 05 25
www.flyg-ballong.nu

Ballong & Äventyr AB

22591 Lund
Ladugårdsmarken 412
Tel. 046 24 89 00
www.ballongaventyr.se

GOLF
Svenska Golfförbundet

Tel. 08 6 22 15 00

KANU, KAJAK
Svenska Kanotförbundet

Tel. 0155 20 90 80
www.kanot.com

RADFAHREN
Svenska Cykelsällskapet

Tel. 08 54 59 10 30
www.svenska-cykelsallskapet.se

Cycelfrämjandet

Tel. 08 54 59 10 30
www.cykelframjandet.se

REITEN
Sveriges Ridlägers Riksförbund

www.ridlager.se

TENNIS
Svenska Tennisförbundet

Tel. 08 4 50 43 10
www.tennis.se

WANDERN
Svenska Turistföreningen (STF)

10462 Stockholm
Box 17251
Tel. 08 4 63 21 00
www.svenskaturistforeningen.se

WINTERSPORTZENTREN
Isaberg

Wintersportgebiet im Süden

Westschweden

Zu den bekannten Gebieten zählen: Idre und Grövelsjön, Härjedalen mit Vemdalsfjäll, Funäsdalen, Bruksvallarna, Tänndalen, Tännas und Fjällnäs

Åre

Der berühmteste Wintersportort des Landes, umgeben von weite-

Garantiert eine gute Aussicht: Ballonfahrt über Stockholm

ren Skizentren wie Duved, Sylarna, Storuvlån und Blåhammaren

Funäsdalsfjällen (Härjedalen)

Schwedens südlichstes, hochalpines Gebiet mit mehr als 30 Gipfeln zwischen 1000 und 1800 m, von der anfängerfreundlichen Piste bis zu Abfahrten für Spitzensportler, über 400 km

markierte Skiwanderwege, mehr als 30 Lifte und über 80 Abfahrten. Eine der schönsten Loipen Schwedens ist die Mittåkläppspåret beim Wintersportort Ramundberget, nördlich von Funäsdalen.

Lappland

Jenseits des Polarkreises locken Jokkmokk, Dundret, Abisko, Björkliden und Riksgränsen.

Infos Finnland

ANGELN

Fishing in Finland ist eine kommerzielle Seite, die sehr gute Infos übers Angeln in Finland gibt.
www.fishinginfinland.com
Onlinekauf von Angellizenzen:
http://kalastusluvat.kalapaikka.net/default_e.asp

SKILAUFEN

Finlandia-Lauf:
http://english.finlandiahiihto.fi
www.ski.fi/skiing_in_finland

RADFAHREN

www.pyoraillensuomessa.fi

WANDERN

Metsähallitus, die Behörde, die für die Nutzung finnischer Wälder zuständig ist, informiert auch über Outdooraktivitäten:
www.metsa.fi
... sowie über Nationalparks und Wanderrouten von Tagesausflügen bis zu Trekking.
www.outdoors.fi

WINTERSPORTZENTREN
Lahti

Weltbekanntes Mekka für Nordische Disziplinen. Das Langlaufgebiet (60 km) reicht vom Lahti-Skistadion bis zum Ferienzentrum Messilä und zum Tiirisma, wo 14 Hänge für Abfahrten erschlossen sind. Nur Profis sollten sich beim Skispringen in Lahti üben.

Jyväskylä / Laajavuori

11 Abfahrten, 5 Lifte, mehr als 60 Loipenkilometer.
www.laajis.fi

Kuopio

Dichtestes Loipennetz Finnlands mit fast 500 km. Alpinpisten Puijo und Kasurila.
www.kuopioinfo.fi
Wintersportzentrum Tahko (ca. 70 km nördlich): 65 Abfahrtspisten, 65 km Loipen
www.tahko.fi

Koli-Berge mit Lieksa

Die landschaftlich schönste Loipe in Nordkarelien geht direkt vom Koli-Berg aus. Skitouren auf dem Bärenpfad oder Schneeschuh- und Snowmobil-Touren von Lieksa aus bleiben unvergesslich.

Sotkamo / Vuokatti

Bekannt als internationales Trainingsgebiet der Wintersportler, ist diese Region vor allem für Skilangläufer ideal.
www.vuokatti.fi

Kuusamo / Ruka

Ausgangspunkt für ein 250 km langes Loipennetz. Teile des berühmten Wanderweges Bären-

runde sind im Winter gespurt. Das Wintersportzentrum von Ruka bietet 28 Pisten für Alpinabfahrten.
www.ruka.fi

Rovaniemi / Ounasvaara

Wintersport oder Motorschlitten- und Rentierschlittenfahrten rund um den Polarkreis. Saisonstart ist schon im Oktober, die Loipen sind mit Kunstschnee präpariert.
www.ounasvaara.fi

Kemijärvi / Suomutunturi

In Kemijärvi beginnen Loipen und Motorschlitten-Safaris mitten in der Stadt. Auf dem Suomu-Fjäll am Polarkreis gibt es die besten Abfahrten in Finnisch-Lappland.
www.suomu.com

Salla / Sallatunturi

Skizentrum für die ganze Familie; Abfahrten und Loipen.

Kolari / Yllästunturi

Die längste Abfahrtspiste Finnlands ist in Ylläsjärvi zu finden, außerdem im Umkreis 330 km Loipen. Erweitert um die im Norden anschließenden Gebiete, sind es sogar ca. 800 km.
www.yllas.fi

Sodankylä / Luostotunturi

Die Fjäll-Skigebiete Pyhä und Luosto begeistern Ski-Könner.
www.pyha.fi, www.luosto.fi

Muonio / Olostunturi

Ab Oktober kann bereits die Kunstschneeloipe am Olostunturi genutzt werden, was selbst die finnische und ausländische Nationalmannschaften zum Training in den Westen Lapplands führt. Das Bergland zwischen Pallas und Hetta ist wegen seiner vielen Hütten für mehrtägige Skiwanderungen ideal.

Pallastunturi

Am Pallastunturi finden anspruchsvolle Skiwanderer in den Fjälls bei Enontekiö eine Herausforderung.

Kilpisjärvi / Saana-Fjäll

Ganz im Norden, an der Grenze zu Norwegen, wo die Winter bis weit in den Juni gehen und erst im Mai die richtige Skisaison beginnt, gibt es zu Mittsommer ein Ski-Rennen auf dam Saana-Fjäll.

Saariselkä / Kaunispää Inari

Vor allem Tourenskifahrer finden hier durch ein dichtes Netz von Hütten hervorragende Bedingungen. Aber auch Loipenfans und Alpinisten haben rund um den Kaunispää ihr Revier.

Kuhmo / Suomussalmi

Auch hier dominiert das Loipennetz den Wintersport. Für Motorschlittensafaris steht ein weitläufiges Streckennetz mit 400 km zur Verfügung.

Iso-Syöte

Im südlichen Teil Lapplands gelegen, bietet diese Skiregion alles – von der Wanderloipe bis zur Nachtlaufloipe bei Flutlicht.

Salla

Das traditionsreiche Wintersportgebiet rund um das Sallatunturi-Fjäll ist mit 160 km Langlaufloipen und 15 Skipisten zu einem

modernen Zentrum des Sports in der Wildmark geworden.

Levi

Finnen schätzen dieses in Westlappland gelegene Fjällgebiet bei Kittilä besonders als alpines Zentrum. Dazu gibt es über 200 km Loipen durch die Weiten Lapplands, mit Verbindungsmöglichkeiten zu den anderen nahegelegenen Wintersportzentren.

Ylitornio

In diesem auch im Winterurlaub preiswerten Gebiet im westlappländischen Seengebiet gehört bei Skiwanderungen oder Motorschlittenfahrten auch die Angel ins Gepäck, denn die Seen Iso-Vietonen und Miekojärvi sind ideal zum Eisangeln.

Es muss nicht immer Skilaufen sein – wie wäre es mit einer Rentiersafari in Lappland?

TOUREN

Baden an den Küsten des Südens oder eine Reise hinauf nach Lappland? Zu stillen Fjorden, Seen und Fjells oder zu den kulturellen Sehenswürdigkeiten der Hauptstädte? Wir zeigen Ihnen, wo Skandinavien am schönsten ist!

Touren durch Skandinavien

Drei unserer Routen leiten Sie zu den schönsten Ecken von Norwegen, Schweden und Finnland. Die vierte führt zum eindrucksvollen Bindeglied dieser drei Nationen, hinauf nach Lappland – und die fünfte einmal quer durch Skandinavien bis hinauf zum Nordkap.

Tour 1   **Zu den Fjorden Norwegens**
Spektakuläre Rundreise durch Südnorwegen: in zehn Tagen zu den höchsten Bergen Jotunheimens, der Eiswelt des Jostedalsbre, dem engen Geirangerfjord und dem König der Fjorde, dem Sognefjord.
▶Seite 174

Tour 2   **An Schwedens Sonnenküsten**
Vom äußersten Süden führt diese Route entlang der Westküste und durchs Landesinnere zur Hauptstadt Stockholm, übers Meer zur Sonneninsel Gotland und schließlich entlang der Küste zurück nach Malmö.
▶Seite 176

Tour 3   **Rundfahrt durch den Süden Finnlands**
Finnische Kultur und Geschichte: Auf ihrem südlichen Teil folgt die Route der legendären Königsstraße, im Norden berührt sie die finnische Seenplatte.
▶Seite 180

Tour 4   **In Schwedens Norden**
Wildnis, Weite, Einsamkeit, die Begegnungen mit Samen und Rentieren und dazu die Mitternachtssonne machen den Aufenthalt im hohen Norden zu einem einzigartigen Erlebnis
▶Seite 184

Tour 5   **Die große Nordkaptour**
Mehr Skandinavien geht nicht: In drei Wochen von Malmö über Helsinki bis hinauf zum Nordkap und vorbei an den bizarren Gipfeln der Lofoten bis in die norwegische Hauptstadt Oslo
▶Seite 187

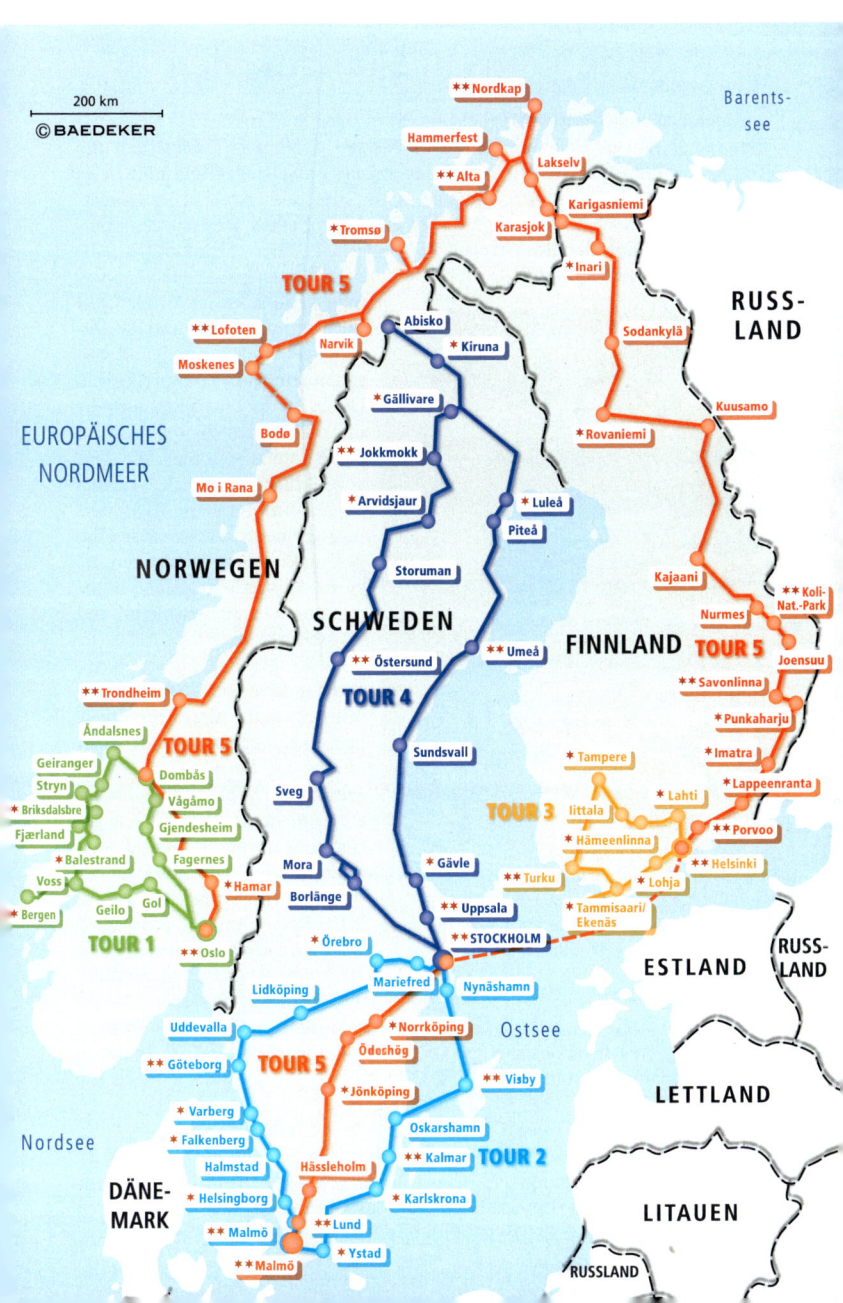

200 km
© BAEDEKER

**Nordkap
Barents-see

Hammerfest
**Alta   Lakselv
Karigasniemi
*Tromsø   Karasjok
*Inari

TOUR 5

Lofoten   **Abisko   Sodankylä
Narvik   ***Kiruna**
Moskenes

RUSS-LAND

*Gällivare   Kuusamo

EUROPÄISCHES
NORDMEER

Bodø   ****Jokkmokk**   ***Rovaniemi**
Mo i Rana   ***Arvidsjaur**   ***Luleå**
Piteå

NORWEGEN   Kajaani   ****Koli-Nat.-Park**
Storuman   Nurmes

SCHWEDEN   **TOUR 5**
Östersund   ****Umeå   FINNLAND   Joensuu
TOUR 4   ****Savonlinna**
Trondheim   ***Punkaharju
Åndalsnes   Sundsvall   ***Tampere**   ***Imatra**
Geiranger   **TOUR 5**   ***Lahti**   ****Lappeenranta**
Stryn   Dombås   **TOUR 3**   Iittala
*Briksdalsbre   Vågåmo   Sveg   ****Porvoo**
Fjærland   Gjendesheim   Hämeenlinna
*Balestrand   Fagernes   Mora   ***Gävle**   ****Helsinki**
Voss   ***Hamar**   Borlänge   ****Turku**   ***Lohja**
*Bergen   Geilo   Gol   ****Uppsala**   ***Tammisaari/Ekenäs**
TOUR 1   ****STOCKHOLM**
Oslo   ***Örebro   ESTLAND   RUSS-LAND
Lidköping   Mariefred   Nynäshamn

Uddevalla   ***Norrköping**   Ostsee
Göteborg   **TOUR 5   ***Ödeshög**   LETTLAND
**Visby
*Varberg   ***Jönköping**
*Falkenberg   Oskarshamn
Halmstad   Hässleholm   ****Kalmar**   **TOUR 2**
*Helsingborg   ***Karlskrona**   LITAUEN
DÄNE-MARK   ****Malmö**   ****Lund**
Malmö   ***Ystad   RUSSLAND

Nordsee

Unterwegs in Skandinavien

Mobil im Norden

Die eleganteste Möglichkeit, die riesigen Entfernungen in Skandinavien gut zu bewältigen, ist das **Fliegen**. In Norwegen, Schweden und Finnland hat der Inlandsflugverkehr große Bedeutung und ist so perfekt ausgebaut, wie man es von diesen hoch technisierten Ländern auch erwarten darf. Mit **Zügen**, vor allem aber mit den **überregionalen Bussen** erreicht man fast alle Winkel Skandinaviens, die Preise sind moderat. Verbringt man seinen Urlaub in einem einsamen Ferienhaus im Wald, so ist

für An- und Abfahrt und die notwendigen Einkäufe in der »Zivilisation« ein **Auto** fast unerlässlich. Dieses eröffnet natürlich auch die meisten Freiheiten in Bezug auf die Routengestaltung. Die hier vorgeschlagenen Strecken richten sich an motorisierte Reisende. Allgemeine Hinweise zum Fliegen, zu Bus- und Bahnfahren siehe im Kapitel »Praktische Informationen« unter ▶Verkehr und ▶Anreise.

Zeit für Abstecher einzuplanen lohnt.

In Skandinavien ist das Reisen mit dem Auto nichts für Eilige. Egal ob Norweger, Schweden oder Finnen, sie alle pflegen einen weit gemütlicheren Fahrstil, als man es z.B. von deutschen Straßen gewohnt ist. Tempolimits und drastische Strafen für Temposünder sorgen ebenfalls für ein gemächliches Reisetempo. Grundsätzlich sollte man schon vor Reisebeginn die **Route sorgfältig auswählen** und genügend Reserven für Abstecher und Wanderungen, aber auch für den einen oder anderen Schlechtwettertag einplanen. Im hohen Norden wird das Tankstellennetz dünner.

Norwegen

Die vielen Täler, Fjorde, Gebirge und Gletscher bilden seit Menschengedenken **gewaltige Hindernisse**. So sind geradlinige Straßenverbindungen, Autobahnen und Schnellstraßen trotz großer Investitionen immer noch die Ausnahme, das heißt, man ist in

Norwegen auf **überwiegend kurvigen Landstraßen** unterwegs. Vor allem im Westen sind die Straßen oft eng, von Tunneln unterbrochen und auf Wohnwagen-Gespanne und Wohnmobile wartet Millimeterarbeit. Benzin ist extrem teuer, hinzu kommen Fährgebühren; Tunnels, Brücken und teils auch die Autobahnen kosten Maut. Mautstellen ohne Kassenhäuschen sind mit Automaten ausgerüstet, mit Kreditkarten zahlen ist überall möglich.

Schweden

Der Zustand der Straßen ist bis hinauf nach Lappland gut und auch kleinere Nebenstraßen sind in der Regel asphaltiert. Autobahnen und autobahnähnliche Schnellstraßen verbinden alle Zentren Südschwedens, die meisten Straßen sind ungewohnt leer und so fährt man relativ stressfrei. **Maut wird nicht erhoben**.

Finnland

Das Landstraßennetz ist sehr gut ausgebaut, Autobahnen gibt es bislang jedoch nur von Helsinki nach Lahti und von Helsinki über Hämeenlinna nach Tampere sowie von Turku nach Osten. Abseits der oft durchaus belebten Hauptverkehrswege gibt es viele Nebenstraßen, die nicht asphaltiert, sondern mit einer **Sand- oder Schotteroberfläche** versehen sind. Sie sind in der Regel gut gepflegt und lassen sich bei angepasster Geschwindigkeit gut befahren. Eine kurzweilige, finnische Spezialität sind die **»Lossis«**, kostenlose Kurzfähren, die als Teil des staatlichen Straßennetzes hier und da über Seeoder Meerengen hinüberführen.

Wo die Straße endet, wartet in an vielen Stellen eine Fähre.

Tour 1 # Zu den Fjorden Norwegens

Länge der Tour: ca. 1600 km
Start und Ziel: Oslo
Dauer: 10 Tage

Diese Panoramatour durch das Herz Norwegens führt zu den schroffen Bergen des Jotunheimen und über kühne Serpentinenstraßen bis zum Geiranger- und Sognefjord sowie der alten Hansestadt Bergen. Weitere Höhepunkte sind der Gletscher Jostedalsbre und die karge Hardangervidda.

Quer durch Jotunheimen

Von ❶**✶✶Oslo** gelangt man auf der E 16 nach Hønefoss, wo sich ein Abstecher zum **✶Hadeland Glassverk**, Norwegens bekanntester Glashütte, am Südende des Randsfjords lohnt. Von Hønefoss folgt die E 16 dem Fluss Begna, der sich bald zum Sperillen-See weitet, bis nach ❷**Fagernes**, dem Hauptort der Region Valdres. Der Ort ist ein wichtiges Touristenzentrum am Südrand des Jotunheimen und besitzt ein sehenswertes Freilichtmuseum. Ständig ansteigend führt die R 51 nun in Richtung auf das Jotunheimen-Gebirge, beim Wintersportort Beitostølen ist dann die Baumgrenze erreicht. Bei Bygdin bietet sich ein schöner Blick auf den gleichnamigen See, der von imposanten Bergen umgeben ist. Auf der Valdresflya erreicht die Straße ihren höchsten Punkt und führt weiter nach ❸**Gjendesheim**, das am lang gestreckten Gjendesee liegt und einer der wichtigsten Ausgangspunkte für Wanderungen im Jotunheimen ist. Kurz vor ❹**Vågåmo**, das eine sehenswerte Stabkirche besitzt, ist dann die Jotunheimen-Durchquerung beendet.

! BAEDEKER TIPP

Nicht versäumen

- Shopping im Hadeland Glassverk in Hønefoss
- Trollstigen im Romsdal
- Wanderung zum Briksdalsbre
- Zwischenstopp am Vøringfoss
- Altstadt in Bergen

Zu Trollwand und Romsdalshorn

Über ❺**Dombås** gelangt man schließlich in das dünn besiedelte **✶Romsdal**, das kurz vor ❻**Åndalsnes** mit der 1000 m hohen, senkrechten **✶Trollwand** und dem nicht minder imposanten Romsdalshorn seine Höhepunkte hat. Bald darauf führt die Straße in Serpentinen den **✶✶Trollstigen** hinauf, eine der beeindruckendsten Straßen Norwegens. Den Aussichtspunkt auf der Passhöhe sollte man nicht versäumen. Spektakulär geht es weiter: Durch das Meirdal hinunter zum Fjord, über den eine Fähre pendelt, und erneut ins Gebirge, um in Serpentinen auf der **✶Adlerstraße** hinunter nach ❼**Geiranger** am **✶✶Geirangerfjord** zu gelangen. Auch die Straße von Geiranger,

vorbei am Aussichtsberg Dalsnibba, nach **⑧ Stryn** ist eine Panoramatour zwischen Fjell und Fjord. Von Stryn folgt man dann der Straße entlang des Fjordufers bis nach Olden und biegt dort zum **⑨ ✱✱ Briksdalsbre** ab. Die Gletscherzunge zählt zu den schönsten des Jostedalsbre und ist vom Parkplatz nach einer rund einstündigen Wanderung zu erreichen.

Über Olden, Byrkjelo und Skei erreicht man **⑩ Fjærland** am Südende des Jostedalsbre, wo das Gletschermuseum einen Besuch lohnt. Nun fährt man über die E 5 nach Sogndal, weiter auf dem RV 55 bis

Zum
Sognefjord

Hella und zur Fähre, wo man über Dragsvik nach ⑪**Balestrand** kommt. Hier am sonnigen Sognefjord sind die Holzvillen im Schweizerstil und das prachtvolle Kvikne's Hotel sehenswert. Von Balestrand fährt man zurück zur Fähre in Dragsvik, setzt nach Vangsnes über und erreicht via Viksöyri (R 13) ⑫**Voss.** Es beeindruckt durch seine Lage am Vangsvatn, das Stadtbild ist allerdings modern. Im Sommer bringt eine Seilbahn Wanderer direkt ins Gebirge, im Winter sind die Alpinanlagen der Anziehungspunkt von Voss. In das ehemalige Zentrum der Hanse, ⑬****Bergen,** gelangt man auf der E 16. Vor allem die Altstadt mit *Fischmarkt, *Hanseatischem Museum, der *Festung Bergenhus, ihren kleinen Gassen und natürlich den alten Holzhäusern von ****Bryggen** zählt zu den schönsten des Landes. Von der Innenstadt fährt man ein Stück die E 16 zurück in Richtung Voss und biegt dann nach rechts auf die Str. 7 ab. Auf der weiteren Fahrt nach ⑭**Geilo** setzt man mit der Fähre über den Hardangerfjord und fährt dann durch das Mabödal, wo man am Vöringfoss, einem der bekanntesten Wasserfälle Norwegens, einen Stopp einlegen kann. Danach überquert die R 7 die karge, baumlose Hochebene der Hardangervidda und führt schließlich nach Geilo, einem wegen seiner ausgezeichneten Alpinanlagen beliebten Wintersportort. Über Hol, Ål und Torpo gelangt man nach ⑮**Gol** und folgt der R 7 durch das Hallingdal über Nesbyen bis Noresund. Über Hønefoss erreicht man dann wieder den Ausgangspunkt Oslo.

Tour 2 An Schwedens Sonnenküsten

Länge der Tour: ca. 1350 km
Start und Ziel: Malmö
Dauer: ca. 12 Tage

Diese Rundtour beginnt am südlichen Zipfel von Schweden und führt an der Westküste entlang nach Göteborg. Dann geht es ein Stück an Vänersee und Mälarsee entlang, bevor man nach Stockholm kommt. Nach einem Abstecher auf die Sonneninsel Gotland fährt man schließlich entlang der Ostküste zurück nach Malmö.

Auftakt in Schonen Seit der Eröffnung der Brücke über den Öresund sind das schwedische ❶****Malmö** und die dänische Hauptstadt Kopenhagen ein gutes Stück näher zusammengerückt. Doch noch ist Malmö eine gemütliche Stadt mit sehenswerten, historischen Bauten, einigen interessanten Museen, gemütlichen Kneipen und Restaurants. Von hier sind es nur wenige Kilometer bis zur alten Universitätsstadt ❷****Lund,** deren größte Sehenswürdigkeit der imposante Dom ist.

Von Lund folgt man der E 6 / E 20 weiter in nördlicher Richtung bis ❸ *Helsingborg, das mit einem stattlichen neugotischen Rathaus, einer sehenswerten Altstadt, aber auch mit einem modernen Stadtteil rund um das Dunkers Kulturhus aufwarten kann. Wer genügend Zeit hat, kann auf dem Weg nach ❹ **Halmstad** noch Abstecher auf die *Kullenhalbinsel und die *Bärenhalbinsel machen. Hauptanziehungspunkt von Halmstad ist der nahe Strand Tylösand.

Die nächste größere Stadt ❺ *Falkenberg liegt am Ätran, der als einer der besten Lachsflüsse Schwedens gilt. In der hübschen Kleinstadt gibt es noch einige niedrige Holzhäuser und mit Kopfstein gepflasterte Straßen. Im Zentrum der schachbrettförmig angelegten Stadt ❻ *Varberg gibt es neben den Gründerzeitbauten noch einige ältere Häuser, doch die größte Sehenswürdigkeit des Ortes ist die stattliche *Festung. Gleich daneben befindet sich das Kaltbadehaus aus dem 19. Jahrhundert, es erinnert an die Zeit, als Varbergs Aufstieg zum noblen Badeort begann. Man folgt nun der E 6 / E 20 weiter nach ❼ **Göteborg, der wichtigsten Stadt Westschwedens. Sie besitzt den größten Hafen des Landes, der im Gegensatz zum Stock-

Über Varberg nach Göteborg

Eine der sonnigsten Ecken Schwedens: die Insel Gotland

holmer Hafen das ganze Jahr über eisfrei bleibt. Göteborg hat so viel zu bieten – Museen, Prunkbauten, Shoppingmeilen und Parks –, dass man hier mindestens einen ganzen Tag verbringen sollte. Für einen ersten Eindruck bietet sich eine Fahrt mit einem der Paddan-Boote an. Früher bildeten vor allem Kanäle die Verkehrswege Göteborgs, was auf den Einfluss der Holländer zurückzuführen ist. Im Laufe der Zeit wurden jedoch fast alle zugeschüttet und durch Straßen ersetzt.

Nach der Besichtigung von Göteborg geht es auf der E 6 nach Kungälv – hier bietet sich ein Abstecher auf die autofreie Insel *Marstrand an – und weiter nach ❽ **Uddevalla** am Kattegatt. Die größte Stadt Bohusläns liegt an der Mündung des Flusses Bäveån im Byfjord. Ihre geschützte Lage machte sie früher zu einer wichtigen Station im Grenzhandel zwischen Norwegen und Schweden. Über Trollhättan und

> **BAEDEKER TIPP**
>
> ! *Nicht versäumen*
>
> - Malmös schmucke Marktplätze
> - Dom von Lund
> - Visbys mittelalterliche Stadtmauer
> - Schloss von Kalmar
> - Fachwerkhäuser in Ystad

Vänersborg, die beide am Südzipfel des *Vänersees liegen, geht es weiter am Ostufer des riesigen Binnenmeeres nach ❾ **Lidköping**. Die Industriestadt liegt schön an der Bucht Kinneviken des Vänersees. Nicht weit von Lidköping liegt auf der Insel Kållandsö das prunkvolle, weiße *Schloss Läckö. In ❿ *Örebro, das zwischen Vänersee und Mälarsee liegt, trafen im Mittelalter mehrere wichtige Handelswege zusammen. Dies war auch der Grund, hier eine mächtige Festung zu errichten. Bis heute ist der wuchtige Renaissancebau von *Schloss Örebro vom Ende des 16. Jahrhunderts die größte Sehenswürdigkeit der Stadt. Auf der südlich vom Mälarsee verlaufenden E 20 fährt man über ⑪ **Mariefred** – hier nicht versäumen **Schloss Gripsholm zu besichtigen – nach ⑫ **Stockholm. Um auch nur die wesentlichen Sehenswürdigkeiten der schwedischen Hauptstadt mit ihren rund 100 Museen und der Altstadt **Gamla stan zu erkunden, benötigt man mehr als einen Tag.

Nach einer kurzen Fahrt nach ⑬ **Nynäshamn** besteigt man die Fähre und setzt in rund drei Stunden nach **Gotland über. ⑭ **Visby, die Hauptstadt Gotlands, beeindruckt vor allem durch ihre fast vollständig erhaltene, mittelalterliche Stadtmauer. Neben Visby sind die so genannten **Rauken – bizarr erodierte Kalksteinnadeln – Gotlands größte Sehenswürdigkeit. Die Westküste der Sonneninsel ist überwiegend von Kalksteinklippen geprägt, die Ostküste dagegen ist flacher, hier dominieren die Sandstrände. Mit dem Schiff geht es zurück aufs Festland, nach ⑮ **Oskarshamn**. Nun folgt man der Küstenstraße in Richtung Süden bis ⑯ **Kalmar, dessen wuchtiges *Renaissanceschloss schon aus der Ferne auszumachen ist. Die

Abstecher nach Gotland

nächste sehenswerte Stadt an der Ostküste ist ⑰ ***Karlskrona**, das auf eine 300-jährige Geschichte als Flottenhauptquartier zurückblickt. Unbedingt besuchenswert ist das ***Marinemuseum** mit nautischem Gerät, Schiffsmodellen und einer großen Sammlung von Galionsfiguren. ⑱ ***Ystad** liegt an der Südküste Schonens. Das Städtchen besitzt wegen der alten Fachwerkhäuser, engen Gassen und verwinkelten Innenhöfe viel Charme. Bekannt wurde Ystad als Schauplatz vieler Wallander-Krimis des Bestsellerautors Henning Mankell. Von Ystad gelangt man entweder auf der E 65 zurück zum Ausgangspunkt Malmö oder man fährt entlang der Küste über Smygehamn und Trelleborg nach Malmö, dem Endpunkt der Rundtour.

Tour 3 Rundfahrt durch den Süden Finnlands

Länge der Tour: ca. 680 km
Dauer: 7 Tage
Start: Helsinki
Ziel: Helsinki

Im Süden ballen sich die kulturellen Highlights des Landes. Ob Städte, Industriedenkmale, Kirchen oder prächtige Herrenhäuser – innerhalb relativ kurzer Entfernungen kann man die ganze Palette finnischer Geschichte erleben.

Startpunkt für die Tour ist die Hauptstadt ❶ ****Helsinki**, für die man sich allein zwei bis drei Tage Zeit nehmen sollte. Bevor man zu der Rundtour aufbricht, sollte man zumindest den ***Dom**, die ***Felsenkirche** und die Festungsinsel ****Suomenlinna** besuchen. Auf der Fahrt nach Norden folgt man der Beschilderung zum Flughafen. Nach knapp 30 km erreicht man die schön am See gelegene Stadt ❷ ***Tuusula**. Hier sollte man auf jeden Fall den mehrere Kilometer langen Uferweg abfahren, an dessen Rand die Häuser vieler prominenter finnischer Künstler aus dem 19. bzw. frühen 20. Jh. liegen. Auch Jean Sibelius lebte hier. Seine ehemalige Villa kann wie viele andere Künstlerhäuser besichtigt werden. Via ❸ **Järvenpää** (Kunstmuseum) erreicht man auf der Autobahn E 75 die weltbekannte Wintersportstadt ❹ ***Lahti**. Die drei großen Sprungschanzen sind nicht nur ein beliebtes Fotomotiv, von der Aussichtplattform der größten genießt man auch einen weiten Blick über die Stadt. Von Lahti aus führt eine kleine Straße, die Jalkarannantie, am Vesijärvi entlang zur Kirche von ❺ ***Hollola**. Hier steht eine besonders schöne, mittel-

Zu den Höhepunkten eines Aufenthaltes in Helsinki gehört der Besuch der russisch-orthodoxen Uspenski-Kathedrale.

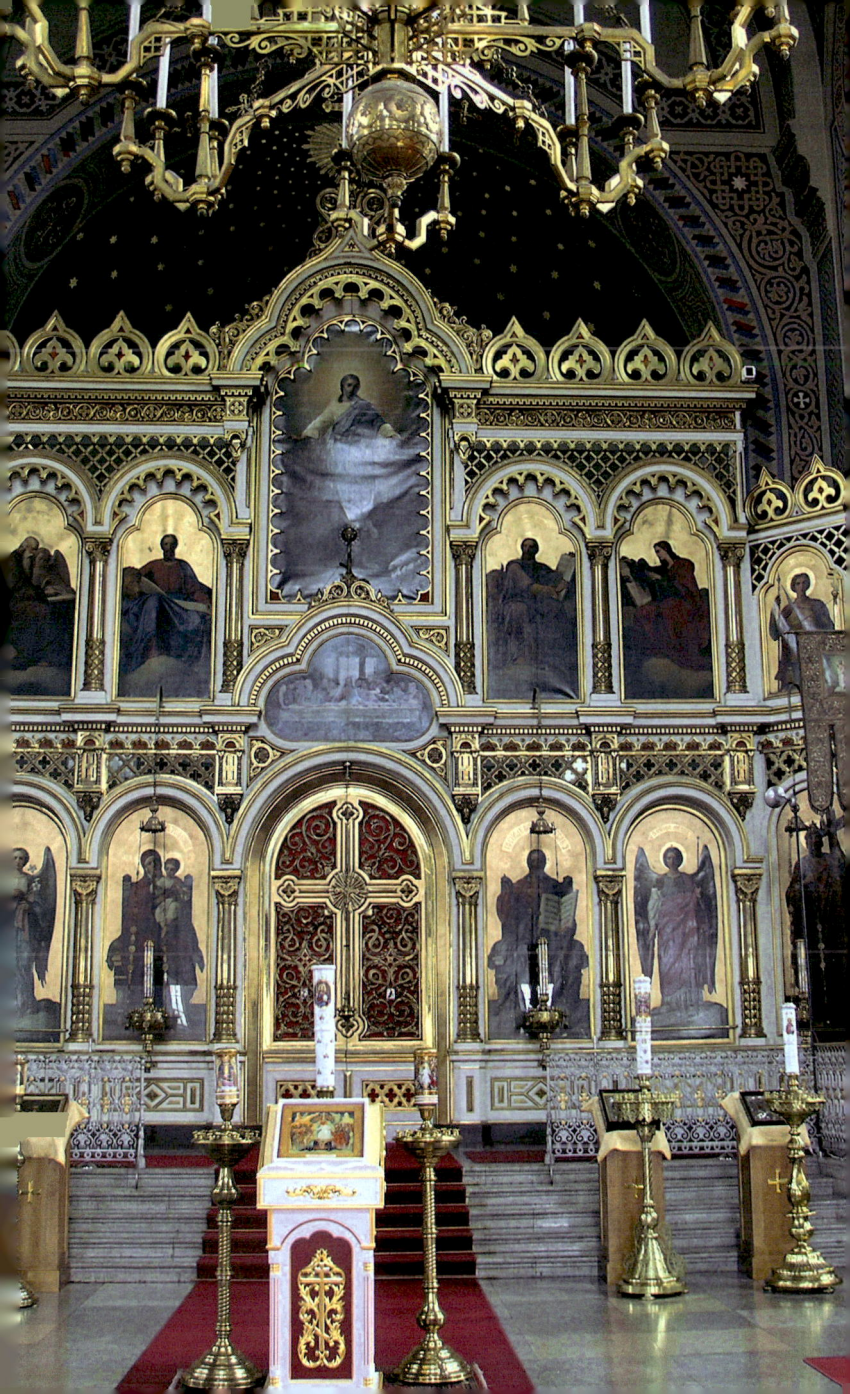

alterliche Feldsteinkirche, die eine Besichtigung auf jeden Fall lohnt. Eine gute Fahrstunde ist es von hier nach ❻ ***Hämeenlinna**, dem Geburtsort von Jean Sibelius. Die nie belagerte oder zerstörte ****Backsteinburg Häme** ist ein interessantes Besichtigungsobjekt. Auch das Gefängnismuseum ist äußerst besuchenswert. Bereits aus dem 14. Jh. stammt die Kirche von ❼ ***Hattula**. Sie ist berühmt für ihre Wandmalereien. ❽ **Iittala** ist den meisten eher als Hersteller denn als Ort ein Begriff. Und tatsächlich ist die gleichnamige Glasfabrik hier zu finden. In ❾ ***Tampere**, der zweitgrößten Stadt des Landes, kann man wie nirgendwo sonst finnische Industriegeschichte nacherleben. In den Backsteinhallen der ehemaligen Textilfabrik »Finlayson« brannten 1882 die ersten Glühbirnen des Landes. Heute findet man hier mitten in der Stadt Museen und gemütliche Cafés.

Den besten Überblick über die Stadt und die umliegenden Seen hat man von der Aussichtsplattform des 169 m hohen Näsinneula Turms.

Auf der E 763 geht es nun wieder Richtung Süden. Bevor man Turku an der Ostküste erreicht, lohnt es noch einmal in ⑩ **Nuutajärvi** anzuhalten, um dort die Glashütte und das Glasmuseum zu besuchen. ⑪ ****Turku**, die ehemalige Hauptstadt, blickt auf eine lange Geschichte zurück. Der Dom aus der Mitte des 13. Jh.s ist finnisches Nationalheiligtum. Die Universitätsstadt ist stolz auf ihre hervorragenden Museen und ihr studentisch geprägtes »dolce vita«. Zur Vorweihnachtszeit putzt sie sich besonders festlich heraus und nennt sich »Finnlands Weihnachtsstadt«. Im Sommer sollte man auf keinen Fall den kleinen Abstecher nach ***Naantali** scheuen. Alte Holzhäuser und gemütliche Restaurants und Cafés am kleinen Hafen erfreuen die Erwachsenen. Kinder hingegen erinnern sich noch lange an die Begegnungen mit den sympathischen Mummin-Trollen im Freizeitpark »Muuminmaailma«. Auf dem Rückweg von Turku nach Helsinki unbedingt von der schnellen Hauptstraße abweichen und ab Salo auf der Straße 52 nach ⑫ **Perniö** (sehenswerte mittelalterliche Kirche) und ⑬ ***Tammisaari/Ekenäs** fahren. Da die Mehrheit der Einwohner in dem Ferienort schwedischsprachig ist, wird der schwedische Name Ekenäs auf Schildern zuerst genannt.

An der Westküste

BAEDEKER TIPP	! *Nicht versäumen*
	▪ Kaffee trinken in Lappeenrantas Festung
	▪ Skisprungsimulator im Sportmuseum von Lahti
	▪ Führung durch die Glasfabrik Italla mit Fabrikverkauf
	▪ Blick in die Kirche von Lohja

Eine gut 25 km lange Stichstraße führt von Ekenäs nach Hanko, dem südlichsten Ort Finnlands. Besonders an warmen Sommertagen lohnt der Ausflug dorthin, denn der mehr als **30 km lange Sandstrand** gehört zu den schönsten im Land.

Abstecher nach Hanko

Den Abschluss der Tour bildet ein Besuch der mittelalterlichen Kirche in ⑭ ***Lohja**. Decken und Wände des mittelalterlichen Gotteshauses gleichen einem aufgeschlagenen Bilderbuch und erzählen farbig und sinnenfroh allerlei biblische Geschichten.

Kirchenmalereien

Übrigens: Der Streckenabschnitt **zwischen Turku und Helsinki** ist Teil der »Königstraße«. Weit im Westen im norwegischen Bergen beginnend, führte dieser alte Postweg über Oslo nach Stockholm und Helsinki bis nach St. Petersburg und bildete schon vor 1000 Jahren die wichtigste Ost-West-Achse Nordeuropas. Finnland hat als erstes Land diese Route touristisch mit Hotels und Touren erschlossen und ausgeschildert (Kronenemblem): www.konigstrasse.net.

Auf der »Königstraße«

Tour 4 In Schwedens Norden

Länge der Tour: ca. 2900 km
Start und Ziel: Stockholm
Dauer: ca. 14 Tage

Die Kontraste können kaum größer sein: Von der turbulenten Hauptstadt Stockholm führt die Reise hinein in die Weite Lapplands. Die Heimat der Sami ist ebenso faszinierend wie die Vielzahl einsamer Wälder. Wildnis kann man hier hautnah erleben – zu Fuß, per Fahrrad und auch mit dem Kanu.

Durch Mittelschweden Die große Nordlandtour beginnt in ❶**Stockholm**. Erste Zwischenstation ist ❷**Uppsala**, Universitätsstadt, religiöses Zentrum und eine der ältesten Städte des Landes mit einem sehenswerten Dom. Von Uppsala führt die E 4 in Richtung Nordwesten durchs Landesinnere nach ❸**Gävle**, wo man dann erstmals wieder den Duft des Meeres riecht. Diese älteste Stadt Norrlands besitzt in der Altstadt einige schön restaurierte Holzhäuser. Auch die nördlichste Festung der Wasakönige ist hier zu besichtigen. Ganz anders präsentiert sich ❹**Sundsvall**, Nordschwedens größte Stadt, mit einem der wichtigsten Häfen. Nach dem Brand von 1888 wurden die Häuser feuersicher aus Stein wiederaufgebaut, und rund um den Marktplatz findet man ein sehenswertes Ensemble stattlicher Bauten.

An Norrlands Riviera Im weiteren Verlauf der Reise kommt man nach Härnösand, das den Beginn der landschaftlich reizvollen Hohen Küste markiert. Bei Gallsäter sollte man von der E 4 abbiegen und auf kurvigen, teilweise bergigen Straßen zu den Fischerdörfern an der Küste fahren. Zurück auf der Hauptstraße geht es weiter nach Örnsköldsvik, wo die Küste wieder flacher wird, und nach ❺**Umeå**, das nach einem Brand modern und architektonisch nüchtern aufgebaut wurde. ❻**Piteå** lohnt einen längeren Aufenthalt wegen der Kirchenstadt Gamelstad, deren 400 rote Holzhäuser auf der Unesco-Weltkulturerbeliste stehen. In Pite Havsbad locken ein schöner Sandstrand und durchaus erträgliche Wassertemperaturen. Nicht umsonst nennen die Schweden diesen Küstenabschnitt »Norrlands Riviera«. ❼**Luleå**, eine nüchterne Kleinstadt, lebt in erster Linie von seinem Eisenwerk und dem Hafen, von dem das Erz in Richtung Süden verschifft wird.

! _Nicht versäumen_

BAEDEKER TIPP

- Kirchenstadt Gamelstad bei Piteå
- Blick auf den Erzabbau in Kiruna
- Samen-Dorf Jukkasjärvi
- Mora am Siljansee, besonders zu Mittsommer

Entfernungsangaben in **km**

100 km
© BAEDEKER

Vesterålen
Lofoten

FINN-LAND

Kaaresuvanto
Karesuando
Torneträsk
10
Abisko
9
*** Kiruna**
Jukkasjärvi
Vittangi
Muonio
Kolari
79
Svappavaara
Malmberget
Leipojärvi
Pajala
Pello
8
*** Gällivare**
Kvikkjokk
Porjus
Lansjärv
Övertorneå
11
**** Jokkmokk**
Jäkkvik
Vuollerim
Boden
Töre
Kalix
Kemi
Nordmeer
Mo i Rana
Hornavan
Arjeplog
Gammelstad
7
*** Luleå**
Ammarnäs
Uddjaure
Älvsbyn
Storjord
Bodø
Fauske
Vega
Tärnaby
*** Arvidsjaur**
12
Abborträsk
6
Piteå
Trofors
Slussfors
Blattniksele
Boliden
13
Storuman
Skellefteå
Bureå
Raa
NORWEGEN
Vilhelmina
Lycksele
Kalajoki
Vikna
Namsskogan
Dorotea
Åsele
Bjurholm
Byggeå
Kokkola
Steinkjer
Strömsund
SCHWEDEN
5
*** Umeå**
Stjørdal
Hammardal
Krokom
Vallgrund
Vaasa/Vasa
Trondheim
Järpen
Sollefteå
Örnsköldsvik
14
**** Östersund**
Bispgården
Kramfors
Gällsäter
Kurikka
Støren
Storsjön
Brunflo
Ånge
Härnösand
FINNLAND
Tännäs
Rätansbyn
Östavall
Bjurholm
4
Sundsvall
Femund
15
Sveg
Korskrogen
Ljusdal
Njurunda
Hudiksvall
Pori
Nokia
Västbacka
Bollnäs
Söderhamn
Ostsee
Rauma
Lillehammer
Lutnes
Åsen
Alfta
Loimaa
Elverum
16
Mora
Rättvik
Turku/Åbo
Hamar
Siljansee
Leksand
Valbo
3
*** Gävle**
Åland (Ahvenanmaa)
Malung
Falun
Skärplinge
Vansbro
Djurås
Sandviken
17
Mariehamn
Borlänge
Avesta
Ludvika
Fagersta
2
**** Uppsala**
Kongsvinger
Filipstad
Sala
Norrtälje
Oslo
Aivika
Västerås
Sollentuna
Täby
Karlstad
Köping
Sparsborg
Karls-koga
Enköping
Södertälje
1
**** STOCKHOLM**
Hiiumaa
Fredrikstad
Säffle
Kristine-hamn
Örebro
Eskilstuna
Nyköping
Åmål
Vänern-see
Kumla
Katrineholm
Nynäshamn
ESTLAND

Sprung über den Polarkreis

Nach Luleå folgt man der E 4 noch bis Töre und biegt dort auf die E 10 ab, die sich von der Küste entfernt und eine Panoramatour durch die Einsamkeit und die Weite Schwedisch-Lapplands bietet. Auf dem Weg nach ❽***Gällivare**, das mit Malmberget einen Doppelort bildet, passiert man den Polarkreis. Ebenso wie ❾***Kiruna** verdankt Gällivare seine Existenz riesigen Erzvorkommen. Schon aus der Ferne sind die Spuren des Erzabbaus von Kiruna zu sehen, die umliegenden Berge wurden regelrecht geköpft und ausgehöhlt und neue Berge aus Abraumgestein aufgeschüttet. Unbedingt lohnend ist ein Abstecher von Kiruna ins Samen-Dorf Jukkasjärvi, und das selbst im Winter, denn dann ist das berühmte Eishotel geöffnet. Auf der Fahrt von Kiruna nach ❿**Abisko** werden die Berge immer höher und kahler, hier zeigt sich der Norden von seiner schönsten Seite. Abisko, eine kleine Ansiedlung am See Torneträsk, ist ein guter Ausgangspunkt für eine Wanderung auf dem berühmten Kungsleden.

Zu Gast bei den Samen

Jetzt beginnt der Rückweg, anfangs auf der gleichen Strecke bis zur Erzstadt Gällivare und dann knapp 100 km weiter bis zur Samensiedlung ⓫**Jokkmokk**, die wegen ihrer alten Kirche, dem Museum Ajtte und den vielfältigen Aktivitätsangeboten einen längeren Aufenthalt lohnt. Eine kleine Nebenstraße führt von Jokkmokk nach Kvikkjokk zum Wanderweg Kungsleden und in die Nähe des Sarek-

Uppsala: junge Menschen, alte Universität

Der Sarek-Nationalpark zählt zu den
großartigsten Landschaften Schwedens.

Nationalparks, der wegen der fehlenden Infrastruktur immer noch
eine Herausforderung für Wanderer darstellt. Auch das nächste Ziel
⓬ **Arvidsjaur** ist eine alte Samensiedlung und bietet die Möglichkeit, auf der Str. 95 einen Abstecher nach Arjeplog und weiter ins
Gebirge und zum Nationalpark Pieljekaise zu machen. Bei Jäkkvik
kreuzt der Kungsleden die Straße und lädt zu Erkundungen zu Fuß
ein. ⓭ **Storuman** liegt am gleichnamigen See.

Siljansee
und Dala-
pferdchen

Auf schnurgeraden, asphaltierten Straßen geht es über Strömsund,
Dorotea und Vilhelmina nach ⓮ **Östersund**, der einzigen größeren Stadt der Landschaft Jämtland. Die bedeutendste Sehenswürdigkeit Östersunds ist das Freilichtmuseum Jamtli. Der kleine Ort
⓯ **Sveg** ist Zwischenstation auf dem Weg nach ⓰ **Mora**, dem wichtigsten Touristenzentrum am Siljansee. Für Mora sollte man sich
etwas Zeit nehmen, um das Zornmuseum und das Wasalaufmuseum
zu besuchen, aber auch um Abstecher in die Nachbarorte zu unternehmen. Nicht versäumen sollte man das nahe Nusnäs, das für seine
Dalapferdchen berühmt ist. Zum nächsten Ziel, ⓱ **Borlänge**, gibt es
zwei Routen, entweder auf direktem Weg auf der Str. 70 über Leksand
und Rättvik oder mit einem kleinen Umweg über Falun, das wegen
seines aufgelassenen Kupferbergwerks einen Besuch lohnt. Über die
Stadt Enköping und die zur Autobahn ausgebaute E 18 erreicht man
schließlich wieder Stockholm.

Tour 5 # Die große Nordkaptour

Länge der Tour: ca. 5300 km
Dauer: mind. 21 Tage
Start: Malmö
Ziel: Oslo

Diese Tour beginnt am südlichsten Zipfel von Schweden, führt dann durch die Seen und Wälder von Småland und am Vätter-see entlang nach Stockholm. Von dort geht es weiter mit der Fähre nach Helsinki und dann über die finnische Seenplatte hinauf in die lappländische Hauptstadt Rovaniemi. Von dort führt die Route zum Inarisee, dem heiligen See der Samen und weiter zur norwegischen Grenze. Von hier ist es jetzt nicht mehr weit zum Sehnsuchtsziel Nordkap. Der Rückweg führt über Tromsø und Narvik und macht dann noch einen Abste-cher zur grandiose Inselwelt der Lofoten. Kurz vor Mo i Rana überquert man den Polarkreis und kann den Svartisen-Glet-scher besuchen. Über Trondheim und das Dovrefjell geht es schließlich nach Lillehammer und Oslo.

**Start in
Malmö**

Seit der Eröffnung der ****Öresundbrücke** im Jahr 2000 sind das schwedische ❶***Malmö** und die dänische Hauptstadt Kopenhagen ein näher zusammengerückt. Doch noch ist Malmö eine gemütliche Stadt mit sehenswerten historischen Bauten, interessanten Museen und gemütlichen Restaurants und Kneipen. Besonders sehenswert ist der ****Turning Torso**, ein von dem spanischen Architekten Santiago Calatrava erbautes Hochhaus. Von Malmö aus sind es nur wenige Kilometer bis zur alten Universitätsstadt ❷ ****Lund**, deren größte Sehenswürdigkeit der imposante ****Dom** ist. Von Lund folgt man der E 22 in nordöstlicher Richtung, bis zum Abzweig der Straße Nr. 23, die zwischen den Seen Västra Ringsjön und Östra Ringsjön verläuft. Über Höör gelangt man nach ❸ **Hässleholm** und folgt der Str. 117, die bei Markaryd auf die E 4 trifft. Durch das wald- und seenreiche Småland führt die Straße schnurgerade in Richtung Norden.

**Vom Vätter-
see bis nach
Helsinki**

Auf der E 4 erreicht man ❹ ***Jönköping** am Südende des Vättersees. Seit Mitte des 19. Jh.s war die Stadt einer der wichtigsten Streichholz-produzenten weltweit, heute erinnert das sehenswerte ***Tändsticks-museet** an diese Zeit. Von Jönköping folgt man der E 4, die am Ost-ufer des Vättern verläuft, weiter in Richtung Norden. In Gränna sollte man das Markenzeichen der Stadt, die rotweißen Pfefferminzstangen, die sog. »Polkagrisar«, probieren und einen Abstecher zur Insel ***Visingö** machen, der größten Insel im Vättersee. Bis ❺ **Ödeshög** führt die Straße noch am Seeufer entlang, dort biegt man nach ***Lin-**

Entfernungsangaben in km

200 km

© BAEDEKER

URÖPÄISCHES NORDMEER

NORDMEER

Barents-see

26 ** Nordkap

Hammerfest 27

** Alta 28

* Tromsø 29

** Lofoten

Moskenes 32 31

Bodø 33

Mo i Rana 34

NORWEGEN

** Trondheim 35

Dovrefjell

36 Dombås

* Lillehammer 37

* Hamar 38

** Oslo 39

SCHWEDEN

Lakselv 25

Karasjok 24 23

Karigasniemi 22

* Inari

Sodankylä 21

* Rovaniemi 20

Kuusamo 19

RUSSLAND

Kajaani 18

** Koli-NP 17 16

Nurmes 15

Joensuu 14

** Savonlinna

* Punkaharju 13

* Imatra 12

* Lappeenranta 11

Kotka 10

** Helsinki 8

* Porvoo 9

FINNLAND

Stockholm 7

* Norrköping 6

Ödeshög 5

* Jönköping 4

Hässleholm 3

* Lund 2

** Malmö 1

DÄNE-MARK

ESTLAND

LETTLAND

LITAUEN

WEISS-RUSSLAND

POLEN

DEUTSCHLAND

köping ab, dessen größte Sehenswürdigkeit das Freilichtmuseum *Gamla Linköping ist, und erreicht schließlich ❻ *Norrköping. Von hier ist es nicht mehr weit bis zur Hauptstadt ❼ **Stockholm, die einen mehrtägigen Aufenthalt wert ist. Die größten Sehenswürdigkeiten der schwedischen Hauptstadt sind das *Königsschloss, die Altstadt Gamla stan, das *Stadshuset, von dessen Spitze man einen weiten Blick über die Stadt genießt, das Freilichtmuseum **Skansen und das **Wasamuseum. Nach dem Luxus einer 16-stündigen Fährüberfahrt, erreicht man ❽ **Helsinki. Auch die finnische Hauptstadt lohnt einen längeren Aufenthalt. Auf jeden Fall sollte man den *Dom, die *Felsenkirche und das Moderne Museum **Kiasma besuchen. Zu den Highlights eines Helsinki-Besuchs gehört ein Ausflug zur Festungsinsel **Suomenlinna, die zum Weltkulturerbe gehört. Von Helsinki aus fährt man auf der E 18 nach Nordosten nach ❾ **Porvoo

Nordkap: Dem ganzen Trubel zum Trotz dennoch unvergesslich

mit seiner malerischen Altstadt, den roten Speicherhäusern am Wasser und dem Dom. Kurz nach ❿ **Kotka** verlässt man die E 18 und fährt auf der Straße Nr. 26 in Richtung Seenplatte. Lohnender Abstecher: Wer an der Kreuzung auf der E 18 bleibt, erreicht nach wenigen Kilometern die alte Festungsstadt *Hamina.

Bei Luumäki erreicht man die Straße Nr. 6, der man weiter bis nach ⓫ *Lappeenranta folgt. Lappeenranta ist die größte Stadt Ostfinnlands und das Tor zur Seenplatte. Einen kurzen Abstecher zur Festung der Stadt sollte man in seinem Zeitplan vorsehen. Weiter geht es nach ⓬ *Imatra mit seinen Stromschnellen. Die liegen heutzutage meistens trocken, denn das Wasser wird zur Stromgewinnung abgezweigt. Nur wenige Minuten am Tag wird es zurück ins Flussbett geleitet. Wer kann, sollte seinen Tag so planen, dass er genau dann in Imatra ist. Die Straße Nr. 6 führt parallel zur russischen Grenze nach Parikkala (dort Abzweig von der Straße Nr. 6 auf die Nr. 14) und ⓭ *Punkaharju. Dieser Landrücken, der an einigen Stellen nur zehn Meter breit ist und zwei Seen voneinander trennt, gilt als eine der größten landschaftlichen Sehenswürdigkeiten des Landes. In der Nähe lohnt das unterirdische Kunstmuseum *Retretti einen Besuch. Über ⓮ **Savonlinna mit seiner berühmten Burg – im Sommer Bühne für das internationale Opernfestival – fährt man weiter auf der Straße Nr. 471 nach Norden (kurzer Abstecher nach *Kerimäki zur größten Holzkirche der Welt). An kulturellen Highlights gibt es entlang dieser Nebenstraße nichts zu sehen – dafür gehört sie zu den landschaftlich schönsten Strecken Ostfinnlands. Über ⓯ **Joensuu** (sehenswertes Museum »Carelicum«) und Kontiolahti geht es am Westufer des Pielinensees entlang zum ⓰ **Koli-Nationalpark. Von der Spitze des Ukko Koli genießt man einen weiten Blick über die Inselwelt des Pielinen – das vermutlich am häufigsten fotografierte Postkartenmotiv des Landes. Weiter Richtung Norden erreicht man ⓱ **Nurmes** und ⓲ **Kajaani**. Von dort aus ist man fast 250 km unterwegs, bevor man nach ⓳ **Kuusamo** kommt. Die Stadt ist der ideale Standort für alle, die wandern, paddeln oder raften wollen. In der Nähe liegt Finnlands bekanntester Wanderweg, der Bärenkreis.

Über die Seenplatte nach Norden

Auf der Straße Nr. 81 gelangt man, zum Teil am Kemijoki – dem Kemifluss – entlangfahrend, nach ⓴ *Rovaniemi, die Hauptstadt Lapplands. Lohnend ist dort der Besuch der Nordlandausstellung Arktikum. Über ㉑ **Sodankylä** (berühmtes Filmfestival im Sommer), ㉒ *Inari mit dem sagenumwobenen heiligen See der Samen und den Grenzort ㉓ **Karigasniemi** gelangt man ins norwegische ㉔ **Karasjok**, die inoffizielle Hauptstadt der Samen. Hier gibt es gute Möglichkeiten, samisches Kunsthandwerk einzukaufen. Die E 6 führt nun weiter nordwärts durch die einsamen Weiten der Finnmarksvidda, am inneren Porsangerfjord liegt der kleine Ort ㉕ **Lakselv**. Wie

Durch Lappland zum Nordkap

der Name schon vermuten lässt, kann man hier gut nach Lachsen angeln. Westlich der Stadt liegt der Stabbursdalen-Nationalpark. Die letzte Etappe zum **26** ****Nordkap** führt am Westufer des Porsanger-fjords entlang, eine Tunnel- und Brückenverbindung verknüpft die Insel Magerøya mit dem Festland. Ein beliebter Abstecher kurz vor dem Nordkap führt zu dem kleinen Ort Honningsvåg. Doch der Höhepunkt ist der Blick vom 300 m hohen Nordkapfelsen – wenn nicht gerade Nebel herrscht, was hier leider gar nicht so selten vorkommt. Vom Nordkap geht es auf der E 69 durch den Tunnel wieder aufs Festland, bei Olderfjord trifft man dann auf die E 6. Bei Skaidi verlässt man diese aber bald wieder für einen Abstecher nach **27** **Hammerfest**. Die nördlichste Stadt der Welt erlebt seit einigen Jahren wegen der Öl- und Gasvorkommen vor der Küste einen regelrechten Bauboom. Wieder zurück auf der E 6 ist **28** ****Alta** das nächste Ziel. Südlich der Stadt befindet sich bei Hjemmeluft das größte Feld bronzezeitlicher Felszeichnungen in Nordeuropa. Nun fährt man an einigen beeindruckenden Fjorden entlang bis Nordkjosbotn.

Hoch im Norden, ganz vorn bei der Erdgasförderung: Hammerfest

Dort zweigt die E 8 ab, die in die Hafenstadt ㉙ ***Tromsø** führt. Die
Stadt liegt auf einer Insel, die durch eine kühn geschwungene Brücke
mit dem Festland verbunden ist. Tromsø schmückt sich wegen der
lebendigen, von Studenten geprägten Kultur- und Restaurantszene
gerne mit dem Attribut »Paris des Nordens«. Das Wahrzeichen der
Stadt ist die moderne ***Eismeerkathedrale**. Wieder auf der E 6 in
Richtung Süden ist ㉚ **Narvik** die nächste, größere Stadt. Wegen des
ganzjährig eisfreien Hafens wird hier

**Von Tromsø
zu den
Lofoten**

das Eisenerz aus dem schwedischen
Kiruna verschifft. Nach der Besichtigung von Narvik fährt man 33 km
zurück bis Bjerkvik und biegt auf die
E 10 ab. Sie erschließt durch zahlreiche Brücken und Tunnel die Inselkette der ㉛ ****Lofoten**. Auf der gesamten, fast 400 km langen Fahrt bis
nach ㉜ **Moskenes** sieht man bis zu
1000 m hohe Berge mit scharfzackigen Gipfeln direkt aus dem Meer
aufragen. Kleine Fischerdörfer,

> **!**
>
> **BAEDEKER TIPP**
>
> *Nicht versäumen*
>
> - Ajtte-Museum in Jokkmokk
> - Postkarten mitz Nordkap-
>   Sonderstempel
> - Karasjok: samisches
>   Kunsthandwerk
> - Bootsfahrt auf dem Inarisee
> - Mitternachtskonzert in der
>   Eismeerkathedrale in Tromsø

Schwärme von Seevögeln und das Licht des Nordens machen diesen
Abschnitt unvergesslich. Von Moskenes nimmt man die Fähre über
den Vestfjord nach ㉝ **Bodø**. Die Stadt selbst ist recht nüchtern, doch
in der näheren Umgebung lohnen das Norwegische Luftfahrtzentrum, der alte Handelsort ****Kjerringøy** und der Gezeitenstrom
*Saltstraumen eine Unterbrechung. Von Bodø geht es am Skjerstadfjord entlang bis zur E 6, die bald darauf über das ***Saltfjell** führt und
den Polarkreis überquert. Von ㉞ **Mo i Rana** bietet sich ein Abstecher zum ***Svartisen-Gletscher** an.

Danach geht es über Mosjøen und Grong nach ㉟ ****Trondheim**. Die
erste Hauptstadt Norwegens ist berühmt wegen des ****Nidaros-
Doms**, die auf Pfählen entlang des Nidelv erbauten ***Speicher** sind
ebenfalls ein beliebtes Fotomotiv. Nach Trondheim führt die E 6 relativ unspektakulär bis Oppdal und zwängt sich dann durch das enge
Drivdal, um gleich darauf das ***Dovrefjell** zu erklimmen. Die Straße
führt nun ein Stück über die karge Hochebene, bis es hinunter nach
㊱ **Dombås** geht. Der kleine Ort ohne nennenswerte Sehenswürdigkeiten ist ein wichtiger Verkehrsknotenpunkt, denn hier zweigt die
E 136 ins ***Romsdal** und nach ***Ålesund** ab. Die E 6 folgt nun über
Otta und Vinstra dem ****Gudbrandsdal** bis nach ㊲ ***Lillehammer**.
In der kleinen Stadt mit den bunten Holzhäusern ist das Freilichtmuseum ****Maihaugen** die Hauptattraktion. Südlich von Lillehammer
folgt man dem Ufer des ***Mjøsa-See** und erreicht ㊳ ***Hamar**. Vom
Südzipfel des Sees bei Minnesund erreicht man schließlich die norwegische Hauptstadt ㊴ ****Oslo**, das Ziel der großen Nordkaptour.

**Die alte und
die neue
Hauptstadt**

REISEZIELE VON A BIS Z

Skandinavien hat viel zu bieten: Fjorde, Gletscher und Gebirge, Seen und Strände, attraktive Städte und idyllische Fischerdörfer. Wir zeigen Ihnen, wo Skandinavien am schönsten ist.

FINNLAND

»Suomi«, wie die Finnen ihre Heimat nennen, übt eine ganz besondere Faszination aus. Die riesigen Seen in der Mitte des Landes, die grenzenlosen Wälder und die Ruhe bieten Raum für ungestörte Erholung wie auch für Aktivurlaub.

Das »Land der Tausend Seen« wird Finnland gerne genannt. In Wirklichkeit sind es aber wesentlich mehr, und ein Labyrinth aus Seen und **Inselchen, Kanälen, Wasserfällen** und Stromschnellen überzieht insgesamt ein Drittel des Landes. Wassersportler finden hier ein riesiges Revier. Wo die Seen enden, beginnt auch gleich der Wald und hört erst zur Meeresküste hin wieder auf. **Finnische Seenplatte**

Der Süden und der Südwesten sind die am dichtesten besiedelten Gebiete. Hier liegt auch die **Hauptstadt Helsinki**, die zu den Geheimtipps unter den europäischen Kapitalen gehört: Unmittelbar am Meer gelegen, prunkt der Stadtkern mit klassizistischen Bauten. Entlang der Südküste liegen Badeorte, die einst bevorzugt vom russischen Adel frequentiert wurden. Zu den Höhepunkten einer Finnlandreise gehört unbedingt auch eine **Bootsfahrt durch die Schären** der Südwestküste. **Der Süden**

Die Ålandinseln liegen wie eine Art Trittstein zwischen Schweden und Finnland. Hier **spricht man Schwedisch** und fühlt sich auch so. Reisende zieht es vor allem der Strände und der malerischen Schärenlandschaft wegen hierher. **Ålandinseln**

Zahlreiche Hafenstädte ziehen sich am Bottnischen Küstensaum entlang, der die Westgrenze des Landes bildet. Das ehrwürdige **Turku**, die älteste Stadt Finnlands, war vor Helsinki auch schon einmal Hauptstadt. In Vaasa (Vasa), einer der wärmsten Städte Finnlands, steigt das Thermometer im Sommer zuweilen bis auf 25 °C. **Westküste**

Ein nicht unbeträchtlicher Teil der finnischen Besitzungen musste nach dem Zweiten Weltkrieg an die Sowjetunion abgetreten werden. So blieb nur ein kleiner Zipfel Kareliens finnisch. Die Landschaft besteht aus **weitgehend unberührten Wäldern** tief im Osten des Landes, denen ein ganz eigener Zauber innewohnt. **Karelien**

Nördlich von Tornio beginnt Lappland mit seinen Wäldern, Mooren und kargen Heideflächen. In dieser dünn besiedelten Region leben noch Angehörige der skandinavischen Urbevölkerung, **die Samen**. Nur noch wenige von ihnen ernähren sich allerdings heute noch von der traditionellen Rentierzucht. **Lappland**

Zauberhaft: Blick von den Koli-Bergen auf schönste Seenlandschaft

✳ Ålandinseln · Åland

✦ J/K 6/7

Region: Autonomes Verwaltungsgebiet Åland
(Ahvenanmaan maakunta)
Gesamtfläche: 6739 km² (Landfläche: 1481 km²)
Einwohnerzahl: 27 500

Zwischen dem südlichsten Zipfel Finnlands und Schweden liegen die Ålandinseln, wo auch Schwedisch gesprochen wird. Die liebliche Schärenlandschaft, das milde Klima und die vielen Sonnentage machen sie zu einem beliebten Reiseziel.

Liebliches Inselreich
Mehr als 6500 Inseln, Klippen und Felsen bilden die Region der Ålandinseln. Das milde, sonnige Klima und der kalkreiche Boden lassen hier eine für Skandinavien eher untypische Flora gedeihen; man findet hier Eichen, Eschen, Ulmen, Ahorn und Linden sowie verschiedene Orchideengewächse. Die wichtigsten Erwerbszweige sind Schifffahrt, Gemüseanbau und Tourismus. Nach dem Wegfall der Duty-Free-Shops in der Europäischen Union sind die Åland-inseln eine der letzten **Duty-Free-Oasen** in der EU.

Man spricht Schwedisch
Bereits 4200 v. Chr. siedelten erste Menschen in dieser Gegend. Im Laufe der Jahrhunderte entwickelten sich die Inseln immer mehr zum Brückenkopf zwischen Finnland und Schweden, und die Bevölkerung wuchs stetig. Während des großen Nordischen Krieges wurde Åland 1714 von den Russen zerstört. 1809 kamen die Inseln mit ganz Finnland an Russland, 1921 wurden sie hingegen Finnland zugeschlagen. Doch blieb die Region autonom, hat eine **Selbstverwaltung** und seit 1954 eine eigene Flagge (rotes Kreuz im gelben Feld auf blauem Grund), zudem spricht die gesamte Bevölkerung **Schwedisch**. Es gibt seit 1984 eigene Briefmarken, finnische gelten hier nicht. Die Åländer sind übrigens sehr stolz auf ihre Selbstständigkeit und lassen sich nicht gerne als Finnen bezeichnen.

SEHENSWERTES AUF DEN ÅLANDINSELN

Mariehamn
Auf der Hauptinsel Ålands, dem »Festland Åland«, liegt Mariehamn (Maarianhamina; 11 300 Einw.): In der einzigen Stadt der Inselgruppe leben gut 40 % der Bevölkerung Ålands. Die »Stadt der tausend Linden« wurde 1861 auf einer Landzunge im Süden der Insel von Zar Alexander II. gegründet und nach seiner Gemahlin Maria Alexandrowna benannt. Seit 1889 ist sie eine viel besuchte Kur- und Badestadt und heute das Wirtschafts- und Verwaltungszentrum von Åland. Neben der 1000 m langen Prachtstraße **Norra Esplanad-**

Skandinavien wie aus dem Bilderbuch: der Hafen von Karlby

gatan, die vom West- zum Osthafen (Österhamn) führt, ist das alte Seefahrtsviertel zu besichtigen. Direkt ann der Storagatan liegt das **Ålands-Museum** mit einer international prämierten Ausstellung zur Archäologie und Kulturgeschichte der Inseln. Im selben Gebäude ist auch das Ålands-Kunstmuseum untergebracht. Am Westhafen steht das interessante **Seefahrtsmuseum**, das besonders auch Kinder anspricht. Ebenfalls am Westhafen liegt, umgeben von zahlreichen Cafés und Restaurants, die als Museum eingerichtete, 95 m lange **Viermastbark »Pommern«**, das Wahrzeichen der Stadt. Von 1903 bis 1952 transportierte sie Weizen von Australien nach England. Das Schiff kann auch für private Events gemietet werden.

Ålands-Museum: Mo., Do. 10.00 – 20.00, Mi., Fr. 10.00 – 16.00, Sa. / So. 12.00 – 16.00, Juni – Aug. tgl. 10.00 – 17.00 Uhr; Eintritt 4 / 3 €, Okt. – April frei, www.museum.ax

Seefahrtsmuseum: Museum im Sommer tgl. 10.00 – 17.00, im Winter tgl. 11.00 – 16.00, »Pommern« Mai – Aug. tgl. 10.00 – 17.00, Sept. tgl. 11.00 – 16.00 Uhr; Eintritt 10 / 6 € (gilt für beide), www.sjofartsmuseum.ax

Die **alte Lotsenstation** Kobba Klintar am Westhafen ist als Hintergrundmotiv auf einer Briefmarke zu sehen, die 2012 im Wettbewerb der Vereinigung PostEurop um die schönste Briefmarke Europas den dritten Platz belegt hat. **Kobba Klintar**

3 km westlich von Mariehamn erstreckt sich das schöne **Naturschutzgebiet** Ramsholmen. Dort findet man für die Inseln typische, artenreiche Hainwiesen und Laubgehölze. **Ramsholmen**

Etwa 23 km nordöstlich von Mariehamn liegt die Festung Kastelholm. Im 13. Jh. errichtet, wurde die Burg erstmals 1388 schriftlich **Festung Kastelholm**

Ålandinseln erleben

AUSKUNFT
Ålands Turistförbund
22100 Mariehamn, Storagatan 8
Tel. 018 2 40 00, www.visitaland.com

ANREISE
von Schweden: Stockholm, Kapsellskär,
Grisslehamn
von Finnland: Helsinki, Turku
von Estland: Tallinn

ESSEN & ÜBERNACHTEN
Brudhäll Hotell & Restaurant ⊜⊜
22739 Krökar, Karlby
Tel. 018 5 59 55
www.brudhall.com

An Fischerhütten erinnert das schön
eingerichtete Hotel (19 Zi.) direkt am
Wasser, das in mehreren, rot gestrichenen Häusern untergebracht ist.

Kastelholms Gästhem ⊜⊜
22520 Kastelholm
Tosarbyvägen 47
Tel. 018 4 38 41, www.visitaland.com/
kastelholms_gasthem/de
Ganz in der Nähe der berühmten
Festung und unmittelbar neben dem
Golfplatz liegt das sympathische, rot
gestrichene Gästehaus mit 35 Betten
und einigen Ferienhütten sowie guter
Bewirtung.

erwähnt. Bis 1634 war das »Gibraltar des Nordens« Sitz des Statthalters von Åland. Dänische Flotteneinheiten verwüsteten Kastelholm
im Jahre 1507. In der Mitte des 18. Jh.s wurde die Burg durch ein
Feuer zerstört. Inzwischen ist die **restaurierte Festung** im Rahmen
von Führungen wieder zugänglich.
❶ Mai – Mitte Sept. 10.00 – 17.00, Juli, Aug. bis 18.00 Uhr,
Eintritt 5 / 3,50 €, www.museum.ax

*Freilicht-museum Jan Karlsgården In der Nähe zeigt das Freilichtmuseum Jan Karlsgården Ausstellungen zur alten, **åländischen Bauernkultur** sowie das historische
Krongefängnis »Vita Björn« (Weißer Bär) aus dem 18. Jh.
❶ Mai – Mitte Sept. tgl. 10.00 – 17.00 Uhr, Eintritt 2 / 1 €

Sund Wenige Kilometer nördlich von Kastelholm ist in Sund die **Stein-
kirche St. Johannes** (13. Jh.) mit alten Holzskulpturen sehenswert.
Nicht weit entfernt entdeckte man in einem Waldstück die spärlichen
Reste der Burg Borgboda aus der Wikingerzeit.

*Festung Bomarsund Östlich von Kastelholm (11 km) steht die Festung Bomarsund (um
1830 erbaut), die ursprünglich die größte Burg des Nordens werden
sollte. Sie diente dem zaristischen Russland als Festung und wurde
1854 im Krimkrieg zerstört. Weitere Informationen zur Geschichte
erhält man im Lotsenhaus auf der Insel Prästö.
❶ Juni, Aug. Mo. – Fr. und Juli tägl. 10.00 17.00 Uhr, Eintritt frei,
www.museum.ax

Rund 23 km nördlich von Mariehamn (Straße über Jomala, vor Kastelholm links ab) liegt Saltvik. Die **Kirche St. Maria** ist eine der ältesten der Inseln. Im Innern befinden sich ein Taufstein aus gotländischem Kalkstein, Triumphkreuz und Altarschrein (15. Jh.).

Saltvik

Ein Ausflug führt zum Orrdalsklint nordöstlich von Saltvik, der mit 129 m ü. d. M. **höchsten Erhebung** der Insel. Schön ist auch die Aussicht vom Kasberg, einer Anhöhe nördlich von Saltvik.

Orrdalsklint

Etwa 20 km nördlich von Mariehamn (hinter Jomala links weiter) liegt die Gemeinde Finström (2530 Einw.) mit **Godby** als Zentrum. In der St.-Michaelskirche (13. Jh.) sind Wandmalereien aus dem 15. Jh. zu sehen. In Finström befindet sich auch das **einzige Weingut Ålands**.

Finström

Weiter nördlich folgt nach 21 km der Ort Geta, die nördlichste Gemeinde der Insel. Eine **herrliche Aussicht** genießt man vom zweithöchsten Berg, dem Soltuna.

Geta

Rund 21 km nordwestlich von Mariehamn kommt man zur Kirche **St. Catharina** von Hammarland (13. Jh.). In dem zur Gemeinde Hammarland gehörenden **Heimatmuseum** in Skarpnåtö sind Hofanlagen vom Anfang des 18. Jh.s mit zeitgenössischen, bäuerlichen Gebrauchsgegenständen und alte Windmühlen zu sehen.

Hammarland

In Storby bei Eckerö ist im alten Posthaus (1827) ein **Postmuseum** untergebracht. Hier sind die kleinen Boote zu sehen, mit denen die Post des Zaren bis 1910 nach Schweden befördert wurde. Im Juni findet alljährlich das 40 km lange traditionelle Postbootrennen über den Bottnischen Meerbusen nach Grisslehamn (Schweden) statt. Über die Lebensbedingungen der åländischen Fischerbevölkerung in früherer Zeit informiert das **Jagd- und Fischereimuseum**.

***Eckerö**

❶ **Postmuseum:** Mai – Anf. Sept. tgl. 10.00 – 16.00 Uhr
❶ **Jagd- und Fischereimuseum:** Käringsund, Mitte Mai – Mitte Juni und Mitte – Ende Aug. Mo. – Fr. 10.00 – 17.00, Mitte Juni – Mitte Aug. tgl. 10.00 – 18.00 Uhr, Eintritt 4,50 / 2 €, www.jaktfiskemuseum.ax

Etwa 15 km südöstlich von Mariehamn liegt auf einer weiteren Insel die Gemeinde Lemland. Hier befindet sich nahe der Ruine der Lemböte-Seefahrerkapelle St. Olaf (13. Jh.) ein **Wikingerfriedhof**, der zu den größten auf Åland zählt. Die labyrinthische Steinsetzung weist auf einen Kultplatz der Wikinger hin. Mitte Juni bis Mitte August ist der 1884 erbaute **Reederhof Pellas** zu besichtigen.

Lemland

In den nordöstlichen Schären kann man im Schärenmuseum in Lappo eine im Ostseegebiet einmalige **Sammlung von Bauernschiffen**

Schären-museum

sehen und sich ausführlich über die traditionelle Schären- und Fischereikultur informieren.

❶ Mitte Juni – Mitte Aug. tgl. 10.00 – 12.00 und 17.00 – 19.00 Uhr, Eintritt 3,50 €, www.lappo.net/museum

Kökar Mit Fähren von Korpo (74 km südwestlich von Turku) und Långnäs (28 km östlich von Mariehamn) ist das malerische **Seglerparadies** Kökar (Gästehäfen Sandvik und Hellsö) zu erreichen. Sehenswert ist die **Grausteinkirche,** errichtet auf den Ruinen eines Franziskanerklosters (14. Jh.). Es gibt dort ein kleines Heimatmuseum sowie Hotel, Restaurant und Campingplatz.

* Hämeenlinna

—————————— ✦ **M 6**

Gebiet: Südfinnland
Einwohnerzahl: 67 300

Finnlands älteste Binnenlandstadt erhielt ihren Namen von der mächtigen Backsteinburg Häme. Die Stadt selbst liegt reizvoll am lang gestreckten See Vanajavesi und ist vor allem unter Musikliebhabern als Geburtsort von Jean Sibelius bekannt.

Geschichte Das 100 km nördlich von Helsinki gelegene Hämeenlinna ist Verwaltungszentrum der Provinz Südfinnland. Im Jahre 1639 wurde der Ort

Kulturgeschichtlich wichtiges Bauwerk: Burg Häme

vom schwedischen Statthalter Per Brahe gegründet, 1777 verlegte man die Stadt an die heutige Stelle. Ein Brand zerstörte 1831 fast alle Gebäude. Heute ist Hämeenlinna kein Schmuckstück, aber mit genügend Sehenswürdigkeiten ausgestattet, um hier einen angenehmen Tag zu verbringen.

SEHENSWERTES IN HÄMEENLINNA

Nördlich des Marktplatzes verläuft die Hallituskatu. Hier liegt das Geburtshaus des **Komponisten** Jean Sibelius (▶Berühmte Persönlichkeiten). In dem Gebäude kann man das Klavier sehen, auf dem er als Kind geübt hat, und seine Kompositionen anhören.

Sibelius' Geburtshaus

❶ Mai, Juni Di. – So. 10.00 – 16.00, Juli, Aug. tgl. 10.00 – 16.00 Uhr, Eintritt 5 / 2 €

Wahrzeichen von Hämeenlinna und das kulturgeschichtlich wichtigste Bauwerk ist die gut erhaltene Burg Häme. Die am Ufer des Vanajavesi thronende Festung wurde im Jahre 1260 vom schwedischen Reichsvorsteher Birger Jarl als Militärbasis angelegt und vom Gouverneur der schwedischen Krone, Per Brahe, 1639 fertig gestellt. Die Bastion wurde nie belagert oder gar eingenommen und ist daher **gut erhalten**. 1837 bis 1972 war sie Gefängnis. Neben dem Dom zu Turku und der Kirche von Hattula ist die Burg Häme der **dritte mittelalterliche Backsteinbau Finnlands**. Durch ein schön gestaltetes Hauptportal gelangt man in den Burghof, dessen Fassaden mit reicher Ornamentik verziert sind. Vier Ecktürme und ein mächtiger Südwestturm, der wie eine Burg in der Burg wirkt, flankieren die eindrucksvolle Festung.

**Burg Häme

> **!** **BAEDEKER TIPP**
>
> ### Erbsensuppe satt!
>
> Dass die Finnen traditionell Anhänger von einfacher, wärmender und sättigender Kost sind, ist bekannt. Wer das ganz authentisch probieren möchte, sucht auf dem Markt (Kauppatori) den Stand mit den Hinweisen »**Hernekeitto**« und »**Ohravelli**«. Hier gibt es für wenig Geld einen Napf echt finnischer Erbsensuppe oder landestypischen Haferbrei. Finnische Gourmets übrigens essen Erbsensuppe nie ohne einen satten Schlag Senf!

❶ Juni – Mitte Aug. tgl. 11.00 – 18.00, Jan. – Mai Mo. – Fr. 10.00 – 16.00, Sa. / So. 11.00 – 16.00, Mitte Aug. – Dez. Di. – Fr. 10.00 – 16.00, Sa. / So. 11.00 – 16.00 Uhr; Eintritt 8 / 4 €, www.nba.ti/en/hame_castle

Direkt neben der Burg liegt das Gefängnismuseum, einst selbst Gefängnis. Neben dem Gang durch die Zellen lohnt ein Besuch der Ausstellung über das Gefängniswesen in Finnland.

Gefängnismuseum

❶ Di. – So. 11.00 – 17.00 Uhr, Eintritt 6 / 2 €, www.hameenlin na.fi/Kulttuuri/Museot/Historiallinen-museo

Hämeenlinna erleben

AUSKUNFT
Häme Tourist Service
13100 Hämeenlinna
Raatihuoneenkatu 11
Tel. 03 6 21 33 73
www.hameenlinna.fi

ESSEN
❶ *Piparkakkutalo* ●●
Kirkkorinne 2
Tel. 03 64 80 40
www.ravintolapiparkakkutalo.fi
Das »Pfefferkuchenhaus« ist in dem
1906 erbauten Haus des finnischen
Malers Albert Edelfelt eingerichtet und
sicherlich das beste Restaurant der Stadt.
Einfache Pastagerichte oder erlesene
Wildkreationen – für jeden Geschmack
und Geldbeutel wird sich hier etwas
finden lassen.

❷ *Salaattivitriini Minna & Mika* ●
Raatihuoneenkatu 13
Tel. 03 6 53 30 66
Leichte Salate mit duftenden Baguettes
am Rande des Marktplatzes in der
Stadtmitte.

ÜBERNACHTEN
❸ *Rantasipi Aulanko* ●●●●
Kylpylähotelli Rantasipi Aulanko
Aulangontie 93
Tel. 03 65 88 01
www.rantasipi.fi
Eines der besten Hotels (246 Zi.) der
Region, ruhig zwischen Wald und See
gelegen, mit fünf Saunen, Restaurants
und angrenzendem Golfplatz.

❶ *Sokos Hotel Vaakuna* ●●●
Possentie 7

Tel. 020 1 23 46 36
www.sokoshotels.fi
Nahe dem Bahnhof liegt dieses große
moderne Hotel (123 Zi.), das baulich an
den Stil der gegenüberliegenden Burg
erinnern soll.

❷ *Hotelli Emilia* ●●
Raatihuoneenkatu 23
Tel. 03 6 12 21 06
www.hotelliemilia.fi
Das preisgünstigste Hotel der Stadt,
klein (43 Zi.) und freundlich mit gutem
Frühstücksbuffet.

SPORT
Berühmt in ganz Finnland ist der Finlan-
dia-Skilauf, der im Spätwinter auf dem
See Katumajärvi in Hämeenlinna startet
und nach Lahti führt.

AUSFLÜGE
Silberlinie
Die berühmte Schifffahrtsroute »Silber-
linie« ist eine wundervolle Art, ein Stück
Finnland kennenzulernen. Di. – Sa. um
11.30 Uhr fahren die weißen Schiffe von
Hämeenlinna ab und kommen 19.50
Uhr in Tampere an. Rückfahrt: Tampere /
Hafen Laukonori ab 9.30 Uhr, Ankunft
im Hämeenlinna gegen 17.45 Uhr.
Wer will, kann die Rückreise auch mit
dem Bus (70 Min.) buchen. Eine recht-
zeitige Reservierung ist im Hochsommer
sehr zu empfehlen.
Preis für eine Strecke 50/25 €
www.hopealinja.fi

Dichterweg
Von Tampere aus kann man die Fahrt
auf dem sogenannten Dichterweg über
den Näsijärvi-See bis Virrat fortsetzen.

Hämeenlinna

Essen
❶ Piparkakkutalo
❷ Minna & Mika

Übernachten
❶ Sokos Hotel Vaakuna
❷ Hotelli Emilia
❸ Rantasipi Aulanko

1 Kirche
2 Sibeliusmuseum
3 Holzhaus Palander
4 Kunstmuseum
5 Busbahnhof

Etwa 4,5 km nördlich vom Bahnhof liegt die Parkanlage Aulanko mit dem Hotel Rantasipi Aulanko, die nach dem Vorbild mitteleuropäischer Parkanlagen mit exotischen Bäumen, Sträuchern, Pavillons und Spazierwegen angelegt wurde. In einer künstlichen Burgruine finden **im Sommer Märchenaufführungen** statt, vom Aussichtsturm bietet sich eine weite Sicht, und im Seidenhaus findet man eine Ausstellung über die Seidenproduktion.

Aulanko-Park

UMGEBUNG VON HÄMEENLINNA

Nordwestlich von Hämeenlinna liegt Parola. Biegt man vor der Eisenbahnkreuzung links ab, erreicht man das weltgrößte **Artillerie-Museum**, ein Freilichtmuseum mit knapp 100 Panzern und Panzerabwehrwaffen aus zwölf Ländern. Besonders gut vertreten sind Geschütze der ehemaligen sowjetischen Armee.
❶ tgl. 11.00 – 17.00 Uhr, Eintritt 8 / 3 €, www.tykistomuseo.fi

Parola

Nach ca. 6 km erreicht man **eine der ältesten christlichen Gemeinden Finnlands,** Hattula. Die Kirche vom Heiligen Kreuz (14. / 15. Jh.) ist neben der Burg von Hämeenlinna und dem Dom von Turku der einzige erhaltene Backsteinbau aus dem Mittelalter und war während

*Hattula

der Zeit des Katholizismus eine in ganz Skandinavien bekannte Wallfahrtsstätte. Farbenfrohe Wandmalereien aus dem 16. Jh. veranschaulichen biblische Szenen sowie Marien- und Heiligenlegenden. Hervorzuheben sind die zahlreichen, mittelalterlichen Holzskulpturen, darunter die Statue von Olav dem Heiligen, die in Lübeck angefertigt wurde, und **der Heilige Georg als Drachentöter**. Die Kanzel stammt aus der Zeit des Barock.

Glasfabrik Iittala

Über die E 12 gelangt man zu dem allen Glasliebhabern bekannten Ort Iittala am Nordufer des schmalen Kalvolanjärvi. In der 1881 gegründeten Glasfabrik werden u. a. die berühmten Aalto-Vasen produziert. Bei Führungen kann man die Produktion in der Fabrikhalle erleben. Angeschlossen ist ein Glasmuseum, das die Erzeugnisse der Fabrik präsentiert, sowie ein Werksverkauf, wo man Produkte mit kleinen Unregelmäßigkeiten zu reduzierten Preisen erwerben kann.

❶ Mai – Aug. tgl. 11.00 – 17.00, sonst Sa. / So. 11.00 – 17.00 Uhr; Outlet-Store: Mai – Aug. tgl. 10.00 – 20.00, sonst bis 18.00 Uhr, www.iittala.com

BAEDEKER TIPP

! **Meistern über die Schulter schauen**

Direkt neben der Besuchercafeteria auf dem Fabrikationsgelände in Iittala kann man bei »Kahvi ja Wieneri« (Kaffee und Plundergebäck) einem Glasbläser zuschauen, der aus glühenden Glaskugeln kleine Vögel, Pferde oder ähnliche Preziosen zaubert.

Iittala Rentier Park

Rund 20 km von Hämeenlinna und 3,5 km vom Glaszentrum entfernt, können Gruppen auch schon in Südfinnland im Iittala Rentierpark ein Stück **lappländische Kultur studieren**: Das Programm umfasst Erzählungen aus dem hohen Norden, Fotografiermöglichkeiten, die sich in freier Wildbahn seltener bieten, und Aktivitäten wie Lassowerfen und Rentierschlittenfahrten.

❶ 14500 Iittala, Iittalan Poropuisto Oy, Kankaistentie 155, Tel. 045 8 90 30 15, ganzjährig geöffnet auf Vereinbarung, Anmeldung erforderlich, www.iittalanporopuisto.fi

✳ Hamina

✦ N 6

Gebiet: Südfinnland
Einwohnerzahl: 21 600

Der Stadtname Hamina bedeutet schlicht »Hafen«. Sehr ausgeklügelt erscheint hingegen bis heute der sternförmige Grundriss der Siedlung. Ringsum erstreckt sich eine einladende Schärenlandschaft mit zahlreichen Stränden – ideal für Wassersport aller Art.

Die Garnisonsstadt Hamina liegt auf einer Halbinsel am östlichen Finnischen Meerbusen. Im 14. Jh. gegründet, erhielt der Ort 1653 die Stadtrechte. Nachdem die Herrschermacht Schweden Vyborg an Russland verloren hatte, begann man 1722 mit dem Ausbau der Fortifikationen in Hamina. Doch wenig später konnte die Stadt gegen Russland nicht gehalten werden. Hamina kam 1743 zu Russland und war somit Grenzstadt bis 1809, als ganz Finnland an Russland ging. Seit 1821 ist in Hamina eine Kadettenschule angesiedelt. Heute noch gibt es hier eine Reserveoffiziersschule und eine Garnison. Nach Kotka ist Hamina der zweitwichtigste finnische Exporthafen für Produkte der Holz- und Papierindustrie.

Geschichte

SEHENSWERTES IN HAMINA UND UMGEBUNG

Feuersbrünste zerstörten 1821 und 1887 große Teile der Stadt, sodass die Holzbauten meist jüngeren Datums sind. Einzigartig ist der sternförmige Altstadtkern mit seinen Wällen und Festungsanlagen. Vom achteckigen Rathausplatz gehen strahlenförmig acht Straßen aus. Zwei Ringstraßen verbinden die Radialstraßen im Zentrum. Die Wälle und Bastionen sind meist gut erhalten. Im Mittelpunkt der Stadt steht das 1796 errichtete **Rathaus**. Im Jahre 1840 wurde es nach Plänen des berühmten Architekten **Carl Ludwig Engel** im neuklassizistischen Stil umgebaut und mit einem Turm versehen. Ebenfalls am Rathausplatz steht die evangelische **Kirche**, die 1843 – wiederum von Carl Ludwig Engel – im Stil eines griechischen Tempels entworfen wurde. Über dem Taufbecken hängt ein Schiffsmodell von 1763, das aus einer Holzkirche im russischen Koivisto stammt.

Stadtplan mit Festungsanlagen

In der Kasarminkatu gab es um die Jahrhundertwende viele kleine Geschäfte. Eines davon (Nr. 6) kann heute noch als Kaufmannsmuseum besichtigt werden. Zu sehen sind der alte Laden und die Wohnung eines Kaufmanns, die Werkstatt eines Schmiedes und Handwerkerstuben.

Kaufmannsmuseum

In dem ältesten Gebäude der Stadt wurde das Stadtmuseum eingerichtet. In diesem Haus verhandelten 1783 die russische Zarin Katharina II. und Gustav III. von Schweden.

Stadtmuseum

Im alten Dorf Vehkalahti, der Keimzelle von Hamina, gibt es eine sehenswerte mittelalterliche Kirche aus dem 14. Jh., die Carl Ludwig Engel 1823 renoviert hat. Von den mittelalterlichen Malereien blieb nur ein heiliges Kreuz an der östlichen Außenwand stehen.

Kirche von Vehkalahti

Viele unterschiedliche Vogelarten kann man im Itainen Nationalpark beobachten, der auf Hunderten, der Küste vorgelagerten kleinen Inseln

Itainen Nationalpark

Hamina erleben

AUSKUNFT

Hamina Tourist Service
49400 Hamina
Raatihuoneentori 16
Tel. 05 7 49 26 41
www.hamina.fi

ÜBERNACHTEN

❶ *Hotelli Haminan Seurahuone*
€€ – €€€
Pikkuympyräkatu 5
Tel. 05 3 50 02 63
www.hotellihamina.fi
Das kleine Hotel mit nur 12 Zimmern
liegt im historischen Zentrum und besitzt
drei Restaurants und einen Pub. Im
Sommer nach Sondertarifen fragen!

ESSEN

❶ *Rosso* € – €€
Isoympyräkatu 15
Tel. 010 7 63 59 00
www.rosso.fi/hamina.html
Wer im Laufe des Stadtbummels schnell
etwas essen möchte, ist in dieser Gast-
stätte am Markt, die zu einer bekannten
Restaurantkette gehört, richtig.

❷ *Tullimakasiini* €€
Passagierhafen Tervasaari
Tel. 05 3 44 74 70
Am historischen Zoll- und Packhaus am
Passagierhafen Tervasasari. Serviert
werden maritime Spezialitäten in
maritimer Umgebung.

Hamina

Essen
❶ Rosso
❷ Tullimakasiini

Übernachten
❶ Hotelli Haminan Seurahuone

200 m

© BAEDEKER

eingerichtet und am besten **mit dem Boot von Hamina** oder Kotka aus zu erkunden ist. Eine Erweiterung auf russischer Seite ist geplant.
❶ www.luontoon.fi/itainensuomenlahti

Ostwärts von Hamina gelangt man zum Grenzübergang Vaalimaa **Vyborg**
(43 km) und erreicht nach etwa 100 km die heute russische Stadt Vyborg (Viipuri), ehemals Hauptstadt der einst finnischen Landschaft Karelien. Bis nach St. Petersburg sind es 261 km (Visum erforderlich). Vyborg ist heute von ▶Lappeenranta aus in eintägigen Schiffsausflügen zu besichtigen.

✳ Hanko · Hangö

✴ L 7

Gebiet: Südwestfinnland
Einwohnerzahl: 9 500

Hanko ist die südlichste Stadt des Landes und ein beliebter Urlaubsort. Schon gegen Ende der Zarenzeit schätzten russische Adlige und Künstler die Halbinsel und ihre Strände als Sommerfrische. Prächtige Holzvillen erinnern an diese Epoche. Sie dienen heute als nostalgische Gästehäuser und Restaurants.

Aus Hankos Blütezeit stammen die vielen verspielten Holzvillen.

Hanko erleben

AUSKUNFT
Tourist Office Hanko
10901 Hanko
Raatihuoneentori 5
Tel. 019 2 20 34 11
www.tourism hanko.fi/2007
www.visitraseborg.com

ESSEN
Origo ⊚⊚
Hanko Satamakatu 7
Tel. 019 2 48 50 23
www.restaurant-origo.com
Charmantes Restaurant mit Terrasse.
Zu empfehlen ist das täglich zusammen-
gestellte Schären-Buffet, aber auch die
à la carte-Fischgerichte sind frisch und
schmackhaft.

Knipan ⊚⊚
10600 Ekenäs
Strandallén
Tel. 019 2 41 11 69
www.knipan.fi
In dem 1867 am Hafenpier gebauten
Holzhaus gibt es das beste Sommerrestaurant der Stadt mit à la carte-Menü
oder reichhaltigem Mittags- und Abend-
buffet.

Neljän Tuulen Tupa ⊚⊚
Hanko, Pieni Mäntysaari
Tel. 019 2 48 14 55, So. geschl.
www.makasiini.fi
Von Mai bis September geöffnet ist das
»Haus der vier Winde«. Sein berühm-
tester Besitzer war der finnische Gene-
ralmarschall Mannerheim, der es von
1927 bis 1933 nach orientalischem
Geschmack ausstattete. Während der
Jahre der Prohibition konnte man hier
»harten Tee« (Alkohol) bestellen.

ÜBERNACHTEN
Ekenäs Stadshotellet ⊚⊚⊚
10600 Ekenäs
Norra strandgatan 1
Tel. 019 2 41 31 31
www.kaupunginhotelli.fi
Schon etwas bessere Tage gesehen hat
das immer noch beste Hotel von Ekenäs.
Die 20 Zimmer haben Balkon, es gibt
Sauna und Swimmingpool.

Villa Maija ⊚⊚
Hanko
Appelgrenintie 7
Tel. 050 5 05 20 13
www.villamaija.fi
Das Haupthaus ist eine hölzerne Schönheit aus dem Jahre 1888, die Zimmer
(insg. 35 Betten) an der Seeseite haben
eine Glasveranda oder einen Balkon.

Villa Doris ⊚⊚
Hanko, Appelgrenintie 23
Tel. 019 2 48 12 28
Charmante Pension (23 Betten) aus dem
Jahr 1881 mit antiker Möblierung in
allen Zimmern. Badestrand gegenüber.

AUSFLÜGE
Zur Insel Bengtskär
Im Sommer fährt die »MS Summersea«
in Tagestouren täglich nach Bengtskär.
Hier steht der höchste Leuchtturm
Skandinaviens, es gibt ein Museum, ein
Café und man kann sogar wildroman-
tisch übernachten.
Tel. 02 4 66 72 27, www.bengtskar.fi

In die Schären
Sehr empfehlenswert ist vom Osthafen
aus ein Bootsausflug in die Schären
(Kreuzfahrten nach Ekenäs und Helsinki).

Hanko ist wegen seiner strategisch wichtigen Lage zwischen Finnischem und Bottnischem Meerbusen ein seit langem besiedelter Ort, umstritten in vielen Kriegen und Schauplatz zahlreicher Schlachten. Stadtrecht besitzt Hanko seit 1874, nachdem die Eisenbahnverbindung mit Helsinki zu wirtschaftlichem Aufschwung führte. Über Hanko wanderten zwischen 1880 und 1930 Hunderttausende von Finnen in die USA aus. Im Zweiten Weltkrieg mussten die Finnen das Gebiet um Hanko an die Sowjetunion zwangsverpachten (1940). Doch bereits im Sommer 1941 eroberten sie die Stadt nach langer Belagerung zurück. Die eine Hälfte der Bevölkerung ist finnischsprachig, die andere spricht Schwedisch.

Geschichte

SEHENSWERTES IN HANKO

Auf der Insel Hauensuoli (Hechtdarm) kann man Spuren von Seglern sehen, die vor Hanko auf günstige Winde warteten: 640 in den Fels geritzte **Inschriften aus dem 16. bis 18. Jh**. Anfahrt im Sommer per Charterboottaxi oder mit der »MS Marina«.

Hauensuoli

Vom 65 m hohen Wasserturm hat man eine **herrliche Aussicht** über die Stadt, das Meer und die vorgelagerten Inseln. Die Aussichtsplattform erreicht man bequem mit dem Fahrstuhl.
❶ Juni – Aug. tgl. 13.00 – 16.00, im Juli bis 18 Uhr, Eintritt 2 / 1 €

Wasserturm

Pittoresk ist der Osthafen, der größte Gästehafen Finnlands. Mittwochs und freitags findet hier der beliebte **Abendmarkt** statt.

Osthafen

Geradezu nostalgisch wirkt der Strand an der Merikatu mit den **Umkleidekabinen im Stil der Jahrhundertwende**. Ein Monument erinnert an die Auswanderer, die Finnland Ende des 19. Jh.s über Hanko in Richtung Vereinigte Staaten verließen.

Stadtstrand

✳ TAMMISAARI · EKENÄS (RAASEPORI/RASEBORG)

Das malerische Küstenstädtchen mit dem ausgedehnten Schärengebiet ist dank seiner geschützten Lage mit einem sehr milden Klima gesegnet. Im Sommer finden Paddler und Bootsbesitzer im Schärengarten ideale Bedingungen, auch **Kreuzfahrten und Angeltouren** sind beliebt. Da rund achtzig Prozent der Bevölkerung schwedischsprachig sind, ist der schwedische Ortsname gebräuchlicher.

Südlicher Charme

Ekenäs bzw. Raseborg ist **eine der ältesten Städte Finnlands**. Bereits 1546 verlieh König Gustav Wasa dem Ort Stadtrechte, in der Hoffnung, ein Gegengewicht zur baltischen Hansestadt Reval (heute

Im Schatten Helsinkis

Tallinn) zu schaffen. Kurze Zeit später wurde jedoch Helsinki gegründet, sodass Ekenäs eine Kleinstadt mit marginaler Bedeutung blieb. Von 1900 bis zum Ausbruch des Ersten Weltkriegs war Ekenäs ein bei russischen Adligen beliebter Badeort. 2009 schlossen sich die Gemeinden Ekenäs, Karis und Pohja zur neuen Stadt Raasepori (schwedisch Raseborg) zusammen, die nur rund 29 000 Einwohner hat, flächenmäßig aber **größer ist als Berlin** oder Moskau.

Altstadt Im Altstadtviertel **Barckens udde** sind viele Holzgebäude des 19. Jh.s erhalten, die unter Denkmalschutz stehen. Die Namen der engen Straßen erinnern an die Hutmacher, Weber und Kunsthandwerker, die einst hier wohnten. Im Stadtmuseum sind Gegenstände der ländlichen Kultur zu besichtigen. Von **Alvar Aalto** stammt der Bau der Sparkasse (1964 – 1967). Im Ekenäs Naturum wird über den Ekenäs-Nationalpark und andere Ausflugsziele in der Umgebung informiert.
Naturum: Strandallén, Tel. 020 5 64 46 13
Stadtmuseum: Mitte Mai – Ende Aug. Di. – So. 11.00 – 16.00, Do. zusätzlich 18.00 – 19.00, sonst Mi. / Do. / Sa. / So. 11.00 – 16.00 Uhr)

Burgruine Raasepori Über die Landstraße nach Snappertuna gelangt man zu den Ruinen der Burg Raasepori (schwed. Raseborg), die heute im Landesinneren liegt, zur Bauzeit im 14. Jh. aber **von Wasser umspült** war und mit Booten angefahren wurde. Sie wurde bereits im 16. Jh. aufgegeben.

Tammisaaren-Saaristo-Nationalpark Im Schärengarten südlich der Stadt liegt mit der Insel Älgö als Zentrum der Nationalpark Tammisaaren-Saaristo (oder Ekenäs Schärennationalpark). Eine Bootsverbindung nach Rödjan vom Nordhafen existiert nur an Wochenenden, in der Woche muss man ein Wassertaxi nehmen. Auskünfte über die diversen Sperr- und Schutzgebiete bekommt man im Besucherzentrum im Hafen von Tammisaari.
❶ April, Sept. – Mitte Dez. Mi. – Sa. 10.00 – 15.00, Anf. – Mitte Mai tgl. 15.00, Mitte Mai – Juni und Aug. bis 18.00, Juli bis 20.00 Uhr

** Helsinki · Helsingfors

✦ M 6

Gebiet: Südfinnland
Einwohnerzahl: 596 000

Die »Tochter der Ostsee«, wie Helsinki gerne genannt wird, liegt direkt am Meer, und wer mit dem Schiff anreist, steigt quasi in der Stadtmitte aus. Finnlands Hauptstadt ist bekannt für ein besonderes Flair, das man vor allem in den Sommermonaten spürt, wenn bis tief in die Nacht hinein die Straßen voller Leben sind.

Highlights Helsinki

▶ **Marktplatz (Kauppatori)**
Das vormittägliche Markttreiben ist
bestens zu empfehlen für eine erste
Begegnung mit der Stadt, ihren
Menschen und ihren Spezialitäten.
Seite 219

▶ **Senatsplatz (Senatin tori)**
Einer der berühmtesten klassizis-
tischen Plätze Europas
Seite 220

▶ **Esplanade**
Flanieren und entspannen auf der
baumbestandenen Prachtmeile der
finnischen Hauptstadt
Seite 221

▶ **Stadtrundfahrt mit der
Straßenbahn 3T**
Die Schönheiten der Stadt in weniger
als einer Stunde und zum normalen
Fahrpreis!
Seite 218

▶ **Felsenkirche
(Temppeliaukion kirkko)**
Kontemplationsstätte und berühmtes
Architekturdenkmal: der in den nack-
ten Fels gesprengte Andachtsraum
Seite 226

▶ **Suomenlinna**
Festungsinsel vor den Toren der Stadt
Seite 229

Helsinki liegt zum größeren Teil auf einer stark zerklüfteten Halbinsel aus Granit. Ein Labyrinth vorgelagerter Klippen und Inseln
macht bereits die **Anfahrt mit dem Schiff zum Erlebnis**. Weithin
sichtbar sind die größte orthodoxe Kirche Finnlands, die aus roten
Ziegelsteinen errichtete Uspenski-Kathedrale, und die in kräftigem
Weiß erstrahlende Domkirche. Um die Stadt herum wuchsen ab
1950 Vororte, die heute nahtlos in die Städte Espoo im Westen und
Vantaa im Nordosten übergehen. In diesem Ballungsgebiet lebt heute jeder sechste Einwohner Finnlands. Helsinki bildet schon seit
mehr als 150 Jahren das **Zentrum des finnischen Geisteslebens**.
Die Stadt verfügt seit mehr als 350 Jahren über eine Universität, neu-
eren Datums sind die Technische Universität und zahlreiche andere
Ausbildungsstätten mit Hochschulcharakter. Der Großstadtraum ist
Sitz der meisten Großunternehmen in Finnland und besitzt den
wichtigsten Importhafen.

**Tochter
der Ostsee**

Helsinki wurde 1550 auf Befehl von Gustav I. Wasa gegründet, um
mit der estnischen Handelsstadt Reval (heute Tallinn) zu konkurrie-
ren. 1808 wurde ganz Finnland dem russischen Großfürstentum
Finnland einverleibt. Um eine bessere Verkehrsanbindung nach
St. Petersburg zu ermöglichen, verlegte man die **Hauptstadt 1812**
von Turku (Åbo) nach Helsinki. 1816 erhielt der deutschstämmige
Baumeister **Carl Ludwig Engel** den Auftrag, die Stadt wieder aufzu-
bauen, nachdem 1808 ein Drittel Flammen zum Opfer gefallen war.

Geschichte

Helsinki

Essen

1. Namaskaar
2. Zetor
3. Cantina West
4. Kappeli
5. Amarillo
6. Saslik
7. Svenska Klubben
8. Sipuli

Übernachten

1. Crown Plaza
2. Akademisches Sommerhostel
3. Hotelli Seurahuoni
4. Hotel Kämp
5. Omapohja
6. Scandic Hotel Grand Marina

1. Rathaus
2. Präsidentenpalais
3. Uspenski-Kathedrale
4. Universität
5. Regierungspalais
6. Ritterhaus
7. Universitätsbibliothek
8. Domkirche
9. Haus der wissenschaftlichen Gesellschaften (Ständehaus)

U-Bahn (Metrorata)

Helsinki erleben

AUSKUNFT
Helsinki City Tourist Office
79700 Helsinki, Pohjoisesplanadi 19
Tel. 09 31 01 33 00, www.visithelsinki.fi

Hotel Booking Centre
Tel. 09 22 88 14 00
www.helsinkiexpert.fi
Wer im Vorfeld eine Unterkunft reservieren möchte (im Sommer dringend zu empfehlen!), kann dies bei Helsinki Expert online erledigen. Vor Ort kann man sich an das Booking Centre in der Haupthalle des Hauptbahnhofs wenden, bzw. an die Filiale im City Tourist Office.

HELSINKI CARD
Sie ermöglicht kostenlose Fahrten in öffentlichen Verkehrsmitteln und mit Fähren nach Korkeasaari und Suomenlinna; ermäßigte Stadtrundfahrten, -ausflüge und -wanderungen, freien Eintritt in rund 50 Museen im Großraum und Preisnachlässe auf Opern- und Konzertkarten. Wer online bucht, spart 3 EUR: 24 Std. 36 / 15 €, 48 Std. 46 / 18 €, 72 Std. 56 / 21 €).
In der Touristeninformation, bei Reisebüros, in Hotels, www.helsinkicard.fi.

ESSEN
❼ *Svenska Klubben* ❸❸❸❸
Maurinkatu 6, Tel. 09 1 35 47 06
www.svenskaklubben-helsinki.fi
Ein teures Gourmet-Restaurant, das neben sehr gutem Essen viel historischen Charme des alten Helsinki bietet.

❻ *Saslik* ❸❸❸ – ❸❸❸❸
Neitsytpolku 12, Tel. 09 74 25 55 00
So. geschl., www.asrestaurants.com
Russisch für Ausländer: Die besten

russischen Gerichte in Helsinki serviert das elegante Saslik in zwei Sälen, in sieben verschieden gestalteten privaten Räumen. Mi. – Sa. Live-Musik

❽ *Ravintola Sipuli* ❸❸❸
Kanavaranta 7
Tel. 09 61 28 55 00
www.ravintolasipuli.fi
In einem alten Backsteinspeicher liegt, direkt unterhalb der Uspenski-Kathedrale, das Restaurant »Zwiebel«. Spezialität: Gourmet-Wildgerichte.

❹ *Kappeli* ❸❸ – ❸❸❸
Eteläesplanadi 1 (Esplanade-Park),
Tel. 010 7 66 38 80, www.kappeli.fi
Das Kappeli ist alles in einem: Treffpunkt, Sehenswürdigkeit, Café, Restaurant, Mini-Brauerei, Bierkeller und Legende (Bild S. 218).

❷ *Zetor* ❸❸
Mannerheimintie 3 – 5
Tel. 010 7 66 44 50, www.zetor.net
Dieses trendige Restaurant wurde von den »Leningrad Cowboys« gegründet. Die finnischen Gerichte werden zwischen alten Zetor-Traktoren serviert.

❸ *Cantina West* ❸❸
Kasarmikatu 23, Tel. 020 7 42 42 10
www.cantinawest.net
Beliebtes mexikanisches Restaurant mit gutem Mittagsbuffet.

❶ *Namaskaar* ❸ – ❸❸
Mannerheimintie 100
Tel. 09 4 77 19 60
www.ravintolanamaskaar.com
In Helsinki geht man gerne »exotisch« essen, was die vielen ausländischen

Lokale beweisen. Das Namaskaar bietet indische Küche vom Feinsten.

❺ *Amarillo* ⓔ
Mikonkatu 9, Tel. 010 7 66 35 50 www.amarillo.fi
In der Restaurant-Kette sind Pasta, Burger und pikante Tex-Mex- Gerichte zu haben.

ÜBERNACHTEN
❹ *Hotel Kämp* ⓔⓔⓔⓔ
Pohjoisesplanadi 29, Tel. 09 57 61 11
www.hotelkamp.fi
Das Kämp (179 Zi.) war einst Helsinkis berühmteste Adresse. Die Schönen, Reichen und Talentierten der Stadt verkehrten in den glamourösen Restaurants und Bars. Nach einer langen Phase als Bankgebäude versucht man heute, an die glorreiche Geschichte und den Geist des legendären alten Kämp anzuknüpfen.

❶ *Crown Plaza* ⓔⓔⓔ
Mannerheimintie 50
Tel. 09 25 21 00 00
www.crowneplaza-helsinki.fi
Gegenüber dem Opernhaus liegt dieses luxuriöse Hotel (349 Zi.), das in der Liste der »Leading Hotels of the world« geführt wird und mehrfach als Finnlands bestes Hotel ausgezeichnet wurde. Die verbilligten Sommertarife machen es auch für Privatreisende erschwinglich.

❸ *Hotelli Seurahuone Helsinki* ⓔⓔⓔ
Kaivokatu 12
Tel. 09 6 91 41
www.hotelliseurahuone.fi
Direkt gegenüber dem Hauptbahnhof. In den Jugendstil-Räumlichkeiten verbinden sich 180 Jahre Hotelgeschichte mit modernem Komfort (118 Zi.).

Nostalgie im Hotel Seurahuone

❻ *Scandic Hotel Grand Marina* ⓔⓔ – ⓔⓔⓔ
Katajanokanlaituri 7, Tel. 09 1 66 61
www.scandichotels.com
Direkt neben den Kais, wo die großen Fähren anlegen, liegt das luxuriöse Grand Marina, das zu Beginn des 20. Jh.s noch ein Hafenspeicher war.

❺ *Omapohja* ⓔⓔ
Itäinen Teatterikuja 3, Tel. 09 66 62 11
Nahe beim Bahnhof liegt dieses schöne, leicht altmodische Gasthaus mit gepflegten Räumen und nettem Personal.

❷ *Akademisches Sommerhostel* ⓔ – ⓔⓔ
Hietaniemenkatu 14
Tel. 09 13 11 43 34
www.hostelacademica.fi
Während die Akademiker von morgen im Sommerurlaub weilen, stehen ihre 229 Zimmer den Touristen zur Verfügung.

SIGHTSEEING
Mit Bus oder Straßenbahn
Busrundfahrten starten am Hauptbahn-
hof (Simonkatu 1) und am Silja- bzw.
Viking-Terminal am Hafen. Eine preis-
werte, aber zu empfehlende Möglichkeit,
Helsinki zu erkunden, ist eine Fahrt mit
der Straßenbahnlinie 3 T, die am Bahnhof
abfährt und beinahe alle wichtigen
Sehenswürdigkeiten passiert (2,50 €).
Bei den Fahrkartenverkaufsstellen kann
man ein Begleitheft erwerben, das die
Highlights an der Route erläutert.

Zu Fuß oder mit dem Fahrrad
Vorschläge für Stadtwanderungen
enthält eine Broschüre der Touristeninformation inklusive Adressen
zum Mieten von Fahrrädern.

Mit dem Schiff
Vom Marktplatz und vom Hakaniemi-
Platz starten im Hochsommer ab
10.00 Uhr stündlich Rundfahrten
durch die Inselwelt vor Helsinki.

EINKAUFEN
Shoppingmeilen
Esplanaden und Aleksanterinkatu sind
die wichtigsten Flaniermeilen der Stadt
mit exklusiven Nobelläden und kleinen
Boutiquen.

Bauernmarkt
Was Finnen so gut schmeckt (und Gästen vielleicht auch), bekommt man auf
dem Marktplatz am Hafen.
Mo. – Fr. 6.30 – 18.00.,
Sa. 6.30 – 16.00, Mitte Mai – Ende Sept.
auch So. 10.00 – 17.00 Uhr.
Kurz nach der Pitkäsilta-Brücke erreicht
man den Hakaniemi-Marktplatz. Hier
zahlt man immer ein bisschen weniger
als am großen Marktplatz am Hafen.

Flohmarkt
Am Ende des Bulevardi liegt der
Hietalahdentori-Markt mit seiner
besuchenswerten Markthalle.
Mo. – Fr. 8.00 – 19.00, Sa. 8.00–16.00,
im Sommer auch So. 10.00 – 16.00 Uhr

Treffpunkt: das Kappeli am unterem Ende der Esplanade

Die großzügig angelegten Straßen und Boulevards geben der Stadt ein luftiges Gepräge; die vielen hellen Fassaden haben Helsinki den Beinamen »weiße Stadt des Nordens« verschafft. Während des Zweiten Weltkriegs war Helsinki eine der wenigen europäischen Hauptstädte, die nicht von fremden Truppen besetzt wurden. Architektonische Glanzstücke aus den letzten Jahrzehnten sind die Finlandia-Halle (1970) des bekanntesten finnischen Architekten Alvar Aalto (►Berühmte Persönlichkeiten), die Felsenkirche (1969) von Timo und Tuomo Suomalainen, das Opernhaus (1993) an der Töölö-Bucht und das erst 1998 fertig gestellte Museum für Moderne Kunst des New Yorker Architekten Steven Holl. Vorbildlich sind die Randsiedlungen, die zu den Städten Espoo und Vantaa gehören. Vor allem zwei Ereignisse haben die relativ junge Hauptstadt international bekannt gemacht: die **Olympischen Sommerspiele** wurden 1952 hier ausgetragen, 1975 fand in Helsinki die Konferenz über Sicherheit und Zusammenarbeit in Europa **(KSZE)** ihren Abschluss (► Baedeker Wissen, S. 225).

»Weiße Stadt des Nordens«

> **!** **BAEDEKER TIPP**
>
> ### Sightseeing einmal anders
>
> Das »**Spårakoff**«, eine rollende Kneipe auf Schienen, ist in einer alten Straßenbahn untergebracht und verkehrt zwischen dem Hauptbahnhof und dem Marktplatz. Im Fahrpreis (8/4€) ist das erste Getränk bereits mit eingeschlossen. Das »Spårakoff erkennt man schon von weitem an seiner **leuchtend roten Farbe** – alle anderen Straßenbahnen in Helsinki sind grün. Im Sommer fährt es täglich außer So. u. Mo. von 14.00 – 20.00 Uhr zu jeder vollen Stunde vom Hauptbahnhof (Mikonkatu).

INNENSTADT

Helsinkis Herz ist der Marktplatz (Kauppatori), an dem das ganze Jahr über buntes Markttreiben herrscht. Er grenzt direkt an den Südhafen, an dessen beiden Seiten die aus Schweden kommenden Fähren anlegen. Der pittoreske, gelb-rote Ziegelbau unweit südlich an der Wasserseite des Eteläranta ist die **alte Markthalle** (1891, Kauppahalli). Ein Besuch lohnt, denn hier gibt es die ganze Palette echt finnischer Delikatessen: Fisch jeglicher Art und Zubereitung, Elch- und Rentierfleisch, frisches Obst und Gemüse, finnische Backwaren, Imbissstände, Cafés und sogar eine der wenigen Sushi-Bars in Helsinki (Öffnungszeiten: tgl. 8.00 – 18.00, Sa. bis 14.00 Uhr). In der Nordostecke des Marktes steht das **Präsidentenpalais** (Presidentinlinna), das jedoch nur zu Repräsentationszwecken genutzt wird.

**Marktplatz

Östlich vom Markt, direkt an den Südhafen anschließend, führt eine Brücke zur Halbinsel Katajanokka. Der gleichnamige Stadtteil repräsentiert **finnischen Jugendstil** auf seinem Höhepunkt. Am Süd-

Halbinsel Katajanokka

ufer von Katajanokka wurden die früheren Zollspeicher und Lagerhäuser zu Hotels, Konferenzhallen, kulturellen Institutionen oder zu
feinen Restaurants und Boutiquen umgestaltet.

*Uspenski-Kathedrale Gleich links auf einem felsigen Hügel erhebt sich die weithin sichtbare, orthodoxe Hauptkirche des Landes, die Uspenski-Kathedrale.
Sie gilt als größter orthodoxer Sakralbau außerhalb Russlands (Bild
S. 62). Der rote Backsteinbau von 1868 wird von 13 vergoldeten Kuppeln gekrönt, die Christus und die Zwölf Apostel symbolisieren. An
den Wänden sieht man die charakteristischen Heiligenbilder des
russisch-orthodoxen Glaubens, die nach strengen Regeln gemalt und
vor allem durch die Klöster überliefert wurden.

❶ Mo.–Fr. 9.30–16.00, Sa. 9.30–14.00, So. 12.00–15.00,
Okt.–April Mo. geschl.,
www.sacred-destinations.com/finland/uspenski-orthodox-cathedral.htm

SENATSPLATZ UND ANGRENZENDE GEBIETE

**Senats-platz Im Zentrum des eindrucksvollen Senatsplatzes (Senaatintori) erhebt
sich seit 1894 ein **Bronzestandbild des Zaren Alexanders II.**, ge-
gossen von Walter Runeberg. Wann immer demonstriert wird oder
sonstige Massenveranstaltungen anstehen, wählt man dieses städte-

Zwei Hingucker: schicker Schlitten vor Helsinkis Domkirche

bauliche Herz von Helsinki als Schauplatz. Auf der Ostseite des Platzes steht das **Regierungspalais** (Valtioneuvoston linna). Auf der linken Seite befindet sich das blaue Sederholm-Haus von 1757, das älteste Steingebäude der Stadt.

An der Nordseite führt eine imposante, breite Treppe zur lutherischen Domkirche (Tuomiokirkko), die 10 m höher auf einem Granitfelsen liegt. Das dominierende Gebäude des Senatsplatzes wurde 1830 nach Plänen von **Carl Ludwig Engel** begonnen und 1852 in verändertem Stil vollendet. Die Domkirche ist dank ihrer erhöhten, weithin sichtbaren Position zu einem Wahrzeichen der Stadt geworden. Der ursprünglich rein klassizistische Dom mit seiner korinthischen Säulenvorhalle hat die Form eines griechischen Kreuzes. Erst später hinzugefügt wurden die vier kleinen Kuppeln und die **zwölf Apostelstatuen an der Fassade**. Das geräumige Kircheninnere mit der großen Hauptkuppel wirkt sehr schlicht mit seinen weiß getünchten, schmucklosen Wänden. Nur an den Ansätzen der Kuppelpfeiler sieht man Standbilder dreier Männer, die für den protestantischen Glauben eine zentrale Rolle gespielt haben: Martin Luther, Melanchthon und der finnische Reformator Mikael Agricola. Der mit vergoldeten Holzschnitzereien verzierte Orgelprospekt fügt sich harmonisch in die Gestaltung des Innenraums ein.

*Dom

❶ tgl. 9.00 – 18.00, im Sommer bis 24.00 Uhr, keine Besichtigung während der Gottesdienste

An der Westseite des Senatsplatzes steht die Universität (Yliopisto, 1828 – 1832), nördlich davon die Universitätsbibliothek (1836 – 1845; Yliopiston kirjasto) mit **der größten Sammlung slawischer Literatur in der westlichen Welt**. Sie besitzt etwa 1,5 Mio. Bände und 2000 Handschriften.

Universitäts- bibliothek

Folgt man vom Senatsplatz der Aleksanterinkatu nach Westen, kommt man zum Kaufhaus Stockmann, Nordeuropas größtem Kaufhaus. Es ging aus einem kleinen Gemischtwarenladen hervor, den der **Lübecker Geschäftsmann** G. F. Stockmann im Jahr 1862 in Helsinki gründete.

Kaufhaus Stockmann

ESPLANADE UND BULEVARDI

Die beiden Straßenteile der Esplanade, Pohjoisesplanadi (Nordesplanade) und Eteläesplanadi (Südesplanade), waren einst die Promeniermeile der feinen Gesellschaft. Heute ist die Esplanade die **Prachteinkaufsstraße** von Helsinki. Zwischen den beiden Straßenteilen erstreckt sich ein stets belebter schmaler Park. Hier liegt auch das **Schwedische Theater** (Svenska Teatern, Ruotsalainen Teatteri),

**Esplanade

einst von Engel geplant und 1863 – 1866 gebaut. Die heutige Ausführung stammt von Jarl Eklund und Eero Saarinen (1936).

Alexander-theater
Im Bulevardi 27 liegt das **Alexandertheater**. Es wurde ursprünglich in den 1870er-Jahren als Theater für die Angehörigen der in Helsinki stationierten, russischen Truppen gebaut. Von 1918 bis 1993 war das Haus dann Sitz der Nationaloper. Heute ist das Alexandertheater eine Gastbühne für Tanz, Schauspiel und Musik.

BAEDEKER TIPP

!

Saunieren bei den Profis

Kein Finnland-Aufenthalt ist komplett ohne einen Gang in die Sauna. Für das »echte« Erlebnis muss man allerdings in einer original Holzofensauna sitzen und zum Abkühlen **direkt in die Ostsee** abtauchen. Bei »Profis« saunieren kann man bei der Finnischen Saunagesellschaft in der Vaskiniementie. Man schwitzt hier – wie in Finnland ublich – nach Geschlechtern getrennt und sollte sich daher nach »seinem« Termin erkundigen (Tel. 09 6 86 05 60, www. sauna.fi).

Am Ende der Straße (Bulevardi 40) lohnt das **Museum für ausländische Kunst** einen Besuch. In dem 1842 erbauten Patrizierhaus Sinebrychoff ist die größte Sammlung Finnlands mit italienischen, niederländischen, flämischen und französischen Gemälden vom 14. bis zur Mitte des 19. Jh.s zu sehen, die die **Familie Sinebrychoff** 1921 dem Staat schenkte. Hier werden auch Ikonen, historische Möbel, Glas- und Porzellangegenstände ausgestellt.
❶ Di., Fr. 10.00 – 18.00, Mi., Do. 10.00 – 20.00, Sa. / So. 11.00 – 17.00 Uhr, Eintritt 10 / 8 €, www.sinebrychoffintaide museo.fi

Koff-Bier, Hietalahden-tori-Markt
Neben dem Museum lag **früher die Sinebrychoff-Brauerei**. Hier wurde das in Finnland berühmte Koff-Bier gebraut. Den Namen bekam das Bier, weil die Finnen den eigentlichen Namen der Brauerei, Sinebrychoff, nicht aussprechen konnten. Gegenüber liegt der Hietalahdentori-Markt (Flohmarkt ▶S. 218).

BAHNHOFSBEREICH

Haupt-bahnhof
Neben dem Postamt liegt der monumentale Hauptbahnhof (Rautatieasema) mit dem 48 m hohen Uhrturm. Der Bahnhof ist 1919 als einer der letzten Bauten im Stil der Nationalromantik entstanden und das wichtigste Bauwerk, das der Architekt **Eliel Saarinen** in Finnland entworfen hat. Nördlich vom Bahnhofsplatz (Rautatientori) steht das Finnische Nationaltheater (Kansallisteatteri, 1901), ein Bau mit Granitfassade; davor das Denkmal des finnischen Nationaldichters Aleksis Kivi, von Wäinö Aaltonen 1934 geschaffen. Hinter dem Nationaltheater erstreckt sich bis zur Toolo-Bucht der **Botanische Garten** (Kasvitieteelinen puutarha), eine Oase der Ruhe.

Im **Museum für finnische Kunst**, dem Ateneum, findet man die bedeutendste Kunstsammlung Finnlands, vorwiegend mit Werken aus der Zeit von 1700 bis 1960. Eines der eindrucksvollsten Gemälde ist das **Triptychon »Aino-Mythos«** von Gallen-Kallela (1891), das Szenen aus dem Nationalepos »Kalevala« darstellt. Der Maler ließ sich dabei von mittelalterlichen Flügelaltären inspirieren. In der Skulpturenhalle sind Arbeiten der finnischen Künstler V. Vallgren, W. Aaltonen, W. Runeberg und S. Hildén zu sehen.

❶ Di., Fr. 10.00 – 18.00, Mi. / Do. – 20.00, Sa. / So. 11.00 – 17.00 Uhr, Eintritt 8 / 6 €, www.ateneum.fi

**Ateneum

Unweit vom Hauptbahnhof, an der Mannerheiminaukio 2, wurde im Jahr 1998 das vom New Yorker Architekten Steven Holl entworfene **Museum für Moderne Kunst**, genannt Kiasma, eröffnet. Das Museum zeigt überwiegend zeitgenössische Werke finnischer und skandinavischer Künstler, doch finden hier auch **Theater- und Musikaufführungen** sowie andere kulturelle Veranstaltungen statt.

❶ Di. 10.00 – 17.00, Mi. / Do. 10.00 bis 20.30, Fr. bis 22.00, Sa.bis 18.00, So. bis 17.00 Uhr, Eintritt 10 / 8 €, www.kiasma. fi

**Kiasma

Schräg gegenüber steht an der Mannerheimintie der Reichstag (Eduskuntatalo), ein **neoklassizistischer Monumentalbau** von J. S. Sirén (1930) aus hellrotem Granit.

❶ Führungen: Sa. / So. 11.00, im Sommer auch Mo. – Fr. 14.00 Uhr

Reichstag

Neoklassizistischer Monumentalbau: der Reichstag

✱✱ *Meisterwerk von Alvar Aalto*

Das Kongress- und Konzertzentrum Finlandia-Halle an der Töölö-Bucht in Helsinki ist eines der letzten und bekanntesten Werke des Architekten Alvar Aalto. Er plante sie ursprünglich als Mittelpunkt eines neu gestalteten Stadtteils. Seine städtebauliche Vision des modernen Finnlands des 20. Jhs. wurde jedoch nie vollständig realisiert.

Die Finlandia-Halle kann nur im Rahmen von etwa einstündigen Führungen besichtigt werden. Die aktuellen Termine (meistens Mi. / Fr. 13.00 / 15.00 Uhr) sind der Webseite zu entnehmen (www.finlandiatalo.fi/en), Tel. 09 4 02 41, Kosten 11,50 / 9,50 €. Die Helsinki-Card hat keine Gültigkeit.

Gebäude
Der Entwurf zur Finlandia-Halle entstand 1962, gebaut wurde sie von 1967 – 1972. Der später entstandene Kongressflügel wurde nach einem Plan von 1970 angefügt.

Materialien
Zentraler Bestandteil von Aaltos Entwurf ist die Fassade aus leuchtend weißem Carrara-Marmor, der auch im Inneren als Leitmaterial fungiert und ein symbolisches Zitat mediterraner Kunst und Lebensfreude darstellt. Dass das edle Material den finnischen Winterfrösten nicht standhält und alle 25 Jahre ausgetauscht werden muss, ist ein viel belächelter Treppenwitz der Architekturgeschichte.

Details
Aalto war bekannt für seine Detailbesessenheit, die sich im Innern fortsetzt. Man achte insbesondere auf die Türgriffe – ein Markenzeichen vieler Aalto-Gebäude – und Treppengeländer. Auch sämtliche Möbel und Leuchten wurden eigens entworfen.

Finlandia-Saal
Der größte Konzertsaal des Gebäudekomplexes fasst 1700 Besucher, 500 davon auf der Empore, und ist die Spielstätte des Philharmonischen Orchesters Helsinki sowie des Finnischen Radiosinfonieorchesters.

Helsinki-Saal
Der mit 340 Sitzplätzen viel intimere Saal eignet sich besonders für Kammermusik, Konferenzen und Vorträge.

Piazza
Das ganz in Marmor gestaltete Foyer des Finlandia-Saals, die sog. Piazza, bietet einen grandiosen Blick auf die Töölö-Bucht und wird für Empfänge oder Ausstellungen genutzt.

Kongress-Halle
Hier werden Kongresse, Messen und Ausstellungen abgehalten.

KSZE-Konferenz
Die erste Konferenz für Sicherheit und Zusammenarbeit in Europa fand ab dem 3. Juli 1973 in der Finlandia-Halle statt. Teilnehmer der blockübergreifenden Konferenz waren die USA, Kanada, die Sowjetunion und alle Staaten Europas außer Albanien. Die Schlussakte vom 1. August 1975 enthält u. a. Prinzipien wie Gewaltverzicht, Unverletzlichkeit der Grenzen (aber nicht Unveränderbarkeit) und Achtung von Menschenrechten.

Blick in di
lien, Deta
gegenstä
architekto
konzepts.

***National-
museum**

Das eindrucksvolle Gebäude aus Granit und Backsteinen mit weithin sichtbarem Spitzturm bietet einen Einblick in die Kulturgeschichte und Völkerkunde des Landes. Das Spektrum reicht von der Frühgeschichte bis zur mittelalterlichen Sakralkunst und zur Neuzeit. Besonders beachtenswert ist die Sammlung der finnisch-ugrischen Völker mit Trachten und Gebrauchsgegenständen. Ferner wird die **Entwicklung Finnlands zu einem modernen Staat** dokumentiert.
❶ Di. 11.00 – So. 11.00 – 18.00 Uhr, Eintritt 8 / 6 €, www.nba.fi

Stadtmuseum

Im Park gegenüber dem Nationalmuseum befindet sich in der einstigen **Villa Hakasalmi** das Stadtmuseum.
❶ Mi. – So. 11.00 – 17.00, Do. bis 19.00 Uhr, Eintritt frei,
www.hel.fi/kaumuseo

*Felsenkirche

Wenige hundert Meter westlich des Nationalmuseums liegt die unterirdische, überkuppelte Felsenkirche (Temppeliaukion Kirkko), die 1968 / 1969 nach einem Entwurf der Brüder **Timo und Tuomo Suomalainen** in den Granitgrund gesprengt wurde. Sie zählt zu den Hauptsehenswürdigkeiten von Helsinki und gilt als hervorragendes Beispiel des architektonischen Expressionismus der 1960er-Jahre. Durch die flache, kreisrunde Kuppel aus Kupferplatten und verglasten Betonrippen fällt Licht in das Innere der Grottenkirche. Bis zur Kuppelspitze ist die Kirche 13 m hoch; sie dient auch als Konzertsaal.
❶ Mo. / Di. / Do. / Fr. 10.00 – 18.30, Sa. 10.00 – 18.00, So. 12.00 – 13.45
u. 15.30 – 18.00 Uhr, im Winter Di. geschl.,
www.sacred-destinations.com/finland/helsinki-rock-church-temppeliaukio

***Finlandia-
Halle**

Am südlichen Ufer der Töölö-Bucht steht die mit Carrara-Marmor verkleidete Finlandia-Halle, die 1970 nach dem Entwurf des Architekten **Alvar Aalto** fertig gestellt wurde (▶Baedeker Wissen S. 224).

*Opernhaus

Danach folgen eine große Parkanlage entlang der Töölö-Bucht und das neue Haus der Finnischen Nationaloper. Der moderne Bau mit klaren Linien wurde **Ende 1993 eröffnet** und ist ein Werk der Architekten Eero Hyvämäki, Jukka Karhunen und Risto Parkkinen.

SEHENSWERTES IM NORDEN UND WESTEN

**Olympia-
stadion**

Im Norden der Stadt steht – an der Einmündung der Helsinginkatu in die Mannerheimintie – die alte Messehalle; dahinter erstreckt sich das Olympiastadion (1938), das für die Olympischen Spiele von 1940 errichtet wurde, die aber kriegsbedingt erst 1952 stattfanden. Von dem 72 m hohen, schlanken **Olympiaturm (Fahrstuhl)** bietet sich ein großartiger Blick auf die Stadt. Im Stadion befindet sich das **Finnische Sportmuseum**, das in einer modernen Ausstellung mit Multimedia und Computersimulationen verschiedene Sportarten dokumentiert. Auch die Laufschuhe des berühmten Leichtathleten **Paavo Nurmis** kann man bewundern. Seit 1999 widmet sich eine eigene Ausstellung den finnischen Arktis-Entdeckern und Bergsteigern.

Olympiaturm: Mo. – Fr. 9.00 – 21.00, Sa. / So. 9.00 – 18.00 Uhr,
Eintritt 5 / 2 €, www.stadion.fi
Finnische Sportmuseum: Mo. – Fr. 11.00 – 17.00,
Sa. / So. 12.00 – 16.00 Uhr, Eintritt 5 / 2 €, www.urheilumuseo.fi

Östlich der Sportanlagen jenseits der Eisenbahnlinie erstreckt sich der **Vergnügungspark** Linnanmäki (Tivolikuja), der mit Wasserturm, Achterbahn und Riesenrad sowie dem dahinter liegenden Fernsehturm ein Stück der Stadtsilhouette Helsinkis bildet. **Linnanmäki**

❶ die wechselnden Öffnungszeiten (Ende April – Mitte Okt.) sind der Webseite zu entnehmen, ebenso die Eintrittspreise, die nach Körpergröße berechnet werden, www.linnanmaki.fi

Die Merikannontie im Stadtteil Töölö führt am **Sibeliuspark** vorbei, wo das Sibeliusdenkmal von Eila Hiltunen (1967) glänzt, eine monumentale abstrakte Skulptur aus Hunderten von Stahlröhren. **Sibeliusdenkmal**

Über die Merikannontie und die Seurasaarentie erreicht man zirka 2 km nordwestlich des Sibeliusdenkmals die Insel Seurasaari, die mit dem Festland durch eine Fußgängerbrücke verbunden ist. Im Sommer fährt auch ein Motorboot vom Marktplatz zur Insel. Ein touristisches Kleinod ist das Freilichtmuseum, das in einer schönen Parklandschaft alte Bauernhäuser, Gehöfte, Herrenhäuser, Saunas, Mühlen, die Kirche von Karuna (1686) und andere Holzbauten aus allen Teilen Finnlands präsentiert. Das Museum bietet nicht nur einen Einblick in traditionelle finnische Bau- und Wohnkultur, sondern man kann auch mit Tracht bekleideten Frauen beim Weben und Knüpfen traditioneller Textilien zuschauen. Im **Folklorezentrum Tomtebo** (Tamminiementie 1) auf Seurasaari sind Folklore- und Kunstausstellungen in einer Holzvilla des 19. Jh.s zu sehen. ****Freilichtmuseum Seurasaari**

Kinder erfreuen sich an den zahmen Eichhörnchen im Park.

BAEDEKER TIPP !

Sommer, Sonne und Kultur

Jedes Jahr in der zweiten August-Hälfte verwandelt sich Helsinki für drei Wochen in eine **veritable Festivalstadt**. Dann finden überall Konzerte, Theater, Opern, Lesungen und jede Menge anderer Kulturveranstaltungen statt. Unter dem Motto »Kunst kommt in die Kneipe« werden etwa in den unterschiedlichsten Lokalen Aufführungen dargeboten. Höhepunkt des Festivals ist die lange Nacht der Kunst, in der rund um die Uhr gefeiert wird (www.helsinginjuhlaviikot.fi).

❶ Juni – Aug. tgl. 11.00 – bis 17.00, sonst Sa. / So. 11.00 – 16.00 Uhr,
Eintritt 8 / 6 €, www.seurasaarisaatio.fi

SÜDLICHES STADTGEBIET

Observa-
torium

Südlich des Marktes erhebt sich der Observatoriumsberg (38 m ü. d. M.) mit einer schönen Aussicht auf die Stadt. Hier befindet sich die 1833 von Carl Ludwig Engel gebaute **Sternwarte**, die heute zur Universität von Helsinki gehört.

Mannerheim-
Museum

In der Kalliolinmantie erreicht man das Mannerheim-Museum, wo der berühmte Marschall und spätere Staatspräsident von 1924 an wohnte. Das Haus ist heute als Museum eingerichtet und zeigt Erinnerungsstücke, darunter viele Fotografien aus der Zeit, als Mannerheim Forschungsreisender in russischen Diensten war und entlang der Seidenstraße unterwegs war, ferner eine Sammlung von Orden und Dokumenten zur Geschichte Finnlands.
❶ Fr. – So. 11.00 – 16.00 Uhr, Eintritt 10 / 8 €, www.mannerheim-museo.fi

Kunst-
sammlung
Cygnaeus

In der Kalliolinnantie Nr. 8 steht das 1860 errichtete Haus des Professors und **Kunstmäzens Fredrik Cygnaeus**, der an der Universität von Helsinki Ästhetik lehrte. Seine Kunstsammlung umfasst vor allem finnische Gemälde des 19. Jh.s, wobei vor allem die Maler **Walter Runeberg und Albert Edelfelt** vertreten sind.
❶ Mai – Sept. tgl. 11.00 – 17.00 Uhr, Eintritt 6,50 / 5 €,
www.nba.fi/en/museums/cygnaensgallery

Wehrhafte Festungsinsel: Suomennlinna

Ein Stück weiter beginnt der schön gelegene Brunnenpark (Kaivo-puisto). Ein Kuriosum für Mitteleuropäer ist die **Teppichwasch-anlage** am Meeresufer. Auf Holztischen schrubben meist Männer mit Bürste und Kernseife die traditionellen Flickenteppiche.

Brunnenpark

In der Korkeavuorenkatu 23 dokumentiert das Designmuseum fin-nisches **Industriedesign und Kunstgewerbe**.
❶ im Winter Di. 11.00 – 20.00, Mi. – So. 11.00 – 18.00, im Sommer tgl. 11.00 – 18.00 Uhr, Eintritt 8 / 7 / 3 €, www.designmuseum.fi

Design-museum

Kaapeltehdas war früher genau das, was der Name sagt – eine Ka-belfabrik. Heute ist es ein Kunst- und Kulturzentrum mit Theatern, Kinos, Cafés, Restaurants und Künstlerateliers. Fast täglich finden hier **interessante Veranstaltungen** statt (Programm bei der Tou-risteninformation), aber auch sonst lohnt sich ein Besuch des in der Tallberginkatu 1 schön am Wasser gelegenen Gebäudes.

Kultur statt Kabel

Im Nordosten der Stadt findet man an der Hämeentie 135 – Richtung Lahti – (etwa 15 Min. vom Zentrum) die **bedeutende Porzellan-manufaktur** Arabia (Museum). Sie zeigt repräsentatives, finnisches Geschirr und Kunstgegenstände aus der 120-jährigen Geschichte der Arabia-Fabrik.
❶ Di. – Fr. 12.00 – 18.00, Sa. / So. 10.00 – 16.00 Uhr, im Winter auch Di. geschl., www.arabianmuseo.fi

Arabia-Museum

Unweit nordöstlich, an der Mündung des Vantaanjoki, liegt der Platz, an dem Helsinki im Jahre 1550 gegründet wurde, die Vanhakau-punki (Altstadt). Eine Steinplatte erinnert an den Standort der ersten Kirche und des ersten Friedhofs. Ein Stück weiter rechts, ist an einer Wand ein Porträt von Gustav Wasa zu sehen. Auf der Erde befindet sich eine **Platte mit dem alten Stadtplan**.

Altstadt

✴ FESTUNGSINSEL SUOMENLINNA

In 15 Min. erreicht man mit der Personenfähre (Fahrschein wie bei Bussen / Straßenbahnen; Helsinki-Karte ist gültig) die Festungsinseln von Suomenlinna (Finnische Burg), die zum **UNESCO-Weltkultur-erbe** zählen und durch mehrere Brücken verbunden sind.

Anfahrt

Die Festung Suomenlinna wurde von 1748 an während der Zeit der schwedischen Herrschaft erbaut. In 40-jähriger Bautätigkeit entstan-den hier Mauern, Befestigungsanlagen, Wohnhäuser und eine große Werft, sodass **die Festungsstadt bald mehr Einwohner zählte als Helsinki**. 1806 war die Festungsanlage mit ihren 4600 Einwohnern nach Turku die zweitgrößte Stadt Finnlands. Die Festung fiel im

Geschichte

Festungsinsel Suomenlinna

Marktplatz, Helsinki

Pikku Mustasaari

Finnische Marineschule

Landungs-brücke

Iso Mustasaari

Katajanokka

Essen
1 Café
2 Café
3 Café Piper
4 Restaurant Walhalla

WC

Galerie Strandkaserne

Kiosk

Kirche

Küsten-wachstation

Verwaltung Suomenlinna

Länsi-Mustasaari

Anlegesteg

Bibliothek

Kriegs-museum

Musem zur Inselgeschichte

Café

Puppen- und Spielzeug-museum

Werft

WC

WC

Zoll-museum

Ehrends-värd-Museum

WC

Pferdestall

Susisaari

U-Boot Vesikko

Marktplatz, Helsinki

Sommer-theater

WC

Badestrand

Küsten-artillerie-museum

WC

Königstor

200 m

© BAEDEKER

Kustaan-hiekka

WC

schwedisch-russischen Krieg von 1808 / 1809 an Russland und wurde weiter zur großen Garnison mit Kasernen, Krankenhäusern und einer Kirche ausgebaut. Nach der Unabhängigkeit zog das finnische Militär hier ein. Heute geht mit der Restaurierung die bemerkenswerte **Umwandlung in ein Gebiet für Freizeit und Kultur** einher.

Museen und Galerien Auf der Insel sind zahlreiche Museen sowie ein **Kunstzentrum** mit diversen Galerien in den historischen Bauten untergebracht. Im **Besucherzentrum** an der Brücke wird über die Geschichte informiert; ein Modell zeigt die Insel im Jahre 1808 kurz vor der Besitzübernahme durch die Russen. Hier starten auch Führungen. Das **Ehrensvärd-Museum**, benannt nach dem ersten Baumeister der Burg, beleuchtet die Geschichte der Seefestung. Im **Kriegsmuseum** werden Kriegsgeräte aus dem Zweiten Weltkrieg gezeigt. Das **Küstenartilleriemuseum** dokumentiert die Geschichte der Küstenverteidigung, außerdem gibt es ein **Zoll-museum**. Das restaurierte **U-Boot »Vesikko«** wurde im Zweiten Welt-krieg im Finnischen Meerbusen ein-gesetzt. Ferner gibt es hier auch ein **Puppen- und Spielzeugmuseum** in einer alten russischen Holzvilla. Die fünf Staaten des Nordischen Rats (Dänemark, Finnland, Island, Norwegen, Schweden) haben hier ein **Kunstzentrum für Stipendia-ten** eingerichtet. In den Galerien des Kunstzentrums sind Werke zeitge-nössischer Künstler ausgestellt.

! **BAEDEKER TIPP**

Kaffee- oder Badepause?

Auf der Insel Suomenlinna liegt das kleine **Café Piper**, das im Som-mer ein beliebtes Ausflugsziel ist. Es thront auf einem kleinen Hügel und bietet einen guten Überblick. Wer auf der Terrasse keinen Sitz-platz mehr findet, kann mit Kaffee und Kuchen auf die Liege-wiese vor dem Café ausweichen und anschließend am Strand die Kalorien wieder abtrainieren.

Museen: Öffnungszeiten meist
Mai – Aug. tgl. 10.00 – 17.00 Uhr.

Führungen: In engl. Sprache Juni – Aug. tgl., deutsche Führungen n.V.:
Touristeninformation Helsinki, Tel. 0684 18 80, www.suomenlinna.fi

AUSFLÜGE VON HELSINKI

Über den Ring III (Kehä III oder Straße 50) erreicht man 30 km süd-östlich von Helsinki die Gemeinde Kirkkonummi. Architektur- und Jugendstilfreunde aus aller Welt pilgern hier nach Hvitträsk auf den Spuren des finnischen Architekten-Trios **Eliel Saarinen, Herman Gesellius** und **Armas Lindgren**. Die Freunde und Kollegen entwar-fen und verwirklichten hier 1902 ihre Heim- und Arbeitsstätten nach Ideen des von ihnen maßgeblich entwickelten, finnisch-volksroman-tischen Stils, der **Jugendstilelemente mit karelischer Bauweise** kombiniert. Heute ist das Atelier- und Wohnhaus der Familie Saari-nen zu besichtigen. Außerdem gibt es einen kleinen Museumsshop, ein Café, sowie ein viel gelobtes Feinschmeckerrestaurant.

**Atelier-zentrum Hvitträsk

❶ Mai – Sept. tgl. 11.00 – 17.00, Vor- u. Nachsaison Mi., So. 11.00 – 17.00 Uhr, Winter geschl., Eintritt 8/6 €, www.nba.fi/en/hvittrask

Espoo (Esbo), mit 253 000 Einw. die zweitgrößte finnische Stadt, schließt schon längst nahtlos an den Westrand der Metropole Hel-sinki an und ist mit ihrer Konzentration von High-Tech-Unterneh-men so etwas wie ein zwischen Wald und Seen gebettetes **finnisches Silicon Valley**. Sehenswert ist die Jugendstilvilla, der die bedeutende finnische Maler **Akseli Gallen-Kallela** (1865 – 1931) entwarf. Haus **Tarvaspää** wurde 1911 – 1913 in schöner Aussichtslage auf einem Hügel unweit der Stadtgrenze zu Helsinki errichtet, ist heute ein überaus lohnendes Museum und zeigt Werke des Künstlers sowie Sonderausstellungen. Für Autofans: Das größte **Automuseum** Finn-

Espoo

lands in Pakankylä (Bodomintie 35) zeigt eine Sammlung von 130 Oldtimern, die die Geschichte des Automobils in Finnland veranschaulichen.

Tarvaspää: Mitte Mai – Aug. tgl. 11.00 – 18.00, Sept. – Mitte Mai Di. – Sa. 11.00 – 16.00, So. bis 17.00 Uhr, Eintritt 8 / 6 €, www.gallen-kallela.fi

Automuseum: Mai – Aug. Di. – So. 11.00 – 17.00, Mi. bis 19.00, sonst 11.00 – 17.00 Uhr, Eintritt 6 / 3 €, www.saunalahti.fi/automuse

Vantaa

Ein Besuch in Helsinkis Vorort Vantaa lohnt vor allem wegen des **Wissenschaftszentrums Heureka**. In diesem hochmodernen Museum erlebt man Wissenschaft live. Hier darf man alles selbst ausprobieren. Zahllose Experimente, Computersimulationen und „bewegliche Ausstellungsstücke" verführen zum Mitmachen. Außerdem gehören ein großes I-Max-Kino und ein Planetarium zum Museum. Neben den festen Ausstellungen werden jedes Jahr faszinierende Sonderausstellungen veranstaltet. Heureka ist besonders am Wochenende ein Besuchermagnet. Dann kann es vor den einzelnen Geräten schon mal ziemlich eng werden. Viel Muße zum Ausprobieren und Experimentieren bleibt dann nicht mehr. Also lieber während der Woche besuchen.

❶ Mo. – Mi., Fr. 10.00 – 17.00, Do. 10.00 – 20.00, Sa. / So. 10.00 – 18.00 Uhr. In den finnischen Schulferien: Mo. – Fr. 10.00 – 19.00, Sa. / So. 10.00 – 18.00 Uhr. Eintritt: Ausstellung und ein Planetariumfilm 19 / 12,50 € (Kinder bis 15, Studenten, Rentner); Ausstellung und zwei Planetariumfilme 23 / 15 €, nur Ausstellung 14,50 / 9,50 €, www.heureka.fi

****St.-Lauren-
tius- Kirche**

40 km nordwestlich von Espoo lohnt der Besuch von **Lohja**. Bereits im 16. Jh. entstand hier die erste Erzgrube Finnlands. Zudem beherbergt Lohja eine der schönsten mittelalterlichen Steinkirchen Finnlands, die St.-Laurentius-Kirche. Das Innere des Feldsteinbaus aus dem 15. Jh. ist über und über mit **herrlichen Wandmalereien** aus dem 16. Jh. ausgeschmückt, die nahezu vollständig und hervorragend erhalten sind. Die Vermischung von heidnischen Motiven, volkstümlichen Teufelsdarstellungen und biblischen Szenen wirkt auf den heutigen Besucher äußerst naturalistisch.

❶ Sommer: 9.00 – 16.00, Winter: 10.00 – 15.00 Uhr

***Künstler-
kolonie
Tuusula**

Ca. 30 km nördlich von Helsinki führt von Tuusula nach Järvenpää die Uferstraße **Tuusulan Rantatie**, eine um 1900 bei Künstlern und Bohemiens sehr beliebte Wohngegend. Inzwischen gilt die Straße als Museumsstraße; die einstigen Sommervillen können besichtigt werden. Besonders schön ist das Wildnis-Atelier des Malers **Pekka Halonen** von 1902. Heute werden hier seine Gemälde ausgestellt. Das Anwesen liegt malerisch auf einer Landzunge direkt am See Tuusula, und man kann sich gut vorstellen, wie der Künstler, der zu den Vertretern des »Goldenen Zeitalters« gezählt wird, hier seine Inspirationen fand. Am nördlichen Ende der Rantatie-Straße liegt die **Villa Ainola** in Järvenpää. Hier lebte von 1904 bis zu seinem Tode 1957 der Komponist **Jean Sibelius** (►Berühmte Persönlichkeiten) mit seiner Ehefrau Aino. Nach ihr wurde das Landhaus benannt, das der arrivierte Komponist bei dem berühmten Jugendstilarchitekten Lars Sonck in Auftrag gab. Das Grundstück selbst machte ihm der finnische Staat zum Geschenk.

Vilia Halosenniemi: Mai – Aug. Di. – So. 11.00 – 19.00, Sept. – Apr. 12.00 – 17.00 Uhr, Eintritt 5,50 / 4,50 €, www.tuusula.fi/museot/halosennieminmuseum

Villa Ainola: Mai – Okt. Di. – So. 10.00 – 17.00 Uhr, Eintritt 8 / 4 €, www.ainda.fi

In der Industriestadt Riihimäki (67 km nördlich von Helsinki) ist das **Finnische Glasmuseum** in einer Glashütte von 1914 in der Tehtaankatu 23 sehenswert. Hier wird man mit der 300-jährigen Geschichte der Glasherstellung in Finnland und mit finnischem Design vertraut gemacht. Neben dem Glasmuseum befindet sich das **Finnische Jagdmuseum**.

Riihimäki

❶ beide Museen: März – Dez. Di. – So. 10.00 – 18.00 Uhr, Eintritt 6 / 3 €, www.suomenlasimuseo.fi

Außergewöhnlich prachtvoll ist die Ausmalung der Kirche in Lohja.

Joensuu

O 5

Gebiet: Ostfinnland
Einwohnerzahl: 73 800

Joensuu am Nordostrand der Finnischen Seenplatte ist das Bildungs- und Handelszentrum von Nordkarelien. Wichtigste Sehenswürdigkeit der Gegend ist das bemerkenswerte orthodoxe Kloster Uusi Valamo.

SEHENSWERTES IN JOENSUU UND UMGEBUNG

*Carelicum

Die neueste und größte Sehenswürdigkeit der Stadt ist das Carelicum (Koskikatu 5) – eine Kombination aus Bürgerzentrum und Museum. Auch die Touristeninformation, ein Café und kostenlose Internetterminals sind hier untergebracht. Das **Nordkarelische Museum**, das ebenfalls hier eine neue Heimat gefunden hat, befasst sich mit der Geschichte und Kultur der Region. Auf Kinder wartet die **Kinderstraße**. Hier wurden eine Straße mit bunten Holzhäuschen, ein Marktplatz und ein Hafen nachgebaut, in der lebende Comicfiguren »wohnen« und mit den Kindern spielen.

❶ Mo. – Fr. 10.00 – 17.00, Mi. bis 19.00, Sa. / So. 11.00 – 16.00 Uhr, Eintritt 5 / 3 €, www.carelicum.fi

**Kloster Uusi Valamo

Zu den beliebtesten Ausflugszielen in Nordkarelien gehört das orthodoxe Kloster Uusi Valamo. Es liegt ca. 60 km südwestlich von Joensuu in Papinniemi an der Südspitze des Juojärvi. Zuerst folgt man der Straße Nr. 17 nach Kuopio und biegt dann auf die Str. Nr. 23 nach Varkaus ab. An der Abzweigung einer Nebenstraße fährt man rechts zum Mönchskloster Uusi Valamo (übersetzt »Neu-Valamo«). Hier fanden die orthodoxen Mönche eine neue Heimstatt, nachdem sie 1940, als die Sowjets in jenes Gebiet vorrückten, ihr altes Kloster auf der Insel Valamo im Ladogasee hatten verlassen müssen. Sie retteten Ikonen, darunter **die wundertätige Ikone der Gottesmutter von Konevitsa**, wertvolles Kirchengerät und die Bücher der Klosterbibliothek, die auf das 15. Jh. zurückgeht. Einige dieser Gegenstände sind im orthodoxen Kirchenmuseum in Kuopio zu sehen. Heute ist das alte Kloster größtenteils verfallen und verwaist. Es wurde um 1329 gegründet und wuchs im Laufe des Mittelalters zu einem großen und bedeutenden Kloster von russischen und karelischen Mönchen heran. Nach der russischen Oktoberrevolution und der Unabhängigkeit Finnlands 1917 ging die Zahl der Mönche stark zurück, und russische Pilger konnten wegen der gesperrten Grenze nicht mehr nach Valamo kommen. Uusi Valamo mit seiner 1976 geweih-

Beliebtes Ausflugsziel: Kloster Uusi Valamo

ten Kirche gilt als **das größte russisch-orthodoxe Kloster außerhalb Russlands**. Lange Zeit lebten nur noch wenige Mönche im Kloster, dem schon die Schließung drohte. Doch eine Renaissance des orthodoxen Glaubens brachte die Wende. Die geschäftstüchtigen Mönche haben inzwischen ihr Kloster zu einem **Glaubenszentrum für jedermann** ausgebaut. Im riesigen Andenkenladen kann man von der geweihten Ikone bis zur Kerze alle nur denkbaren Souvenirs kaufen, Hotel, Tagungszentrum und Restaurant gehören zum Kloster Besonders an Ostern und anderen kirchlichen Feiertagen ist Uusi Valamo ein beliebtes Ausflugsziel.

❶ www.valamo.fi

** KOLI-BERGE

In vorchristlicher Zeit waren die Koli-Berge nördlich von Joensuu eine heilige Opferstätte, an der mächtige Geister ihren Sitz gehabt haben sollen. Von der Anmutung ließen sich im 19. Jh. viele finnische Künstler der Nationalromantik inspirieren. Der Blick von diesen Bergen gilt als das **Spiegelbild finnischen Nationalgefühls** schlechthin, bieten sie doch eines der reizvollsten Landschaftsbilder im ansonsten recht flachen Finnland (Bild S. 197). Sie erheben sich 253 m über den Wasserspiegel des Sees Pielinen, der die Finnische

Vorchristliche Opferstätte

Joensuu erleben

AUSKUNFT
Karelia Expert Tourist Service
80100 Joensuu, Koskikatu 5
Tel. 0400 23 95 49, www.visitkarelia.fi

Koli National Park –
Heritage Centre Ukko
83960 Koli, Ylä-Kolintie 39
Tel. 0205 64 56 54
www.luontoon.fi/koli
Das Besucherzentrum des Koli-National-
parks in der Eingangshalle des Hotels
Koli bietet eine Ausstellung zur Geologie
und Geschichte des Parks sowie
Informationen zu Wanderwegen.

ANREISE KOLI-BERGE
Über den See Pielinen verkehren ab
Joensuu und Nurmes Schiffe zum Dorf
Koli (Seilbahn zum NP-Besucherzen-
trum). Im Süden des Pielinen verbindet
der Pielisjoki mit dem Saimaasee.

ESSEN
Puukello ⊙⊙
Auf der Insel Ilosaari, Tel. 013 12 32 72
Authentische karelische Buffets und
andere regionale Spezialitäten.

Astoria ⊙⊙
Joensuu, Rantakatu 32
Tel. 013 22 97 66, www.astoria.fi
Mit großer Terrasse, schön am
Flussufer gelegen.

ÜBERNACHTEN
Hotel Atrium ⊙⊙
Joensuu, Siltakatu 4
Tel. 013 25 58 88, www.hotelliatrium.fi
Stadthotel am Fluss mit hübschen Zim-
mern und Suiten mit eigener Minisauna.

Sokos Hotel Koli ⊙⊙⊙
83960 Koli, Ylä-Kolintie 39
Tel. 020 1 23 46 62
www.sokoshotels.fi/en/hotels/koli
Der auffallende Beton- und Glasbau des
Hotels Koli (73 Zi., Restaurant, Café)
liegt auf dem Ukko-Koli-Berg; von dort
bietet sich eine fantastische Aussicht auf
den Pielinen-See.

Hotel GreenStar ⊙⊙
80100 Joensuu, Torikatu 16
Tel. 010 4 23 93 90
www.greenstar.fi
Einfaches, preisgünstiges Hotel (83 Zi.)
im Stadtzentrum mit umweltfreundli-
chem Konzept. Die dritte Person im
DZ nächtigt gratis.

ESSEN
Junge und alte Freunde der Rockmusik
treffen sich jährlich Mitte Juli zum
Ilosaari-Rockfestival, bei dem Bands
aus ganz Skandinavien und anderen
Ländern für ein musikalisch heißes
Wochenende sorgen.
www.ilosaarirock.fi

Seenplatte im Nordosten abschließt. Der einst mächtige Gebirgszug
fiel der eiszeitlichen Erosion durch mächtige Gletscher zum Opfer.
Allein die besonders harten, weißen Quarzitschichten konnten wi-
derstehen, die heute als Koli-Berge die Seenlandschaft überragen.
Dichte Haine mit Fichten sind an den in den Pielinen-See münden-
den Bächen zu finden, während die Westhänge und Bergkuppen trockener und daher vegetationsärmer sind.

Ganzjährig bilden die Koli-Berge eines der bestbesuchten Ferienzen-   **Nationalpark**
tren des Landes. Das Besucherzentrum mit Hotel liegt oberhalb des
Ortes Koli und ist vom Parkplatz aus mit einer Seilbahn zu erreichen.
Von der Südseite des Hotels führt ein Treppenweg auf den felsigen
Gipfel **Ukko-Koli** (347 m ü. d. M.); von dort bietet sich eine prächtige
Aussicht auf den 253 m tiefer gelegenen Pielinen mit seinen zahlrei-
chen, bewaldeten Inseln. Südlich erheben sich zwei weitere Gipfel:
der 339 m hohe **Akka-Koli** und der 334 m hohe **Paha-Koli**. Man er-
reicht sie auf Wanderwegen vom Besucherzentrum (1,5 bis 2,5 Std.).
Den Nationalpark sollte man auf jeden Fall zu Fuß erkunden. In der
Umgebung des Besucherzentrums sind viele markierte Wanderwege
angelegt.

Jyväskylä

✦ N 5

Gebiet: Südfinnland
Einwohnerzahl: 132 000

**In Jyväskylä lebte der berühmte Architekt Alvar Aalto lange
Zeit, über 30 Gebäude hat er in der Region konzipiert. Die
Stadt selbst liegt sehr schön am Ufer des Jyväsjärvi und bietet
etliche Möglichkeiten für Wassersport aller Art.**

Die 1837 vom russischen Zaren Nikolai I. gegründete Stadt ist ein   **Architektur-**
wichtiger Verkehrsknotenpunkt, Sitz zahlreicher Fabriken, eine   **stadt**
bedeutende Messestadt sowie Verwaltungs- und Kulturzentrum der
Provinz Mittelfinnland. Die Universität hat vor allem in der Fach-
richtung Architektur große Bedeutung.

Das Nebeneinander von Holzhäusern und modern gestalteten Stein-   ***Bauten von**
bauten ist charakteristisch für Jyväskylä. Außerdem gibt es hier be-   **Alvar Aalto**
sonders viele Gebäude nach Plänen Alvar Aaltos (▶Berühmte Persönlichkeiten). In Jyväskylä verbrachte er seine Jugend und gründete
1923 sein erstes Architekturbüro. Geht man Richtung Hafen und
zum Jyväsjärvi, so kann man das von Alvar Aalto entworfene Verwal-
tungs- und Kulturzentrum sehen. Auch der Neubau der Universität
stammt von ihm. Zu seinen Arbeiten sind im Alvar-Aalto-Museum
und in der Touristeninformation Sonderbroschüren erhältlich.

In der Alvar Aallonkatu Nr. 7 befindet sich das Alvar-Aalto-Museum,   ***Alvar-Aalto-**
das Aalto selbst entworfen hat. Es zeigt eine Architektur- und De-   **Museum**
signsammlung des berühmten Architekten sowie Kunstwerke der
Sihtola-Stiftung.

❶ Di. – So. 11.00 – 18.00 Uhr, Eintritt 6 / 4 €, www.alvaralto.fi

Jyväskylä erleben

AUSKUNFT
Jyväskylä Tourist Information
40100 Jyväskylä, Asemakatu 6
Tel. 014 2 66 01 13
www.jyvaskylansentu.fi/travel

ESSEN
Old Bricks Inn ⓔⓔ
Kauppakatu 41, Tel. 014 61 62 33
www.oldbricksinn.fi
Das Essen schmeckt, die Portionen sind
groß und das Bier international.

ÜBERNACHTEN
Rantasipi Laajavuori ⓔⓔⓔⓔ
Laajavuorentie 30, Tel. 014 62 82 11
www.rantasipi.fi
Sehr komfortables Hotel (196 Zi.) mit
einer neuen, aufwendig gestalteten
Spa-Landschaft.

Hotel Yöpuu ⓔⓔ – ⓔⓔⓔ
Yliopistonkatu 23
Tel. 014 33 39 00
www.hotelliyopuu.fi
Herrliches Nostalgie-Hotel mit
26 individuell eingerichteten Zimmern
und zwei überaus gemütlichen
Restaurants.

VERANSTALTUNGEN
In Jyväskylä gibt es einige interessante
Feste und Veranstaltungen:
im Juli das Sommerfestival Jyväskylä
Kesä (www.jyvaskylankesa.fi),
im September die Modenschau Fashion
Days (www.fashionunit.fi)
und das Licht-Event City of Light
(www.valonkaupunki.jyvaskyla.fi)
sowie im Oktober das Musikfestival
Blues Live (www.blueslive.net).

Holzkirche Petäjävesi　An der Straße nach Virrat (westlich) erreicht man nach 32 km die historische Holzkirche von Petäjävesi (1764). Sie zählt zu den schönsten Gotteshäusern in Nordeuropa und wurde 1994 in die UNESCO-Liste der schützenswerten Kulturgüter aufgenommen: Der Grundriss entspricht einem griechischen Kreuz, wie es in der Renaissance üblich war, und die achteckige Kuppel des Daches ist von gotischen Elementen geprägt.
❶ Juni – Aug. tgl. 10.00 – 18.00 Uhr, Eintritt 5 / 3 €, www.petajavesi.fi

Saunadorf Muurame　Nach weiterer 4 km folgt Muurame mit einem sehenswerten Saunadorf. Zu sehen sind mehr als 20 finnische Saunen aus verschiedenen Regionen, die die Geschichte der Sauna-Tradition beleuchten. Hier gibt es auch ein Café und einen Kunsthandwerk-Verkauf. Die Kirche von Muurame ist die erste Kirche, die von **Alvar Aalto** entworfen wurde (1928).
❶ Juni – Aug. Di. – So. 10.00 – 18.00 Uhr

Säynätsalo　Rund 10 km südöstlich von Jyväskylä befindet sich der Industrieort Säynätsalo, der 1993 eingemeindet wurde. Das Rathaus aus rotem Backstein von 1952 ist eines der bedeutendsten Bauwerke von Alvar Aalto. Umweit davon, in Muuratsalo, liegt sein Sommerhaus.

Karelien

✦ P/Q 4/5

Gebiet: Ostfinnland

Im äußersten Osten Finnlands erstreckt sich an der russischen Grenze die Landschaft Karelien. Weite, unberührte Wälder laden zu Wander- und Kanutouren in das Land ein, in dem die »Kalevala« spielt, das finnische Nationalepos.

Während Südkarelien auch das Saimaa-Seengebiet sowie die Städte ▶Lappeenranta und ▶Savonlinna einbezieht, bildet das nördliche Gebiet die frühere Provinz Nordkarelien. In diesem Kapitel wird der Begriff Karelien mit Nordkarelien gleichgesetzt. Ausgenommen ist das unter einem eigenen Stichwort beschriebene ▶Joensuu.

LIEKSA UND UMGEBUNG

Der Pielinen ist **einer der schönsten Seen Finnlands**. An der Ost-   **Pielinen**
seite ist neben Lieksa vor allem Vuonislahti einen Besuch wert, nicht
zuletzt wegen des herrlichen Blicks auf die Koli-Berge.

Einer der interessantesten Orte in   Karelische Spezialität: Fisch im Brotteig
Nordkarelien ist das Städtchen
Lieksa. Seine reizvolle Umgebung
schließt den See Pielinen ein sowie den **Nationalpark Patvinsuo**. Lieksa ist bei Wanderern wie
auch bei Wassersportlern beliebt.
In dem sehr gut ausgestatteten
Pielinen Museo findet man zahlreiche traditionelle Holzhäuser
mit authentischer Einrichtung
und Exponate zur Ortsgeschichte.
Die moderne **Kirche** wurde 1982
von den berühmten zeitgenössischen Architekten Reima und
Raili Pietilä an der Stelle einer von
Carl Ludwig Engel erbauten Kirche errichtet, die 1979 abgebrannt
ist. Beeindruckend ist das kreuz-
förmige, geschwungene Dach mit
den großen Fenstern.

❶ Mitte Mai – Mitte September tgl.
10.00 – 18.00 Uhr, Eintritt 5 / 1,50 €

Karelien erleben

AUSKUNFT
Karelia Expert Tourist Service
80100 Joensuu
Koskikatu 5
Tel. 0400 23 95 49
www.visitkarelia.fi

www.karelien.de
Gute Zusammenstellung von nützlichen Adressen in Karelien; weiterführende Links oft leider nur auf Finnisch.

ESSEN
Bomba-Haus ⊖⊖⊖
Nurmes
Tel. 013 1 23 49 08
Im Restaurant des berühmten Bomba-Hauses gibt es ein fantastisches, sehr umfangreiches, jedoch nicht ganz billiges karelisches Buffet.

ÜBERNACHTEN
Sokos Hotel Bomba ⊖⊖⊖
Nurmes, Tuulentie 10
Tel. 020 1 23 49 08
www.sokoshotels.fi
Moderner Hotelkomplex (113 Zi.) in idyllischer Umgebung mit allen erdenklichen Wellnesseinrichtungen.

Hyvärilä Youth and Holiday Centre ⊖⊖
75500 Nurmes
Lomatie 12
Tel. 0207 46 67 80, www.hyvarila.com
Ferienzentrum in erster Linie für Jugendliche, bzw. gute Adresse für den Familienurlaub mit attraktiven Angeboten.

SPORT
Wildwasserfahrten
Erfahrenen Wildwasserfahrern empfehlen sich die Stromschnellen von Ruuna. Auf der 31 km langen Strecke zwischen Matkalahti und dem Fluss Naarajoki werden sechs Stromschnellen durchfahren. Treffpunkt für organisierte Touren, z. B. Schlauchbootfahrten, ist das Besucherzentrum Ruuna am Naarajoki.

Kanuwandern
Kanuwanderer können die Region um Ilomantsi auf vier Hauptrouten unterschiedlicher Schwierigkeitsgrade auf dem Wasserweg erkunden. Die einfachste und beschaulichste Strecke führt über den Koitajoki.
Informationen Tourismusbüro und unter www.finland.de/kanu

---

*Ruuna Das Besucherzentrum Ruuna am Fluss Naara informiert über das **Wander- und Naturschutzgebiet** Ruuna anhand von Schautafeln und einer Filmvorführung (Rafting-Möglichkeiten siehe oben).

Nurmes Von Lieksa folgt die Str. Nr. 73 dem Ufer des Pielinen und führt nach knapp 60 km nach Nurmes, das schon von weitem durch den hohen Kirchturm zu erkennen ist. Sehenswert ist die Altstadt nordwestlich vom Bahnhof mit Holzhäusern, ferner das **Stadtmuseum** auf dem Ikola-Hof im Stadtteil Porokylä. An der Einfallstraße von Süden liegt, 2 km von Nurmes entfernt, das rekonstruierte karelische **Bomba-Haus** mit Ferienhütten, Freizeitanlagen und einer Freilichtbühne. Die Blockhäuser wurden in den Jahren 1976 bis 1981 gebaut und sind Musterbeispiele karelischer Baukunst. Als Vorbild diente ein Farmhaus der Familie Bombin, das 1855 in einem karelischen Dorf, heute auf russischem Gebiet, errichtet wurde. Das Haupthaus beherbergt ein traditionelles, karelisches Restaurant. Die umliegenden Holzhäuser sind zu Unterkunftsmöglichkeiten umfunktioniert worden. Das Ferienzentrum Bomba, zu dem auch ein Spa-Hotel gehört, ist bei finnischen und russischen Touristen sehr beliebt.

Stadtmuseum: Juni – Aug. Mo. – Fr. 10.00 – 16.00 Uhr, Eintritt 2 / 1 €

! BAEDEKER TIPP

Freilichtmuseum der Spitzenklasse

Knapp 30 km nördlich von Nurmes zweigt bei Puukari ein Fahrweg zum Freilichtmuseum Murtovaara (Hinweisschild: talo-museo) ab. Mitten in der Einöde liegt hier eines der schönsten Museen dieser Art in Finnland. Zwar gibt es **größere und spektakulärere Freilichtmuseen**, doch **die einsame Lage mitten im Wald macht Murtovaara einzigartig**. Man kann sich gut vorstellen, wie hier im 18. Jh. die Bauern gelebt und gearbeitet haben (nur im Sommer Mi. – So. 11.00 – 19.00 Uhr).

ILOMANTSI UND UMGEBUNG

Die Stadt, rund 70 km östlich von Joensuu (Str. Nr. 74) gelegen, ist das Herz von Nordkarelien und ein guter Ausgangspunkt für alle Wandertouren der Region. Die orthodoxe **Elias-Kirche** zählt mit ihren sechs Türmen zu den schönsten und größten ihrer Art im ganzen Land. In **Parppeinvaara**, einem karelischen Themendorf, gibt es Vorstellungen von mit Kantele begleiteten Runengesängen.

Ilomantsi

❶ Juni – Aug. tgl. 10.00 – 16.00, Juli bis 18.00 Uhr, Eintritt 5 / 3 €, www.parppeinvaara.fi

Der Nationalpark Petkeljärvi an der russischen Grenze gehört mit 6 km² zu den kleinsten Nationalparks Finnlands. Von der Landstraße Ilomantsi nach Möhkö (Busverbindung) führt ein 6 km langer Weg in den Nationalpark. Zwei Drittel der Parkfläche bestehen aus Gewässern, von denen **der kristallklare See Kuikkalampi** mit seinen weiten Schwemmwiesen der größte ist. Diese Wiesen dienten früher den Bauern zur Versorgung des Viehs mit Winterfutter. An den Ufern der Seen, Bäche und Teiche sind auch noch zahlreiche **Biberburgen** zu sehen.

Nationalpark Petkeljärvi

Ein guter Ausgangspunkt für Wanderungen ist **Petraniemi** mit Informationszentrum, Campingplatz, Sauna und Kiosk. Zahlreiche markierte, kürzere Wanderwege (3,5 und 5,5 km) führen durch den Park, und etliche längere Touren haben hier ihren Ausgangspunkt. Beliebt ist die gelb markierte Wanderroute **Taitajan-Taival** von Ilomantsi zum Dorf Putkela (26 km), auf der zum Teil beträchtliche Höhenunterschiede zu meistern sind.

Wandern im Nationalpark

* Kuopio

✦ N 5

Gebiet: Zentralfinnland
Einwohnerzahl: 97 500

Kuopio zählt zu den beliebtesten Zielen in Ostfinnland. Das kulturelle Angebot der Universitätsstadt ist groß und die Umgebung voller Wälder und Seen. In der Markthalle kann man »Kalakukko« kosten, Roggenbrot mit Fisch und Fleisch.

Beliebter Ferienort Von dem belebten Passagierhafen starten zahlreiche **Ausflugsboote**, die durch die Inselwelt des Kallavesi-Sees führen; auf der Heinävesi-Route kommt man bis nach ►Savonlinna. 1653 erhielt Kuopio von Per Brahe das Stadtrecht. Im Krieg von 1808/1809 ergab sich die Stadt zunächst kampflos der russischen Armee, wurde aber später von einer finnischen Einheit unter Führung von Oberst Sandels in einem Überraschungsangriff zurückerobert. Der Aufschwung begann mit der Eröffnung des Saimaa-Kanals 1856.

SEHENSWERTES IN KUOPIO

*Zentrum Der **Marktplatz** (Kauppatori) bildet den Mittelpunkt der Stadt: Im Sommer finden hier beim Internationalen Tanzfestival, das zu den

Die Markthalle von Kuopio im eigenwilligen Jugendstil

Kuopio erleben

AUSKUNFT
Kuopio Tourist Service Ltd
70100 Kuopio
Haapaniemenkatu 17
Tel. 017 18 25 84
www.visitakeland.fi

ESSEN
❷ *Musta Lammas* ©©©
Satamakatu 4, Tel. 017 5 81 04 58
www.ravintolamestarit.net/mustalammas
Der Keller einer alten Brauerei von 1862
wurde zu einem Gourmetrestaurant der
Spitzenklasse umgestaltet. Im »Schwar-
zen Schaf« gibt es original finnische
Küche auf Feinschmeckerniveau.

❶ *Sampo* ©©
Kauppakatu 13, Tel. 017 2 61 46 77
www.wanhamestari.fi
Das Sampo ist ein uriges Restaurant mit
Hafenkneipenflair. Auch einheimische
Kneipengänger bestellen gerne die
liebevoll zubereiteten Fischgerichte.
Spezialität des Hauses: Maräne/Felchen
(finnisch: Siika).

❸ *Kahvila Kaneli* ©©
Kauppakatu 22, Tel. 040 8 35 81 87
www.kahvilakaneli.net
Eine Institution in Kuopio ist dieses ur-
gemütliche, wunderbar altmodisch
eingerichtete Café, in dem auch kleine
Gerichte und Lunch serviert werden.

ÜBERNACHTEN
❶ *Sokos Hotel Puijonsarvi* ©©©
Minna Canthin katu 16
Tel. 017 1 92 20 00, www.sokoshotels.fi
In der Straße, die zum Hafen als auch
zum Marktplatz führt, liegt dieses ange-
nehme Hotel (300 Zi.) in ruhiger Lage.

❷ *Scandic Hotel Kuopio* ©©
Satamakatu 1, Tel. 017 19 51 11
www.scandichotels.com
Das Scandic (137 Zi.) ist zentrumsnah
und gleichzeitig sehr ruhig am Ufer des
Kalavesi-Sees gelegen. Große Fitness-
und Saunaabteilung mit Pool.

FESTE
Mitte / Ende Juni findet das Tanzfest
statt, bei dem die ganze Stadt brodelt.
www.kuopiodancefestival.fi

MARKT
Sehr empfehlenswert ist ein Gang über
den Wochenmarkt (Marktplatz), nicht nur
des traditionellen »Kalakukko« wegen.
Mo. – Fr. 8.00 – 17.00,
Sa. 8.00 – 15.00 Uhr

wichtigsten in Nordeuropa zählt, Konzerte und Tanzveranstaltungen
statt. Auch Tanzkurse werden angeboten. Gegenüber dem prächtigen
Rathaus (1884) steht die im Jugendstil gehaltene **Markthalle**. Durch
die Kauppakatu gelangt man zum **Dom**, der östlich auf einer kleinen
Anhöhe liegt. Er wurde 1815 vollendet. Östlich schließt sich der
Snellman-Park (Snellманин puisto) an.

Nördlich vom Park, in der Kauppakatu Nr. 23, liegt in einem schönen   **Museen**
Jugendstilgebäude das **Kuopio-Museum**. Gezeigt werden dort, ne-
ben einer Reihe von Exponaten zur Stadtgeschichte, kulturgeschicht-

Kuopio

Iisalmi · Orthodoxes Kirchenmuseum · Puijo-Turm · Busbahnhof · Pohjolankatu · Asemakatu · Snellmaninkatu

Asemakatu · Bahnhof · Hapelähteenkatu · Puijonkatu · Vuorikatu · Kuninkaankatu

Mustinlampi · Hochschule · Puistokatu · Suokatu · Haapaniemenkatu · Maljalahti

Jyväskylä · Niiralankatu

Theater · Tulliportinkatu · **Rathaus** · Kauppatori (Markt) · **Kunst-museum** · Kirjastokatu · **Bibliothek** · Tulliportinkatu · **Kuopio-Museum** · Satamakatu

Kasarmikatu · Torikatu · Kauppakatu · Shellman-park · Kauppakatu · Shellmanin

Sairaalakatu · Kauppakatu · Puistokatu · Savonkatu · **Dom** · Minna Canthinkatu · **Fotografie-zentrum** · Koljonniemenkatu · Hafen

Observatorium · Valkeinen · Alavantie · Urheilu · Kirkkokatu · Puijonkatu · Vuorikatu · **Freilicht-museum** · Kirkkokatu · **St. Nikolaus** · Hallituskatu · Satamakatu

Valkeisen katu · **Alava-Kirche** · Trab-renn-bahn · Keihäskatu · Presidentinkatu · Haapaniemenkatu · Kuopionlahdenkatu · Brahenkatu · Kallanranta · Väinölän-niemi

200 m · © BAEDEKER · Kuopionlahti

Essen
1 Sampo
2 Musta Lammas
3 Kahvila Kaneli

Übernachten
1 Sokos Hotel Puijonsarvi
2 Scandic Hotel

liche und naturwissenschaftliche Sammlungen aus der Region Nord-Savo. Das **Kunstmuseum** zeigt hauptsächlich finnische zeitgenössische Kunst. Südlich des Doms liegt das zu einem Museum umfunktionierte **Fotografiezentrum** »Valokuvakeskus« eines Fotografen mit alten Kameras und Fotos. Weiter südlich folgt das **Freilichtmuseum** Kuopio: Die alten Holzhäuser dort vermitteln einen guten Eindruck von der ursprünglichen Altstadt.

Kuopio-Museum: Di.–Fr. 10.00–17.00, Mi. bis 19.00,
Sa./So. 11.00–17.00 Uhr, Eintritt 6/4 €, www.kuopionmuseo.fi
Kunstmuseum: Di.–Fr. 10.00–17.00, Mi. bis 19.00,
Sa./So. 11.00–17.00 Uhr, Eintritt 4/2 €, www.taidemuseo.kuopio.fi
Fotografiezentrum: Juni–Aug Mo.–Fr. 10.00–18.00, Sa./So.
11.00–16.00, Sept.–Mai Di., Do., Fr. 10.00–17.00, Mi. 11.00–19.00,
Sa./So. 11.00–15.00 Uhr, Eintritt 5/4 €, www.vb.kuopio.fi
Freilichtmuseum: Mitte Mai–Aug. Di.–So. 10.00–17.00,
Sept.–Mitte Mai Di.–Fr. 10.00–15.00, Sa./So. bis 16.00 Uhr,
Eintritt 4/2 €, www.korttelimuseo.kuopio.fi

Die bedeutendste Sehenswürdigkeit von Kuopio, das Orthodoxe Kirchenmuseum, liegt nördlich der Innenstadt in der Karjalankatu 1. Das reich bestückte Museum führt die bereits 1911 begonnene Museumstätigkeit des früheren Klosters Valamo auf einer Insel im Ladogasee (▶Joensuu, Umgebung: Kloster Uusi Valamo) weiter und beherbergt **eine der größten Sammlungen orthodoxer Kirchenschätze** außerhalb von Russland. Ausgestellt sind wertvolle Ikonen, Ikonostasen, allerlei sakrale Gegenstände sowie reich verzierte liturgische Textilien. Wegen umfangreicher Renovierungsarbeiten ist das Museum noch bis mindestens Sommer 2014 geschlossen.

*Orthodoxes Kirchenmuseum

❶ www.ortodoksinenkirkkomuseo.fi

SEHENSWERTES IN DER UMGEBUNG

Vom Orthodoxen Kirchenmuseum kann man nordwärts zu Fuß zu der bewaldeten Höhe Puijomäki gehen. Zwei Wanderwege führen bis zu einem der bekanntesten Reiseziele in Finnland: dem 75 m hohen **Aussichtsturm** (Puijon Torni), der sich 225 m über dem Spiegel des Sees Kallavesi erhebt. Von hier hat man einen hervorragenden Ausblick auf die Finnische Seenplatte.

*Puijon Torni

❶ Mo.–Do. 11.00–19.00, Fr./Sa. bis 21.00, So. bis 16.00 Uhr, Eintritt 6/3 €, mit Restaurant, www.puijo.com

Etwas außerhalb liegt beim Campingplatz Rauhalahti das **Uppo-Nalle-Haus**. Uppo Nalle ist eine von der Künstlerin Elina Karjalainen geschaffene Bärenfigur, die in Finnland sehr beliebt ist. Kinder werden sich über einen Besuch beim »Bären« sicher freuen. Ein »Finnischer Abend« vermittelt jeden Dienstag, im Sommer auch jeden Donnerstag, einen kurzen Einblick in einige typische Gebräuche und Tätigkeiten. In der alten Flößerhütte Jätkänkämppä, die zum Spa-Hotel Rauhalahti am Kallavesi-See gehört, gibt es ein traditionelles Buffet zu Musik und Tanz, die größte Rauchsauna der Welt ist geöffnet, und auf dem See demonstrieren Flößer ihre Kunst. Das Arrangement kostet für Erwachsene mit Abendessen und

Finnischer Abend

> **!** *Der höchste Wasserfall Finnlands*
>
> **BAEDEKER TIPP**
>
> Der 45 km nördlich von Kuopio gelegene Wasserfall Korkeakoski (Gemeinde Maanika) ist mit einer Fallhöhe von **46 m** der größte Wasserfall des Landes, wobei es sich genau genommen »nur« um eine sehr steile Stromschnelle handelt. Sehr schön ist auch die »Schluchtenrunde«-Wanderung, die malerisch zur Felsformation Rotkolaakso führt.

Sauna rund 30 €, für Kinder die Hälfte; Hotelgäste zahlen nur einen kleinen Aufpreis. Reservierungen werden allerdings nur für Gruppen vorgenommen.

❶ Tel. 030 6 08 30

Riuttala Kurz vor Kuopio lohnt ein Abstecher westwärts Richtung Karttula (36 km). Bei Riuttala (nördlich) kann man ein großes Bauernhofmuseum ansehen. In Tervo, 14 km von Karttula entfernt, befindet sich das große **Angelzentrum** »Lachsland« (Lohimaa).

❶ Mitte Juni – Mitte Aug. Fr. – So. 12.00 – 17.00 Uhr, Eintritt 5/3 €, www.riuttala.fi

Iisalmi Rund 100 km nördlich von Kuopio liegt die Industriestadt Iisalmi am Nordufer des Porovesi. Am Seeufer unweit der Brauerei (mit Brauereimuseum) findet man einige nette Restaurants. Höhepunkt des Stadtrundganges ist das orthodoxe Kulturzentrum **Evakkokeskus** mitten in Iisalmi mit dem Hotel Artos, zwei Restaurants und einem Museum mit einer Sammlung von Ikonen und Modellen orthodoxer Kirchen aus Karelien. Alljährlich im Juli wird das orthodoxe **Prusniekka-Festival**, das dem örtlichen Kirchenheiligen geweiht ist, im Kulturzentrum gefeiert.

Kuusamo

 ✦ O 4

Geblet: Nordostfinnland
Einwohnerzahl: 16 400

Die Kleinstadt Kuusamo liegt auf einer Hochebene an dem See Kuusamojärvi. Vor allem die Umgebung ist hier interessant für Paddler, Angler, Sportfischer und Wanderer; im Winter finden Skifahrer sehr gute Bedingungen.

Kreuzungspunkt zweier Kulturen Schon im 15. Jh. bildete Kuusamo die bedeutende Schnittstelle zweier Kulturen. Bis hierher reichte der Einflussbereich des damaligen schwedischen Reiches von Westen, während aus dem Osten der kulturelle Einfluss Russlands kam. Ein Viertel der Bevölkerung der Region lebt von Land- und Forstwirtschaft, insbesondere die Rentierzucht hat hier noch Bedeutung. Die Stadt selbst wurde im Zweiten Weltkrieg zerstört und bietet keine Sehenswürdigkeiten, eignet sich aber als Stützpunkt für Fahrten oder Wanderungen in die Umgebung mit ihren vielen Naturschönheiten und dem reizvollen Gegensatz von ausgedehnten Wasser- und Sumpfflächen und felsigen Partien.

SEHENSWERTES IN DER UMGEBUNG

Rukatunturi Ein lohnender Ausflug führt zum Rukatunturi an der Str. Nr. 5. Auf dem 462 m hohen Berg gibt es 21 Lifte und 34 **Abfahrtspisten**. Auch das Langlaufgebiet in Kuusamo und Ruka ist ausgezeichnet. Loipen-

Kuusamo erleben

AUSKUNFT
Kuusamo Info
93600 Kuusamo
Torangintaival 2
Tel. 0306 50 25 40, www.ruka.fi

Oulanka Naturzentrum
Liikasenvaarantie 132
Tel. 0205 64 68 50
www.luontoon.fi, www.ruka.fi

ANREISE OULANKA
Von Kuusamo fährt man auf der E 63
nach Ruka. Von dort weiter über die
Straße Nr. 950 in Richtung Salla. Der
Oulanka-Nationalpark ist von den
Seitenstraßen, die nach Juuma, zum
Oulanka-Informationszentrum und zur
Naturhütte Hautajärvi führen, erreichbar.

Es gibt eine tägliche Busverbindung von
Kuusamo und Salla zur Hütte Hautajärvi.

ESSEN & ÜBERNACHTEN
Sokos Hotel Kuusamo €€ – €€€
Kirkkotie 23, Tel. 020 1 23 46 93
www.sokoshotels.fi
Das wie ein großes Samenzelt gestaltete
Dach des Hotels (149 Zi.) sieht man
schon von weitem. Innen findet man ein
erstklassiges Hotel mit Pool, Fitnessräumen, Tennis- und Badmintonplätzen. Das
Restaurant ist berühmt für seine köstlichen Rentier- und Fischspezialitäten.

WANDERN
Eine der berühmtesten Wanderstrecken
Finnlands ist die »Bärenrunde« ab Ruka
(▶S. 248).

---

karten sind im Touristenbüro erhältlich. Der Sessellift ist auch im
Sommer in Betrieb und bietet dem Besucher ein weites Panorama.
Auf der längsten **Sommerrodelbahn** (1 km) Finnlands kann man
zum Ausgangspunkt zurückkehren, aber auch den Sessellift nehmen.

Etwa 50 km nördlich von Kuusamo (über die Str. Nr. 913 zu errei-   ***Julma Ölky**
chen) liegt in einer tiefen Schlucht mit 50 m hohen Wänden der See
Julma Ölky. Obwohl dieses Naturkunstwerk ziemlich klein ist, ist der
Julma Ölky der berühmteste See der Region. Bei einem **Bootsausflug** sind am Ostufer die von einer gewölbten Felsplatte gebildete
sog. Teufelskirche und die aus zahlreichen Bächen gespeiste Regen-
bogenquelle (»Sateenkaarilähde«) zu sehen.

Nicht ganz billig, aber sehr vergnüglich sind im Winter Husky-Safa-   **Husky-Safaris**
ris, die in der Umgebung von verschiedenen Veranstaltern angeboten
werden. Eine rund **eineinhalbstündige, geführte Schlittentour**
mit den blauäugigen, lauffreudigen Vierbeinern veranstaltet beispielsweise Kuusamo Safaris, die auch weitere Outdoor-Aktivitäten
anbieten. Zum Programm gehören Kaffee und am offenen Feuer
gegrillte Würstchen. Pro Schlitten fahren zwei Personen, Kosten 50 €,
Kinder zahlen die Hälfte.
➊ 93825 Rukatunturi, Kotatie 1, Tel. 08 85 31 96 www.kuusamosafaris.fi

Im Oulanka-Nationalpark gibt es spektakuläre Stromschnellen.

✱ OULANKA-NATIONALPARK

Besuch bei Wolf, Bär und Adler

Nördlich von Kuusamo, in der Nähe des Polarkreises, liegt der Oulanka-Nationalpark (269 km²) mit seinen canyonartig eingeschnittenen Tälern. Wenn sich die Blätter der Espen, Birken und Ebereschen während der »Ruska« (Herbstfärbung) in eine leuchtende Farbenpracht verwandeln, ist das die ideale Zeit für ausgedehnte Wanderungen. Hier leben noch Wölfe, Adler und Braunbären. Im **Naturzentrum** des Nationalparks (13 km östlich von Käylä, ausgeschildert ab dort) informiert eine Ausstellung über die Region. Eine Multimediavorführung gibt Einblick in den Artenbestand des Nationalparks. Angelberechtigungen für die Flüsse der Region sind hier ebenfalls erhältlich.
❶ www.luontoon.fi

Spektakuläre Strom-schnellen

Die wilden Stromschnellen sind die große Hauptattraktion des Parks. Am eindrucksvollsten ist die Stromschnelle **Kiutaköngäs** (1 km zu Fuß vom Naturzentrum). Zwischen schmalen Felswänden aus Quarzit und Dolomit stürzt hier der ansonsten ruhige Oulankajoki 14 m auf einer Länge von 600 m in die Tiefe. Bekannt ist auch **Tailvalköngäs** (9 km östlich der Straße Kuusamo – Salla). Auf dem Weg dorthin eröffnen sich Ausblicke auf die Talschluchten Ristikallios. Ein unvergessliches Erlebnis ist es, die tosenden Stromschnellen **Niskakoski** (bei Juuma) und die des **Myllykoski**, an dem eine malerische alte Mühle liegt, auf einer schaukelnden Hängebrücke zu überqueren.

Bärenrunde

Eine der **berühmtesten Wanderrouten Finnlands** ist die »Bärenrunde« (finnisch »Karhunkierros«, kein Rundweg!) im Oulanka-

Nationalpark. Je nach Kondition kann sich der Wanderer entscheiden, ob er die ganzen 95 km (4 – 6 Tage) oder die kürzere, aber anspruchsvollere »Kleine Bärenrunde« (ca. 12 km, Start und Ziel in Juuma) abwandert. Ausgangspunkt für die große Bärenrunde ist die Naturhütte Hautajärvi (an der Str. Kuusamo – Salla), Endpunkt ist Rukatunturi. Übernachten kann man **gratis in den Wildmarkshütten** am Wegesrand. In der Hochsaison ist jedoch die Mitnahme eines kleinen Zeltes und Schlafsacks zu empfehlen. Wer gerne allein ist, wandert in dieser Zeit die Strecke genau umgekehrt.

Das Dorf Juuma ist ein guter Ausgangspunkt für Tageswanderungen; Langstreckenwanderer können hier ihren Proviant aufstocken, bevor es über die **mittelgebirgsähnlichen Höhen** der Kontaainen-Valtavaara-Bergkette dem Ziel entgegengeht.

Juuma

✶ Lahti

✦ **M 6**

Gebiet: Südfinnland
Einwohnerzahl: 102 300

Lahti (sprich: Lachti) liegt etwa 100 km nordöstlich von Helsinki und ist als Austragungsort internationaler Skispringen ein Begriff. Sehr schön ist die Lage der Stadt am Südende des Sees Vesijärvi und am Rand des eiszeitlichen Höhenzugs Salpausselkä.

Lahti ist ein weltbekanntes Wintersportzentrum. Hier wurden seit 1926 bereits sechsmal, zuletzt 2001, die Weltmeisterschaften in den Nordischen Skisportdisziplinen ausgetragen. Die nächste WM findet 2017 statt. Im Februar jeden Jahres wird zwischen Lahti und ▶Hämeenlinna der **Finlandia-Lauf** ausgetragen. Im März werden die Salpausselkä-Winterspiele veranstaltet.

Wintersportzentrum

SEHENSWERTES IN LAHTI

Den Mittelpunkt der Stadt bildet der große, von Geschäftshäusern umsäumte Marktplatz (Kauppatori). In der Kirkkokatu erhebt sich die »Kirche des Kreuzes« **Ristin Kirkko**, ein Backsteinbau, der 1978 am Standort der hölzernen Vorgängerkirche nach einem Entwurf von Alvar Aalto fertig gestellt wurde. Südlich vom Markt steht das Rathaus, ein Jugendstilbau, der 1912 nach Plänen von Eliel Saarinen, dem Erbauer des Finnischen Nationalmuseums und des Bahnhofs von Helsinki, errichtet wurde.

Marktplatz

Lahti

Vesijärvi

Alter Hafen

Sibeliushalle

Park   Kariniemi

KARTANO

Kariniemenkatu

Hafen

Pikku-Vesijärvi

Sportplätze

Historisches Museum

Busbahnhof

✝ **Kirche des Kreuzes**

Kirkkokatu

Kunst-museum

Kauppa-tori

1

2

Aleksanterinkatu

1

Stadt-theater

Stadt-bibliothek

Konzert-haus

3 ℹ

Hämeenkatu

Vuorikatu

Eisstadion

✝ **Orthodoxe Kirche**

KESKI-LAHTI

Radio-museum

Rundfunk-station

Harjukatu

Yrjönkatu

Mannerheiminkatu

Mannerheiminkatu

Asemakatu

✉ **Bahnhof**

Helkalankatu   *Orimattila* ↓

Helsinki ↓

Skistadion

Freizeitzentrum Messilä

Hämeenlinna

Mytä-järvi

Kouvola, Ruderzentrum

Essen
1 Mamma Mia
2 Santa Fe
3 Café Sinuhe

Übernachten
1 Sokos Lahden Seurahuone

Museen   Westlich befindet sich das **Historische Museum**. Das Gebäude mit stilisiertem Barockgiebel und umgebendem Park wurde 1897 als Privatwohnung des Hofrates August Fellman erbaut. Einen Besuch lohnt das **Kunstmuseum**, das eine Sammlung aus dem ehemaligen Museum von Vyborg und moderne finnische Kunst zeigt. Westlich des Friedhofs befindet sich die alte **Rundfunkstation**, in der mehr als 1000 Objekte zur Rundfunktechnik ausgestellt sind, darunter alte Radio- und Fernsehgeräte und ein Rundfunkstudio der 1950er-Jahre.

Historisches Museum: Mo. – Fr. 10.00 – 17.00, Sa. / So. 11.00 – 17.00 Uhr, Eintritt 6 /2 €

Kunstmuseum: Mo. – Fr. 10.00 – 17.00, Sa. / So. 11.00 – 17.00 Uhr, Eintritt 7 / 3 €

Rundfunkstation: Mo. – Fr. 10.00 – 17.00, Sa. / So. 11.00 – 17.00 Uhr, Eintritt 7 / 3 €

Im **Teich des Kariniemi-Parks** befindet sich seit 1997 der größte Springbrunnen Skandinaviens. Das Zusammenspiel von Licht, Wasser und Farben wirkt an Herbst- und Winterabenden am schönsten. | **Wasserorgel**

Lahtis »Schokoladenseite«, der **Vanha Satama**, liegt am Ufer des Vesijärvi. Wo einst weitab vom Stadtgeschehen Holz vom See auf die Bahn verladen wurde, lädt eine schön gestaltete **Promenade zum Flanieren** ein. Cafés und Restaurants am Seeufer sind bei gutem Wetter eine beliebte Freizeitadresse. Von hier startet auch eine Reihe von Ausflugsschiffen zu Touren und Rundfahrten über den See. | ***Alter Hafen**

Das Herz von Lahti: der Alte Hafen mit der Sibeliushalle

Lahti erleben

AUSKUNFT
Lahti Travel Ltd.
15110 Lahti, Rautatienkatu 22
Tel. 0207 28 17 50
www.lahdenseutu.net/en

> ### ! Musik liegt in der Luft
>
> **BAEDEKER TIPP**
>
> In der Sibeliushalle veranstaltet das Sinfonieorchester Lahti, eines der Spitzenorchester der nordischen Länder, unter seinem Dirigenten Okko Kamu nahezu wöchentlich hochrangige Konzerte. Ein Erlebnis, das sich lohnt! (Kartenverkauf: Tel. (0600) 39 39 49, www.sibeliustalo.fi

ESSEN
❶ *Spaghetteria Mamma Mia* ©
Vapaudenkatu 10, Tel. 03 7 51 67 16
Die finnische Interpretation italienischer Pizza ist ja immer so ein Thema, aber das Mamma Mia gleich neben dem Marktplatz bietet authentisch italienische Gerichte und gutes, selbst gemachtes Eis.

❷ *Santa Fe* ©©
Aleksanterinkatu 10, Tel. 03 7 81 80 07
www.santafelahti.com
Direkt am Marktplatz liegt das Santa Fe. Die Außenterrasse mit Blick auf das Markttreiben ist sehr beliebt, die Karte mexikanisch inspiriert.

❸ *Café Sinuhe* ©
Mariankatu 21, Tel. 03 7 51 16 20

Straßencafé nahe des Marktplatzes mit ausgezeichneten Kuchen und Gerichten.

ÜBERNACHTEN
❶ *Sokos Lahden Seurahuone* ©©©
Aleksanterinkatu 14, Tel. 020 1 23 46 55
www.sokoshotels.fi
Komfortables Spitzenhotel (155 Zi.) im Zentrum der Stadt. An Wochenenden werden Sonderpreise gewährt.

Jokela Country House ©©
Hämeenkoski, Pihlajamäentie 23
Tel. 050 5 66 79 24
www.jokelankartano.fi/en
Kleines Gutshaus (14 Betten) rund 30 km westlich von Lahti vom Ende des 19. Jh., das sich der Textilfabrikant Anders Korhonen bauen ließ. Einfache, gemütliche Zimmer, Sauna und Tennisplatz können benutzt werden.

Freizeitzentrum Messilä ©© – ©©©
Messiläntie 308
Tel. 03 8 60 11, www.messila.fi
Gemütliche Zimmer im Hotel neben dem ehemaligen Gutshaus, in alten Speichergebäuden oder Blockhütten. Restaurant muss vorgebucht werden.

FESTE
Jährlich Mitte September findet das Sibeliusfestival mit vielen Konzerten statt. www.sinfonialahti.fi
Bereits im August wird der musikalische Reigen mit einem einwöchigen Jazzfestival eröffnet.

---

*Sibeliushalle   Am Alten Hafen liegt auch eine weitere Sehenswürdigkeit: Im Frühjahr 2000 wurde mit der Sibeliushalle **einer der schönsten Konzertsäle Skandinaviens** eröffnet. Das von den jungen finnischen Architekten Hannu Tikka und Kimmo Lintula entworfene Holzbauwerk beeindruckt sowohl mit seiner fantastischen Akustik als auch mit seiner gewaltigen Glasfront, die den Blick auf den See freigibt.

Im Westen der Stadt erstreckt sich das Sportzentrum mit drei Sprungschanzen, zwei Freibädern, Eishalle und Stadion. Auf die 90 m hohe Großschanze führt ein Fahrstuhl zu einer **Aussichtsplattform**.

Sportzentrum

Das Skimuseum auf dem Sportgelände zeigt die Entwicklung des Wintersports von den Anfängen bis heute. Sportliche Eindrücke kann man auf einem **Skisprungsimulator** gewinnen oder indem man sich beim Skilanglauf versucht.

Skimuseum

❶ Mo. – Fr. 10.00 – 17.00, Sa. / So. 11.00 – 17.00 Uhr, Eintritt 7 / 3 €, www.lahdenmuseot.fi

UMGEBUNG VON LAHTI

Knapp 20 km nordwestlich von Lathi kommt man zu der **mittelalterlichen Steinkirche** von Hollola (Hollolan kirkko). Das zweischiffige Gotteshaus mit einer besonders schön gestalteten Westfassade wurde bereits im 14. Jh. angelegt und war im Mittelalter eine der bedeutendsten Kirchen in ganz Finnland. Im Inneren gibt es schöne Holzschnitzereien. Kunstgeschichtlich am bedeutsamsten ist die kleine Figur des Hl. Georg an einer Säule im Mittelgang. Der separat stehende Glockenturm von 1831 entstand nach einem klassizistischen Entwurf Carl Ludwig Engels. Direkt hinter dem umgebenden Friedhof liegt ein kleines **Freilichtmuseum** mit einer Ansammlung alter bäuerlicher Holzgebäude aus der Umgebung, die hier wieder aufgebaut wurden.

*Hollola

Vääksy liegt rund 50 km nordwestlich von Lahti. Bekannt ist der kleine Ort durch einen Kanal mit Schleuse – ein Nadelöhr, das alle Schiffe vom Vesijärvi zum Päijänne passieren müssen. Weiter nach Norden führt eine der schönsten Straßen Finnlands landschaftlich spektakulär über die zu beiden Seiten von Wasser gesäumte schmale Landbrücke **Pulkkilanharju**. In der von der Eiszeit sichtbar geformten Landschaft zwischen Vääksy und Sismä liegt der besuchenswerte **Nationalpark Päijänne**. Kanu- und Kajakfahrer schätzen das Gebiet wegen seiner vielen kleinen Inseln mit schönen Sandstranden. Im Norden grenzt der Päijänne an, der zweitgrößte See Finnlands.

*Vääksy

Rund 40 km nördlich von Lahti liegt der beliebte Erholungsort Heinola **am Nordufer der Jyrängönvirta**, einer Stromschnelle des Kyminjoki. Neben der schön gelegenen Holzkirche (1811) steht der von Carl Ludwig Engel 1834 entworfene Glockenturm.

Heinola

⋆ Lappeenranta

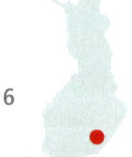

✦ O 6

Gebiet: Südostfinnland
Einwohnerzahl: 72 150

Lappeenranta liegt nahe der Grenze zu Russland und ist der südlichste Hafen auf dem Saimaasee. Beim russischen Adel war der Ort einst als Sommerfrische überaus geschätzt. Heute sind Stadt und Umgebung ein beliebtes Ziel für alle Urlauber, ganz besonders aber für Wassersportler.

Lappeenranta erleben

AUSKUNFT
Tourism Information
53100 Lappeenranta, Kauppakatu 40D
(Maakuntagalleria Gebäude)
Tel. 0207 12 05 60
www.gosaimaa.fi, www.lappeenranta.fi

ESSEN
❷ *Tiglio's* ⊖⊖
Raatimiehenkatu 18, Tel. 05 4 11 83 11
Pasta und Pizza, echt italienisch. Als Vorspeise gibt es kostenlos Oliven, Brot und verschiedene Gemüse.

❶ *Kahvila Majurska* ⊖
Kristiinankatu 1, Tel. 05 4 53 05 54
www.majurska.com
Im alten, hölzernen Garnisonsgebäude oben auf der Festung liegt eines der gemütlichsten Cafés in Finnland. Eingerichtet ist es mit stilvollen Antiquitäten. Es gibt leckere, selbst gebackene Kuchen, Tee aus dem Samowar, und in den kleinen Galerien und Kunsthandwerks-Boutiquen im anderen Teil des Hauses findet man Schönes zum Mitbringen.

ÜBERNACHTEN
❶ *Scandic Hotel Patria* ⊖⊖⊖
Kauppakatu 21, Tel. 05 67 75 11

www.scandichotels.com
Mit Blick auf den Seehafen liegt Lappeenrantas Top-Hotel mit 133 Zimmern, Sauna, Restaurant und Bar.

Valtionhotelli ⊖⊖⊖
Imatra, Torkkelinkatu 2
Tel. 05 6 25 20 00
www.rantasipi.fi
Einst gaben sich russische Adlige, Geheimagenten und gefeierte Künstler die Klinke im Valtionhotelli (37 km nordöstlich von Lappeenranta) in die Hand. Das Hotel ist immer noch ein Erlebnis, auch wenn der Lack etwas ab ist.

❷ *Hotelli Pallo* ⊖ – ⊖⊖
Pallonkatu 9, Tel. 05 4 15 08 00
Das kleine und freundlich geführte Gästehaus besteht aus kleinen Häuschen in einem ruhigen Wohngebiet.

AUSFLÜGE
Von Lappeenranta werden visumsfreie Minikreuzfahrten bis zum russischen Ort Vyborg auf dem Kanal veranstaltet. Wunderschön und unbedingt empfehlenswert sind die Ausflüge mit Segel- oder Motorboot auf den Saimaa-See (Start an der Stadtseite des Hafens).

Der aus einem mittelalterlichen Handelsplatz hervorgegangene Ort war 1741 Schauplatz einer entscheidenden Schlacht, in der ein schwedisch-finnisches Heer von den Russen geschlagen wurde. Von 1743 bis 1811 gehörte die Stadt zu Russland. Aus dem 17. / 18. Jh. und der russischen Zeit stammen die stellenweise noch erhaltenen Wälle der einstigen Stadtbefestigung. Nach der Entdeckung einer radioaktiven Mineralquelle (1824) entwickelte sich ein reger Kurbetrieb, der vor allem russische Adlige anzog.

Tor nach Osten

Ein Kanal verbindet seit 1856 den Saimaasee mit Vyborg (Viipuri) an der Ostsee. Der Höhenunterschied von 76 m wird auf der 43 km langen Strecke durch acht Schleusen geregelt. Für die Benutzung des 20 km langen russischen Teilstücks zahlt Finnland Pacht.

Saimaakanal

Lappeenranta

Essen
❶ Kahvila Majurska
❷ Tiglio's

Übernachten
❶ Scandic Hotel Patria
❷ Hotel Pallo

SEHENSWERTES IN LAPPEENRANTA

*Lappee-Kirche
Die Hauptstraße von Lappeenranta, die **Kauppakatu**, verläuft von Norden nach Süden. Nahe dem Marktplatz liegt die große Lappee-Kirche. Die 1794 erbaute, schön renovierte Holzkirche ist eine der wenigen erhaltenen sog. **Doppelkreuzkirchen** in Finnland. Der frei stehende Glockenturm von 1856 wird von dem Park Keskuspuisto umgeben.

Stadtmitte
An der Ecke Kauppakatu und Raastuvankatu erhebt sich das Rathaus, das im Jahre 1829 nach Plänen von Carl Ludwig Engel aus Holz errichtet wurde. Folgt man der Kauppakatu nach Norden, liegt links auf einer Anhöhe (130 m ü. d. M.) die **Stadtkirche** von 1924. In der Kauppakatu 26 kann man das **Wolkoff-Talomuseo** besuchen, das original erhaltene und eingerichtete Wohnhaus einer russischen Emigrantenfamilie.
❶ Sa./So. 11.00–17.00, im Sommer auch Mo.–Fr. 10.00–18.00 Uhr, www.lappeenranta.fi

Festung
Lebendigster Teil Lappeenrantas ist nach dem Hafen das Festungsviertel mit seinen Cafés, Läden, Kunsthandwerkern und Museen: Im nördlichen Teil der Festung (Linnoitus) befindet sich das **Südkare-**

Stille Wasser: idyllische Szene am Saimaasee

lische Museum. Neben karelischen Trachten sind insbesondere die Exponate aus der früher finnischen Stadt Vyborg (Viipuri) und das Modell der Stadt interessant. In der ehemaligen Festungswache befindet sich ein **Kavalleriemuseum**, zu sehen gibt es Uniformen, Sättel und Waffen der finnischen Kavallerie. Auf dem Gebiet der alten Festung zeigt ein **Kunstmuseum** zudem Wechselausstellungen.

❶ alle Museen: Juni – Mitte Aug. Mo. – Fr. 10.00 – 18.00, Sa. / So. 11.00 – 17.00, sonst Di. – So. 11.00 – 17.00 Uhr, Kavalleriemuseum nur im Sommer geöffnet, Eintrittskarte für alle Museen gültig

Unterhalb der Festung liegt der größte Binnenhafen Finnlands. Am Hafenmarkt gibt es **zahlreiche Cafés,** hier liegt auch das Oldtimer-Restaurantschiff »Prinsessa Armaada«. Im Osten der Bucht erstreckt sich der Kimpinen-Park mit einem Badestrand.

Hafen

UMGEBUNG VON LAPPEENRANTA

Der Saimaa, der sich nördlich von Lappeenranta erstreckt, wird gern als der **»See der tausend Inseln«** bezeichnet. Sunde und Ströme verbinden ihn mit seinen Nachbarn, sodass dieser Teil der Finnischen Seenplatte aus der Luft wie ein gewaltiges Labyrinth aus Wasser und Land erscheint. Der eigentliche Saimaasee, 76 m ü. d. M. gelegen und bis 90 m tief, bedeckt – ohne die vielen Inseln – eine Fläche von etwa 1300 km², während die Seenplatte insgesamt annähernd 7000 km² umfasst. Den niedrigen Rand des Saimaa bildet der Höhenrücken des **Salpausselkä,** der den direkten Abfluss des Sees nach Süden verhindert. Das ganze Seensystem, dessen tiefdunkles, an flachen Stellen gelblich wirkendes Wasser seinen Ursprung in den zahlreichen Mooren des Landes hat, wird durch den Vuoksi entwässert, der nördlich der Stadt Imatra den Saimaa verlässt. Die hügeligen Ufer sind fast überall von Nadelwald, weiter nördlich auch von Birkenwald bedeckt.

**Saimaasee

Im Wasser des Saimaa lebt eine artenreiche Fauna. Der Saimaa-Lachs und die bei Tierliebhabern bekannte **Saimaa-Ringelrobbe** sind dabei einzigartig. Im nördlichen Teil des Sees lebt mit 220 – 250 Tieren die größte Population dieser stark vom Aussterben bedrohten Art.

Einzigartige Tierwelt

Etwa 40 km nordöstlich von Lappeenranta liegt die Stadt Imatra, die wegen der **Wasserfälle** schon im 19. Jh. ein international bekanntes Reiseziel war. Bei Imatra fällt der Vuoksen – eine Verbindung zwischen Saimaa und Finnischem Meerbusen – auf einer kurzen Strecke um 18 m; das Wasser hat sich mit der Kraft seines Falls eine 20 m breite Rinne in den Granit gegraben. Heute dient es, umgeleitet, der Stromerzeugung. Von Ende Juni bis Mitte Aug. gibt es täglich um

*Imatra

18.00 Uhr ein **einmaliges Spektakel**: Zu Klängen von Jean Sibelius, Darude und Nightwish sowie den Effekten einer Lichtershow öffnen sich die Schleusen für 20 Minuten, und unter gewaltigem Tosen füllt das Wasser das trockene Flussbett. Direkt neben den damals touristisch viel besuchten Stromschnellen entstand während der Zarenzeit das eindrucksvolle **Valtionhotelli** (Staatshotel), ein 1903 im Jugendstil errichtetes Märchenschloss. Am westlichen Ufer des Vuoksi befindet sich ein Touristenzentrum mit Campingplatz, Bungalows, Wanderherbergen, Reitschule, Bootshafen und Badestränden.

❶ Wasserspektakel: www.imatra.fi

*Gemeinde-
zentrum

Im Stadtteil Vuoksennista sollte man das Gemeindezentrum, das 1957 von **Alvar Aalto** errichtet wurde, ansehen: Dazu gehören eine Kirche, ein Pfarrhaus, eine Friedhofskapelle und Gemeindehäuser.

❶ tgl. 9.00 – 15.00, Anf. Juni – Aug. 10.00 – 18.00 Uhr, Ruokolahdentie 27, www.seurakunta.org

* Lappland

Gebiet: Nordfinnland, Lappland

Finnisch-Lappland unterscheidet sich nur in den geringeren Höhen der Berge von den norwegischen und schwedischen Landschaftsteilen. Gleichwohl erhebt sich hier der Haltiatunturi, mit 1328 m der höchste Berg Finnlands. Nur in den höheren Lagen findet man Moor und Tundra, ansonsten ist diese Region vollständig von Wald bedeckt.

Groß und leer

Lappland besuchen heißt, in eine große Einsamkeit eintauchen. Nur 2,2 Einw. / km² leben hier, insgesamt sind es rund 380 000 Menschen (davon ca. 188 000 in Finnland), von denen 30 000 – 32 000 Samen (Lappen) sind, und davon ca. 9000 in Finnland. Hauptstadt von Finnisch-Lappland ist ▶Rovaniemi. Mehrere Regionen dieser unberührten Landschaft stehen als National- oder Naturpark unter Schutz. Bevor man zu einer Wanderung in die Wildnis aufbricht, sollte man sich gutes **Kartenmaterial sowie einen Kompass** besorgen – und ein Mückenschutzmittel nicht vergessen.

* URHO-KEKKONEN-NATIONALPARK

Paradies für
Wandervögel

Im äußersten Nordosten Lapplands liegt der Nationalpark Urho-Kekkonen (Urho Kekkosen kansallispuisto), benannt nach Finnlands langjährigem Präsidenten. Wandern ist hier Freizeitvergnügen Num-

Finnisch-Lappland erleben

ANREISE
Pallastunturi
Von Muonio folgt man der Straße nach Rovaniemi. Nach 13 km zweigt man bei Särkijärvi von der Hauptstraße links ab und fährt auf einer Bergstrecke aufwärts. Nach 15 km kommt man zu einer Straßenteilung: Dort wendet man sich nach links, dann sind es noch 7 km bergauf zum Besucherzentrum und dem Pallastunturi Turisthotel. Busverbindung in den Park während der Hauptsaison.

Urho-Kekkonen-Nationalpark
In den Park gelangt man über Waldautowege. Parkplätze und Informationstafeln findet man am Fluss Luttojok, in Aittajärvi und Kemihaara. Eine tägliche Busverbindung besteht auf der Strecke Rovaniemi – Sodankylä – Vuotso – Tankavaara – Kiilopää – Saariselkä und auch von Kemijärvi über Ruuvaoja nach Tulppio.

Inarisee
Am bequemsten erfolgt die Anreise über den Flughafen Ivalo.

Lemmenjoki-Nationalpark
Von Inari fährt man in südwestliche Richtung nach Kittilä. Hinter Menesjärvi biegt man zum Dorf Njurkulahti (Info, Zeltplätze, Privatunterkünfte und Feriendorf) ab. Motorbootverkehr zum Ravadasjärvi und nach Kultsastama.

AUSKUNFT
Pallastunturi Visitor Centre
Tel. 0205 64 79 30
www.luontoon.fi
Neben dem Pallastunturi Turisthotel am Fuß des Taivaskero.

Inari Tourist Info Siida
99870 Inari, Inarintie 4
Tel. 040 1 68 96 68, www.saariselka.fi

Ivalo
99800 Ivalo, Ivalontie 10
Tel. 040 1 68 96 68, www.saariselka.fi

Saariselkä Tourist Info Kiehinen
99800 Saariselkä, Kelotie 1 / Siula
Tel. 040 1 68 78 38, www.saariselka.fi

Northern Lapland Nature Centre Siida
99870 Inari, Inarintie 46
Tel. 0205 64 77 40
www.laplandfinland.com

ESSEN & ÜBERNACHTEN
Hotel Ylläs Saaga ⊛⊛⊛
95980 Ylläsjärvi, Ylso-Ylläksentie 42
Tel. 016 2 15 80 00, www.yllassaaga.com
Das Fjäll-Hotel zwischen Kittilä und Kolari bietet hohen Komfort, exklusive Wellness-Einrichtungen sowie ein anspruchsvolles Restaurant.

Lappland Hotel Pallas ⊛⊛⊛
99330 Pallas, Tel. 016 32 33 55
www.laplandhotels.com
Das erste Fjäll-Hotel (63 Zi., errichtet 1938) auf den Höhen des Ounusselkä war immer auch Schauplatz finnischer Zeitgeschichte. Im Winter kommen viele Besucher zum Skifahren.

Hotel Ivalo ⊛⊛⊛
99800 Inari, Ivalontie 34
Tel. 016 68 81 11
www.hotelivalo.fi
Am Fluss gelegen, 94 Zimmer mit Aussicht und eine gute Küche.

Hotel Inarin Kultahovi ⊖⊖
99800 Inari
Saarikoskentie 2
Tel. 016 5 11 71 00
www.hotelkultahovi.fi
In der Nähe des Sámi-Freilichtmuseums
gelegen (29 Zi.), gibt es hier traditionell

samische Küche und jede Menge Natur-
aktivitäten in der näheren und weiteren
Umgebung.

MITTERNACHTSSONNE
Utsjoki: 19. Mai – 24. Juli, Ivalo: 22. Mai –
21. Juli, Sodankylä: 29. Mai – 14. Juli

mer eins. Die Flüsse werden von Kiefern-, andernorts von Fichten-
wäldern und ausgedehnten Teppichen aus Rentierflechte sowie
Weißmooren gesäumt. Der Nationalpark ist Heimat von ca. zwei
Dutzend **Bären**, und immer mal wieder streifen Wölfe über die russische Grenze in den Park.

Tankavaara In Tankavaara kann der Besucher die alte Goldgräbertradition Lapplands kennen lernen – es besteht die Möglichkeit, **Gold** zu waschen.
Erst 1996 wurden im finnischen Teil Lapplands umfangreiche Gold-
vorkommen entdeckt. Nach Meinung von Geologen ließen sich aus
der Ader etwa zehn Tonnen Gold schürfen, das einem Marktwert
von rund 165 Mio. € entspricht. Am Ort befindet sich das Informationszentrum des Nationalparks. Außerdem besitzt das Museum eine
der schönsten **Mineraliensammlungen** Finnlands.
❶ Tankavaara Goldvillage tgl. 9.00 – 21.00, Museum: Juni – Mitte Aug. tgl.
9.00 – 18.00, Mitte Aug. – Ende Sept. bis 17.00, Okt. – Mai Mo. – Fr.
10.00 – 16.00 Uhr, Eintritt 8 / 4 €, www.kultamuseo.fi, www.tankavaara.fi

Wandern im Die für Wanderungen im Park wichtigen Informationen sind im
Nationalpark Informationszentrum bei Tankavaara (Kolliskaira) erhältlich. Hier
erfährt man, ob einzelne Flüsse über die Ufer getreten sind, und es
können Reservierungen für einige der vierzig Hütten im Park vorgenommen werden. Eine **beliebte einwöchige Wanderung** durch
den Nationalpark folgt der Route Kiilopää – Suomunruoktu – Tuis-
kukuru – Luirojärvi – Lankojärvi – Rautulampi – Kiilopää.

Pallastunturi Im äußersten Nordwesten des Landes liegt, nahe der schwedischen
Grenze, die Berggruppe des Pallastunturi. Mit seinen baumlosen
Hängen zählt der Pallastunturi zu den beliebtesten Skigebieten in
Finnland.

*National- Der Nationalpark Pallas-Ounastunturi zeigt die großartige, aber kar-
park Pallas- ge Natur lappländischer Gebirgslandschaft. Die um den Ounastun-
Ounastunturi turi (723 m) vorherrschenden Fichtenwälder werden nach Norden
zum Pallastunturi (807 m) hin von Kiefernwäldern abgelöst. Im
Sommer sind 120 km markierte Wanderwege, im Winter 200 km

Skirouten vorhanden. Eine sehr schöne, 55 km lange ausgeschilderte Route führt durch den gesamten Park. Sowohl in der Sioskuru-Hütte als auch in den Schutzhütten der Rentierhirten bei Tappuri kann übernachtet werden.

✳ LEMMENJOKI-NATIONALPARK

Der Nationalpark Lemmenjoki nahe der norwegischen Grenze ist der größte und bekannteste Park Finnlands. Zusammen mit dem benachbarten norwegischen Nationalpark Øvre Anarjokka bildet er ein Schutzgebiet, das **fast so groß ist wie die Schweiz**.

Größter Park Finnlands

Den Kern des Parks umrahmen mehrere Gebirgsgruppen, deren höchsten Punkt die Region Viipustunturit / Viibustuoddarak (599 m) im Osten bildet. Von den Höhenzügen wird ein Tiefland mit spärlichem Birken- und Kiefernbewuchs und Mooren eingeschlossen. Auf einer Wasserscheide gelegen, entspringen im Park zahlreiche **Flüsse,** einst die wichtigsten Verkehrswege der Samen. Besonders sehenswert ist das **Tal des Lemmenjoki** (samisch: Leämmi).

Berg und Fluss

Das Wildmarksgebiet um den Lemmenjoki ist ein traditionelles Siedlungsgebiet der Samen. Am **Rajajoki** kann bei Sallivaara ein alter Rentierscheidungsplatz besichtigt werden. Das typische Samendorf **Lisma** liegt direkt im Park. Der beste Ausgangspunkt für **Wanderungen** im Lemmenjoki-Nationalpark ist Njurkulahti. Von hier führt ein markierter Weg entlang des Lemmenjoki zum See Ravadasjärvi

Samische Dörfer

Unbekannte Weite: der Lemmenjoki-Nationalpark

(14 km). Es schließt sich ein 20 km langer Rundwanderweg an, der durch das **Gebiet der Goldgräber** führt. So mancher Tourist versucht hier sein Glück mit der Goldpfanne. Nur entlang der oben genannten Wege sind Feuerstellen und Zeltplätze eingerichtet, ansonsten ist der Nationalpark weglos. Am Radavasjärvi und Morgamjärvi stehen kleine Hütten.

* INARISEE

Heiliger See

Der Inarisee (Inarijärvi) hoch im Norden ist der drittgrößte See in Finnland. Er ist übersät von etwa 3000 Inseln und Inselchen und gilt den Sami als heilig. Diese bizarre Welt im Reich der Mitternachtssonne gehört **zu Finnlands faszinierendsten Landschaften**. An den felsigen Ufern wachsen Fichten, Kiefern und Birken – alle in polaren Zwergformen. Das Klima ist hier bis weit ins Frühjahr hinein von arktischer Härte. Oft löst sich die geschlossene Eisdecke des Sees erst im Juni auf – um nur wenige Monate später wieder zuzufrieren.

! BAEDEKER TIPP

Fahrt auf die Heilige Insel

Besonders schön sind **Bootsfahrten auf dem Inarisee**. Sie können sich z.B. einer Fahrt zur Insel Ukkokivi anschließen, einstmals die heiligste Insel der Samen (Abfahrten im Sommer ein- bis dreimal täglich ab Inari, Dauer 2 Std.)

In Inari, das an der Mündung des fischreichen Joenjoki liegt, leben nur 6760 Menschen. Beim Forstamt liegt das **Sámi-Freilichtmuseum** (Lappensiedlung), das neben alten Häusern auch samisches Kunsthandwerk zeigt. Angeschlossen ist das **Museumszentrum Siida**, das Informationen über die Geschichte und Kultur der Samen bietet. Hier befindet sich auch eine Informationsstelle der Forstverwaltung, wo man Wanderhütten mieten kann, Angel- und Jagdscheine erhält sowie Auskunft über Wandertouren.

❶ Juni–Sept. tgl. 9.00–20.00, Okt.–Mai Di.–So. 10.00–17.00 Uhr, www.siida.fi

* Oulu

✦ M 4

Gebiet: Nordfinnland
Einwohnerzahl: 144 000

Oulu liegt an der Mündung des Oulujoki in den Bottnischen Meerbusen. Jenseits der Metropole beginnt Lapplands Wildnis. Wer möchte, kann hier nochmal Kultur tanken oder Teerschnaps probieren, eine Spezialität der Universitätsstadt.

Schwedens König Johan III. ließ gegen Ende des 15. Jh.s auf der Insel Linnansaari in der Flussmündung eine Burg erbauen. Um diese entwickelte sich ein Ort, der dank der verkehrstechnisch günstigen Lage schnell zu einer der wichtigsten Seefahrts- und Handelsstädte Finnlands heranwuchs. Ein Großbrand vernichtete 1822 fast die ganze Stadt. Im 19. Jh. konnte Oulu als Hafenstadt besonders vom Teerhandel profitieren. Heute ist die größte Stadt Nordfinnlands **einer der bedeutendsten Wirtschaftsräume** des Landes.

Boomtown im Norden

SEHENSWERTES IN OULU

Am nördlichen Ende der belebten Kirkkokatu liegt der Dom, der 1777 fertig gestellt wurde und damit die ältere Vorgängerkirche von 1613 ablöste. Nach dem Stadtbrand von 1822 musste er in den Jahren 1828 – 1832 nach Plänen von **Carl Ludwig Engel** erneuert werden.

Dom

❶ Juli tgl. 11.00 – 21.00, Juni und Aug. tgl. 11.00 – 20.00 Uhr

Südwestlich des Doms steht an der Kreuzung Kirkkokatu / Hallituskatu das Rathaus (Kaupungintalo) mit der prächtigen Fassade im Stil der Neorenaissance. Das Innere mit dem schönen Empfangssaal und **Kristallleuchtern aus Böhmen** kann besichtigt werden.

*Rathaus

Vom Nordende der Kirkkokatu gelangt man über eine kleine Brücke in den Stadtpark Ainola, der schön auf der Insel Hupisaari liegt. Im Westen der Insel befindet sich das überregional bedeutende **Regionalmuseum**. Dort werden historische und ethnografische Sammlungen sowie eine Lappland-Ausstellung gezeigt.

Insel Hupisaari

❶ Mo., Di., Do. 10.00 – 17.00, Mi. bis 19.00, Sa. / So. 11.00 – 17.00 Uhr

Im ältesten Holzgebäude der Stadt von 1739 (Matila House, Pikisaarentie 6), das lange als Zollhaus an der Straße nach Liminka gedient hat, ist heute ein **Museum** eingerichtet, das im Stil der 1880er-Jahre die typische Wohnstätte eines Seemanns darstellt, wie sie zur damaligen Zeit aussah.

Altes Zollhaus

❶ Mai – Aug. tgl. 12.00 – 18.00 Uhr, Eintritt frei
http://oulu.ouka.fi/ppm/merimiesmuseo/Matila_english.htm

Das wie die Startrampe einer Raketenstation gebaute **Wissenschaftszentrum** Tietomaa ist mit seinem Observatorium, der Computer-Schau und dem Omnimax-Kino, das beeindruckende Filme zu Themen aus Natur und Wissenschaft zeigt, ideal für einen Besuch mit der ganzen Familie geeignet. An mehr als 170 Stationen kann man nach Herzenslust experimentieren und spielen.

*Tietomaa

❶ tgl. 10.00 – 17.00, saisonal bis 18.00, Mi. meist bis 20.00 Uhr, Eintritt 15 / 11 €, www.tietomaa.fi

Oulu erleben

AUSKUNFT
Oulu City Tourist Office
90015 Oulun Kaupunki, Torikatu 10
Tel. 044 7 03 13 30
www.oulutourism.fi, www.ouluon.fi

ESSEN
❷ *1881 Uleåborg* ❸❸❸❸
Aittatori 4–5, Tel. 08 8 81 11 88
So. geschl., www.uleaborg.fi
In dem ehemaligen Lagerhaus wird
skandinavische Küche vom Feinsten
serviert. Im Sommer schaut man von
der Terrasse direkt aufs Meer.

❸ *Matala* ❸❸ – ❸❸❸
Rantakatu 6, Tel. 08 3 33 013
www.matala.fi
Exquisites Restaurant am Marktplatz mit
italienisch-französischer Küche, die mit
ausgesuchten, regionalen Spezialitäten
angereichert wird. Relativ preisgünstig
ist das wöchentlich wechselnde
Überraschungsmenü.

❶ *Sokeri-Jussi Kievari* ❸❸
Pikisaarentie 2, Tel. 08 37 66 28
www.sokerijussi.fi
Diese rustikale Kneipe auf der Insel
Pikisaari bietet eiskaltes Bier und
gemütliche Außentische. Einheimische
schwärmen von dem Restaurant.

ÜBERNACHTEN
❷ *Radisson Blu Hotel* ❸❸❸
Hallituskatu 1, Tel. 020 1 23 47 30
www.radissonblu.com
In herrlicher Aussichtslage direkt am
Marktplatz und am Wasser befindet sich
dieses sehr gepflegte und mit allen
Einrichtungen eines erstklassigen Hauses
ausgestattete Hotel (222 Zi.).

❶ *Sokos Hotel Eden* ❸❸❸
Holstinsalmentie 29
Tel. 020 1 23 46 03, www.sokoshotel.fi
Dieses luxuriöse Spa-Hotel (169 Zi.) liegt
nur 4 km außerhalb der Stadt naturnah
auf einer Landzunge mit direktem Zugang zum Sandstrand. Große und kleine
Badefreunde kommen auch im hotel-
eigenen Erlebnisbad auf ihre Kosten.

❸ *Hotel Restaurant Lasaretti* ❸❸
90101 Oulu, Kasarmintie 13
Tel. 020 7 57 47 00, www.lasaretti.com
Das sehr ansprechende, wunderschön in
einem Park auf der Insel Lasaretinsaari
gelegene Hotel (49 Z.) legt großen Wert
auf umweltbewusste Ausgestaltung und
verfügt über einen schönen Spa sowie
ein ausgezeichnetes Restaurant.

SPORT
Volksskilauf Tervahiito
Anfang März findet der älteste ohne
Unterbrechung durchgeführte Lang-
streckenlauf auf Skiern weltweit statt,
der 2013 schon zum 124. Mal auf Routen von 20 – 70 km ausgetragen wurde.

Wintersport
Die schönste Zeit für Winteraktivitäten
ist der März: Die Tage sind schon wieder
länger, und der Schnee liegt in der Regel
noch einen halben Meter hoch. Möglich
sind Skilanglauf auf 100 km präparierten
Loipen, Eisangeln, Schlittschuhlaufen
oder Motorschlittenfahren.

Radfahren
Im Sommer bietet sich das ausgezeichnete Radwegenetz der Stadt für Unternehmungen an (mehrere Fahrradverleihe
in der Stadt).

Oulu

Essen
1 Sokeri-Jussi Kievari
2 1881 Uleåborg
3 Matala

Übernachten
1 Sokos Hotel Eden
2 Radisson Blu
3 Hotel Restaurant Lasaretti

Nahe des Hafenbeckens (Venesatama) liegt der weite Marktplatz (Kauppatori) mit dem Theater, der Kongresshalle und **alten Salzmagazinen**, die mit der typischen rostroten Erdfarbe (Punamulta) gestrichen sind. Während auf dem Marktplatz Gemüse, Beeren, Blumen, Kleidung und Reiseandenken verkauft werden, kann man sich

Marktplatz

Skyline von Oulu – der letzten Station, bevor die
große Wildnis von Lappland beginnt.

in der **Markthalle** mit geräuchertem Fleisch, frischem Fisch, ofen-
warmem Brot und Gewürzen eindecken.

❶ Mo. – Do. 8.00 – 16.00, Fr. bis 17.00, Sa. bis 15.00 Uhr

Universität Nördlich außerhalb liegt der Stadtteil Linnanmaa mit der zweitgrößten Universität des Landes. Auf dem Campus befinden sich ein geo-
logisches und ein zoologisches **Museum** sowie am Nordende des
Campus, am Kuivasjärvi-See, ein **Botanischer Garten** (Buslinie
Nr. 19 ab Oulu Zentrum). In den pyramidenförmigen Gewächshäu-
sern »Romeo & Julia« gedeihen aufs Schönste subtropische und tropische Pflanzen.

Garten: 7.00 bis Sonnenuntergang
Gewächshäuser: Di. – Fr. 8.00 – 15.00, Sa. / So. 12.00 – 15.00 Uhr

UMGEBUNG VON OULU

*Bootsfahrt Mit einem traditionellen Holzboot kann man von Oulu aus den
nach Oulujoki hinauf bis zum 13 km südöstlich gelegenen Freilichtmu-
Turkansaari seum Turkansaari fahren. Früher wurden in solchen Booten Teer-
fässer über die Flüsse nach Oulu transportiert. Vor dem Besteigen
des Bootes bekommt der Gast ein Glas **Teerschnaps** serviert, eine

Spezialität von Oulu. Auf der etwa 40 Min. dauernden Fahrt erblickt man schöne Häuser, Villen und Saunahäuschen.

Das Freilichtmuseum Turkansaari enthält mehr als 40 alte Gebäude, die einen hervorragenden Einblick in das harte **Leben der Holz-fäller und Teerbrenner** in den Weiten des finnischen Waldes bieten. Im Sommer werden Themenwochen zum Teerbrennen, Handwerk, Handarbeit und Volkstanz veranstaltet. **Freilicht-museum Turkansaari**

❶ Ende Mai – bis Mitte Aug. tgl. 10.00 – 18.00, Mitte Aug. – Mitte Sept. bis 16.00 Uhr, Eintritt 3 / 1 €, www.oulu.ouka.fi

Der Küste vorgelagert, 27 km südwestlich von Oulu, liegt im Bottnischen Meerbusen die Insel Hailuoto. Im Sommer ist sie mit einer stündlich verkehrenden kostenlosen Fähre von Oulunsalo aus zu erreichen, **im Winter über das geschlossene Eis**. Beliebt ist die Insel vor allem wegen ihrer herrlichen, allseits beliebten Sandstrände an der Westküste. In Marjaniemi am Inselende liegt ein Campingplatz mit Ferienhütten. ***Insel Hailuoto**

Die alte Stadt ***Raahe** mit ihren rund **200 hölzernen Bürgerhäusern aus dem 19. Jh.** bietet ein schönes Beispiel finnischer Holzbautradition. 1810 vernichtete ein verheerender Brand drei Viertel aller Häuser der Stadt. Beim Wiederaufbau wurden auch zahlreiche Blockhäuser aus der nahen Provinz aufgekauft, abgetragen und in Raahe wieder aufgebaut. Am Myhberg-Park steht, neben vielen Holzhäusern im Stil des 19. Jh.s, das älteste Haus Raahes. Das zweigeschossige Haus des Reeders Sovelius (Rantakatu 36) wurde 1780 errichtet und wegen seines chromoxidgrünen Anstrichs von der Bevölkerung »grö-na slottet« (grünes Schloss) genannt. Im oberen Stockwerk befindet sich eine Ausstellung über die Lebensweise einer Reederfamilie von anno dazumal. In einem alten Lagerhaus von 1848 (Rantakatu 33) wurde 1862 das **älteste Lokalmuseum Finn-**

Kutter vor dem Lokalmuseum Raahe

lands eröffnet. Es zeigt eine Seefahrtssammlung, zu der auch zahlreiche Souvenirs der Seeleute gehören, die sie von ihren Fahrten auf den Weltmeeren mitgebracht haben. Bedeutendstes Ausstellungsstück ist **der älteste Taucheranzug der Welt** (18. Jh.), »the Old Gentleman«. Die Kopie dieses Originals erwies sich als funktionstüchtig.

»Grünes Schloss«: wechselnde Öffnungszeiten, www.raahenmuseo.fi
Lokalmuseum: Juni – Aug. Mo. – Fr. 12.00 – 18.00, Sa. / So. 12.00 – 16.00, sonst Di. – Fr. 13.00 – 17.00, Sa. 12.00 – 16.00 Uhr, Eintritt 2 / 1 €, www.raahenmuseo.fi

Kruununma-kasiini Der **historische Getreidespeicher** von 1852 (Kruununmakasiini), der 50 Jahre lang als Kornspeicher für das ganze Land genutzt wurde, erfuhr nach dem Kauf durch die Stadt 2001 eine Umwidmung und wurde Ende 2012, zum 150. Geburtstag des Raahe-Museums, neu eröffnet, auch mit Raum für Ausstellungen des Museums.

❶ www.raahenmuseo.fi

*Kalajoki Kalajoki, 140 km südwestlich von Oulu, ist einer der beliebtesten Ferien- und Badeorte in Finnland. Denn südlich des Städtchens erstrecken sich hinter Dünen die **längsten Sandstrände des Landes**. Dort sorgt der Vergnügungspark Juku Jukumaa für Abwechslung. Viele neue Hotels, Ferienhütten und ein Golfplatz sind entstanden; bei dem Feriendorf Tapion Tupa wurde ein Schwimmbad mit Saunen eröffnet. Von der Terrasse des Restaurants Rantakalla hat man eine weite Aussicht auf die Badestrände.

Pori

✦ K 6

Gebiet: Südwestfinnland
Einwohnerzahl: 83 200

Im südwestfinnischen Pori wurde im Laufe der Geschichte viel Flexibilität gezeigt: Zweimal musste man den Ort verlegen, weil sich die Küste wegen der Landhebung nach Westen verschob. Heute ist die Stadt dank des Jazzfestivals wohlbekannt.

Fisch und Holz Im Jahre 1558 verlieh Herzog Johan III., ein Sohn des Schwedenkönigs Gustav Wasa, Pori die Stadtrechte. Nach dem letzten großen Brand (1852) wurde die Stadt **von Grund auf neu geplant**. Das »neue« Pori entstand um zwei Esplanaden herum, die einander rechtwinklig kreuzen. Von wirtschaftlicher Bedeutung sind heute neben den Frachthäfen auf Tahkoluoto und Mäntyluoto auch der Fischereihafen auf der Insel Reposaari sowie Holzveredelungs- und metallverarbeitende Industrie.

Pori erleben

AUSKUNFT
Pori Tourist Office
28100 Pori, Yrjönkatu 17
Tel. 02 6 21 79 00
www.pori.fi, www.maisa.fi

ESSEN
Raatihuoneen Kellari ❸❸ – ❸❸❸
Hallituskatu 9, Tel. 02 6 33 48 04
www.raatihuoneenkellari.fi
Im eleganten »Ratskeller« gibt es
exquisite finnische Küche und an
Wochentagen ein Lunchbuffet.

Restaurant Reposaari ❸❸
Satamapuisto 34, Tel. 02 6 38 40 44
Eines der hervorragenden Fischrestaurants auf der Insel Reposaari: Ein Ausflug
zum Abendessen ist ein schönes Erlebnis.

ÜBERNACHTEN
Yyteri Hotel & Spa ❸❸❸
Tel. 02 6 28 53 00

Moderne Kurhotel-Anlage an der
Traumbucht von Yyteri. Mit Restaurants
und Nachtclub.

Hotel Amado ❸❸❸
Keskusaukio 2
Tel. 02 6 31 01 00
www.amado.fi
Das Amado (57 Zi.) liegt nahe des Bus-
bahnhofs und ist – bei perfektem Komfort – eines der günstigeren Hotels in der
Stadt. Das A la carte-Restaurant genießt
einen guten Ruf.

BADEN UND SURFEN
Lohnend ist eine Fahrt auf der Str.
Nr. 265 zum Sandstrand von Yyteri mit
seinem naturbelassenen Dünengürtel –
übrigens auch ein hervorragendes
Surf-revier. Hier gibt es Hotels, einen
Campingplatz und Ferienhütten.

SEHENSWERTES IN PORI

Die interessantesten Gebäude und Museen liegen am nördlichen ***Rathaus**
Ende der Esplanade Pohjoispuisto am Ufer des Kokemäenjoki. Der
Stadtteil bietet ein geschlossenes Bild des ausgehenden 19. Jh.s. Direkt
an der Esplanade steht das alte Rathaus, ein **Kaufmannspalais im
venezianischen Palaststil**, das von dem Architekten August Krook
für die Familie Junnelius entworfen und 1895 fertig gestellt wurde.

Sehenswert ist das Kunstmuseum (Eteläranta). Neben dem festen **Kunst-**
Bestand (moderne Malerei und Skulptur; **Kunstfonds Maire Gul-** **museum**
lichsen) werden in dem Museum wechselnde Ausstellungen einheimischer und ausländischer Künstler gezeigt.
❶ Di. – So. 11.00 – 18.00, Mi. bis 20.00 Uhr, Eintritt 3,50 / 1,50 €,
www.poriartmuseum.fi

Westlich der Esplanade liegt an der Hallituskatu 11 das Museum für **Satakunta-**
die Landschaft Satakunta. Ausgestellt sind Exponate zur Geschichte **Museum**

Aus Skandinaviens Wäldern

Fast ein Viertel des auf der Welt verbrauchten Papiers wird in Schweden und Finnland produziert. Kein Wunder, denn beide Länder sind zum allergrößten Teil von Wald bedeckt. Norwegen kann naturgemäß nicht ganz mithalten.

▶ **Wälder in Skandinavien**
Anteil an der Gesamtfläche in Prozent

Norwegen	38 %
Schweden	66 %
Finnland	75 %

■ Waldtundra
■ Taiga
■ Mischwald
■ Laubwald
■ Bergtundra

▶ **Die Herstellung des Papierrohstoffs**

1 Das mechanische Verfahren – die Gewinnung von Holzstoff

Schleifen   Sortieren   Entwässern   Holzstoff

1 Das chemische Verfahren – die Gewinnung von Zellstoff

Hacken   Kochen   Bleichen   Entwässern   Zellstoff

▶ **Waldflächen und Eigentümer**
Gesamtfläche in Hektar, Besitzanteil in Prozent

■ Privatbesitz   ■ Staat/Kommunen
■ Industrie   ■ Andere

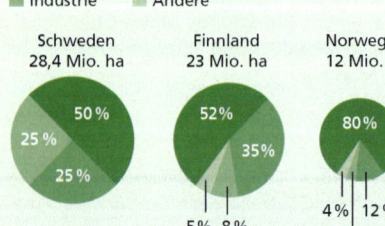

Schweden
28,4 Mio. ha
50 % / 25 % / 25 %

Finnland
23 Mio. ha
52% / 35% / 5% / 8%

Norwegen
12 Mio. ha
80% / 4% / 12% / 4%

▶ **Papierproduktion**
Anteile in Prozent, 2011

Deutschland 23
Finnland 11,9
Schweden 11,9
Italien 9,6
Frankreich 9,0
Spanien 6,5
Österreich 5,2
Großbritannien 4,6
Sonstige 17,4

Herstellung von Papier

2 Die einzelnen Bestandteile kommen mit viel Wasser (bis zu 99%) in den »Pulper« und werden dort zu einem Brei vermengt. Je nach Papierart ist das Mischungsverhältnis der Stoffe sehr verschieden.

Holzstoff　　Zellstoff　　Altpapier　　Wasser

3 Die Papiermaschine

Mit gleichmäßiger Bewegung trägt der »Stoffauflösers« die verdünnte Masse auf ein Sieb auf. Anschließend wird sie gepresst, getrocknet, geglättet und aufgerollt.

Pulper

Stoffauf-　　Sieb-　　　Press-　　　Trocken-　　　Glätten
löser　　　　partie　　　partie　　　partie　　　& Aufrollen

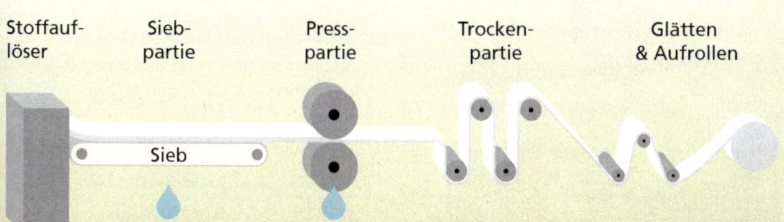

Sieb

4 Der Versand

Nach der Papierherstellung wird das Papier geschnitten, verpackt und ausgeliefert.

Schneiden　　　　　　Versenden

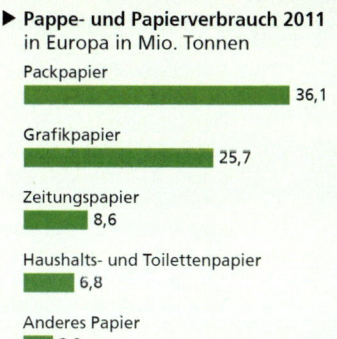

©BAEDEKER

▶ **Erzeugung von Zellstoff, Papier und Pappe 2011** in Mio. Tonnen

■ Zellstoff　■ Papier und Pappe

Schweden
11,8
11,2

Finnland
10,3
11,3

Norwegen
1,9
1,4

Deutschland
2,7
22,7

▶ **Pappe- und Papierverbrauch 2011** in Europa in Mio. Tonnen

Packpapier
36,1

Grafikpapier
25,7

Zeitungspapier
8,6

Haushalts- und Toilettenpapier
6,8

Anderes Papier
3,9

BAEDEKER TIPP !

Pori-Jazz-Festival

An der Nordseite des Kokemäen-joki liegt auf einer Halbinsel der Park Kirjuinluoto. Dort finden – einer der Höhepunkte des Jahres – **alljährlich Mitte Juli** die Konzerte des Internationalen Pori-Jazz-Festivals statt. Renommierte Künstler aus aller Welt treten hier auf (über 100 000 Zuschauer, 11 Bühnen 100 Gruppen, 600 Künstler). In der Festival-Woche hat man kaum Chancen, kurzfristig ein freies Hotelzimmer zu finden, da die Stadt hoffnungslos überfüllt ist (www.porijazz.fi).

von Pori und der umliegenden Region, ferner **Stilmöbel aus mehreren Jahrhunderten**.

❶ Di. – So. 11.00 – 17.00, Mi. 11.00 – 20.00 Uhr, Eintritt 4 / 1,50 €

Westlich des Stadtzentrums befindet sich hinter dem Alten Friedhof der Neue Friedhof. Hier gibt es **eine der schönsten Sehenswürdigkeiten** von Pori zu besichtigen, das Juselius-Mausoleum. Der Industrielle F. A. Juselius ließ das Mausoleum 1902 für seine Tochter Sigrid erbauen, die mit elf Jahren gestorben war. Der weiße Sarkophag ist umgeben von **naturalistisch wirkenden Fresken** des bekannten finnischen, nationalromantischen Malers Akseli Gallen-Kallela.

❶ Mai – Aug. tgl. 12.00 – 15.00, im Winter So. 12.00 – 14.00 Uhr

UMGEBUNG VON PORI

Folgt man der Str. Nr. 265 weiter nach Nordwesten, kommt man zur Insel Reposaari, die im 19. Jh. ein bedeutender Hafen war. Sehenswert ist die Kirche von 1876, **in norwegischem Stil** von norwegischen Seeleuten erbaut. Am Ende der Insel befindet sich ein sehr schöner Campingplatz mit mehreren Ferienhäusern.

*Rauma Rauma, die drittälteste Stadt Finnlands, besitzt den größten Bestand alter Holzhäuser der nordischen Länder und zählt zum UNESCO-Weltkulturerbe: Rund 600 Holzhäuser aus dem 18. und 19. Jh. bilden das **größte zusammenhängende Holzhausviertel von Skandinavien**. Bis heute blieb der mittelalterliche Charakter der Stadt mit engen und verwinkelten Gassen erhalten. Im früheren Rathaus (Kauppakatu 13) befindet sich heute das **Stadtmuseum**, in dem u. a. Miniaturmodelle von hiesigen Segelschiffen sowie Klöppelspitzen ausgestellt sind – Seeleute aus Rauma lernten in fremden Ländern das Spitzenklöppeln, das heute noch Tradition hat. Aus dem 19. Jh. stammt das als Museum geführte **Bürgerhaus »Marela«**, das die Wohnverhältnisse einer reichen Reederfamilie um 1900 zeigt. Das gut

Im malerischen Zentrum von Rauma stößt man
auf äußerst ansprechende Läden.

erhaltene Gebäude beeindruckt durch seine vom Beginn des 19. Jh.s
stammenden Kachelöfen, Spiegeltüren, Wand- und Deckenvertäfe-
lungen, die später im Stil der Neorenaissance renoviert wurden.
❶ beide Museen: Mitte Mai – Ende Aug. Di. – So. 10.00 – 17.00, Juli tgl.,
sonst Di. – Fr. 12.00 – 17.00, Sa. 10.00 – 14.00, So. 11.00 – 17.00 Uhr,
Eintritt 3 €, www.rauma.fi

✶✶ Porvoo · Borgå

 M 6

Gebiet: Südfinnland
Einwohnerzahl: 49 000

**Die südfinnische Stadt Porvoo liegt eine gute halbe Fahr-
stunde nordöstlich von Helsinki und ist durchaus einen Abstecher wert, lassen doch die historischen Gassen und die malerischen Speicherhäuser etwas vom beschaulichen Leben
vergangener Jahrhunderte in Finnland erahnen.**

Auf dem Berg Linnamäki wurde um 1200 die Festung Porvoo errichtet, nach der die Stadt auch ihren schwedischen Namen Borgå erhielt.
Bedeutung erlangte die kleine Siedlung aber erst, als der schwedische

Geschichte

König Magnus Eriksson zu Füßen der Burg 1346 eine Stadt gründete. Damit ist sie nach Turku **die zweitälteste Stadt Finnlands**. Vom Wohlstand im Mittelalter zeugen noch heute die roten Magazine am Fluss sowie die gepflegten Kaufmanns- und Bürgerhäuser. Auch der schwedische Einfluss hat Spuren hinterlassen: Ein Drittel der Bevölkerung spricht Schwedisch.

SEHENSWERTES IN PORVOO

*Altstadt Am linken Ufer des Porvoonjoki befindet sich der historische Kern der Stadt. Auch das idyllische Porvoo blieb nicht von Zerstörung verschont: 1508 brannten die Dänen und 1708 die Russen die Stadt nieder. 1760 wurde ein Großteil der Altstadt aufgrund der Unachtsamkeit einer Hausfrau durch eine Feuersbrunst zerstört. Dennoch ist die mittelalterliche Stadtanlage mit ihren **malerischen kleinen Häusern** und den sich schlängelnden, mit Katzenkopfpflaster versehenen Gassen ein historisches Kleinod Finnlands geblieben.

Empirestadt Neben Alt-Porvoo besitzt die Stadt noch ein zweites, historisches Gesicht. Der Nachfolger von Alexander I., Zar Nikolaus I., ließ südlich von der engen Altstadt vom deutschen Architekten **Carl Ludwig Engel** einen dem Zeitgeist entsprechenden Stadtteil errichten. Auf einem quadratischen Grundriss reihen sich die Steinhäuser entlang-

Eine der berühmtesten finnischen Stadtansichten:
die markanten roten Speicher von Porvoo

Porvoo erleben

AUSKUNFT
Porvoo City Tourist Office
06100 Porvoo, Rihkamakatu 4
Tel. 040 4 89 98 01
www.porvoo.fi, www.matkailu.porvoo.fi

ESSEN
❶ *Helmi* ⊖⊖
Välikatu 7, Tel. 019 5 24 51 65
www.cafehelmi.net
Nostalgisches Café mitten in der
wunderschönen Altstadt. Sehenswert
sind die im Obergeschoss im Gustavianischen Stil eingerichteten Salons.

❷ *Timbaali* ⊖⊖⊖
Välikatu 8, Tel. 019 5 23 10 20
www.timbaali.com
In der Fußgängerzone ist in einem
Gebäude aus dem 18. Jh. Finnlands
einziges Restaurant zu finden, das sich
auf Schnecken spezialisiert hat. Im Sommer wird auch draußen im Hof serviert.

ÜBERNACHTEN
❶ *Hotel Sparre* ⊖⊖⊖
Piispankatu 34, Tel. 019 58 44 55
www.avainhotellit.fi
Zentral gelegenes Hotel (40 Zi.),
die hübsche Altstadt ist rasch erreicht.

> **!** **BAEDEKER TIPP**
>
> *Ausflugsfahrten nach Porvoo*
>
> Von Helsinki aus kann man von
> Juni bis August an Samstagnach-
> mittagen knapp zweistündige
> Ausflugsfahrten nach Porvoo mit
> einem **Museumszug** unterneh-
> men (www.porvoorail.net).
> Das **Dampfschiff** »M/S J.L. Rune-
> berg« bedient die Strecke eben-
> falls (www.msjlruneberg.fi). Die
> Fahrt dauert ca. 3,5 Std., Rück-
> fahrt nach Helsinki um 16.00 Uhr.
> Weitere Ausflugsmöglichkeiten
> und Infos unter www.matkailu.
> porvoo.fi oder www.porvoo.fi.

der Straßenzüge. Dadurch sollte die Stadtansicht zum einen eine
stärkere russische Prägung erhalten – und zum anderen waren Steinbauten weniger feuergefährdet.

Der gotische Dom thront auf einem Hügel in Alt-Porvoo. Teile der   **Dom**
Vorgängerkirche aus dem 13. Jh. sind noch erhalten, das Innere ist
mit schönen Rokoko-Ornamenten ausgeschmückt. Die dem Fluss
zugekehrte, weiße und **mit Backsteinornamenten verzierte Gie-
belwand** stammt aus dem frühen 15. Jh. und wurde 1978 vollständig
renoviert. Im Jahre 1732 wurde Porvoo Bischofssitz. Neben dem
Dom stehen der Glockenturm und eine kleine Holzkirche von 1740.
Im Jahre 2006 war der Dom durch ein Feuer stark zerstört worden
und musste zwei Jahre lang renoviert werden.
❶ Mai – Sept. Mo. – Fr. 10.00 – 18.00, Sa. bis 14.00, So. 14.00 – 17.00,
sonst Di. – Sa. 10.00 – 14.00, So. 14.00 – 16.00 Uhr

Vom Dom gelangt man zum Stadtmuseum im Alten Rathaus (fertig-   **Stadtmuseum**
gestellt 1764). Gezeigt werden insbesondere Dokumente über die

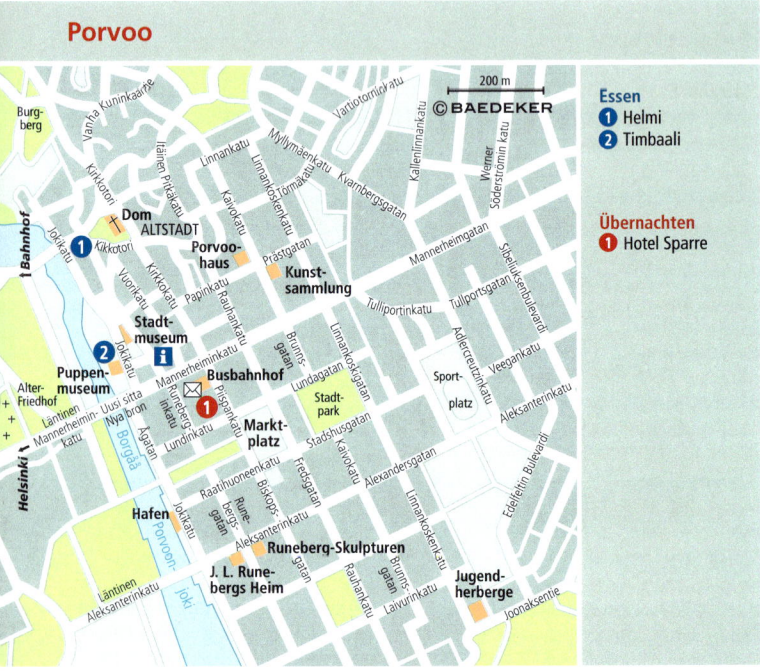

Porvoo

Essen
❶ Helmi
❷ Timbaali

Übernachten
❶ Hotel Sparre

Fabrik Iris, in der um die Jahrhundertwende Jugendstilmöbel nach den Entwürfen Louis Sparres und Keramiken von A. W. Finch hergestellt wurden. Eine Multimedia-Schau zeigt die Verhältnisse in Porvoo im Mittelalter.
❶ Mai – Aug. Di. – Sa. 10.00 – 16.00, So. ab 11.00,
Sept. – April Mi. – So. 12.00 – 16.00 Uhr

Edelfelt-Vallgren-Museum
Im Eckhaus östlich daneben, dem ehemaligen Kaufmannshaus (1762) der Familie Holm, sind die Skulpturensammlung des Bildhauers Ville Vallgren (1855 – 1940) und die **Werke des Malers Albert Edelfelt** (1854 – 1905) sehenswert.
❶ Mitte – Ende Mai u. Anfang – Mitte Sept. Di. – So. 10.00 – 14.00,
Juni – Aug. Di. – So. 10.00 – 16.00 Uhr, Eintritt 4 €

Runebergs Heim
Im Empire-Stadtteil steht das Wohnhaus des Dichters Johan Ludwig Runeberg. Er arbeitete von 1837 bis 1857 am örtlichen Gymnasium und schrieb hier u. a. den **Text zur finnischen Nationalhymne**.
❶ Mai – Sept. tgl. 10.00 – 16.00, sonst Mi. – So. 10.00 – 16.00 Uhr,
Eintritt 6/3 €, www.porvoonmuseo.fi

Im Nachbarhaus (Aleksanterinkatu 5) ist die **140 Werke** umfassende Skulpturensammlung von Walter Runeberg (1838 – 1920), dem Sohn des Dichters, untergebracht.

❶ Mai – Sept. tgl. 10.00 – 16.00 Uhr, sonst nach Vereinbarung, Eintritt 6 / 3 €

Runeberg-Skulpturen

Die Yrjö A. Jäntti-Kunstsammlung in der Läntinen Aleksanterinkatu 1 zeigt einen Überblick über die finnische Malerei. Ferner sind Grafiken, Zeichnungen und **Schnitzereien** zu sehen.

❶ Mi. – Fr. 11.00 – 19.00, Sa. / So. 11.00 – 16.00 Uhr, Eintritt frei

Kunst-sammlung

Am Flussufer reihen sich pittoresk die roten Magazinschuppen, die nach dem großen Brand von 1760 mit Blockstammwänden errichtet wurden. Hier landeten die Barken mit ihren Lasten an und wurden entladen. Porvoo war zu dieser Zeit ein geschäftiges Handelszentrum und Umschlagplatz für Exportgüter wie Butter, Trockenfisch, Schnittholz, Teer und Leinen. Aber auch südländische Waren wie Früchte, Gewürze, Kaffee, Tabak und Wein wurden von hier ins ganze Land transportiert. Den **roten Anstrich** erhielten die schwarz gedeckten Häuser erst Ende des 18. Jhs., als König Gustav III. von Schweden nach Porvoo reiste. Der neue Anstrich sollte ihm einen freundlicheren Anblick bereiten; nebenbei bot er auch einen idealen Schutz gegen Witterungseinflüsse. Von der großen Brücke (Mannerheiminkatu) über den Porvoonjoki bietet sich die schönste **Aussicht** auf die Magazine und die Altstadt.

⁺Magazin-schuppen

?   BAEDEKER WISSEN

Das Maß von Porvoo

Ein beliebtes Mitbringsel aus Porvoo ist der **»Porvoo-Becher« aus Zinn**, der an die Schwedenherrschaft erinnert. Als Messbecher sollte er dem Vogt beim Eintreiben der Steuern für die Krone dienen. Der Vogt ließ aber einen zweiten Boden einziehen, sodass er mit der größeren Seite die Steuern erhob und bei der Abrechnung mit dem König den Becher drehte und die kleinere Seite benutzte. Die beträchtliche Differenz floss in seine **Privatschatulle**. Noch heute gibt es in Finnland die Redewendung, etwas sei »mit dem Maß von Porvoo« gemessen.

UMGEBUNG VON PORVOO

An der Str. Nr. 55, die von Porvoo in Richtung Lahti führt, folgt man nach ca. 26 km bei Korttia dem Hinweisschild **»Hiidenkirnu«**. Das bedeutet auf deutsch »Des Teufels Butterfass« und bezeichnet ein Feld von etwa 20 Gletschermühlen unterschiedlicher Größe. Die Löcher sind bis zu 10 m tief in den Granit gefräst. Sie sind in der letzten Eiszeit vor 10 000 Jahren entstanden, als Gletscher über den Felsen schabten und Schmelzwasserfluten voller Geröll und Kies starke Wirbel bildeten.

Gletscher-mühlen

* Rovaniemi

✧ M 3

Gebiet: Lappland
Einwohnerzahl: 60 450

Rovaniemi liegt knapp unterhalb des Polarkreises und ist eine beliebte Anlaufstelle für Nordkap-Fahrer. Im Dezember platzt die Stadt aus allen Nähten, wenn alljährlich über eine halbe Million Besucher ins Weihnachtsmann-Dorf strömen.

Lapplands Hauptstadt

Das mehr als 800 km nördlich von Helsinki gelegene Rovaniemi ist die einzige Stadt und zugleich wirtschaftliches, kulturelles und Verwaltungszentrum Lapplands, der größten Provinz Finnlands. Der Ort entstand am Zusammenfluss von Kemijoki und Ounasjoki, wo einst **Wildmarkgänger, Flößer und Goldgräber** in der Wildnis ihr Glück suchten. Bereits vor 8000 Jahren kamen Nomaden auf der Jagd nach Robben in diese Gegend. Doch erst für das 11. und 12. Jh. sind Belege für eine ständige Besiedlung vorhanden. Bekannter wurde Rovaniemi im 16. Jh., als die Steuereintreiber der schwedischen und russischen Herrscher auch auf der Nordkalotte auftauchten und hier ein durchaus florierendes Handelszentrum vorfanden. Als der Holzbedarf im Zuge der Industrialisierung weiter anstieg, gewann Rovaniemi erheblich an Bedeutung, da im Stadtgebiet zwei der wichtigsten Flößwege aus dem Inneren Lapplands zusammentreffen. Erst 1992 wurde die Flößerei auf dem Kemijoki endgültig eingestellt.

Krieg und Wiederaufbau

Rovaniemi bestand einst fast nur aus Holzhäusern. Im Winter 1944/1945 brannte die Stadt im Verlauf des »Lappland-Kriegs« zwischen finnischen und deutschen Truppen zu mehr als vier Fünfteln ab. Noch lange danach bedachte man in Finnland die Deutschen mit dem Schmähnamen »Lapplandverbrenner«. Der Wiederaufbau oblag dem finnischen Architekten **Alvar Aalto** (▶Berühmte Persönlichkeiten). Als neuen Grundriss für die Führung der Hauptstraßen wählte er die **Grundlinien des Rentiergeweihs.** Auch plante er die wichtigsten Gebäude: Stadthaus, Bibliothek und das Lappia-Haus.

SEHENSWERTES IN ROVANIEMI

Stadtbild

Während die eigentliche Stadt am linken Ufer der Stromschnellen des Ounaskoski liegt, befinden sich am rechten Ufer mehrere öffentliche Gebäude und Sportanlagen. Im Stadtgebiet gibt es zahlreiche Halbinseln und Buchten, die im Sommer hervorragende Naherholungsgebiete sind und zum Baden einladen. Über den Kemijoki führt die 320 m lange **Brücke Jätkänkynttilä** (1989) mit ihrem markanten zentralen Pfeiler, an dem die Zugseile befestigt sind und dessen Spitze die ewige Flamme ziert. Bei Dunkelheit ist das Stadtwahrzeichen schön beleuchtet.

Die Stadtbibliothek verfügt über eine umfangreiche Literatursammlung über Lappland und die samische Urbevölkerung. Das Gebäude gilt als eine der bemerkenswertesten Arbeiten von Alvar Aalto. Das gegenüberliegende **Lappia-Haus** zählt ebenfalls zu Aaltos Werken und dient Theater- und Konzertveranstaltungen. **Bibliothek**

Nördlich der Innenstadt liegt das 1992 eröffnete Arktikum. Die dänische Architektengruppe Birch-Bonderup & Thorup-Waade entwarf das ungewöhnliche Gebäude mit der weithin sichtbaren, 172 m **langen gewölbten Glaskuppel**. Der hufeisenförmige Vorbau folgte 1997 (Bonderup und Lehtipalo). Bei der Gestaltung der Innenräume wurden ausschließlich lappländische Materialien und Baustoffe verwendet. Auch das Museumsrestaurant bietet nur heimische Spezialitäten wie Beeren, Pilze, Wild und Fisch. Das **Arktische Zentrum** gibt einen Überblick über das Leben der Menschen in einem Gebiet, das durch klimatische Extreme geprägt wird. Langen Wintern stehen nur kurze Sommer gegenüber. Mit Hilfe moderner Techniken werden die unterschiedlichsten Landschaftsformen der Regionen nördlich des 60. Breitengrades vorgestellt. Zukunftsszenarien, die von dem angeschlossenen Wissenschaftszentrum erarbeitet wurden, zeigen, wie sich unachtsame Eingriffe in die empfindliche Natur auswirken könnten. Im ebenfalls hier beheimateten **Lappländischen Pro- **Arktikum**

Mit 172 m langer Glaskuppel: Arktikum

Rovaniemi erleben

AUSKUNFT
Rovaniemi Tourist Information
96200 Rovaniemi, Lordi Square
Maakuntakatu 29 – 31, Tel. 016 34 62 70
www.visitrovaniemi.fi

ANREISE
mit dem Flugzeug
Von Helsinki, Kemi und Oulu gibt es
täglich Verbindungen. Der Flughafen
liegt ca. 10 km außerhalb der Stadt.

mit Bus oder Bahn
Auch die Busanbindung ist sehr gut.
Wer jedoch von Helsinki aus anreisen
will, nimmt besser den Zug, der ca. 12
Stunden bis in den Norden benötigt.

ESSEN
Restaurant Nili ⊜⊜
Valtakatu 20, Tel. 0400 36 96 69
So. geschl., www.nili.fi
Rustikales Lappland-Restaurant mitten
in Rovaniemi, Interieur mit viel origina-
lem Kunsthandwerk, traditionelle
lokale Gerichte.

! **BAEDEKER TIPP**

Scharfe Sachen
Wer sich mit Messern auskennt,
dem ist der finnische Hersteller
Marttiini vielleicht ein Begriff.
In der alten Messerfabrik südlich
des Arktikums wird heute in einer
kleinen Ausstellung über die
Geschichte der berühmten finnischen Klingen informiert, und Sie
können sich hier auch mit neuen
Messern eindecken (Mo. – Fr.
10.00 – 18.00, Sa. bis 16.00 Uhr,
Vartiokatu 32, Tel. 040 3 11 06 04,
www.marttiini.fi).

Mariza ⊜
Ruokasenkatu 2, Tel. 016 31 96 16
www.ruokahuonemariza.fi
Das Mariza serviert nur mittags an
Werktagen ein reichhaltiges Buffet mit
finnischer Hausmannskost.

ÜBERNACHTEN
Rantasipi Pohjanjovi ⊜⊜⊜⊜
Pohjanpuistikko 2, Tel. 016 3 37 71
www.rantasipi.fi
Das älteste, größte (212 Zi.) und berühmteste Hotel Lapplands liegt direkt
am Kemijoki, bietet allen modernen
Komfort und ein Gourmet-Restaurant.

Santa's Hotel Santa Claus ⊜⊜⊜⊜
Korkalonkatu 29, Tel. 016 32 13 21
www.hotelsantaclaus.fi
Rovaniemis neuestes Hotel (176 Zi.) liegt
direkt im Stadtzentrum neben einer
Einkaufspassage und bietet viel Komfort
sowie zwei gehobene Restaurants.

Guesthouse Borealis ⊜⊜
Asemieskatu 1, Tel. 016 34 20 13
www.guesthouseborealis.com
Familienbetrieb im Zentrum mit Zimmern
(1 – 3 Betten) und 2 Appartements.

MARKT
Dreimal im Jahr finden in Rovaniemi die
berühmten Markttage statt (Frühlings-
markt: Mitte März, Sommermarkt: zweite
Junihälfte, Herbstmarkt: Mitte September). Sie wurden erstmals im Februar
1881 abgehalten, um Waren auszutau-
schen und Ehen zu schließen. Seit Kriegsende wird die Tradition wieder gepflegt.

MITTERNACHTSSONNE
6. Juni – 7. Juli

vinzmuseum werden das Leben des Menschen von prähistorischer Zeit bis heute und der Überlebenskampf der Sami und Inuit in den arktischen Gebieten vorgestellt.

❶ Juni – Aug. tgl. 9.00 – 18.00, sonst Di. – So. 10.00 – 18.00 Uhr, Eintritt 12 / 5 €, www.arktikum.fi

Im Stadtteil am Ostufer der Ounaskoski-Stromschnellen steht die orthodoxe Kirche. Sehenswert sind die **wertvollen Ikonen** aus dem Kloster Valamo, die nach Voranmeldung besichtigt werden können.

❶ www.valamo.fi

Orthodoxe Kirche

Etwa 4 km südlich vom Stadtzentrum, ebenfalls am Kemijoki, liegen das Ethnografische Museum Pöykkölä (Bauernhäuser, bäuerliches Gerät) und das lappländische Forstmuseum, das die wirtschaftlich bedeutsame Waldarbeitertradition beleuchtet. Die zentrale Forstbehörde hat am Polarkreis den **Informationsstand Etäinen** eingerichtet. Hier sind Fischereigenehmigungen, Karten, Materialien zu Wildniswanderungen und Buchungsunterlagen von Wildmarkshütten erhältlich. Zu beiden Museen fährt die Stadtbuslinie 6 ab Ruokasenkatu.

❶ Juni – Aug. Di. – So. 12.00 – 18.00 Uhr, Eintritt 4 / 2 €, www.rovaniemi.fi

Ethnografisches Museum und Forstmuseum

UMGEBUNG VON ROVANIEMI

Etwa 8 km nördlich von Rovaniemi kreuzt die Straße nach Kemijärvi den Polarkreis (finn. Napapiiri). Dort befindet sich ein trubeliges Einkaufszentrum für Souvenirs, ein eigenes Postamt, in dem der **begehrte Sonderstempel** zu erhalten ist, und ein Kinderland; ferner kann man ein Polarkreiszertifikat erwerben.

Polarkreis

Hauptattraktion am Polarkreiszentrum ist das Büro des Weihnachtsmannes, wo **jährlich über 700 000 Briefe** aus aller Welt eingehen. Seit neuestem bekommt der alte Herr auch E-Mails, denn er verfügt über eine Homepage. Bei den vielen Anfragen und den rund 500 000 Besuchern muss der Weihnachtsmann natürlich das ganze Jahr über arbeiten, man findet ihn deshalb jeden Tag in seinem Büro.

❶ Brief-Adresse: Santa Claus, Arctic Circle, 96930 Rovaniemi, Finland, santa. claus@santa clausoffice.fi; www.santaclausoffice.fi

Büro des Weihnachtsmannes

Der **Santa Park**, 2 km vom Weihnachtsmanndorf, entführt seine Besucher in eine **weihnachtliche Vergnügungswelt**. Auf halber Strecke zwischen Weihnachtsmanndorf und Santa Park macht ein Rentierpark mit der traditionellen Rentierzucht vertraut.

Santa Park: Mitte Nov. – Mitte Jan. tgl. 10.00 – 18.00, Juli – Mitte Aug. Di., Sa. 10.00 – 18.00 Uhr, Eintritt 30 / 25 € für das Zweitagesticket, www.santapark. com

Santa Park

Ranua
Wildlife Park
Rund 50 verschiedene Arten arktischer Tiere lassen sich in diesem Zoo in artgerechter Umgebung beobachten; dabei wandern die Besucher auf **erhöhten Bohlenstegen**, um die etwa 200 Tiere möglichst wenig zu stören. Attraktion ist unter anderem ein Eisbärenbaby. Auch werden viele Aktivitäten angeboten. Der Park liegt etwa 80 km südöstlich von Rovaniemi; es gibt regelmäßige Busverbindungen.
❶ Juni – Aug. tgl. 9.00 – 19.00, sonst tgl. 10.00 – 16.00 Uhr,
Eintritt 12 / 10,50 €, www.ranuazoo.com

*Eismeer-
straße
In Rovaniemi beginnt die wichtigste Straße nach Norden, die Eismeerstraße (Str. Nr. 4/ z.T. E 75), die nach **Sodankylä** führt, einen Stützpunkt des Tourismus, in dem nur die alte Kirche (1689) wirklich sehenswert ist. Die Straße führt weiter an den großen Wasserreservoirs Porttipahta und Lokka vorbei nach Norden. Nach knapp 100 km gelangt man zum Urho-Kekkonen-Nationalpark (► S. 258).

Ounasvaara
Südöstlich von Rovaniemi erhebt sich am linken Ufer des Kemijoki der Berg Ounasvaara (204 m ü. d. M.). Dort gibt es ein Café, ein Hotel, ein Wintersportzentrum mit großer Sprungschanze und eine Skihütte. Der Sportpark bietet Besuchern die Möglichkeit, fast 50 verschiedene Sportarten auszuprobieren. Angeboten werden z. B. Wandern auf Naturlehrpfaden, Golf, Skilanglauf, Schwimmen, Tennis, Trimm-dich-Pfade und eine Sommerrodelbahn. Vom Ounasvaara bietet sich ein herrlicher Blick über die Fluss- und Fjällandschaft der Umgebung Rovaniemis. In der Mittsommernacht werden hier die Johannisfeuer entzündet. Sehr schöne landschaftliche Ziele und Rentierfarmen, die einen Einblick in die lappländische Kulturtradition ermöglichen, liegen zu Füßen des Berges an dem Fluss Ounasjoki in Richtung Pello und Kittilä.

** **Savonlinna**

✚ O 6

Gebiet: Südostfinnland
Einwohnerzahl: 28 000

Savonlinna liegt malerisch auf einer Kette kleiner Inseln im Saimaa-Seengebiet. Opernfreunden ist der Ort bekannt, finden doch in der Festung Olavinlinna die Internationalen Opernfestspiele statt. In den Sommermonaten lockt der Ort Tausende Besucher an.

Geschichte
Graf Per Brahe verlieh dem Ort Savonlinna 1639 Stadtrechte. Dieser hatte sich allmählich um die 1475 gegründete Burg Olavinlinna entwickelt. Die mächtige Burganlage sollte das Schwedisch-finnische

Reich vor der aus dem Osten drohenden Gefahr schützen. Im Frieden von Turku gerieten die inzwischen zu einem beliebten Handelszentrum herangewachsene Stadt und die Burg unter zaristische Herrschaft. 1812 wurde Savonlinna dem autonomen Großfürstentum Finnland angeschlossen.

SEHENSWERTES IN SAVONLINNA

Die lange, in Ost-West-Richtung verlaufende Olavinkatu ist die Hauptverkehrsstraße der Stadt. Im Westen der Altstadt liegt unmittelbar an dem Sund Haapasalmi der Marktplatz mit dem Anlegeplatz für die Schiffe des Saimaa-Verkehrs. Von hier führt in nördlicher Richtung eine Brücke zur **Halbinsel Vääräsaari**. Dort befinden sich die modernen **Kureinrichtungen** sowie das Kurhotel »Casino«; ferner gibt es hier Parkanlagen und eine Freilichtbühne. **Marktplatz**

Unbedingt sehenswert ist die Burg Olavinlinna, die wohl am besten erhaltene Festung Skandinaviens. Sie liegt südöstlich der Altstadt **auf einer kleinen Insel**, zu der eine Brücke über die Bucht Kyrönsalmi führt. Benannt wurde die Festung nach dem norwegischen Heiligen Olav (► Trondheim, S. 465). Die 1475 gegründete Burg wurde nach dem Nordischen Krieg 1743 den Russen zugesprochen und von diesen mehrmals verstärkt. Man betritt sie durch ein Torgewölbe an der Westseite und gelangt in den kleinen Innenhof, den ältesten Teil der ****Burg Olavinlinna**

Wehrhafter Bau: Olavinlinna ist die am besten erhaltene mittelalterliche Burg in Finnland.

Nordisches Bayreuth

Sie werden in einem Atemzug mit Salzburg und Bayreuth genannt und gelten als international bedeutendstes Ereignis im sommerlichen Finnland: die Savonlinna-Opernfestspiele. Seit über 40 Jahren sind sie Ausdruck der landesweiten Opernbegeisterung und wurden schon oft für finnische Sängertalente zum Sprungbrett auf die großen Bühnen der Welt.

Schon tagsüber sieht man Autos, in denen feine Jacketts und Anzüge hängen, während die Insassen in kurzen Hosen und T-Shirt aus dem Wagen steigen, um sich an der Seepromade zu tummeln. Ab 18 Uhr strömen immer mehr festlich gekleidete Menschen in Richtung Burg Olavinlinna: Der zum »Opernhaus« umfunktionierte Innenhof fasst 2500 Sitzplätze, und die sind meist **schon Monate vorher ausgebucht**. Man muss schon Glück haben, um kurz vor Vorstellungsbeginn einzelne Karten von Privatpersonen kaufen zu können – da scheint der Preis von bis zu 200 € noch das kleinere Problem zu sein.

Olavinlinna-Festspiele

Was fasziniert die rund 60 000 Besucher, davon 20 % ausländische Gäste, die jährlich von Anfang Juli bis Anfang August bei den Opernfestspielen in Savonlinna dabei sind? Bei einer Führung durch die Burg ist zu erfahren, dass die ersten Festspiele bereits von **1912 bis 1916** stattfanden. Initiatorin war die auf den Bühnen der Welt beheimatete, finnische Operndiva **Aino Acktè**, die von dem Wunsch beseelt war, finnische Opernkunst einem größeren Publikum bekannt zu machen. Der Erste Weltkrieg, Finnlands Unabhängigkeitserklärung 1917 und die Weltwirtschaftskrise 1930 be-

deuteten jeweils das vorläufige Ende der Olavinlinna-Opernfestspiele – so hießen sie damals.

Neuanfang 1967

Zu neuem Leben erwachten die Festspiele erst 1967 und finden nun seit über vierzig Jahren regelmäßig statt. Das verschlafene Städtchen Savonlinna erwarb sich seitdem den Ruf einer kulturellen Touristenattraktion par excellence. Diesmal war es ein Wiener Gesangsprofessor, der Beethovens »Fidelio« auf der Bühne der Burg aufführen wollte. Die szenischen Möglichkeiten der **Festung** begeisterten ihn wie seinerzeit Aino Acktè und der erneute Auftakt der Festspiele war ein großer Erfolg. Den geistigen Hintergrund bildete die Studentenrevolte. Die »Hochkultur« sollte heraus aus ihrem Elfenbeinturm und einem breiten Publikum zugänglich werden.

Die Ära Talvela

Seit 1972 veranstaltet ein von dem bedeutenden finnischen Bassisten **Martti Talvela** (1935 – 1989) ins Leben gerufener Förderverein die Festspiele. Talvela war in seiner dreißigjährigen Karriere zum internationalen Star aufgestiegen. An der Metropolitan Opera in New York und am Bolschoi-Theater in Moskau wurde er gefeiert; das deutschsprachige Publikum kannte ihn etwa durch seine Auftritte bei den **Bayreuther Festspielen** als König Marke in Wagners »Tristan und Isolde«. In Salzburg begeisterte er sieben Jahre lang als Sarastro in Mozarts »Zauberflöte«, unvergessen sind seine Auftritte als König Philipp in Verdis »Don Carlos«. Wie bereits von Aino Acktè propagiert, wusste Talvela, wie wichtig **Uraufführungen** für das internationale Image der Festspiele sind, wenngleich auch mit größeren finanziellen Risiken behaftet. Inzwischen werden die Produktionskosten zu 80 % durch Eintrittskarten eingespielt. Nach dem Erfolg der ersten Oper von Aulis Sallinen »Der Reitersmann« – ein Auftragswerk zum 500-jährigen Jubiläum der Burg –, gab Talvela weitere Opern in Auftrag. Auch unter dem künstlerischen Leiter, bis 2002 der Sänger **Jorma Hynninen**, gab es zum dreißigjährigen Jubiläum der Festspiele 1997 eine Uraufführung: »Aleksis Kivi« von Einojuhani Rautavaara.

Neues und Altbewährtes

Doch sind es nicht nur finnische Uraufführungen, die den Ruf der Opernfestspiele begründeten, sondern seit der Aufführung von Mozarts »Zauberflöte« unter Martti Talvela auch Opern wie Richard Wagners »Tannhäuser«, »Tristan und Isolde« und »Parsifal«, ferner Charles Gounods »Faust«, Musorgskis »Boris Godunow« und die Verdi-Opern »Don Carlos«, »Aida«, »Rigoleto« oder »Macbeth«. Auch bekannte **ausländische Opernhäuser** gastieren mit eigenen Produktionen. Bei hohen Staatsbesuchen bieten die historische Kulisse der Burg Olavinlinna und die künstlerisch hochwertigen Aufführungen ein angemessenes Rahmenprogramm – und 2012 konnten die Festspiele ihr 100-jähriges Jubiläum feiern (www.operafestival.fi).

Große Bühne: Romeo und Julia vor mittelalterlicher Kulisse im Burghof der Festung Olavinlinna.

Savonlinna erleben

AUSKUNFT
Savonlinna Tourist Service
57100 Savonlinna, Puistokatu 1
Tel. 0600 3 00 07 (0,50 €/min)
www.savonlinnatravel.com

BAEDEKER TIPP

Das größte Ruderfestival der Welt

Seit über 30 Jahren steht der kleine Ort Sulkava südwestlich von Savonlinna am zweiten Juliwochenende während der Regatta »Sulkavan Suursoudut« Kopf. Beim größten Ruderereignis der Welt treffen sich 10 000 Ruderer, **vom schnellen Einer bis zum traditionellen Kirchboot**, um an diesem traditionellen Langstreckenrennen teilzunehmen – ein unvergessliches Event (mehr Infos sowie Wettkampfanmeldung unter www.suursoudut.fi).

ESSEN
Majakka ○
Satamakatu 11, Tel. 015 2 06 28 25
www.ravintolamajakka.fi
Gleich gegenüber dem Hafen liegt das Restaurant Majakka. Hier gibt es gute Mittagsbuffets und ausgezeichnete Fischgerichte.

Liekkilohi ○
Kauppatori
Tel. 050 3 10 58 50
www.liekkilohi.fi
Auf einem Steg gleich neben dem Marktplatz liegt dieses Sommerrestaurant. Es bietet exzellente Fischspezialitäten wie geflammten Lachs oder gebackene Strömlinge.

ÜBERNACHTEN
Während der Opernfestspiele sind die Unterkünfte in Savonlinna meist ausgebucht. Es empfiehlt sich, sehr frühzeitig zu buchen bzw. sich in der Umgebung nach einem Quartier umzutun.

Perhehotelli Hospitz ○○○
Linnankatu 20, Tel. 015 51 56 61
www.hospitz.com
Das kleine, ganzjährig geöffnete Hotel (21 Zi.) liegt in der Nähe der Burg. Es besitzt einen schönen Garten und Zugang zu einer schmalen Badebucht.

Villa Aria ○○
Puistokatu 15, Tel. 015 51 55 55
Das Sommerhotel (geöffnet Mitte Juni – Mitte August) liegt in einer Holzvilla aus dem Jahre 1896. Heute befinden sich hier 20 anspruchsvolle Gästezimmer.

FESTE
Opernfestspiele
Im Burghof von Olavinlinna finden im Juli die internationalen Opernfestspiele statt, Finnlands bekannteste kulturelle Veranstaltung. Neben den Opern, darunter Werke finnischer Komponisten, stehen Konzerte auf dem Programm (z.T. Gastspiele auswärtiger Ensembles, Infos unter www.operafestival.fi).

AUSFLÜGE
Von Savonlinna aus starten Schiffsfahrten zu allen anderen Städten am Saimaasee, etwa nach Kuopio oder Lappeenranta. Auch Punkaharju mit dem Kunstzentrum Retretti ist von Savonlinna aus mit dem Schiff zu erreichen; dasselbe gilt für die Klöster Uusi Valamo und Lintula.

Burg. Die gut renovierte Burg enthält mehrere Säle, die auch für Festlichkeiten und Kongresse genutzt werden. Drei dicke Rundtürme sind erhalten; im dritten Stockwerk des sogenannten Kirchenturms steht eine kleine Kapelle, in der Andachten gehalten und Hochzeiten zelebriert werden. In der »Dicken Bastion« befindet sich ein Sommercafé. Aus den Schießscharten und den Luken der Türme bietet sich ein schöner Blick auf die Landschaft. Die Burg beherbergt ein kleines **Museum** über die Geschichte der Festung und eine Sammlung orthodoxer Kirchenschätze. Olavinlinna kann nur im Rahmen einer einstündigen Führung besichtigt werden.

❶ Mo.–Fr. 10.00–16.00, Sa./So. ab 11.00, Juni–Aug. tgl. bis 18.00 Uhr, Eintritt 8/4 €, www.etelasavonmuseot.fi

Auf der Halbinsel Riihisaari ist in einem ehemaligen Getreidemagazin das Provinzmuseum untergebracht, in dem wechselnde Ausstellungen gezeigt werden. Südlich befinden sich drei **Museumsschiffe,** in denen Ausstellungen zur Schifffahrt auf dem Saimaasee stattfinden.

Provinz-museum

Museum: Juni–Aug. tgl. 10.00–17.00, sonst Di.–So. 10.00–17.00 Uhr
Schiffe: Mitte Mai–Mitte. Sept., Eintritt 8/3 €, www.etelasavonmuseot.fi

Auf der Halbinsel Savonniemi, zwischen dem Haapasalmi und der Bucht Haislahti, erhebt sich als **neugotischer Ziegelbau** der evangelische Dom, der im Winterkrieg 1939/1940 durch Bomben beschädigt und 1949 neu geweiht wurde.

Dom

❶ Juni–Mitte Aug. tgl. 11.00–19.00 Uhr

Die Ausstellungen des **Naturzentrums** informieren über den Saimaasee, den Linnansaari- und Kolovesi-Nationalpark, den Siikalahti-Vogelsee und verschiedene andere geschützte Gebiete in der Umgebung von Savonlinna.

Nestori

❶ Juni–Aug. tgl. 10.00–18.00, sonst Di.–So. 10.00–17.00 Uhr,
Aino Ackten puistotie 5, www.luontoon.fi

UMGEBUNG VON SAVONLINNA

Im Norden der Stadt erstreckt sich der Haapavesi, im Süden der Pihlajavesi. Die Gewässer der Region Savo sind vom Humus der **zahlreichen Sümpfe** leicht bräunlich gefärbt. Eine Ausnahme stellt der See Puruvesi dar (östlich des Pihlajavesi), der wegen seines klaren Wassers unter Einheimischen sehr beliebt ist.

Seen

Der am Westufer des Puruvesi gelegene Ort Kerimäki ist bekannt für die **angeblich größte Holzkirche der Welt.** Es heißt, das 1847 erbaute Gotteshaus soll nur deshalb so riesig geworden sein, weil die Maße, auf den Plänen des Stifters in Fuß eingetragen, als Meter-

*Kerimäki

angaben aufgefasst wurden. In der Kirche finden Konzerte im Rahmen der Opernfestspiele von Savonlinna statt.

❶ Juni – Mitte Aug. tgl. 10.00 – 18.00, Juli bis 19.00 Uhr

*Punkaharju Zurück zur Str. Nr. 14 führt der Weg direkt neben der Eisenbahnlinie auf einem schmalen Damm über den etwa 7 km langen und bis zu **25 m hohen Hügelrücken** Punkaharju. Der nach beiden Seiten steil abfallende Rücken ist ein Relikt der Schmelzwasserströme aus der letzten Eiszeit. Er ist mit Kiefern-, Lärchen- und Birkenwald bedeckt und wird von mehreren Wanderwegen durchzogen. Eine touristische Attraktion besonders für Familien mit Kindern ist der Freizeitpark »Kesämaa« bei Punkaharju.

❶ Juni – Aug. tgl. 10.00 – 18.00 Uhr, www.kesamaa.fi

Forst-museum Ebenfalls in Punkaharju wurde im Jahr 1994 der architektonisch anspruchsvolle Holzbau des Finnischen Forstmuseums Lusto eröffnet. Es bietet Einblicke in die Geschichte der finnischen Forstkultur, die Holzindustrie und vermittelt die neuesten **Erkenntnisse zu den Themen Holz und Wald.**

❶ Okt. – April Di. – So. 10.00 – 17.00, Mai u. Sept. tgl. 10.00 – 17.00, Juni – Aug. bis 19.00 Uhr, Eintritt 10/8/5 €, www.lusto.fi

Nationalpark Linnansaari Ungefähr 45 km nordwestlich von Savonlinna entfernt liegt die Region Rantasalmi, die den Hauptteil des Nationalparks Linnansaari im See Haukivesi beinhaltet. In den Park selbst gelangt man **nur mit Booten.** Von Rantasaari (Porosalmi) und Oravi verkehren sie von Ende Juni – Mitte Aug. regelmäßig. Informationen im **Besucherzentrum Seenland** in Rantasalmi, Ohitustie 7.

Besucherzentrum: Mitte Feb. – Mitte Juni u. Sept. – Mitte Nov. Mo. – Fr. 9.00 – 16.00, Mitte Juni – Mitte. Aug. tgl. 9.00 – 17.00 Uhr, www.luontoon.

Boote: von Porosalmi 11.00 und 17.00, von Oravi 9.30, 12.30, 15.30, von Linnansaari 12.00, 15.00, 18.00 Uhr; www.saimaaholiday.net

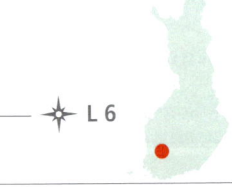

*** Tampere**

✛ **L 6**

Gebiet: Südfinnland
Einwohnerzahl: 215 000

Finnlands drittgrößte Stadt ist zugleich die bedeutendste Industriestadt des Landes. Tampere wurde zwischen zwei Seen angelegt, die miteinander durch eine gewaltige Stromschnelle verbunden sind. Deren geballte Wasserkraft nutzten die Industriebetriebe schon frühzeitig geschickt für ihre Energieversorgung.

Die Stadt wurde erst 1779 als industrieller Mittelpunkt vom schwedischen König Gustav III. gegründet. Nach der Machtübernahme durch Russland 1809 wurde Tampere von den russischen Zaren weiterhin gefördert, etwa durch die Befreiung von Zollabgaben bei Lieferungen nach Russland. Trist und trostlos ist die Industriestadt aber keineswegs: Auf dem Stadtgebiet liegen **fast 200 Seen mit 20 Badestränden**, und von Tampere gehen mehrere Binnenschiffslinien aus, zum Beispiel die Motorschiffe der Silberlinie und die gemütlichen Dampfer des Dichterwegs. Film- und Musikfestivals tun das ihre, die Besucher gut zu unterhalten.

»Finnisches Manchester«

SEHENSWERTES IN TAMPERE

Die Hauptachse der Stadt ist die Hämeenkatu, die vom Bahnhof über den zentralen Platz Keskustori zur Hämeenpuisto führt. Die Alte Kirche, eine **klassizistische Kreuzkirche** von 1824, besitzt einen Glockenturm im Empirestil. Weitere schöne Gebäude am Zentralplatz sind das 1890 von Georg Schreck entworfene Rathaus und das 1913 gebaute Tampere-Theater. Am Wasserfall liegt das Einkaufszentrum Koskikeskus.

Zentraler Platz (Keskustori)

Tampere

Essen
1 Näsinneula
2 Bodega Salud
3 Harald

Übernachten
1 Sokos Hotel Tammer
2 Hotel Cumulus Pinja
3 Cumulus Koskikatu

A Anlegestelle »Silberlinie«
B Anlegestelle »Dichterweg«
1 Zentraler Platz
2 Sara-Hildén-Kunstmuseum
3 Hiekka-Kunstmuseum
4 Stadtbücherei mit Mumintal-Museum

Tampere erleben

AUSKUNFT
Tampere City Tourist Office
33100 Tampere
Rautatienkatu 25A, Railway Station
Tel. 03 56 56 68 00
www.visittampere.fi

ESSEN
❷ *Bodega Salud* ⓔⓔⓔ
Tuomiokirkonkatu 19
Tel. 020 7 41 21 21, www.salud.fi
Anspruchsvolles Gourmetrestaurant mit
den angeblich besten Steaks in ganz
Finnland. Besonders das seit 20 Jahren
erprobte Rezept für Pfeffersteak erfreut
sich bei den Gästen großer Beliebtheit.

❸ *Harald* ⓔⓔ
Hämeenkatu 23
Tel. 044 7 66 82 03
www.ravintolaharald.fi/tampere
Beim Konzept des Restaurants standen
die Wikinger Pate. Viele Rentier-
fleischgerichte.

❶ *Näsinneula* ⓔⓔ
Särkenniemi, Tel. 03 2 48 82 34
Vom langsam rotierenden Restaurant
im höchsten Gebäude der Stadt, dem
Näsineula-Turmrestaurant, genießt man
eine hervorragende Aussicht über
Tampere und sein Umland.

ÜBERNACHTEN
❶ *Sokos Hotel Tammer* ⓔⓔⓔ
Satakunnankatu 13
Tel. 020 1 23 46 32
www.sokoshotels.fi
Eines der Traditionshotels in Tampere,
frisch renoviert. Es kombiniert modernen
Komfort mit etwas nostalgischer
Eleganz (87 Zi.).

❷ *Hotel Cumulus Pinja* ⓔⓔⓔ
Satakunnankatu 10
Tel. 03 2 41 51 11
www.cumulus.fi
Ruhig gelegen in einem prächtigen
Jugendstilgebäude (60 Zi.). Das
Restaurant und der Saal Olympia sind
nostalgisch original ausgestattet.

❸ *Cumulus Koskikatu* ⓔⓔ – ⓔⓔⓔ
33100 Tampere
Koskikatu 5
Tel. 03 2 42 41 11
www.cumulus.fi
Modernes, zentral gelegenes Hotel, hell
und freundlich (289 Zi.).

AUSFLÜGE MIT DEM SCHIFF
Silberlinie
Landschaftlich sehr reizvoll ist ein Ausflug mit den Motorschiffen der Silberlinie von Tampere nach Hämeenlinna.
Sie legen täglich in Tampere am Laukon-
tori-Marktplatz an.

Dichterweg
Die Fahrt mit dem rund 100 Jahre alten
Dampfer »Tarjanne« von Tampere nach
Virrat im Näsijärvi-Seengebiet dauert
rund 8 Std. Abfahrten Anfang Juni –
Mitte Aug. Mi. u. Fr. ab Tampere,
Do. u. Sa. ab Virrat, jeweils 10.15 Uhr.
Tel. 010 4 22 56 00
www.runoilijantie.fi

FESTE
Typisch finnisch ist die Akkordeonmusik.
Und die zelebriert man Jahr für Jahr
Ende Juni/Anfang Juli beim über-
regional bekannten Akkordeonfestival
»Sata-Häme Soi«.
www.satahamesoi.fi

Das einzige ständige Lenin-Museum der Welt (Hämeenpuisto 28) erzählt die Geschichte des russischen Revolutionärs in erster Linie aus finnischer Sicht. **Lenin-Museum**

❶ Mo. – Fr. 9.00 – 18.00, Sa. / So. 11.00 – 16.00 Uhr, Eintritt 5 / 3 €, www.lenin.fi

Im Kunstmuseum Hiekka (Pirkankatu 6) werden unter anderem Werke des finnischen **Bildhauer-Titanen Wänio Aaltonen** sowie Gold- und Silberarbeiten gezeigt. **Hiekka**

❶ Di. – Do. 15.00 – 18.00, So. 12.00 – 15.00 Uhr, Eintritt 5 / 3 €, www.hiekantaidemuseo.fi

In Finnland kennt jedes Kind die Geschichten der Autorin und Künstlerin **Tove Jansson** (1914 – 2001). Im Museum, das der Stadtbücherei angeschlossen ist, erfährt man alles über die fantastische Welt der Mumins. **Mumintal-Museum**

❶ Di. – Fr. 9.00 – 17.00, Sa. / So. 10.00 – 18.00 Uhr, Eintritt 7 / 2 €, www.tampere.fi

Im Arbeitermuseum in der Satkunnankatu 49 werden die Lebensverhältnisse der Arbeiter aus der Zeit um 1880 bis in die 1970er-Jahre gezeigt. Über **30 originalgetreu eingerichtete Häuser** wie Bäckerei, Schusterwerkstatt, Genossenschaftsladen und Gemeinschaftssauna sind zu sehen. **Arbeitermuseum**

❶ Di. – So. 10.00 – 18.00 Uhr, Eintritt 6 / 1 €, www.tampere.fi

Die **Willa MAC** ist ein Privatmuseum für finnische **zeitgenössische Kunst** in Pyynikki (Palomäentie 23). Äußerlich erinnert sie an einen venezianischen Palazzo, innen zeigt sie rund 800 Werke finnischer Künstler sowie naive und traditionelle Kunst.

❶ Mi. – So. 12.00 – 17.00 Uhr, www.mac-art.net

! BAEDEKER TIPP

Köstlich! Oder ...?

Mustamakkara ist eine Spezialität aus Tampere. Die Meinungen über diese Blutwurst gehen allerdings weit auseinander, entweder man liebt sie, oder man findet sie scheußlich. Am besten geht man in die Markthalle und sucht einen Stand, der die **nahrhafte Blutwurst** verkauft, die man heiß und mit Preiselbeermus direkt aus dem Einwickelpapier isst.

Im Norden der Stadt, am See Näsijärvi, liegt der **Vergnügungspark** Särkänniemi. Weithin sichtbarer Mittelpunkt des Geländes ist der **Aussichtsturm Näsinneula** (173 m ü. d. M.), um den in 124 m Höhe ein Aussichtsrestaurant rotiert. Neben Karussells und anderen Vergnügungseinrichtungen gibt es ein Aquarium, ein Delfinarium und ein Planetarium. Zum Vergnügungspark gehört auch das äußerst sehenswerte **Sara-Hildén-Kunstmuseum** . **Särkänniemi**

❶ im Sommer tgl. 11.00 – 18.00 Uhr, sonst Mo. geschl.

Außergewöhnlich in Architektur und Ausgestaltung:
der Jugendstildom von Tampere

Museum Vapriikki

Am Ufer des Tammerkoski in Tameres altem Industrieviertel liegt das Museumszentrum Vapriikki, eines der vielseitigsten und interessantesten Museen der Stadt. Es ist in der ehemaligen Maschinenwerkstatt von Tampella untergebracht und vermittelt noch die einstige Fabrikatmosphäre. Der Bogen der Ausstellungen spannt sich von Archäologie über zeitgenössische Kunst bis zu Technik und Natur. Das Vapriikki beherbergt auch das **finnische Eishockeymuseum** und seit 2004 ein Schuhmuseum. Vom Restaurant Valssi genießt man einen schönen Blick auf den Fluss; im Sommer sitzt man auf der Terrasse direkt über der Stromschnelle.

❶ Di.–So. 10.00–18.00 Uhr, Eintritt 8/3 €, www.museokompassi.fi/tampere

*Dom

Nördlich des Bahnhofes befindet sich der zwischen 1902 und 1907 unter Leitung **von Lars Sonck** gebaute Dom (Bild S. 292). Er gilt als besonders typisches, weit über die Grenzen des Landes bekanntes Bauwerk des **finnischen Jugendstils,** der auch im übrigen Stadtbild immer wieder gestalterisch in Erscheinung tritt.

Universität, Tampere-Halle

Bemerkenswerte Profanbauten östlich des Bahnhofs sind die 1961 von **Toivo Korhonen** gebaute Universität. Die moderne Konzert- und Kongresshalle, eine der größten ihrer Art in Nordeuropa, wurde 1990 nach Plänen von Sakari Aartelo und Esa Piironen erbaut.

*Kaleva-Kirche

Einige Minuten nordöstlich der Tampere-Halle liegt die Kaleva-Kirche, ein eher abweisender Betonbau der bedeutenden finnischen Architekten Reima und Raili Pietilä. Drei Jahrzehnte nach ihrer Fertigstellung 1966 ist die Kaleva-Kirche **noch immer umstritten**. Der Innenraum ist aber durchaus beeindruckend.

Nördlich der Kaleva-Kirche gelangt man in den großzügig angelegten Volkspark von Kauppi mit einem Bootshafen. Im Park befinden sich das **Observatorium** und eine Reihe von Sportanlagen.

Volkspark von Kauppi

Südwestlich vom Zentrum liegt an einer Anhöhe der große Park von Pyynikki, dessen Freilichttheater eine drehbare Zuschauertribüne hat; im Sommer finden hier Aufführungen des Arbeitertheaters statt (Auskunft im Touristenbüro). Westlich schließt sich an den Park der **alte Stadtteil Pispala** an, dessen von Holzhäusern gesäumte Straßen steil bergan oder bergab führen. Von hier bietet sich ein schöner Blick auf die Stadt.

Park von Pyynikki

UMGEBUNG VON TAMPERE

Die Insel Viikinsaari im See Pyhäjärvi ist das **beliebteste Naherholungsgebiet** der Einheimischen. Hier findet man ein breites Freizeitangebot wie Kinderspielplätze, Ruderboote, überdachte Grillplätze, malerische alte, verzierte Holzhäuser und auch einen schönen Badestrand. Es gibt regelmäßige Bootsverbindungen von Tampere.

Viikinsaari

Nördlich von Tampere erstreckt sich der große Näsijärvi-See bis nach **Ruovesi**, das wegen seiner schönen Lage im Sommer viel besucht wird. Neben Ausflügen per Schiff (▶ S. 290) kann man das Gebiet auch auf Wanderungen in den Nationalparks der Umgebung kennenlernen.

*Näsijärvi-See

Der Nationalpark Seitseminen ist über die Landstraße von Kuru nach Länsi-Aure (1 km zum Informationszentrum) zu erreichen. Im 1982 gegründeten Schutzgebiet herrschen interessante landschaftliche Gegensätze zwischen Urwäldern, Kiesrücken, Seen, Teichen und Mooren. Am See Pitkäjärvi steht eine ehemalige Waldarbeiterunterkunft aus den 1930er-Jahren, und eine besondere Sehenswürdigkeit ist der restaurierte **Kätnerhof Kovero** (Ende 19. Jh.), wo traditionelle Arbeitsmethoden vorgestellt werden.

Nationalpark Seitseminen

Teile des Nationalparks können auf einem gut beschilderten Rundwanderweg (8 km) durchwandert werden. Erweiterungsmöglichkeiten bieten der Naturlehrpfad zum Multiharju und der markierte »Pirkan Taival«, der die Nationalparks Seitseminen und Helvetinjärvi durchquert. Die Wanderstrecke führt von Kuru über Ruovesi und Virrat nach Ähtari.

Rundwanderweg

❶ Juni – Aug. tgl. 10.00 – 18.00, Sept. und Mai tgl. 9.00 – 17.00 Uhr

Birgitta Trail   Als der **beste Trekkingpfad Finnlands** wurde 2006 der Birgitta Trail in der Gemeinde Lempäälä ausgezeichnet. Benannt ist er nach der mehr als 500 Jahre alten Kirche in Lempäälä. Der rund 50 km lange Trail ist für Familien mit Kindern leicht zu begehen, ist aber auch anspruchsvoll genug für Profis. Wer seinen Schlafsack mitnimmt, kann unterwegs in einer der Laavus – Lappenhütten – übernachten, eine Anmeldung dafür ist nicht erforderlich.

❶ Tourismusbüro in Ideapark, Lempäälä,
www.lempaalankehitys.fi/matkailu/luontoon

Tornio · Torneå

✦ M 4

Gebiet: Nordfinnland
Einwohnerzahl: 23 000

Hier verläuft die urbane Nahtstelle zwischen Finnland und Schweden. Tornios schwedische Schwesterstadt Haparanda liegt nur einen Steinwurf entfernt, und beide pflegen seit jeher enge familiäre und wirtschaftliche Kontakte.

»Friedlichste Grenze der Welt«   Tornio liegt an der Mündung des Grenzflusses Tornionjoki in den Bottnischen Meerbusen. Der westlichste Teil der Stadt liegt auf der früheren Insel Suensaari, die mit dem Festland am schwedischen Ufer verwachsen ist. Beim Grenzübertritt muss man die unterschiedliche Zeit beachten: **In Finnland gehen die Uhren um eine Stunde vor**. Tornio wurde bereits im 14. Jh. erwähnt, als dort Erzbischof Hemming Finnen und Samen taufte. 1621 erhielt Tornio durch Gustav II. Adolf Stadtrechte und entwickelte sich dank seiner Lage schnell zu einem blühenden Handelszentrum. Erst mit der Gründung Haparandas auf der schwedischen Seite, fast 200 Jahre später, setzte die über Staatsgrenzen hinweg verlaufende Entwicklung der Doppelstadt Tornio / Haparanda ein.

SEHENSWERTES IN TORNIO UND UMGEBUNG

Holzkirche   Die 1684 – 1688 erbaute Kirche zählt zu den besterhaltenen und schönsten Holzkirchen des 17. Jh.s in Finnland. Das stimmungsvolle Innere wird vor allem durch die gemalte Holzdecke, eine Kanzel mit Holzschnitzereien und einen Messingkronleuchter geschmückt. Nördlich der Kirche bieten die Aussichtsplattform und das dortige Café auf dem Wasserturm einen schönen Blick über die Stadt.

❶ Juni, Juli Mo – Fr. 10.00 – 18.00, Sa. / So. 13.30 18.00, Aug. Mo. – Fr. 10.00 – 17.00, Sa. / So. 13.30 – 18.00 Uhr, www.haparandatornio.com

Tornio erleben

AUSKUNFT

Haparanda Tornio
Tourist Information
95400 Tornio, Green Line
Tel. 050 5 90 05 62
www.haparandatornio.com

ESSEN

Golden Flower ●●
Eliaksenkatu 8, Tel. 016 48 13 84
»Multi-kulti« in Suomi: In diesem
chinesischen Restaurant werden
auch Pizzen zubereitet.

ÜBERNACHTEN

Tornio City Hotel ●● – ●●●
Itäranta 4, Tel. 0400 10 58 00
www.tch.fi
Im Herzen von Tornio, direkt am Ufer
des zum Rafting einladenden, brausen-
den Tornijoki, liegt das einladende Hotel
(98 Zi.) mit seinem Spitzenrestaurant.

BESICHTIGUNGEN

Die LapinKulta-Brauerei in der Lapin-
kullankatu wurde 1873 eröffnet und
ist damit der älteste Betrieb im Norden
Finnlands. Im Sommer dienstags und
donnerstags um 13.00 Uhr kostenlose,
geführte Rundgänge (Dauer ca. 1 Std.,
Start am Eingang zur Brauerei).

> ! **BAEDEKER TIPP**
>
> *Edles Kunsthandwerk*
>
> In Laivaniemi, 10 km südöstlich
> von Tornio, kann man einen Blick
> in die **Welt der Porzellanmalerei**
> werfen, Paula Salminen bei der
> Arbeit zuschauen, erstklassiges
> Kunsthandwerk erwerben und
> auch selbst Porzellan bemalen.
> Nach Terminvereinbarung
> (Postelli Paula Salminen, Nieme-
> läntie 2, Tel. 0400 59 96 82,
> www.postelli.fi).

Museen Sehenswert ist das **Aine-Kunstmuseum** (Torikatu 2), das finnische
Kunst des 19. und 20. Jh.s zeigt. Das **Regionalmuseum** (Keskikatu 22)
mit interessanten volkskundlichen Sammlungen aus dem Torniotal
und aus Lappland wird nach Renovierung zum 100-jährigen Jubiläum
2014 mit der Dauerausstellung „An der Grenze" neu eröffnet.
Aine-Kunstmuseum: Di. – Do. 11.00 – 18.00, Fr. – So. 11.00 – 15.00 Uhr,
www.tornio.fi/aine

Torniotal Nach Norden führt ein lohnender Ausflug auf der Str. Nr. 21 in das
Torniotal. Nach 15 km kann man einen ersten Abstecher zum Fluss
und den Stromschnellen Kukkolankoski machen. Diese haben ein
Gefälle von 13,8 m auf einer Strecke von 3,5 km und sind somit die
längsten frei fließenden Stromschnellen Finnlands. Hier bieten
örtliche Veranstalter Wildwasserfahrten an. In den am Ufer des Flusses gelegenen Restaurants (z. B. die Cafeteria Myllypirtti oder das
Kukkolaforsen Touristcenter) gibt es gute Fischgerichte.

Kemi Kemi (22 500 Einw.) liegt am Nordende des Bottnischen Meerbusens
an der Mündung des früher einmal sehr fischreichen Flusses Kemi-

joki. Im Sommer ist der Ort kaum touristisch interessant – im Winter hingegen ist das Schloss aus Schnee eine echte Attraktion. Die wohl bedeutendste Sehenswürdigkeit von Kemi ist die **Edelsteingalerie** in der Kauppakatu 29. Zu sehen sind etwa 3000 Edelsteine, Juwelen- und Diamantschleifereien, eine Goldschmiedewerkstatt und eine Dokumentation über die Entstehung und die Lagerstätten von Edelsteinen. Von Februar bis Ostern entführt die »Lumilinna«, ein jährlich neu errichtetes, gewaltiges **Schloss aus Schnee** und Eis den Besucher in eine eisig-schöne Märchenwelt. Es gibt ein Restaurant mit Bar, ein Hotel, in dem man bei – 5 °C in polartauglichen Schlafsäcken übernachten kann, und einen Abenteuerspielplatz.

Edelsteingalerie: Mitte Juni – Aug. tgl. 9.00 – 17.00, sonst 9.00 – 16.00 Uhr, Eintritt 8/4 €, www.kemi.fi/jalokivigalleria

Schloss aus Schnee: Lumilinna, Kemi, Tel. 016 25 88 78, 18 Zi., Gruppenräume und eine Suite, DZ ab 290 €, www.snowcastle.net

*Ausflug mit dem Eisbrecher

Im Hafen von Kemi hat der 1961 gebaute Eisbrecher »Sampo« seinen Liegeplatz. Vor einigen Jahren wurde er in ein luxuriöses Kreuzfahrtschiff umgewandelt. Von Dezember bis April ist es möglich, vierstündige Fahrten zu unternehmen (bis zu 150 Passagiere), einschließlich Ski- und Motorschlittenausflüge oder Hunde- und Rentiersafaris. Im Sommer kann man das Schiff besichtigen und im Restaurant essen.

🌐 www.sampo tours.com

** Turku · Åbo

✦ L 6

Gebiet: Südfinnland
Einwohnerzahl: 179 000

Turku, die älteste Stadt des Landes, war bis 1812 Hauptstadt von Finnland. Dann musste die Bischofs- und Universitätsstadt diesen Rang an Helsinki abtreten. Vor Turkus Küste breitet sich ein sehr einladender Schärengarten aus.

Finnlands erste Unistadt

Die Stadt liegt etwa dort, wo Nachfolger der schwedischen Wikinger Mitte des 12. Jh.s an Land gingen und zur Eroberung des heutigen Finnland ansetzten. 1229 wurde die Stadt Bischofssitz, 1525 erhielt sie von König Gustav Wasa die Stadtrechte. Im Jahre 1630 legte Gustav II. Adolf durch Stiftung eines Gymnasiums das geistige Fundament für Finnlands erste Universität. 1809 fiel die Stadt mit ganz Finnland an Russland. Im selbstständigen Finnland wurde 1918 eine neue, private schwedischsprachige Universität, die Åbo Akademi, und 1920 eine finnischsprachige staatliche Universität gegründet. Turku, das **einzige finnische Mitglied der modernen Hanse**, war

Sonnenuntergang bei Turku

2004 zum 775-jährigen Stadtjubiläum Gastgeber der Hansetage. Als **»Tor zu Finnland«** spielt der Fremdenverkehr eine wichtige Rolle. Lange Zeit war die Stadt Zentrum des Schiffsbaus für Eisbrecher. Die bedeutende Industrie umfasst u. a. eine Schiffswerft, Maschinenfabriken, Nahrungsmittelverarbeitung und Textilwerke. In den letzten Jahren hat sich Turku zu einer Kongressstadt und zu einem Zentrum der Computer- und Biotechnologie entwickelt.

SEHENSWERTES IN TURKU

Marktplatz

Verkehrsmittelpunkt von Turku ist der Marktplatz (Kauppatori) am Nordufer des Aurajoki. Werktags sind hier **bis 14.00 Uhr die Stände** aufgebaut, und es herrscht ein geschäftiges Markttreiben. Am Marktplatz liegen das schwedische Theater (1838), die historische Markthalle, das mit Glas überdachte Einkaufszentrum Hansa und auch die orthodoxe Kirche (um 1840).

Kunstmuseum

Vom Markt führt die belebte Aurakatu nordwestlich zum Kunstmuseum (Taidemuseo), das eine vielfältige Sammlung von Bildern und Gemälden **meist finnischer Künstler** zeigt.
❶ Di – Fr 11.00 – 19.00, Sa./So. 11.00 17.00 Uhr, Eintritt 8/5 €, www.turuntaidemuseo.fi

Apothekenmuseum

Wo die Aurakatu den Aurajoki überquert, wurde im **ältesten Holzhaus der Stadt** das Apothekenmuseum eingerichtet.
❶ Mai Mitte Sept. Di. – So 10.00 – 18.00 Uhr, Eintritt 4,50/3 €, www.turkutouring.fi

Turku erleben

AUSKUNFT
Turku Touring
20100 Turku
Aurakatu 4
Tel. 02 2 62 74 44
www.turkutouring.fi

TURKU CARD
Mit der Turku Card hat man freien
Zugang zu fast allen Museen und
Sehenswürdigkeiten der Stadt und kann
den öffentlichen Nahverkehr beliebig
oft nutzen. Außerdem ermäßigen sich
etliche Übernachtungs- und Restaurantpreise. Sie ist im Touristenbüro erhältlich
und gilt für 24 oder 48 Std. (21 / 28 €).
Zudem gibt es eine Familien-Turku-
Card / 24 Std. für 45 € (max. zwei Erw.
und drei Kinder bis einschl. 15 J.).

ESSEN
❸ *Panimoravintola
Koulu* ❷❷ – ❷❷❷
Eerikinkatu 18
Tel. 02 2 74 57 57
www.panimoravintolakoulu.fi
In einem alten Schulgebäude ist im
oberen Stockwerk ein anspruchsvolles
Restaurant untergebracht. Im Erdgeschoss gibt es eine Brauerei-Kneipe,
einen Biergarten und eine Weinbar mit
günstigen Mittagsmenüs.

❶ *Vaakahuonen Paviljonki* ❷❷
Linnankatu 38
Tel. 02 5 15 33 00
www.vaakahuone.fi
Im jazzigsten Restaurant Turkus lässt
es sich gut in den Abend starten: Die
Karte bietet Pasta, Pizza und Steak
sowie ein Fisch-Buffet. Dazu fast
immer Live-Musik.

❷ *Teini*
Uudenmaankatu 1
Tel. 010 7 64 53 70, So. geschl.
Gute, traditionelle finnische Küche.

❹ *Uusi Apteeki*
Kaskenkatu 1
Tel. 02 2 50 25 95
www.uusiapteeki.fi
Eine besonders empfehlenswerte
Adresse für den späteren Abend ist die
Kultkneipe »Neue Apotheke« in einer
alten Apotheke mit antiken Original-
Regalen, die mit Hunderten alter Bier-
flaschen gefüllt sind. Sie diente schon
als Kulisse für Filme; man trifft hier die
Turkuer Intelligenzia Seite an Seite mit
etwas abgestürzten Kneipenoriginalen.

L'Escale ❷❷❷
Nauvo, Nauvon Ranta 4
Tel. 040 7 44 17 44, www.lescale.fi
Segler können direkt anlegen: Das
maritime Gourmet-Restaurant liegt
idyllisch direkt am Hafen. Wem der Sinn
gerade nicht nach Edel-Küche steht, der
kann im nebenan liegenden Restaurant-
schiff »Najaden« Pizza ordern oder
einen edlen Tropfen aus der Hinterhof-
Schnapsbrennerei erwerben.

ÜBERNACHTEN
❶ *Park Hotel* ❷❷❷
Rauhanklatu 1
Tel. 02 2 73 25 55
www.parkhotelturku.fi
Turkus romantischstes Hotel befindet
sich in einem Jugendstilgebäude aus
dem Jahr 1902. Jedes der 21 gemütlichen Zimmer ist anders eingerichtet,
und es gibt günstigere Wochenend-
tarife.

➋ *Sokos Hotel Seurahuone* ⊖⊖

Eerikinkatu 23, Tel. 02 33 73 01
www.sokoshotels.fi
Bei den 131 Zimmern im Sokos Seurahuone kann man sich für italienisches,
orientalisches oder amerikanisches Flair
entscheiden. Gleich im Haus liegt das
Restaurant »Sevilla«.

➌ *Seaport Hotel* ⊖⊖⊖

Toinen Poikkikatu 2 / Passagierhafen
Tel. 02 22 83 30 00
www.hotelseaport.fi
In einem renovierten Zollspeicher am
Passagierhafen ist das Hotel Seaport
(77 Zi.) der Best-Western-Kette untergebracht. Die Burg liegt gleich nebenan,
und ins Stadtzentrum sind es nur 3 km.

AUSFLÜGE IN DIE SCHÄREN
Schärenringstraße

Eine gute Möglichkeit, die Inselwelt auf
eigene Faust kennen zu lernen, ist die
Schärenringstraße. Sie ist mit braunen
Wegweisern »Saariston Rengastie / Skär-
gårdens Ringveg« ausgeschildert. Die
rund 200 km lange Rundtour beginnt in
Turku und führt über zwölf Brücken und
acht Fähren zum Ausgangspunkt zurück.
Mit dem Auto schafft man die Runde an
einem Tag. Wer die Inselwelt nicht allein
erkunden mag, bucht eine der Pauschal-
reisen mit Tagesetappen von 25 bis
40 km bei der Touristeninformation.

Fahrt mit dem Dampfer

Für einen ersten Eindruck von der
Schärenwelt eignet sich eine Fahrt mit
dem nostalgischen Seedampfer »Ukko-
pekka«, der im Sommer zweimal täglich
zwischen Turku und Naantali pendelt.
Abfahrt Turku 10.00 und 14.00 Uhr
einfache Fahrt 22 / 11 €
www.ukkopekka.fi

FESTE
Ruisrock

Anfang Juli findet auf der Insel Ruissalo
jährlich das größte Rockfestival von ganz
Finnland statt.
Termine und Infos: www.ruisrock.fi

Mittelaltermarkt

Jedes Jahr Ende Juni bzw. Anfang Juli
wird der Alte Markt von Turku für einige
Tage zum Schauplatz eines mittelalterlichen Spektakels. Spielmannsmusik,
Ritterumzüge und zünftiger Handel,
dazu Hunderte von Schauspielern in
bunten Kostümen – die Mittelalter-
illusion ist perfekt!

Weihnachten in Turku

Vom ersten Advent an verwandelt sich
die Stadt in ein einziges Weihnachts-
märchen. Die Flussufer sind erleuchtet,
Museen und Kirchen veranstalten Ausstellungen und Konzerte. Auf dem
Alten Markt findet an den Advents-
wochenenden ein Weihnachtsmarkt
statt, auf dem unter anderem hochwertiges Kunsthandwerk angeboten wird,
und in der Burg werden Weihnachts-
tische verschiedener Epochen gezeigt.
www.christmascity.com

Stadtmarathon von Turku

Der Stadtmarathon von Turku ist nach
der Läuferlegende Paavo Nurmi, dem
9-fachen Goldmedaillengewinner,
benannt, der aus Turku stammt. Alljährlich Ende Juni / Anfang Juli machen sich
die Teilnehmer auf die Runde, die durch
die Innenstadt und bis weit auf die Halbinsel Ruissalo hinausführt. Auch ein
Halbmarathon und eine 10 km-Strecke
sind möglich.
Information und Anmeldung:
www.paavonurmisports.fi

Dom Zentrum südlich des Flusses ist der Domplatz. Auf dem Unikankari-Hügel steht die um 1230 gegründete und 1300 geweihte Domkirche, die Hauptkirche der evangelisch-lutherischen Kirche in Finnland. Dieses **Nationalheiligtum Finnlands ist ein massiver Backsteinbau aus spätromanischer Zeit mit gotischen und Renaissanceanbauten sowie einem 98 m hohen Turm. Sie ist der Jungfrau Maria geweiht und hat den Heiligen Henrik als Schutzheiligen. Das **Innere des Doms** wurde nach einem Brand 1827 wiederhergestellt und beherbergt zahlreiche **Grabmäler** und ein **Museum**.

❶ Mai – Mitte Sept. tgl. 9.00 – 20.00, im Winter bis 19.00 Uhr, Eintritt 2/1 €

Sibelius-Museum Nördlich vom Dom liegt das Sibelius-Museum. Neben Sammlungen über den Komponisten kann man hier auch noch **Musikinstrumente aus aller Welt** besichtigen.

❶ Di. – So. 11.00 – 16.00, Mi. auch 18.00 – 20.00 Uhr, Eintritt 3/1 €, www.sibeliusmuseum.abo.fi

Museum Aboa Vetus & Ars Nova Die Museen Aboa Vetus und Ars Nova sind im prachtvollen Rettig-Palast zu finden, der einst das Privathaus eines Tabakfabrikanten war. Das äußerst sehenswerte Doppelmuseum wurde im Jahr 1999 als **zweitbestes Museum Europas ausgezeichnet. Der Kern des Museums Aboa Vetus ist der mittelalterliche Stadtteil, der 1990 bei Bauarbeiten entdeckt wurde. Im Keller sieht man die Ausgrabungen aus dem 14. Jh., die zusammen mit den Ausstellungen ein gutes Bild des mittelalterlichen Turku vermitteln. Zentraler Bestandteil des Ars Nova, des Museums der modernen Kunst, ist die Sammlung der Matti-Koivurinta-Stiftung.

❶ beide Museen: Mitte März – Sept tgl., sonst Di. – So. 11.00 – 19.00 Uhr, Eintritt 8/5,50 €, www.aboavetusarsnova.fi

! **BAEDEKER TIPP**

Kneipe auf dem Klo

Sehenswert sind die Toiletten des Puutori, des Baumplatzes. Warum Klohäuschen in einem Reiseführer stehen? Dieses Toilettenhäuschen **aus dem Jahre 1933 ist seit 1977 ein Restaurant**, das im Sommer auch Sitzmöglichkeiten draußen auf dem Platz anbietet.

Universität Åbo Akademi wird die 1919 eröffnete **Schwedische Universität** genannt. In den Anlagen vor dem Gebäude steht ein großes Bronzestandbild Per Brahes, des schwedischen Statthalters in Finnland und Universitätsgründers, geschaffen von W. Runeberg (1888).

Kupittaa-Park Vom Domplatz führt die Uudenmaankatu südöstlich zum Kupittaa-Park, wo sich ein Bad und die **St.-Heinrich-Quelle**, mit deren Wasser die ersten Finnen christlich getauft worden sein sollen, befinden.

**Handwerksmuseum Den großen Brand von Turku 1827 überstand unbeschadet ein Viertel auf der stadtabgewandten Seite des Vartivuori. Mit seinen histo-

Turku

Fluhafen, Tampere
Konzert-halle
Bangårdsgatan
Latinen Pitkakatu
Kauppiaskatu
Maariankatu
Aura å
Finnische Universität
Helsinki
Hauptbahnhof
Kunst-museum
Aurakatu
Universitetsgatan
Sibelius-museum
Museum "Ett Hem"
Orthodoxe Kirche
Puutarhakatu
Marktplatz
Dom
Domplatz
Ehem. Akademie
Schwed. Theater
Stadt-bibliothek
Kultur-zentrum
Schwed. Universität
Markt-halle
Museum Aboa Vetus & Ars Nova
Katholische Kirche
Stadthaus
Museums-apotheke
Vartlovuori
Seefahrts-museum
Sommer-theater
Linnankatu
Västra Strandgatan
Sampalinnan-vuori
Aurajoki
Ostra Strandgatan
Städt. Theater
Freibad Biologisches Museum
Handwerks-museum
Ausflugs-boote
Aaltonen-Museum
Freilicht-bühne
Sport-park
Forum Marinum
Helsinki
Kommunalsjukhusvägen
Städtisches Krankenhaus
200 m
©BAEDEKER

Essen
❶ Vaakahuoneen Paviljonki
❷ Teini
❸ Panimoravintola Koulu
❹ Uusi Apteeki

Übernachten
❶ Park Hotel
❷ Sokos Hotel Seurahuone
❸ Seaport Hotel

rischen Holzhäusern, niedrigen kleinen Höfen und unregelmäßigen Gassen ist das geschlossene Ensemble von ganz besonderem kulturgeschichtlichen Wert. Es ist heute zum Handwerksmuseum Luostarinmäki (Käsityölaismuseo) zusammengefasst und bietet einen hervorragenden Einblick in die vorindustrielle Handwerksproduktion und Lebensweise einfacher Leute vor ca. 200 Jahren. Im Sommer **arbeiten täglich Handwerker in den Werkstätten**, und in den beiden Verkaufsläden kann man ihre Produkte als besonders stilvolle Reiseandenken erwerben.

❶ Mai – Mitte Sept. Di. – So 10.00 – 18.00 Uhr, Eintritt 6/4 €, www.museumcentreturku.fi

Biologisches Museum
Auf dem Hügel von Sampanlinna gibt es ein Freilichttheater und eine alte **Windmühle**. Das nahe gelegene Biologische Museum gibt einen schönen Überblick über die finnische Tier- und Pflanzenwelt.
❶ Di. – So. 9.00 – 17.00 Uhr, Eintritt 4,50 / 3 €

Aaltonen-Museum
Weiter westlich befindet sich das von Irma und **Matti Aaltonen** entworfene Wäinö-Aaltonen-Museum (1967), wo Skulpturen des Bildhauers und moderne Werke anderer Künstler ausgestellt sind.
❶ Di. – So. 10.00 – 18.00 Uhr

Forum Marinum
Unweit von Hafen und Burg befindet sich das Forum Marinum, das Themen rund um die Seefahrt anhand von wechselnden Ausstellungen zeigt. Zum Museum gehört auch eine Flotte von **historischen Schiffen**, die im Sommer besichtigt werden können.
❶ Mai – Sept. tgl. 11.00 – 19.00, sonst Di. – So. 11.00 – 18.00 Uhr, Eintritt 8 / 5 €, www.forum-marinum.fi

∗∗Burg Turku
Ein Stück westlich vom Forum Marinum liegt am rechten Ufer des Aurajoki die massive Feldsteinburg (Turun linna), eine der **bedeutendsten Sehenswürdigkeiten von ganz Finnland**. Die Burg wurde 1941 bei Bombenangriffen stark zerstört, nach dem Krieg aber bis 1961 umfassend renoviert. Die Festung wurde wahrscheinlich um 1280 erbaut und während der Wasazeit im 16. Jh. erweitert, nachdem König Gustav Wasa seinen Sohn Johan zum Herzog von Finnland ernannt hatte. In dieser Zeit wurde das Renaissance-Stockwerk der Festung gebaut. Zu den Attraktionen gehört das **Verlies**, in dem Herzog Johan um 1570 seinen Bruder, den entmachteten Erich XIV., gefangen hielt. Die Ausstellungen der Burg zeigen alte Gewänder und Spielzeuge sowie Glas-, Porzellan-, Gold- und Silbergegenstände. In der Burgkirche ist eine Sammlung mittelalterlicher Holzskulpturen zu sehen, und in der Vorburg wird die Stadtgeschichte präsentiert.
❶ Di. – So. 10.00 – 18.00 Uhr, Eintritt 8 / 4,50 €

Jokke River Train
Eine angenehme Art für Fußmüde, die **Sehenswürdigkeiten links und rechts des Aurajoki** zu erkunden, ist der Jokke River Train, eine Bimmelbahn mit Lok und drei Waggons, die im Sommer auf beiden Seiten des Flusses zwischen der Kathedrale und der Burg verkehrt. Gruppen können die Bahn auch für private Gesellschaften mieten.
❶ Erwachsene 4 €, Kinder die Hälfte

UMGEBUNG VON TURKU

∗Naantali
Naantali ist ein **reizvolles kleines Städtchen,** 17 km westlich von Turku an der Küste gelegen. Es entwickelte sich im Umkreis eines Brigittenklosters (1443 errichtet). Im 17. Jh. zerfiel der Großteil der

alten Klostergebäude, nur die monumentale **Klosterkirche** blieb als weithin sichtbares Wahrzeichen der Stadt erhalten. Im Sommer wird allabendlich um 20.00 Uhr von Trompetern zur Abendvesper geblasen, die so an die alten Klosterzeiten erinnern. Schon frühzeitig wurde die heilende Kraft der nahe gelegenen Quelle Viluuluoto genutzt und 1863 eine Kuranstalt gebaut. Im Hochsommer sieht man viele Besucher durch die von gelben Holzhäusern gesäumten Gassen flanieren; die Hafenrestaurants und -cafés sind gut besucht. Der größte Teil der Häuser stammt aus dem 18. und 19. Jh. Direkt am idyllischen Jachthafen gelegen, bilden die niedrigen Holzhäuser mit ihren gepflegten Gärten rund um die Klosterkirche den gemütlichen Kern der Stadt. Im ältesten und schönsten Bürgerhaus sind der **Museumshof Hiilola** (Katinkäntä 1) und das **Städtische Museum** untergebracht. Sie zeigen den Alltag von Bürgern und Handwerkern im 19. Jh.
beide Museen: Mitte Mai – Ende Aug. Di. – So. 11.00 – 18.00 Uhr

Alljährlich **im Juni** wartet Naantali mit einem hochkarätig besetzten Musikfestival auf.   **Musikfestival**
❶ www.naantalimusic.com

Rund um die Muminfamilie und ihre Freunde dreht sich alles im **Themenpark Muminworld** auf einer kleinen Insel vor Naantali. Nicht nur Kinder sind begeistert von den skurrilen Trollwesen der finnisch-schwedischen Künstlerin und Schriftstellerin Tove Jansson.   **Die Mumins**
❶ Juni – Mitte Aug. tgl. 10.00 – 18.00, bis Ende Aug. ab 12.00,
2. Februarhälfte tgl. 10.00 – 16.00 Uhr; Tagesticket 23 €, 2 Tage 32 €,
www.muumimaailma.fi

Der Schärengarten vor Turku besteht aus 14 Gemeinden und der Stadt Parainen, die sich auf mindestens 20 000 Inseln und Inselchen verteilen. Jedenfalls ist es das weltweit größte Schärengebiet und die meisten Inseln sind nur winzige, unbewohnte und kahle Felsbuckel. Die Zahl der festen Einwohner beträgt ca. 20 000, im Sommer, wenn sich die Ferienhäuser mit Gästen füllen, sind es erheblich mehr. Mehrmals täglich und auch abends legen Schiffe vom Hafen zu **Minikreuzfahrten** durch die vorgelagerte Schärenwelt ab (▶S. 299).   ****Schären**

Knapp 20 km nordöstlich von Turku, nahe dem Bahnhof von Lieto, in Nautelankoski, liegen die schönsten **Stromschnellen** des Aurajoki. Der Fluss und seine Ufer stehen unter Naturschutz, man kann aber die Gegend auf einem 1,5 km langen Natursteig erkunden.   **Lieto**

Im Südwesten von Turku (auch erreichbar mit dem Bus) liegt vor der Auramündung die Insel Ruissalo, die durch eine Brücke mit dem Festland verbunden ist. Hier gibt es ein großes Freizeitgelände mit Campingplatz, Gelegenheit für Golf, Reiten, Minigolf und Wasserski.   **Insel Ruissalo**

Uusikaupunki Uusikaupunki liegt malerisch an einer Meeresbucht nördlich von Turku. Die Autoproduktion in der **nördlichsten Autofabrik der Welt** begann schon vor mehr als 30 Jahren als Kooperation der Unternehmen Valmet (finnisch) und Saab (schwedisch). Im September 1997 rollten dann die ersten **Porsche Boxster** bei Valmet vom Band. Im 19. Jh. besaß Uusikaupunki die zweitgrößte Handelsflotte des Landes. Exponate, die aus dieser Zeit der Stadt stammen, befinden sich im **Kulturhistorischen Museum** (Ylinenkatu 11), im **Seemannsheim** (Myllymäki-Hügel) und im **Lotsenmuseum** (auf dem Vallimäki-Hügel). Das **Automobilmuseum** (Autotehtaankatu 14) zeigt eine große Sammlung von Saab-Modellen, darunter wertvolle Oldtimer. Überquert man, vom Marktplatz aus, die Meeresbucht über eine Brücke, kommt man zum **Museum Bonk** (Siltakatu 2). Es zeigt nicht funktionstüchtige, jedoch phantasievolle Maschinen.

Seefahrtsmuseen: Mitte Juni – Mitte Aug. Di. – Fr. 11.00 – 16.00, Sa. / So. 12.00 – 15.00, bis Ende Aug nur Sa. / So. 12.00 – 15.00 Uhr, www. uusikaupunki.fi

Automobilmuseum: Juni – Aug. tgl. 10.00 – 18.00, sonst 11.00 – 17.00 Uhr, Eintritt 6/3 €

Museum Bonk: Juni – Aug. tgl. 10.00 – 18.00 Uhr, Eintritt 8/5 €, www.bonkcentre.fi

Opferkirche von Pyhämaa Etwa 25 km nördlich von Uusikaupunki kommt man zu der beeindruckenden Holzkirche von Pyhämaa. Sie besticht vor allem durch die Malereien (1667) an der Decke und an den Innenwänden.

❶ Juni – Aug. 11.00 – 17.00 Uhr

Vaasa · Vasa

✳ K 5

Gebiet: Westfinnland
Einwohnerzahl: 61 000

In keiner anderen Stadt Finnlands sprechen so viele Bewohner Schwedisch. Verheerende Brände machten 1852 einen Neuaufbau des Ortes nötig, der etwas nüchtern ausfiel. Von Vaasa aus kann man direkt ins schwedische Umeå auf der anderen Seite des Bottnischen Meerbusens übersetzen.

Landhebung Die Küstenlinie auf der Höhe von Vaasa wird durch die Landhebung – ein Meter in jedem Jahrhundert – ins Meer vorgelagert. Der ehemalige, neugewonnene Meeresboden bildet den fruchtbaren Ackerboden für die Kornkammer Finnlands. Unzählige rote Korn- und Heuspeicher prägen das Bild der Stadt. Wegen der Bodenerhöhung hatte der Hafen, der einst bei Korsholm lag, wenig Wasser und musste deshalb näher ans Ufer verlegt werden. Auch heute muss regelmäßig Schlamm aus dem Hafenbecken ausgehoben werden.

Die Stadt lag bei der Gründung durch König Karl IX.im Jahre 1606 etwa 6 km landeinwärts bei Mustasaari, wo damals die Küste verlief. Im Jahre 1611 erhielt sie die Stadtrechte und den **Namen des schwedischen Königsgeschlechts Wasa**. Nach der Unabhängigkeitserklärung Finnlands 1917 wurde Vaasa zur provisorischen Hauptstadt des »weißen Finnlands«, da Helsinki sich bis zum Ende des Bürgerkriegs 1918 noch in den Händen der »roten« sozialistischen Milizen befand. **Schwedisches Erbe**

SEHENSWERTES IN VAASA

Das Ostrobothnian Museum (Pohjanmaa-Museum) zeigt Sammlungen zur regionalen Kultur und zur Stadtgeschichte. Ferner werden **Einrichtungsstile** der unterschiedlichsten Epochen vorgestellt und Kunstwerke der finnischen Malerei des 19. und 20. Jh.s präsentiert. **Museum Österbotten**
❶ Di.–So. 12.00–17.00, Mi. bis 20.00,Uhr, Eintritt 7/3 €, Fr. frei, www.museo.vaasa.fi

Im Süden der Stadt erstreckt sich der Park von Hietalahti mit dem Freilichtmuseum **Bragegården**. Hier kann man in die Atmosphäre finnisch-schwedischer Bauernkultur eintauchen und sich im Sommerrestaurant gemütlich stärken. **Freilichtmuseum**
❶ Juni–Aug. Di.–Fr. 11.00–17.00, Sa./So. 12.00–16.00 Uhr, Eintritt 4/2 €, www.elisanet.fi/vasa.brage/index _eng.htm

Zwei Silotürme setzen Akzente in der Stadtansicht von Vaasa.

Vaasa erleben

AUSKUNFT
Vaasa Tourist Office
Raastuvankatu 30, 65101 Vaasa Tel. (06) 325 11 45, www.vaasa.fi

ESSEN
❶ Gustav Wasa €€€€
Raastuvankatu 24, Tel. (050) 466 32 08 www.gustavwasa.com, So. geschl. Finnische Küche vom Feinsten: Ganz nahe beim Tourist Office liegt das Keller-restaurant mit der kleinen, aber sehr an-spruchsvollen Karte.

❷ Seglis €€
Niemeläntie 14 Tel. (06) 317 20 37 Das Sommerrestaurant liegt auf dem Gelände des Segelclubs. Hier bekommt man edle Fleisch- und Fischgerichte, aber auch ein günstiges Lunchbuffet.

ÜBERNACHTEN
❷ Rantasipi Tropiclandia €€€ – €€€€
Lemmenpolku 3 Tel. (06) 283 80 00, 184 Zi., www.rantasipi.fi Wer hier wohnt, kann die Pools des Tro-piclandia sowie sieben Saunen auskosten.

❶ Radisson Blu Royal Hotel €€€
Hovioikeudenpuistikko 18 Tel. (020) 123 47 20, 285 Zi., www.radissonblu.com Das anspruchsvolle Radisson ist mit Pub, Nachtclub und zwei Restaurants das größte der Top-Hotels in Vaasa.

Vaasa

Im Haus des Kommerzienrates Frithjof Tikanoja ist dessen umfangreiche Kunstsammlung mit etwa 1000 Gemälden zu sehen.
Tikanoja-Kunstgalerie
❶ Di.–Sa. 11.00–16.00, So. 12.00–17.00 Uhr,
www.tikanojantaidekoti.fi/english.html

Die Vaasanpuistikko führt über einen engen Sund zur Insel Vaskiluoto hinüber. Dort lohnt der Vergnügungspark Wasalandia, zu dem auch ein Tierpark gehört, einen Besuch. Südlich von Wasalandia befindet sich das tropische Bad **Tropiclandia**.
Wasalandia
Wasalandia: Mitte Mai – Mitte Aug. tgl. 11.00–20.00 Uhr, Eintritt 12 €,
www.wasalandia.fi
Tropiclandia: tgl. 10.00–20.00, Fr./Sa. bis 21.00 Uhr, Eintritt 16/11 €,
www.tropiclandia.fi

UMGEBUNG VON VAASA

Alt-Vaasa (finn. Vanha Vaasa) liegt etwa 6 km südöstlich vom Zentrum. An diesem Platz befand sich ursprünglich die von Carl IX. gegründete Stadt – bis zum alles vernichtenden Brand von 1852.
Alt-Vaasa

Südlich der E 12 liegt bei Sulva das österbottnische **Handwerkerdorf** Stundars mit 60 alten Gebäuden, mehreren Werkstätten und volkskundlichen Ausstellungstücken. Stundars wurde von dem Lehrer und Ethnologen Gunnar Rosenholm gegründet. Die Bauernhäuser sind Kulisse der Freiluftbühne des eher volkstümlichen Sommertheaters.
Stundars

Besonders reizvoll ist der abwechslungsreiche Schärengürtel im Bottnischen Meerbusen. Die noch immer aktive Landhebung lässt seit der Eiszeit immer wieder neue Inseln entstehen. Man kann zum Angeln Boote mieten oder auch **auf Fischerbooten mitfahren**. Auf den Inseln gibt es zahlreiche Hütten, die über das Verkehrsbüro der Stadt zu mieten sind. Mit dem Fernglas kann man Seevögel, darunter auch Seeadler, sowie etwa Robben beobachten. Grenzübergreifend ist der Kvarken-Archipel mit der Hochküste auf schwedischer Seite zum **Unesco-Weltnaturerbe** erklärt worden.
Schärengürtel

? **BAEDEKER WISSEN**

Sonne satt!

Vaasa gilt als die sonnigste Stadt Finnlands. Sie zählt durchschnittlich **220 niederschlagsfreie Tage** im Jahr und ist stolz auf sommerliche Temperaturen von 25 °C – das Ziel der Wahl also für Badefreunde, die im Norden nicht auf Wärme verzichten wollen.

Alljährlich seit 1985 bricht über die kleine, ostbottnische Stadt Seinäjoki eine Heerschar von **Tangoverrückten und Tangotouristen** herein (▶ Baedeker Wissen S. 76).
Seinäjoki
❶ www.tangomarkkinet.fi

NORWEGEN

Norwegen ist seiner außergewöhnlichen Landschaft wegen das spektakulärste skandinavische Land. Entsprechend zahlreich sind Aktivurlauber und Reisende mit Wohnmobil, eng wird es in der dünn besiedelten Region dennoch nicht. Und auch Sonne und Sandstrand muss man so weit nördlich nicht missen: Im Süden gibt es zahlreiche Badeorte.

Norwegens Hauptstadt Oslo liegt geschützt am Ende des Oslofjordes. Die Umgebung ist sehr hügelig und waldreich, das Meer in greifbarer Nähe, sodass **Oslo zu einer der schönsten Hauptstädte Europas** zählt. Vor allem das Setesdal blickt auf eine reiche bergmännische Tradition zurück; die Telemark als Heimat des Skisportes steht heute noch bei Wintersportlern im besten Ruf. **Der Süden**

Von Stavanger bis Kirkenes erstreckt sich auf 2000 km die von Fjorden zerrissene Westküste, die zu den grandiosesten Landschaften Europas zählt. Neben dem Tourismus wird hier Geld vor allem mit Erdöl und Erdgas verdient, zudem mit Fischfang und -zucht. Die schönsten Städte sind Trondheim und **Bergen, die alte Hansestadt.** **Fjordküste**

Ein Traumziel bilden die Lofoten, gezackte Felsleiber, die steil aus der Nordsee aufspringen, ein **Paradies für Vögel und Naturliebhaber.** Auch ihre kleinen Schwestern, die nördlich angrenzenden Vesterålen, besitzen diese besondere Mischung aus Schönheit und Wildheit. **Lofoten, Vesterålen**

Nördlich von Mo i Rana durchzieht der **Polarkreis** das Land, Nordnorwegen beginnt. Dessen größte Stadt ist Narvik mit ihrem berühmten Erzhafen. Hammerfest ist dann nur noch 100 km vom Nordkap entfernt, das etwas zu Unrecht als nördlichster Punkt des europäischen Festlandes gilt, was die Touristenströme wenig stört. Längst befindet man sich in Lappland, wo die Fischerei endet und der Rentierzucht Platz macht. In dieser äußerst dünn besiedelten Gegend trifft man auch die **Urbevölkerung Skandinaviens,** die Samen. **Nordnorwegen**

Hinter der zerfransten Westküste Skandinaviens erhebt sich das **Hochgebirge der Skanden.** Einige wenige Durchgänge führen hinüber nach Schweden, das auch Anteil an diesem Gebirge hat. Hier reihen sich viele Nationalparks aneinander, und in der menschenleeren Wildnis leben noch Wolf, Bär, Vielfraß und Moschusochse. **Das Rückgrat des Landes**

Als Außenbesitzungen gehören zu Norwegen noch **Spitzbergen** im Nordpolarmeer und die Bäreninsel, weiter die Vulkaninsel Jan Mayen. Diese Regionen werden in diesem Führer nicht besprochen. **Außenbesitzungen**

604 Meter tief fällt der Prekestolen senkrecht in den Lysefjord ab.

∗ Ålesund

✧ C 5

Gebiet: Westnorwegen
Einwohnerzahl: 44 500

Ålesund zählt zu den attraktivsten Städten Norwegens, denn es liegt sehr malerisch auf mehreren Inseln und besitzt im Zentrum zahlreiche Jugendstilhäuser. In den Restaurants der Stadt werden die besten Klippfisch-Gerichte serviert.

Klippfisch-Exporteur Mit der größten und modernsten Fischereiflotte Norwegens ist Ålesund einer der wichtigsten Fischereihäfen des Landes und der wichtigste Exporthafen für Klippfisch. 80 % des Weltbedarfs wird von Ålesund gedeckt; **größter Abnehmer ist Portugal.**

SEHENSWERTES IN ÅLESUND

Atlantik-Meerespark Etwa 3 km westlich vom Stadtzentrum liegt auf der Landzunge Tueneset eines der größten Aquarien Norwegens, das sich harmonisch in die unberührte Küstenlandschaft einfügt. In den riesigen Acryl-Tanks des Atlantik-Meeresparks (Atlanterhavsparken) werden zahlreiche Meerestiere der Nordsee gezeigt.
❶ Juni – Aug. Mo. – Sa. 10.00 – 19.00, So. bis 16.00, sonst So. – Fr. 11.00 – 19.00, Sa. bis 16.00 Uhr, Eintritt 140 NOK, erm. 65 NOK, www.atlanterhavsparken.no

Den Geheimnissen des Ozeans kann man im Atlantik-Meerespark nahekommen.

Ålesund ist wegen seiner Jugendstilarchitektur – einem in Norwegen kaum verbreiteten Stil – über die Landesgrenzen hinaus berühmt. Zahlreiche Häuser im Zentrum wurden nach einem Großbrand im Jahr 1904, bei dem 10 000 Menschen obdachlos wurden, mit Hilfe einer internationalen Spendenaktion in diesem Stil neu errichtet. Bei einem Rundgang durch den Ortskern entdeckt man farbenprächtige Verzierungen an den Fassaden, zahllose Türmchen und Turmspitzen.

Auf den beiden Hauptinseln befindet sich das Zentrum Åle-

Ålesund erleben

AUSKUNFT
Destination Ålesund & Sunnmøre
Skateflukaia, 6002 Ålesund
Tel. 70 15 76 00
www.visitalesund-geiranger.com

ESSEN
XL Diner ⊖⊖⊖
Skaregata 1, Tel. 70 12 42 53
Das edel eingerichtete Restaurant bietet
bei wunderbarer Aussicht auf den Hafen
Stock- und Klippfischgerichte aus aller
Welt – von Bacalao aus Portugal bis zu
Stoccafisso auf italienische Art.

Sjøbua Restaurant ⊖⊖⊖
Brunholmsgata 1a, Tel. 70 12 71 00
Sa. / So. geschl., www.sjoebua.no
Beliebtes, in einem alten Lagerhaus am
Hafen untergebrachtes Fischrestaurant;
die Ware kommt direkt vom Fischkutter.

Café Brosundet ⊖⊖
Rasmus Rønnebergsgate 4
Tel. 70 12 20 85
Im Café des First Hotel Atlantica gibt es
Ålesunds bestes Backwerk aus der eige-
nen Bäckerei, sowie Lunch und Dinner.

Apoteker'n Café ⊖
Apotekergata 16, Tel. 70 10 49 70
Charmantes Café im Jugendstilzentrum.
Spezialität: Queen Mauds-Kuchen.

ÜBERNACHTEN
Clarion Collection
Hotel Bryggen ⊖⊖⊖⊖
Apotekergata 1–3, Tel. 70 12 64 00,
www.nordicchoicehotels.com
85 Z., sehr stilvoll und komfortabel,
in einem alten Speicherkomplex, mit
tollem Ausblick auf den Brosundet.

Hotel Brosundet ⊖⊖⊖
Apotekergata 5, Tel. 70 11 45 00
www.brosundet.no
Das Jugendstilhotel (44 Z.) nebenan
wurde für seine gelungene Mischung
aus Alt und Neu als eines der Trendho-
tels 2012 ausgezeichnet. Tipp: Zimmer
47 liegt im Leuchtturm Molja fyr.

Ålesund Vandrerhjem ⊖⊖
Parkgata 14, Tel. 70 11 58 30
www.hihostels.no
Jugendherberge in einem schönen
Jugendstilbau mit einfachen 2- bis
12-Bett-Zimmern.

Goksøyr Camping ⊖
Runde, Tel. 70 08 59 05,
www.insel-runde.de
Treffpunkt von Ornithologen und Natur-
fotografen am Fuß des Vogelfelsens.
Auch Hütten und Zimmer.

Ein ausgefallenes Quartier ist das *ehemalige Lotsenhaus* von Runde. Es ist
winzig, einfach eingerichtet und liegt
herrlich einsam auf einer Landzunge.
Tel. 70 08 59 05

AUSFLÜGE
Motor- und Schnellschiffe fahren zu
den äußeren Inseln und in die kleineren
Fjorde südlich der Stadt. Vom Flughafen
starten Sightseeing-Flüge per Helikopter.

FESTE
Ende August locken Gourmetfestival
und Meisterschaft der Spitzenköche
(www.matfestivalen.no). Jährlich Mitte
Juli trifft man sich beim Drachenbootfes-
tival zu Wettkämpfen und farbenprächtigen Umzügen (www.dragebat.no).

sunds. Auf Aspøya steht die Ålesunder Kirche (1909) mit beachtenswerten Fresken und wunderschöner Glasmalerei. Am Hellesundet, dem inneren Hafen zwischen den beiden Inseln, stehen Ålesunds **prachtvollste Jugendstil-Bauten**. Besonders sehenswert sind die Häuser in der Kongensgata auf Nørvøya und in der Apotekergata auf Aspøya. In der Apotekergata 16 befindet sich auch das **Jugendstilcenter**. Das Museum in der ehemaligen Svane-Apotheke informiert über den Stadtbrand und erzählt die Geschichte des Jugendstils.

❶ Juni – Aug. tgl. 10.00 – 17.00, sonst 11.00 – 16.00 Uhr, Mo. geschl., Eintritt 70 / 35 NOK, www.jugendstilsenteret.no

*Aksla Östlich vom Stadtpark führen 418 Treppenstufen zum **Stadtberg** Aksla hinauf, von dem sich ein herrliches Panorama bietet. Der weite Blick von der Cafeteria »Fjellstua« (135 m ü. d. M.), die auch mit dem Auto über den Fjelltunvei im Osten der Stadt erreichbar ist, ist vor allem bei Sonnenuntergang ein beliebtes Fotomotiv.

UMGEBUNG VON ÅLESUND

Borgund Rund 4 km östlich des Zentrums liegt Borgund (nicht identisch mit dem Ort, wo die berühmte Borgund-Stabkirche steht). Die hiesige Kirche wurde 1130 errichtet und nach einem Brand 1904 wieder hergestellt. Besonders schön sind die Holzschnitzereien im alten Stil. Gleich neben der Kirche zeigt das **Sunnmøre-Museum** historische Häuser und eine Fischereiabteilung.

❶ Öffnungszeiten wechselnd, Jan. geschl., Eintritt 80 / 30 NOK, www.sunnmore.museum.no

> **BAEDEKER TIPP**
>
> ### ! Unterwegs im Wikingerboot
>
> In See stechen wie einst die Wikinger: Im Sommer legt ein Nachbau des Wikingerschiffs »Borgund-Knarren« jeden Mittwoch vom Sunnmøre-Museum aus zu einer einstündigen Rundtour ab. Nicht nur für Kinder spannend.

Auf **Runde**, einer Insel südwestlich von Ålesund, liegt der »Rundebranden«, Norwegens südlichster **Vogelfelsen**. Rund 170 000 Paare brüten hier, vor allem Papageientaucher, Trottellummen und Basstölpel (▶Baedeker Wissen S. 314). Jedes Jahr kommen Hunderte Ornithologen und Naturfotografen nach **Goksøyr**, dem einzigen Ort auf der Insel. 1725 versank vor der Küste das holländische Handelsschiff »Akerendam«. 1972 fanden Taucher in dem alten Wrack mehr als 60 000 Gold- und Silbermünzen. Taucher können hier auch heute noch auf Schatzsuche gehen.

*Stordal- Rund 50 km östlich von Ålesund liegt Stordal mit einer ganz beson
Rosenkirche deren Kirche: Das Innere der 1789 erbauten Rosekyrkja (Rosenkirche) ist über und über mit herrlichen Malereien bedeckt. Große Tei

Äußerst üppig ausgestattet: die Rosenkirche in Stordal

le der Kircheneinrichtung stammen noch aus der mittelalterlichen Vorgängerkirche.

❶ im Sommer tgl. geöffnet; für Führungen anrufen: Tel. 70 27 80 07, Eintritt 35 / 15 NOK

★★ Alta

Gebiet: Nordnorwegen
Einwohnerzahl: 19 300

✦ L 2

Alta ist für Tausende von Felsbildern berühmt, die die Menschen der Steinzeit entlang des Altafjords hinterlassen haben. Zudem stellt die Samen-Siedlung einen idealen Ausgangspunkt für Touren Richtung Nordkap und Finnmark dar.

Die größte Stadt des dünn besiedelten Verwaltungsbezirks Finnmark liegt an der Stelle, wo der Alta-Fluss, **der bekannteste Lachsfluss Norwegens**, in den Altafjord mündet. Dank des Golfstroms ist das Klima in Alta vergleichsweise mild. Schon vor mehr als 10 000 Jahren lebten hier Menschen; dies belegen die Felsgravuren von Hjemmeluft und Ausgrabungen am Berg Komsafjell (Komsakultur). Früh entwickelte sich die Samensiedlung Alta zum Verwaltungszentrum, nachdem im 17. Jh. zunehmend Norweger hierher zogen, die mit Rentierfleisch u.a. Handel trieben. Mit Beginn des Kupferabbaus in Kåfjord

Mildes Klima im hohen Norden

Leben im Stockwerk

Auf den oft sturmumtosten Vogelfelsen im Nordatlantik und im Nordmeer versammeln sich Hunderttausende von Seevogel-Paaren zur Brut – ein einmaliger Anblick. Jede Vogelart belegt in den meist mehrere hundert Meter hohen Felsen immer dasselbe Stockwerk: Krähenscharben und Gryllteisten im Erdgeschoss, Papageientaucher im Penthouse, dazwischen die anderen. Umziehen ärgert die Nachbarn.

Große
Raubmöwe
50

▶ **Norwegens Vogelfelsen**
Es ist kein leichter Ausflug, wenn man die Welt der Seevögel auf einem Vogelfelsen erleben will. Regelmäßig werden Bootsfahrten angeboten. Am bequemsten ist sicher ein Besuch auf der Insel Runde, Skandinaviens südlichster Brutkolonie für Seevögel, wo ca. 170 000 Vogelpaare nisten. Zur größten Kolonie in Skandinavien auf der Insel Røst muss man schon 100 km mit dem Boot schippern.

Gjesvaerstappan
Syltefjordstauran
Vardø/Hornøya
Store Ekkerøy

Bleiksøya

Lofoten

Røst

In den bis zu 250 m hohen Felswänden im Westen der Insel liegen die Brutkolonien der Seevögel.

Runde

Vogelfelsen   RUNDE

©BAEDEKER

Bewohner der Vogelfelsen auf Runde

Seeadler
20

Anzahl Eier

Anzahl Brutpaare jährlich

Papageientaucher
100 000

Eissturmvogel
5500

Basstölpel
2500

Tordalken
3000

Trottellumme
8000

Dreizehenmöwe

Gryllteiste
100

Krähenscharbe
1500

Alta erleben

AUSKUNFT
Destinasjon Alta
Parksenteret
9504 Alta
Tel. 78 44 95 55
www.destinasjonalta.no

ANREISE
Direktflüge von Oslo und Tromsø

MITTERNACHTSSONNE
16. Mai bis 26. Juli
Polarnacht:
24. November bis 18. Januar

ÜBERNACHTEN
Rica Hotel Alta ⊖⊖⊖
Løkkeveien 61
Tel. 78 48 27 00
www.rica.no
Luxus im hohen Norden. Modernstes und größtes Hotel am Ort (241 Zi.), zwei Restaurants, Bar, Nachtclub.

Thon Hotel Vica ⊖⊖⊖
Fogdebakken 6
Tel. 78 48 22 22,
www.thonhotels.com/vica
Das Hotel (23 Zi.) verfügt über ein gutes Restaurant mit Regionalküche und eine stilvolle Bar.

Alta Igloo Hotel ⊖⊖⊖
Sorrisniva (ca. 20 km vom Stadtzentrum)
Tel. 78 43 33 78, www.sorrisniva.no
geöffnet Ende Jan. bis Anfang April
Eintritt 150 NOK
Schlafen auf Eisbetten, trinken an der Eisbar, heiraten in der Eiskapelle? In diesem Hotel aus Eis und Schnee ruht man wohlig warm in Schlafsäcken und auf Rentierfellen, auch wenn draußen Minusgrade herrschen.

FREIZEIT UND SPORT
Alta-Canyon
Die Touristeninformation von Alta organisiert Bustouren in den Alta-Canyon und ans Nordkap.

Angeln
Ab dem 22. Juni kommen Sportfischer aus der ganzen Welt nach Alta, um auf dem Altafluss Lachs zu angeln.

Schlittenhunderennen
Anfang März findet der Finnmarksløpet statt, das längste Schlittenhunderennen Europas: 1000 km weit geht es durch den tief verschneiten Norden, Ziel ist Alta. Die 70 Schlittenlenker (»Musher« genannt) bringen rund 1000 Hunde mit!
www.finnmarkslopet.no

gelangten auch Einwanderer aus Südnorwegen und Finnland hierher. Gegen Ende des Zweiten Weltkriegs wurde Alta von den deutschen Besatzungstruppen nahezu vollständig zerstört. Mit Ausnahme der Kirchen in Alta und Kåfjord stammt die gesamte Bebauung aus der Nachkriegszeit. Zwar ist die Stadt selbst nur von ihrer Lage her schön, aber Touristen finden hier Unterkunft und Verpflegung, und sie eignet sich vorzüglich als Basis für Ausflüge zum ►Nordkap und nach ►Hammerfest, ferner in die Samen-Städte Karasjok und Kautokeino (►Lappland).

SEHENSWERTES IN ALTA

Das Gebiet um den Altafjord zählt zu den ältesten Siedlungsräumen der Finnmark, wie die annähernd 3000 Felszeichnungen südlich von Alta an der E 6 beweisen. Es ist das größte Areal seiner Art in Nordeuropa und steht **auf der Liste der UNESCO-Kulturdenkmäler**. Die ältesten Zeichnungen stammen aus der Steinzeit (rund 6200 Jahre alt), die jüngsten werden auf ein Alter von 2500 Jahren geschätzt. Ein 5 km langer Lehrpfad führt an Jagdszenen, Tänzern, Kreisen und Fruchtbarkeitssymbolen vorbei (Führungen in deutscher Sprache).

**Felszeichnungen

Der Zutritt zu den Felszeichnungen erfolgt über das preisgekrönte Alta-Museum, das sich nicht nur der Steinzeit widmet. Vielmehr gibt es einen Einblick in den Schieferbergbau, die Fluss- und Fjordfischerei sowie die Gebrauchskunst der Samen in der Finnmark. Eine Dokumentation erinnert an den erbitterten Kampf der Samen 1978 bis 1982 gegen den Ausbau des Alta-Flusses zur Gewinnung von Wasserkraft. Zwar haben die Samen die Auseinandersetzung verloren, setzten aber die Einrichtung eines samischen Parlaments durch. Zudem wurde die Kultur der Samen (▶ Baedeker Wissen S. 546) als förderungswürdig in der Verfassung verankert.

*Alta-Museum

❶ Mai – Mitte Juni tgl. 8.00 – 17.00, Mitte Juni – Ende Aug. bis 20.00, Ende Aug. – April Mo. – Fr. 8.00 – 15.00, Sa. / So. 11.00 – 16.00 Uhr, Eintritt 90 / 70 NOK, www.alta.museum.no

Eine weitere Attraktion der Gegend ist der Alta-Fluss mit seinem vielfältigen Angebot an Freizeitaktivitäten. Mit einer Länge von 6 km und einer Tiefe von bis zu 400 m ist der **Alta-Canyon die größte Schlucht Nordeuropas** – ein faszinierender Riss im Bergplateau, der auch Sautso-Canyon genannt wird. Knapp 30 km von Alta entfernt erreicht man ihn über die alte Straße, vorbei an Gargia, zur Gebirgshochfläche Baskades. Von dort führt ein markierter Weg zur Schlucht (von der Gargia-Hütte zwei Stunden zu Fuß). Auch über den Alta-Fluss ist dieses Naturwunder zu erreichen, doch sollte man einen Führer buchen oder sich einer organisierten Tour anschließen.

Viele tausend Jahre alt sind die Felsritzungen bei Alta. Ihre Bedeutung ist weitgehend unklar.

** **Bergen**

———————————————— B 6

Gebiet: Westnorwegen
Einwohnerzahl: 263 800

In keiner Stadt Europas regnet es so oft und so viel wie in Bergen. Davon sollte man sich nicht abschrecken lassen, gilt doch die alte Hansestadt als eine der schönsten Städte Norwegens und als die Metropole mit dem meisten Flair.

Mildes Klima Auf dem Landweg war die Stadt bis zum Bau der Bergenbahn 1908 nach Oslo nur vom Meer aus gut zu erreichen. Unzählige Tunnel wurden in die Felsen gesprengt, um Bergen an das Straßennetz anzuschließen. Die zweitgrößte Stadt Norwegens ist der **bedeutendste Hafen der Westküste**, der wichtigste Fischhandelsplatz des ganzen Landes und hat mit 14 500 Studenten auch die zweitgrößte Universität. Trotz der nördlichen Lage (60° 24′ nördl. Breite) gedeihen hier dank des feuchten und ungewöhnlich milden Klimas fast alle mitteleuropäischen Laubbäume und eine üppige Vegetation.

Geschichte Zu allen Zeiten bildeten Seefahrt und Fischhandel die Grundlage des Reichtums von Bergen. Um 1070 erhob Olav Kyrre die schon damals bedeutende Hafensiedlung Bjørgvin (»Bergweide«) zur **Stadt,** die sich dann als zeitweilige **Residenz der Könige** rasch entwickelte. Noch im 17. Jh. war Bergen als Handelsplatz Kopenhagen weit überlegen, und selbst Anfang des 19. Jh.s hatte die Stadt noch mehr Einwohner als das damalige Kristiania (Oslo). Seit 1236 lebten auch Deutsche in Bergen. Den eigentlichen Aufschwung verdankte die Stadt dem 1343 erstmalig erwähnten **Hanseatischen Kontor**, das, gestützt durch Privilegien der dänischen Könige, den Handel an sich zog. Getreide, Salz und Bier wurden gegen Stockfisch von den Lofoten und Klippfisch aus Kristiansund getauscht. Die Hanseaten wohnten in einem besonderen Quartier an der Deutschen Brücke (heute berühmt als »Bryggen«) mit 16 lang gestreckten, schmalen »Höfen«, die zugleich als Lagerhäuser dienten. 1559 wurde die Macht der Hanse gebrochen, doch bestand das Kontor noch ca. 200 Jahre, bis 1764 auch der letzte Hofteil an einen Norweger verkauft wurde. Im **Zweiten Weltkrieg** erlitt auch Bergen Schäden. So brannte etwa das alte Theatergebäude in der Sverresgate ab – die erste, 1851 vom berühmten Geiger Ole Bull ins Leben gerufene Bühne Norwegens, an der 1851 – 1857 Henrik Ibsen Direktor war.

Rar: Alte Bausubstanz In einem großen Halbkreis um die Hafenbucht Vågen liegen die ältesten Stadtteile, die sich nordöstlich am Abhang des Berges Fløyen hinaufziehen. Wie die meisten nordischen Städte wurde auch Bergen

Beliebtes Ziel in Bergen: das Hanseatische Museum im alten Hanseviertel »Bryggen«

wiederholt von verheerenden Bränden heimgesucht. Sie haben vom historischen Kern wenig übrig gelassen; Steinbauten und breitere Straßen beherrschen heute das Zentrum. In den Stadtteilen Nordnes und am Fløyen sind Holzhäuser und die **engen Gassen**, von den Einheimischen »smug« genannt, beliebte Ziele für Spaziergänge.

SEHENSWERTES IN BERGEN

Mittelpunkt der Stadt ist der **Marktplatz** (Torget) an der Stirnseite des Haupthafens Vågen, an dessen Landebrücken früh morgens die Fischerboote anlegen. Ein Genuss für Auge und Gaumen ist das große Angebot an verschiedenen Meeresfrüchten, frisch gekochten Krabben, roten Hummern, Lachs und Kaviar, was alles auf dem malerischen Fischmarkt zu stattlichen Preisen gekauft werden kann. Am oberen Ende der Vetrlidsallmenning, die vom Markt nordostwärts führt, liegt die **Talstation der Fløibahn.**

*Fischmarkt

Vom Markt aus erstreckt sich auf der Nordseite des Haupthafens Vågen die Bryggen (früher auch Tyskebryggen = »Deutsche Brücke«). Sie erhielt ihren Namen, weil die Holzhäuser zum Beladen und Entladen der Schiffe direkt am Hafenbecken lagen. Hier standen einst die »Höfe« der deutschen Kaufleute, die später durch steinerne, in ihrer Bauweise an die Hanseatenzeit erinnernde Lagerhäuser ersetzt wurden. Nach dem großen Brand von 1702 wurden die Kaufmannshäuser und Lagerhallen wieder errichtet. Heute stehen diese buntgestrichenen Holzhäuser auf der **UNESCO-Liste** der weltweit erhaltenswerten Kulturdenkmäler.

**Bryggen

Bergen erleben

AUSKUNFT
Bergen Turistinformasjon
Vågsallmenningen 1
Tel. 55 55 20 00
www.visitbergen.com
(u.a. gute Hotelbeschreibungen)

ESSEN
❷ *Lucullus Restaurant* ⊜⊜⊜⊜
Valkendorfsgt. 8
Tel. 55 30 68 00
www.neptunhotel.no, So. geschl.
Ausgezeichnetes Restaurant im Hotel
Neptun mit französisch inspirierter
Küche und einer großen Auswahl an
Weinen. Die zahlreichen Kunstwerke
im Restaurant sorgen für eine
stimmungsvolle Atmosphäre.

❹ *Enhjørningen*
Fiskerestaurant ⊜⊜⊜⊜
Bryggen, Enhjørningsgarden
Tel. 55 32 79 19, www.enhjorningen.no
Wer in diesem traditionsreichen Fisch-
restaurant, das in einem alten Haus auf
Bryggen untergebracht ist, abends essen
möchte, sollte einen Tisch reservieren.
Im Sommer kann man zur Mittagszeit
an der nicht ganz billigen Schlacht am
kalten Fisch- und Meeresfrüchtebuffet
teilnehmen.

❸ *Holbergstuen* ⊜⊜⊜
Torgallmenningen 6
Tel. 55 55 20 55, www.holbergstuen.no
Das historische Restaurant serviert
landestypische und von der Hansezeit
inspirierte Gerichte. Im Sommer öffnet
um 11.00 Uhr ein kleiner Biergarten.
Ganz hanseatisch geht es zu bei dem für
Gruppen ab 30 Personen organisierten
Hanse-Abend.

❺ *Bryggen Tracteursted* ⊜⊜⊜
Bryggestredet 2, Tel. 55 33 69 99
www.bellevue-restauranter.no
In der ältesten Wirtschaft Norwegens
werden landestypische Gerichte serviert.
Je später der Abend, desto mehr ver-
lagert sich das lebhafte Geschehen zum
Bierausschank. Von Ostern bis Sept. ist
der Biergarten von 11.00 – 22.00 Uhr
geöffnet.

❶ *Café Opera* ⊜⊜
Engen 18, Tel. 55 23 03 15
www.cafeopera.org
In dem alten, weißen Holzhaus gegen-
über vom Theater treffen sich Jung und
Alt, Journalisten und Studenten, aber
auch die Bewohner des Viertels. Guter
Kaffee und einfache, kleine Gerichte,
Außerdem gibt es hier Livemusik und
Lesungen.

❻ *Fløien Folkerestaurant* ⊜ – ⊜⊜
Fløyfjellet 2
Tel. 55 33 69 99
www.bellevuerestauranter.no
In dem Restaurant und Café mit der besten Aussicht auf Bergen und Umgebung
sollte man den Sonnenuntergang nicht
verpassen. Das Café serviert leckere
Kleinigkeiten wie Waffeln, Kuchen und
ein Suppenbuffet.

ÜBERNACHTEN
❶ *Clarion Collection Hotel*
Havnekontoret ⊜⊜⊜⊜
Slottsgaten 1
Tel. 55 60 11 00
www.choicehotels.no
Opulenz in Lila und mit Lüstern trifft auf
nordisch-kühles Design: Seit 2006 gibt es
in einem Stadtpalais von 1920 (116 Zi.)

bei Bryggen diesen stilvollen Mix. Gratis für Gäste: leckere Waffeln und einen Dinnersnack.

❷ *Grand Hotel Terminus* ⊕⊕⊕⊕

Zander Kaaesgt. 6
Tel. 55 21 25 00
www.grandterminus.no
Das mit einem Architekturpreis ausgezeichnete Grandhotel (131 Zi.) wurde 1928 am Bahnhof erbaut. Seine Zimmer und Salons sind stilvoll eingerichtet. Das Café gehört zu den besten an der norwegischen Fjordküste.

❸ *Det Hanseatiske Hotell* ⊕⊕⊕⊕

Finnegården 2a
Tel. 55 30 48 00
www.dethanseatiskehotell.no
Wo die Kaufleute der Hanse einst ihre Waren lagerten, wird heute in edler Wäsche unter rustikalen Balken genächtigt und gespeist (16 Zi.).

❹ *Sandviken Brygge Hotel* ⊕⊕

Sandviksveien 94
Tel. 55 39 61 00
www.sbhotel.no
Hotelneubau (45 Zi.) mit sehr modernem Interieur in hellen, angenehmen Farben in Fjordlage, nur 2 km vom Zentrum entfernt. Gute Spa-Abteilung im Haus.

❺ *Lone Camping* ⊕⊕

Hardangerveien 697
Haukeland
Tel. 55 39 29 60
www.lonecamping.no
Größter und schönster Campingplatz in der Umgebung von Bergen. Direkter Zugang zum See und als Kulisse das Liafjell. Zelte, Wohnwagen, 18 Hütten, Motel mit 18 Appartements, Restaurant, Kanuverleih.

EINKAUFEN

Fischmarkt

Marktplatz
tgl. außer Sonntag:
Juni – Aug. 7.00 – 19.00,
Sept. – Mai 7.00 – 16.00 Uhr

Shopping

Südwestlich vom Marktplatz liegen viele Geschäfte, u.a. das Einkaufszentrum »Galleriet«. Nette Lädchen und eine gute Auswahl an Kunsthandwerk finden Sie in der Lille Øvergate.

FESTE

Mai: das große Night Jazz Festival (www.nattjazz.no);
Mai / Juni: Internationale Festspiele, größtes Musikfestival Nordeuropas (www.fib.no);
Mitte Juli – Mitte September: Mittelalterspiele des Hanseatischen Theaters (www.bergenbyspill.no);
Anfang September: Bergen Food Festival (www.matfest.no)

! BAEDEKER TIPP

Sparen mit der Bergen Card

Parken ist in Bergen nur auf markierten Plätzen erlaubt – und das kostet Geld, es sei denn, man ist im Besitz der Bergen Card. Sie erlaubt während ihrer Gültigkeit von ein oder zwei Tagen kostenfreies Parken an den Parkuhren und im Aquarium-Parkhaus. Außerdem hat man mit der Bergen Card freien Eintritt in die meisten Museen und kann die Stadtbusse kostenlos nutzen. Erhältlich bei der Touristeninformation, auch online (www.visitbergen.com; Preise: 24 Std. 200 / 75, 48 Std. 260 / 100 NOK).

***Hansea-
tisches
Museum**

Nur das erste Handelskontor ganz vorne am Torg, der Finnegården, ist **in seinem alten Zustand erhalten** und seit 1872 Hanseatisches Museum. Der Finnegården ist beispielhaft für die Architektur der frühen Hansezeit. Die Räume sind dunkel, wirken gedrungen und erinnern mit ihren kleinen Fenstern an einen Schiffsrumpf. Weiter zeigt die Sammlung, wie die Höfe einst eingerichtet waren. Sehenswert ist eine Sammlung von Siegeln der Hansestädte. Viele enthalten Schiffsymbole, die die Schiffsbaukunst dieser Zeit widerspiegeln.

❶ Mitte Mai – Mitte Sept. tgl. 9.00 – 17.00, sonst Di. – Sa. 11.00 – 14.00, So. bis 16.00 Uhr, Eintritt 60 NOK, www.museumvest.no

?

BAEDEKER WISSEN

Stolze Runensammlung

Zu den kostbarsten Exponaten des Bryggenmuseums zählt die weltgrößte Sammlung von Runeninschriften in Holz. Die etwa 500 Exemplare wurden bei archäologischen Ausgrabungen in der Stadt entdeckt. Es gibt sie auch zum Mitnehmen – als Postkarte.

Das **Bryggenmuseum** (Bryggens Museum) zeigt archäologische Funde aus dem mittelalterlichen Bergen. Weiter werden alte Handwerke vorgestellt, u. a. der Schuhmacher, Kammmacher, Fassbinder und Goldschmiede.

❶ Mitte Mai – Ende Aug. tgl. 10.00 – 16.00, sonst Mo. – Fr. 11.00 – 15.00, Sa. 12.00 – 15.00, So. 12.00 – 16.00 Uhr, Eintritt 60 / 30 NOK, www.bymuseet

***Marien-
kirche**

Unweit des Bryggenmuseums steht die zweitürmige, romanischgotische Marienkirche (Mariakirken). Dieses älteste, sehr gut erhaltene Gebäude der Stadt wurde im 12. / 13. Jh. errichtet. Zwischen 1408 und 1766 gehörte die Kirche den Hanseaten; bis 1868 wurde hier auf Deutsch gepredigt. Im Chor erinnern Grabsteine an die vom 15. bis 17. Jh. hier bestatteten deutschen Kaufleute, Seeleute und Pfarrer. Die **Innenausstattung** besticht durch ein farbenprächtiges Inventar, das überwiegend aus dem 17. Jh. stammt. Im Chor befindet sich das älteste Stück der Kirche, der Flügelaltar, der im 15. Jh. von norddeutschen Meistern geschaffen und im 17. Jh. übermalt wurde. **In Norwegen einzigartig ist die prunkvolle Kanzel,** wohl ein Geschenk deutscher Kaufleute aus dem ausgehenden 17. Jahrhundert.

**Festung
Bergenhus**

Die nordwestliche Fortsetzung der Bryggen ist der Festningskai mit der alten **Festung Bergenhus**. Bereits im 12. Jh. verlegte König Øystein Magnusson seinen Königshof nach »Holmen« (»Insel«). An der Südspitze der Festung erhebt sich direkt am Kai der **Rosenkrantzturm**, benannt nach Schlosshauptmann Erik Rosenkrantz, der 1562 bis 1567 zwei ältere Anlagen vereinte und mit einer Renaissancefassade versah. Ältester Kern war der quadratische Wohn- und Festungsturm von König Magnus (1273), genannt »Kastell am Meer«. Aus dieser Zeit stammen das Schlafgemach des Königs und die

Bergen

Nordnes-
parken

Aquarium

Skuteviken

Fern-   Fischerei-
fähren   museum

NORDNES

Bergenhus

Vågen

Håkons-
halle

Rosenkrantz-
turm

Nykirken

Marien-
kirche

Bryggen-
Museum ❶

Schøt-
stuene ❺

Bryggen

Vågen

Katamarane

Hanseatisches
Museum ❹ ❸

Puddefjorden

Anlegestelle
der Hurtigrute

Ausflugsboote

Fløi-
banen

Fischmarkt

Kors-
kirken

Theater ❶

Chr. Michelsens-
gaten

Börse

ℹ

❸

Dom

Rathaus ✉

Kunstgewerbe-
museum

Jørgens-
kirken

Johannes-
kirken

Universität

Pauls-
kirken

Städt.
Kunstmuseum

Lille Lunge-
gårds vann

Lepra-
museum ❺

Meyers
Sammlung

Universitäts-
sammlungen

Grieg-
hallen

Bahnhof ❷

Seefahrts-
museum

Biblio-
thek

Bus-
bahnhof

250 m

©BAEDEKER

❹ ↗ Gamle Bergen

❻

N

Essen
❶ Café Opera
❷ Lucullus Restaurant
❸ Holbergstuen
❹ Enhjørningen

Fiskerestaurant
❺ Bryggen Tracteursted
❻ Fløien Folkerestaurant

Übernachten
❶ Clarion Collection Hotel
Havnekontoret
❷ Grand Hotel Terminus
❸ Det Hanseatiske Hotel

❹ Sandviken Brygge
❺ Lone Camping

Kapelle mit einem Specksteinaltar. In den Ausstellungsräumen, mit schöner Aussicht auf die Stadt, werden ein Modell der Festungsanlage Bergenhus, Schwerter und Uniformen gezeigt.

❶ Mai – Aug. tgl. 10.00 – 16.00, sonst So. 12.00 – 15 Uhr, Eintritt 60 / 30 NOK

Håkonshalle Hinter dem Rosenkrantzturm liegt die Håkonshalle, die König Håkon Håkonsson zwischen 1247 und 1261 nach dem Vorbild gotischer Steinhallen aus England errichten ließ. Es ist der **größte mittelalterliche Profanbau Norwegens**. In dem großen Festsaal mit seinem schönen Holzgewölbe, das an ein Wikingerschiff erinnert, finden Konzerte, Staatsempfänge und Festveranstaltungen statt.

Fischerei-Museum Wie fischt man mit dem Echolot? Dies und andere Fragen rund um die norwegische Fischerei-Industrie beantwortet das Norwegische Fischerei-Museum (Fiskerimuseet) am Bontelabo nahe der Anlegestelle für Fährschiffe.

❶ Mai – Sept. tgl. 11.00 – 16.00 Uhr, Eintritt 50 NOK, www.museumvest.no

*Aquarium Im Nordwesten der Stadt liegt an der Spitze der Landzunge Nordnes zwischen Vågen und Puddefjord der Nordnespark mit dem sehenswerten Akvariet, einem der **größten Aquarien Nordeuropas.** Eine besondere Attraktion ist die Fütterung der Robben und Pinguine.

❶ Mai – Aug. tgl. 9.00 – 19.00, sonst 10.00 – 18.00 Uhr, Eintritt 200 / 150 NOK www.akvariet.no

Dom Vom Nordende des Marktes führt die Kong Oscars gate südöstlich an der aus dem 12. Jh. stammenden und 1593 im Renaissancestil umge-

Vom Fløyen aus liegt den Besuchern ganz Bergen zu Füßen.

bauten Kreuzkirche (Korskirken) vorbei zu der 1248 ursprünglich als Klosterkirche im romanischen Stil erbauten Domkirche, die 1537 einen 60 m langen, gotischen Chor erhielt. Als besonders beachtenswert gelten die schönen gotischen Fenster und der Altar, der an einen mittelalterlichen Reliquienschrein erinnert.

Südlich vom See Lille Lungegårdsvann steht an der Strømgate die architektonisch ansprechende **Grieg-Halle**, in der Konzerte, Opern- und Ballettaufführungen stattfinden. Unweit von hier (Rasmus Meyers Allé 7) befindet sich die im Jahr 1923 von dem Kaufmann **Rasmus Meyer** gestiftete **Kunstsammlung** mit Gemälden norwegischer Künstler aus der Zeit von 1814 bis 1914 (J. C. Dahl, H. Gude, E. Munch, G. Munthe). Nebenan (Rasmus Meyers Allé 3) stellt das **Städtische Kunstmuseum** norwegische Malerei und europäische Kunst aus. Hier haben auch der Bergener Kunstverein (mit Wechselausstellungen zur zeitgenössischen Kunst) und die **Stenersen-Sammlung** mit Werken von Munch, Picasso und Klee ihren Sitz. **Kunstsammlungen**

❶ (alle genannten Museen): tgl. 11.00 – 17.00 Uhr, Mitte Sept. – Mitte Mai Mo. geschl., Eintritt 100/50 NOK, www.kunstmuseene.no

UMGEBUNG VON BERGEN

Eine **überwältigende Aussicht auf Stadt und Küstenlandschaft** mit den Inseln Askøy und Sotra bietet sich vom 319 m hohen Fløyen, zu dem man mit der Standseilbahn Fløibanen in 8 Minuten (und alle halbe Stunde) oder auf einem 3 km langen Fußweg gelangt. Die Besteigung des etwas höheren hinteren Gipfels lohnt nicht. Von dem sich auf halber Höhe hinziehenden Fjellvei bieten sich schöne Ausblicke; am südöstlichen Ende des Weges, 25 Min. von der Haltestelle der Fløibanen, lädt das Restaurant Bellevue zu einer Rast ein. **Wandern auf dem Fløyen**

8 km südlich von Bergen liegt Troldhaugen, das Wohnhaus von Edvard Grieg (▶Berühmte Persönlichkeiten), das Bergens Ruf als Norwegens Kulturhauptstadt begründet hat. 1885 bezogen Edvard und Nina Grieg die Villa, die nach viktorianischem Vorbild gebaut wurde und mit ihren nackten Holzwänden im Inneren an norwegische Bauernstuben erinnert. Im Speise- und Wohnzimmer steht die ursprüngliche Einrichtung. In der hangabwärts gelegenen »**Komponistenhütte**« konnte Grieg ungestört musizieren. In dem neuen Konzerthaus Troldsalen finden im Sommer Griegkonzerte statt. ***Troldhaugen**

Komponistenhütte: Mai – Sept. tgl. 9.00 – 18.00, Okt. – Apr. 10.00 bis 16.00 Uhr; über die übrigen Öffnungszeiten und das große Konzertprogramm – Lunchkonzerte, Abendkonzerte, Lieddarbietungen, selbst Privatkonzerte sind möglich – informiert die Webseite www.kunstmuseene.no; Karten sind über www.billettservice.no zu buchen.

Lysøen
Museum
Knapp 30 km südlich von Bergen, auf dem Inselchen Lysøen, war der exzentrische Geiger und Komponist **Ole Bornemann Bull** zu Hause. Er wurde 1810 in Bergen geboren und starb 1880 hochverehrt auch hier. 1872 / 1873 ließ er sich eine Villa bauen, die mit ihren Zwiebeltürmchen und maurischen Stilelementen an ein kleines »Märchenschloss« erinnert und sehr ungewöhnlich eingerichtet ist. Die Villa ist nur mit dem Boot erreichbar: ab Sørstraumen jede volle Stunde.
❶ Mai – Aug. Mo. – Sa. 12.00 bis 16.00, So. 11.00. – 17.00, Sept. So. 12.00 – 16.00 Uhr, Eintritt 40 / 10 NOK, www.kunstmuseene.no

*Lysekloster
In der Nähe sind auch die restaurierten Ruinen des Lyseklosters zu besichtigen. Mönche aus York in England gründeten 1146 dieses **erste Zisterzienserkloster in Norwegen**, das bis zur Reformation auch das größte Kloster in ganz Norwegen war. Ein beschilderter Rundgang gibt Aufschluss über das Klosterleben im Mittelalter.

Bodø

Gebiet: Nordnorwegen
Einwohnerzahl: 48 400

In Bodø stechen die Fähren zu den Lofoten in See, ansonsten hat die Stadt wenig zu bieten. Anders das Umland: Hier lohnen der alte Handelsort Kjerringøy und der Rago-Nationalpark einen Besuch. Größte Attraktion ist der Svartisen-Gletscher auf dem Saltfjell.

Musik
und Militär
Auf dem Weg zum Nordkap führt von der E 6 aus ein 60 km langer Abstecher zur Hafenstadt Bodø. Dank zahlreicher Musikfestivals gilt sie als **»Musikhauptstadt Nordnorwegens«**. Im Zweiten Weltkrieg wurde hier viel zerstört, daher wird man ein idyllisches Zentrum mit traditionellen Häusern vergeblich suchen. Immer wieder fliegen NATO-Flugzeuge über die Stadt, denn hier befindet sich auch der wichtigste Militärstützpunkt Nordnorwegens.

SEHENSWERTES IN BODØ UND UMGEBUNG

Norwe
gisches
Luftfahrt
zentrum
Die interessanteste Sehenswürdigkeit der Stadt ist das Norwegische Luftfahrtzentrum, das Einblick in die Geschichte der norwegischen und der internationalen Luftfahrt bietet. Das Museum verfügt auch über einen **Flugsimulator**.
❶ Mitte Juni – Mitte Aug. tgl. 10.00 – 18.00, sonst Mo. – Fr. bis 16.00, Sa., So. 11.00 – 17.00 Uhr, Eintritt 110 / 55 NOK, www.luftfart.museum.no

Bodø erleben

AUSKUNFT
Destinasjon Bodø
Tollbugata 8001, Bodø
Tel. 75 54 80 00
www.visitbodo.com

Mo i Rana Turistinformasjon
O. T. Olsensgt. 3
8602 Mo i Rana
Tel. 75 13 92 00
www.arctic-circle.no

ESSEN
Kafé Kafka ⊙
Sandgt. 5 B, Tel. 93 40 60 03, So. geschl.
Seit 1998 eine Institution in Bodø.
Originelles Kultur- und Literaturcafé
mit gemütlicher Einrichtung. Die Küche
bietet einen Querschnitt durch die
Leckereien dieser Welt und guten,
hausgemachten Kuchen.

ÜBERNACHTEN
Radisson Blu Hotel Bodø ⊙⊙⊙⊙
Storgt. 2, Bodø
Tel. 75 51 90 00
www.radissonblu.com
Hotelturm (190 Zi.) im Zentrum mit Panoramablick, besonders von der Bar im
obersten Stock. Komfortable, erfreulich
unterschiedlich eingerichtete Zimmer.

Kjerringøy Rorbusenter ⊙⊙
Tårnvik (20 km nördlich von Kjerringøy),
Tel. 75 58 50 07
Komfortable Rorbuer (Fischerhütten) in
einmaliger, abgeschiedener Lage direkt
am Wasser. Große Sauna und Badezuber
im Freien, gute Angel- und Wander-
möglichkeiten.

Kjerringøy Pfarrhaus ⊙
Amtmann Worsøes gt. 28 A
Tel. 75 50 77 10, www.kjerringoy.info
Das alte Pfarrhaus in Kjerringøy (8 Zi.)
von 1889 steht unter Denkmalschutz
und wird schon seit über 25 Jahren als
einfache Übernachtungsstätte genutzt.

AUSFLÜGE
Von Bodø aus kann man Tagesausflüge
zum Svartisen-Gletscher buchen, Informationen bei der Touristeninformation.

WANDERN
Bodøs Wanderverein (Bodø og Omegns
Turistforening) betreibt 15 einfache
Berghütten, die sich hervorragend als
Unterkünfte auf längeren Wanderungen
durch den Saltfjell-Svartisen-National-
park eignen.
www.turist foreningen.no

Folgt man der Küstenstraße nach Norden, gelangt man zunächst **Geitvågen**
nach Geitvågen, **dem schönsten Sandstrand nördlich des Polarkreises**. Mittsommernacht in Geitvågen gehört zu den alljährlichen
Höhepunkten für viele Einwohner von Bodø.

40 km nördlich von Bodø liegt Kjerringøy, ein alter Handelsplatz, der ****Kjerringøy**
im 19. Jh. zu den wichtigsten Nordnorwegens gehörte. Das **Freilichtmuseum** mit 15 Gebäuden – z. B. Wohnhaus im Empirestil, Kramladen, Postamt und Wirtshaus – gibt einen interessanten Einblick in
die Lebens- und Handelsgewohnheiten an der norwegischen Küste.

In Kjerringøy ging ein gewisser Knud Pedersen in die Lehre, der als Knut Hamsun (▶Berühmte Persönlichkeiten) Karriere machte. In der Nähe des Freilichtmuseums befindet sich das **Kulturzentrum** Zahlfjøsen. Zu sehen gibt es eine Webstube, eine Bootswerkstatt, eine Galerie und diverses Kunsthandwerk. Im ersten Stock sind Ausschnitte aus Filmen nach Hamsuns Romanen zu sehen.

Freilichtmuseum: Ende Mai – Ende Aug. tgl. 10.00 – 17.00 Uhr, Eintritt 90/45 NOK, www.nordlandsmuseet.no

*Saltstraumen

Ziemlich touristisch ausgeschlachtet hat man den 35 km ostwärts gelegenen Saltstraumen, einen 2,5 km langen, etwa 150 m breiten und bis 50 m tiefen **Gezeitenstrom** zwischen den Inseln Straumen und Straumøy, der den Saltfjord mit dem Skjerstadfjord verbindet. Im Wechsel der Gezeiten – in der Touristeninformation erhält man einen Gezeitenplan – werden jeweils etwa 370 Mio. m³ Wasser donnernd durch die Enge gepresst, wobei **Wirbel und Strudel** entstehen. Zahlreiche Angler versuchen hier ihr Glück. 1998 wurde nahebei eine Art Vergnügungspark mit Restaurants, Campingplatz, einem Hotel und Souvenirläden eröffnet – entsprechend unruhig geht es zu. Im Saltstraumen-Erlebniszentrum lernt man die 10 000-jährige Kulturgeschichte der Region u. a. anhand einer Multimediashow kennen. Auch ist der bislang größte am Saltstraumen gefangene Fisch zu sehen, ein 32,7 kg schwerer Dorsch.

> **?** **BAEDEKER WISSEN**
>
> *Adler in Sicht*
>
> Majestätische Vögel im Gleitflug über der Stadt? Das ist in Bodø ganz normal. Hier gibt es weltweit den größten Bestand an Seeadlern, deren Flügelspannweite mehr als 2 m betragen kann. Die Touristeninformation hat Infos über den lokalen Seeadler-Club.

*Nationalpark Rago

Nur 171 km² groß ist der Nationalpark Rago nördlich von Bodø, zwischen der E 6 und der schwedischen Grenze. Auf der anderen Seite der Grenze liegen die Parks Padjelanta und Sarek. Mit dem Auto fährt man bei Nordfjord nördlich von Fauske von der E 6 ab und parkt den Wagen in der Siedlung Lakshola. Rago ist ein typisches Wandergebiet mit wenig Übernachtungsmöglichkeiten, und das feuchte Klima verlangt vom Wanderer eine entsprechend gute Ausrüstung. Die **landschaftliche Schönheit** dieses Parks lohnt jedoch den Besuch – kein Gebiet Norwegens ist auf so kleiner Fläche so vielfältig. Sehr schön wohnt es sich auf dem Øvereng Campingplatz (Tel. 75 69 65 40) am Ende der Nebenstrecke nach Lakshola.

** Malerische Küstenstraße

Der »Kystriksveien« (Küstenstraße **R 17**) führt zwischen Bodø und Steinkjer im Süden in die **schönsten Ecken der Insel- und Schärenwelt Nordlands**. Wo es keine Brücken gibt, sorgen Fähren für eine geruhsame Unterbrechung der Reise. Über die Zehntausende von

Inseln und Schären ragen seltsam geformte Berge, die seit alters her die Fantasie der Bewohner beflügeln. Am bekanntesten sind von Süd nach Nord: der »Berg mit dem Loch« (**Torghatten**) bei Brønnøysund, die **»Sieben Schwestern«** (Syv Søstre) bei Sandnessjøen sowie die Berge auf den Vogelinseln Lovund und Træna.

* SALTFJELL-GEBIRGE

Das 2250 km² große **Saltfjell** liegt auf dem Polarkreis und ist Nordnorwegens größter Nationalpark. Die E 6 mit der parallel verlaufenden Bahnlinie zwischen Mo i Rana und Bodø ist der einzig sichtbare Eingriff in diese völlig unberührte Landschaft. Der Nationalpark wird von einem Netz von Wanderwegen und Hütten durchzogen, die jeweils einen Tagesmarsch voneinander entfernt liegen. Am besten wählt man die Anfahrt über die E 6 bis Rognan und die nach Westen abzweigende Straße bis Storjord. **Alte Opferplätze**, Fallgruben und Steinbegrenzungen bezeugen, dass die Samen schon vor Jahrhunderten das Saltfjell-Gebirge als Jagd- und Weidegebiet nutzten.

Größter Nationalpark

In Norwegen verläuft der Polarkreis (Polsirkel) etwa 80 km nördlich von Mo i Rana. An der Stelle, wo die E 6 den Polarkreis schneidet, liegt das Polarkreis-Zentrum mit Ausstellungen zur Kultur und Wirtschaft Nordnorwegens. Vor dem architektonisch interessanten, einer Samenhütte nachempfundenen Gebäude steht die Polarkreis-Säule, ein beliebtes Fotomotiv.

Polarkreis-Zentrum

❶ 20. Mai – 1. Sept. tgl. 8.00 bis 22.00 Uhr, www.polarsirkelsenteret.no

Eindrucksvoller Anziehungspunkt für die Besucher dieser Region ist der Svartisen(»Schwarzeis«)-Gletscher, das größte Firnmassiv Nordskandinaviens, das bis an die Fjorde im Westen heranreicht. Aus dem bis zu 1400 m hohen Plateau ragen einzelne Höhen auf, darunter der Snøtind (1599 m), Sniptind (1591 m) und Istind (1577 m). Von Süden kommend, empfiehlt sich die Anfahrt über Mo i Rana nach Nordwesten Richtung Svartisdalshytta oder Melfjordbotn. Die beiden Straßen enden am Fuße eines Ausläufers. Man sollte sich nicht auf die Eisfläche begeben: Da sie sich im Sommer täglich 2 – 3 m vorwärts schiebt, brechen gefährliche Risse und Spalten auf.

*Svartisen-Gletscher

Rund 70 % aller natürlichen Grotten Norwegens liegen hier im Saltfjell. Die Grønligrotte nördlich von Mo i Rana ist eine berühmte Touristenattraktion und **Skandinaviens einzige beleuchtete Grotte**.

*Grønligrotte

❶ Führungen: Mitte Juni – Mitte Aug. tgl. von 10.00 – 18.00 Uhr zu jeder vollen Stunde, sonst jede zweite Stunde zw. 10.00 und 16.00 Uhr, Eintritt 130 / 90 NOK, www.gronligrotta.no, 13 km nördöstlich von Mo i Rana, 20 Minuten zu Fuß zum Grotteneingang

✳ Fredrikstad

✦ E 7

Gebiet: Südnorwegen
Einwohnerzahl: 75 600

Fredrikstad ist die besterhaltene Festungsstadt Skandinaviens und reich an Wällen, Zugbrücken und Bastionen. Verwinkelte Gassen führen durch die charmante Altstadt, wo in den restaurierten Häusern viele Künstler ihre Ateliers betreiben.

Schwedische Gründung
Wo Norwegens längster Fluss, die Glomma, in den Oslofjord mündet, wurde 1567 auf Befehl des schwedischen Königs Fredrik II. Fredrikstad gegründet und 1660 zur **sichersten Festung Norwegens** ausgebaut. Erst 1903 wurde sie vom Militär aufgegeben. Von den einst 130 Kanonen sind heute noch 60 auf den Wällen der Festungsanlage zu sehen. Wer sich gerne frischen Wind um die Nase pfeifen

Fredrikstad erleben

AUSKUNFT
Fredrikstad Turistinformation
Toihusgaten 41
1632 Gamle Fredrikstad
Tel. 69 30 46 00
www.visitoslofjord.no

FREIZEIT UND SPORT
Radtouren
Wer Archäologie und Sport verbinden will, macht sich mit dem Rad auf zu den Felsritzungen entlang des Oldtidsveien (11 km ab Fredrikstad). Faltblätter mit

Infos zur Route und den einzelnen Felszeichnungen gibt es bei der Tourist-Information. Entlang der Glomma führt der Glommastien, ebenfalls eine beliebte, ca. 30 km lange Radstrecke.

ESSEN
Balaklava Gjestgiveri ⊖⊖⊖
1630 Gamle Fredrikstad
Tel. 69 32 20 20, www.balaklava.no
Dieses seit 1803 bestehende Wirtshaus mit Gourmetrestaurant hat vor allem feine Fischgerichte auf der Speisekarte. Im stimmungsvollen Weinkeller trifft man sich auf ein Glas (teuren!) Wein.

ÜBERNACHTEN
Hotel Valhalla ⊖⊖
Valhallsgate 3
Tel. 69 36 89 50
www.hotelvalhalla.no
Im Valhalla (17 Zi.) wohnt man auf dem »Dach der Stadt« mit fantastischer Aussicht weit über Fredrikstad hinaus.

! **BAEDEKER TIPP**

Eine nette Bootspartie

Ein echtes Vergnügen ist eine Tagestour auf dem Haldenkanal. Die Abfahrtszeiten der Boote »M/S Strømfoss« und »M/S Turisten« erfährt man unter 93 06 64 44 oder www.haldenkanalen.no. Übrigens ist der Kanal auch ein Dorado für Kanufahrer!

lässt, kann zu Radtouren entlang der Glomma aufbrechen oder mit dem Boot gemütlich durch die Schären tuckern.

SEHENSWERTES IN FREDRIKSTAD UND UMGEBUNG

Der Spaziergang durch die Altstadt führt durch enge Straßen mit grobem Kopfsteinpflaster. Einige der alten Häuser beherbergen heute Werkstätten von Kunsthandwerkern. Aufsuchen sollte man das **Frederikstad Museum**, das **Fußballmuseum** im Stadion von Dredrikstad, das **Herrenhaus Elingaard** und das **Walfangmuseum** im Keller des Bullgården (Toldbodgate). 500 m von der Altstadt entfernt befindet sich eines der Außenwerke der Stadtfestung, **Kongsten Fort** (1685). Unterirdische Räume und Gänge im Fort geben einen Einblick in die militärische Denkweise der frühen Neuzeit. ***Altstadt**

Frederikstad Museum: Tøihusgaten 41, Di.–Fr. 12.00–15.30, Sa., So. 11.00–16.00 Uhr

Am westlichen Ufer der Glomma erstreckt sich die moderne Industrie- und Hafenstadt, die mit dem Boot oder über die 40 m hohe Fredrikstadbrua zu erreichen ist. Dort ragt die neugotische Domkirche von 1880 auf, die **eine der größten Orgeln Norwegens** (mit 4000 Orgelpfeifen) und Glasmalereien von Emanuel Vigeland (Bruder von Gustav Vigeland) besitzt. **Dom**

Eine Fahrt entlang des Oldtidsvei (Altertumswegs)zwischen Fredrikstad und Skjeberg (R 110) wird zu einer Wanderung durch mehrere tausend Jahre europäischer Geschichte. Bei **Begby** folgt man dem Schild »Helleristninger« zu den **3000 Jahre alten Felszeichnungen** mit Motiven aus der Landwirtschaft und der Schifffahrt, die eindrücklich zeigen, dass dieser Weg schon in der Bronzezeit (1800 – 600 v. Chr.) benutzt wurde. Kurz vor Skjeberg entdeckt man die Hornnes-Felszeichnungen mit zahlreichen prächtigen Schiffsfiguren, die am Steven mit Tierköpfen verziert sind. ***Oldtidsvei**

Halden, von 1665 bis 1927 Fredrikshald genannt, liegt schön am Iddefjord und ist von zahlreichen idyllischen Seen umgeben. Hoch über der Stadt ragt die **Festung Fredriksten** auf, die Fredrik III. zwischen 1661 und 1701 bauen ließ. Die Festung, heute mit Restaurant und Campingplatz, wurde auf zwei Bergrücken angelegt. Zwischen den beiden Anhöhen befindet sich die Zitadelle und am Westhang zur Stadt hin der Bürgerwall. Ein kriegs- und kulturhistorisches Museum dokumentiert die Geschichte der Festung, die heute ein beliebter Veranstaltungsort für Kulturevents aller Art ist. ***Halden**

Führungen: Mitte Juni–Mitte Aug. tgl. 12.00, 13.30 und 15.00 Uhr

Svinesund-
brücke

Seit Juni 2005 gibt es eine Brücke über den Svinesund. Das filigrane Bauwerk ist mit 247 m Spannweite die **größte Einbogenbrücke der Welt** und verbindet via Europastraße Oslo – Göteborg **Norwegen mit Schweden.** Besonders die Norweger selbst nutzen diesen Grenzübergang, um sich jenseits der Grenze günstig mit Fleisch, Zigaretten und Alkohol einzudecken.

** Geirangerfjord

✳ C 5 ●

Gebiet: Westnorwegen

Der Geirangerfjord ist eine der berühmtesten Sehenswürdigkeiten von ganz Norwegen. Entsprechend überfüllt ist diese Region im Sommer. Der Schönheit tut das keinen Abbruch: Fast senkrecht ragen die Fjordwände auf, Wasserfälle donnern in die Tiefe, und die Kreuzfahrtschiffe ziehen ihre Bahn durch die blauschwarzen Wogen.

Bei den
Siebcn
Schwestern

Der 16 km lange Fjord bildet den Ostzipfel des Sunnylvsfjords, der seinerseits vom Storfjord abzweigt. Wer mit der Autofähre anreist, passiert zwischen den Orten Hellesylt und Geiranger die imponierenden Wasserfälle »Die sieben Schwestern«, »Freier« und »Brautschleier«. In Geiranger legen **jährlich mehr als 100 Kreuzfahrtschiffe** an, selbst die Hurtigrute (▶ Baedeker Wissen S. 386) lässt es sich nicht nehmen, in den Sommermonaten einen Abstecher in den malerischen Fjord zu machen.

SEHENSWERTES RUND
UM DEN GEIRANGERFJORD

Ausflug
zum Gipfel

Die enge und kurvenreiche Straße nach Geiranger (R 63) zweigt westlich von Grotli von der E 15 nordwärts ab. Sie führt zunächst am Breidalsvatnet entlang, an dessen Westende das Hotel Djupvasshytta liegt. An dem Haus zweigt rechts die von Juni bis September geöffnete, **»Nibbevei«** genannte Fahrstraße (bis 12,5 % Steigung; Maut) zur Spitze des 1495 m hohen Dalsnibba ab, in Serpentinen führt sie zum 5 km entfernten Gipfel hinauf. Wer sich die Zeit für diesen Abstecher nimmt, hat eine **großartige Aussicht auf die Berge und den tief unten liegenden Fjord.**

*Straße nach
Geiranger

Kurz hinter dem Hotel Djupvasshytta beginnt eine eindrucksvolle Hochgebirgsfahrt. Die Straße nach Geiranger überwindet mit bis zu 8 % Gefälle in 20 zum Teil sehr engen Kehren und einigen Brücken einen Höhenunterschied von 1000 m, bis sie nach 17 km den Ort Geiranger erreicht. Auf dieser Strecke erlebt man einen plötzlichen Übergang von rauem Hochgebirgsklima zu der angenehmen Milde des geschützten Tals. Hinter der **Øvre Blåfjellbro** bietet sich ein großartiger Ausblick auf die von Geiranger in Kurven aufwärts nach Eidsdal ziehende **»Adlerstraße«**.

Hinter Ørjeseter befindet sich der Flydalsjuvet (300 m; Parkplatz), von wo sich eine schöne Aussicht bietet. Kurz danach führt bei Hole ein markierter Fußweg zum Storseterfoss, einem **30 m hohen Wasserfall**. Auf der Hauptstraße folgt hinter der Siedlung Hole das Hotel Utsikten Bellevue.

*Flydalsjuvet, Storseterfoss

Schließlich erreicht man Geiranger, einen viel besuchten kleinen Hafen am Ostende des Geirangerfjords. Das im Jahr 2002 neu eröffnete Fjordzentrum dokumentiert eindrücklich die Lebensbedingungen entlang der Fjorde: Die Besucher werden durch eine altertüm-

Geiranger

Mit dem Schiff erreicht man die Highlights im Geirangerfjord am allerbesten.

Den Geirangerfjord erleben

AUSKUNFT
Geiranger Turistkontor
6216 Geiranger
Gamle Fergekai
Tel. 70 26 30 99
www.geiranger.no

ESSEN
Petrines Gjestgiveri ⊜⊜
Norddal (25 km nördl. von Geiranger)
Tel. 70 25 92 85, www.petrines.com
Das gemütliche Restaurant serviert überwiegend traditionelle Gerichte aus der Region wie Forellen aus dem nahen Herdalsee, aber auch Lachs, Hirsch und Ziege. Beliebt sind die Erdbeer- und Apfeltorte sowie und der Apfelsaft aus eigener Herstellung. In den zwölf liebevoll eingerichteten Doppelzimmern kann man gut übernachten.

Restaurant Olebuda ⊜⊜
Geiranger, Tel. 70 26 30 05
www.hotel-geiranger.no
Das Restaurant im Hotel Geiranger bietet eine gemütliche Atmosphäre und eine abwechslungsreiche Küche.

ÜBERNACHTEN
Union Hotel ⊜⊜⊜
An der R 63, ca. 1 km oberhalb des Zentrums von Geiranger
Tel. 70 26 83 00
www.hotelunionl.no
Das mit allem Komfort ausgestattete Hotel (168 Zi.) verfügt über eine Schwimmhalle mit Außenbecken, Sauna, türkisches Bad und einen viel besuchten Tanzsalon sowie einen überwältigenden Ausblick über den Geirangerfjord. Ebenfalls luxuriös ist das Restaurant.

Villa Utsikten ⊜⊜ – ⊜⊜⊜
Tel. 70 26 96 60
www.villautsikten.no
Traditionshaus (31 Zi.) mit über 100-jähriger Geschichte. Der Name »Utsikten« (Aussicht) verspricht nicht zu viel, denn vom Restaurant Aida, der Lobby und auch von vielen Zimmern aus ist der Geirangerfjord immer präsent.

Pollfoss Hotell & Gjestehus
2690 Skjåk (60 km bis Geiranger)
Tel. 61 21 47 00, www.pollfoss.com
Das schwarze Gästehaus mit den weißen Fensterrahmen im Schweizerstil liegt direkt an der Straße. Die rustikale Atmosphäre im Innern erinnert an die alte Poststation, die früher in diesem Haus untergebracht war.

Grotli ⊜⊜ – ⊜⊜⊜
Tel. 61 21 74 74
www.grotli.no
Schon mehrere Skinationalmannschaften stiegen in diesem Hotel (53 Zi.) ab, um im Sommerskizentrum Stryn zu trainieren. Man muss aber kein Skiweltmeister zu sein, um abends die gemütliche Atmosphäre eines skandinavischen Blockhauses und ein reichhaltiges norwegisches Essen zu genießen.

Fossen Camping ⊜
Tel. 70 26 32 00
www.fossencamping.no
Mehrere Hütten mit Dusche, Bad und Küche für 2 – 6 Personen in schöner Lage mit Blick auf den Geirangerfjord.

FÄHREN
Sightseeing
Eine Rundfahrt auf dem Geirangerfjord

gehört zu den Höhepunkten jeder Norwegenreise. Von Juni bis August bricht die »MS Geirangerfjord« täglich vom alten Fährkai in der Nähe des Touristenbüros zu 90-minütigen Fjordrundfahrten auf. Der Andrang ist oft groß, daher Wartezeiten einkalkulieren! Infos unter Tel. 70 26 30 07 und www.geirangerfjord.no

Transport

Zwischen Geiranger und Hellesylt sowie zwischen Geiranger und Valldal verkehren die Fähren mindestens von Mitte Mai bis Mitte August, in der Hauptsaison bis zu 8-mal täglich. Trotzdem ist oft mit Wartezeiten zu rechnen.

FREIZEIT UND SPORT

In der Nähe des Campingplatzes am Fjordende werden Seekajaks für Ausflüge auf dem Geirangerfjord vermietet. www.activegeiranger.no, www.coastalodyssey.com
Das Raftingzentrum in Valldal bietet im Sommer täglich mehrstündige Touren an, außerdem Klettern und Canyoning. Tel. 90 01 40 35, www.valldal.no

liche Fjordsiedlung und durch typische Fjordlandschaften geführt. Von Geiranger folgt die R 63 dem Nordufer des Geirangerfjords und gelangt zur **Adlerstraße**, die den Geiranger- mit dem Norddalsfjord verbindet. Zunächst verläuft die Straße über elf Serpentinen (schöne Ausblicke auf den Geirangerfjord und die Wasserfälle) nach Korsmyra (624 m), wo sie ihren höchsten Punkt erreicht. Von **Eidsdal** am Norddalsfjord führt eine Fähre nach Linge am Nordufer des Fjords. Auf der R 63 gelangt man von Linge aus Richtung Osten nach Åndalsnes (▶Romsdal); westlich führt die Route nach ▶Ålesund.

** Gudbrandsdal

✛ D/E 5/6

Gebiet: Südnorwegen

Das Gudbrandsdal zählt zu den lieblichsten Landstrichen in Norwegen. Flankiert wird es von mehreren Nationalparks, die eine völlig andere Landschaft aufweisen. Hier, in der wilden Bergwelt, kann man den Trollen und vielen Moschusochsen einen Besuch abstatten.

Das Gudbrandsdal verläuft nordwestlich von Lillehammer entlang des 200 km langen Flusses Lågen nordwärts bis Dombås. Mit insgesamt etwa 320 km ist es das längste Tal des Landes und seit Jahrhunderten **die wichtigste Nord-Süd-Verbindung im Inland.** Auch das mag ein Grund dafür sein, dass kein anderes norwegisches Tal dichter besiedelt ist. Seine als sehr traditionsbewusst bekannten Bewohner leben überwiegend von Landwirtschaft und Holzverarbeitung.

Gudbrandsdal erleben

AUSKUNFT
Otta Turistkontor
Ola Dahlsgt. 1
2670 Otta
Tel. 61 23 66 70
www.rondane-dovrefjell.no
(Homepage zum gesamten Gebiet)

ÜBERNACHTEN
Spidsbergseter
Gudbrandsdal Hotell ●●●●
Ringebu
Tel. 61 28 40 00
www.sgh.no
Ein Spitzenhotel inmitten der unberühr-
ten Gebirgslandschaft vom Ringebufjell.
Exklusive Spa-Einrichtung und viele
Sportmöglichkeiten.

Rondablikk Høyfjellshotell ●●●
Kvam
Tel. 61 29 49 40
www.rondablikk.no
Wundervolles Haus (82 Zi.) in unmittel-
barer Nähe des Rondane-Nationalparks,
mit Schwimmhalle, Saunen, Fitness-
Center und Tanzsalon.

Sygard Grytting ●●
Hundorp
Sør-Fron
Tel. 61 29 85 88
www.grytting.com
Der Hof bei Harpefoss (70 km nördl. von
Lillehammer), der einst eine Pilgerher-
berge war, wird heute als perfekt restau-
riertes, historisches Hotel betrieben.

Rondvassbu Turisthytta ●
Rondvassbu, 2675 Otta
Tel. 61 23 18 66

www.rondvassbu.com
Einfache Hütte des Norwegischen
Wandervereins (DNT) im Rondane-
Nationalpark. Anfahrt mit PKW oder Bus
von Otta bis Mysuseter, dann noch ca.
1,5 Std. Fußweg zur Hütte.

ESSEN
Kornhaug Gjestegård ●●
Follebu
Kornhaug
(17 km nördl. von Lillehammer)
Tel. 61 22 92 50
Mehr als 100 Jahre altes Holzgebäude
im Drachenstil. Vorzüglich schmeckt
das 5-Gang-Gourmet-Wildmenü, erschwinglich sind die à-la-Carte-Essen,
preiswert ist das »Lunsmeny«
Tgl. außer sonntags 12.00 und
18.00 Uhr

Kongsvold Fjellstue ●●●
Dovrefjell
(südl. von Oppdal an der E 6/
Kongsvold-Bahnstation)
Tel. 72 40 43 40
www.kongsvold.no
In der gemütlichen Wirtsstube mitten
im Nationalpark bekommt man tagsüber
einfache Gerichte, Waffeln oder »smør-
brød«. Abends locken hervorragende
Elchgerichte und einfallsreiche Menüs.
Alle 32 Zimmer haben einen unverwech-
selbaren Charme.

Sinclair Vertshuset ●
Kvam (an der E 6)
Tel. 61 29 54 50
www.vertshuset-sinclair.no
Gemütliche Cafeteria, kleine Gerichte
und gute Waffeln.

SEHENSWERTES IM GUDBRANDSDAL
UND IN DER UMGEBUNG

Von ▶Lillehammer (180 m ü. d. M.) folgt die E 6 dem Fluss Lågen **Hunder-**
aufwärts durch das Gudbrandsdal. Nördlich von Lillehammer befin- **fossen**
det sich das **Hunderfoss-Kraftwerk**, das von einem 7 km langen,
künstlichen See gespeist wird. Es gibt eine Fischtreppe und Forellenzucht (20 000 Fische jährlich). Auf der gleichen Seite ca. 3 km nördlich liegt der **Familienpark Hunderfossen** mit seinem 37 m hohen
Troll. Dieser vor allem bei den Jüngsten beliebte Vergnügungspark
beherbergt auch ein Badeland und ein Energiemuseum. Wer sich
über Tunnel und Wegebau, angefangen bei mittelalterlichen Pilger-
wegen bis zu zeitgenössischen High-Tech-Werken, informieren
möchte, sollte das Norwegische Straßenbaumuseum (Norske Veg-
museum) beim Familienpark Hunderfossen besuchen.

Hunderfoss-Kraftwerk: Juni – Mitte Aug. tgl. 10.00 – 17.00,
Juli bis 18.00 Uhr, Eintritt ab 250 NOK, www.hunderfossen.no
Familienpark: tgl. 10.00 – 15.00, Mai – Aug. bis 18.00 Uhr,
www.vegvesen.no

Ca. 6 km hinter Hunderfossen liegt in der Øyer die **Hafjell-Olympia-** **Øyer**
Anlage mit mehreren Skiliften und 20 Pisten. Eine Attraktion für
Kinder bietet **Lilleputthammer** beim Øyer Gjestegård (»Gasthof«):
eine Rekonstruktion der Storgata von Lillehammer in Miniaturfor-
mat mit Werkstätten und den verschiedensten Angeboten für Kinder.

Lilleputthammer: Ende Mai – Mitte Aug. tgl. 10.00 – 18.00, im Juli bis
21.00 Uhr, Eintritt ab 195 NOK, www.lilleputthammer.no

Hinter Vinstra wird das Tal enger.
Im weiteren Verlauf biegt nördlich
von Kvam links eine Straße ins
Heidal ab. Folgt man ihr, kommt
man nach 15 km jenseits von Heidal
– mit seinen vielen unter Denkmalschutz stehenden Häusern und Gehöften – zur Dorfkirche, einer Nachbildung des 1933 abgebrannten
Gotteshauses von 1752. Direkt daneben, auf dem schönen Hof Bjøl-
stad, steht eine Kapelle (erbaut um
1600) mit **Portalteilen einer Stabkirche aus dem 11. Jh.** Das Kruzifix
wird datiert auf die Zeit um 1200.

> **!** BAEDEKER TIPP
>
> *Herrliche Wildwasserfahrt*
>
> Eine Schlauchboot-Fahrt auf dem
> wilden **Fluss Sjoa** im Heidal ist
> ein sportliches Gruppenereignis
> wie auch ein einmaliges Natur-
> erlebnis. Als Einstieg wählt man
> am besten eine dreistündige
> Wildwasserfahrt der Schwierig-
> keitsstufe zwei bis drei.
> Buchungen bei Sjoa Rafting in
> Heidal, Tel. 90 07 10 00,
> www.sjoarafting.com).

Otta ist ein bedeutender Verkehrsknotenpunkt an der Mündung der **Otta**
Otta in den Lågen sowie wichtigster **Stützpunkt für Wanderungen**

Unvergesslich: Rafting auf den Flüssen Sjoa, Lågen und Otta

im Rondane-Gebirge. Mit dem Auto kann man bis 1 km unterhalb des Gipfels Pillarguritoppen fahren, von wo sich eine weite Aussicht bietet. Nordöstlich führt der Rondanevegen (www.rondanevegen.no) zum bequemsten Einstieg in den Rondane-Nationalpark (▶S. 340).

Abstecher nach Mysuseter Wer Freude an geologischen Phänomenen oder bizzaren Fotomotiven hat, sollte einen kleinen Abstecher einplanen: Bei Sel/Selsverket folgt man der Straße nach Mysuseter. Nach 3 km führt ein kurzer, recht steiler Fußweg zu den eigenartigen »Kvitskriuprestinn« – das sind bis zu 6 m hohe, aus Moränenschutt und Lehm bestehende **Erdpyramiden**, ihrer Form wegen auch als »Priester« bezeichnet. Von Mysuseter aus sind es noch 10 km Fußweg zur Rondvassbu-Touristhütte am Rand des 570 km² großen Wanderparadieses Rondane-Nationalpark. Auf den folgenden Kilometern verengt sich das Tal, die Landschaft wird wilder. In Rosten zweigt rechts ein schmaler Fahrweg (10 km) zum gern besuchten Ferienhüttengebiet **Høvringen** ab (960 m ü. d. M.). Von Høvringen kann man eine Wanderung zur Peer-Gynt-Hytta unternehmen (▶S. 379).Über Brennhaug (8 km) und Dovre (9 km) erreicht man nach weiteren 13 km Dombås, den Hauptort des Dovrefjells. Nordwestlich führt die Straße E 136, die nun dem Tal des Lågen folgt, nach Åndalsnes (▶Romsdal).

PEER-GYNT-STRASSE

Mystische Inspiration Auf den Höhenwegen und in den Wandergebieten westlich und östlich des Gudbrandsdal stößt man immer wieder auf die Spuren der **sagenumwobenen Gestalt** Peer Gynt, die in dieser Region gelebt haben soll. Der ehrgeizige Jüngling zog voll Tatendrang in die Welt, bestand die wildesten Abenteuer mit Berggeistern und Trollen, doch sein Glück fand er erst, als er alt und gebrochen nach Hause zurückkehrte. Henrik **Ibsens Drama »Peer Gynt«** vertonte Edvard Grieg (►Berühmte Persönlichkeiten). Auch per Auto lässt sich auf der Peer-Gynt-Straße nachempfinden, was die Künstler inspiriert hat.

Die 91 km lange, schmale und sehr kurvenreiche Peer-Gynt-Straße (streckenweise Maut) bildet zwischen ►Lillehammer und Vinstra eine Alternative zur E 6 durchs Gudbrandsdal. **Wälder, tiefblaue Seen und eine herrliche Aussicht auf das Rondane-Gebirge** lohnen diese um 7 km längere Fahrt. Man fährt von Lillehammer auf der E 6 bis Fåberg (6 km) und biegt dann in die R 255 links ab und folgt dem von der Gausa durchflossenen Gausdal aufwärts bis **Follebu**. Hier liegt der große Hof **Aulestad**, der ab 1875 Wohnsitz des Dichters Bjørnstjerne Bjørnson war. Heute ist das Anwesen ein Museum.

Einstieg in die Straße

🕐 20. Mai – 30. Aug. tgl. 10.00 – 17.00, an den Wochenenden im Sept. stündlich Führungen 10 – 16 Uhr, Eintritt 110/55 NOK, www.maihaugen.no/no/Aulestad

In Segalstad verlässt man die weiter westlich nach Vestre Gausdal und zur Espedal-Straße führende Route und folgt der **ausgeschilderten Peer-Gynt-Straße**, die sich immer höher schraubt. In Rauhagen liegt bei 1053 m der höchste Punkt der Strecke mit einer grandiosen Aussicht: im Norden die Bergketten Rondane und Dovrefjell mit dem Snøhetta, im Nordwesten ►Jotunheimen. Man passiert das Touristenzentrum **Gålå**. Am Seeufer wird alljährlich Henrik Ibsens **»Peer Gynt«** mit 130 Akteuren im Freien aufgeführt. In Vinstra schließlich erreicht man wieder die E 6.

BAEDEKER TIPP

❗ Köstlicher Käse!

Wenn Sie die Heimat des berühmten Gudbrandsdal-Käses kennenlernen möchten, biegen Sie kurz hinter Gålå zur Alm »Solbråseter« ab, wo die Bäuerin Anne Hov 1863 den **karamellisierten Ziegenkäse** (norwegisch geitost oder brunost) durch Zufall kreierte. Dieser süßliche, braune Käse ist von keinem norwegischen Frühstücksbuffet wegzudenken. Noch heute wird hier die traditionelle Käserei betrieben (für Besucher geöffnet Juli / Aug. Mi. und Sa. 11.00 – 15.00 Uhr).

ESPEDAL-STRASSE

Eine weitere, sehr schöne Alternative zur E 6 durchs Gudbrandsdal führt **durch eine wilde Gebirgslandschaft** mit vielen Seen und Flüssen. Ein touristisch gut erschlossenes, beliebtes Wander- und Skilanglaufgebiet erstreckt sich rund um den Espedal-See. Von Lillehammer bis **Segelstad** verläuft die Espedal-Straße (R 255) wie die Peer-Gynt-Straße, dann westwärts bis Vestre Gausdal. Nun folgt sie

Alternative Strecke

dem Svatsumdal 22 km bis nach **Svatsum** (achteckige Holzkirche von 1860). Bis zur **Strand Fjellstue**, von der man einen schönen Blick auf den idyllischen Espedal-See hat, sind es 3 km. Im Winter zählt das Espedal zu den schneesichersten Gebieten Norwegens.

In der »Hölle« An der Südspitze des Espedal-Sees, ca. 13 km nach Svatsum, öffnet sich die »Helvete« (Hölle); das sind zwei Spalten, die **durch »Gletschermühlen«** in der Eiszeit entstanden sind. Mit Tiefen von bis zu 100 m und Durchmessern bis zu 50 m sind es die größten landschaftlichen Erscheinungen dieser Art in Norwegen (die größte Kammer ist 100 m x 40 m groß).

Nationalpark Ormtjernkampen Westlich der Espedal-Straße erstreckt sich eine Gebirgslandschaft mit zahlreichen Flüssen und Seen, die auch als **Wandergebiet für Familien mit Kindern** geeignet ist. Bergerfahrung braucht man nur für eine Besteigung des Ormtjernkampen (1127 m). Nach weiteren 57 km erreicht man in Vinstra wieder die E 6.

✶✶ RONDANE-NATIONALPARK

Herrliches Wandergebiet Rondane ist das Gebirge zwischen dem Gudbrandsdal im Westen und dem Atnedalen im Osten. Obwohl es im Rondane **zehn Gipfel über 2000 m** gibt, ist das Gebirge ein relativ leichtes Wandergebiet. Typisch sind hier das hochalpine, trockene Klima und die spärliche Vegetation. Fast überall bedeckt graugelbe Rentierflechte den kalk-

Menschenleere Weite im Rondane-Nationalpark, einem sehr guten Wandergebiet

haltigen Sandstein. Zentrum des Nationalparks ist die **Rondvassbu-Touristhütte**, an der sich alle Wanderwege des Gebirges kreuzen. Die Hütte ist von der Westgrenze des Parks von Mysuseter in rund 1,5 Std. Fußmarsch zu erreichen. Der lang gezogene Rondevatn, ein See in 1100 m Höhe, zwängt sich von hier nach Norden durch das Hochgebirge. Links und rechts liegen die höchsten Berggipfel. Für die Besteigung des 2178 m hohen **Rondslott** benötigt man knapp 5 Std. Bei vielen Norwegern sehr beliebt ist eine Wanderung durch das Rondane und weiter in das nördlich anschließende Dovrefjell. Im gesamten Gebiet gibt es ein Netz von Hütten des Norwegischen Bergwanderverbands (DNT ▶Praktische Informationen: Wandern), die **bequeme Tageswanderungen** auf gut markierten Wanderwegen zulassen. Das Rondane-Massiv hat zahlreiche Flüsse und Seen, die sich hervorragend für Bootstouren eignen. Ein ganz besonderes Erlebnis stellt eine Kanuwanderung auf der **Atna** dar.

** DOVREFJELL

Schon von der E 6 aus, die den Dovrefjell-Sunndalsfjella-Nationalpark in zwei Teile zerschneidet, ist der höchste Berg, der imposante Snøhetta (2286 m), gut zu erkennen. Flüsse wie die **Driva** eignen sich zum Rafting wie zum Schwimmen. Eindrucksvoll ist auf dem Weg zum Fjell der **Wechsel der Vegetation** zu beobachten. Ein zunächst geschlossener Nadelwald geht in einen immer lichter werdenden Birkenbestand über, bis sich nur noch das karge Fjell ausbreitet. Bereits zu Zeiten der Wikinger lag hier eine der Hauptverkehrsadern des Landes. Sowohl Pilger, die das Grab des heiligen Olav in Nidaros aufsuchten, als auch Könige auf ihrem Weg zur Krönung in Nidaros, dem späteren Trondheim, nahmen die Strapazen einer Überquerung des Dovrefjells auf sich. Aus diesem Grund wird diese Straße auch »Kongevegen« (Königsweg) genannt.

Straße der Könige

Von **Dombås** aus erreicht man über die E 6 nach 10 km Fokstua (982 m ü. d. M.). Links der Straße beginnt das Hochmoor Fokstumyra (Naturschutzgebiet). Rechts bietet sich ein Blick auf den 1716 m hohen Fokstuhø (Aufstieg ca. 3 Std.). Man passiert auf der E 6 den See Vålåsjø, an dessen Ende ein Seitenweg zur Dovregubbens Hall führt (Wirtschaft und Übernachtung).

Hochmoor Fokstumyra

Nachdem die E 6 nördlich von **Hjerkinn** ihren höchsten Punkt erreicht hat, geht es durch das Tal der Driva abwärts in den Dovrefjell-Sunndalsfjella-Nationalpark mit seinen Hochgebirgspflanzen, Moschusochsen und wilden Rentieren. Nach 12 km erreicht man die **Kongsvold Fjellstue** (887 m ü.d.M) an der gleichnamigen Bahnstation. Hier befindet sich eine **biologische Forschungsstation** der

*Dovrefjell-Sunndals-fjella-Nationalpark

Universität Trondheim, die hinter dem Berghotel einen botanischen **Garten mit alpinen Pflanzen** angelegt hat. Kongsvold ist Ausgangspunkt für die Besteigung des östlich aufragenden Søndre Knutshø (1690 m; 3 – 5 Std.) und für den Wanderweg (4 – 5 Std.) zur Reinheim-Hütte (Schlüssel in Kongsvold), von wo aus man in etwa 4 Std. den **Snøhetta** besteigen kann.

Moschus-ochsen Im Dovrefjell-Sunndalsfjella-Nationalpark (200 km²) gibt es eine der größten Herden von Moschusochsen, die hier zwar bereits in vorgeschichtlicher Zeit heimisch waren, aber erst 1932 und nochmals in den 1950er-Jahren durch Tiere aus Grönland wieder ansässig gemacht wurden. Der Bestand hat sich von ursprünglich 15 Exemplaren auf nunmehr etwa **300 Tiere** erhöht. Eine Begegnung mit diesen archaischen, bis zu 1,50 m hohen Fellbergen ist unvergesslich, aber man halte tunlichst Abstand!

> **! BAEDEKER TIPP**
>
> *Die Moschusochsen-Safari*
>
> Wer die Begegnung mit Moschusochsen nicht dem Zufall überlassen will, kann sich einer geführten Wanderung anschließen (Hauptsaison tgl. ab Kongsvold Fjellstue, Tel. 72 40 43 41, buchbar über Touristeninformation Dombås sowie Moschus-Safari Dovrefjell, Tel. 46 42 01 02, www.moskus-safari.no, Kosten 350 / 200 NOK).

Weiter abwärts im Tal der Driva beginnt nach 9 km der **Vårstigen**, ein Stück des alten Kongsvegen, heute ein Fußweg mit herrlicher Aussicht. Rund 4,5 km weiter rechts liegt die Drivstua, eine ehemalige Berghütte (Übernachtungsmöglichkeit); dann bietet sich links ein Blick in das Åmotsdalen. Der spärliche Birkenbestand geht wieder in Nadelwald über. Rund 9,5 km hinter Drivstua erhebt sich die Klamm Magalaupet, durch die auf etwa 100 m Länge die Driva schäumt. Danach erreicht man Rise. In unmittelbarer Nähe befinden sich ein Campingplatz und die Bahnstation Driva.

Oppdal Das Tal wird nun wieder breiter; rechts erhebt sich der steile Ålmenberg (1340 m ü. d. M.), den man von Oppdal aus in drei Stunden besteigen kann. Bei Oppdal liegt das neben Trysil **größte zusammenhängende Skigebiet Norwegens**. Die E 6 führt weiter in nordöstlicher Richtung nach ▶Trondheim (122 km).

*Sunndal Von Oppdal zweigt die RV 70 ab ins westlich gelegene Sunndal. Das romantische, von der Driva durchflossene Tal erstreckt sich bis zum Industrieort Sunndalsøra. In den angrenzenden Gebirgsregionen, besonders im nördlich gelegenen Trollheimen, findet man traumhaft schöne Wandergebiete. Einst war die Driva einer der besten Lachsflüsse Norwegens, doch die legendären Lachsbestände wurden von Lachsparasiten zerstört. Derzeit versucht man, durch Züchtungen die Bestände zu erneuern.

Rund 39 km südlich von Sunndalsøra (zuerst 2 km in Richtung Molde, dann Abzweigung in Richtung Süden) gelangt man durch das von steilen Felsen umgebene Litledal und dann durch das Torbudal (höchster Punkt 900 m) zum See Aursjøen und zur Aursjøhytta, wo 1953 **einer der größten Staudämme Norwegens** errichtet wurde: Der Stausee hat eine Ausdehnung von mehr als 36 km². ***Aursjøen**

Am Ausgang des Sunndals liegt Kristiansund, eine nüchterne, nach dem Zweiten Weltkrieg wieder aufgebaute Stadt. Ihre Geschichte ist untrennbar mit **Dorsch und Hering** verbunden. Die Statue des »Klippfischweibes« am Hafen erinnert daran, dass zwischen 1750 und 1950 fast alle Stadtbewohner davon lebten. Bis nach Portugal wurde der Trockenfisch, dort »Bacalao« genannt, gehandelt. In einem der vielen Fischrestaurants der Stadt kann man noch immer einen Hauch von Portugal schnuppern, denn der Klippfisch wird hier mediterran mit Olivenöl, Oliven, Paprika und Tomaten zubereitet. Ein Speicher beim Hafenbecken Vågen, in dem früher Klippfisch gelagert wurde, dient als **Klippfischmuseum**. Es zeigt, welch schwere Arbeit das Herstellen dieser Spezialität war. Jeder Fisch, meist Dorsch, wird gesäubert, gesalzen und auf den Klippen zum Trocknen ausgelegt. Vier bis sechs Wochen dauert diese Prozedur, bei der die »Klippfischweiber« die Fische mehrmals täglich wenden müssen, damit sie gut durchtrocknen. Klippfisch wird noch heute in Kristiansund produziert. **Kristiansund**

Klippfischmuseum: Mitte Juni bis Mitte Aug. tgl. 12.00 – 17.00 Uhr, Eintritt 70 NOK inkl. Verkostung, www.nordmore.museum.no

Moschusochsen haben ausgezeichnete Augen und können selbst in der Polarnacht noch gut sehen.

*Atlanter-
havsveien Zwischen Vevang und Kårvåg 28 km südwestlich von Kristiansund liegen unzählige Inseln, die noch bis vor zwei Jahrzehnten nur mit Fähren zu erreichen waren. Der 8474 m lange Atlanterhavsveien verläuft direkt am Meer mit seiner zerklüfteten Schärenlandschaft. Die Inseln und Holme entlang dieser Strecke werden auf imponierende Weise durch insgesamt **zwölf Brücken** und mehrere Dämme verbunden. Eine der wohl **spannendsten Küstenstrecken ganz Europas** eröffnet ein Paradies, das auch Tauchern seinen Charme zeigt (es gibt mehrere Tauchcenter). Bei Windstille bietet sich eine herrliche Aussicht auf das offene Meer, bei kräftigem Nordwest ein faszinierendes Schauspiel der Naturgewalten.

∗ Hallingdal

✦ D/E 6

Gebiet: Südnorwegen

Im Sommer ist das Hallingdal ein erstklassiges Gebiet zum Wandern, Klettern und Radfahren; im Winter zieht es Sportler in die international bekannten Skigebiete Geilo und Hemsedal.

Das reich bewaldete, breite Hallingdal erstreckt sich vom Nordende des Sees Krøderen nordwestlich bis zur ▶Hardangervidda entlang des ruhig fließenden Hallingdalselv. Nur die angrenzenden Höhen sind kahl mit einzelnen glattgeschliffenen Felsbuckeln. Zwar ist das Tal alter Siedlungsraum, doch wanderten in den letzten Jahrhunderten viele Menschen ab. Erst mit dem Bau der Bergenbahn Anfang des 20. Jh.s und dem aufkommenden Tourismus kamen wieder mehr Menschen ins Hallingdal.

SEHENSWERTES IM HALLINGDAL

Nesbyen 33 km entfernt von Gulsvik, dem Tor zum Hallingdal, liegt Nesbyen. Die Stadt selber ist wenig spektakulär, aber das Hallingdal Museum Nesbyen (1899 als **»Hallingdal Folkemuseum«** gegründet) ist einen Zwischenstopp wert. Mit seinen zahlreichen Exponaten (das älteste aus dem 14. Jh.) gibt es einen guten Einblick in Natur und Kultur des Hallingdals. Die **Rosenmalerei** hat hier eine lange Tradition und viele der 25 Museums-Bauernhäuser sind damit geschmückt. Mittwochs werden alte Handwerke vorgeführt. Von Nesbyen aus kann man Ausflüge zu schön gelegenen Sennereien (Übernachtungs- und Straßengebühr) und in die ▶Hardangervidda unternehmen.

Hallingdal Folkemuseum: Juni – Aug. Di. – So. 11.00 – 16.00, sonst Di. – So. 9.00 – 15.00 Uhr, Eintritt 50/30 NOK, www.hallingdal-museum.no

Hallingdal erleben

AUSKUNFT
Turism Geilo
3580 Geilo
Vesleslåttvn. 13 (im Einkaufszentrum)
Tel. 32 09 59 00
www.geilo.no

Gol Turistkontor
3550 Gol, Gamlevegen 4
Tel. 32 02 97 00
www.golinfo.no

Hemsedal Turistkontor
Hemsedal
Sentrum 3561
Tel. 32 05 50 30
www.hemsedal.com

ESSEN / ÜBERNACHTEN
Dr. Holms Hotel ©©©©
Geilo, Timrehaugveien 2
Tel. 32 09 57 00
www.drholms.com
Dieses Hotel zählt zu den besten in ganz
Skandinavien. Geschmackvoll eingerichtete Speisesäle, Wein aus dem haus-
eigenen Weinkeller, köstliches kaltes
Büffet im Sommer, ein Tanzsalon und
zahlreiche Angel- und Sportmöglichkeiten machen den Aufenthalt zu
einem vollendeten Genuss.

ÜBERNACHTEN
Skogstad Hotell ©©©
3561 Hemsedal

Tel. 32 05 50 00
www.skogstadhotell.no
Dieses sehr angenehme Hotel (83 Zi.)
liegt im Zentrum des bei Alpinskifahrern
beliebten Bergdorfs Hemsedal. Es besitzt
ein Schwimmbad, mehrere Restaurants
und Bars.

*Oen Turistsenter AS &
Geilo Vandrerhjem* © – ©©
Geilo, Lienvegen 137
Tel. 32 08 70 60
www.oenturist.no
Großes Ferienzentrum mit Jugendher-
berge sowie mehreren Appartements
und Hütten für bis zu 9 Personen.

SPORT
Wandern, Angeln, Outdoor
Neben den traditionellen Freizeit-Klassi-
kern wie Wandern und Angeln wird im
Hallingdal auch jede Menge Outdoor-
Action geboten, z.B. Rafting, Canyoning
und Elchtouren. Veranstalter vermitteln
die Tourist-Informationen.

Drachenski
Die Hardangervidda gilt unter Drachen-
skifahrern als der beste Platz der Welt
zum Ausüben des noch jungen Sportes.
Der beständige Wind sorgt dafür, dass
sogar Touren von Hütte zu Hütte möglich sind. Kurse können über die Touristeninformation in Geilo gebucht werden
www.geilo.no

Gol ist ein **beliebter Wintersportort** mit mehr als 200 Km Loipen **Gol**
und 7 Skiliften, darunter ein 1,6 km langer Sessellift, der 450 m Höhenunterschied überwindet; schöne Aussicht vom Gipfel.

Rund 2 km hinter Gol führt vom Hallingdal die Heslabru über den ***Hemsedal**
Hemsila (Wasserfall); rechts biegt die R 52 ins Hemsedal ab. Zu-

nächst fährt man an der neuen Kirche von Gol vorbei (die alte Stabkirche steht im Volkskundemuseum von Oslo), bei Robru weitet sich
das Tal. Auf der Weiterfahrt nach Ulsåk liegt links das Kraftwerk
Hjelmen bru. Sodann gelangt man in den Wintersportort **Hemsedal**
(609 m ü. d. M.), eines der größten Alpinzentren Skandinaviens, das
sich durchaus mit den Alpen messen kann. Das stabile Klima sorgt
für Schnee von November bis Anfang Mai. Im Sommer wirkt der Ort
allerdings beinahe wie ausgestorben. Der Abschnitt von Hemsedal
bis hinunter nach Borlaug, wo die Straße in die E 16 mündet, gehört
zu den **schönsten Hochgebirgsstrecken Norwegens**. In der kargen, wildromantischen Landschaft begegnet man kaum Menschen.

Torpo Von Gol aus führt die Fahrt durch das Hallingdal Richtung Südwesten, wobei die R 7 lange dem wilden Hallingdalselv folgt. Nach 13 km
erreicht man die **Stabkirche** von Torpo, deren Portale schöne Dra-
chenornamente zieren und deren Deckengemälde aus dem 13. Jh. in
gutem Zustand ist. Da nur noch das Mittelschiff erhalten ist, sieht die
Kirche eher wie ein Turm aus.

Ål Auch der Touristenort Ål verfügt über ein kleines **Dorfmuseum** mit
Rosenmalerei. Viel interessanter aber ist das **Rolf-Nesch-Museum**.

Ein stolzer Wolf im Freigehege des Nationalparks Langedrag

Nesch (1893 – 1975) stammte aus dem schwäbischen Oberesslingen, flüchtete 1933 vor den Nationalsozialisten nach Norwegen und lebte ab 1951 in Ål. Das Museum zeigt Zeichnungen, Ölbilder und Skulpturen des international anerkannten Künstlers (www.aal.kulturhus. no). Hinter Ål verbreitert sich der Hallingsdalselv zum Satrandesjord, an dessen Nordseite man entlangfährt. An seinem Ende bei Kleivi befindet sich ein Kraftwerk.

In Hagafoss kann man auf den landschaftlich sehr beeindruckenden **Aurlandsvei** (R 50) zum 97 km entfernten Aurlandsfjord einbiegen, der dank zahlreicher Tunnel auch im Winter befahrbar ist.

> **BAEDEKER TIPP**
>
> ### Mit den Wölfen heulen
>
> Zwischen Hallingdal und Uvdal liegt am lang gestreckten Tunhovdfjord der Naturpark Langedrag. In seinen Freigehegen streunen Wölfe, Luchse, Polarfüchse und Rentiere umher und für Kinder wird ein nettes Programm geboten. Wolfshunger kann im Restaurant gestillt werden.
> Tgl. 10.00 – 18.00 Uhr,
> Eintritt 190 / 150 NOK,
> www.langedrag.no

Geilo Geilo (sprich »jeilo«) ist nach Lillehammer der berühmteste Wintersportort Norwegens. Es liegt auf etwa 800 m Höhe in einem weiten Tal und bietet im Sommer Wanderern, Radfahrern und Reitern hervorragende Bedingungen. Angeln, Kanu- und Wildwasserfahren sind ebenfalls möglich. Eine Sesselbahn fährt zum 1056 m hohen **Geilohøgda**, von wo aus man eine herrliche Aussicht genießt.

Hammerfest

L 1

Gebiet: Nordnorwegen
Einwohnerzahl: 9930

Hammerfest ist die nördlichste Stadt der Welt, ganz in der Nähe wächst der nördlichste Wald der Welt, und hier gibt es natürlich auch die nördlichste Golfanlage der Welt. Wer hierher kommt, zieht meist rasch weiter zum nördlichsten Punkt Europas, dem Nordkap.

Stadt der Eismeerfischer Dank seines geschützten und eisfreien Hafens ist Hammerfest noch heute Ausgangspunkt für die Fischerei im nördlichen Eismeer. Die Stadt war von jeher ein **bedeutender Handels- und Fischerort**, erhielt bereits 1789 Stadtrechte und war die erste Stadt Europas, die eine elektrische Straßenbeleuchtung erhielt (1890). Der Ruf, die nördlichste Stadt der Welt zu sein, ist jüngst ins Wanken geraten, seit das weiter nördlich gelegene Honningsvåg zur Stadt ernannt wurde.

Hammerfest erleben

ANREISE
Hammerfest ist per Flugzeug über
Tromsø und Oslo sowie per Bus von
Oslo via Schweden gut erreichbar. Die
Schiffe der Hurtigrute ankern hier täg-
lich, Schnellboote verbinden die Stadt
u. a. mit Tromsø und Honningsvåg auf
Magerøya, der Zwischenstation auf
dem Weg zum Nordkap.

AUSKUNFT
Hammerfest Turist AS
9615 Hammerfest
Havnegatan 3
Tel. 78 41 31 00
www.hammerfest-turist.no

ESSEN
Turiststua Panoramarestaurant ◉◉
Am Salen, Tel. 78 41 46 11
Hierher kommt man vor allem wegen
der Aussicht auf die Stadt und die
umliegende Natur. Wer länger bleiben
will, kann hier auch übernachten.
Einfache Küche.

ÜBERNACHTEN
Rica Hotel Hammerfest ◉◉◉
Sørøygt. 15
Tel. 78 42 57 00
www.rica.no
Man sollte sich nicht vom Äußeren
dieses Hotels (86 Zi.) schrecken lassen:
Innen ist es modern und freundlich
eingerichtet, und im neuen Restaurant
kann man hinter Panoramafenstern die
Mitternachtssonne genießen.

Thon Hotel Hammerfest ◉◉◉
Strandgata 2–4
Tel. 78 42 96 00
www.thonhotels.com

Modernes Hotel (63 Z.) im Zentrum
neben dem Rathaus mit ansprechend
eingerichteten Zimmern und freundlichem Service.

Hotel Skytterhuset ◉◉
Skytterveien 24
Tel. 78 41 15 11
www.skytterhuset.no
Freundliches Mittelklassehotel (66 Z.) in
der Nähe des Aussichtspunktes Salen,
mit Sauna und Solarium.

AUSFLÜGE ANS NORDKAP
Die Postschiffe der Hurtigrute verlassen
Hammerfest täglich um 7.45 Uhr und
erreichen Honningsvåg etwa um 12.45
Uhr. Von dort per Bus zum Nordkap
(1 Std.), nach einem kurzen Aufenthalt
zurück nach Honningsvåg, dann erreicht
man den Abendbus nach Hammerfest.
Die Hurtigrute in südlicher Richtung
fährt erst morgens um 6.45 Uhr von
Honningsvåg ab, doch bei schönem
Licht ist die Mitternachtssonne ein
fantastischer Grund, eine Nacht wach
zu bleiben
www.hurtigruten.de

SPORT
Wer auf dem nördlichsten Platz der Welt
Golf spielen möchte, kann dies von Juni
bis August am Repparfjord nördlich von
Hammerfest tun. Der Platz hat zwar nur
6 Löcher, ist aber rund um die Uhr
geöffnet, denn hier golft man unter der
Mitternachtssonne.
www.hammerfestgolf.no

MITTERNACHTSSONNE
Die Mitternachtssonne scheint vom
17. Mai bis 28. Juli.

Hammerfest wurde 1809 von den Briten bombardiert, im Jahr 1890 von einem Feuer und 1944 von den Deutschen zerstört. Auf den Trümmern bauten die Einwohner ihre Stadt wieder auf, deren **farbenfreudige Häuserfassaden** besonders ins Auge fallen. Seit einigen Jahren profitiert die Stadt auch verstärkt vom norwegischen Ölboom. Der **Touristenansturm** mit ca. 200 000 Besuchern pro Jahr ist vor allem der Lage auf dem Weg zum Nordkap zu verdanken.

SEHENSWERTES IN HAMMERFEST UND UMGEBUNG

Die »Royal and Ancient Society of Polar Bears« (Eisbärenclub) residiert in einem Gebäude in der Nähe des Hurtigrutenkai (Hamngata 3). Im angeschlossenen Museum werden **arktische Exponate** gezeigt, die an die Zeit erinnern, als die Stadt als Eismeer- und Walfangmetropole galt, darunter ein beinahe 3 m langes Eisbärenfell. Hinter dem Rathaus führt ein Fußweg auf den Berg Varden hinauf, von dem man die gesamte Stadt überblicken kann.

Eisbärenclub

Westlich vom Markt ist die architektonisch beeindruckende Kirche von 1961 sehenswert, die an die Eismeerkathedrale in Tromsø erinnert. Der fehlende Altar wurde durch eine **Glasmalerei von Jardar Lunde** (1962) ersetzt. Im Sommer finden hier abends Kirchenkonzerte statt.

Hammerfest-Kirche

Auf der anderen Seite der Bucht liegt auf der Halbinsel Fuglenes der Meridianstøtten, eine bronzene Erdkugel auf einer Granitsäule. Sie erinnert an eine von 1816 – 1852 gemeinsam von Norwegern, Schweden und Russen vorgenommene Gradmessung zur **Bestimmung von Größe und Form der Erde**. Südlicher Gegenpunkt war eine Stelle bei Ismail an der Donaumündung, 2872 km entfernt. Der Betonklotz daneben stammt von einer 1929 durchgeführten Nachmessung und belegt eine nur geringe Abweichung. Von hier hat man auch einen schönen Blick auf die Stadt. Am Ende der Halbinsel liegt der 1810 während der Napoleonischen Kriege gebaute Verteidigungswall **Skansen**.

*Meridianstøtten

Vom Marktplatz führt ein Fußweg (20 Min.) zu dem Bergzug Salen (»Sattel«; 86 m ü. d. M.), der sich am südlichen Ende der Stadt erhebt. Er ist auch über eine Straße erreichbar, die östlich der Stadt an dem kleinen See Storvatn vorbeiführt. Von der westlich gelegenen Anhöhe (Steinmal) bietet sich ein weiter Blick auf das offene Meer. Am südlichen Stadtrand liegt links das Freibad Jansvatn; 1 km weiter steht der **nördlichste Kiefernwald der Welt**: Im »Stabbursdalen« wachsen rund 500 Jahre alte Bäume.

Salen

** Hardangerfjord

B/C 6

Gebiet: Westnorwegen

Wenn jedes Jahr im Mai rund 500 000 Obstbäume zu blühen beginnen und die Ufer des Hardangerfjords in einem Meer aus zarten Farben und Düften versinken, liegt auf den Gipfeln der Berge noch Schnee. Die Landschaft rund um den zweitgrößten Fjord Norwegens verspricht sehr viel Abwechslung.

Norwegens Paradies-garten

Mehr als ein Fünftel aller Obstbäume Norwegens gedeiht entlang des Hardangerfjordes, denn das Klima ist dank des Golfstroms sehr mild und die Täler sind windgeschützt. Wahrscheinlich waren es Zister-ziensermönche, die hier Anfang des 13. Jh.s den Obstbau einführten. Der 1832 in Odda geborene Fotograf **Knud Knudsen** brachte den Anbau von Äpfeln, Pflaumen und Schattenmorellen entscheidend voran, nachdem er im schwäbischen Reutlingen die Kunst des Obstanbaus eingehend studiert hatte. An den Ufern des Hauptfjords und seinen Seitenarmen liegen mehrere hübsche Dörfer, aber auch Wasserkraftwerke und bedeutende Industrieorte. Östlich von Eid-fjord, im Inneren des Fjordes, beginnt Europas größte Gebirgshoch-fläche, die ▶Hardangervidda, die bei schönem Wetter und klarer Sicht ein unvergessliches Erlebnis ist.

Obstgarten der Nation: Apfelblüte am Hardangerfjord

FAHRT UM DEN HARDANGERFJORD

Voss liegt zwar nicht am Hardangerfjord, sondern nördlich des ***Voss**
Fjordsystems an der Kreuzung von E 16 und R 13, ist aber dennoch
Zentrum der Region. Zwar hat die Stadt (14 000 Ew.) architektonisch
wegen der vielen nüchternen Nachkriegsbauten wenig zu bieten,
doch die Lage ist einmalig: Direkt am Ufer des Vangsvatn, umgeben
von hohen Bergen, ist die Stadt der ideale Ausgangspunkt für Aktivurlauber. Eines der wenigen Bauwerke, die den deutschen Bomben-
angriff von 1940 unbeschadet überstanden haben, ist die frühgotische **Vangskirche** von 1277 im Stadtzentrum. Im 17. Jh. wurde der
einst spätgotische Altarschrank in eine barocke, mit einem Gemälde
des Bergener Rubensschülers Elias Figenschoug dekorierte Altartafel
umgebaut. Nördlich vom Bahnhof befindet sich das Freilichtmuseum. Die 16 Holzbauten des Mølsterhofs aus dem 17. bis 19. Jh.
spiegeln die traditionelle Baukunst und Lebensweise der Menschen
im Fjordgebiet wider. Der international renommierte Holzschnitzer
und Kunstschreiner **Magnus Dagestad** (1865 – 1957) richtete sich
noch zu Lebzeiten ein Museum für seine Arbeiten ein.

Vangskirche: Mai – Aug. tgl. 10.00 – 17.00, sonst Mo. – Fr. 9.00 – 15.00 Uhr,
Eintritt 70 NOK, www.hardangerogvossmuseum.no
Museum Dagestad: Juni – Mitte Aug. Di. – So. 11.00 – 14.00 Uhr,
Gjernes, Helgavangen

Ausgangspunkt für eine Fahrt um den Fjord ist der kleine Ort Voss. **Rundfahrt**
Von hier aus nimmt man die R 13 Richtung Osten. Sie führt durch **mit Ausblick**
eine abwechslungsreiche Landschaft mit Serpentinen, atemberaubender Bergkulisse und tosenden Wasserfällen. Einige Kilometer
nach Erreichen des höchsten Punkts der Straße (262 m) stürzt der
Wasserfall **Skjervefoss** in die Tiefe.

Man erreicht Granvin an der äußersten nördlichen Verästelung des **Granvin /**
Hardangerfjordes. Die Kirche (1720) besitzt die wohl ältesten Glo- **Fähren**
cken Norwegens. Von Granvin zweigt die R 7 zum 7511 m langen
Vallaviktunnel und zur Fährstation **Bruravik** ab, die auch von Ulvik
aus am idyllischen Osafjord entlang erreichbar ist. Die Fähre nach
Brimnes (10 Min.) führt auf die andere Seite des Fjordes Richtung
Osten. Bevor der Tunnel gebaut wurde, musste man oftmals mehrere
Stunden in **Kvanndal** (14 km südlich von Granvin) warten, um nach
Kinsarvik (50 Min.) übersetzen zu können. Diese Fährfahrt ist im-
mer noch einen Abstecher wert, vor allem, wenn man das Dorf **Utne**
besuchen will (20 Min.), wo eine rund 1000jährige Stieleiche steht.

Wer vor der Fahrt um den Fjord noch einen schönen Abstecher ma- ****Abstecher**
chen möchte, zweigt kurz vor der Kirche von Granvin die R 572 zum **nach Ulvik**
Osafjord und zum **idyllisch gelegenen Ferienort** Ulvik ab. Die be-

Hardangerfjord erleben

AUSKUNFT
Destinasjon Hardanger Fjord
5600 Norheimsund
Hardanger Brygge, Sandvenvegen 40
Tel. 56 55 38 70
www.hardangerfjord.com

Eidfjord Turistkontor
5783 Eidfjord
Ostangvegen 1
Tel. 53 67 34 00
www.hardangerfjord.com/eidfjord

Turistkontor Odda
5751 Odda
im Zentrum am Marktplatz
Tel. 53 65 40 05
www.hardangerfjord.com/odda

Destinasjon Voss
5700 Voss
Vangsgata 20
Tel. 40 61 77 00
www.visitvoss.no

ÜBERNACHTEN
Fleischers Hotel ●●●●
Voss
Evangervn. 13
Tel. 56 52 05 00
www.fleischers.no
Die Belle-Époque-Fassade aus dem
Jahr 1889 hat durch den Neubauflügel
an Schönheit verloren, dennoch ist das
Hotel im Schweizerstil (172 B.) das
Schmuckstück des Ortes.

Rica Brakanes Hotel ●●●●
Hardanger
5730 Ulvik
Tel. 56 52 61 05
www.brakanes-hotel.no

Zu dem hervorragenden Hotel (143 Zi.)
gehören Bootsanleger und Badestrand.

Utne Hotel ●●●●
Utne
Tel. 53 66 10 88
www.utnehotel.no
Hier wurde bereits 1722 ein Gasthaus
betrieben, und schon die alten Möbel
und Antiquitäten in der Gaststube sind
einen Besuch wert. Radio und Fernseher
fehlen auf den Zimmern, so fühlt man
sich nicht nur von der Ausstattung her
ins 19. Jh. zurückversetzt. Die mit Liebe
angerichtete Hausmannskost wird für
alle an einem langen Tisch serviert.

Sauda Fjord Hotel ●●●
Saudasjøen
Tel. 52 78 12 11
www.saudafjordhotel.no
Das mit viel Liebe zum Detail renovierte,
in einem alten Herrenhaus untergebrach-
te Hotel (35 Zi.) liegt in wildromantischer
Umgebung am Saudafjord (Ryfylke,
Røldal). Seit Jahrzehnten schätzen Lachs-
angler diese fischreiche Gegend.

Strandebarm Fjord Hotel ●●●
Strandebarm (bei Norheimsund)
Tel. 56 55 91 50
www.strandebarmfjordhotel.no
Kleines, gemütliches Haus (26 Zi.)
zum Wohlfühlen fern jeglicher Hektik,
mit freundlichem Service und vielen
Stammgästen. Herrliche Fjordlage mit
Blick auf die Berge.

Vik Pensjonat ●●
Eidfjord, Simadalsvegen 10
Tel. 53 66 51 62
www.vikpensjonat.com

Gemütliche Hütten und Zimmer im Zentrum von Eidfjord für 4 – 6 Personen. Im Café werden Frühstück, Mittag- und Abendessen serviert, bei schönem Wetter auch im Freien.

scherwanderungen unternehmen. In Bavallen, nordwestlich von Voss, ist eines der besten alpinen Skizentren Norwegens mit Möglichkeiten für Langlauf, Alpinski, Biathlon und Trickski.

SPORT
Skifahren

Von Tørvikbygd, 13 km südlich von Norheimsund, setzt die Autofähre nach Jondal (20 Min.) über. Von dort gelangt man zum Folgefonn Sommerskizentrum (1200 m ü.d.M.) auf Norwegens drittgrößtem Gletscher. Hier kann man von Juni bis Oktober Ski fahren und Glet-

Outdoor-Aktivitäten

Über Wildwasser- und Meerespaddeln, Rafting, Reiten mit Fjordpferden, Angeln und Skifahren informiert das Touristenbüro Voss. In Voss kann man übrigens auch in die Luft gehen: Geboten werden Fallschirmspringen, Paragliding und Gletscherrundflüge.
Tel. 56 51 66 66, www.fonnafly.no

eindruckende, aber teilweise enge Panoramastraße (nur für geübte Wohnmobilfahrer geeignet!) schlängelt sich an grünen Wiesen, kleinen Gehöften und Obstbäumen vorbei. Der Blick auf Ulvik und den **von bis zu 1600 m hohen Bergen umgebenen Fjord** ist fantastisch. Die kleine, weiß gestrichene Holzkirche (1858) ist mit einer hübschen Altartafel von 1630 und wunderschönen Rankenmotiven des aus Ulvik stammenden Malers Lars Osa (1860 – 1958) ausgestattet. Ein Erlebnis ist eine Runde mit dem Wasserflugzeug über den Fjord und den Gletscher Hardangerjøkul.

Von Granvin aus führt die R 7 nach Südwesten zum kleinen Industrieort Ålvik an der Westseite des Hardangerfjords. Hier liegt ein großes **Schmelzwerk** für Ferrosilizium und Ferrochrom. Das erwärmte Wasser wird im Fjord zur **Lachszucht** verwendet, die einen bedeutenden Wirtschaftszweig im Hardangergebiet darstellt. Nach 12 km taucht die schmale, 1937 errichtete **Fyksesund bru** auf, eine fast 30 m hohe und 344 m lange Hängebrücke über die Mündung des Fyksesunds. Östlich der Brücke ist die Straße schmal und unübersichtlich, und es kommt oft zu Staus. **Ålvik**

Vorbei an **Erdbeer- und Obstplantagen** erreicht man über die R 7 das schön an der gleichnamigen Bucht gelegene Dorf Øystese. Gegenüber der Kirche befindet sich ein **Museum** mit Werken des Bildhauers **Ingebrigt Vik** (1867 – 1927), darunter 150 Skulpturen. Eine seiner bekanntesten Statuen ist die von Edvard Grieg in Bergen. **Øystese**

Perfekt geeignet für einen Zwischenstopp ist der malerisch gelegene Ferienort Norheimsund mit einem kleinen hübschen Hafen und dem ***Norheimsund**

Kein See, sondern der Hardangerfjord bei Strandebarn

ehrwürdigen Sandven Hotell. Bei klarem Wetter glänzen auf der anderen Seite des Fjords die weißen Firnfelder des Gletschers Folgefonna. In der **Museumswerft** in Norheimsund kann man den Handwerkern bei der Arbeit über die Schultern schauen.

*Abstecher zum Steinsdalsfoss Die R 7 verlässt nun den Fjord und führt westwärts Richtung Bergen (85 km). Rechter Hand taucht mitten in der lieblichen Landschaft nach 2 km der vom Fosselva gebildete tosende Wasserfall Steinsdalsfoss auf. In den Sommermonaten treten sich hier die Touristen auf dem Weg zum Wasserfall beinahe auf die Füße. Eine Kuriosität: **Hinter der 30 m tief herabstürzenden Wasserwand** kann man hindurchgehen, ohne nass zu werden. Es lohnt, den Abstecher noch ein wenig auszudehnen: Die Straße steigt nun an und schlängelt sich auf einer 3 km langen, großartigen Straßenanlage durch die imponierende Schlucht **Tokagjelet**. Während Autofahrer durch vier auf abenteuerliche Weise in den Fels gehauene Tunnel fahren, müssen Radfahrer und Fußgänger den alten Weg auf der Tunnelaußenseite direkt über dem Abgrund benutzen. Wer nicht zurück an den Hardangerfjord möchte, kann über **Kvamskogen**, einem beliebten Erholungsgebiet mit vielen Ferienhütten, entlang des Samnangerfjords und über das Ski- und Wandergebiet Gullbotn zur E 16 und von hier weiter nach Bergen fahren.

Strandebarm bis Holdhus Im Kirchdorf Strandebarm (südlich von Nordheimsund) an der gleichnamigen Bucht mit schönem Badestrand gab es einst eine blühende Bootsbauindustrie, doch jetzt bauen nur noch wenige den

»Strandebarmer«, ein traditionsreiches Holzboot. Über Oma, wo Katamarane aus Aluminium für wohlhabende Kunden in aller Welt gebaut werden, erreicht man nach 15 km Mundheim, von wo aus die R 48 nach Norden Richtung Holdhus und Eiklandsosen (17 km) abzweigt. Die **Holzkirche von Holdhus** ist im Inneren mit wunderschönen Ranken und Friesen dekoriert. Die Kanzel von 1570 ist vielleicht die älteste westnorwegische Kanzel aus der Zeit nach der Reformation. Kurz vor **Eikelandsosen** stürzt der Wasserfall Koldalsfossen in die Tiefe.

Der Hardangerfjord unterbricht an seinem Südende die R 48. An der südlichen Fortsetzung der Straße liegt die Baronie Rosendal. Man erreicht sie entweder mit der Fähre von Gjermundshavn nach Løfallstrand (25 Min., 13 km südlich von Mundheim) oder aber durch den 11 km langen Folgefonntunnel sowie auch von Süden her über die E 134 und Skånevik. Das Schlösschen im nordischen Renaissancestil ist eine der meistbesuchten Sehenswürdigkeiten der Gegend. Mitte des 19. Jh.s legte man hier einen **malerischen Landschaftspark** an, von dem man einen herrlichen Blick auf den Hardangerfjord und die Bergkulisse mit mehreren Wasserfällen hat. Besonders sehenswert ist der prachtvolle Rosengarten. Das als **Museum** eingerichtete Schlösschen bietet Konzerte auf einem Pleyelflügel von 1860, Theateraufführungen im Burghof und Kunstausstellungen im Weinkeller. Unweit von hier liegt die **Kvinnherad-Kirche** von 1255, eine der ältesten mittelalterlichen Steinkirchen Norwegens mit romanischen und gotischen Stilelementen.

**Baronie Rosendal

❶ Juli – August tgl. 10.00 – 18.00, Mai – Anf. September tgl. 11.00 – 15.00 Uhr, April, Sept. u. Okt. Führungen n.V., www.baroniet.no

SEHENSWERTES AN SØRFJORD UND EIDSFJORD

Von Rosendal aus folgt man der R 551 Richtung Norden und verlässt bei Sunndal das Ostufer des Hardangerfjordes, denn nun führt die Straße durch einen langen Tunnel zum Sørfjord, dem längsten Seitenarm des Hardangerfjordes, wo **freundliche Uferlandschaften mit wildem Hochgebirge** wechseln. Über dem Westufer thront der mächtige Gletscher Folgefonna, während auf der Ostseite, über steile Berghänge, die ▶Hardangervidda zum Wandern einlädt.

Sørfjord

Im Kraftwerk Tyssedal, das nördlich des Industrieorts **Odda** majestätisch direkt am Sørfjord thront, kann man sich in die Zeit zurückversetzen, als hier die großen Turbinen für Energie in den Industriebetrieben von Odda und Tyssedal sorgten. Die Turbinenhalle des Kraftwerkes, eines der ersten Hochdruckkraftwerke Europas, erinnert mit ihren hohen Säulenreihen ein wenig an eine Kathedrale. Das

Kraftwerk Tyssedal

alte Verwaltungsgebäude in Tyssedal beherbergt heute das **Norwegische Wasserkraft- und Industriemuseum**.

❶ Mai – Sept. tgl. 10.00 – 17.00, sonst Di. – Fr. 10.00 – 15.00, Führungen mit Film 11.00, 13.00 und 15.00 Uhr, Eintritt 90 / 50 NOK, www.nvim.no

Aga Von Odda schlängelt sich die schmale R 550 am Westufer des Sørfjords zuerst unterhalb des firnbedeckten Folgefonn entlang und dann zwischen zahlreichen Obstplantagen hindurch nach Aga (28 km) mit dem **»Agatunet«**, einem wunderschönen, unter Denkmalschutz stehenden Dorf mit 30 bis 40 alten Gebäuden und einer mittelalterlichen Rauchstube.

❶ Mitte Mai – Mitte Juni Mi – So 10.00 – 17.00, bis Mitte Aug.tgl. 10.00 – 17.00 Uhr, Eintritt 70 / 50 NOK, www.hardangerogvossmuseum.no

*Utne Etwa 17 km weiter nördlich liegt Utne, eines der romantischsten Fjorddörfer in dieser Region, das vor allem seiner **Aussicht über den Hardangerfjord** wegen besonders sehenswert ist. Wer mit der Fähre kommt, entweder von Kvanndal oder Kinsarvik, entdeckt bereits von weitem die kleine Kreuzkirche von 1895 und ein weiß gestrichenes Holzschlösschen, das im englischen Stil erbaute Utne Hotel. Nicht weit vom Anleger entfernt liegt das sehenswerte **Hardanger Folkemuseum**. Oberhalb des Hauptgebäudes mit Handwerks- und Volkskunst kann man durch einen Obstgarten spazieren, in dem alte Obstsorten angebaut werden.

Hardanger Folkemuseum: Mai – Sept. tgl. 10.00 – 17.00, sonst 9.00 – 15.00 Uhr, www.hardangervossmuseum.no

Lofthus Wählt man die Fahrt entlang des Ostufers des Sørfjords, schlängelt sich die R 13 durch Obstgärten und Wiesen und erreicht nach 30 km den hübschen Ferienort Lofthus. Südlich der Ortschaft steht die sehenswerte **Steinkirche von Ullensvang** aus dem 13. Jh. mit einem Taufbecken und Glocken aus dem Mittelalter. In Ullensvang selbst werden 80 % der Süßkirschen des Landes geerntet. Auf dem Gehöft Opedal, dem größten Hof in Hardanger, hatten die Mönche aus dem Lysekloster bei Bergen im Mittelalter eine Kapelle. Sie betrieben hier auch einen fruchtbaren Obstgarten und legten den **Mönchsstieg** an, der in steilem Anstieg (ca. 3 Std.) auf die Hardangervidda führt. Oben bietet

> **!** **BAEDEKER TIPP**
>
> *Vier mal Wasserfall*
>
> Das **Kinsotal** gehört zu den schönsten Naturlandschaften Norwegens und bietet immer wieder herrliche Ausblicke auf den Fjord. Auf einer Wanderung von Kinsarvik auf die Hardangervidda kommt man an vier spektakulären Wasserfällen vorbei. Deren Gischt fördert eine **üppig grüne Vegetation**: Die Felsbrocken sind mit einem dicken Moosteppich überzogen, die Bäume tragen Bärte aus Moosen und Flechten.

Lautstark stürzt der Låtefoss 400 m tief in den Hardangerfjord.

sich ein einzigartiger Blick über den Hardangerfjord. Im Garten des Ullensvang Hotels in Lofthus steht die **Hütte von Edvard Grieg**, der sich zum Komponieren gerne an den Hardangerfjord zurückzog.

Eidfjord Wer wieder an den Ausgangspunkt der Rundfahrt zurück möchte, nimmt die Fähre, die von Brimnes nach Bruarvik fährt (10 Min.) und gelangt durch den Vallaviktunnel nach Granvin. Will man hingegen den Eidfjord weiter erforschen, fährt man vorbei an **Kinsarvik** (Fähre nach Utne 25 Min., Kvanndal 50 Min.), teilweise direkt an den nackten Felsen am Ufer des steilwandigen Fjords entlang, und erreicht nach ca. 40 km den kleinen Ort Eidfjord.

★★ Hardangervidda

✦ C/D 6/7

Gebiet: Südnorwegen
Höhe: 1200 – 1600 m ü.d.M.

Die Hardangervidda ist die größte Hochebene Europas, ein karges, baumloses Plateau, gesprenkelt mit zahlreichen Seen und weiten Moorflächen. Wer dieses lichtdurchflutete Land besonders intensiv erleben will, sollte sich zu Fuß aufmachen.

Im Reich der wilden Rentiere Von den rund 9000 km² der Hardangervidda bilden 3400 km² den größten Nationalpark Norwegens; weitere Gebiete stehen unter Naturschutz. Moore, fischreiche Seen und Flüsse sowie die für Norwe-

Auch für Familien mit Kindern taugt die Hardangervidda als Ziel.

Hardangervidda erleben

ANREISE
Den besten Zugang zur Hardangervidda bietet die R 7 von Geilo nach Eidfjord. Das Gebiet des Hardangerjøkul erreicht man auch von Finse her (nördlich der R 7 oder per Bahn).

AUSKUNFT
Touristenbüros in Odda, Eidfjord (►Hardangerfjord) und Geilo (►Hallingdal).

ESSEN
Finsehytta ◎
5/19 Finse
Tel. 56 52 67 32
www.turistforeningen.no/finsehytta
Geöffnet Anfang März – Mitte Mai und von Ende Juni – Mitte September (nur mit Fahrrad oder Skiern erreichbar). Unweit von der Bahnstation werden in der komfortablen Berghütte preisgünstige Gerichte angeboten. Unbedingt »rømmegrøt« probieren, einen köstlichen Nachtisch.

ÜBERNACHTEN
Finse 1222 ◎◎◎◎
Tel. 56 52 71 00
www.finse1222.no
Das Hochgebirgshotel (44 Zi.) liegt direkt an Norwegens höchster Bahnstation (Finse) und ist idealer Ausgangspunkt für Wanderungen und Skitouren im Gebiet

des Hardangerjøkul. Durch die obligatorische Vollpension kommen die Gäste in den Genuss guter Küche.

Fossli Hotel ◎◎◎
Vøringfoss
Tel. 53 66 57 77
www.fossli-hotel.com
Vom Hotel (30 Zi.) toller Blick auf den Wasserfall und in das Måbøtal. Die Liste der berühmten Besucher ist lang, auch Edvard Grieg ließ sich hier inspirieren.

Halne Fjellstova ◎◎
Tel. 53 66 57 12
www.halnefjellstova.no
Geöffnet von Ostern – Mitte Oktober; Zimmer, Hütten und Ferienwohnungen Die Berghütte liegt an der R 7 auf der kargen Hardangervidda (44 km von Geilo).

SPORT
Skirennen
Im April findet das »Skarverennen« statt, über 36 km von Finse nach Ustaoset.
www.skarveren net.no

Gletscherwandern
Von Finse aus werden Wanderungen auf den Hardangerjøkul angeboten. Auskunft über den DNT, www.huettenwandern.de

gen typische Fjellvegetation (Rentiermoos, Flechten und Krüppelbirken) prägen diese beeindruckende Landschaft. Im Südwesten zeigt die Hardangervidda ein schrofferes Gesicht. Höchster Gipfel dieser eindrucksvollen Hochgebirgslandschaft ist der **Sandfloeggi** (1719 m). Die **größten wild lebenden Rentierherden** weiden hier.

Im Naturzentrum Hardangervidda, einem großen Erlebniszentrum *Natursenter
ca. 6 km südlich von Eidfjord, werden Geschichte, Geologie, Natur-

schönheiten sowie die Pflanzen- und Tierwelt von Hochebene und Fjordland sehr anschaulich anhand von Dioramen, Aquarien und einem Panoramafilm präsentiert.

❶ April – Okt. tgl. 10.00 – 18.00, Mitte Juni – Mitte Aug. 9.00 – 20.00 Uhr, Eintritt 120 / 60 NOK, www.hardangervidda.org

*Rallarvegen

In Haugastøl beginnt der berühmte Bau- und **Versorgungsweg der Bergenbahn**, Rallarvegen, der sich durch die raue Gebirgswelt der Hardangervidda bis zur höchstgelegenen Bahnstation Norwegens, Finse (1222 m), und dann hinunter durch das Flåmtal bis zum Meer schlängelt. Die 90 km lange, geschotterte Piste ist **heute eine der schönsten Radstrecken Europas**. Übernachtungsmöglichkeiten gibt es in Finse, Hallingskeid und Myrdal. Besonders abenteuerlich sind die letzten 20 km von Myrdal hinunter nach Flåm.

*Måbødal, Vøringfoss

Etwa 20 km hinter Dyranut zweigt eine kleine Straße (Maut) ab zu dem 1 km nördlich über dem Absturz des Måbødals gelegenen Fossli Hotel (729 m ü. d. M.); von dort bietet sich ein schöner Blick auf den Vøringfoss. Hier stürzt die Bjoreia **in 182 m hohem, senkrechtem Fall** in einen engen Kessel hinab, aus dessen Tiefe unaufhörlich dichter Wasserstaub zum oberen Rand aufsteigt und ein wunderbares Farbenspiel hervorruft. Von hier bietet sich ein großartiger Blick hinunter ins Måbødal mit seinen fast senkrechten Felswänden. Im Westen fällt die Hardangervidda steil zum Sørfjord (▶Hardangerfjord) ab, an dessen eindrucksvollem Ostufer die R 13 entlangführt.

| ! | *Fahrt mit der Trollbahn* |

BAEDEKER TIPP

Eine Attraktion für Kinder: Von Juni bis August fährt zwischen Vøringfoss und dem Måbø Gård Museum stündlich die Trollbahn durch das Måbødal.
Abfahrt Vøringfoss jede volle Stunde zwischen 10.00 und 18.00, ab Måbø Gård Museum um 10.30, 11.30 Uhr usw., Tickets gibt es im Eidfjord-Touristkontor.

Für **Wanderer** ist die Hardangervidda ein Paradies. Und da die Routen größtenteils zwischen 1200 und 1400 m verlaufen und kaum Höhenunterschiede überwunden werden müssen, ist diese »Mondlandschaft« auch ein Eldorado **für Familien mit kleineren Kindern**. Mehrere der rund 35 Hütten (von Mitte Juli bis Mitte August meist überfüllt!) liegen nur wenige Wanderstunden voneinander entfernt und sind durch gut gekennzeichnete Wanderwege des Norwegischen Gebirgswandervereins (DNT) miteinander verbunden. Für geübte Wanderer ist der Gletscher Hardangerjøkul (1876 m) eine lohnende Herausforderung. Besonders schön ist die 13- bis 14-stündige Tour vom Fossli Hotel über die Demmevasshütte am Westrand des Gletschers vorbei nach Finse. Die nähere Umgebung von Finse ist allerdings in der Saison oft überlaufen.

✳ Haukelistraße

✦ C/D 7

Gebiet: Süd- und Westnorwegen

Eine Reise voller Kontraste verspricht die Fahrt auf der Haukelistraße. Sie beginnt in Telemark, schraubt sich auf das karge Haukelifjell, stattet dem dramatischen Åkrafjord einen Besuch ab und endet im Küstenort Haugesund.

Die knapp 200 km lange Haukelistraße (E 134) ist eine der wichtigsten und **schönsten Verbindungen** zwischen Ost- und Westnorwegen. Sie passiert zuerst eine nackte Gebirgslandschaft mit tiefblauen Seen, Schaf- und Ziegenherden, dann folgt sie dem wilden Åkrafjord. Schließlich endet die Reise im weiten, flachen Land um Haugesund mit Blick aufs offene Meer.

Von Ost nach West

ENTLANG DER HAUKELISTRASSE

Wenn man Haukeligrend verlässt, den Beginn der Haukelistraße an der Kreuzung von E 134 und R 9, kommt man vorbei an kleinen Gebirgsseen, in denen Forellen geangelt werden können (Angelkarten gibt es in den Hotels und Gebirgshütten). Hinter dem Vågslidtunnel am Südostende des tiefblauen Sees Ståvatnet taucht dann die seit 1870 bewirtschaftete Gebirgshütte **Haukeliseter** (986 m ü. d. M.) auf. Mitten in der dramatischen Bergwelt kann man hier **Rahmbrei (Rømmegrøt)** essen und auch übernachten. Die Gebirgsstube ist ein guter Ausgangspunkt für Wanderungen und Langlauftouren zum Nationalpark ▶Hardangervidda.

Start in Haukeligrend

Yachtanleger in Skudeneshavn

Einige Kilometer weiter erkennt man im Norden die leuchtenden Firnfelder des steil abstürzenden Store Nupsfonn (1661). Die alte Passstraße, eine wunderschöne Gebirgsstrecke über das **Haukelifjell,** beginnt direkt vor dem Ostende des 5682 m langen Haukelitunnels und erreicht mitten in

Die Haukelistraße erleben

AUSKUNFT
Haugesund Turistinformasjon
5525 Haugesund, Strandgata 171
Tel. 52 01 08 30, www.visithaugesund.no

Karmøy Touristeninformation
4250 Kopervik, Rådhuset
Tel. 52 85 75 10
www.visitkarmoy.no

ESSEN
Bestastuå Mat, Prat & Vinhus ●●●
Haugesund
Strandgatan 132
Tel. 52 86 55 88, www.bestastua.com
Wer feine Fischspeisen bevorzugt, wird
an diesem ansprechenden Restaurant
mit Pianobar und eigener Kunstgalerie
seine Freude haben.

Lanternen ●●
Skudeneshavn
Torget
Tel. 52 82 82 00, www.lanternen.org
Café, Restaurant und Pub in zentraler
Lage am Markt. Auf der Terrasse des
»Sjøhus« hört man das Wasser unter
den Stühlen plätschern.

ÜBERNACHTEN
Clarion Collection
Hotel Amanda ●●●●
Haugesund, Smedasundet 93
Tel. 52 80 82 00
www.choice.no
Hotel mit 102 Zi. im Herzen von
Haugesund und direkt am Wasser.

Haukeliseter Fjellstue ●●
Edland
Tel. 35 06 27 77
www.haukeliseter.no

Hüttensiedlung des Wandervereins
Stavanger, im Hochgebirge jenseits der
Baumgrenze und direkt am See. Die
über 100 Jahre alten, kunstvoll verzierten Häuser strahlen Gemütlichkeit aus.

Norneshuset ●●
Skudeneshavn
Nordnes 7
Tel. 52 82 72 62
www.norneshuset.no
Das ehrwürdige, weiße Holzhaus, Bau-
jahr 1830, ist das älteste und größte der
Häuserreihe am Wasser. Nur 5 Zimmer,
mit viel Feingefühl eingerichtet.

Vikholmen Leuchtturm ●●
Skudeneshavn
Tel. 52 82 85 97
www.skudenes-sjomannsforening.com
Der 1875 erbaute Leuchtturm liegt in
der Hafeneinfahrt von Skudeneshavn.
Mit dem Boot, das in der Miete für diese
ungewöhnliche Ferienwohnung mit
enthalten ist, benötigt man nur 5 Min.
zum Leuchtturm. Die drei Schlafzimmer
bieten ausreichend Platz für sechs
Personen.

AUSFLÜGE
Empfehlenswert (für Seetaugliche!):
Tagestour von Haugesund auf die kleine,
wilde Insel Utsira mitten in der oft stür-
mischen Nordsee mit einem großen
Reichtum an verschiedenen Vogelarten.
Überfahrt 1,5 Std.; 2- bis 3-mal täglich.

KULTUR
Jährlich im August findet in Haugesund
Norwegens größtes Filmfestival statt.
Aktuelles Programm:
www.filmweb.no/filmfestivalen

der gewaltigen, steinigen Bergwelt am 1145 m hohen **Dyrskar** ihren höchsten Punkt.

15 km nach der Jøsendal-Kreuzung (E 134/R 13) beginnt der enge, **Åkrafjord** von beinahe senkrecht aus dem Wasser ragenden Felsen umgebene Åkrafjord. Am Südwestende des Åkrafjordtunnels (Maut) liegt ein hübscher Rastplatz mit Aussicht auf den Fjord. Den Åkrafjord kann man auch mit der 2011 eröffneten **höchsten Seilrutsche Europas** in der Trolljuv-Schlucht erleben, die in 105 Metern Höhe mit der »Zip-Line« mit bis zu 40 km/h über den Fjord führt.

Die E 134 schlängelt sich nun durch eine sanfte, liebliche Fjord- und **Haugesund** Seenlandschaft, die in starkem Kontrast zur schroffen Natur weiter nördlich steht, und endet in Haugesund, einer 35 000 Einwohner zählenden Stadt an der Küste. Auf den ersten Blick wirkt die Stadt mit ihren **Offshore-Werften** und dem Aluminiumgiganten Hydro nicht besonders attraktiv. Am **Hafen** laden jedoch die Gässchen und Straßen entlang des Smedasunds mit ihren hübschen, weiß gestrichenen Häusern zum Bummeln ein.

Rund 2 km nördlich von Haugesund ließ Erbprinz Oscar, später Kö- **Haralds-** nig Oscar II., das bombastische Grabmonument Haraldshaugen über **haugen** dem angeblichen Grab von **Harald Schönhaar** errichten, der hier 1000 Jahre zuvor nach seinem Seesieg am Hafrsfjord bei Stavanger **Norwegen zu einem Reich** vereint hatte. Das Monument besteht aus einem 17 m hohen Obelisken und 29 Steinen, die die damaligen 29 norwegischen vereinten Volksstämme darstellen.

Kurz hinter der Karmsund-Brücke auf der lang gestreckten Insel **Karmøy** Karmøy liegt Avaldsnes, wo sich im 9. Jh. unter Harald Schönhaar **Norwegens ältester Königssitz** befand. Neben der einstmaligen königlichen Kapelle (um 1250) steht Norwegens höchster Bautastein (7,2 m), »Jungfrau Marias Nähnadel«. Es heißt, dass die Welt untergehen wird, sobald dieser von Menschenhand aufgestellte Stein die Kirchenwand berührt.

Entlang der hügeligen Westküste (R 47) mit fantastischer Aussicht ***Skudenes-** auf das offene Meer gelangt man nach Skudeneshavn, mit seinen pit- **havn** toresken, engen Gassen und hübsch restaurierten weißen Holzhäuschen ein wahres Dorado für Fotografen. Wer Zeit hat, sollte von hier die Fähre nach Mekjarvik nördlich von Stavanger nehmen als Alternative zur Hauptstrecke (E 39), die durch viele Tunnel nach Stavanger führt. Alles über Skudeneshavns Blütezeit während der Heringsfischerei erfährt man in dem liebevoll eingerichteten Museum im alten Mælandsgården.

❶ Mo. – Fr. 11.00 – 17.00, So. 12.00 – 18.00 Uhr, www.skudenes.no

** Jostedalsbre

C 6

Gebiet: Westnorwegen
Höhe: bis 2038 m ü.d.M.

Haushoch türmen sich die blau schimmernden Eismassen des größten Gletschers auf dem europäischen Festland auf. Nicht weniger großartig sind die Gletscherzungen Nigardsbre und Briksdalsbre. Sie alle kann man auch im Rahmen geführter Touren erkunden.

Wachsender Gletscher
Der zwischen dem Sognefjord und dem Nordfjord gelegene Jostedalsbre misst fast **100 km in der Länge** und umfasst mit den angrenzenden Firnfeldern eine Fläche von über 1200 km². Nur wenige niedrige Felshöcker durchbrechen die rund 500 m dicke Eismasse. In die umliegenden Täler senken sich 26 größere Gletscherzungen, von denen der 15 km lange Tunsbergdalsbre in Europa nur vom **Aletschgletscher** in der Schweiz übertroffen wird. Obwohl das Eis der europäischen Gletscher insgesamt abnimmt, wächst wegen der hohen Niederschläge bei einigen Gletscherarmen des Jostedalsbre das Eis wieder, Zuwachsraten von 50 bis 80 m pro Jahr wurden beobachtet.

SEHENSWERTES AM JOSTEDALSBRE

Jostedal
Heute kann der Besucher an mehreren Stellen **den Gletscherzungen bequem nahe kommen**. Das wilde Jostedal im Osten lag noch vor einem Jahrzehnt im Dornröschenschlaf. Südlich überragt die Høgenipa (1535 m) das Tal.

*Vom Gletscher nach Nesdal
Eine großartige, aber beschwerliche **Wanderung** (Führer erforderlich) führt von Bergset in drei Stunden am Bergsetbre vorbei zum Firnfeld des **Jostedalsbre** und auf diesem zum Høgste Breakulen (1953 m ü. d. M.). Geht man weiter nach Nordwesten, öffnet sich nach ca. 1 Std. ein eindrucksvoller Ausblick auf die Berge am Nordfjord. Es folgt der streckenweise beschwerliche Abstieg durch das Kjenndal nach **Nesdal**, nahe dem südlichen Ende des Loenvatn.

*Nigardsbre
Von Gjerde führt die R 604 weiter nach Norden. Bei Elvekrok (340 m ü. d. M.) erstreckt sich links der Nigardsbre. Das letzte Wegstück (Maut) führt durch ein 3 km langes Moränenfeld, das durch die Rückbildung des Nigardsgletschers in den letzten 200 Jahren entstanden ist. Vom Parkplatz am Ende der Straße kann man auf einem steinigen Pfad bis zum Gletscherrand wandern.

Wie ein Bild aus einer anderen Zeit: Gletscherzunge

Jostedalsbre erleben

ANREISE
Über die R 55 am nördlichen Ufer des
Lustrafjords bis Gaupne, dann abbiegen
auf die R 604 durch das Jostedal. Bei
Gjerde zweigt links ein Sträßchen in das
Krundal ab, dem man bis Bergset folgt.

AUSKUNFT
Gletscherzentrum / Breheimsenter
6871 Jostedal
Tel. 57 68 32 50
www.jostedal.com

GLETSCHERTOUREN
Mit dem Bus
Tagesausflüge zum Gletscher sind in der
Sommersaison mit dem Glacier-Bus tgl.
ab Sogndal nach Nigardsbreen möglich.
Von allen Orten der Sognefjord-Region
gibt es Busverbindungen nach Sogndal.
Einfach nach dem Glacier-Bus fragen.
www.jostedal.com/brebussen

Zu Fuß
Vom Gletscherzentrum (Tel. ▶Auskunft)
werden Touren aller Schwierigkeitsgrade
organisiert (von 2 bis 4 Std.). Im Preis in-
begriffen ist der Verleih einer Gletscher-
ausrüstung inkl. Stiefeln. Im unteren Teil
des Nigardsbre ist keine besondere Kondition erforderlich. Geführte Touren:
www.jostedal.com/eng-hikes.htm

! **BAEDEKER TIPP**

Mit dem Boot zum Gletscher

Bequem und schnell erreicht man
die **Gletscherzunge Nigardsbre**
vom Anleger am Parkplatz Nigard
mit der Jostedalsrypa, die von
Mitte Juni – 1. Sept. zwischen
10.00 und 18.00 Uhr pendelt
(www.brevegen.no).

Tel. 57 68 18 80
Restaurant mit Terrasse direkt am
Lustrafjord mit Blick auf den Feigumfoss
am gegenüberliegenden Ufer. Hausmannskost und kleine Gerichte.

ÜBERNACHTEN
Walaker Hotell ⊜⊜⊜⊜
Solvorn
Gjesgivargarden
Tel. 57 68 20 80
www.walaker.com
Allein schon die Lage am Lustrafjord ist
traumhaft. 24 Zimmer mit historischem
Ambiente, ruhiger Garten und ausge-
zeichnete Küche – für Nostalgiker eines
der schönsten Hotels Norwegens.

Olden Camping ⊜
Tel. 57 87 59 34
www.oldencamping.com
Kleiner, familiärer Campingplatz für
Wohnmobile und Zelte; einige einfache
und preisgünstige Hütten. Einmalige
Lage direkt am See und mit Blick auf
den Jostedalsbre. Ca. 13 km von
Olden entfernt.

Urnes Gard ⊜
Ornes, am Lustrafjord
nahe Urnes Stabkirche
Tel. 91 53 27 84
www.urnes.no
Alter Hof (2 Zi., 3 Hütten), auf dem sich
schon im Mittelalter der Adel wohl
fühlte. Nebenher bauen Britt und Odd
John Bugge Himbeeren, Blaubeeren,
Erdbeeren, Kirschen und Äpfel an,
die sie im Hofladen verkaufen.

Das am Anfang der Mautstraße gelegene, sehr gut besuchte Glet- ***Gletscher-**
scherzentrum, das über 20000 Jahre Natur- und Kulturgeschichte **zentrum**
rund um den Jostedalsbre informierte, wurde im Juli 2011 durch ein
Feuer vollständig zerstört. Während der Wiederaufbau läuft, geht der
Betrieb weiter: Buchungen für Touren werden angenommen, etwa
für die **spektakulären Kajaktouren auf den Gletscherseen** Styg-
gevatnet und Tunsbergdalsvatnet und auch für Raftingtouren auf
dem Jostedalsfluss.
❶ Mai – Ende Sept. 10.00 – 17.00, Mitte Juni – Mitte Aug. 9.30 – 17.30 Uhr,
www.jostedal.com

Auch auf der Nordwestseite des Jostedalsbre gibt es zahlreiche Eisab- ****Briks-**
brüche, der bekannteste ist der Briksdalsbre. Bester Ausgangspunkt **dalsbre**
für einen Besuch ist der kleine Ort **Olden am Innvikfjord** (▶S. 402).

Ein weiterer Zugang zum Jostedalsbre, der mautpflichtige Fjærlands- **Fjærland**
veg (R 5), zweigt bei Sogndal von der R 55 ab und führt auf einer
landschaftlich schönen Strecke nach Fjærland. Hier informiert das
Norwegische Gletschermuseum über die Geheimnisse des ewigen
Eises. In diesem Erlebniszentrum kann man mit Eis experimentieren
und erfährt unter anderem, warum das Eis blau und die Fjorde grün
sind. Das Modell eines Wasserkraftwerks zeigt, wie aus Schmelzwasser Elektrizität erzeugt wird.
Gletschermuseum: April – Oktober 10.00 – 16.00, Juni – Aug. 9.00 – 19.00
Uhr, Eintritt 120 / 60 NOK, www.bre.museum.no

** Jotunheimen

✦ C/D 6

Gebiet: West- und Ostnorwegen
Höhe: bis 2468 m ü.d.M.

**»Heim der Riesen« nennen die Norweger respektvoll ihr liebs-
tes Wandergebiet. Jotunheimen ist ein weitgehend unberühr-
tes Bergmassiv mit grandiosen Gipfeln und Gletschern, durchzogen von klaren Bächen und Seen.**

Inspiriert von der wilden Landschaft und der nordischen Mythologie **Wandern**
taufte der Dichter Aasmund Olavsson Vinje das Gebiet 1862 auf den **im Heim**
Namen Jøtunheimen – Heim der Riesen. Denn für ihn lebten hier die **der Riesen**
Jøten, **die Trolle**. Zwischen Oppland im Osten und Sogn og Fjordane
im Westen erstreckt sich diese berühmte Fjelllandschaft. Weil Jotunheimen gut erreichbar ist und ein dichtes Netz von markierten Wanderwegen und Hütten aufweist, wird es auf einigen klassischen Routen, wie etwa dem **Beseggengrat**, zur Ferienzeit für norwegische

Jotunheimen erleben

ANREISE

Man erreicht Jotunheimen sehr gut über die R 51, die R 55 oder auch per Schiff über die Seen Gjende und Bygdin. Die R 51 ist übrigens eine der schönsten Straßen Norwegens: Sie führt von Fagernes über die Valdresflya bis zur E 15 in der Nähe von Vågåmo und endet an der E 15 bei Lom. Im Winter sind die Hochgebirgsabschnitte gesperrt.

AUSKUNFT

Beitostølen Resort AS
2953 Beitostølen
Tel. 61 35 10 00
www.beitostolen.com

Jotunheimen Reiselivslag
2688 Lom
Postboks 63
(im Norwegischen Fjellmuseum)
Tel. 61 21 29 90
www.visitjotunheimen.com

SPORT

Sommerski
Das Sognefjell besitzt ein kleines Sommerskigebiet, Langlaufskier kann man sich in den Berghütten entlang der Straße ausleihen.

Outdoor
Das gesamte Gebiet des Jotunheimen ist bekannt für seine zahlreichen Outdoor-Möglichkeiten. Diese reichen vom Bergsteigen, Klettern und Wandern über die Wassersportparten Rafting, Kanu- und Kajakfahren bis zu Gletscherwanderungen. Über die diversen Veranstalter, Kurse und Konditionen informiert die Touristenzentrale in Lom.

ESSEN / ÜBERNACHTEN

Elveseter Hotel ●●●
Elveseter
Tel. 61 21 99 00
www.elveseter.no
Die Anlage des Elveseter Hotels direkt neben der Sagasäule erinnert an ein typisches Berggehöft aus früheren Zeiten. Eine besondere Atmosphäre bietet der stilvoll mit Antiquitäten eingerichtete Eingangsbereich. Gemälde u.a. von Adolf Tidemandt und alte Möbel mit Rosenmalerei verleihen dem Hotel musealen Charakter.

Fossheim Turisthotell ●●●
2688 Lom
Tel. 61 21 95 00
www.fossheimhotel.no
Norwegens Meisterkoch Arne Brimi zaubert Delikatessen aus der »Küche der Natur« auf den Tisch. Edel und teuer sind die Menüs, die in der gemütlichen »Gaukstad-stugu« serviert werden. Preisgünstiger sind das »Lunsjbord« oder eine Pizza im Kräutergarten. Im Turisthotell übernachtet man auch sehr komfortabel.

Valdresflya Vandrerhjem ●●
46 B.
Beitostølen
Tel. 90 12 23 51
www.valdresflya-vandrerhjem.com
Die Jugendherberge liegt am höchsten Punkt der Valdresflya auf 1389 m. Sie ist der ideale Ausgangspunkt, um Jotunheimen zu entdecken. Reservierung empfehlenswert! Um Ostern geöffnet, dann wieder ab Anfang Juni bis Mitte September.

Verhältnisse **ungewohnt voll**. Die wohl schönste Zeit zum Wandern beginnt Ende Juni – vorher beeinträchtigen Schneefelder, matschiger Untergrund und das Fehlen jeglichen Grüns die Freude – und reicht bis in den September. Im Winter ist Jotunheimen ein ausgezeichnetes und beliebtes Gebiet für Skilanglauf-Touren. Zu Ostern herrscht Hochsaison, dann zieht es viele Norweger ins Gebirge und fast alle Hütten sind geöffnet.

UNTERWEGS IM JOTUNHEIMEN

Das Kernstück des Jotunheimen-Gebirges ist der gleichnamige Nationalpark. Der Großteil des Parkgebietes erstreckt sich **oberhalb von 1000 m** und damit jenseits der Baumgrenze.

Jotunheimen-Nationalpark

Den südwestlichen Teil des Nationalparks bildet das Hurrungane-Gebirge, das durch das tief eingeschnittene Utladal größtenteils vom Rest Jotunheimens abgeschnitten ist. Hier liegen auf engstem Raum **sechs der höchsten Gipfel Norwegens**. Alles beherrschend ist der beliebteste Klettergipfel, der imponierende Store Skagastølstind (2405 m). Auch wenn Hurrungane das Eldorado der Felskletterer ist, lohnt auch für Wanderer ein Ausflug in diese bizarre Bergwelt.

*Hurrungane

Die R 55 schlängelt sich vom Lustrafjord über Skjolden auf das Sognefjell. Vom **Turtagrø Hotel** (900 m) hat man einen grandiosen Blick auf das Tal, den Fjord und die Spitzen des Hurrungane. Das Hotel ist ein guter Ausgangspunkt für **Wanderungen** zum Skagastølstind, Dyrhaugstind oder Austabotntind. Folgt man der Hauptstraße, dem Sognefjellveg, geht es weiter stetig bergan bis zum höchsten Punkt bei der **Sognefjellhytta** (1434 m). Das Panorama zu beiden Seiten der Straße beeindruckt: vor einem liegt eine hochalpine Landschaft mit gezackten Gipfeln und Schneefeldern bis weit in den Sommer hinein. An den Parkplätzen beginnen markierte Wanderrouten, lohnend sind Tagesausflüge, aber auch längere Touren. Nach der Sognefjellhytta führt die Straße langsam, aber stetig bergab und hinein ins **Leirdal**.

Von Skjolden ins Leirdal

Kurz vor der Abzweigung zur Juvasshytta sieht man links beim Elveseter Hotel die 33 m hohe Sagasäule. Sie bietet einen **Querschnitt durch die norwegische Geschichte**, beginnend mit dem ersten vereinigten Reich 872 bis zur Reichsversammlung 1814. Entworfen wurde die Säule von W. Rasmussen vor dem Zweiten Weltkrieg. Sie sollte eigentlich vor dem Osloer Storting platziert werden.

Sagasäule

Rechter Hand zweigt von der R 55 eine mautpflichtige Stichstraße nach **Spiterstulen** ab, das im Tal zwischen Galdhøpiggen und Glit-

Gipfeltouren

tertind liegt. Von hier aus kann man die beiden **höchsten Berge Skandinaviens** besteigen. Allerdings sind bis zum Galdhøpiggen rund 1400 Höhenmeter auf einem steilen Weg zu überwinden (Hin- und Rückweg ca. 5 Std.). Auch der Weg auf den Glittertind ist anstrengend, je nach Kondition sind 7 – 9 Std. zu veranschlagen. Bester Ausgangspunkt für eine Besteigung des Galdhøpiggen ist die **Juvasshytta**. Zwar ist der Aufstieg zum Gipfel einfach und dauert nur 3 – 4 Stunden. Trotzdem sollte man sich den täglich startenden, geführten Touren anschließen, da der Weg teils über den von Spalten durchzogenen Svellnosbre führt.

Lom

Der Sognefjellveg endet schließlich in Lom, dem touristischen Zentrum im nördlichen Jotunheimen. Der Ort hebt sich wegen der vielen dunklen Holzhäuser wohltuend von vielen anderen nüchternen Orten ab. Die größte Sehenswürdigkeit ist die 800 Jahre alte **Stabkirche** vom Basilikatyp. Nur wenige Schritte entfernt liegt das **Norwegische Gebirgsmuseum**. Im **Fossheim Steinsenter** in Richtung Vågå können Sie eine recht große Mineraliensammlung besichtigen und im Laden Schmuck und Mineralien als Souvenirs kaufen.

Gebirgsmuseum: Mitte Mai – Juni u. Mitte Aug. – Mitte Sept.
Mo. – Fr. 9.00 bis 16.00, Sa. / So. ab 10.00; Ende Juni – Anf. Aug.
Mo – Sa. 9.00 – 19.00, So bis 17.00, Okt. – Mitte Mai Mo. – Fr.
10.00 – 15.00 Uhr , Sa. / So. n.V., www.fjell.museum.no
Fossheim Steinsenter: im Sommer tgl. 10.00 – 18.00 Uhr,
Tel. 61 21 14 60, http://fossheimsteinsenter.no

Fagernes

Jotunheimen erreicht man von Süden her über die R 51 ab Fagernes. Dieser viel besuchte, auch bei Sportanglern beliebte Ort, liegt malerisch zwischen bewaldeten Bergen an der Mündung des Neselv, der hier schöne Wasserfälle bildet und in den See Strandefjord mündet. In Fagernes sollte man das **volkskundliche Freilichtmuseum** mit zahlreichen alten Bauerngehöften aus dem Valdres besuchen, die mit zeitgenössischem Hausrat, Textilien, Musikinstrumenten und Jagdwaffen eingerichtet sind.

❶ Tyinvegen 27, www.valdresmusea.no

In **Beitostølen** am Fuß des Jotunheimen-Gebirges, das der altnordischen Mythologie zufolge der Geburtsort aller Trolle und Zwerge ist, können Besucher mehrere hundert der norwegischen Märchenwesen im **weltgrößten Troll-Themen-**

BAEDEKER TIPP

!

Köstlicher Rømmegrøt

Das **Nystøga Café** im Valdres Folkemuseum ist in einem 250 Jahre alten Gebäude untergebracht, das früher Reisenden im Filefjell als Unterkunft diente. Hier wird norwegische Traditionskost serviert, Almpfannkuchen und Sauerrahmwaffeln. Unbedingt probieren sollte man auch die »Rømmegrøt«, den kalorienreichen Sauerrahmbrei (geöffnet Mitte Juni bis Mitte August, Tel. 61 35 99 00, www.valdresmusea.no).

Naturerlebnis pur: Wandern und Zelten im Jotunheimen,
Norwegens berühmtestem Wandergebiet

park »Trollenes Kongerike« (Königreich der Trolle) erleben. Auf
insgesamt 2000 m² Fläche sind zahlreiche Trolle und Zwerge in fan-
tasievollen Kulissen zu entdecken.

❶ Sa./So. 12.00–18.00, in den Schulferien tgl. 11.00–18.00 Uhr,
Eintritt 100/70 NOK, www.trolleneskongerike.no

Hinter Beitostølen steigt die R 51 an, passiert die Seen Bygdin und **Valdresflya**
Vinstri und erreicht ihren höchsten Punkt auf der Valdresflya. Im
Gegensatz zu den alpinen Gipfeln ringsum ist die Valdresflya eine
flache, **karge Hochebene**. Bevor man anschließend zum Gjende-See
kommt, bietet sich bei Vargbakken (ca. 3 km südl. von Maurvangen)
die Möglichkeit, in einer Halbtagestour die **Knutshø** zu besteigen,
ein ebenso exponierter Grat wie der Beseggen und mit einer unvergleichlichen Aussicht.

Der rund 20 km lange, aber nur 1 km breite Gjende-See zählt zu den ***Gjende-See**
schönsten Seen Norwegens. Ausgehobelt von den Gletschern der
letzten Eiszeit, verzückt er heute wegen seiner **intensiv blaugrünen
Farbe** und der steilen Bergwände, die ihn um bis zu 1300 Meter
überragen. Die drei **Berghütten** an seinem Ufer (Gjendesheim, Memurubu und Gjendebu) sowie der Campingplatz in Maurvangen an
der R 51 zählen zu den meistbesuchten Orten des Jotunheimen.

Viele Norweger kommen Jahr für Jahr, um **auf den Spuren des sa-** ****Beseggen**
genhaften Peer Gynt den »Sensengrat« zu erklimmen. Henrik

Ibsen nahm sich die Freiheit, den Beseggen zum Höllenritt zu stilisieren. Heute benötigt man für diese Panoramatour nur eine gute Kondition, feste Schuhe und Schwindelfreiheit. Das Wetter sollte man allerdings nicht unterschätzen. Ausgangspunkt für die **sechsstündige Tour**, die atemberaubende Aussichten bietet, ist **Gjendesheim**. Mit dem **Schiff** geht es in 35 Min. über den Gjende-See zu der bewirtschafteten Hütte nach **Memurubu**. Von der Anlegestelle beginnt der steile Aufstieg. Kurz nach der Weggabelung nach **Glitterheim** führt der Weg zum See Bjørnbøltjørna (»Bärennest-Pfütze«). Es folgt ein kurzer Abstieg über einen schmalen Pfad, der zum See **Bessvatnet** führt. Über einen ersten schmalen Grat beginnt der letzte steile Anstieg am Beseggen. Bevor man den relativ leichten Abstieg nach Gjendesheim in Angriff nimmt, muss man noch ein gutes Stück über den breiten Bergrücken des **Veslefjell** gehen.

* Kongsberg

— ✦ B 6 —

Gebiet: Südnorwegen
Einwohnerzahl: 25 500

Seine einstige Blüte verdankt Kongsberg den Silberminen, heute ist es vor allem wegen des Jazzfestivals im Juli bekannt. Besucher sollten nicht versäumen, dem Bergwerksmuseum und dem stillgelegten Silberbergwerk in Saggrenda einen Besuch abzustatten.

»Silberstadt« Die zu beiden Seiten des Lågen im südlichen Numedal gelegene alte Grubenstadt Kongsberg (»Königsberg«) wurde gegründet, als 1624 wenige Kilometer weiter südlich die Silberminen in Betrieb genommen wurden. In der zweiten Hälfte des 18. Jh.s waren hier bis zu 4000 Arbeiter beschäftigt, unter ihnen auch **viele deutsche Bergleute** aus dem Harz und dem Erzgebirge.

SEHENSWERTES IN KONGSBERG UND UMGEBUNG

Museen Am Ufer des Lågen ist in den alten Werksgebäuden das sehenswerte **Bergwerksmuseum** untergebracht. Es zeigt u. a. die Sammlung der »Königlichen Münze«, wo man die Herstellung von Silbermünzen seit 1686 verfolgen kann. Außerdem ist hier ein kleines Skimuseum mit Skiern des weltberühmten Kongsberger Skisportlers Birger Ruud. Die seit 1957 stillgelegten **Silbergruben** können mit einer kleinen Grubenbahn besucht werden, die durch dunkle Gänge (nicht

Kongsberg erleben

AUSKUNFT
Kongsberg Turistservice
3616 Kongsberg, Hyttegata 3
Tel. 32 29 90 50
www.visitkongsberg.no

ESSEN
Opsahlgården ❺❺❺❺
Kirkegaten 10
Tel. 32 76 45 00
So. geschl.
Der Hof liegt im alten Teil von Kongs-
berg in der Nähe der Kirche und zählt
zu den besten Restaurants der Stadt.
Rentierfilet, Entenbrust, Lammcarree
oder die wechselnden 3-Gänge-Menüs
werden aus erlesenen Zutaten zuberei-
tet. Das hat natürlich seinen Preis.
Schön im Sommer: der ruhige Innenhof.

Peckels Resept ❺❺❺
Peckels Gate 12
Tel. 32 73 25 25, So. geschl.

http://peckels.no
In dem Restaurant, das nach dem Apo-
theker Franz Peckel und seinen Rezepten
benannt ist, speist es sich vorzüglich.
Die historischen Bilder an den Wänden
erzählen von der Geschichte des Ortes.

ÜBERNACHTEN
Kongsberg
Vandrerhjem Bergmannen ❺❺
Vinjesgt. 1, Tel. 32 73 20 24
www.kongsberg-vandrerhjem.no
Moderne Jugendherberge im Zentrum
mit komfortablen Zimmern.

FESTIVAL
Das Jazzfestival im Sommer bietet auf
mehreren Bühnen in der Stadt vom
Feinsten, was die skandinavische und
die internationale Jazzszene zu bieten
haben und hat sich zu einer erstklassigen Attraktion entwickelt.
www.kongsberg-jazzfestival.no

für kleine Kinder geeignet!) 2,3 km in den Berg zur nur 6 °C warmen
Königsgrube hineinfährt.
❶ Mitte Mai – Aug. tgl. 10.00 – 17.00, sonst Di. – Fr. 12.00 – 15.00, Sa. / So.
bis 16.00 Uhr, Eintritt 80 / 30 NOK, www.norsk-bergverksmuseum.no

Südlich der Stromschnellen thront die mächtige Backsteinkirche ***Kongsberg-**
(1741 – 1761), eine außergewöhnlich ausgestattete Barockkirche mit **Kirche**
2400 Sitzplätzen. Bevor die Arbeiter zur Arbeit in den Gruben gingen, mussten sie sich hier jeden Morgen um fünf Uhr einfinden. Wer
nicht zum Gottesdienst erschien, bekam keinen Lohn. Orgel, Kanzel
und der Altar sind **für norwegische Verhältnisse ausgesprochen
üppig** mit Gold und barocken Figuren verziert. Auffallend sind die
Logen, die eher an norddeutsche Stadthäuser erinnern. Kein Wunder, denn die Architekten der Kirche kamen aus Deutschland.

In Modum, etwa 50 km nordöstlich von Kongsberg auf dem Weg **Modum**
nach Gol, lohnt sich ein Abstecher zum **Blaufarbenwerk** (Blaafar-
veværket), das 1776 zur Förderung von Kobalterz errichtet wurde

und im 19. Jh. 80 % des weltweiten Bedarfs an diesem Farbpigment herstellte. In den alten Werksgebäuden unterhalb des tosenden Haugefossen werden wunderschöne **Glas- und Porzellanprodukte** und Sommerausstellungen mit Werken berühmter norwegischer und ausländischer Künstler gezeigt – es ist eine der meistbesuchten Ausstellungen Norwegens.

Blaufarbenwerk: Mai – Sept. Di. – So. 11.00 – 17.00 / 18.00, Mitte Juni – Mitte Aug. tgl., Grube 11.00 – 16.00 Uhr, Eintritt Ausstellung 80 / 60, Grubentour 120 / 105 NOK, www.blaa.no

Numedal   Während der südliche Teil des Numedals wenig zu bieten hat, bezaubert der nördliche Teil umso mehr. Entlang des Lågen, der am Rande der ▶Hardangervidda entspringt, schlängelt sich die Straße nach **Rødberg** hinauf zur idyllisch gelegenen Gebirgsstube Solheimstulen am Rande der Hardangervidda (von hier Wandermöglichkeit zur bewirtschafteten Gebirgshütte Mårbu) und schraubt sich im Anschluss zum 1100 m hoch gelegenen **Berghotel Vasstulan** hinauf. Von hier bietet sich eine fantastische Aussicht auf das Numedal und die Hardangervidda. Nach Überquerung von zwei weiteren Pässen erreicht man den Wintersportort Geilo. Ideal ist das romantische Tal für Fahrradfahrer; sie sind hier auf einem Teil der insgesamt 280 km langen Numedal-Radroute unterwegs, die von Larvik an der Küste bis nach Geilo verläuft. Für diese Tour ist ein spezieller Fahrradguide erhältlich (www.numedal.net/numedalsruta).

✴ Kristiansand

✦ A 4/5

Gebiet: Südnorwegen
Einwohnerzahl: 82 300

Kristiansand ist eines der wichtigsten Einfalltore nach Norwegen und für viele lediglich eine Durchgangsstation bei ihrer An- und Abreise. Wer bleiben möchte, wird hier sehr schöne Sandstrände finden und auch an Wassersportmöglichkeiten mangelt es nicht.

Zweitgrößter   Umgeben von großen Werften, Offshore-Betrieben und Industrie-
Hafen   anlagen wirkt die Stadt mit dem zweitgrößten Hafen des Landes auf den ersten Blick sehr nüchtern. Dennoch hat Kristiansand, fünftgrößte Stadt Norwegens, einiges zu bieten. Direkt an der Mündung der Otra in den Byfjord kann man durch **Posebyen** spazieren, das Altstadtviertel mit seinen hübschen Holzhäusern, in denen Galerien und Werkstätten von Kunsthandwerkern untergebracht sind. Zu beiden Seiten der **Festung Christiansholm** (1672), in der im Sommer

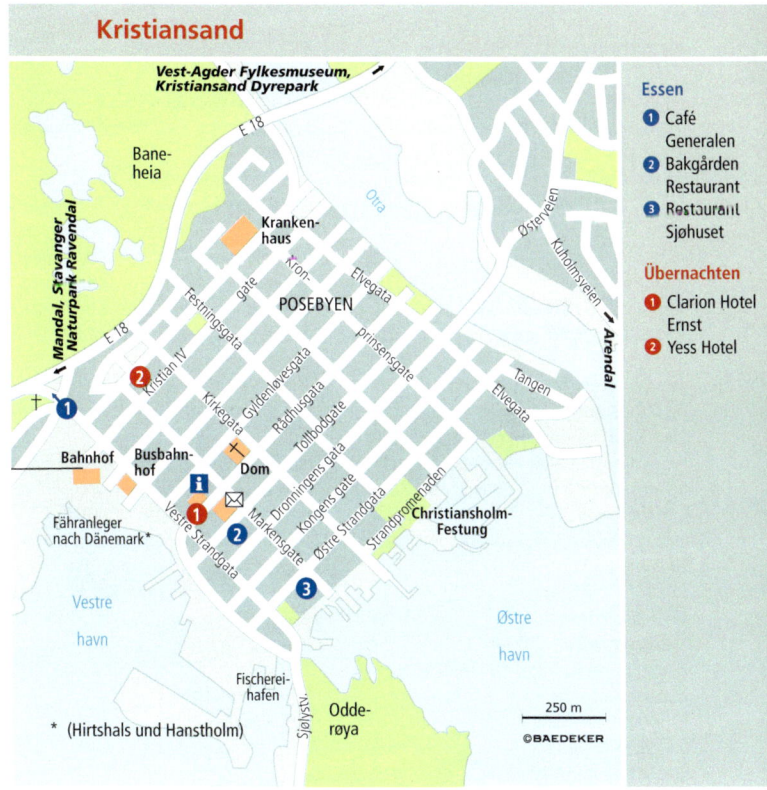

Kunstausstellungen stattfinden, liegen Bootshäfen, in denen es in den Sommermonaten von noblen Jachten und Segelbooten wimmelt. Auch die Fähre aus dem dänischen Hirtshals legt in Kristiansand an.

SEHENSWERTES IN KRISTIANSAND

Die strenge **quadratische Anordnung des Stadtkerns**, Kvadratu ren genannt, verdankt Kristiansand seinem Gründer und Namens-patron Christian IV. Der dänisch-norwegische König entwarf hier 1641 für die Siedlung an seinem neuen militärischen Stützpunkt ein schachbrettartiges Netz von Straßen im strengen Renaissancestil. In den rechtwinkligen Straßen liegt heute Kristiansands pulsierendes Handels- und Kulturzentrum mit einer hübschen Fußgängerzone (Markensgate) mit schön restaurierten Häusern.

Kvadraturen

Kristiansand erleben

AUSKUNFT
Touristinformasjon
4611 Kristiansand
Rådhusgt. 6
Tel. 38 12 13 14
www.visitkrs.no

ESSEN
❷ *BakgårdenRestaurant* ⬤⬤⬤⬤
Tollbugaten 5, Tel. 38 02 12 11
www.bakgardenbar.no
Exzellentes Restaurant auch für gehobene Ansprüche. Wer den Eingang im
Bakgården, also im Hinterhof, gefunden
hat, gelangt in einen rustikal eingerichteten Raum mit dunklen Holzmöbeln
und weiß gekalkten Wänden. Empfehlenswert sind die leckeren marinierten
Gerichte und der Thunfisch.

❸ *Restaurant
Sjøhuset* ⬤⬤⬤ – ⬤⬤⬤⬤
Østre Strandgt. 12 A, Tel. 38 02 62 60
www.sjohuset.no
Sehr gute, allerdings auch teure Fischgerichte in maritimer Atmosphäre. Draußen sitzen, den Wellen lauschen und
den Sonnenuntergang beobachten, das
macht seit über 20 Jahren die Beliebtheit
des Sjøhuset aus. Durchaus erschwinglich ist die Fischplatte zur Mittagszeit.

> **!** **BAEDEKER TIPP**
>
> ### Fisch total!
>
> In Mandal wird beim Schalentier-
> fest im August ein mehrere hun-
> dert Meter langer Straßentisch
> voller Meeresdelikatessen aufge-
> baut. Tausende Menschen kom-
> men allein dieses Festes wegen
> hierher. Man ist, trinkt und lässt
> es sich rundherum gut gehen.

❶ *Café Generalen* ⬤
Ravnedalen
Tel. 97 08 66 61
www.ravdenalen.no
In diesem kleinen Café im Grünen werden köstlich schmeckende Kleinigkeiten
wie Hamburger, Waffeln und Kuchen
serviert. Donnerstags und freitags finden
während der Saison oft auch Kultur-
abende mit Live-Konzerten statt.

ÜBERNACHTEN
❶ *Clarion Hotel Ernst* ⬤⬤⬤⬤
Rådhusgaten 4
Tel. 38 12 86 00
www.choicehotels.no
Erstes Haus am Platze mit sehr
geschmackvoll eingerichteten Zimmern
und einer riesigen, stimmungsvollen
Lobby. Auch die Einheimischen wissen
das gute Restaurant und das kleine
Bistro zu schätzen.

❷ *Yess Hotel* ⬤⬤
4612 Kristiansand
Tordenskjoldsgt. 12
Tel. 38 70 15 70
www.yesshotel.no
Neues Hotel im Zentrum,
sauber, modern und günstig.

SCHIFFSRUNDFAHRTEN
Vom Hafen Kristiansand fahren Ausflugsschiffe durch die Schären zur
idyllischen Insel Ny-Hellesund. Interessant sind auch Fahrten ins Städtchen
Lillesand mit seinen weißen Patrizierhäu-
sern und dem hübschen Hafen. Der
norwegische Autor Jostein Gaarder ließ
seine Heldin aus dem Bestseller »Sofies
Welt« hier wohnen.
Tickets im Touristenbüro

Im Stadtzentrum am Marktplatz (Torget), wo im Sommer saftiges Obst und frisches Gemüse verkauft werden, fällt der nach einem Brand 1882 – 1885 wieder errichtete **Dom** im neugotischen Stil ins Auge. Im Inneren lohnt die Besichtigung des Altars mit dem Gemälde »Christus in Emmaus« und die Sammlung der barocken, holzgeschnitzten Evangelisten. Beim Dom steht ein von Gustav Vigeland geschaffenes Denkmal des Dichters Henrik Wergeland (1808 – 1845), einem berühmten Sohn der Stadt.

Dom: Mo. – Sa. 11.00 – 14.00 Uhr

Kristiansand: Straßenleben vor dem Dom

Nordwestlich vom Stadtzentrum kann man im Naturpark **Ravnedalen** über 200 Stufen den Aussichtsfelsen Ravneheia erklimmen und von dort die herrliche Aussicht über die Stadt, die vorgelagerten Inseln und das Meer genießen. In diesem um 1875 angelegten Park liegen gleich mehrere kleine Badeseen, hübsche Naturpfade und ein kleines Café.

Freilicht-museum

Im **Vest-Agder-Fylkemuseum** 4 km östlich von Kristiansand (in der Nähe der E 18) mit rund 40 alten Gebäuden und verschiedenen kulturhistorischen Ausstellungen wurde die »Bygaden«, eine schnurgerade Straße aus der »Kvadraturen«, mit möblierten Häusern, Werkstätten und Kramladen wieder aufgebaut.

❶ Mitte Juni – Aug. Mo. – Sa. 10.00 – 18.00, So. ab 12.00 Uhr, Eintritt 50 / 30 NOK, www.vestagdermuseet.no

SEHENSWERTES IN DER UMGEBUNG VON KRISTIANSAND

*Tierpark Kristiansand

Wohl jedes norwegische Kind hat schon einmal den Kristiansander Tier- und Freizeitparkbesucht (12 km östlich der Stadt). Favoriten sind die Stadt der »Räuber von Kardemomme« und Kapitän Säbelzahns Burg mit geheimen Gängen. Große Augen gibt es auch im nordischen Raubtierreservat und im Affendschungel.

❶ Mitte Juni – Mitte Aug. 10.00 – 19.00, sonst bis 15.00 Uhr, Eintritt ab 139 NOK, www.dyreparken.no

*Arendal Arendal ist die größte Stadt an der **»norwegische Riviera«** genannten Südküste des Landes. An die Windjammer-Epoche vor dem Aufkommen der Dampfschifffahrt erinnern die gut erhaltenen Holzhäuser in den verwinkelten Gassen im Stadtteil Tyholmen westlich vom Hafenbecken Pollen. Das **Rathaus**, ein stattlicher Bau mit vier Stockwerken, steht direkt am Hafenbecken. Es wurde 1815 als Privathaus für die Reeder-Familie Kallevig errichtet und ist nach dem Stiftsgården in ▶Trondheim das zweitgrößte Holzgebäude des Landes. Am nördlichen Stadtrand befindet sich das **Aust-Agder-Kulturhistoriske Senter**, dessen Museumsabteilung Möbel, Trachten, Puppen, Mineralien und Schiffsutensilien zeigt. Einen Besuch lohnt auch die **Bomuldsfabrik**, in der auf 2500 m² eine permanente Schau zur Gegenwartskunst mit Werken von 40 norwegischen Künstlern zu sehen ist; außerdem finden Wechselausstellungen statt.

Mit Fähren kann man die vorgelagerten **Inseln Hisøy und Tromøy** (auch Brücke) erreichen. Auf Letzterer gibt es schöne Sandstrände und einen Aussichtspunkt auf der Höhe Vardåsen.

Aust-Agder-Kulturhistoriske Senter: Parkveien 16,
Ende Juni–Mitte Aug. Mo.–Fr. 9.00–17.00, So. 12.00–17.00, sonst
Mo.–Fr. 9.00–15.00, So. 12.00–15.00 Uhr, www.aaks.no
Bomuldsfabrik: Oddenveien 5, Di.–So. 12.00–16.00 Uhr,
www.bomuldsfabriken.no

BAEDEKER TIPP !

Sonne, Meer und keine Autos

Für die Einheimischen ist die autofreie **Insel Merdø** im Sommer das beliebteste Ausflugsziel. Die Fähre benötigt von Arendal aus 25 Min. Sehenswert sind einige alte Sørlandshäuser, das Merdøgaard Museum und die Strände, die teils sandig, teils felsig sind. Den kleinen Hunger stillt ein leichter Lunch im Inselcafé.

Fevik Unterwegs von Arendal nach Grimstad im Süden liegt der Ort Fevik. Seine Sandstrände gelten als mit **die besten von ganz Norwegen.**

*Grimstad Zwischen Arendal und Kristiansand liegt der Urlaubsort Grimstad (21 300 Einw.). Seine Sandstrände sind wunderschön, und die vorgelagerten Schären sorgen für eine idyllische Kulisse. Auch die Stadt selbst gilt als hervorragender Ort zum Ausspannen. Dazu tragen nicht zuletzt die malerischen, alten Holzhäuser am Hafen bei. Nahe der Landungsbrücke befindet sich in der Østregate im **Ibsen-Museet** die ehemalige Ibsen-Apotheke, wo der berühmte Dramatiker 1843 als 15-Jähriger in die Lehre ging. In dieser Zeit schrieb er sein erstes Drama, »Catilina«, das er 1850 unter einem Pseudonym veröffentlichte. Die authentisch eingerichteten Räume mit Manuskripten und Bildern, die Ibsen in Grimstad malte, können besichtigt werden.

Ibsen-Museum: Mai–Sept. Mo.–Sa. 11.00–16.00, So. ab 12.00 Uhr,
Eintritt 80/55 NOK, www.gbm.no

Ein Päuschen vor den Fassaden des südnorwegischen Orts Grimstad

*Mandal

Enge Gassen und viele denkmalgeschütze Häuser zeichnen die Altstadt der südlichsten Stadt an der »Norwegischen Riviera« aus, die 45 km westlich von Kristiansand liegt. Bei schönem Wetter strömen alle zum Sjøsanden, der zweifellos zu den schönsten Stränden Norwegens zählt. Eines der eindrucksvollsten Gebäude von Mandal ist der alte Kaufmannshof Andorsengården (1801), heute Stadtmuseum mit Segelschiffgalerie, Fischereimuseum und einer Gemäldesammlung Mandaler Künstler (u. a. Adolf Gustav Vigeland, ▶Berühmte Persönlichkeiten). Im Stadtteil Nedre Malmøy hat sich in einer ehemaligen Möbelfabrik ein Künstlerzentrum etabliert. In der Kulturfabrikken arbeiten viele Künstler und Kunsthandwerker; es gibt ein lebendiges Programm mit Ausstellungen, Workshops, Thementagen im Café und Live-Konzerten im stimmungsvollen Hof.
Kulturfabrikken: Keiser Nicolausgate 8–12, www.kulturfabrikken.biz

*Kap Lindesnes

Ca. 40 km westlich von Mandal befindet sich Kap Lindesnes, **der südlichste Punkt des norwegischen Festlandes**, genau 2518 km vom Nordkap entfernt. Bereits 1655 wurde hier Norwegens erster Leuchtturm gebaut. Bei schönem Wetter hat man vom neuen Leuchtturm einen wunderschönen Blick. Ein besonderes Erlebnis: Kap Lindesnes im Sturm, wenn die Wellen bis zu 14 m hoch schlagen.

** Lappland

✦ G – P 1 – 3

Gebiet: Nordnorwegen

Zu Norwegisch-Lappland gehören die Provinzen Troms und Finnmark. Fjorde und Sunde zerreißen die Küsten dieses einzigartigen Landstrichs. Während in Troms noch Ackerbau möglich ist, wird die Gegend nach Nordosten hin immer karger und rauer.

Die Hauptstädte der beiden Bezirke sind ▶Tromsø und Vadsø. In der westlichen Finnmark liegt der wegen seiner Felsritzungen berühmte Ort ▶Alta. Ein Hauptziel in Lappland ist das ▶Nordkap.

KARASJOK

Stadt der Samen

Karasjok, das Tor zu Lappland, gilt als »heimliche Hauptstadt der Samen«. Hier kann man die samische Kultur eingehend studieren: in Museen, bei samischen Speisen im Zelt oder jährlich an Ostern beim großen Samenfest. Die kleine Stadt liegt an der E6, 14 km von der

Glasklare Luft und unendliche Weiten charakterisieren die Umgebung von Karasjok.

finnischen Grenze entfernt am Karasjohka-Fluss. Für die Samen ist Karasjok **eines ihrer wichtigsten kulturellen Zentren,** hier tagt ihr Parlament, es gibt eine eigene samische Zeitung und ein Radioprogramm. Dass eine Straße in Karasjok den Namen Mari Boine trägt, ist nicht verwunderlich: Die samische Musikerin ist hier geboren und inzwischen weltweit bekannt. Sie hat mit zahlreichen Platten und Konzerten dafür gesorgt, dass der »**Joik**«, der typische Gesang der Sami, ein Begriff nicht nur in der Weltmusik geworden ist; durch ihren Fusion-Stil, der den Joik mit Musikformen aus Jazz, Rock und Folk verschmilzt, hat sie eine vollkommen eigene Musik kreiert. Traditionelle Betätigungsfelder der Samen wie Rentierzucht, Jagd und Fischerei bilden neben dem Fremdenverkehr die wirtschaftliche Grundlage der Stadt. Wegen ihrer Inlandlage sind die Temperaturunterschiede extrem: Im Winter fällt das Thermometer manchmal auf -50 °C, während es an warmen Sommertagen auf 30 °C steigen kann. In Karasjok hält der Bus nach Rovaniemi (Finnland) sowie einmal täglich der »Nord-Norge«-Bus.

Samenzentrum

Im Samenzentrum an der Kreuzung E 6 und R 92 befinden sich eine **Verkaufsausstellung mit samischem Kunsthandwerk** sowie ein Restaurant, in dem man samische Gerichte probieren kann.

Samische Sammlungen

Das **Samiid Vuorka Davvirat** genannte Museum bietet einen guten Einblick in die Kultur und Geschichte der skandinavischen Ureinwohner mit Trachten, Wohnstätten und samischer Gebrauchskunst aus einer Messerschmiede und einer Silberschmiede.
❶ Juni – August Mo. – Sa. 9.00 – 18.00, So. ab 10.00 Uhr, www.riddoduottarmuseat.no

*Themenpark Sápmi

Ebenfalls der Geschichte und Kultur der Samen gewidmet ist der Themenpark Sápmi / Land der Samen.
❶ Juni – Aug. tgl. 9.00 – 16.00, 11.6. – 12.8. bis 19.00, sonst Mo. – Fr. 9.00 – 16.00, Jan. / Feb. bis 14.00 Uhr, sonst n. V., Tel. 78 48 27 00, www.sapmi.no

KAUTOKEINO

Etwa 120 km südlich von Alta und 130 km südlich von Karasjok (tägliche Busverbindungen zu beiden Orten) liegt in der Finnmarksvidda die **größte Samengemeinde Norwegens.** Kautokeino ist die einzige norwegische Stadt mit einem offiziellen samischen Namen – **Guovda-**

BAEDEKER TIPP

Samischer Schmuck

Den wohl schönsten traditionellen Schmuck der Finnmark bekommen Sie in Juhls Silberschmiede, 2 km von Kautokeino (geöffnet: im Sommer tgl. 9.00 – 22.00, sonst 9.00 – 18.00 Uhr, www.juhls.no).

Norwegisch-Lappland erleben

AUSKUNFT

Karasjok Touristinformasjon
9735 Karasjok
Im Themenpark Sápmi
Tel. 78 46 88 10
www.karasjokinfo.no

Kirkenes Turistinformasjon
Dr. Wesselsgate 18
Tel. 78 97 17 77
www.kirkenesinfo.no

Finnmark Tourist Board
9509 Alta
Kunnskapsparken
Tel. 78 44 90 60
www.finnmark.com

ESSEN

Storgammen Restaurant ⊖⊖⊖⊖
Karasjok, Porsanger 3 (im Rica Hotel)
Tel. 78 46 88 60
Das Restaurant befindet sich in einer
originalgetreuen Kopie einer samischen
Erdhütte mit Feuerstelle, an der die
Gerichte nach samischen Rezepten zubereitet werden. Im schummrigen Licht
der Erdhütte sitzt man auf Rentierfellen
und bekommt Bidos (Rentiereintopf) und
geräucherte Rentierherzen serviert.

Gapahuken Restaurant ⊖⊖⊖
9900 Kirkenes, Storskog
Tel. 78 99 08 20, www.storskog.no
Architektonisch interessantes, modernes
Holzgebäude direkt am Wasser in unmit-
telbarer Nähe der russischen Grenze. Die
Küche befindet sich mitten im Restau-
rant, so kann man dem Koch bei der
Arbeit zuschauen.
Tgl. außer Mo. von Mitte Juni bis Ende
August geöffnet.

Madame Bongos
Fjellstue ⊖⊖ – ⊖⊖⊖
Cunovuoppe
(11 km nordwestl. v. Kautokeino)
Tel. 78 48 61 60
Madame Bongo ist in Kautokeino eine
Legende. Besucher empfängt sie in
einem ihrer »Lavvus«, einem traditionellen Samenzelt, und serviert an der offenen Feuerstelle »Bidos«, einst das Fest-
essen der Samen, einen Eintopf aus
Kartoffeln und Rindfleisch. Wer möchte,
kann auch preisgünstig übernachten.
Eine telefonische Voranmeldung und ein
eigener Schlafsack sind alles, was man
für dieses Erlebnis benötigt.

Arctic Restaurant ⊖⊖
Kirkenes, Kongensgaten 1–3,
Tel. 78 99 29 29, www.rica.no
Die Küche des Rica Arctic Hotels ist gut,
vor allem die Fischgerichte.

ÜBERNACHTEN

Kirkenes Snowhotel ⊖⊖⊖⊖
Gabba Rentier-Safaripark, Tel. 78 97 05 40,
http://kirkenessnowhotel.com
Jedes Jahr öffnet vom 20. Dezember bis
20. April das Schneehotel seine Türen.
Die 20 Suiten sind ganz aus Eis, prächtig
geschmückt mit Eisskulpturen. Man
schläft auf Rentierfellen und kann in der
Eisbar vor dem Schlafengehen einen
Absacker trinken. Das Außergewöhnliche hat seinen Preis. Er beinhaltet den
Transfer von Kirkenes, Frühstück, Sauna
und ein 3-Gänge-Dinner.

Karasjok Camping
9730 Karasjok, Avjuvargeaidnu
Tel. 78 46 61 35, www.karacamp.no
20 Hütten mit unterschiedlichem

Standard, Übernachtungsmöglichkeiten auch in der Jugendherberge. Die Anlage ist nur 1 km vom Zentrum entfernt.

FREIZEIT UND FESTE
Outdoor-Action
Die Touristeninformation Karasjok vermittelt Bootsausflüge auf dem Karas-Johka, Ausflüge zu Samensiedlungen und Touren zu den weltbekannten Angelplätzen für Lachse beim Zusammenfluss von Karasjohka und Anarjohka; Goldwasch-Kurse (Sommer). Im Winter zerren die Schlittenhunde schon an den Leinen; es gibt ein- und mehrtägige Touren. Auch Rentiere ziehen gern den Schlitten; Touren mit Übernachtung im traditionellen Samenzelt bietet Laaratour (www.laaratour.no). Wer's lieber motorisiert mag, kann mit dem Schneescooter zu den Winterweideplätzen der Rentiere fahren.

Ausflug nach Murmansk
Tagestouren per Schiff oder auf dem Landweg von Kirkenes nach Murmansk können bei der Touristeninformation Kirkenes gebucht werden. Um nach Russland einzureisen, benötigt man ein Visum (bei Einreise mit dem Auto mit Autostempel). Man sollte das Visum rechtzeitig vor der Abreise im Heimatland beantragen, denn an der Grenze werden keine Visa ausgestellt. Von Kirkenes fahren Busse nach Murmansk (Fahrzeit 4 Std.) Mo.–Fr. 14.00, Sa. 15.00, So. 16.00 (alle vom Rica Arctic Hotel) sowie Mo.–Sa. 15.00 Uhr mit wechselnden Abfahrtsorten (www.pasvik turist.no). Grenze mit der Russischen Föderation: Storskog an der E 105, östlich von Kirkenes (geöffnet: 7.00 bis 21.00 Uhr).

Osterfeier bei den Samen
Den lebendigsten Eindruck samischer Kultur und Tradition erhält man in der Osterwoche in Kautokeino und in Karasjok. Dann heiraten viele Samen aus Norwegen, Schweden und Finnland in farbenprächtiger Festtagskleidung und tragen Wettkämpfe im Rentierschlitten- und Snowscooterrennen aus. Höhepunkt des Osterfestes ist jedes Jahr der Sami-Grand-Prix in der Halle von Kautokeino, wo die besten Joik-Sänger gekürt werden.

MITTERNACHTSSONNE
20. Mai bis 20. Juli

geaidnu. Kautokeino ist mit einer Fläche von 9687 km² die größte Gemeinde Norwegens, aber hier leben nur 1500 Menschen – und etwa **100 000 Rentiere**, denn die traditionelle Rentierzucht ist auch heute noch eine wichtige Einnahmequelle in dem mehrheitlich von Samen bewohnten Dorf. Doch spielt auch der Tourismus zu allen Jahreszeiten eine große Rolle, denn die meisten Finnmark-Besucher machen hier Halt.

Sehenswert ist vor allem das Freilichtmuseum (Guovdageainnu Gilisillju), eine traditionelle Samensiedlung, die einen Eindruck von der **Lebensweise der Samen vor 100 Jahren** vermittelt.   **Freilicht-Museum**

❶ Mitte Juni–Mitte Aug. Mo.–Fr. 9.00–19.00, Sa./So. ab 12.00, sonst tgl. 9.00–15.00 Uhr, www.riddoduottarmuseat.no

*Samisches Kultur-zentrum In dem architektonisch interessanten Kulturhaus, das an ein samisches Zelt erinnert, ist das Institut der Nordischen Samen (**Nordisk Samisk Institutt**) samt Bibliothek und Theater untergebracht. Hier erhält man Informationsmaterial zur Kultur der Samen. Des Weiteren gibt es hier eine samische Hochschule für die Lehrerausbildung und eine Berufsschule (Rentierwirtschaft).

SEHENSWERTES AM VARANGERFJORD

Kirkenes Die Hafen- und Industriestadt Kirkenes (3450 Einw.) liegt an der Südseite des Varangerfjords. Als sich deutsche und russische Truppen Ende 1944 heftige Kämpfe lieferten, wurde Kirkenes mit seinen Industrieanlagen zerstört. Ursprünglich war Kirkenes ein Hafen zur Verschiffung des 11 km südlich am See Bjørnevatn geförderten Eisenerzes, doch die Gruben wurden 1996 stillgelegt. Inzwischen hofft die Stadtverwaltung auf eine Belebung des Handels mit Russland sowie der Erdölförderung in der Barentssee.

Rentiere stellen für einige Samen immer noch die Existenzgrundlage dar.

Königskrabben leben erst seit den 1960er-Jahren im 25 km östlich gelegenen Jarfjord. Damals wurden sie im russischen Murmanskfjord ausgesetzt, von wo sie sich bis nach Norwegen ausbreiteten. Auf der Safari fährt man mit Schlauchbooten oder Schneescootern (je nach Jahreszeit) zu Reusen. Nach dem Fang durch Taucher werden die Riesenkrabben **gemeinsam zubereitet** (www.arctic-adventure.no). Die russische Grenze mit dem Grenzposten Storskog verläuft nur wenige Kilometer vom Stadtzentrum entfernt und seit der Öffnung der Grenzen nach Osten hat sich unweit des Hafens der **»Russen-Markt«** etabliert. Die Russen bieten billige Zigaretten und Wodka. Im Gegenzug erhalten sie westliche Konsumgüter.

*Königs-krabbensafari

Vadsø (6000 Ew.) ist das Verwaltungszentrum der Finnmark. Im 19. Jh. wanderten so viele Finnen ein, dass der Fischereiort auch »finnische Hauptstadt« in Norwegen genannt wurde. Sehenswert ist das **Vadsø-Museum**, das in erster Linie der Geschichte der finnischen Einwanderer gewidmet ist. Die Türme der **»Eismeerkirche«** sollen Eisberge symbolisieren.

Vadsø

❶ Mo.–Fr. 10.00–15.00 Uhr, Eintritt 50/30 NOK, www.varangermuseum.no

Als einer der östlichsten Orte Norwegens liegt Vardø direkt an der Eismeerküste auf einer Insel, die mit dem Festland durch einen 3 km langen Unterwassertunnel verbunden ist. Während des Kalten Krieges besaß Vardø große Bedeutung für das Frühwarnsystem der NATO. Zwei Drittel der Stadt wurden 1942 bis 1944 zerstört, aber inzwischen modern wieder aufgebaut. Die **Festung Vardøhus,** die nördlichste Festung der Welt, wurde bereits im 14. Jh. angelegt und vom dänischen König Christian 1734–1738 in achteckiger Sternform umgebaut. Wenn nach der langen Winterdunkelheit um den 22. Januar die Sonne wieder am Horizont erscheint, werden die Kanonen der Festung abgefeuert und die Kinder bekommen schulfrei.

Vardø

In Vardø erinnert ein Mahnmal an eine dunkle Seite in der Geschichte Nordnorwegens. Es gedenkt der 91 Menschen, die hier im 17. Jahrhundert als Hexen angeklagt und verbrannt wurden. Das sehenswerte Monument ist ein Projekt **des Schweizer Architekten Peter Zumthor** und der 2010 verstorbenen Künstlerin Louise Bourgeois aus Frankreich. In einem Quader aus dunklem Glas ist eine Installation zu sehen: ein Stuhl mit einer lodernden Gasflamme, umgeben von sieben Spiegeln, die das Licht des Feuers reflektieren und vervielfachen. Ein zweites Gebäude ist als Museum eingerichtet. In dem 125 Meter langen Bau, der nur von 91 Glühbirnen und 91 kleinen Fenstern beleuchtet wird, zeigen Texttafeln **jedes einzelne Opfer der Hexenprozesse**. Das Denkmal ist Bestandteil der »Norwegischen Landschaftsroute Varanger«, die über 154 Kilometer an der Küste der Barentssee entlang von Gornitak nach Hamningberg führt.

Mahnmal der Hexen-verfolgung

Die schönste Seereise der Welt

Kennen Sie die Reichsstraße Nr. 1? Sie werden sie auf keiner Karte finden, obwohl sie für viele Norweger die wichtigste Verkehrsader des Landes ist. Es ist die »Hurtigruten«, die Schifffahrtslinie, die täglich alle Hafenstädte an der Küste zwischen West- und Nordnorwegen anläuft.

Elf Schiffe verbinden 34 Orte auf der 2300 km langen Strecke von Bergen bis nach Kirkenes an der russischen Grenze im hohen Nordnorwegen. Manche der Etappen unterwegs waren bis vor wenigen Jahrzehnten nur mit den Postdampfern der Hurtigrute zu erreichen. Der Küstenexpress transportiert Einheimische, die in den Nachbarhäfen Geschäfte zu erledigen haben, Berufspendler, Reisende, Post, Waren und Autos. Diese werden, auf recht abenteuerliche Weise in Ladenetzen verzurrt, an

Unterwegs treffen sich Postschiff und kleine Fähren.

Bord gehievt. Der **Golfstrom** sorgt dafür, dass die norwegischen Häfen das ganze Jahr über eisfrei bleiben. Die Nordlandfahrt mit der Hurtigruten ist längst auch touristische Attraktion, fahren doch die Schiffe fast die ganze Zeit in Sichtweite der Küsten, so dass sich **grandiose Panoramen** bieten: Fjorde, Berge, Gletscher, Inseln und subarktische Vegetation ziehen auf der Fahrt nach Norden vorbei, von Erlebnissen wie Mitternachtssonne und Polarlicht gar nicht erst zu reden. Kurzum: eine komfortable **Norwegenreise im Kompaktformat,** ideal und erholsam für alle, die einen Autourlaub durch das große Land als viel zu strapaziös empfinden. Sechs Tage dauert die Fahrt; hin und zurück elf Tage, wobei die Häfen, die man auf der Hinfahrt nachts angelaufen hat, auf dem Rückweg tagsüber zu sehen sind. Man versäumt also nichts.

Raus aus der Isolation

1891 beauftragte der für die norwegische Dampfschifffahrt zuständige Referent A. K. Gran die Reederei Vesterålens Dampskibsselskap in Stokmarknes, zwischen Trondheim und Hammerfest eine Schiffsverbindung einzurichten. Teilstrecken gab es zwar schon, aber wegen der **Dunkelheit der nordischen Winter** wurden viele Buchten und Inseln nur so lange ange-

Moderne Zeiten: Die Postschiffe der jüngeren Generation sind up to date.

fahren, wie man die zahllosen Klippen und Inselchen noch sehen konnte. Für abgelegene Orte bedeutete dies monatelange Isolation. Der Reeder Richard With von den Vesterålen hatte die Idee, die norwegische Küste ganzjährig zu verbinden, was den Zeitgenossen zu gefährlich erschien. Doch With ließ genaue **Navigationstabellen** anfertigen, sodass die Kapitäne auch in der Dunkelheit sturmumtoster Polarnächte mit Hilfe von Uhr und Kompass präzisen Kurs halten konnten bis heute müssen die Kapitäne der Hurtigruten über besonders große nautische Erfahrung verfügen. Am 2. Juli 1893 verließ Withs Schiff »Vesterålen« erstmals den Trondheim-Fjord nach

Hammerfest. Heute gehören zwölf Schiffe zur Flotte, darunter das Expeditionsschiff »Fram«, das auch die zu Norwegen gehörende Insel Spitzbergen ansteuert. Die zwischen 6000 und 11 000 Bruttoregistertonnen schweren Schiffe (die zwei jüngsten Schiffe zählen 15 000 t) fassen 550 bis 1000 Passagiere (davon 312 bis 674 mit Kajüte). Wer keine Kabine hat, kann sich an Deck bei einer Tagesfahrt bis zum nächsten Hafen begnügen.

Luxus hier, Arbeit dort

Das einzige Unglück in mehr als 100 Jahren Dienst ereignete sich 1964, als ein Schiff mit 64 Menschen in die Tiefe ging. Die Hurtig-Schiffe sind **modern und sicher**, die neueren sogar mit Saunen, Fitnessräumen, Gourmetrestaurants und Bars ausgestattet und machen so Kreuzfahrtschiffen Konkurrenz. Der **Glamour** großer Kreuzfahrtlinien geht den älteren Schiffen völlig ab, man merkt ihnen an, dass es Arbeitstiere sind. Dort gibt es weder Dinnerpartys noch sonstigen Luxus. Dafür kann man der Besatzung im Dienst zusehen und an Bord das Alltagsleben mit den bis zur nächsten Station mitfahrenden Einheimischen teilen, so, als ob man im Bus sitzt. Ende der 1970er-Jahre plante die Regierung in Oslo, die **Subventionen** für die Hurtigruten einzustellen. Die Protestschreie hallten die ganze Küste hinauf, sodass man Abstand von diesen Plänen nahm und einen Kompromiss fand.

Vergnügen pur

So alltäglich die Hurtigruten für die norwegischen Passagiere sind, so spektakulär erscheinen sie den mitfahrenden Ausländern. Auf dieser »schönsten Seereise der Welt« gehen die Uhren anders. Gemächlich gleitet das Schiff zwischen den Schären hindurch. Die Urlauber verbringen fast jede Minute an Deck, um den Anblick der wechselnden Küstenlandschaften zu genießen: die aus dem Meer aufsteigenden Felswände der **Lofoten,** die Einfahrt in enge Fjorde wie den Trollfjord oder die karge Tundra der Finnmark. Einige Reiseveranstalter verbinden die Aufenthalte am Kai mit Bustouren zu landeinwärts gelegenen Sehenswürdigkeiten. Zu den Höhepunkten einer Fahrt mit den Hurtigruten gehört

die **Überschreitung des Polarkreises** auf 66,5° nördlicher Breite, die meistens mit einer kleinen Feier an Bord verbunden ist. Pauschalangebote mit Anreise per Flug oder Fähre und Bahn können bei der Norwegischen Schifffahrts-Agentur (Kleine Johannisstraße 10, 20457 Hamburg, 040 37 69 30, www.hurtigruten.de) gebucht werden. Mutige (oder Sparsame) fahren im dunklen Winter, um bei rauer See, Schnee, Eis und **Polarlicht** die Schönheit des Nordens zu erleben.

* Lillehammer

E 6

Gebiet: Südnorwegen
Einwohnerzahl: 26 800

Seit den Olympischen Winterspielen 1994 ist der beliebte Urlaubsort im Gudbrandsdal auch international bekannt. Vom Turm der Sprungschanze hat man einen atemberaubenden Blick über die Stadt, die sehr schön liegt und im Sommer ein recht mildes Klima hat.

SEHENSWERTES IN LILLEHAMMER

Der Fluss Mesna, dessen Ufer von zahlreichen Restaurants gesäumt werden, trennt die Stadt. Recht malerisch erscheint die Geschäftsstraße Storgata dank ihrer bunten Holzhäuser. Auf dem Marktplatz (Stortorg) lohnt das architektonisch interessante **Kunstmuseum, eines der führenden Kunstmuseen Norwegens,** einen Besuch. Es zeigt Werke der norwegischen Maler J. C. Dahl, A. Tidemand, Erik Werenskiold, Christian Krohg und Edvard Munch.
❶ Di. – So 11.00 – 16.00 Uhr, Eintritt 100 / 60 NOK, www.lillehammerartmuseum.com

Innenstadt

Eine besondere Attraktion ist das erste Fahrzeugmuseum Norwegens (Norsk Kjøretøyhistorisk Museum) am Lilletorg, das die Entwicklung der fahrbaren Untersätze **vom Schlitten über Pferdekutschen** bis zum Automobil zeigt.
❶ Mitte Juni – Mitte August tgl. 10.00 – 18.00, sonst Mo. – Fr. 11.00 – 15.00, Sa. / So. bis 16.00 Uhr, www.olavsrosa.no

Fahrzeug museum

Wenig abseits der Fußgängerzone beginnen die olympischen Sportanlagen (www.olympiaparken.no). Zuerst gelangt man zu dem in traditioneller norwegischer Architektur gebauten **Olympischen Dorf** oberhalb der Stadt und zur **Håkon-Halle** (Stampesleta), die heute für Sportveranstaltungen und Konzerte genutzt wird und das **Olympische Museum** beherbergt, das alle Olympischen Spiele von 1896 bis heute beleuchtet. Etwas anstrengender ist der Aufstieg zur **Schanzenanlage** Lysgårdbakkene (Kantvegen) mit einer 120 m hohen Großschanze und einer 90 m hohen Normalschanze. Mit einem Sessellift kann man täglich zwischen 11.00 und 16.00 Uhr auf den Turm hinauffahren und von hier einen umfassenden Blick über die Stadt und den Mjøsa-See genießen. Ganz oben auf dem Berg liegt das **Birkebeiner-Skistadion** mit dem 55 km langen Birkebeinerveien, den einst die Skilangläufer nutzten und wo man nun ausgedehnte

*Olympia-park

Lillehammer erleben

AUSKUNFT
Lillehammer
2609 Lillehammer, Jernbanetorget 2
Tel. 61 28 98 00
www.lillehammer.com

ESSEN
❷ *Bryggeriet Bar & Bifhus* ⊜⊜⊜
Lillehammer, Elvegaten 19
Tel. 61 27 06 60
www.bryggerikjellerenrestaurant.no
Restaurant und Bar im Bierkeller mit
guten und großen Steaks im Angebot.
Im gleichen Haus befindet sich der
Nachtclub Brenneriet.

❶ *Egon Lillehammer* ⊜⊜
Elvegaten 12
Tel. 61 05 70 90
www.mollahotell.no
In einer alten Mühle eingerichtetes
Lokal der Egon-Restaurant-Kette.
Hier finden auch Kinder immer etwas
Passendes auf der Speisekarte.

Trollsalen Restaurant ⊜⊜
2625 Fåberg
Tel. 61 27 40 00
www.hunderfossen.no
Ungewöhnliches Restaurant, im Familienpark Hunderfossen, das besonders
Kinder begeistern wird. Denn hier dreht
sich alles um Trolle: An den Wänden gibt
es Trollbilder, und die Decke wird von
sechs dieser urigen Gestalten gestützt.

ÜBERNACHTEN
❸ *Rustad Hotell og Fjellstue* ⊜⊜⊜
Lillehammer, Sjusjøn
Tel. 62 33 64 64
www.rustadhotel.com
In herrlicher Berglandschaft am Sjusjø-

See liegt dieses rustikale Hotel (46 Zi.),
das v. a. von Anglern, Wanderern und
Wintersportlern besucht wird.

❶ *Mølla Hotell* ⊜⊜⊜
Lillehammer, Elvegaten 12
Tel. 61 05 70 80
www.mollahotell.no
130 Jahre lang wurde in der Mühle mitten in der Stadt am Fluss Mesnelva Korn
gemahlen, bis das Gebäude 1991 zu
einem ungewöhnlichen Hotel umgebaut
wurde. Alle Zimmer sind mit rustikalen
Kiefernmöbeln eingerichtet. Von der Bar
aus genießt man den besten Blick über
die Stadt.

Comfort Hotel Grand ⊜⊜⊜
Gjøvik, Jernbanegt. 5
Tel. 61 14 00 00
www.choicehotels.no
Traditionsreiches, dennoch regelmäßig
modernisiertes Haus (90 Zi.) in der Nähe
der Olympia-Felsenhalle. Sein amerikanisches Restaurant ist im weiten Umkreis
berühmt.

❷ *Øvergaard* ⊜
Lillehammer Jernbanegt. 24
Tel. 61 25 99 99
www.home.c2i.net/overgaar
Das über 150 Jahre alte Gebäude bietet
in ruhiger, familienfreundlicher Lage
9 Zimmer oberhalb des Zentrums an,
das man noch bequem zu Fuß erreicht.

AUSFLÜGE
Schön ist die Fahrt über den Mjøsa-See
auf dem Raddampfer »Skibladner«
(Ende Juni – Mitte Aug., außer Mo.).
Die »Skibladner« ist der älteste noch
in Betrieb befindliche Raddampfer der

Lillehammer

Trondheim

Olympiapark

250 m

©BAEDEKER

Tomtegata

Storgata

Lysgårdsvegen

Mesna

Fahrzeug-
museum

Kunst-
museum

Stor-
torget

Jernbanegata

Sigarsvegen

Strand-
torget

Bahnhof

Kirkegata

Bankgata

Storgata

Langes gate

Anders Sandvigs gate

Kranken-

haus

Lägen

Lillehammer Bru

Mjøsa

Langesvegen

Lillehammer-
Kirche

Storgata

Vingnes

Vingnesbrua

Oslo

Schiffs-
anlege-
stelle

Kath.
Kirche

Hamar

Maihaugen
Freilicht-
museum
Maihaugen

Essen
❶ Egon
   Lillehammer
❷ Bryggeriet
   Bar & Biffhus

Übernachten
❶ Mølla Hotell
❷ Øvergaard
❸ Rustad Hotell
   og Fjellstue

Welt. Seit 1856 fährt das betagte Schiff mit nur elf Jahren Unterbrechung im Liniendienst; als Postschiff hat es auch einen eigenen Stempel. Südroute von Gjøvik (Abfahrt 9.30 Uhr) über Hamar nach Eidsvoll und zurück; Nordroute von Gjøvik (Abfahrt 12.40 Uhr) über Molev nach Lillehammer und zurück (Fahrplan: www.skibladner.no; Buchungen unter Tel. 61 14 40 80, Preis ab 180 NOK).

Spaziergänge machen kann. Der Name Birkebeiner geht auf Skilang-läufer aus dem 13. Jh. zurück, die Birkenrinde als Gamaschen trugen.
❶ Juni – Aug. tgl. 10.00 – 17.00, sonst Di. – So. 11.00 – 16.00 Uhr, Eintritt 110 / 55 NOK, www.maihaugen.no

Die Hauptattraktion von Lillehammer ist das 40 ha große Freilichtmuseum **Maihaugen** am südöstlichen Stadtrand. 1887 wur-de es von dem Zahnarzt Anders Sandvig (1862 – 1950) gegründet, der vieles von dem vermeintlich unnützen alten Kram sammelte, den seine Patienten eigentlich wegwerfen wollten. Das Museum umfasst über 175 Gebäude aus dem Gudbrandsdal in natürlicher Umgebung zwischen Teichen, Bächen und Bäumen. Die alten Bauernhäuser und Hofanlagen mit Stallungen, Scheunen und Speichern wurden in ihrer

**Freilicht-museum Maihaugen

Freilichtmuseum Maihaugen

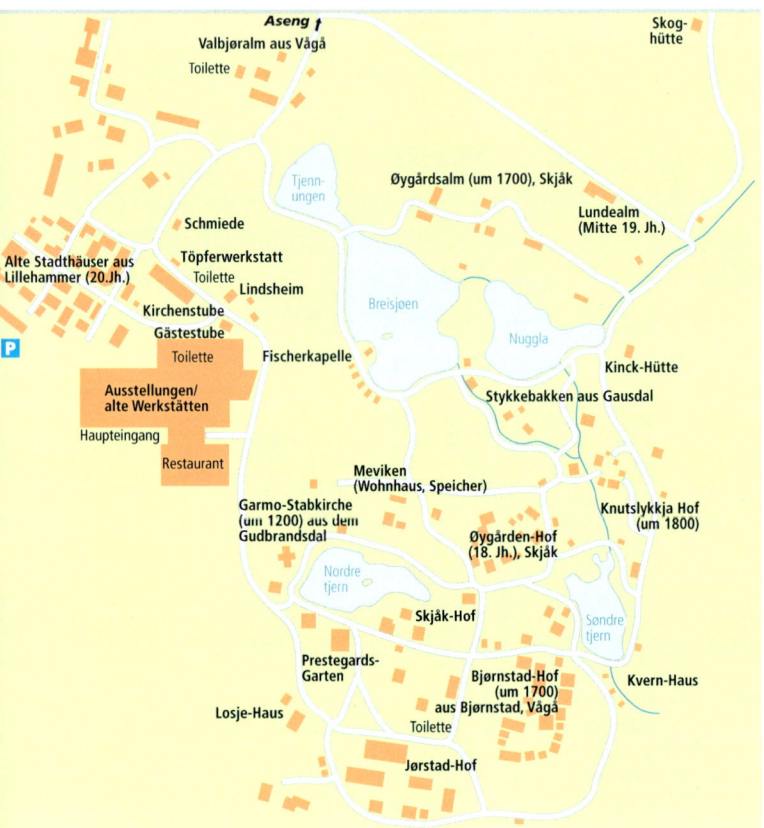

ursprünglichen Gestalt hier aufgebaut und zum Teil vollständig eingerichtet. Der älteste Bau auf dem Museumsgelände ist die **Stabkirche von Garmo** (um 1200). In einem der Häuser werden täglich
dünne Fladenbrote auf der Feuerstelle gebacken – man kann sie kostenlos probieren. Im neuen Museumsgebäude sind alte Werkstätten
mit verschiedenen Handwerksberufen zu sehen: z. B. Radmacher,
Schuster, Schmied, Korbflechter, Steinmetz oder Sattler. Insgesamt ist
die Sammlung hervorragend aufbereitet und für alle Altersgruppen
das reinste Vergnügen.

❶ Mitte Mai – Ende Sept. tgl. 10.00 – 17.00, sonst 11.00 – 16.00 Uhr,
Eintritt 150 / 95 NOK, www.maihaugen.no

✳ MJØSA-SEE

Mitten in der Kornkammer Norwegens, eingebettet in Hügel, Wälder und umgeben von stattlichen Bauernhöfen liegt der größte See des Landes (362 km²). An seinen Ufern gibt es unzählige Campingplätze und Badebuchten. Wenn im Frühsommer das mineralienreiche Schmelzwasser in den Mjøsa fließt, erhält der See eine ganz besondere, grünliche Farbe. Bekannt ist der Mjøsa auch für seinen **Reichtum an Forellen**.

Norwegens größter See

Wenige Kilometer südlich des Mjøsa liegt östlich der E 6 (ausgeschildert) **eines der Nationalheiligtümer** Norwegens: das Herrenhaus von Eidsvoll, in dessen Reichssaal 112 Repräsentanten des Landes am 17. Mai 1814 Norwegens erste Verfassung verabschiedeten. Derzeit ist das Haus wegen Restaurierungsarbeiten anlässlich des 200. Jubiläums geschlossen. Das Besucherzentrum bleibt geöffnet.

✳Eidsvoll

❶ Mai – Sept. tgl. 10.00 – 17.00 Uhr, www.eidsvoll.no

1994, während der 17. Olympischen Winterspiele, erhielt **Gjøvik** (27 000 Einw.), der Hauptort der Region Toten, eine bisher nie dagewesene Aufmerksamkeit. Denn in der 120 m tief in den Berg gesprengten Olympischen Felsenhalle im Zentrum der Stadt wurden alle Eishockeyspiele ausgetragen. Mit einer Grundfläche von 5550 m² und 5830 Sitzplätzen ist die Halle die **größte in Fels gebaute Zuschauerhalle der Erde**.

✳Olympische Felsenhalle

In Kapp, Minnesund, Gjøvik und anderen Orten rund um den See sind **einige kleinere Museen** eingerichtet, die unter Mjøsmuseet zusammengefasst sind, etwa der historische Bauernhof Gjøvik gård, das Freilichtmuseum Eiktunet mit historischen Gebäuden oder das Schifffahrtsmuseum Mjøssamlingene in Minnesund, das u. a. die **Geschichte der Flößerei** dokumentiert.

Mjøsmuseet

❶ www.mjøsmuseet.no

✳ HAMAR

Hamar (29 100 Ew.) liegt wunderschön am Ostufer des Mjøsa-Sees, der hier in den Furnesfjord übergeht. Während der Olympischen Winterspiele 1994 war die Stadt neben Lillehammer und Gjøvik Austragungsort verschiedener Disziplinen. Die Olympiahalle, die durch ihre markante Dachkonstruktion (96 x 110 m) den Beinamen »Vikingskipet« (Wikingerschiff) erhielt, ist die **größte freigespannte Konstruktion der Welt**. Heute werden hier vor allem Wettkämpfe im Eisschnelllauf ausgetragen, darunter die Weltmeisterschaften im Mehrkampf 2013.

Olympiahalle

*Museen in Hamar Viel Zeit kann man im **Freilichtmuseum Hedmark** am südwestlichen Stadtrand verbringen. Es zeigt 50 Gebäude aus der Region Hedmark (ältester Bau von 1583), dazu die restaurierte Burg. Raffinierte Holzkonstruktionen, Schutzdächer aus Glas, Rampen, Laufstege und Treppen bilden eine stimmungsvolle Kulisse für die vielen Exponate. Hamar besitzt **das größte und älteste Eisenbahnmuseum** (Jernbanemuseet) Skandinaviens. Zur Sammlung gehören zahlreiche Lokomotiven, prunkvolle Salonwagen und historische Bahnanlagen. Im Sommer verkehrt die Museumsbahn Tertitten (750 mm Schmalspur) auf der 1,5 km langen Strecke bis Killingmo.

Freilichtmuseum: Mitte Juni – Mitte Aug. tgl. 10.00 – 17.00, sonst bis 16.00 Uhr, Eintritt 100/70 NOK, www.hedmarksmuseet.no

Eisenbahnmuseum: www.norsk-jernbanemuseum.no

** Lofoten

— ✳ E-G 2/3 —

Gebiet: Nordland
Fläche: 1308 km²
Einwohnerzahl: 25 000

Über 1000 m hohe Berge mit scharfzackigen Gipfeln ragen auf den Lofoten senkrecht aus dem Meer, Seevögel ziehen in Schwärmen auf Nahrungssuche aus, kleine Fischerdörfer bringen Farbe in die Buchten und das nordische Licht ist hier unvergleichlich intensiv.

Zauber der Lofoten am Strand bei Utakleiv auf der Insel Vestvågøy

Die Lofoten (norweg. nur in der Einzahl gebraucht; -en ist der ange- **Raue**
hängte Artikel) bestehen aus einer fast **150 km langen Inselkette**. **Schönheit**
Die vier größten Inseln sind Austvågøy, Vestvågøy, Moskenesøy und
Flakstadøy. Ein Schwarm von Schären und Vogelfelsen umgibt die
Hauptinseln und auf einigen Bergen (bis 1266 m) hält sich der
Schnee sogar im Sommer. Nahe dem Meeresufer liegen Sümpfe und
Landseen, Wiesen und sogar einige Felder. Das Küstenklima sorgt
für milde Winter und verhältnismäßig kühle Sommer. Zu den Frei-
zeitaktivitäten gehören Angeln, Bergwandern und Jagen.

Den Haupterwerbszweig der Bevölkerung bildet der Fischfang, der **Lofotfischerei**
hauptsächlich von Februar bis April stattfindet. Schon im 11. Jh.
waren die Lofotfischer in meist offenen Ruderbooten oft mehrere
Wochen an der Küste entlang unterwegs. Sie übernachteten in kleinen Holzhütten (Rorbuer = Rudererhäuser), die auf Pfählen im Wasser stehen. Heute gelten diese als die typische Ferienunterkunft auf
den Lofoten, wo längst auch der Tourismus eine wichtige Einnahmequelle bildet. Den Hauptanteil der Fänge stellt der Dorsch, der von
Anfang Januar an **von der Barentssee zum Laichen an die Küste**
schwimmt. Wurden 1980 140 Mio. t Dorsch angelandet, sind es jetzt
nur noch 10 000 bis 15 000 t, trotz Echolot und anderer hochmoder-
ner Fangmethoden. Seit Jahren schränken Quotenregelungen den
Fischfang ein, damit sich die Bestände wieder erholen können. Einige Familien sind auf den Fang von Zwergwalen sowie die Aufzucht
von Lachsen und Forellen umgestiegen.

AUSTVÅGØY

Hauptort und Verwaltungszentrum der Lofoten ist Svolvær an der **Svolvær**
Südküste der Insel Austvågøy. Die kleine Stadt hat etwa 4000 Einwohner, ist der zentrale Fischereihafen und bedeutendste Handelsort
der Inseln. Werke zahlreicher Maler, die auf den Lofoten Motive fanden, findet man im **»Nordnorsk Kunstnernesentrum«** auf Svinøya.
Nördlich von Svolvær ragt der steile **Blåtind** auf (597 m ü. d. M.; hin
und zurück für Geübte in 5 Std.). Wer ihn besteigt, dem bietet sich
eine herrliche Aussicht.

Vom Raftsund aus führt eine enge Felseneinfahrt westlich in den en- ****Trollfjord**
gen Trollfjord hinein, in dessen Hintergrund schneebedeckte Tau-
sender aufragen, die eindrucksvoll aus dem Bergsee Trollfjordvatn
aufsteigen. Ein echtes Erlebnis mit den Schiffen der Hurtigruten.

Rund 10 km südwestlich von Svolvær liegt Kabelvåg mit schön res- ***Kabelvåg**
taurierten Holzhäusern aus dem 19. Jh., heute großteils Ferienhäuser.
Sehenswert sind ein Fischereimuseum und das **Lofot-Aquarium** mit

Lofoten erleben

ANREISE
Die Lofoten werden von den Schiffen der Hurtigruten angelaufen (von Bodø nach Svolvær 6 Std.); ferner gibt es Schiffsverbindungen von Svolvær nach Skutvik (2 Std.) sowie von Moskenes nach Bodø und tägliche Flugverbindungen von Bodø und Evenes nach Svolvær, Røst und Leknes. Mittlerweile sind die Lofoten auch über die Festlandsverbindung »Lofast« zu erreichen. Erfreulicherweise kann man die Brücken und Tunnel ohne Maut befahren und so erst recht die grandiose Szenerie genießen.

AUSKUNFT
Destinasjon Lofoten
8301 Svolvær
Torget (zwischen Hurtigruten-Anleger und Marktplatz)
Tel. 76 06 98 00
www.lofoten.info

ESSEN
Fiskekrogen ❸❸❸
Henningsvær, Tel. 76 07 46 52
Wie wäre es mit einer Portion Stock- oder Grenadierfisch? In diesem Hafenrestaurant kann man sicher sein, dass die Fischgerichte auf echt norwegische Art zubereitet werden. Auch Vermietung von Rorbuer.

Børsen Spiseri ❸❸ – ❸❸❸
Svolvær, Gunnar Bergsv. 2
Tel. 76 06 99 30
www.svinoya.no
Das Kaihaus, einst Fischannahmestelle und das älteste erhaltene Hafengebäude des Ortes, bietet den einzigartigen Rahmen für ein gutes Essen. Das Innere ist durch das vom Alter gezeichnete Holz

rustikal, im Gegensatz zum Essen, das filigran angerichtet serviert wird. Als Vorspeise sollte man »En smak av Lofoten« genießen.

ÜBERNACHTEN
Nusfjord Rorbuanlegg ❸❸❸
Ramberg (Nusfjord)
Tel. 76 09 30 20
www.nusfjord.no
Eine schönere Lofotenkulisse als in Nusfjord gibt es nirgendwo. Rote Rorbuer, ein winziger Hafen, ein alter Kaufmannsladen und im Hintergrund eine grandiose Bergkulisse. Die 34 Hütten haben unterschiedlichen Standard, von einfach bis komfortabel, liegen aber alle wunderschön. Ruderboote und Angelausrüstung sind im Mietpreis enthalten.

Henningsvær Bryggehotel ❸❸❸
Henningsvær, Tel. 76 07 47 50
www.henningsvaer.no
Das direkt am Wasser erbaute Hotel passt sich hervorragend in das Ortsbild des größten Fischerhafens der Lofoten ein. 31 komfortable Zimmer mit Aussicht auf die Berge.

Northern Lights
Base Camp ❸❸ – ❸❸❸
Hov, Tel. 76 07 20 02
www.northernlightsbasecamp.com
Von Mitte Oktober bis Anfang April bietet das Camp den Gästen die einzigartige Möglichkeit, im Samenzelt (bis zu 10 Personen) am Strand zu übernachten und das Nordlicht zu beobachten. Öllampen, Feuerholz und Rentierfelle gehören zur Einrichtung. Im Northern Lights Cafe werden typische Gerichte am Lagerfeuer serviert.

*Justad Rorbuer
og Vandrerhjem* ⊜ – ⊜⊜
Stamsund
Hartvågen 11
Tel. 76 08 93 34
Im Sommer ist die Jugendherberge fast
immer ausgebucht, denn sie liegt nicht
weit vom Hurtigruten-Anleger entfernt
und ist das Ziel vieler Rucksacktouristen.
Neben Mehrbettzimmern können auch
komfortable Hütten gemietet werden.
Gute Angelmöglichkeiten.

AUSFLÜGE

Die beliebteste Tagestour geht zum Trollfjord: von Svolvær mit dem Bus über
Fiskebøl nach Stokmarknes und von dort
mit dem Hurtigruten-Schiff über den
Trollfjord zurück. Wer wenig Zeit hat,
kann in Svolvær einen der täglich
angebotenen Ausflüge buchen.

MITTERNACHTSSONNE

27. Mai bis 17. Juli auf der Nord- und
Westseite der Inseln

Fischen und Seehunden des Vestfjords. In der bekannten Galerie
Espolin werden die Werke des Nordland-Malers Kåre Espolin John-
son ausgestellt.
Lofot-Aquarium: Juni – Aug. tgl. 10.00 – 18.00, sonst Mo. – Fr., So.
11.00 – 15.00 Uhr, Eintritt 110 / 55 NOK, www.lofotakvariet.no

An der vom 942 m hohen Vågakallen (Aufstieg 3,5 Std.) überragten
Südwestspitze von Austvågøy liegt Festvåg; von dort gelangt man
über eine Brücke zur Fischersiedlung Henningsvær, wo sich im Winter eine große Fischereiflotte versammelt. Der Hafen des **»Venedigs
des Nordens«** gehört zu den beliebtesten Fotomotiven. Viele Gäste
besuchen die Galerie des norwegischen Künstlers Karl Erik Harr.
❶ Mo. – Fr. 10.00 – 18.00, Sa. bis 16.00 Uhr, www.modernartgallery.no

****Hennings-
vær**

VESTVÅGØY

An der Südostküste der großen Lofot-Insel Vestvågøy (11 000 Ew.)
liegt Stamsund, einer der bedeutendsten Fischereiorte des Archipels
und Verkehrszentrum der Westlofoten. Auf der Meerseite von Vestvågøy gibt es in der Bucht Vikspollen wahre **Traumstrände** – feiner
weißer Sand vor einer imposanten, üppig grünen Bergkulisse. Auch
wenn die Sonne scheint, ist das Wasser hier allerdings ziemlich
frisch! 14 km von Leknes entfernt wurden in **Borg** an der E 10 Reste
der größten Häuser entdeckt, die aus der Wikingerzeit bekannt sind:
beachtliche 83 x 8 m misst die Grundfläche des Häuptlingswohnsit-
zes. Das rekonstruierte Gebäude beherbergt ein sehr gut aufgemach-
tes **Wikingermuseum**. Im Wohnbereich wird gewebt, gestrickt, ge-
sponnen und gefärbt, während in der früheren Versammlungshalle
der Wikinger-Siedlung Gerichte nach Originalrezepten serviert werden. In einem unterirdischen Kinosaal wird in bewegten Bildern die

Stamsund

Geschichte des Wikingerhäuptlings von Borg – einer von rund einem Dutzend Wikingerhäuptlingen in Nordnorwegen – dargestellt.
Wikingermuseum: Mitte Aug. – Mitte Sept. tgl. 10.00 – 16.00, Juni – Mitte Aug. bis 19.00, Mitte Sept. – April Mi., So. 12.00 – 15.00 Uhr, Wikingerfestival im August, Eintritt 120 / 60 NOK, www.lofotr.no

MI – SA

FLAKSTADØY

Ramberg An der Nordwestküste der Insel Flakstadøy liegt der kleine Ort Ramberg (Ferienhäuser in Nusfjord). Unweit östlich steht die Kirche (1780) von Flakstad, einst aus Treibholz erbaut. Dem offenen Meer zugewandt, haben die 300 Einwohner Blick auf den herrlichen **weißen Sandstrand von Ramberg.**

Nusfjord Etwa 10 km nach der Fahrt durch den Nappstraumen-Tunnel zweigt eine Landstraße in das hübsche Fischerdorf Nusfjord ab. Als eines der am besten erhaltenen Lofotendörfer wurde es auf die Liste der erhaltenswerten Kulturdenkmäler der **UNESCO gesetzt. Viele Rorbuer sind zu mieten, und Berufsfischer bieten Angelfahrten auf dem Nordmeer an – hierbei sollte man sich warm anziehen!

MOSKENESØY

Reine, Å Hauptort der Insel Moskenesøy ist die Fischersiedlung Reine am Kirkefjord, Lieblingsaufenthalt vieler Maler und Bergsteiger. Rund 10 km südwestlich liegt der kleine Ort **Å**, der Endpunkt der Lofotenstraße, dessen einprägsames Ortsschild schon häufig geklaut wurde. Von den Anhöhen über dem Ort blickt man auf den Gezeitenstrom Moskenstraumen zwischen dem Kap Lofotodden und der Insel Mosken; Jules Verne und Edgar Allan Poe beschrieben ihn als »Mahlstrom«.

Fahrt zur Von Reine aus kann man eine Bootsfahrt zu der südwestlich gelege-
Insel Værøy nen Insel Værøy unternehmen (nur für Seetüchtige!), auf der nur 760 Menschen wohnen. Im Süden erhebt sich das Mostadgebirge, ein **Vogelparadies**, in dem sommers über eine Million Vögel brüten: Papageitaucher, Larventaucher, Lummen, Scharben, Stummelmöwen und Seeadler. Man erreicht die Vogelberge mit einem Mietboot (20 Min.) vom Ort Værøy. Auf der Insel gibt es die letzten Exemplare einer merkwürdigen **Hunderasse mit sechs Zehen**, Papageitaucherhund genannt, da er zur Jagd auf diese Vögel benutzt wird.

*Vogelfelsen Ebenfalls von Reine (Fahrzeit ca. 5 Std.) oder Værøy (2,25 Std.) aus führen Bootsfahrten zum letzten Außenposten der Zivilisation: zu der fast 100 km vom Festland entfernten **Inselgruppe Røst** mit hoch aufragenden, oft sturmumtosten Vogelfelsen (Vedøy, Storfjell, Stavøy, Trenyken und Hernyken). Hier findet sich **die größte Vogelkolonie Skandinaviens**, zu der u.a. drei Mio. Papageitaucher und seltene Arten wie die große und die kleine Sturmschwalbe sowie auch Eissturmvögel gehören.

Narvik

✦ H 2

Gebiet: Nordnorwegen
Einwohnerzahl: 18 500

In Narvik wird Eisenerz aus dem schwedischen Kiruna verschifft. Das weckte im Zweiten Weltkrieg Begehrlichkeiten, und beim Kampf um den Erzhafen wurde die Stadt fast völlig zerstört. Wer das Monumentale liebt, sollte sich unbedingt ansehen, wie heute das Erz verladen wird.

Narvik war als Endpunkt der Ofotbahn, die aus dem schwedischen Erzrevier bei ▶Kiruna kommt, sowie **als eisfreier Hafen** lange wirtschaftlich sehr wichtig. Seit mehrere Schwellenländer, etwa Brasilien, **Verteiler für Erz aus Schweden**

Die Ofotbahn verbindet Norwegen und Schweden.

Narvik erleben

AUSKUNFT
Narvik Turtistkontor
8515 Narvik
Stasjonsveien 1
Tel. 76 96 56 00
www.destinationnarvik.com

AUSFLÜGE
Bei gutem Wetter ist ein Ausflug zur schwedischen Grenze mit der Ofotbahn sehr lohnend, die in drei Stunden vom Fjord in die arktische Hochgebirgsregion und zurück fährt. Eine tolle Aussicht haben aber nur die, die auf der linken Seite (in Fahrtrichtung) sitzen! Abfahrt im Hauptbahnhof Narvik.

ESSEN
Astrupkjelleren ☺☺
Kinobakken 1
Tel. 76 96 04 02
Einfaches Restaurant in einem der ältesten Gebäude Narviks, erbaut im Jahre 1903. Neben traditionellen Fleisch-, Wild- und Fischgerichten (unter anderem gibt es Seeteufel) werden Pizza und Kinderteller serviert.

ÜBERNACHTEN / ESSEN
Edvardas Hus ☺☺☺☺
Tranøy
Tel. 75 77 21 82
www.edvardashus.no
Das kleine Hotel Edvardas Hus wurde nicht umsonst mit einem Kulturpreis ausgezeichnet. Nur neun Zimmer gibt es in dem eleganten Holzhaus, alle individuell und liebevoll eingerichtet. Doch den unvergleichlichen Charme dieses Hauses macht der Service aus. Hier fühlt man sich wie zu Hause und wird rundum verwöhnt.

Quality Grand Royal AAA
Kongensgt. 64
Tel. 76 97 70 00
www.nordicchoice.no.
Modernes Hotel (160 Zi.) im Zentrum mit beliebtem Restaurant, einem Pub und einem Nightclub.

Eisenerz billiger anbieten und damit die Nachfrage nach dem kostenintensiver zu fördernden Schwedenerz zurückgegangen ist, hat die Bedeutung Narviks abgenommen; nur noch rund 300 Menschen finden heute Arbeit im Erzhafen.

Im Krieg zerstört Im Zweiten Weltkrieg ging die Stadt beim Kampf zwischen Deutschen und Alliierten im Bombenhagel unter. Im Zuge des Wiederaufbaus in den 1950er-Jahren wurden anstelle der alten Holzhäuser wenig ansprechende Steinbauten errichtet. Den meisten Besuchern dient Narvik **als Zwischenstopp auf dem Weg zum Nordkap**.

SEHENSWERTES IN NARVIK UND UMGEBUNG

*Erzhafen Das schwedische Eisenerz wird über lange Fördereinrichtungen zu verschiedenen Lagern und zum Malmkai (Erzkai) gebracht. Durch den Ausbau des Hafens können **Erzfrachter mit bis zu 350 000 t Fassungsvermögen** beladen werden. Die Jahresumschlagskapazität liegt heute bei rund 14 Mio. t..

❶ Besichtigungstermine: www.lkab.com

Fagernesfjell

Südöstlich von Narvik erhebt sich das 1250 m hohe Fagernesfjell. Bis in 700 m Höhe führt eine Schwebebahn (an der Bergstation steht ein Restaurant). An den Berghängen um Narvik gibt es **sehr gute Alpinsportanlagen**, die von den Einheimischen, aber auch regelmäßig für Skirennen genutzt werden.

*Hamarøy

Südlich von Narvik zweigt bei Ulvsvåg die R 81 nach Hamarøy ab. Lohnend ist diese Inselgruppe wegen der **schroffen Bergwelt**, die der auf den Lofoten in nichts nachsteht. Anläßlich des 150. Geburtstags **Knut Hamsuns** 2009 ist in der Nähe jenes Pfarrhofes, wo der Schriftsteller einen Teil seiner Kindheit verbrachte, ein architektonisch spektakuläres Dokumentationszentrum nach dem Entwurf des New Yorker Architekten Steven Holl entstanden. Ein interessanter Beitrag zur Skulpturenlandschaft Nordlands ist »Stella Maris« von Steinar Christensen.

Hamsun-Zentrum: Sommer tgl. 11.00 – 18.00, sonst Di. – Fr. 10.00 – 15.30, Sa. / So. 11.00 – 17.00 Uhr, Eintritt 90 / 50 NOK, www.hamsunsenteret.no

* Nordfjord

—————————— ✳ **B/C 6**——

Gebiet: Westnorwegen

Der enge Nordfjord gilt als einer der schönsten seiner Art in Norwegen. Unzählige Wasserfälle donnern von den Felsflanken hinab, und an den Ufern liegen idyllische Fischerdörfer und einsame Strände.

AM SÜDUFER ENTLANG

*Strynefjell

Am imposantesten ist die Anfahrt von Osten her über die Strynefjellstraße (Abzweigung bei Grotli von der E 15), vorbei am Stryn-Sommerskigebiet, mit einem Sessellift zum Gletscher Tystigen, und über **mehrere Haarnadelkurven** hinunter ins Videdal und nach Stryn am Nordufer des Innvikfjords, dem inneren Arm des Nordfjords.

*Lonvatn

Der kleine Ferienort Loen am Innvikfjord ist ein guter Ausgangspunkt für die **Besteigung des 1848 m hohen Skåla** und für einen

Nordfjord erleben

AUSKUNFT
Stryn
Destination Stryn & Nordfjord
6783 Stryn, Tinggata 3
Tel. 57 87 40 40
www.nordfjord.no

ESSEN
Restaurant Charlotte ❻❻❻❻
Loen, Hotel Alexandra
Tel. 57 87 50 00, www.alexandra.no
Wer in dieser Gegend ist, sollte das
große kalte Buffet (zwischen 18.00
und 21.00 Uhr) mit schmackhaften
Lachs- und Heringsgerichten, allerlei
Geräuchertem und traumhaften Nach-
speisen nicht versäumen.

BAEDEKER TIPP

!

Unterwegs mit den Fjordpferden

Sie sehen zwar aus wie größere
Ponys, doch erinnern die gelb-
braunen Fjordpferde (norw. Fjor-
ding) mit ihrem dunklen Streifen
auf dem Rücken und den dunklen
Beinen an die letzten Wildpferde
der Welt, die Prschewalskipferde
in Zentralasien. Einst setzte man
die Fjordpferde als genügsame
Arbeitstiere ein. Heute können
Sie auf ihrem Rücken **Ausritte in
die idyllische Landschaft** unternehmen. Gute Adresse:
Norsk Fjordhestcenter in
Nordfjordeid, Tel. 57 86 48 00,
www.norsk-fjordhestsenter.no.

ÜBERNACHTEN
Gloppen Hotell ❻❻❻
Sandane
Tel. 57 86 53 33
www.gloppenhotell.no
Paradies für Lachsangler. Das im Schwei-
zerstil erbaute, mehrfach ausgezeichnete
Haus (40 Zi.) bietet gediegenen Komfort.

Hotel Selje ❻❻❻
Selje
Tel. 57 85 88 80
www.seljehotel.no
Dieses rustikale Hotel (49 Zi.) am rauen
Westkap beherbergt Norwegens erste
Einrichtung für Thalasso-Therapie.

Stryn Hotel ❻❻❻
Stryn, Visnesvegen 1
Tel. 57 87 07 00
www.strynhotel.no
Modernes, komfortables Hotel (69 Zi.)
direkt am Nordfjord, ideal für Unternehmungen im Jostedalsgebiet.

AUSFLÜGE
Kutschfahrten mit einem Fjordpferd und
Gletscherwanderungen über den Briks-
dalsbre: Anmeldung bei der Briksdalbre
Fjellstove, Tel. 57 87 68 00. In diesem
großen Berghotel kann man auch essen
und natürlich übernachten, zudem ist
ein Souvenirshop angeschlossen.
Weitere Aktivitäten rund um den
Gletscher: www. briksdalsbre.no

Ausflug zum Gletscher Kjenndalsbre, der vom Ostende des malerischen Lonvatn mit dem Ausflugsboot erreicht werden kann.

****Briks-
dalsbre** Am Innvikfjord, einem Seitenarm des Nordfjords, liegt **Olden**. Hier
zweigt eine Straße nach Süden ins schöne Oldedal ab, auf der man,
am 11 km langen Oldenvatnet und zahlreichen Wasserfällen vorbei,

Briksdal (150 m ü. d. M.) erreicht. Die teilweise steile Wanderung hinauf zum Briksdalsbre, einem Arm des mächtigen ▶Jostedalsbre, sollte man nicht versäumen (hin und zurück ca. 1,5 Std.). Am ruhigsten ist es auf dem stark besuchten Briksdalsbre vor 10.00 Uhr und nachmittags, wenn die Kreuzfahrtschiffe in Olden abgefahren sind.

Bei Byrkjelo zweigt die E 39 zum hübsch gelegenen Ort Sandane (Freilichtmuseum mit 35 alten Gebäuden) im Inneren des Gloppenfjords ab. Besondere Attraktion ist hier der prachtvolle Panoramablick vom **Aussichtspunkt Utsikten** nordwestlich des Ortes. Am Ostufer dieses Fjords befindet sich der Tinghøgjen, **der größte Grabhügel Westnorwegens** (50 m breit, 7 m hoch). Im weiteren Verlauf überquert man einen weiteren Seitenarm des Nordfjords und stößt dann auf die Nordroute.

Sandane

AM NORDUFER ENTLANG

Eine der schönsten Strecken entlang des Nordfjords führt von Stryn westwärts auf der R 15 am Nordufer des Nordfjords entlang bis zu seiner Mündung. Man passiert den Hornidalsvatn, mit 514 m **Europas tiefster See**. Das Städtchen Nordfjordeid ist ein Mekka der Fjordpferd-Fans, wo jedes Frühjahr eine mit Spannung erwartete Hengstausstellung stattfindet.

Nordfjordeid

Bis Måløy, das auf der Insel Vågsøy westlich der Fjordmündung liegt, schlängelt sich die Straße nun direkt am Fjord entlang. Bei Almenningen fällt der Blick auf den senkrecht aus der See aufsteigenden Hornelen (860 m). Der Legende nach trafen sich früher an dessen Spitze, **Europas höchster Klippe**, in der Weihnachts- und Mittsommernacht die Hexen und der Teufel zum Tanze.

***Hornelen**

Bei Almenningen bzw. Maurstad (8 bzw. 21 km östlich von Måløy) lohnt ein Abstecher zum Küstenort Selje. Bei Badewetter lockt hier ein wunderschöner, weißer Sandstrand. Richtung Meer liegt die **Insel Selja** mit dem Selje-Kloster. Hier faszinieren nicht nur die Klosterruinen aus dem 12. Jh., sondern auch das einmalige Farbenspiel aus leuchtenden Blautönen des Meeres und sattem Grün der Wiesen.

Blick auf die Bergwelt am Lovatn

** Nordkap

— ✳ M 1 —

Gebiet: Nordnorwegen

Eines der Traumziele Skandinaviens ist das Nordkap, ein Regen, Nebel und eisigem Wind ausgesetzter Felsen. Es gäbe weit schönere Orte in Norwegen, doch »das Ende der Welt« scheint eine besondere Magie zu besitzen. Die verfliegt allerdings leicht angesichts der Menschenmassen und der durchaus gesalzenen Preise vor Ort.

SEHENSWERTES AM NORDKAP

Am Nordende Europas

Das auf 71° 10′ 21″ nördl. Breite und 25° 47′ 40″ östl. Länge gelegene Nordkap (norwegisch Nordkapp) ist der steile nördliche Absturz der Insel Magerøya. Dieser Schieferfelsen gilt als die nördlichste Spitze Europas, doch zu Unrecht, denn **Kap Knivskjelodden** endet noch ein wenig nördlicher (71° 11′ 8″ nördl. Breite). Doch das scheint niemanden zu stören. Das Nordkap steht seit 1929 unter Naturschutz. Wer hier Pflanzen sammelt, wild zeltet, mit dem Fahrzeug vom Weg abweicht oder Vogelschutzgebiete während der Brutzeit betritt, muss mit Strafen bis zu 1500 Euro rechnen!

Das Nordkap-Symbol: eine stilisierte Weltkugel

Die kleine Hafenstadt Honningsvåg an der Südostküste von Magerøya ist Hauptort der Gemeinde Nordkap. Sie lebt hauptsächlich vom Fischfang und dem Fremdenverkehr. Sehenswert ist hier das **Nordkap-Museum**, das Einblick in die Entwicklung des Nordkap-Tourismus und die Küstenkultur der Finnmark bietet. Ferner werden von dort Schiffsausflüge zu Norwegens größtem Vogelfelsen und zu verlassenen Fischerdörfern angeboten. Ist das Wetter schlecht, kann man in die **Nordkaphalle** flüchten: Es warten ein Panorama-Restaurant, die nördlichste Champagnerbar der Welt, Nordkap-Diplom, Sonderbriefmarken und Sonderstempel, eine Multivisionsshow und eine

Nordkap erleben

ANREISE

Eine 30 km lange Tunnel- und Brückenverbindung führt vom Festland zu dem
auf der Insel Magerøya gelegenen Nordkap (Maut rund 150 NOK). Von Hammerfest bestehen Flugverbindungen
nach Honningsvåg, weiter geht es mit
Bus oder Taxi. Lohnend ist die sechsstündige Fahrt mit einem Schiff der Hurtigruten von Hammerfest nach Honningsvåg.

AUSKUNFT
Honningsvåg Turistinformasjon
Nordkapp Reiseliv, 9750 Honningsvåg
Fiskeriveien 4, Tel. 78 47 70 30
www.nordkapp.no

ESSEN
Corner ●●
9751 Honningsvåg, Fiskeriveien 2A
Tel. 78 47 63 41, www.corner.no
Hervorragende lokale Fisch- und Fleischgerichte sowie Pizzen. Spezialität »Fin-
nebiff«, geschnetzeltes Rentierfleisch mit
Kartoffelpürree und Preiselbeeren.

ÜBERNACHTEN
Rica Hotel Nordkapp ●●●●
9750 Honningsvåg, Skipsfjorden
Tel. 78 47 72 60, www.rica.no
Das dem Nordkap nächstgelegene Hotel
greift architektonisch die Formen der
umgebenden Bergwelt auf. Die 290
Zimmer sind mit viel Holz ausgestattet.

Northcape Guesthouse ●
Honningsvåg
Elvebakken 5a
Tel. 92 82 33 71
www.northcapeguesthouse.com
Preiswerte Übernachtungen, interessan-
tes Backpacker-Publikum aus aller Welt.

Kirkeporten Camping ●●
Skarsvåg, Storvannsveien 2
Tel. 78 47 52 33
www.kirkeporten.no
Der nördlichste Campingplatz Norwegens liegt in der Nähe des Storvann
beim kleinen Ort Skarsvåg. Es gibt zehn
Hütten sowie einige Zimmer im Hauptgebäude. Der Wanderweg zur Kirkeporten beginnt direkt hier.

Heiraten am Nordkap
So mancher hat am Nordkap schon den
Bund fürs Leben geschlossen. Nach Trau-
ung und Hochzeitsessen wartet die Suite
im Turm der Nordkaphalle auf das Braut-
paar. Diese exklusive Übernachtung mit
Panoramablick begeistert nicht nur frisch
Vermählte.
Anmeldung: Tel. 78 47 70 30

SPORT, AUSFLÜGE

Jährlich Mitte Juni steigt in Honningsvåg
das Nordkapfestival mit einem Orientie-
rungslauf zwischen Stadt und Nordkap.
Sowohl Angler als auch Vogelbeobach-
ter finden beste Bedingungen vor. Sportliche kommen bei rasanten Deep Sea
Rafting Tours oder bei geführten Wanderungen auf ihre Kosten. Die Kultur der
Ureinwohner lässt sich bei Aufenthalten
in samischen Familien erleben.
Tourismusbüro und
North Cape Adventures
Tel. 78 47 22 22, www.nordkapp.com

MITTERNACHTSSONNE

16. Mai bis 28. Juli; tiefster Stand um
23.35 Uhr Mitteleuropäischer Zeit.
Zwischen 22. Nov. und 11. Jan. herrscht
Polarnacht, dann geht die Sonne gar
nicht mehr auf.

Ausstellung zur Geschichte des Nordkaps. Die Halle endet in einer Grotte mit einem Panoramafenster zum Eismeer.

Museum: Juni – Mitte Aug. Mo. – Sa. 10.00 – 19.00, So. ab 12.00, sonst Mo. – Fr. 12.00 – 16.00 Uhr, Eintritt 50 / 10 NOK, www.kystmuseene.no
Halle: Mai – Sept. 11.00 – 15.00, Mitte Mai – Mitte Aug. bis 1.00, Mitte bis Ende Aug. bis 22.00 Uhr, Eintritt 235 / 80 NOK, www.rica.no/nordkaphallen

Gjesvær Auf dem Weg von Honningsvåg zum Nordkap zweigt eine Landstraße in das 20 km entfernte Fischerdorf Gjesvær im Nordwesten der Insel ab. Inseln und Schären schirmen den schön gelegenen 300-Seelen-Ort gegen das rauhe Eismeer ab. Das lokale Naturreservat ist unter Ornithologen bekannt für seinen Vogelfelsen, wo Scharen von **Papageitauchern und sogar Seeadler** zu beobachten sind.

Endlich Ruhe! Vom Nordkapp Turistheim führt ein markierter Fußweg (Gehzeit ca. 20 Min.) zu einer interessanten Felsbildung namens **Kirkeporten**. Durch dieses »Kirchtor« hindurch erblickt man das Nordkap. Die Ruhe und der beeindruckende Ausblick stellen bei Mitternacht eine interessante Alternative für diejenigen dar, die dem Rummel auf dem Nordkap-Plateau entgehen wollen.

Nie einsam: im Schein der Mitternachtssonne am Nordkap

★★ Oslo

Gebiet: Ostnorwegen
Einwohnerzahl: 615 000

◆ E 7

Oslo, die älteste Hauptstadt Skandinaviens, ist für seine traumhaft schöne Lage zwischen Seen und Wäldern, Sandstränden und Meer berühmt. Ziele von Weltruf sind der Vigeland-Park und das Wikingerschiffmuseum.

Oslo ist flächenmäßig **die größte Hauptstadt Europas und gilt als die grünste**, denn nur ein Viertel des 450 km² großen Stadtgebiets ist bebaut. Mehr als ein Drittel aller Norweger lebt rund um den ▶Oslofjord. In den letzten zehn Jahren ist Oslos Bevölkerung um rund 150 000 gewachsen und Prognosen gehen davon aus, dass dieser Trend auch in den nächsten Jahren anhalten wird. Ähnlich verhält es sich mit den Touristenzahlen, obwohl Oslo zu den teuersten Städten der Welt zählt. Ein wichtiger Grund für diese Beliebtheit bei Einheimischen und Besuchern ist Oslos einmalige Lage zwischen Wald und Meer. Schöner kann eine Stadt kaum liegen! Das Zentrum schmiegt sich um den hufeisenförmigen Fjord, die Außenbezirke ziehen sich die Berghänge hinauf und verlaufen sich schließlich im Grün der dichten Wälder.

Zwischen Wald, Seen und Meer

Seit einigen Jahren investiert die Stadt viel Geld in das Projekt Fjordbyen – die Stadt am Fjord. Es ist das größte städtebauliche Konzept, seit König Christian IV. Anfang des 17. Jahrhunderts das alte Kristiania hinter der Festung Akershus errichten ließ. Seit dieser Zeit wurde das Fjordufer immer mehr zu einer tristen Gegend mit Hafenanlagen, Industriegebieten, Eisenbahngleisen und einem Gewirr von Autobahnen. Dies soll sich in den nächsten Jahren grundlegend ändern und **die Seeseite der Stadt wieder für die Allgemeinheit öffnen** und attraktiv machen. Diese Revitalisierung der Wasserlagen am Fjord und an den Flüssen wird zu einem komplett neuen Stadtbild führen.

Projekt Fjordbyen

Angefangen hat die Umgestaltung der Stadt mit Aker Brygge. Vor gut 20 Jahren befand sich jenseits des Hafenbeckens Pipervika noch eine der größten Werften des Landes. Als sie schließen musste, entstand **aus der ehrwürdigen Schiffswerft ein neuer Stadtteil**, der durch seine faszinierende Mischung aus alten Backsteinbauten und moderner Glas- und Stahlarchitektur beeindruckt. Die Osloer haben diese Vergnügungsmeile begeistert angenommen. Sobald die Sonne sich blicken lässt, schlendern sie über die Uferpromenade, genießen die wärmenden Sonnenstrahlen auf den Bänken, schnuppern die Seeluft

Aker Brygge

Oslo erleben

AUSKUNFT

Turistinformasjon

Fridtjof Nansens plass 5
Eingang Roald Amundsen gate
Tel. 81 53 05 55, www.visitoslo.com

Tourismusinformation Trafikanten

Jernbanetorget 1 (am Hauptbahnhof)
Tel. 81 53 05 55
www.trafikanten.no

ESSEN

❺ *De Fem Stuer* ⬤⬤⬤⬤

Kongeveien 26
Tel. 22 92 27 34
www.holmenkollenparkhotel.no
Moderne norwegische Küche auf
höchstem Niveau in einem der schönsten Holzhäuser der Stadt am Holmenkollen. Nur wenige Schritte bis zur
einmaligen Aussicht auf Stadt und Fjord.

❻ *Det Gamle Raadhus* ⬤⬤⬤⬤

Nedre Slottgt. 1
Tel. 22 42 01 07
www.gamleraadhus.no
Ältestes Restaurant Oslos im ersten
Rathaus der Stadt von 1641. Fisch- und
Wildgerichte sind von höchster Qualität.
Das Gartenlokal im Hinterhof bildet eine
Oase der Ruhe.

❸ *Solsiden* ⬤⬤⬤ – ⬤⬤⬤⬤

Søndre Åkershus kai 34
Tel. 22 33 36 30, www.solsiden.no
nur geöffnet von Mai bis August
Köstliche Fischgerichte, vielleicht die
besten der Stadt, serviert auf der Son-
nenseite des Osloer Hafens direkt unterhalb der Festung Akershus mit Blick auf
Aker Brygge. Spezialität des Hauses ist
die Meeresfrüchteplatte.

❹ *Theatercaféen* ⬤⬤⬤ – ⬤⬤⬤⬤

Stortingsgaten 24 – 26
Tel. 22 82 40 50
In dieses im Jugendstil eingerichtete
Kaffeehaus von 1901 gegenüber dem
Nationaltheater geht man, um in stilvol-
lem Ambiente hervorragend zu speisen.
Bemerkenswert sind die vielen Portrait-
zeichnungen an den Wänden.

❶ *Bølgen & Moi Briskeby* ⬤⬤ – ⬤⬤⬤

Løvenskioldsgate 26
Tel. 24 11 53 53, www.bolgenogmoi.no
Bar, Brasserie und Restaurant unter
einem Dach. In der Bar lädt Norwegens
berühmter Koch Trond Moi zum Frühstücksbuffet und Lunch mit Brot aus
dem eigenen Holzbackofen.

❼ *Engebret Café* ⬤⬤

Bankplassen 1
Tel. 22 82 25 25, So. geschl.
Empfehlenswert: Typisch norwegisches
Smørebrød-Buffet am Vormittag

Grand Café ⬤⬤⬤

Karl Johans gate 31 (im ❽ Grand Hotel)
Tel. 23 21 20 18, www.grand.no
Speisen wie die Bohemiens an der Wende vom 19. zum 20. Jh. kann man im
traditionsreichen Grand Café. Ein großes
Wandgemälde von Per Krohg vermittelt
die Atmosphäre jener Epoche, als Ibsen
und Bjørnson hier Stammgäste waren.
Auf der Speisekarte findet man auch
kleinere Gerichte für die Lunchpause.

❷ *Café Asylet* ⬤

Grønland 28, Tel. 22 17 09 39
Das Café Asylet bietet eine Alternative
zu den diversen Burgerbratereien. Die

gute norwegische Hausmannskost – im Sommer auch im sonnigen Biergarten serviert – lockt hauptsächlich Bewohner des Szenebezirks Grønland und bis jetzt nur wenige Touristen an.

❽ *Fyret* ⊜
Youngstorget 6
Tel. 22 20 51 82
www.fyretmatogdrikke.no
Gemütliches Café / Restaurant mit vielen kleinen Gerichten. Bemerkenswerte Auswahl an norwegischem Aquavit: 152 Sorten. Jeden Montag um 20.00 Uhr Live-Jazz.

ÜBERNACHTEN
❽ *Grand Hotel* ⊜⊜⊜⊜
Karl Johans gate 31
Tel. 23 21 20 00
www.grand.no
Das erste Haus (292 Zi.) am Platz öffnete 1874 seine Pforten. Seither ist es ständig modernen Erfordernissen angepasst worden. Schwimmhalle mit Sauna und Solarium; Fitness- und Wellness-Programme. Stilvolles Interieur im Lunch-Restaurant »Palmen«.

❷ *Holmenkollen Park Hotel Rica* ⊜⊜⊜⊜
Kongeveien 26
Tel. 22 92 20 00
www.holmenkollenparkhotel.no
Schweizer- und Drachenstil sind in diesem exklusiven, hochmodernen Hotel (336 Zi.) eine glückliche Symbiose eingegangen. Hier fehlt es an nichts. Im Restaurant ❺ »De Fem Stuer« kann man bei hervorragendem Essen den Blick auf Oslo genießen.

❻ *Hotel Continental* ⊜⊜⊜⊜
Stortingsgt. 24 – 26

Tel. 22 82 40 00
www.hotelcontinental.no
Nicht täuschen lassen von der unscheinbaren Fassade: Das Hotelrestaurant »Annen Étage« ist mit einem Stern gekrönt. Im Vergleich zu anderen Osloer Hotels bietet das Continental (155 Zi.) ein sehr gutes Preis-Leistungs-Verhältnis.

❶ *Clarion Collection Hotel Gabelshus* ⊜⊜⊜ – ⊜⊜⊜⊜
Gabelsgate 16
Tel. 23 27 65 00
www.nordicchoicehotels.no/Clarion-Collection/Clarion-Collection-Hotel-Gabelshus
In ruhiger Lage, nur ca. 10 Min. vom Anleger der Color Line entfernt. Architektonisch interessantes Ensemble.

❹ *Rica Hotel Bygdøy Allé* ⊜⊜⊜
Bygdøy Allé 53
Tel. 23 08 58 00, www.rica.no
Gemütliches Hotel (57 Zi.) zwischen Zentrum und Museumsinsel Bygdøy in einem sanierten Backsteingebäude. Sehr empfehlenswert ist das Restaurant Magma mit schönem Interieur.

❼ *Clarion Collection Hotel Savoy* ⊜⊜⊜
Universitetsgaten 11
Tel. 23 35 42 00
www.clarionhotel.com/hotel-oslo-norway-NO060
Neben der Nationalgalerie und nur wenige Schritte bis zur Karl Johansgate, steht dieses beliebte und gepflegte Stadthotel (80 Zi.), das günstige Sommerpreise bietet.

❺ *Cochs Pensjonat* ⊜⊜
Parkveien 25
Tel. 23 33 24 00
www.cochspensjonat.no

Eine der wenigen etablierten Pensionen in der Hauptstadt. Zentrale Lage am Schloss. 88 Zimmer mit Mini-Küche.

⓫ *Anker Hotel* ⊝⊝

Storgt. 55
Tel. 22 99 75 10
www.anker-hotel.no
Modernes Hotel (264 Zi.) in ruhiger Lage zwischen Zentrum und Szeneviertel.

❾ *Clarion Collection Hotel Bastion* ⊝⊝

Skippergt. 7
Tel. 22 47 77 00
www.hotelbastion.no
Zentral gelegen, sehr angenehme Atmosphäre, alle 99 Zimmer sind mit geschmackvollen Antiquitäten möbliert. Wer Wert auf Helligkeit legt, sollte kein Zimmer zum Innenhof nehmen.

❸ *Bogstad Camping* ⊝

Ankervn. 117
Tel. 22 51 08 00
www.bogstadcamping.no
Großer und fast immer stark frequen-tierter Platz, komfortabel und nahe am Badesee. Ganzjährig geöffnet, mit Hüttenvermietung.

❿ *Oslo Vandrerhjem Haraldsheim* ⊝

Haraldsheimvn. 4
Tel. 22 22 29 65
www.haraldsheim.no
Die Jugendherberge ist nicht gerade gemütlich, aber im teuren Oslo die preiswerteste Unterkunft und deshalb nicht nur Ziel junger Leute.

AUSGEHEN

Als Amüsiermeilen der Stadt gelten das ehemalige Werftengelände Aker Brygge,

die altehrwürdige Karl Johans gate, die multikulturellen Szeneviertel Grüner-løkka und Grønland sowie das West End um Bogstadveien.

SHOPPING

Beliebte Einkaufsstraßen: Aker Brygge, Karl Johans gate
Große Warenhäuser: Steen & Strøm (Nedre Slottsgate), Glas Magasinet (Stor-torvet), Oslo City (nahe Hauptbahnhof) mit rund 100 Geschäften. Ein weiteres Einkaufsviertel befindet sich westlich vom Zentrum zwischen Schlosspark und Frognerpark.
Einkaufspassage Paleét (Karl Johansgate 37-43): über 40 verschiedene Läden, darunter Norwegens größter Buchladen Tanum, der auch deutsch- und englisch-sprachige Bücher führt. Günstige Restaurants.
Unterhalb der Festung Akershus legen die Kreuzfahrtschiffe an. Im Oslo Cruise Terminal gibt es ein großes, aber teures Angebot an typisch norwegischen Souvenirs aller Art.

OSLO PASS

Im teuren Oslo lässt sich mit dem Oslo Pass Geld sparen: Er ist für ein bis drei Tage gültig und berechtigt zur kosten-losen Nutzung öffentlicher Verkehrs-mittel, zum Besuch der Museen und Parken auf allen Parkplätzen. Rabatte gibt es für Sightseeing-Touren mit Schiff und Bus. Erhältlich ist der Pass u.a. bei der Touristeninformation, am Bahnhof und Flughafen sowie in den Hotels.
Erw. 270 / 395 / 495 NOK
Ki. / Senioren 120 / 145 / 190 NOK

STADTRUNDFAHRTEN

Täglich unterschiedliche Stadtrundfahr-ten mit Bus und Stadtführer (norw., dt.,

engl.) ab 10.15 und 12.30 Uhr. Start
ist am Fridtjof Nansens Plass am
Osloer Rathaus.

FJORDRUNDFAHRTEN

Abfahrt am Rathauskai stündlich Mitte
Mai bis Ende Juni 10.00 – 16.00 Uhr, Juli
bis August, 10.00 – 19.00 Uhr, Dauer ca.
50 Min. Angeboten werden auch Rundfahrten zwischen den Inseln des Oslo-
fjords mit Lunch-Buffet (2 Std.) sowie
eine romantische Fjordrundfahrt am
Abend.
Touristeninformation, Tel. 23 35 68 90,
oder www.boatsightseeing.com

SPORT UND FREIZEIT
Skifahren

Rund um Oslo herrschen von Januar bis
März relativ sichere Schneeverhältnisse.
Das Skigebiet der Nordmarka ist durch
die Holmenkollenbahn gut erschlossen.

Schwimmen und Surfen

Die schönsten Strände: Huk (auf der
Halbinsel Bygdøy mit eigenem FKK-
Strand), Hvervenbukta, Katta und In-
gierstrand im Süden. Surfer tummeln
sich vor dem Sandstrand Rolfstangen.
Gute Bademöglichkeiten findet man
auch an den 300 Seen der Oslomarka.

OSLO METRO

Oslo

Holmenkollen

Sørkedalsveien

Blindern (Universität)

MAJORSTUEN

Stens-Park

Vigeland-Anlage

Fagerborg-Kirche

Frogner-Park

Bislett-Stadion

Stadtmuseum

Vigeland-Museum

THOMANS-BYEN

FROGNER

Uranienborg-Kirche

Slottparken

Königliches Schloss

Kultur-histor. Museum

Carl Johan

Alte Universität

Nobel-Institut

National-theater

Ibsen-Museum

Konzert-haus

Rathaus

SKILLEBEKK

Universitäts-bibliothek

Observatorium

Nobel-Friedens-center

Vestbane-plassen

Rådhus-plassen

Aker Brygge

Fähranleger Color Line

Henie-Onstad-Kunstzentrum
Messe, Bygdøy, Drammen

Frognerkilen

Pipervika

Akershus Festning

BYGDØY

Oslofjorden

Seefahrts-

Essen

1 Bølgen & Moi Briskeby
2 Café Asylet
3 Solsiden
4 Theatercaféen
5 De Fem Stuer
6 Det Gamle Raadhus
7 Engebret Café
8 Fyret

Übernachten

1 Clarion Collection Hotel Gabelshus
2 Holmenkollen Park Hotel Rica
3 Bogstad Camping
4 Rica Hotel Bygdøy Allé
5 Cochs Pensjonat
6 Hotel Continental
7 Clarion Collection Hotel Savoy
8 Grand Hotel
9 Clarion Collection Hotel Bastion
10 Oslo Vandrerhjem Haraldsheim
11 Anker Hotel Best Western

⊸ U-Bahn (Tunnelbanen)

Highlights Oslo

▶ **Karl Johans gate**
Bummeln und Prachtbauten
bestaunen
Seite 416

▶ **Nationalgalerie**
Größte Kunstsammlung Norwegens,
u.a. mit Arbeiten von Picasso
Seite 417

▶ **Oper**
Für Architektur-, Kunst-, und
Musikfans
Seite 419

▶ **Aker Brygge**
Einkaufen, Seeluft schnuppern und
Spaß haben
Seite 407

▶ **Munch-Museum**
Edvard Munchs Werk geballt
Seite 421

▶ **Vigeland-Park**
Ein halbes Menschenleben lang
arbeitete Gustav Vigeland an den
Skulpturen.
Seite 422

▶ **Bygdøy**
Von Wikingerschiffen, Polarforschern
und vielem mehr
Seite 422

▶ **Holmenkollen**
Berühmte Sprungschanze mit
einmaliger Aussicht
Seite 426

vom nahen Fjord, lauschen dem **Live-Jazz von den Pontons** und
genießen ein Bier im Freien. Mittlerweile wird in Aker Brygge wieder
gebaut, um das Angebot an Wohnungen und Büros, teils auf künstlichen Inseln, zu erweitern.

Neue Museen Fertig gestellt ist mittlerweile das neue **Astrup Fearnley Museum**
für moderne Kunst, ein beeindruckender Bau des Stararchitekten
Renzo Piano. Im inneren sind zeitgenössische Arbeiten von Künstlern aus den USa und etwa auch aus Brasilien, China und Japan zu
sehen. Man darf gespannt auf die nächsten Jahre sein: 2013 soll **das
neue Munch/Stenersenmuseum** zum 150. Geburtstag des bekanntesten norwegischen Malers in der Nähe der Oper fertig werden. Das
57 m hohe Glasgebäude „Lambda" wurde von dem spanischen Büro
Herreros geplant. Dort, wo heute noch die ziemlich hässliche Uferstraße verläuft, wird dann die Dronning Eufemias Gate entlang führen, ein 40 m breiter, begrünter Boulevard mit nur wenig Autoverkehr. 2016 wird auch **die neue Deichmannsche Bibliothek**
zwischen dem Boulevard und der Oper fertig gestellt sein.
Astrup Fearnley Museum: Strandpromenaden 2, Tel. 22 93 60 60,
Di., Mi., Fr. 12.00 – 17.00, Do. bis 19.00, Sa., So. 11.00 – 17.00 Uhr,
Eintritt 100/60 NOK, www.afmuseet.no
Weitere Infos zur Stadtentwicklung: unter www.operakvarteret.no.

Oslo ist Sitz der Regierung und des Königs sowie der Verwaltungs-
bezirke Oslo und Akershus. Mit seinen Universitäten und Hochschulen ist Oslo Norwegens größtes Ausbildungszentrum. Jedes Jahr am
10. Dezember wird im Rathaus der **Friedensnobelpreis** verliehen.

Sitz der Regierung

Die **älteste Hauptstadt Skandinaviens** wurde wahrscheinlich 1050
von König Harald Hårdråde gegründet; archäologische Funde beweisen aber, dass hier spätestens 900 n.Chr. ein Schiffslandeplatz mit
Siedlung bestanden haben muss. Nachdem Haralds Sohn Olav Kyrre
(1050 – 1093) den Ort zum Bischofssitz erhoben und Håkon V.
(1277 – 1319) eine Domkirche errichtet hatte, blieb Oslo längere Zeit
der **kirchliche Mittelpunkt des Landes**, während die Könige in Bergen residierten. Erst Håkon V. verlegte **um 1300** seinen Wohnsitz
von Bergen hierher und begann den Bau der **Festung Akershus**.
Damals legte auch die Hanse eine Niederlassung in Oslo an. 1397
kam Norwegen unter die dänische Krone, Oslo verlor an Bedeutung.
Nach einem Brand 1624 ließ Christian IV., der damalige dänisch-
norwegische König, die Stadt in direkter Nähe der Festung Akershus
neu erbauen. Auch den Namen der Stadt änderte der Regent – er gab
ihr schlichtweg seinen eigenen Namen. Zwischen 1624 und 1924
wurde die Hauptstadt Norwegens **Christiania** genannt (ab 1877 Kristiania geschrieben). Seuchen und hohe Steuern, die den Bewohnern
in langen Kriegen aufgebürdet wurden, verhinderten im 18. Jh. die

Geschichte

Zählt zu den Wahrzeichen von Oslo: Holmenkollen-Schanze

Die Karl Johans gate wird in den langen Sommernächten in ein blaues Licht getaucht.

Entwicklung Christianias zu einer Handelsstadt nach europäischem Vorbild. Erst gegen Ende des 18. Jh.s., als der Holzhandel aufblühte, ging es auch mit der Stadt wirtschaftlich aufwärts. Nach **1814**, als sich Norwegen von Dänemark gelöst hatte, wurde Christiania endgültig zur neuen Haupt- und Residenzstadt; unter der Regierung von Karl XIV. Johan entwickelte sie sich zum größten **Verkehrs- und Handelszentrum** Norwegens. Am **1. Januar 1925** erhielt die Stadt schließlich wieder ihren alten Namen **Oslo**, der laut Sprachforschern »Ebene der Götter« oder auch »Ebene am Fuß eines Berges« bedeuten könnte.

KARL JOHANS GATE
UND ANGRENZENDES GEBIET

Bahnhof bis Stortorget
Als Ausgangspunkt für einen Stadtbummel eignet sich der **Hauptbahnhof** (Sentralbanestasjonen). Hier befinden sich ein Parkhaus und ein großer Parkplatz sowie eine Touristeninformation. In dem gläsernen Turm davor erhält man Auskunft über öffentliche Verkehrsmittel. Vom Hauptbahnhof führt die Hauptgeschäftsstraße und Promeniermeile **Karl Johans gate** zum Königsschloss.

Dom
An der Südostseite des Stortorg steht die 1697 geweihte Domkirke (Domkirche). Von der **Ausstattung** sind die Kanzel, der Altar (beide um 1700) und der Orgelprospekt von 1725 erhalten. Vom Anfang

bzw. Mitte des 20. Jh.s stammen die **Vitralien von Emanuel Vige-land** und die Deckengemälde von Hugo Louis Mohr.

❶ tgl. 10.00 – 16.00 Uhr, www.oslodom kirke.no

Hinter der Kreuzung der Karl Johans gate mit der Akersgata steht ***Storting** links das 186 – 1866 im Stil der Neugotik errichtete **Parlamentsge-bäude**, das Storting. Im Sommer (26. bis 33. Woche) werden kosten-lose, einstündige Rundgänge durch das Storting angeboten.

❶ in Englisch Mo. – Fr. 10.00 und 13.00 Uhr, www.storting.no

Die Nationalgalerie (Nasjonalgalleriet) beherbergt die größte Kunst- ***National-** sammlung Norwegens. Sie präsentiert einen umfassenden Quer- **galerie** schnitt norwegischer Maler vom 19. Jh. bis zur Gegenwart. Zwei Säle sind allein **Edvard Munch** gewid-met. Daneben findet man sehens-werte Arbeiten dänischer und schwedischer Meister, Gemälde von El Greco, Rubens und Rembrandt sowie von Cézanne, Degas, Gau-guin, Manet, Matisse und Renoir.

❶ Di., Mi. – Fr. 10.00 – 18.00, Sa. u. Do. bis 20.00, So. bis 17.00 Uhr, Eintritt 50 / 30 NOK, Sa. / So. frei, www. nationalmuseum.no

> **!** **BAEDEKER TIPP**
>
> *Feine Kost*
>
> Im kleinen Feinkostladen Fena-knoken hinter dem Rathaus (Tor-denskioldsgaten 12) erhalten Sie alle norwegischen Schinken-, Wurst- und Käsespezialitäten, dazu geräucherten Fisch sowie Stockfisch und das passende Brot.

Hinter der Nationalgalerie befindet sich das Historische Museum ***Historisches** (Historisk Museum; Eingang Frederiksgate Nr. 2). Unter den nor- **Museum** dischen Altertümern sind die reiche Sammlung der **Wikingerzeit** (um 800 – 1050) mit der Schatzkammer und eine Ausstellung mit Portalen von **Stabkirchen** zu erwähnen.

❶ Di. – So. 10.00 – 17.00, im Winter 11.00 – 16.00 Uhr, Eintritt 50 / 25 NOK, www.khm.uio.no

Am nordwestlichen Ende der Karl Johans gate erhebt sich auf einer ***Königliches** Anhöhe inmitten eines großen Parks das Königliche Schloss (Det **Schloss** Kongelige Slott), ein lang gestreckter Bau im Empirestil (1825 – 1848), den der schwedisch-norwegische König Karl Johan erbauen ließ. Eine besondere Attraktion ist die **Wachablösung** (tgl. 13.30 Uhr).

❶ Mitte Juni – Mitte Aug., englischsprachige Führungen Mo. – Do. und Sa. 12.00, 14.00, 17.00, Fr., So. 14.00, 14.20, 16.00 Uhr; Eintritt 95 / 85 NOK, www.kongehuset.no. Karten bekommt man im Voraus im Internet, per Telefon (81 53 31 33) und auf allen Postämtern. Der Verkauf startet bereits Anfang April. Wer Glück hat, bekommt nicht verkaufte Karten am Eingang.

Entlang der Südseite des Schlossparks verläuft der Drammensveien. **Nobelinstitut** An der Kreuzung mit dem Parkveien steht das Nobelinstitut: Alljähr-

Ragen markant am Hafen auf: die beiden
wuchtigen Türme des Rathauses.

lich am 10. Dezember wird im Festsaal des Rathauses der Friedensnobelpreis verliehen (alle Preisträger unter **www.nobel.no**).

Wenn man vom Nationaltheater nach Süden geht, erblickt man das
monumentale **Rathaus** (Rådhus), das 1931 – 1950 nach Plänen von
Arnstein Arneberg und Magnus Poulson erbaut wurde. Obwohl immer umstritten, wurde der mächtige, mit Backstein verkleidete Betonbau mit zwei klotzigen Türmen (am östlichen Turm befindet sich
ein Glockenspiel) zum Wahrzeichen der Stadt. Sehenswert sind der
reiche Freskenschmuck im Inneren, an dem 28 Künstler, darunter
Henrik Sørensen, Per Krohg, Edvard Munch u. a. mitgewirkt haben.
❶ tgl. 9.00 – 16.00 Uhr, Eintritt frei, Führungen in Englisch

Nobel-
Friedens-
center
Im ehemaligen Westbahnhof befindet sich seit Juli 2005 das Nobel-
Friedenscenter. Es informiert über Alfred Nobel und sämtliche Friedensnobelpreisträger, darüber hinaus wird mit Vorträgen, Seminaren
und Dokumentationen über **Friedensbemühungen in aller Welt**
und aktuelle Konfliktherde berichtet.
❶ tgl. 10.00 – 18.00 Uhr, Eintritt 80 / 55 NOK, www.nobelpeacecenter.org

NÖRDLICHE INNENSTADT

Kunst-
gewerbe-
museum
Am Nordende der Akersgata liegen die katholische St.-Olavs-Kirche
(1853) und gegenüber das Kunstindustrimuseet, das einen sehr guten
Einblick in die Entwicklung des nordischen Kunstgewerbes gewährt.

Auch einzigartige Wandteppiche sind hier zu sehen, wie der sog. **Baldishol-Teppich (um 1180)** aus der Baldisholkirche im Regierungsbezirk Hedmark.

❶ Di., Mi., Fr. 11.00 – 17.00, Do. bis 19.00, Sa. / So. 12.00 – 16.00 Uhr, Eintritt 50 / 30 NOK, www.nasjonalmuseet.no

Nördlich erstreckt sich zwischen Ullevåls- und Akersveien der Erlöserfriedhof (Vår Frelsers Gravlund). Im »Ehrenwäldchen« (Æreslunden) in der Mitte des Friedhofs sind die Dichter **Bjørnstjerne Bjørnson** und **Henrik Ibsen** sowie der Maler **H. F. Gude** bestattet.   **Erlöserfriedhof**

Am Nordende des Akersveien steht auf einer kleinen Erhebung die Alte Akerskirche (Gamle Akerskirke), **Oslos ältestes Gebäude**, das vermutlich im Jahr 1150 von Olav Kyrre als Basilika anglo-normannischer Art gebaut wurde. Nach 1703, als das gesamte Inventar der Kirche bei einem Brand zerstört wurde, erhielt die eher schlichte Kirche ihr jetziges Taufbecken und die wunderschöne **Kanzel.** Die Akustik ist ausgezeichnet!   **Alte Akerskirche**

SÜDLICHE INNENSTADT

Der Granitbau (1902) im norwegischen Jugendstil am Bankplass war früher Hauptsitz der norwegischen Staatsbank. Seit 1990 beherbergt er das **größte Museum zeitgenössischer Kunst Norwegens** (Museet for Samtidskunst) mit Werken aller bedeutenden norwegischen Künstler nach 1945 und einiger ausländischer Künstler wie Asger Jorn, Hanne Darboven, Sol Le Witt, Bill Viola und Günther Förg.   ***Kunstmuseum**

❶ Di., Mi., Fr. 11.00 – 17.00, Do. bis 19.00, Sa., So. 12.00 – 17.00 Uhr, Eintritt 50 / 30 NOK, Sa. / So. frei, www.nasjonalmuseet.no

Mit der **Oper** ist den Osloern der große Wurf gelungen, die Vorstellungen sind fast immer ausverkauft, das Haus gilt als architektonisches Meisterwerk und **neues Wahrzeichen der Stadt** und lädt Besucher zudem als begehbares Kunstwerk zum Verweilen und Schauen ein. Im Rahmen des Projektes Fjordbyen spielt die neue Oper als Prestigeobjekt eine wichtige Rolle, macht aber nur einen kleinen Teil aus. So soll sich die Umgebung der Oper – der Stadtteil Bjørvika – in ein attraktives, lebendiges Viertel mit Wohnungen, Büros, Geschäften und Restaurants verwandeln. Dazu gehört auch die Fertigstellung eines weiteren Tunnels, durch den mehr als 100 000 Autos pro Tag aus der Hafengegend verbannt werden.   ***Den Norske Opera & Ballett**

❶ Kirsten Flagstads plass 1 , Tel. 21 42 21 21, www.operaen.no

An der Westseite dieses Stadtteils liegt auf einer Landzunge (Akersnes) über dem Oslofjord die Festung Akershus, die Ende des 13. Jh.s   ***Festung Akershus** von Håkon V. begründet wurde. Während der Regierungszeit Christians IV. wurde die mittelalterliche Burg in ein Renaissanceschloss umgebaut. Besichtigen kann man den Saal Christians IV. und die Schlosskirche, in deren Krypta sich die letzte Ruhestätte von König Håkon VII. (1872 – 1957) befindet. In der Festung befindet sich das **Museum des norwegischen Widerstands** (Norges Hjemmerfrontmuseum) gegen die deutschen Besatzer während des Zweiten Weltkriegs. Im Arsenal ist das **Militärgeschichtliche Museum** (Forsvarsmuseet) untergebracht.

Museum des norwegischen Widerstands: Juni – Aug. Mo. – Sa. 10.00 – 17.00, So. ab 11.00, sonst tgl. 10.00 – 16.00, So. ab 11.00 Uhr, Eintritt 50 / 25 NOK

Militärgeschichtliches Museum: Mai – Aug. Mo. – Fr. 10.00 – 17.00, Sa. / So. ab 11.00, sonst Di. – Fr. 11.00 – 16.00, Sa. / So. bis 17.00 Uhr, Eintritt 50 / 25 NOK

Grünerløkka Vom Botanischen Garten erreicht man in westlicher Richtung in wenigen Minuten das Flüsschen Akerselv und kann an ihm entlang in nördlicher Richtung bis nach Grünerløkka schlendern. Grünerløkka ist schon seit einigen Jahren ein **Trendviertel**. Der schönste Teil mit erhalten gebliebener, gründerzeitlicher Bebauung und grünen Innenhöfen liegt rund um die Fontäne auf dem Olaf Ryes plass und erstreckt sich bis zur Pauluskirche im Norden. Wer nur wenig Zeit hat, kann sich auf das Viertel zwischen den parallel verlaufenden Hauptstraßen Markveien und Thorvald Meyers gate konzentrieren. Viele haben sich in den Stadtteil verliebt, andere schätzen ihn ganz pragmatisch wegen der noch erschwinglichen Mieten. Abends trifft man sich in der Kneipe an der Ecke und freut sich, dass das Bier einige Kronen billiger als auf der Karl Johan oder Aker Brygge ist. Gerne wird Grünerløkka mit dem Londoner Greenwich Village verglichen, doch es gibt auch Ähnlichkeiten mit Prenzlauer Berg in Berlin. Das liegt einerseits daran, dass sich der Architekt G. A. Bull im 19. Jahrhundert bei der Gestaltung der Fassaden von dem Berliner Vorbild inspirieren ließ. Es sind aber auch die Kneipen und Restaurants, in denen oft bis nach Mitternacht Betrieb herrscht, die den Charme von Grünerløkka ausmachen. Auch **Edvard Munch** war diesem Charme erlegen, von 1885 – 1889 wohnte er in der Thorvald Meyers gate 48 und malte hier auch einige Milieustudien wie das Bild »Glimt fra Grünerhaven« aus dem Jahr 1887.

BAEDEKER TIPP !

Lecker essen im »Sult«

Mitten in Grünerløkka, dem »Soho« Oslos im Osten der Stadt mit seinen zahlreichen ausländischen Läden und Kneipen, liegt das kleine Restaurant »Sult«, in dem Sie zu vernünftigen Preisen Ihren Hunger stillen können (Thorvald Meyers gate 26, Tel. 67 10 99 70, www.sult.no).

Historische Schiffe ankern vor Schloss Akershus.

Im Osten der Stadt befindet sich an der Südseite des Botanischen Gartens (Tøyengata 53) das Munchmuseet. Hier wird der umfangreiche Nachlass Edvard Munchs (1863 – 1944; ▶Berühmte Persönlichkeiten) gezeigt: Zwei der berühmtesten Bilder von Munch, »Der Schrei« (1893) und »Madonna« (um 1894), wurden 2004 gestohlen, konnten aber wieder sichergestellt werden. »Der Schrei« gilt nach der »Mona Lisa« von Leonardo da Vinci als das bekannteste Motiv der Kunstgeschichte. Munch hat vier Versionen des Schreis gemalt – eine weitere ist in der Nationalgalerie zu sehen.

**Munch-Museum

🕐 2. Juni – Aug. tgl. 10.00 – 17.00, sonst Di. – Sa. 10.00 – 16.00, So. bis 17.00 Uhr, Eintritt 95 / 50 NOK, www.munch.museum.no

Geht man vom westlichen Ende der Flaniermeile Karl Johan gate durch den Schlosspark, trifft man bald auf den Hegdehaugsveien, der in den Bogstadveien übergeht. Im gutbürgerlichen Stadtteil Majorstua sind viele Straßen von schönen Altbauten gesäumt. Traditionell nennen die Osloer diese Gegend „Vestkanten" – im Gegensatz zur „Østkanten" jenseits des Flusses Akerselva. Sowohl Hegdehaugsveien als auch Bogstadveien sind beliebte Shoppingmeilen, auf denen sich ein Geschäft ans andere reiht. In den zahlreichen Restaurants und Bars herrscht auch nach Ladenschluss noch Leben. Am Ende des Bogstadveien biegt man nach links in den Kirkeveien ein und kommt bald zum Haupteingang des **Frognerparks, eines der beliebtesten Naherholungsgebiete**. Im Sommer ist der Park ein Tummelplatz für Spaziergänger, Jogger und Skater, im Winter für Skilangläufer. Die Grünflächen laden zum Picknick ein, für weitere sportliche Betätigung bieten sich das Frognerstadium, die Tennisplätze und das Frognerbad an.

Oslos Westen

Vigeland-Park Im Nordwesten der Stadt (Zufahrt durch Drammens- und Frogner-veien) erstreckt sich der Frognerpark, auch Vigelandpark genannt. Der Haupteingang liegt am Kirkeveien. Auf dem Gelände gibt es Restaurant und Freibad. Der Bildhauer **Gustav Vigeland (▶Berühmte Persönlichkeiten) schuf die größte Sehenswürdigkeit des Parks, die Vigeland-Anlage, in denen 212 Skulpturen zu sehen sind, an denen der Künstler 40 Jahre arbeitete. So besteht der 17 m hohe **Monolith** aus 121 ineinander verschlungenen, menschlichen Körpern.

** HALBINSEL BYGDØY

Anfahrt Im Sommer fahren Boote ca. alle 30 Min. vom Rathauskai zur Halbinsel Bygdøy im Westen der Stadt (ansonsten Busverkehr, auf der Straße 6 km). Die hiesigen Museen zählen zu den Höhepunkten eines Oslo-Besuchs. Außerdem gibt es mehrere **Badestrände**.

Fram-Museum An der Südostseite von Bygdøy (Anlegestelle der Motorboote) steht das Fram-Museum, in dem das Polarschiff »Fram« ausgestellt ist, mit dem **Fridtjof Nansen (▶Berühmte Persönlichkeiten) 1893 – 1896 seine Drift im Nordpolarmeer durchführte.
❶ Winter Mo. – Fr. 10.00 – 15.00, Sa./So. bis 16.00, März/Apr./Okt. tgl. 10.00 – 16.00, Mai/Sept. bis 17.00, Juni/Aug. 9.00 – 18.00 Uhr, Eintritt 80/30 NOK, www.frammuseum.no

*Seefahrts-museum Im Seefahrtsmuseum stehen Modelle verschiedenster Schiffe und Boote, vom kleinen Ruderboot bis zum großen Öltanker, außerdem gibt es Ausstellungen über Fischfang, Tiefseearchäologie und Wetterkunde. Vor dem Seefahrtsmuseum wurde das **Polarschiff »Gjøa«** aufgebockt, mit dem der norwegische Polarforscher Roald Amundsen von 1903 bis 1906 die Nordwestpassage bewältigte.
❶ Mitte Mai – Aug. tgl. 10.00 – 18.00, sonst Di. – Fr. 10.00 – 15.00, Sa./So. bis 16.00 Uhr, Eintritt 60/30 NOK, www.marmuseum.no

*Kon-Tiki-Museum Gegenüber dem Fram-Museum findet man in einem Gebäude das aus Balsaholz gefertigte Floß »Kon-Tiki«. Mit diesem segelte der norwegische Anthropologe **Thor Heyerdahl** (▶Berühmte Persönlichkeiten) 1947 von Peru zu den ostpolynesischen Inseln. Man kann auch das etwa 14 m lange Papyrusboot »Ra II« bewundern, mit dem Heyerdahl 1970 den Atlantik bezwang.
❶ tgl., März – Mai 10.00 – 17.00, Juni – Aug. 09.30 – 18.00, sonst 10.00 – 16.00 Uhr; Eintritt 70/40 NOK, www.kon-tiki.no

Wikinger-schiff museum Südlich vom Volksmuseum befinden sich in einem großen Gebäude (Vikingskiphuset) **drei Wikingerschiffe aus dem 9. Jh., die nach ihren Fundorten benannt sind: Oseberg, Gokstad und Tune (▶zum

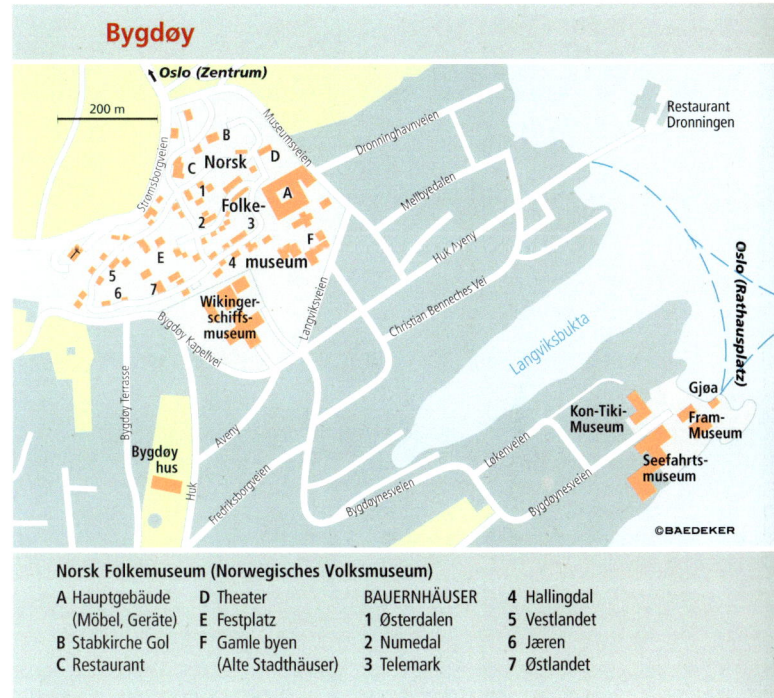

Bygdøy

Oslo (Zentrum)

200 m

Stromsborgveien · Museumsveien · Dronninghavneien · Restaurant Dronningen

B · C · Norsk · D · Folke- · A · 1 · 2 · 3 · E · F · 4 museum · 5 · 6 · 7 · Wikinger- schiffs- museum · Bygdøy Kapellvei · Langviksveien · Meltöyveien · Huk Aveny · Christian Benneches Vei · Langviksbukta · Oslo (Rathausplatz) · Gjøa · Kon-Tiki- Museum · Fram- Museum · Seefahrts- museum · Løkenveien · Bygdoynesveien · Bygdøy Terrasse · Bygdøy hus · Aveny · Huk · Fredriksborgveien · Bygdøynesveien

©BAEDEKER

Norsk Folkemuseum (Norwegisches Volksmuseum)

A Hauptgebäude (Möbel, Geräte)	**D** Theater	**BAUERNHÄUSER**	**4** Hallingdal
B Stabkirche Gol	**E** Festplatz	**1** Østerdalen	**5** Vestlandet
C Restaurant	**F** Gamle byen (Alte Stadthäuser)	**2** Numedal	**6** Jæren
		3 Telemark	**7** Østlandet

Oseberg-Schiff Baedeker Wissen, S. 424). Alle drei Schiffe wurden in früheren Zeiten von den Wikingern als Grabstätten für ihre Häuptlinge verwendet, wobei das Oseberg- und das Gokstadschiff auch heute noch seetüchtig wären. Das 1903 nördlich von Tønsberg entdeckte **Osebergschiff**, auf dem eine Wikingerfürstin bestattet worden war, ist der hervorragendste und umfangreichste Fund aus der vorchristlichen Zeit des Nordens. Dank des feuchten Torfbodens blieben organische Materialien wie Holz und Textilien erhalten. Das 1880 bei Gokstad ausgegrabene **Gokstadschiff** (23,3 m lang und 5,2 m breit), das im Gegensatz zum Osebergschiff ein Seeboot und daher weniger reich verziert war, hat ebenfalls als Grabstätte gedient. Es ist als Segel- und Ruderschiff eingerichtet (an der obersten Planke wurden die Schilde der Krieger aufgehängt). Eine genaue Nachbildung dieses Schiffs segelte 1893 in sechs Wochen nach Amerika und bewies somit, dass die **Wikinger** die neue Welt durchaus vor **Kolumbus** entdeckt haben könnten.

❶ Mai bis Sept. tgl. 9.00 – 18.00, sonst tgl. 10.00 – 16.00 Uhr, Eintritt 60/30 NOK, www.khm.uio.no/vikingshuset

** *Osebergschiff*

Im Sommer 1903 stieß der Hofbesitzer von Oseberg bei der Landarbeit auf merkwürdige Holzteile im Boden. Diese entpuppten sich als 21,4 m langes und 5,1 m breites Wikingerschiff, das 834 n. Chr. zum Schiffsgrab umfunktioniert worden war. Zwar waren die wertvolleren Grabbeigaben längst gestohlen. Den hölzernen Körper des Schiffes aber hatte die Torferde hervorragend konserviert. Heute bildet das »Osebergschiff« den größten Schatz im Wikingerschiffmuseum von Oslo.

❶ *Drachenkopf*
Die typische Stevenspitze, ein Drachen- oder Schlangenkopf mit spiralgedrehtem Hals, war abgehackt.

❷ *Seitensteuer*
Bei Wikingerschiffen sitzt das Seitensteuer an Steuerbord, rechts zur Fahrtrichtung. Der Boden ist flach. Anders als die Kriegsschiffe ist dieser Leichtbau (entstanden 815 bis 820) nicht hochseetauglich.

❸ *Ruder*
Alle 30 Ruder, je 3,18 m lang, sind erhalten. 30 Mann bedienten sie auf Kisten sitzend. Mit Segeln war das Schiff bis zu 10 Knoten schnell.

Letzte Ruhestätte im Schiffsmuseum

❹ *Planken*
Die Deckplanken bestanden aus Fichte, befestigt mit Nägeln aus Eibe.

❺ *Ochsen als Grabbeigabe*
Überdauert haben die Überreste eines Ochsen, dessen Henkersmahlzeit aus Wacholdernadeln, Riedgras, Heidekraut und Hagebutten bestand.

❻ *Die Toten*
Der Vordersteven des Schiffes zeigte nach Süden. Auf dem Deck hatte man eine 5,5 x 5,3 m große Kammer aufgebaut, Grabmal für zwei Frauen, die eine ca. 45 Jahre alt, die andere vermutlich um die 30. Man vermutet, dass es sich um eine Fürstin handelte, der ihre Dienerin in den Tod folgte (oder folgen musste). Eine Eichentruhe, gefüllt mit Weizenkörnern, Wildäpfeln und Walnüssen, legt eine Bestattung im Herbst nahe.

❼ *Runen*
Im Vorderteil des Schiffes lag ein 2,42 m langes Rundholz mit der ältesten Runeninschrift Norwegens: »litiluism« – der Schiffsname?

❽ *Mast*
Der Mast war 20 cm dick und ca. 13 m hoch. Das ca. 90 m² große Segel fehlte.

!

Weihnachten in Oslo

Um die Weihnachtszeit ist Oslo besonders stimmungsvoll. Auf der Karl Johans gate steht ein großer Weihnachtsbaum, viele Geschäfte sind weihnachtlich dekoriert und mitten in der Innenstadt gibt es eine Schlittschuhbahn. An den Adventssonntagen findet in Frognerseteren das Familien-Julebord, ein üppigen Essen, statt. Im Postamt des Weihnachtsmannes herrscht ebenso Hochbetrieb wie auf dem Weihnachtsmarkt im Norsk Folkemuseum auf Bygdøy.

Das **Norwegische Volkskundemuseum** (Norsk Folkemuseum) stellt Trachten, Teppiche und Möbel mit Rosenmalerei aus sowie Kleidung und Geräte der Samen. Hauptattraktion ist das Freilichtmuseum mit Bürgerhäusern, Höfen, Ställen und Gesindeunterkünften aus den verschiedensten Teilen des Landes. Eine weitere Attraktion ist die **Stabkirche** von Gol aus dem Hallingdal.

❶ Mitte Mai – Mitte Sept. tgl. 10.00 – 18.00, sonst tgl. 11.00 – 15.00, Sa. / So. bis 16.00 Uhr, Eintritt 100 / 75 NOK, www.norskfolke museum.no

AUSFLÜGE IN DIE UMGEBUNG VON OSLO

**Henie-Onstad-Kunstzentrum

Rund 12 km südwestlich vom Stadtzentrum (Ausfahrt E 18) liegt auf Høvikodden das Henie-Onstad-Kunstzentrum (erbaut 1966 – 1968), das mit dem Bus vom Hauptbahnhof erreichbar ist. Es enthält eine bedeutende Sammlung **moderner Klassiker** wie **Miró, Matisse und Picasso**. Weiter umfasst die Sammlung Werke skandinavischer Künstler. In einem Raum werden die Pokale der **Eiskunstläuferin Sonja Henie** (1912 – 1969) gezeigt, die zwischen 1928 und 1936 dreimal olympisches Gold errang.

❶ Di. – Do. 11.00 – 19.00, Fr. – So. 11.00 – 17.00 Uhr, Eintritt 80 / 50 NOK, www.hok.no

**Holmenkollen

Erst von oben erkennt man Oslos einmalige Lage am Fjord und die schier endlosen Wälder der Umgebung. Am einfachsten ist es, mitten in der Stadt in die Holmenkollenbahn zu steigen und bis zur Skisprungschanze und dann weiter nach Frognerseteren zu fahren. Am Wochenende wird man sommers wie winters vermutlich kaum einen Platz bekommen, denn dann zieht es die Osloer in Scharen in die Natur. Die Holmenkollenbahn, aus der später die **T-Bane-Strecke** wurde, war die erste Vorortbahn der norwegischen Hauptstadt, die 1898 in Betrieb genommen wurde. Vom Jernbanetorget, dem Hauptbahnhof, führt sie über Storting, Nationaltheater und Majorstuen in nordwestlicher Richtung hinaus aus der Stadt. In den Osloer Vororten entlang der Strecke weichen Mietshäuser bald Einfamilienhäusern mit kleinen Gärten. Auch rund um die Station Holmenkollen, die nach rund 20minütiger Fahrt erreicht ist, ziehen sich schmucke Häuschen terrassenförmig den Berghang hinauf. Wer hier wohnt, genießt tagtäglich einen einmaligen Blick auf die Stadt und den Fjord, muss diese privilegierte Wohnlage allerdings auch recht teuer bezahlen. Nach einem kurzen Fußmarsch steht man schließlich am Fuß der Schanze.

Jahrzehntelang fiel schon vom Fjord die markante Silhouette der Holmenkollenschanze ins Auge. Der erste Wettkampf fand hier 1892, allerdings noch auf einer viel kleineren Schanze, statt. 1952 wurden am Holmenkollen die Olympischen Winterspiele ausgetragen. Seitdem gab es regelmäßig Weltcupwettbewerbe im Skispringen, Skilanglauf und Biathlon. Ein Großereignis, das alljährlich viele Tausend Zuschauer anlockt, sind die Holmenkollenspiele. Doch die Schanze und die gesamte Anlage für Skilangläufer und Biathleten entsprachen in den letzten Jahren nicht mehr den Bestimmungen für internationale Großveranstaltungen. Schweren Herzens haben sich deshalb die Osloer entschlossen, ihr Wahrzeichen durch einen Neubau zu ersetzen. Mehr als 100 Entwürfe wurden eingereicht, denn der Neubau sollte sich nicht allzu sehr von der Traditionsanlage unterscheiden und doch modern und unverwechselbar aussehen. Im Herbst 2008 war es dann schließlich soweit, die alte Holmenkollenschanze wurde abgerissen, **der Neubau war dann pünktlich zur Nordischen Skiweltmeisterschaft 2011 fertig**. Ein Fahrstuhl bringt Besucher zur Aussichtsplattform, von der man einen weiten Blick über die Stadt genießt.

Skiflug-Schanze

Unter dem Schanzenturm ist das neue Skimuseum untergebracht, das die Geschichte des Skilaufs von den Anfängen bis in die Gegenwart beleuchtet. Für die Norweger ist es ein wichtiges Museum, denn mit Stolz behaupten sie, dass **sie den Skilauf erfunden haben**. So erklärt sich auch das Sprichwort, das behauptet, ein echter Norweger käme schon mit Skiern an den Füßen zur Welt.

Skimuseum

❶ www.holmenkollen.com/eng/The-Ski-Museum

Südlich von Oslo biegt man von der E 18 entlang des Bunnefjord auf die R 182 ab und folgt dieser bis zur Abzweigung am Gjersjøen nach **Svartskog**. Hier steht in sehr idyllischer Umgebung, direkt am Bunnefjord, die im Schweizerstil errichtete **Holzvilla »Uranienborg«**, der ehemalige Wohnsitz des Polarforschers Roald Amundsen (▶Berühmte Persönlichkeiten). Im Amundsen-Museum in Amundsens Geburtsort Torp wird über Norwegens größten Entdeckungsreisenden und seine Polarexpeditionen informiert.

*Amundsens Haus

❶ Framveien 7, Mitte Juni–Mitte Aug. Mi.–So. 11.00–17.00 Uhr; www.visitoslofjord.no

Direkt an der Kreuzung der E 18 mit der E 6 liegt der beliebteste Freizeitpark Ostnorwegens mit **Nordeuropas derzeit größter hölzerner Achterbahn**. Besonders hübsch ist das Wikingerland, in dem

Tusenfryd

alte Wikingertraditionen wieder aufleben. Für die Jüngsten gibt es einen eigenen Park und ein Badeland.

❶ ab 1. Mai, unterschiedliche Öffnungszeiten, Juli – Mitte Aug. tgl. 10.30 – 19.00 Uhr, Eintritt nach Körpergröße, ab 280 NOK, Senioren 209 NOK, www.tusenfryd.no

*Hadeland Glassverk

Etwa 65 km nördlich von Oslo liegt in Jevnaker am südlichen Ende des Randsfjords die bekannteste Glashütte Norwegens. Hadeland Glassverk wurde bereits 1762 gegründet und ist somit der älteste Industriebetrieb des Landes. Hier kann man den Glasbläsern bei der Arbeit zusehen, in den Ausstellungslokalen eine Reise durch Geschichte und Design unternehmen sowie kunstvolle Glasarbeiten bewundern und kaufen.

❶ Mo. – Fr. 10.00 – 15.00 (Museum bis 16.00), beide Sa. bis 16.00, So. 11.00 – 17.00 Uhr, ein eigenes Glas zu blasen kostet 100 NOK, www.hadeland-glassverk.no

* Oslofjord

B 7

Gebiet: Östnorwegen

Über 100 km zieht sich der Oslofjord vom Skagerrak aus ins Landesinnere, an seinem Ende breitet sich Oslo aus. Rund um den Fjord lebt ein Drittel aller Norweger, trotzdem gibt es hier viele ruhige Fleckchen. Die schönsten Badeparadiese liegen am Westufer.

Schon zur Steinzeit beliebt

Bei ▶Fredrikstad am Ostufer, nördlich der Ferieninseln von Hvaler mit ihren markanten, blank gescheuerten Felsen, mündet die 598 km lange Glomma in den Fjord. In dieser Gegend und nordwärts bis hinauf nach Svartskog hat man rund 9000 Jahre alte menschliche Spuren, u. a. Felszeichnungen, gemeißelte Felsbilder, Gräber und zahlreiche mystische Steinkreise, entdeckt. Es handelt sich um die bislang **ältesten Funde** sesshafter Menschen in Norwegen.

Oslofjord erleben

AUSKUNFT
Turistkontor Visit Horten
3187 Horten
Tollbugt 1
Tel. 33 03 17 08

www.visithorten.com
www.visitoslofjord.no

Sandefjord Reiselivsforening
3210 Sandefjord

Thor Dahls gate 1
Tel. 33 46 05 90
www.visitsandefjord.com

Tønsberg Utvikling Turistkontoret
3126 Tønsberg, Storgaten 38
Tel. 48 06 33 33
www.visittonsberg.com

ESSEN
Det gamle Bageri
Ost & Vinhus ◎ – ◎◎
Drøbak, Havnebakken 1
Tel. 64 93 21 05
www.detgamlebageri.no
Nach dem Besuch des Drøbaker Weih-
nachtshauses kann man zum Lunch in
dieser gemütlichen, rustikalen Kneipe
einkehren.

Brygga Restaurant ◎
Tønsberg, Nedre Langgate 32
Tel. 33 31 12 70, www.brygga.net
Der große Meeresfrüchte-Teller ist nicht
nur mächtig, sondern auch preisgünstig.
Besonders hübsch: die große Terrasse
direkt am Wasser.

ÜBERNACHTEN
Hotel Refsnes Gods ◎◎◎◎
Moss, Godset 5
Tel. 69 27 83 00
www.refsnesgods.no
Das auf einer Insel im Oslofjord gelegene
luxuriöse Hotel ist in einem herrschaft-
lichen Anwesen des 18. Jh.s untergebracht. Sehr ruhiges Haus (61 Zi.) mit
eigenem Strand und Bootsanleger.

Åsgårdstrand Thon Hotel ◎◎◎
Åsgårdstrand, Havnegata 6
Tel. 33 02 07 40
www.thonhotels.com
Direkt am Strand gelegenes, komfor-

tables Ferienhotel (78 Zi.), das sich dem
Maler Edvard Munch, dem einst berühmtesten Feriengast des kleinen Ortes,
verpflichtet fühlt.

Hotel Kong Carl ◎◎ – ◎◎◎
Sandefjord, Torggata 9
Tel. 33 46 31 17
www.kongcarl.no
Das zentral gelegene, altehrwürdige
Haus (29 Zi.) wurde Ende des 17. Jh.s
erbaut. Seit 1721 dient es als Gasthof.
Seine Küche ist überregional bekannt.

Wassilioff Hotel ◎◎◎
Stavern, Havnegt. 1
Tel. 33 11 36 00
www.wassilioff.no
Das Hotel (47 Zi.) in der alten Garnisons-
stadt gehört zu den bevorzugten
Häusern am Oslofjord.

Klokkergården Vandrerhjem ◎
Horten, Sandeveien 3–7
Tel. 33 03 13 79, www.hortenvh.no
Mit einem Architekturpreis ausgezeichnete, schöne Anlage, deren Gebäude
wie ein Bauernhof gruppiert sind, etwa
2 km außerhalb von Horten.

FESTE
Hauptattraktion sind die Vestfold-Fest-
spiele, Ende Juni / Anfang Juli in
Tønsberg mit Theateraufführungen,
Konzerten und Ausstellungen.
www.vestfoldfestspillene.no

STRÄNDE
Für Familien mit Kindern: Valløy
(Camping) und Skallevoll westlich von
Tønsberg.
Besonders schön: Verdens Ende im
Süden der Insel Tjøme. Zwischen den
Felsen liegen viele kleine Badebuchten.

SEHENSWERTES AM OSLOFJORD

Moss / Horten

Zwischen Moss auf der Ostseite des Oslofjordes an der E 6 und Horten im Westen verkehrt eine Autofähre (30 Min., alle 45 Min.) Auf der Moss vorgelagerten Insel Jeløy (Brücke) befindet sich eine der bekanntesten Galerien Ostnorwegens: die **Galerie F 15** im Herrenhaus Alby.

Galerie F 15: geöffnet tgl. 11.00 – 17.00 Uhr

*Drøbak

Im Badestädtchen Drøbak an der schmalsten Stelle des Oslofjordes befand sich einst Oslos Winterhafen. Wenn der Fjord zugefroren war, mussten Passagiere und Waren von hier auf dem Landweg nach Oslo transportiert werden. Am kleinen Bootshafen stehen pittoreske Holzhäuser und ein Aquarium. Im Ortskern lädt Norwegens einziges ganzjährig betriebenes **Weihnachtshaus**, »Treegaardens julehus«, zum Stöbern ein (mit eigenem Poststempel).

Horten

Der erste Ort am eigentlichen Oslofjord ist die Hafenstadt Horten (26 300 Einw., Autofähre nach Moss, 30 Min.). In den alten Gebäuden der Marinestation Karljohansvern nördlich des Zentrums befindet sich das **Marinemuseum**. Davor steht die »Rapp« von 1872, das älteste Torpedoboot der Welt. Im gleichen Gebäudekomplex liegt auch das **Preus-Fotomuseum**, international renommiert und das einzige seiner Art in Norwegen. Die Ausstellungshallen wurden von dem bekannten Architekten Sverre Fehn entworfen. Setzt man gleich von Moss nach Horten über, ohne den Umweg über Drøbak, erreicht

Hier lebte und malte Edvard Munch bei seinem
Aufenthalt in Åsgårdstrand.

man 4 km südlich von Horten das neue, kunstvoll gestaltete **Mittel-alterzentrum »Midgard«** mit effektvollen, auch für Kinder höchst spannenden Darstellungen der Geschichte der Wikinger.

Fotomuseum: Juli tgl. 12.00 – 17.00, Sept. – Apr. Di. – Fr. 12.00 – 16.00, Sa. / So. bis 17.00 Uhr, Eintritt 50 / 30 NOK, www.preus museum.no

Midgard: Mai – Mitte Sept. tgl. 11.00 – 16.00, Mitte Sept. – Ende Apr. Mi. – Fr. sowie So. 11.00 – 16.00 Uhr, www.midgardsenteret.no

Von hier aus ist es nicht mehr weit bis nach Åsgårdstrand. Im alten Dorfzentrum dieses idyllischen Bade- und Künstlerortes liegen mehrere Galerien. In dem Fischerhaus aus dem 18. Jh., heute **»Munchs lille hus«** oberhalb des Gästehafens, malte Edvard Munch (▶Berühmte Persönlichkeiten) »Die Mädchen auf der Brücke«, eines der bekanntesten Motive Åsgårdstrands. 6 km südlich wurde 1904 im 6 m hohen Grabhügel von Oseberg das **Osebergschiff** gefunden (▶Oslo, Wikingerschiff-Museum). ***Åsgård-strand**

Munchs lille hus: Juni – Aug. Di. – So. 11.00 – 18.00 Uhr, Eintritt 50 NOK

Tønsberg (40 700 Einw.), älteste Stadt Norwegens, wurde 871 von Harald Hårfagre angelegt. Im Kastell, heute nur noch eine Ruine, verfasste im 13. Jh. König Magnus Lagabøte Norwegens erstes Landesgesetz. Auch von Håkon Håkonssons Festung **Castrum Tunisbergis** (12. Jh.), im Mittelalter größte Burg Norwegens, stehen nur noch einige Steinmauern. Vom **Aussichtsturm** (1888) blickt man auf Tønsberg und die zerklüftete Schärenlandschaft. Im Sommer zieht die bezaubernde Gegend insbesondere Norwegens High Society an. Einer der bekanntesten zeitgenössischen Maler Norwegens, Odd Nerdrum (geb. 1944), hat im **Haugar Vestfold Kunstmuseum** eine eigene Ausstellung. Das Museum steht auf dem Haugar-Hügel, wo sich in der Wikingerzeit ein bedeutender Thingplatz befand. Mehr über den Walfang und Norwegens große Zeit der Segelschifffahrt erfährt man im **Vestfold Fylkesmuseum** am Fuße des Schlossbergs. ***Tønsberg**

Kunstmuseum: ganzjährig Sa. / So. 12.00 – 17.00, Sept. – Mai Di. – Fr. 11.00 – 16.00, Juni – Aug. Mo. – Fr. 11.00 – 17.00 Uhr, Eintritt 50 NOK

Fylkesmuseum: Mitte Mai – Mitte Sept. tgl. 11.00 – 16.00, sonst Mi. – So. 11.00 – 16.00 Uhr, Eintritt 60 / 40 NOK, Di. frei, www.vfm.no

Wer mit Ryanair nach Oslo fliegt, landet südöstlich von Tønsberg in der ehemaligen Walfängerstadt Sandefjord (44 200 Einw.). Auf die alten Zeiten gehen das interessante, weil durchaus auch kritische **Walfangmuseum** und das Seefahrtsmuseum ein. Bis Mitte des 19. Jh.s war die Stadt ein bekannter Kurort. Das ehe-

! **BAEDEKER TIPP**

Segeln wie die Wikinger

Die **»Gaia«,** eine originalgetreue Kopie des ca. 1200 Jahre alten Gokstadschiffes, liegt in Sandefjord am Museumskai und sticht hin und wieder zu Rundfahrten in See (Informationen über das Touristenbüro).

malige hölzerne Kurhaus wurde in ein **Kulturhaus** umgebaut, in dem eine Ausstellung über die Vergangenheit Sandefjords berichtet. Vom Sandstrand Tallakshamn im Süden der Halbinsel Østerøya führt ein schmaler Pfad zum **Feuerturm Tønsberg Tønne** (35 Min.), von dem man einen guten Blick auf den Skagerrak hat. Östlich von Sandefjord kann man auf den Gokstadhügel klettern, unter dem 1880 das Gokstad-Schiff ausgegraben wurde (▶Oslo, Wikingerschiff-Museum).

Walfangmuseum: Mai – Mitte Juni tgl. 11.00 – 17.00, Mitte Juni – Ende Aug. ab 10.00, Sept. 11.00 – 16.00, sonst 11.00 – 15.00, So. 12.00 – 16.00 Uhr; Eintritt 55 / 30 NOK, www.hvalfangstmuseet.no

*Wikinger-stadt Kaupang Kurz vor Larvik zweigt ein Weg zu einem der größten und ältesten Handelsplätze der Wikingerzeit ab (Richtung Bjønnes und Gloppe; in Kaupang in Richtung Lamøya). Die idyllisch am Viksfjord gelegene Wikingerstadt Kaupang – in der Ynglingesaga als **Sikringssal** erwähnt – gehörte zusammen mit Ribe und Hedeby in Dänemark und Birka in Schweden zu den wichtigsten Handelsplätzen des Nordens und war vermutlich die **Hauptstadt der norwegischen Wikinger**. Die archäologischen Ausgrabungen lassen auf eine feste Ansiedlung schließen, datiert auf 770 – 920 n.Chr. Kaupang läuft somit vielleicht Tønsberg, der bisher ältesten Stadt Norwegens, den Rang ab.

Larvik Die R 303 endet in der einstigen Grafschaftshauptstadt Larvik (43 000 Einw.), wo ein- bis zweimal täglich die Fähre nach Dänemark ablegt. Hier liegt Norwegens einzige natürliche **Mineralquelle**, die schwefelhaltige Kochsalzquelle Kong Håkons kilde. Rund 90 Grabhügel aus der Eisenzeit sind im **Bøkeskogen** verblieben, dem größten Buchenwald Norwegens, der sich nordwestlich der Stadt erstreckt.

*Stavern 200 Tage Sonne im Jahr – so versucht das Seebad Stavern südlich von Larvik Gäste anzulocken. Mitten im Ort imponiert die von dicken Wällen umgebene **Seefestung Fredriksvern**, die 1760 von König Frederik V. als Marinestation errichtet wurde. Im ehemaligen Kommandantengebäude stellen Kunsthandwerker ihre Arbeiten aus.

* Romsdal

C/D 5

Gebiet: Westnorwegen

Das Romsdal ist nicht nur eines der schönsten Täler Norwegens, sondern hat auch sehr viel Spektakuläres zu bieten: das Romsdalshorn etwa, die 1000 m hohe Trollwand und die Serpentinen des Trollstigen.

SEHENSWERTES IM ROMSDAL UND UMGEBUNG

Das Romsdal, dem man über die E 136 abwärts immer Richtung Meer folgt, verengt sich zunehmend. Von der kurvenreichen Straße bieten sich immer wieder schöne Ausblicke auf die brausende Rauma, die sich beim Wasserfall **Slettafoss** eine wilde Schlucht durch die Felsmassen gegraben hat. In **Verma** (273 m ü. d. M.) überquert die Eisenbahn auf der 76 m langen und 59 m hohen Kylling bru den Fluss, an dem sich nahebei das Vermafoss-Kraftwerk befindet.

Im Romsdal abwärts

In einer Talweitung bei Malstein ragt das **Romsdalshorn** 1550 m in die Höhe. Das Norsk Tindemuseum dokumentiert die Geschichte des Klettersports; unter anderem sind Fotos und Ausrüstungsstücke des Kletterpioniers Arne Randers Heens zu sehen, der vom Romsdalshorn so fasziniert war, dass er es mehr als 200 Mal bestiegen hat. ❶ www.tindemuseet.no

Im Romsdal abwärts

Gegenüber dem Romsdalshorn fällt die mächtige **Trollveggen** (Trollwand) auf, die von den Trolltindene (Trollzinnen) gekrönt wird. Sie ist die **höchste Felswand Europas** und misst vom Fuß bis zum Gipfel fast 1800 m, wovon der senkrechte Teil 1000 m ausmacht und 50 m überhängt. Durch die Wand führen einige sehr schwierige Kletterrouten: 1965 wurde sie erstmals durchstiegen, wobei die Erstbesteiger zwei Wochen in der Wand verbrachten. Da die Berge so hoch und mächtig sind, ist im Tal beinahe fünf Monate im Jahr die Sonne nicht zu sehen. Einst war die steile Bergwand eine Herausforderung für Fallschirmspringer. Nach mehreren tödlichen Unfällen ist das »Base Jumping« dort inzwischen verboten.

Trollveggen

Kurve an Kurve: der Trollstigen

An der Sogge bru zweigt links die R 63 ab, die durch das Isterdal nach Valldal führt. In elf atemberaubenden Serpentinen schraubt sich der **»Trollstigen«** auf 18 km Länge mit einer Steigung von 12 % den Berg hoch und bietet

Romsdal erleben

ANREISE
Man erreicht das Tal entweder von
Åndalsnes aus oder von Südosten her
durch das Gudbrandsdal über die
E 136 ins obere Romsdal.

AUSKUNFT
Åndalsnes og Romsdal Reiselivslag
Åndalsnes
Jernbanegt. 1
Tel. 71 22 16 22
www.visitandalsnes.com

Destinasjon Molde & Romsdal AS
Molde, Torget 4
Tel. 71 20 10 00, www.visitmolde.com

ESSEN
*Trollstigen Camping
& Gjestegård* ⊖⊖
Åndalsnes, Tel. 71 22 11 12
www.trollcamp.no
Großer Gasthof mit gepflegtem Cam-
pingplatz und komfortablen Hütten.

Rød und Bare Blå ⊖⊖
Molde, Storgt. 19
Tel. 71 20 30 00
Das »Rød« ist ein beliebter Treffpunkt
zur Mittagszeit und das »Bare Blå« die
beliebteste Kaffeebar der Stadt. Beide
befinden sich im Hotel Molde. Wer
Lust auf Musik hat, ist im Jazzclub »Hot
Hat« im Keller des Hotels richtig.

ÜBERNACHTEN
Rica Seilet Hotel ⊖⊖⊖⊖
Molde, Gideonvegen 2
Tel. 71 11 40 00
www.rica-hotels.com
Das Rica Seilet ist architektonisch wohl
einzigartig in Nordeuropa: Das Gebäude

in Form eines Großsegels ist teilweise in
den Romsdalsfjord hineingebaut. Alle
Zimmer haben Panoramablick. Ein neuer
Flügel ist durch eine Brücke mit dem
Hauptgebäude verbunden. Für das leib-
liche Wohl sorgen das Restaurant Seilet,
die Skybar in 60 m Höhe sowie das
Restaurant direkt am Fjordufer.

Molde Fjordstuer ⊖⊖⊖
Molde, Julsundveien 6
Tel. 71 20 10 60
classicnorway.no
Neu erbautes Hotel im modernen
»Sjøbustil«, mit 44 hellen, nüchtern-
eleganten Zimmer mit Seeblick. Das
exzellente Restaurant ist teuer; typisch
und günstig ist die Klippfischsuppe.

Mjelva Camping-Hütten ⊖ – ⊖⊖
Åndalsnes, Tel. 71 22 64 50
www.mjelvacamping.no
Ruhige Lage und schöner Ausblick auf
die spektakuläre Bergwelt des Romsdal.
Es werden auch Hütten vermietet.

AUSFLÜGE
Zug durchs Romsdal
Die Raumabahn fährt ganzjährig; im
Sommer verkehren zusätzlich Touristen-
züge für die Strecke Åndalsnes-Bjorli, an
einigen Tagen sogar mit Dampflok
Tel. 81 50 08 88, www. raumabanen.net

Bootsausflug in den Romsdalsfjord
Die kleine Insel Hjertøya im Romsdals-
fjord eignet sich wegen ihrer schönen
Badestrände hervorragend für einen
Tagesausflug. Von Mitte Juni bis Mitte
August fährt ein Boot in Molde vom Tor-
get nach Hjertøya.
Fahrplan: Tel. 99 54 98 94

Paragliding

Neben geführten Bergwanderungen
und Paddeln (www.romsdalaktiv.com)
gibt es auch die Möglichkeit zum
Paragliding. Und das nicht nur für ver-
sierte Sportler, sondern auch für Anfänger, die – gemeinsam mit einem Trainer
– einen Tandemflug absolvieren
können.
Informationen bei den Touristenbüros
und unter www.rpk.no

FESTE

Molde Jazzfestival

Ende Juli / Anfang August kommen Jazzmusiker und -Fans aus aller Welt, um an
dem Festival in Molde teilzunehmen.
www.moldejazz.no
In Åndalsnes ist im Juli eine Woche lang
das Norsk Fjellfestival zu Gast: Das breite
Programm bietet Attraktionen für die
ganze Familie.
www.norsk-fjellfestival.no

einen herrlichen Ausblick auf die wildromantische Gipfelkette. Erd-
rutsche machten es nötig, die spektakuläre Straße, die jährlich mehr
als eine halbe Million Touristen befahren, an manchen Stellen um-
zubauen. Auf der Stigfoss bru überquert man den Stigfoss und gelangt zur Trollstigheimen Fjellstue auf der Passhöhe (Aussichtsplattform). Dann führt die Straße abwärts nach Valldal am Tåfjord.

Die E 136 endet in Åndalsnes, einem lebhaften Fremdenverkehrsort. **Åndalsnes**
Westlich des Ortes liegt der **malerische Romsdalsfjord**. Die Stadt,
die im Zweiten Weltkrieg stark zerstört wurde, ist durch die Raumabahn an das Eisenbahnnetz angeschlossen und eignet sich als Ausgangspunkt für Ausflüge in das Fjordland.

Molde (25 500 Ew.) liegt bereits am Meer. Ihren Beinamen »Rosen- ***Molde**
stadt« kreierte Norwegens bekannter Dichter Bjørnstjerne Bjørnson,
der in Molde zur Schule ging. Hier ist das Klima auf Grund des warmen Golfstroms so mild, dass sogar **Kastanien, Linden und vor
allem unzählige Rosen** wachsen. Wunderschön ist das »Molde-
panorama« mit seinen teilweise schneebedeckten Berggipfeln auf der
anderen Seite des Fjordes. An der Wand des Seitenschiffes der modernen **Domkirche** (1957) mit sehenswerten Glasmalereien hängt
das Altarbild der 1940 zerstörten Kirche, »Die Auferstehung« von
Axel Ender (19. Jh.). Im Westen der Stadt liegt der Waldpark Reknes-
parken mit dem **Romsdalmuseum**, einem hübschen Freilichtmuseum mit rund 70 alten Gebäuden aus dem Romsdal.
Romsdalmuseum: Mitte – Ende Juni, Ant. – Mitte Aug. 11.00 – 15.00,
Juli 11.00 – 17.00, So. ab 12.00 Uhr, Eintritt 70/50 NOK,
www.romsdalsmuseet.no

Lohnende Aussichtspunkte bei Molde sind der **Tusten**(696 m ü. d. M.; **Ausblick**
Aufstieg 3 Std.) und der 407 m hohe **Varden**, der vom Zentrum in **aufs Meer**
ca. 1 Std. erklommen werden kann (Autostraße und Aussichtsrestau-

rant). Wer sich oben auf dem Varden umschaut, erblickt eines der berühmtesten Panoramen Norwegens: **222 Gipfel** soll man von hier aus zählen können. Meer und Gebirge, Inseln und Himmel harmonieren hier in einzigartiger Weise.

** **Røros**

E 5

Gebiet: Mittelnorwegen
Einwohnerzahl: 5500

Røros verdankt seine Existenz dem Kupferbergbau. Die letzte Grube hat längst geschlossen, doch sind die kupferroten Holzhäuser aus dieser Zeit erhalten geblieben. Diese alte Stadt aus Holz ist so einmalig, dass sie seit langem schon auf der UNESCO-Weltkulturerbe-Liste steht.

Schicksal einer Bergbaustadt 1644 wurde Røros aus dem Boden gestampft, nachdem auf der Gebirgshochebene große Vorkommen von Kupfererzen entdeckt worden waren. 1977 schloss die letzte Grube. Eine über 300 Jahre dauernde Ära, in der insgesamt 110 000 t Kupfer zu Tage gefördert worden waren, ging damit zu Ende. Geblieben sind die großen, dunkelbraunen **Schlackenhalden** und die Wunden in der Natur, die

Die »Holzstadt« zählt zum Weltkulturerbe der Unesco.

Røros erleben

AUSKUNFT
Destinasjon Røros
7361 Røros, Peder Hiortsgt. 2
Tel. 72 41 00 00
www.roros.no

ESSEN
Vertshuset Røros ☺☺
Kjerkegata 34, Tel. 72 41 24 11
www.vertshusetroros.no
Kleines Restaurant im historischen Zentrum mit echt norwegischem Rahmbrei »Rømmegrøt« auf der Speisekarte.

Kaffestuggu Røros ☺ – ☺☺
Bergmannsgata 18, Tel. 72 41 10 33
www.kaffestuggu.no
Das Café ist in einem der ältesten Gebäude der Stadt untergebracht und bietet sich für einen Imbiss an. Pastellfarbene Wände, der alte Ofen, Porträts und die Bauernmöbel verleihen dem Café seinen Charme.

Suppestasjonen ☺
Kjerkegata 7, Tel. 95 83 14 80
Für wenig Geld kann man in der Gaststube, im Sommer auch im Hinterhof, mit einer großen Auswahl an Suppen und selbstgemachtem Brot den Hunger stillen, dazu gibt es selbstgebrautes Bier. Geöffnet von Mai bis September.

Thomasgaarden
Kjerkegata 48, Tel. 41 51 07 55
www.thomasgaarden.no
Alter Røros-Hof mit einer urigen Gaststube, es gibt Kaffee und Kuchen.

ÜBERNACHTEN
Vertshuset Røros ☺☺☺
Kjerkegata 34, Tel. 72 41 93 50
www.vertshusetroros.no
Gemütlicher Gasthof (38 Zi.) im historischen Zentrum. In der Kellerbar wird wöchentlich Live-Musik gespielt.

Erzscheidergården ☺☺ – ☺☺☺
Spell Olavn 6
Tel. 72 41 11 94
www.erzscheidergaarden.no
Kleine, liebevoll geführte Pension (24 Zi.) auf einem Hügel mit Blick auf Røros.

WINTERMARKT
Mitte Februar findet der fünftägige Rørosmartnan statt, der viele Händler, Musiker und Besucher anlockt.
www.rorosmartnan.no

durch das jahrhundertelange **Abholzen** der Wälder um Røros entstanden sind. Seit die Gruben geschlossen wurden, behauptet sich die Stadt erfolgreich als Touristenort. Im Winter schrecken jedoch die eisigen Temperaturen (Rekord: - 50,4 °C) viele Besucher ab.

SEHENSWERTES IN RØROS UND UMGEBUNG

Die 75 denkmalgeschützten, stilgerecht restaurierten Häuser in der Bergstaden (Altstadt) geben einen hervorragenden Eindruck ihrer **Bergbauarchitektur** wieder. Die ersten Häuser entstanden Ende des **✶✶Berg-staden**

?

Ein Chef aus dem Schwarzwald

Oskar Schwatz, der erste Direktor der Erzgruben, war ein Schwarzwälder. Bald nach der Entdeckung des Kupfererzes strömten auch **Bergleute und Ingenieure aus Deutschland nach Røros**, wovon heute noch auch die Straßennamen deutschen Ursprungs zeugen.

17. Jh.s in der Nähe des ersten Schmelzwerks am Hitterfluss. Zum Wohnhaus gehörten oft auch Viehställe, Backstuben und Vorratshäuser. Ein gutes Beispiel dafür ist der **Per-Amundsa-Hof** (18. Jh.) in der Bergmannsgata 37, der mit Schlacke aus den Gruben gedeckt ist. Im unteren Teil der Altstadt siedelten sich die reicheren Bürger und Bergwerksdirektoren an. Größe und Ausstattung der Häuser sind sichtbares Zeugnis der Klassengrenzen.

Røros-Museum　Am Malmplassen (Erzplatz) befindet sich ein faszinierendes **Bergwerksmuseum mit mehreren Modellen (1 : 10) alter Bergwerkstechniken. Im Grubenraum des Museums, das in der alten rekonstruierten Schmelzhütte untergebracht ist, erfährt man, wie das Erz Ende des 18. Jh.s in den unteren Gruben auf mühsame Weise durch Feuersprengung gewonnen wurde.
　🌐 www.rorosmuseet.no

*Røros-Kirche　Das Wahrzeichen der Stadt ist die an der Kjerkgata stehende, aus Stein gebaute, achteckige und äußerst sehenswerte Barockkirche von 1784. Sie wird auch »Bergstadens Ziir« genannt. Den markanten quadratischen Turm schmücken **die Bergmannszeichen Hammer und Schlägel**.

Olavsgrube　Etwa 13 km östlich der Stadt befindet sich die Olavsgrube, eine 1936 entdeckte Kupfermine, in der **im Sommer täglich Führungen** stattfinden. In der 500 m tief im Berg liegenden Bergmannshalle finden im Sommer auch Konzerte statt. Hier herrscht das ganze Jahr hindurch eine konstante Temperatur von 5 °C, sodass man bei einem Besuch warm angezogen sein sollte.

* FEMUNDSMARKA

Weglose Wildnis　Die Femundsmarka ist eine dünn besiedelte Wildnis nahe der schwedischen Grenze. Es ist sehr schön hier, aber einsam, und genau diese Mischung schätzen manche Wanderer und Kanufahrer. Der Femundsmarka Nationalpark (573 km²) ist eine **Wildnis aus mächtigen Kiefern, Felsblöcken, Flüssen und Seen**, durch die keine Straße verläuft. Einen ausgesprochen bequemen Einstieg für Genussurlauber bietet aber das Schiff »Fæmund II«. Oder man beginnt die Tour von Elgå oder Valdalen auf norwegischer oder Sylen/Grøvelsjøen auf schwedischer Seite. Die »Fæmund II« verkehrt im Sommer in der Regel täglich.

❶ Fahrplanauskünfte unter Tel. 96 39 20 17 oder www.femund.no

Der Seenreichtum der Femundsmarka ermöglicht eine fast unbe-   ***Femund-See**
grenzte Anzahl verschiedener **Kanutouren**. Der Femund-See selbst ist wegen seiner vielen kleinen Inseln vor allem im Mittelteil (südlich von Elgå) landschaftlich reizvoll. Wegen der oft sehr plötzlich auftretenden Winde, die für hohe Wellen sorgen, ist aber Vorsicht geboten. Besonders bei **Nordwind** ist unbedingt davon abzuraten, den See zu befahren. Wesentlich sicherer zeigt sich der westlich vom Femunden gelegene **Isteren-See**. Er ist zwar nur 18 km lang, doch sollte man mit Kompass und Karte gut umgehen können, denn die vielen wunderschönen Inseln verwandeln ihn in ein **Labyrinth**.

Südlich der Femundsmarka, direkt an der schwedischen Grenze, liegt   **Dorado für**
der **Gutulia-Nationalpark**, ein wahrer Traum für alle Baumfreunde: **Baumfreunde**
Die Fichten sind bis zu 300 Jahre alt, viele Kiefern stehen hier sogar schon seit 500 Jahren. Von der R 654 zweigt ein ausgeschilderter Weg ab, an dessen Ende sich ein Parkplatz befindet. Von hier aus erreicht man, immer am Ufer des Gutulisjøen entlang, in gut 30 Min. die Alm. Im Juli gibt's hier Kaffee und Waffeln.

Die Farben des Herbstes lassen die Femundsmarka leuchten.

* Setesdal

—✦ C 7—

Gebiet: Südnorwegen

Wer gerne Mineralien sammelt oder Silberschmuck einkaufen möchte, sollte das Setesdal aufsuchen. Erst in den 1960er-Jahren erwachte die Region im Süden des Landes aus ihrem Dornröschen-Schlaf. Noch immer findet man hier, im Tal der Otra, sehr romantische Fleckchen.

Lebendige Traditionen

Das stark bewaldete Setesdal oder Sæterdal ist in den letzten Jahrzehnten die wichtigste Nord-Süd-Verbindung von der Südküste nach ▶Bergen und zum ▶Hardangerfjord geworden. Jahrhundertelang lebten die wenigen Bewohner des Setesdals in großer Abgeschiedenheit und entwickelten **eigene Bräuche und Trachten** – die Frauen trugen schwarze, knielange Röcke mit bunten Borten. Zwar wurden im 19. Jh. die Eisenbahnlinie und die Straßenverbindung gebaut, doch ist Letztere erst seit den 1960er-Jahren ganzjährig befahrbar.

SEHENSWERTES IM SETESDAL

Evje

Verlässt man ▶Kristiansand auf der R 9, erreicht man nordwärts fahrend Evje. Die Gegend ist für ihre Mineralienvorkommen bekannt und im **Setesdal Mineralpark**, 10 km südlich von Evje, sind Mineralien und eine nachgebaute Grube zu besichtigen, außerdem werden Mineralien verkauft.

Setesdal Mineralpark: Mai, Sept. bis Mitte Okt. Mo. – Fr. 10.00 – 16.00, Juni, Mitte – Ende Aug. tgl. 10.00 – 16.00, So. bis 17.00, Juli – Mitte Aug. tgl. 10.00 – 18.00 Uhr, Eintritt 130 / 85 NOK, www.mineralparken.no

! BAEDEKER TIPP

Feiner Silberschmuck

Im gesamten Setesdal wird Silberschmuck gefertigt. In Nomeland betreibt die Familie Bjørgum in einem alten Setesdalhof die **Silberschmiede Sylvartun Sylvsmed,** die für ihren hochwertigen, handgearbeiteten Silberschmuck bekannt ist (geöffnet: im Sommer Mo. – Sa. 10.00 – 18.00, So. 11.00 – 18.00 Uhr, Tel. 37 93 63 06).

Die Straße führt östlich am See **Byglandsfjord** entlang. Am Nordende des Sees stehen alte Vorratshäuser (»stabbur«), die auf Pfählen ruhen. Dem Lauf der Otra folgend, führt die Straße um das links aufragende Rustfjell (1070 m). Durch eine großartige Landschaft gelangt man anschließend nach Helle, einem Zentrum der Silberschmiedekunst im Setesdal.

Südlich von Nomeland schraubt sich die R 45 ins Gebirge hinauf und

Setesdal erleben

AUSKUNFT
Evje / Setesdal Informasjonsenter
4735 Evje, Tel. 37 93 14 00
www.setesdal.com

Hovden Ferie AS
4755 Hovden, Tel. 37 93 93 70
www.hovden.com

ESSEN
Pernille Kafe ⊖ – ⊖⊖
Evje, Tel. 37 93 00 69
www.pernillekafe.no
Hier hat man im Zentrum von Evje
alles beisammen: Café, Restaurant,
Kiosk, Geschäft – und alles zu
erschwinglichen Preisen.

ÜBERNACHTEN
Hovden Resorts / Hovden Høyfjellshotell ⊖⊖⊖ – ⊖⊖⊖⊖
Hovden, Tel. 37 93 88 00
www.hovdenresort.com
Moderne, komfortable Hütten und
Hotelzimmer (69 Z.) mit Holzausstattung
unweit des Skigebietes und des Golf-
platzes in grandioser Hochgebirgslage.

Rysstad Feriesenter ⊖⊖⊖
Rysstad, Tel. 37 93 61 30
www.rysstadferie.no
Neue, sehr komfortabel eingerichtete
Blockhäuser auf einem ruhigen Gelände
direkt am Wasser. Außerdem Motelzim-
mer und Ferienwohnungen im Hauptgebäude, Cafeteria mit einfachen Gerichten. Gute Angelmöglichkeiten,
Bootsverleih und Silberschmiede.

Neset Camping ⊖
Byglandsfjord, Tel. 37 93 40 50
www.neset.no

Campingplatz auf einer Landzunge am
südlichen Ende des Byglandsfjordes, viele Stellplätze direkt am Wasser. 20 Hütten, ein Café und der Lebensmittelver-
kauf runden das positive Bild ab.

FREIZEIT
Angeln
In der Otra tummeln sich vor allem
Forellen, die zwar keine Rekordmaße
besitzen, aber gut schmecken.

Sport
Während der Sommersaison bietet Troll
Mountain täglich um 11.00 und 15.00
Uhr dreistündige Touren auf der Ortra
an. Kletterwand, Kanu- und Mountain-
bikeverleih, Elch- und Bibersafaris run-
den das Programm ab.
Tel. 37 93 11 77, www.troll-mountain.no
Der Klatreskogen (Kletterwald) in Horn-
nes hat für schwindelfreie Menschen
(größer als 1,40 m) Nervenkitzel zu bie-
ten: rasante Drahtseilfahrten über den
Fluss, Tarzanschwünge in den Bäumen.
Mai – Mitte Juni Sa. / So. 11.00 – 16.00,
Mitte Juni – Mitte Aug. tgl. 11.00 – 16.00
Uhr, www.klatreskogen.no

Ausflüge
Vom Byglandsfjord startet das Oldtimer-
schiff »Bjoren« zu Ausflugsfahrten auf
den gleichnamigen Fjord.
Juni – Aug. nur So. 12.00 Uhr (2 ½ Std.),
Tel. 37 93 46 50, www.bjoren.no

Mineralien sammeln
Mineraliensammler können in Evje Richtung Vikstøl in sechs Pegmatitgruben
seltene Gesteine finden. Fünf Gruben
sind durch einen Lehrpfad verbunden,
Start ist in Evje.

führt weiter ins **Sirdal** und nach ▶Stavanger. Bei der Weiterfahrt sieht man links den 15 m hohen Hallandsfoss mit mehreren tiefen Gletschertöpfen. In einer Talweitung liegt **Valle**, der Hauptort des Tals mit alten Häusern und einer Kirche von 1844. 9 km hinter Valle führt beim Hof Flateland eine Nebenstraße zum **Setesdal-Museum** mit alten Holzhäusern (2 km).

Bykle Die R 9 zieht nun hoch über der Otra hin und zum alten Bauernort Bykle unweit östlich vom Bossvatnet. Von hier führen markierte Wanderwege in die Umgebung. Das Tal wird nördlich von Bykle flacher, die Gegend zeigt **Hochgebirgscharakter**. Auf der Berdals bru passiert man die Otra und fährt östlich am Hartevatnet entlang.

Hovden Das schön oberhalb der Einmündung der Otra in das Hartevatnet gelegene Hovden ist das **wichtigste Wintersport- und Bergsteigerzentrum des Setesdals** (Lifte). Von Hovden kann man auf der ▶Haukelistraße nach Haugesund fahren.

✳ Sognefjord

—————— ✦ B/C 6 ●

Gebiet: Westnorwegen

»König der Fjorde« wird der Sognefjord genannt, denn mit 204 km Länge und 1308 m Tiefe übertrifft er alle anderen Fjorde Norwegens. Stellenweise ist die Landschaft rau, dann wieder gedeihen im milden Klima an seinen Ufern sogar Walnuss- und Aprikosenbäume.

Schiffs- Nur das Nordufer des Sognefjords ist durchgehend durch Straßen
fahrten erschlossen. Aber es verkehren zahlreiche Fähren bis hinein in die kleinsten Verästelungen des Sognefjordes. Die Schiffe legen in allen größeren Orten an. Ferner verkehren **mehrere Autofähren** (in der Begleitkarte mit roter Linie eingezeichnet).

SEHENSWERTES AM SOGNEFJORD

Lavik Inmitten zahlreicher Schären beginnt westlich von **Rysjedalsvika** der Sognefjord. Bald verändert sich auch die Landschaft: Zu beiden Seiten des Fjords werden die Felswände nun immer höher und steiler. Das kleine Lavik ist der Hauptort des westlichen Sognefjordgebiets mit dem schönen Amtmannshof Alværen von 1760. 15 km weiter befindet sich beim Hof Breivik schließlich die tiefste Stelle des Sognefjords (1308 m).

Sognefjord erleben

AUSKUNFT

Sognefjord Reiseliv BA, Balestrand & Fjærland
6899 Balestrand, Kaien
Tel. 57 69 12 55, www.sognefjord.no

ESSEN

Quality Hotell Sogndal ⊖⊖
Sogndal, Gravensteinsgata 5,
Tel. 57 62 77 00, www.choicehotels.no
Im Hauptrestaurant Compagniet
bestellt man in erster Linie à la carte,
im Dr. Hagen werden kleine Gerichte
und Erfrischungen serviert und im Dolly
Dimple's 20 verschiedene Pizzen.

Urnes Gard ⊖ – ⊖⊖
Ornes, Tel. 93 42 63 99, www.urnes.no
Traditionsreiche Farm in unmittelbaarer
Nähe der Urnes-Stabkirche. Im Café gibt
es einfache Mahlzeiten sowie eigene
Äpfel, Kirschen, Erdbeeren, Himbeeren
und Blaubeeren.

ÜBERNACHTEN

Kvikne's Hotel ⊖⊖⊖⊖
Balestrand, Kviknevegen 8
Tel. 57 69 42 00, www.kviknes.no
Das imposante, im Schweizerstil erbaute
Haus (200 Zi.) liegt direkt am Fjord und
verfügt über Jachthafen, Strand und
Park. Im Angebot: Angel- und Boots-
touren sowie Hubschrauberrundflüge
über den Gletscher Jostedalsbre.

Skjolden Hotel
Skjolden, Tel. 57 68 23 80
www.skjolden.com/skjoldenhotel
Wunderschön am Ende des Lustrafjords
gelegenes Hotel (55 Zi.) mit einer
gepflegten Parkanlage und sehr
gemütlichen Aufenthaltsräumen.

Balestrand Hotel ⊖⊖
Balestrand, Tel. 57 69 11 38
www.balestrand.com
Ruhiges Hotel im Zentrum. Die Hälfte
der 30 Zimmer geht zum Fjord und ist
mit Balkonen ausgestattet.

Munthehuset ⊖⊖⊖
Skjolden, Ytre Kroken
Tel. 57 68 37 25, www.munthehuset.no
Das Munthehuset (6 Zi.) liegt auf der
Südseite des Lustrafjords, auf dem Weg
zur Urnes-Stabkirche. Man wohnt nicht
ganz billig und ohne viel Luxus, aber die
Einrichtung der Zimmer ist sehenswert.

Marifjøra Sjøbuer ⊖ – ⊖⊖
Marifjøra, bei Gaupne
Tel. 57 68 74 05, www.rorbu.net
Vier neue, gemütlich eingerichtete
Hütten für jeweils vier Personen direkt
am Fjordufer. Boote und Angelausrüs-
tung können gemietet werden.

Flåm Vandrerhjem ⊖
Flåm, Tel. 57 63 21 21, www.hihostels.
no, www.flaam-camping.no
Der freundlich geführte Familienbetrieb
in Flåm direkt am Aurlandsfjord bietet
neben Zimmern in der Herberge auch
Hütten und einen Campingplatz. Der
Internationalen Jugendherbergsverband
Hostelling International wählte das
Vandrerhjem zu Norwegens bester Jugendherberge 2011; es belegte Rang 7
in Europa und den 13. Platz weltweit.
geöffnet. April bis September

AUSFLÜGE

Von Bergen fahren Ausflugsschiffe bis
ans östliche Fjordende.
Fahrpläne: www.sognefjord.no

Die Stabkirche von Urnes gilt als die älteste Norwegens.

Balestrand Durch den 7,5 km langen Høyangertunnel (R 55) erreicht man Balestrand, das bereits Ende des 19. Jh.s von Deutschen und Engländern als Ferienort entdeckt wurde. Zu den berühmtesten Gästen gehörte auch der deutsche **Kaiser Wilhelm II.**, der im prachtvollen **Kvikne's Hotel** übernachtete.

Hopperstad-Stabkirche Um die hübsche Hopperstad-Stabkirche zu besuchen, muss man auf die Balestrand gegenüberliegende Fjordseite von Vangsnes aus mit der Fähre nach Dragsvik übersetzen. Am Westeingang der Kirche (1130) befindet sich ein **eindrucksvolles Drachenportal**. Laubengang, Dachreiter und Apsis wurden nach dem Vorbild der Borgund-Stabkirche rekonstruiert.

*Fjærlands-fjord Sehr zu empfehlen ist ein Abstecher zum Fjærlandsfjord nördlich von Balestrand (Ausflugsschiff nach Mundal), einem rund 26 km langen Seitenarm des Sognefjords. Nördlich vom idyllischen Fjordort Fjærland lohnt ein Besuch der Gletscher Suphellebre und Bøyabre, beides Arme des großen ▶Jostedalsbre.

Leikanger Entlang des kurvigen Nordufers führt die R 55 mitten durch eine der größten Obstbauregionen Norwegens nach Leikanger und Hermansverk. Während im Mai auf den Bergen noch der Schnee liegt, blühen am Ufer bereits **über 80 000 Obstbäume**. Wegen des Golfstroms reifen hier innerhalb eines kurzen Sommers sogar Walnüsse, Aprikosen und Pfirsiche heran.

Rund um den Sognefjord haben sich **14 Obsthöfe** zur ersten »Obst- | **Obstroute**
route« Norwegens zusammengeschlossen. Besucher können entlang der »Fruktrute« zur Erntezeit frisches Obst und Beeren probieren sowie in den Hofläden Waren aus eigener Produktion kaufen. Die meisten Höfe servieren im eigenen Restaurant leckere Gerichte aus Zutaten der Region, viele bieten Gästen auch Unterkünfte an.
❶ www.sognfruktrute.no

12 km nördlich von Sogndal kann man nach Svolvorn abbiegen. | ****Urnes-Stabkirche**
Direkt unterhalb des 1690 errichteten Walaker Hotels mit eigener Kunstgalerie legt jede volle Stunde ein kleines Schiff (nimmt auch einige Autos mit) zur Stabkirche von Urnes(11. Jh.) ab, die auf einer Landzunge am Ostufer des 45 km langen Lustrafjords errichtet wurde. Nach ca. 20 Min. Aufstieg steht man vor **Norwegens ältester erhaltener Säulenstabkirche**, deren Nordportal von 1060 besonders sehenswert ist. Hier entdeckt man Löwen, Drachen und Schlangen, die in einen Kampf verwickelt sind, sowie ein prachtvolles Muster im sog. Urnes-Stil. Im Inneren der auf der **UNESCO-Liste** der geschützten Kulturgüter stehenden Kirche sind die Hochsäulen mit ornamentierten Würfelkapitellen besonders eindrucksvoll.
❶ Ende Mai – Sept. 10.30 – 17.30 Uhr, Eintritt 60 / 45 NOK, www.stavechurch.com

Ca. 10 km südöstlich von Sogndal liegt direkt am Fjord Kaupanger, | ***Kaupanger-Stabkirche**
das im Mittelalter ein bedeutender Handelsplatz war. Sehenswert ist hier die Stabkirche (ca. 1185), die zwar später Fenster und Fenster und Anbau erhielt, aber noch einen vollständig erhaltenen Innenraum mit mächtigen Hochsäulen hat, die durch Bogenarkaden miteinander verbunden sind (1862 rest.). Unter der Kirche fand man Reste von zwei Vorgängerbauten, der älteste wurde um 1000 errichtet.
❶ Juni – Ende Aug. tgl. 10.00 – 17.00 Uhr, Eintritt 50 / 35 NOK, www.stavechurch.com

Wer noch einer Stabkirche einen Besuch abstatten möchte, setzt die | **Lærdal**
Reise um den Fjord Richtung Lærdal fort (R 5, dann E 16). Am Eingang des Tales liegt das verschlafene Städtchen **Lærdalsøyri**.Der alte Stadtkern aus dem 17. Jh. mit seinen zahllosen Holzhäusern steht unter Denkmalschutz. Sodann führt die Straße durch die malerische Schlucht Svartegjel, die der Lærdalselv, **einer der bekanntesten Lachsflüsse Norwegens**, geschaffen hat.

Das Villakssenter am Ufer des Lærdalselv gilt als das größte und ein- | ***Villakssenter**
drucksvollste der vielen **Lachsaquarien** in Norwegen. Hier erfährt man alles über den Lebensraum, die Wanderung der Lachse und die Geschichte des Lachsfangs (Filme und Ausstellungen). Durch große Schaufenster kann man im Observatorium wilde Lachse und Mee-

Formvollendet: Stabkirche von Borgund

resforellen beobachten; in einer Werkstatt wird den Zuschauern die hohe Kunst des Fliegenbindens vorgeführt.

❶ Mitte Mai – Mitte Sept. 10.00 – 17.00, Juli – Mitte Aug. bis 18.00 Uhr, Eintritt 75/55 NOK, www.norsk-villakssenter.no

Die **Stabkirche von Borgund** am anderen Ende des Lærdals zählt zu den ursprünglichsten und schönsten des Landes. Besonders bemerkenswert sind die mit Drachenköpfen verzierten obersten Giebel, die mit kunstvollen Schnitzereien geschmückten Portale und der fast fensterlose Innenraum. Diese kleine, mit Teer geschwärzte Stabkirche wurde **vermutlich schon um 1150** erbaut. Bis auf ein nachträglich eingeschnittenes Fenster ist sie stilgerecht restauriert und zeigt noch heute die ursprüngliche Anlage. Von der originalen Ausstattung sind nur noch die Kanzel aus dem 16. Jh. und ein Altar vom beginnenden 17. Jh. erhalten. Wuchtige Holzsäulen tragen die kunstvolle Dachkonstruktion und trennen das Hauptschiff von den niedrigeren Seitenschiffen. Da diese Kirche zu den **Hauptattraktionen Norwegens** gehört, muss man mitunter wegen Überfüllung lange auf Einlass warten.

❶ Mai – Sept. tgl. 10.00 – 17.00, Mitte Juni – Mitte Aug. tgl. 8.00 – 20.00 Uhr, www.stavechurch.com

*Aurlandsfjord Auf der Rückfahrt von Borgund kann man an die Spitze des Aurlandsfjords gelangen, indem man **einen der längsten Straßentunnel der Welt** (24,5 km) nutzt. Er verbindet das Lærdal mit dem Aurland. Die Einfahrt in den Aurlandsfjord (an Bord der Fähre von Kaupanger oder eines Ausflugsschiffes), einer südlichen Verzweigung des Sognefjords, ist beeindruckend: An manchen Stellen ragen die mächtigen Felsen bis zu 1500 m hoch und beinahe senkrecht aus dem Wasser auf.

Flåmbahn Südlich von Aurlandsvangen liegt am Südende des Aurlandsfjords der **Touristenort Flåm am Ausgang des Flåmdals. Hier endet die

Flåmbahn (www.flaamsbana.no), eine Zweigstrecke der Bergenbahn, die zur Bahnstation Myrdal östlich von Voss führt. Die Flåmbahn ist die wohl **spektakulärste Bahnlinie Norwegens**. Diese zwischen 1920 und 1940 gebaute Bahn ist die steilste Eisenbahnstrecke der Welt, die ohne Zahnräder überwunden wird. Sie besitzt 22 Tunnel und während der 50-minütigen Fahrt von Flåm nach Myrdal (Anschluss zur Bergenbahn) überwindet sie einen Höhenunterschied von 864 m auf einer Distanz von nur 20 km. Das Panorama wechselt ständig zwischen hohen, schneebedeckten Bergen, tosenden Wasserfällen und grünen Wiesen. Das Magazin »National Geographic« wählte die Tour mit der Flåmbahn unter **die zehn schönsten Zugreisen Europas**. Besonders für Gruppen ist eine frühzeitige Buchung sehr zu empfehlen. Der Andrang ist stets groß; 2011 gönnten sich fast 620 000 Besucher diese außerordentliche Vergnügen.

❶ Über den Fahrplan – im Sommer verkehrt die Bahn etwa 10mal, sonst zirka 4mal täglich – sowie über Preise und Rabatte informiert die Website www.visitflam.com

Die Fähre von Kaupanger nach Gudvangen (2 Std. 20 Min.) zweigt in den imponierenden Nærøyfjord ab, in dem man mit ein wenig Glück sogar Seehunde erspähen kann. Auch sonst ist die Schiffsfahrt durch diesen **engsten Fjord Norwegens**, der an manchen Stellen nur 250 m breit ist, atemberaubend. Seit 2005 steht der Nærøyfjord auf der UNESCO-Liste des Weltnaturerbes. An seinem Ende liegt der Ort **Gudvangen** (zwischen Voss und Gudvangen verkehren Busse). ****Nærøyfjord**

* Stavanger

B 7

Gebiet: Westnorwegen
Einwohnerzahl: 111 000

Stavanger haftet der Ruf an, die weltoffenste, aber auch die teuerste Stadt des Landes zu sein. Das liegt nahe, hat sie doch wie kein anderer Ort vom Ölsegen aus der Nordsee profitiert. Sehr einladend ist das charmante Zentrum mit den weißen Holzhäuschen, und auch Öl- und Konservenmuseum lohnen in Stavanger einen Besuch.

Stavanger ist **Norwegens viertgrößte Stadt** und Hauptstadt des Verwaltungsbezirks Rogaland. Die hübsche, am Byfjord gelegene Stadt erlebte Anfang der 1970er-Jahre einen enormen Aufschwung, als in der Nordsee vor Stavanger Ölvorkommen entdeckt wurden. Die Amerikaner, Franzosen und Engländer in den Ölgesellschaften, aber auch die Studenten der verschiedenen Hochschulen tragen dazu **Öl!**

Stavanger erleben

AUSKUNFT
Stavanger Turistbüro
4006 Stavanger, Domkirkeplassen 3
Tel. 51 85 92 00
www.regionstavanger.com

ESSEN
❶ *N.B. Sørensens*
Dampskibsexpedition ❸❸❸ – ❸❸❸❸
Skagen 26, Tel. 51 84 38 20
www.herlige-restauranter.no
Gourmets speisen im »Directionen« im
ersten Stock. Preisgünstiger isst man
im rustikalen Restaurant »Dampskibs
ekspeditionen« im Erdgeschoss.

❺ *Bølgen & Møi* ❸❸
4004 Stavanger, Norsk Oljemuseum
Tel. 51 93 93 51, www.bolgenogmoi.no
Bei fantastischer Aussicht auf den Hafen
kann man im Museumscafé mittags die
kleinen Gerichte und köstlichen Käseku-
chen genießen. Abends Speisekarte für
Feinschmecker mit gehobenen Preisen.

❷ *Sjøhuset Skagen* ❸❸ – ❸❸❸
Skagenkaien 16, Tel. 51 89 51 80
www.sjohusetskagen.no
Die maritime Einrichtung trägt dem alten
Seehaus von 1770 Rechnung. Mittags
günstige Gerichte wie Bacalao und
Bouillabaisse, So. 14.00 – 19.00 Uhr
preisgünstiges Familienmenü.

❸ *Newsman Nyhetscafé* ❸
Skagen 14, Tel. 51 84 38 80
www.herlige-restauranter.no
Hier kann man bei einer Tasse Kaffee
oder einem Glas Bier in aller Ruhe norwegische und ausländische Zeitungen
und Zeitschriften lesen. Kleine Gerichte
von 12.00 Uhr mittags bis spät abends.

❹ *Cementen* ❸
Nedre Strandgt. 25, Tel. 51 53 41 77
www.cementen.no
Eine Kneipe für Bücherfreunde und
-narren, außerdem hängen jede Menge
alter Plakate an den Wänden. Der dazu-
gehörige Club (Liveprogramm) öffnet
um 23.00 Uhr.

ÜBERNACHTEN
❸ *Rica Park Hotel*
Stavanger ❸❸❸❸
Prestegårdsbakken 1, Tel. 51 50 05 00
www.rica-hotels.no
Das Rica Park ist ein erstklassiges, zentral
gelegenes Hotel, das sich sowohl für
Geschäftsreisen wie auch für Familien-
aufenthalte eignet. 2012 wurde es mit
dem Travellers' Choice Award als bestes
Hotel Norwegens ausgezeichnet; die
Zimmer sind sehr geräumig, und der
Service gehört zum Besten.

❷ *Comfort Hotel Square* ❸❸❸❸
Løkkeveien 41, Tel. 51 56 80 00
www.nordicchoicehotels.no
Überaus trendy mit Street Art, modernem Design und leuchtenden Farben –
so präsentiert sich das sehr komfortable
neue Hotel (194 Z.) im Stadtzentrum.
Dafür erhielt es auch einen Preis als
Norwegens Trendhotel Nummer eins.

❶ *Victoria Hotel* ❸❸❸
Skansegt. 1
Tel. 51 86 70 00
www.victoria-hotel.no
Ehrwürdiges, vollständig saniertes Hotel
in bester Lage. Zimmer mit eleganter,
freundlicher Ausstrahlung, günstige
Wochenendpreise. Im Restaurant werden saftige Steaks vom Grill serviert.

Stavanger Bed & Breakfast 😊😊
Vikedalsgt. 1a, Tel. 51 56 25 00
www.stavangerbedandbreakfast.no
Die kleine, einfache Pension (22 Z.)
liegt zentral, frische Waffeln am Abend
sind stets inklusive.

AUSGEHEN
Abends strömen Nachtschwärmer in
den Gästehafen Vågen bei der Altstadt

und ins östlich angrenzende Viertel, wo
es jede Menge angesagter Kneipen und
Restaurants gibt.

Museumspass
Wer an einem Tag mehrere der Museen
besuchen möchte, die alle zum Stavan-
ger Museum gehören, zahlt mit dem
Museumspass nur einmal Eintritt.
Erw. 80, Kinder 40 NOK

bei, dass die Bewohner von Stavanger neben den Bergensern in Norwegen als besonders weltoffen gelten. Im großen, durch vorgelagerte
Inseln geschützten Hafenbecken liegen mehrere Werften.

Stavanger spielte in der Geschichte des norwegischen Reiches eine   **Geschichte**
bedeutende Rolle: Harald Hårfagre schlug am See Hafrsfjord die
Kleinkönige und schuf damit die Voraussetzung für die **Reichsbil-
dung** um 872. Zum Gedenken daran wurden 1983 am Hafrsfjord
drei überdimensionale Schwerter (Sverd i Fjell) in den Fels ge-
rammt. Fritz Røed schuf die Griffe aus Wikinger-Schwertfunden aus
verschiedenen Teilen des Landes, die Kronen repräsentieren die norwegischen Distrikte, die an der Schlacht beteiligt waren (Abb. S. 46).
Im Jahr der **Stadterhebung 1125** begann man mit dem Bau des
Doms. Als im 16. Jh. große Heringsschwärme auftauchten, wurde
Stavanger auch wichtiger **Fischereiort**. Doch als der Hering längere
Zeit ausblieb und die Stadt von mehreren Bränden heimgesucht wor-
den war, wurde der Bischofssitz 1672 nach Kristiansand verlegt. Zu
Beginn des 19. Jh.s kehrte der Hering jedoch zurück, und 1873 wur-
de in Stavanger **Norwegens erste Konservenfabrik** eröffnet. Die
letzte Sardine kam in den 1950er-Jahren in die Büchse. Mehr über die
Herstellung von Sardinenkonserven, die bis zum Zweiten Weltkrieg
der wichtigste Industriezweig Stavangers waren, erfährt man im
Norsk Hermetikkmuseet.
Konservenfabrik: Øvre Strandgate 88a, im Sommer Di. – So. 11.00 – 16.00
Uhr, Eintritt 100 / 60 NOK, www.museumstavanger.no;
im Sommer werden Di. und Do. Sprotten geräuchert

SEHENSWERTES IN STAVANGER

In den Gässchen von Alt-Stavanger auf der Westseite des Vågen er-   ***Gamle**
innern die rund 170 liebevoll restaurierten, weiß gestrichenen Holz-   **Stavanger**
häuser mit alten Gaslaternen und hübsch verzierten Fenstern und

Türen an die Zeiten, als hier um die Wende vom 18. zum 19. Jh. noch Fischer, Handwerker und Seeleute wohnten. Die meisten Häuser in der Øvre Strandgaten stehen unter Denkmalschutz.

*Dom Am kleinen See Breiavatnet oberhalb des Vågen steht der Dom, der neben dem Nidarosdom in Trondheim als **das bedeutendste mittelalterliche Sakralbauwerk Norwegens** gilt. Die im anglonormannischen Stil Ende des 11. Jh.s erbaute, dreischiffige Pfeilerbasilika steht unter der Schutzherrschaft des heiligen St. Svithun. Nach einem Brand (1272) wurde u. a. ein **Prachtchor** im gotischen Stil gebaut. Das reichhaltige **Interieur** stammt aus der Barockzeit, im 19. und 20. Jh. wurde der gesamte Bau restauriert. Sehenswert im Inneren sind eine reich geschnitzte barocke Kanzel (1658) und ein steinernes Taufbecken aus gotischer Zeit. Das östliche Fenster mit Szenen aus dem Neuen Testament schuf der norwegische Maler Victor Sparre (1957).

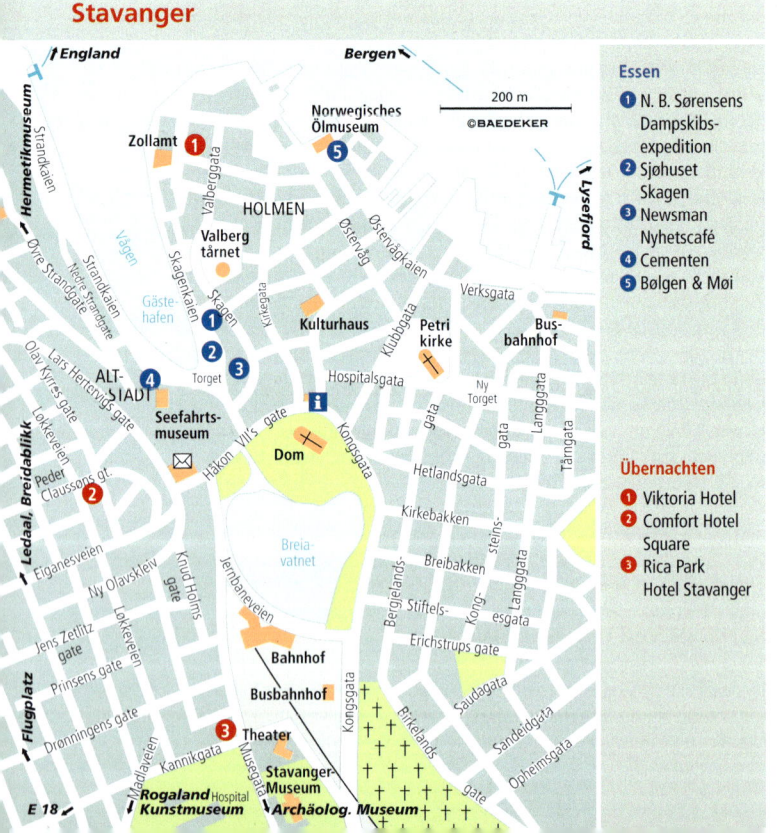

Stavanger

England Bergen

200 m

©BAEDEKER

Hermetikmuseum

Zollamt **1**

Norwegisches Ölmuseum **5**

Lysefjord

HOLMEN

Valberg tårnet

Valbergata

Skagenkaien

Østervåg

Østenågkaien

Strandkaien

Øvre Strandgaten

Vågen

Nedre Strandgate

Gäste-hafen **1**

Skagen

Kirkegata

Kulturhaus

Verksgata

Petri kirke

Bus-bahnhof

2

Torget **3**

Klubbgata

Langgata

Tårngata

ALT-STADT **4**

Lars Hertervigs gate

Olav Kyrres gate

Løkkeveien

Seefahrts-museum

Håkon VII's gate

Hospitalsgata

Ny Torget

Kongsgata

gata

Dom

Peder Claussons gt.

2

Ledaal, Breidablikk

Eiganesveien

Ny Olavskleiv

Knud Holms gate

Jernbaneveien

Hetlandsgata

Kirkebakken

Breiabakken

Breibakken

Bergelands-steins-

Kong-esgata

Langggata

Breia-vatnet

Jens Zetlitz gate

Løkkeveien

Prinsens gate

Dronningens gate

Stiftels-

Erichstrups gate

Saudagata

Flugplatz

Madlaveien

Kannikgata

Musegata

Bahnhof

Busbahnhof

3 Theater

Stavanger Museum

Kongsgata

Birkelands

gate

Sandeidgata

Opheimsgata

E 18 Rogaland Kunstmuseum Hospital **Archäolog. Museum**

Essen
1 N. B. Sørensens Dampskibs-expedition
2 Sjøhuset Skagen
3 Newsman Nyhetscafé
4 Cementen
5 Bølgen & Møi

Übernachten
1 Viktoria Hotel
2 Comfort Hotel Square
3 Rica Park Hotel Stavanger

Sieht gar nicht nach Industriestadt aus: Hafenfront von Stavanger

Im architektonisch beeindruckenden, 1999 eröffneten Ölmuseum (Norsk Oljemuseum) am Kai Kjerringholmen, das an eine Ölbohrplattform erinnert und als **eines der besten Geschichtsmuseen Norwegens** ausgezeichnet wurde, erfährt man alles über den Ölboom und über die Entstehung von Gas und Erdöl. Kinder können hier auf einer rekonstruierten Ölbohrinsel selbst den Bohrer bewegen oder sich durch ein Rettungsnetz »in Sicherheit« bringen.

❶ Mai – August tgl. von 10.00 – 19.00, sonst 10.00 – 16.00, So. bis 18.00 Uhr, Eintritt 100 / 50 NOK, www.norskolje.museum.no

*Ölmuseum

Am Mosvannpark südwestlich des Zentrums liegt das **Stavanger Kunstmuseum**, in dem sich eine, um die 1500 Werke umfassende Sammlung norwegischer Maler des 19. und 20 Jh.s befindet. Einzigartig ist die Kollektion der zumeist gewaltigen Naturbilder des 1902 verstorbenen Stavanger Malers Lars Hertervig.

❶ Di. bis Sa. 11.00 – 16.00, So. bis 18.00 Uhr, Eintritt 100 / 60 NOK, www.tkm.no

Kunstmuseum

An der Muségata steht das **Stavanger Museum** mit archäologischen, natur- und völkerkundlichen Sammlungen und einer Seefahrtsabteilung. Das **Norwegische Kindermuseum** beschäftigt sich mit Kinderkultur und der Geschichte der Kindheit. Besonders spannend für Kinder ist der angegliederte Park mit historischen Spielen .

Stavanger Museum: Mitte Juni – Mitte Aug. tgl. 11.00 – 16.00 Uhr, www. stavangermuseum.no

Kindermuseum: Di. – So., in den Ferien auch Mo. 11.00 – 16.00 Uhr

Weitere Museen

Die schönste Aussicht auf die Stadt bietet sich vom 85 m hohen **Vå-landshaug** am südlichen Stadtrand (Zufahrt über die Hornkloves-gate). Wunderschön ist auch die Aussicht vom **Ullandshaug-Turm** (südwestlich von Stavanger im Stadtwald Sørmarka).

UMGEBUNG VON STAVANGER

Freizeitpark Kongeparken
Der Freizeitpark Kongeparken liegt ca. 30 km südlich von Stavanger an der E 39 bei Ålgård und ist **das Disneyland Norwegens**.
❶ Ende April – Mitte Sept. an Wochenenden, in den Ferien täglich, über die unterschiedlichen Eintrittspreise informiert die Webseite www.kongeparken.no

*Utstein-Kloster
Von Stavanger gelangt man durch den 5860 m langen und 223 m unter dem Meeresspiegel liegenden Byfjordtunnel, dem derzeit tiefsten Unterwassertunnel der Welt (45 m unter dem Meeresboden), zur **Insel Mosterøy**. Von Stavanger verkehrt auch ein Motorschiff zum Utstein-Kloster. Da es direkt am Kloster kaum Parkplätze gibt, lohnt es sich, das Auto 1 km zuvor zu parken und die landschaftlich schöne Strecke zu Fuß zurückzulegen. Das Augustinerkloster Utstein auf Mosterøy wurde bereits im 13. Jh. erwähnt und ist **das besterhalte-ne Kloster des Landes**. In dieser idyllischen Anlage werden im Sommer Konzerte veranstaltet. Heute wird das Kloster auch als Hotel für Kurse und Konferenzen genutzt.
❶ Mai – Mitte Sept. Di. – Sa. 10.00 – 16.00, So. 12.00 bis 17.00 Uhr, im Juli auch Mo., Okt. – April nur So., Zimmerbuchung unter Tel. 51 72 00 50, www. utstein-kloster.no

Wissenschafts-zentrum
Wie viel wiegt das menschliche Gehirn? Ein genauerer Blick auf Pe-gasus, Orion und andere Sternkonstellationen gefällig? Alle Fragen werden beantwortet in der Vitenfabrikken (Wissenschaftszentrum) in Sandnes, einem Teil des Regionalmuseums Jærmuseet. 2009 wur-de die Wissensfabrik mit dem „Micheletti Award" für das beste Tech-nologiemuseum Europas ausgezeichnet.
❶ Di. – Sa. 11.00 – 16.00, So. 12.00 – 17.00 Uhr, Tel. 51 97 25 40, Eintritt 100 / 50 NOK; www.jaermuseet.no

**Preke-stolen
Der 604 m senkrecht aus dem Lysefjord ragende Felsen des Prekesto-len (Predigtstuhl) gehört ohne Zweifel zu den schönsten Ausflugszie-len Norwegens (Bild S. 308). Vom renommierten internationalen Reiseführer »Lonely Planet« wurde das Felsplateau unter die **Top 10 der spektakulärsten Aussichtspunkte der Welt** gewählt. Nur wer schwindelfrei ist, sollte sich auf diese Plattform ins Nichts wagen. Der Prekestolen ist von Stavanger über die R 13 bis Lauvvik am Høgsfjord (von dort Fähre nach Jøssang) erreichbar. Hier zweigt rechts eine

Stichstraße zur Prekestolhytta ab, von dort gelangt man zu Fuß in ca. zwei Stunden zum Prekestolen (gutes Schuhwerk erforderlich, unterwegs einige schmale Passagen!). Von unten kann der Felsen an Bord eines Ausflugsschiffs bestaunt werden (ca. 3 Std. ab Stavanger).

Eines der atemberaubendsten Erlebnisse für Autofahrer sind die **27 Haarnadelkurven** bei Lysebotn. Hier liegt auch der für das Base Jumping (die riskantere Form des Fallschirmspringens) so beliebte 1000 m hohe Felsen **Kjerag** (Parkplatz bei Øygardstøl, anspruchsvolle Bergtour, ca. 5 Std. hin und zurück).   **Lysebotn**

Eine weitere gute Möglichkeit, abseits der Hauptverkehrsstraßen das Beste der norwegischen Landschaft sowie sehenswerte Landschaftsarchitektur in Form von attraktiven Aussichtspunkten und Rastplätzen zu erkunden, ist die Fahrt (auch mit dem Fahrrad) entlang einer der „Norwegischen Landschaftsrouten", wie die deutsche Bezeichnung für die „Nasjonale Turistveger" ist. Von Oanes südlich von Stavanger führt die **Landschaftsroute Ryfylke** 183 km an Küste und Seen entlang bis ins nördlich gelegene Hårå. Die Straße verläuft durch große gepflegte Landwirtschaftsgebiete. Die Steinzäune sind Kulturdenkmäler, die noch immer eine Funktion haben. Die Landschaft wechselt auf der Panoramastraße zwischen sanften Schärengärten und fruchtbarer Kulturlandschaft, schroffen Geröllfeldern, steilen Felsen und tiefen Fjorden. Highlights entlang der sehenswerten Route sind unter anderem der Lysefjord mit dem Prekestolen, das Ryfylkemuseum in Sand sowie der Wasserfall Svandalsfossen. Über einen **architektonisch markanten Treppenwanderweg** können Besucher den 180 m hohen Wasserfall, der in mehreren Stufen den Berg hinunter stürzt, aus nächster Nähe erleben. Weitere Architekturprojekte an der Norwegischen Landschaftsroute Ryfylke folgen in den nächsten Jahren – darunter ein dokumentarisches Denkmal am einstigen Zinkbergwerk in der Schlucht Allamannajuvet.   **Nasjonale Turistveger**

❶ www.nasjonaleturistveger.no

✱ Telemark

Gebiet: Südnorwegen   ✦ C/D 7

Die Telemark beginnt an den Sandstränden des Skagerraks und dehnt sich in ein gebirgiges Hinterland mit hervorragenden Skigebieten aus. Hier wurde der Telemarkschwung erfunden, daher gilt die Region als Wiege des modernen Skisports. Neben Skifahren, Baden und Wandern lockt auch eine Fahrt auf dem Telemark-Kanal.

Trubel oder Ruhe? Alles da! Die Telemark ist groß und weit: Vom Skagerrak im Süden bis zum südnorwegischen Hochland erstreckt sich dieser Verwaltungsbezirk. An der zerklüfteten Küste mit ihren idyllischen **Schären** liegen zahlreiche Ferienhütten, hübsche Küstenstädtchen mit weiß gestrichenen Holzhäusern und im Sommer zumeist überlaufenen **Jachthäfen**. Wer Ruhe sucht, findet diese im hügeligen, bewaldeten Hinterland.

SEHENSWERTES IN DER TELEMARK

Skien Skien (52 500 Einw.), Hauptstadt des Bezirks Telemark und lebhafte Industriestadt, nennt sich »Ibsen-Stadt«, denn hier wurde Henrik Ibsen (▶Berühmte Persönlichkeiten) 1828 geboren. Im **Telemark Fylkesmuseum** (Bezirksmuseum) kann man mehr über Norwegens bekannten Dichter erfahren. Im dazugehörenden Freilichtmuseum stehen mehrere Bauerngehöfte aus der Telemark.
Telemark Fylkesmuseum: www.telemarkmuseum.no/museum/henrik-ibsen-museum

Telemark-Kanal Eine Fahrt auf dem 110 km langen Telemark-Kanal, auch Bandak-Norsjø-Kanal genannt, gehört ohne Zweifel zu den größten Attraktionen der Telemark. Mittels acht Schleusen werden insgesamt 72 Höhenmeter überwunden. Man startet in Skien und schippert gemütlich über den See Norsjø nach Ulefoss, wo das kleine Empire-Schlösschen **Ulefoss Herregård (1807), ein Hauptwerk Norwegens aus der Napoleonszeit, mit seiner auffallend blauen Kuppel auf der Nordseite des Eidselva besichtigt werden kann. Gleich in der Nähe liegt die 11 m hohe **Ulefoss-Schleuse**. Die beeindruckendste Schleusenanlage, die Vrangfoss sluser, besteht aus insgesamt sechs Schleusenkammern. Während das Schiff 23 m Höhenunterschied überwindet, kann man aussteigen und von den Treppen oder der Brücke über den Kanal das Schiff fotografieren. Hinter **Lunde** fährt man über die Seen Flåvatn, Kviteseidvatn und Bandak nach Dalen.

** Bø Sommarland Badespaß nicht nur für Kinder verspricht das Bø Sommarland bei Bø. In dem Freizeitpark, der sich zu einer der größten Sehenswürdigkeiten Telemarks entwickelt hat, warten mehr als 20 verschiedene Wasseraktivitäten, darunter eine Riesenrutsche und **die größte Wasserachterbahn Europas**.
❶ tgl. Mitte Mai – Mitte Aug., Eintritt ab 259 NOK, www.sommarland.no

Heddal-Stabkirche Die Stabkirche von Heddal (Hitterdal) westlich des kleinen Industriestädtchens Notodden (50 km nördlich von Skien an der E 134) stammt aus der Mitte des 13. Jh.s (1849 – 1851 wiederhergestellt; mehrmals restauriert). Sie ist die **größte erhaltene Säulenstabkirche Norwegens (▶Baedeker Wissen S. 456).

Die Telemark erleben

AUSKUNFT
Telemarkreiser
3724 Skien
Nedre Hjellegate 18
Tel. 35 90 00 20
www.visittelemark.com

ÜBERNACHTEN
Gaustablikk Høyfjellshotell ⊖⊖⊖
Rjukan
Tel. 35 09 14 22
www.gaustablikk.no
Am Fuß des Gaustastoppen steht
das großzügig konzipierte Berghotel
(91 Zi.) mit Schwimmhalle, Saunen,
Tennisplätzen und großer Sonnenterrasse. Alpinskigebiet nahebei.

Lifjell Stua ⊖⊖⊖
3800 Bø i Telemark
Lifjellvegen 934
Tel. 35 95 33 80
www.lifjellstua.no
Diese typisch norwegische Gebirgshütte
(20 Zi.) ist gemütlich eingerichtet und
liegt in fast 800 m Höhe auf dem Lifjell.
Im Sommer ein idealer Ausgangspunkt
für Wanderungen, im Winter ist es nicht
weit zu den Pisten und Loipen.

Tuddal Høyfjellshotell ⊖⊖⊖
Tuddal
Tel. 35 02 88 88
www.tuddal.no
Hotelbau (23 Zi.) mit 100-jähriger Tradi-
tion und stilvoll eingerichteten Räumen.
Im Restaurant wird norwegische Küche
serviert.

Sandviken Camping ⊖ – ⊖⊖
Tinn Austbygd
Tel. 35 09 81 73
www.sandviken-camping.no
Kleiner, familiärer Campingplatz am
Nordufer des Tinnsjø, u.a. mit 12 ein-
fachen Hütten, einige direkt am Sand-
strand mit Blick auf den See.

Hotel Dalen ⊖⊖⊖⊖
Dalen
(nahe Vergnügungspark Bø Sommarland)
Tel. 35 07 70 00
www.dalenhotel.no
Als architektonisches Kleinod bietet sich
dieses Hotel am Telemark-Kanal dar.
Schweizerstil, Drachenstil und Nationalromantik bilden in dem Holzpalast
(42 Zi.) eine perfekte Symbiose – kein
Wunder, dass hier schon einige gekrönte
Häupter gewohnt haben. Auch wer
nicht in dem Hotel nächtigt, sollte sich
zumindest eine Tasse Tee und ein Stück
Kuchen auf der Terrasse mit Blick auf
den weitläufigen Park gönnen.

FAHRT AUF DEM TELEMARK-KANAL
Von Ende Mai bis Anfang Sep. starten
die historischen Motorschiffe »Victoria«
(erbaut 1882), »Henrik Ibsen« (1907)
und »Telemarken« täglich um 8.30 Uhr
ab Skien. Man erreicht am Abend Dalen,
muss dort übernachten oder kann auf
halbem Wege in Lund aussteigen und
mit Bus oder Schiff zurückfahren.
Auskunft: Telemarkreiser, Skien, Tel.
35 90 00 20, www.visittelemark.com
Die Homepage informiert auch über
Fahrten mit dem eigenen Boot bzw.
Kanu, denn auch bei Kanufahrern ist der
Kanal überaus beliebt. Interessant für
Radurlauber: Die nationale Fahrrad-
route Nr. 2 folgt über 115 km dem
Verlauf des Kanals.

★★ *Meisterwerk der Holzbaukunst*

*Westlich von Kongsberg und Notodden steht direkt an der E 134 die
»Kathedrale« unter Norwegens Stabkirchen, die Kirche von Heddal.
Mit ihrem Bau wurde 1147 begonnen, 1241 wurde sie der Heiligen
Jungfrau Maria geweiht. Diese Säulen-Stabkirche mit ihrem auffallen-
den, dreistufigen Dach gilt als ein Meisterwerk der Holzbaukunst.*

❶ 20. Mai – 19. Juni 10.00–17.00,
20. Juni – 20. Aug.9.00–18.00,
21. Aug. – 10. Sept. 10.00–17.00,
So. ab 13.00 Uhr, Eintritt 60 / 25
NOK, www.heddalstavkirke.no

❶ *Hauptraum*

Stabkirchen sind keine schlichte
Übersetzung des Steinbaus in Holz,
sondern eine eigens entwickelte
Form mit einem mächtigen Haupt-
raum, in dem man das Nachleben
der nordischen Königshalle vermutet.
Im Inneren von Heddal steht u. a. ein
geschnitzter Bischofsstuhl (12. Jh.)
mit Szenen aus der Sigurd-Sage:
Sigurd (im nordischen Sagenkreis der
Name für Siegfried) und König
Gunnar ziehen aus, um Brunhild den
Nibelungen-Ring zu bringen. Die
Kirche von Heddal ist die größte
Stabkirche Norwegens: 24 m lang,
14 m breit und 26 m hoch, erbaut
aus Kiefernholz. Der Zutritt ist von
drei Seiten möglich, von Westen,
Norden und Süden.

❷ *Die »Stäbe«*

Auf einem Fundament aus recht-
eckigen Steinmauern ruht ein Rahmen aus Schwellenbohlen. Darauf
setzten die Baumeister senkrecht
stehende Masten (»Stäbe«, von
norw. »stav«) auf. Unten sind sie im
Holzrahmen eingelassen, oben hält
sei ein weiteres Holzviereck zusammen, das auch die Dachsparren trägt.

Diese perfekte Holzkonstruktion hält
schon seit 850 Jahren!

❸ *Andreaskreuze*

Typisch für Stabkirchen sind die
Andreaskreuze, die sich auf der Höhe
des ersten Dachabschlusses um
die gesamte Kirche ziehen und für
weitere Steifigkeit sorgen.

❹ *Svalgang*

Um die Kirche herum läuft der
»Svalgang«, ein überdachter Gang,
in dem einst die Männer ihre Waffen
ablegen mussten, bevor sie am
Gottesdienst teilnahmen.

❺ *Dachschindeln*

Schuppenförmig überlappende
Holzschindeln decken das fünffach
getreppte Dach ab. Die Hälfte der
Schindeln in Heddal wurde zwischen
1998 und 2004 ausgetauscht. Man
verwendete dafür in Handarbeit nach
mittelalterlichem Vorbild hergestellte
Schindeln. Außerdem muss die Kirche
regelmäßig geteert werden, damit sie
auch künftig Wind und Wetter standhält. Weil Gerüste nicht an der Kirche
befestigt werden dürfen, übernehmen Bergsteiger diesen Job.

❻ *Dachreiter*

Wie das Dach selbst hat in Heddal
auch der Dachreiter mehrere Etagen.
Die Türme sind leer – der Glockenturm steht abseits der Kirche.

Der Al
unbek
und 19

e Giebel r
innern an
ikingersch
abkirchen
d christli
llen vor b

*Auf dem Gaustatoppen

Ca. 16 km westlich der Heddal-Stabkirche zweigt in Sauland eine Straße nordwärts ins romantische Tuddalsdal und nach Rjukan ab. Hinter **Tuddal** mit einer hübschen, hölzernen Kreuzkirche (1796) schraubt sich die teilweise steile Passstraße bis auf 1275 m (unterwegs herrliche Aussicht) und zum Fuß des mächtigen Gaustatoppen (Wander- und Skigebiet) hinauf, der mit 1883 m die höchste Erhebung südlich der Bergenbahn ist. Vom Parkplatz direkt an der Straße kann man auf einem markierten Pfad beinahe bis zum Gipfel gelangen, wo sich ein überwältigender **Blick über die Hardangervidda** eröffnet. Bequemer, aber vor allem spektakulärer lässt sich der Gipfel mit der Gaustabahn erreichen, die in einer in den Berg getriebenen Röhre verläuft. Ursprünglich für militärische Zwecke angelegt, befördert sie heute Besucher in 15 Minuten vom Startpunkt am Rjukan Skisenter nach oben.

❶ Retour-Ticket 350 / 175 NOK, www.gaustabanen.no.

Rjukan

Direkt unterhalb des Gaustatoppen liegt der Industrieort Rjukan (7500 Einw.). Rjukan wurde Anfang des 20. Jh.s auf dem Zeichenbrett entworfen, als hier 1911 das große Vemork-Wasserkraftwerk und eine Salpeterfabrik gebaut wurden. Das Kraftwerk Mår, 5 km östlich des Ortes (Dale-Kreuzung), dessen Bau während des Zweiten Weltkriegs von den Deutschen begonnen wurde, produziert 1 Mrd. kWh pro Jahr und hat drei Dämme. Wunderschön sind die Wander- und Skigebiete um den See Møsvatn oberhalb von Rjukan und im Bereich von Rauland (RV 37). Rjukan wurde vor allem im **Zweiten**

Geruhsame Sache: Ausflug auf dem Telemark-Kanal

Weltkrieg bekannt, als die Deutschen besonderes Interesse an dem hier hergestellten Schweren Wasser (Deuteriumoxid) zeigten. Es wurden von den Alliierten mehrere Sabotageaktionen durchgeführt, um zu verhindern, dass das kostbare Wasser nach Deutschland zur **Herstellung von Atombomben** gebracht wurde. Mehr über den Kampf um das Schwere Wasser erfährt man auf dem Saboteur-Pfad und im nahe gelegenen **Norwegischen Industriearbeitermuseum** (u. a. alte BBC-Filme) im Vemorker Wasserkraftwerk, das Anfang des 20. Jh.s das größte Wasserkraftwerk der Welt war. Imponierend ist die mächtige Kraftwerkhalle mit riesengroßen Turbinen.

❶ Mitte Juni – Mitte Aug. tgl. 10.00 – 18.00, Mitte Aug. – Sept. bis 16.00, sonst Di. – Fr. 12.00 – 15.00, Sa. / So. 11.00 – 16.00 Uhr, Eintritt 75 / 45 NOK, www.visitvemork.com

Auf der E 134 erreicht man den idyllisch am Seljordvatn gelegenen Ort Seljord. In der **Seljord-Kirche** von 1180 sind vor allem die Kalkmalereien aus dem 17. Jh. und die Altartafel – Norwegens älteste aus der Zeit nach der Reformation – sehenswert. Östlich des idyllisch zwischen steil ansteigenden Waldhängen eingebetteten Sees Seljordvatnet mit seinem berühmten **»Seeungeheuer«**, das nach mehreren Augenzeugenberichten sogar bei ausländischen Forschern Interesse gefunden hat, erhebt sich das Lifjell, von dessen Gipfeln man bei klarem Wetter bis zum Skagerrak sehen kann.

Seljord, Lifjell

Im Norwegischen Skimuseum (Norsk skieventyr) im kleinen Ferienort **Morgedal** (22 km westlich von Seljord) wird man mit Hilfe von Licht- und Toneffekten auf eine 4000 Jahre zurückreichende Reise durch Norwegens Skigeschichte mitgenommen. Hier werden auch Gegenstände von Olav Bjaalands Südpolexpedition ausgestellt, die der bekannte Skisportler mit Roald Amundsen unternahm.

*Norwegisches Skimuseum

❶ Mitte Juni – Mitte Aug. tgl. 9.00 – 19.00, sonst Mo – Fr. 10.00 – 15.30, Sa. 11.00 – 17.00, So. bis 18.00 Uhr, Eintritt 70 / 35 NOK, www.vest-telemark.museum.no

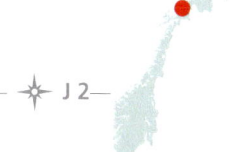

* Tromsø

✈ J 2

Gebiet: Nordnorwegen
Einwohnerzahl: 69 100

Tromsø nennt sich auch »Paris des Nordens«, denn die hübsche Hafenstadt rühmt sich einer lebendigen Kultur- und Restaurantszene mit ausgeprägtem Studenten- und Nachtleben. Und was nicht einmal Paris bieten kann: Mitternachtssonne im Sommer und Polarlicht im Winter.

Tromsø, einst Stadt der Polarforscher und Robbenfänger, wird heute das Paris des Nordens genannt.

Tor zur Arktis Tromsø liegt zwischen Narvik und Hammerfest auf einer kleinen Insel, die mit dem Festland durch die markante, 43 m hohe Tromsø-Brücke verbunden ist, an deren Ende die weiße **Eismeerkathedrale** thront. Der Ort, der an der Stelle einer Kirchengründung des 13. Jh.s entstand und 1794 Stadtrechte erhielt, wird als das Tor zur Arktis bezeichnet. Nachdem 1820 das erste Fangschiff ins Eismeer geschickt worden war, entwickelte sich der **Robbenfang** schon bald zu einem der wichtigsten Wirtschaftszweige der Stadt. Außerdem starteten hier Fridtjof Nansen, Roald Amundsen (▶Berühmte Persönlichkeiten) und andere **Polarforscher** ihre großen Expeditionen. Im 19. Jh. lebten hier zahlreiche reiche Händler, die sich bei ihren Auslandsreisen vom kontinentalen Lebensstil beeinflussen ließen, was Tromsø den mondänen Beinamen »Paris des Nordens« einbrachte. Heute tragen die mehr als 9000 Studenten in der Stadt zum aktiven Restaurant- und Nachtleben bei. Tromsø ist die größte Stadt Nordnorwegens, Hauptstadt des Verwaltungsbezirks Troms und ein bedeutender Fischereiplatz.

SEHENSWERTES IN TROMSØ

Noch auf dem Festland, direkt an der Tromsø-Brücke, steht die architektonisch interessante Tromsdalen-Kirche, genannt Eismeerkathedrale, die 1965 vom Architekten Jan Inge Hovig erbaut wurde und die dunkle Jahreszeit und das Nordlicht symbolisiert. Die farbenfrohe, 23 m hohe Glasmalerei stellt die Wiederkehr Christi dar. ***Eismeerkathedrale**

❶ Juni – Mitte Aug. 9.00 – 19.00, So. ab 13.00, Mitte Aug. – Mitte Sept. u.
2. Maihälfte 15.00 – 18.00, sonst 16.00 – 18.00 Uhr, im Juni tgl. 14.00 Uhr
Orgelkonzert, Juni – Mitte Aug. tgl. 23.30 Uhr Mitternachtssonnenkonzert,
Eintritt 35 NOK, Konzerte 70 bzw. 130 NOK, www.ishavskatedralen.no

An drei Orten stellt das Museum Perspektivet aus: In der Innenstadt präsentiert es eine Ausstellung über Stadtgeschichte und Jugendkultur. Im Freilichtmuseum **Folkeparken** im Süden der Stadt werden 13 Bauern- und Herrenhäuser gezeigt sowie eine spannende Ausstellung über die Lofoten-Fischerei. Der **Straumen gård** auf der Insel Kvaløya (s. u.) bewahrt Bauernhäuser aus dem 19. Jh. **Perspektivet**

Perspektivet: Di. – So. 11.00 – 17.00 Uhr, Eintritt frei,
Storegata 95, www.perspektivet.no
Straumen gård: Mitte Juni – Mitte Aug. 12.00 – 16.00 Uhr

Dieses sehr sehenswerte Museum zeigt u. a. Gegenstände von Amundsens Südpolarexpedition. **Polarmuseum**

❶ Mitte Juni – Mitte Aug. tgl. 10.00 – 19.00, sonst tgl. 11.00 – 16.00 / 17.00
Uhr, Eintritt 50 / 25 NOK, www.polarmuseum.no

Tromsø

Essen
❶ Kaffe å Lars
❷ Store Norske Fiskekompani
❸ Blå Rock Café
❹ Arctandria
❺ Compagniet Restaurant

Übernachten
❶ Scandic Hotel
❷ Hotell Nord

Tromsø erleben

ANREISE
Täglich laufen die Schiffe der Hurtigruten den Hafen an. Im Sommer ist Tromsø Endpunkt von Spitzbergen-Kreuzfahrten. Flugverbindungen nach Longyearbyen auf Spitzbergen, Oslo und anderen größeren Städten.

AUSKUNFT
Turistkontor
9253 Tromsø
Kirkegata 2
Tel. 77 61 00 00
www.visittromso.no

ESSEN
❺ *Compagniet Restaurant* ⊜⊜⊜⊜
Sjogata 12
Tel. 77 66 42 22
www.compagniet.no, So. geschl.
Wer so speisen will, sollte rechtzeitig reservieren – das Compagniet gilt als das beste Restaurant Nordnorwegens. Exzellente Küche, wunderschönes Ambiente.

❷ *Store Norske Fiskekompani*
⊜⊜⊜ – ⊜⊜⊜⊜
Killengrens Gate, Tel. 77 68 76 00
www.fiskekompani.no
Kleines Fischrestaurant für Gourmets. Fangfrische Zutaten werden mal traditionell, mal modern zubereitet. Eine besondere Gaumenfreude ist Skalldyrfest (ab 2 Pers.) mit allem, was das Meer zu bieten hat. Hier bekommt man natürlich auch die typisch norwegischen Fischspezialitäten Lutefisk und Bacalao.

❹ *Arctandria Sjømat Restaurant*
⊜⊜ – ⊜⊜⊜
Strandtorget 1, Tel. 77 60 07 20
www.skarven.no

Das Arctandria beinhaltet gleich drei Restaurants: Im Vertshuset Skarven erwarten den Gast einfache, aber exotische Kleingerichte, das Arctandria ist ein hoch gelobtes Fisch- und Schalentierrestaurant mit regionalen und auch samischen Spezialitäten, und im Skarvens Biffhus kommen saftige Steaks in verschiedenen Größen auf den Teller.

❸ *Blå Rock Café* ⊜
Strandgata 14 / 16
Tel. 77 61 00 20, www.blarock.no
Eine Institution in Tromsø, das wahrscheinlich nördlichste Rock'n' Roll-Café der Erde. Viele kleine, gemütliche Räume auf mehreren Etagen mit authentischer Einrichtung aus aller Welt. An den Wochenenden sorgen DJs für tolle Stimmung. Hin und wieder wird auch Live-Musik geboten.

❶ *Kaffe å Lars* ⊜
Kirkegata 8, Tel. 77 63 77 30
www.emmaoglars.no
In diesem klitzekleinen Café im 2. Stockwerk von Emm's Drømmekjøkken gegenüber der Domkirche kann man bereits um 7.00 Uhr frühstücken. Abends wird oft Live-Musik, vor allem Jazz, gespielt. Kleine Gerichte zu günstigen Preisen. Beliebt als Treffpunkt auch zur Lunchzeit.

ÜBERNACHTEN
❶ *Scandic Hotel* ⊜⊜⊜
Heiloveien 23
Tel. 77 75 50 00
www.scandic-hotels.com
Das 1986 eröffnete Hotel (147 Zi.) bietet hohen Komfort und beherbergt mit dem Restaurant Måken, der Bar Pelikanen

und dem Nachtklub Pingvinen drei
stadtbekannte Attraktionen.

❷ Hotell Nord ⊙⊙
Parkgata 4
Tel. 77 66 83 00
www.hotellnord.no
Dieses kleine, zentrumsnahe Hotel
(22 Zi.) bietet seit Jahren saubere,
günstige Unterkunft. Unbedingt
reservieren! Einfaches Frühstück.

AUSFLÜGE
Mit der Kabinenbahn Fjellheisen
zum 420 m hohen Aussichtspunkt
Storsteinen: Toller Blick über die Stadt
und auf das Nordmeer.
Mitte Mai – Mitte Aug. 10.00 – 1.00,
Mitte Aug. – Mitte Sept. 10.00 – 22.00,
sonst 10.00 – 17.00 Uhr
www.fjellheisen.no

FESTIVALS
Internationales Filmfest
Jedes Jahr in der dritten Januarwoche,
inzwischen ist es Norwegens größtes
Publikumsfilmfest geworden.
www.tiff.no

Nordlichtfestival
Ende Januar findet das Nordlichtfestival
statt: Innovative Musik, oft als Crossover
mit traditionellen Musikstilen.
www.nordlysfestivalen.no

SPORT
Polarnacht Halbmarathon (Mørketidsløp)
Am ersten Januarwochenende findet in
Tromsø dieser einzigartige Winterlauf
statt. Zu absolvieren sind 10 km oder
ein Halbmarathon.
www.nrk.no

Tromsø Skimarathon
Anfang April lädt Tromsø zum Skimara-
thon ein. Die Langlaufstrecke liegt in
wunderschöner Natur direkt außerhalb
der Stadt und ist 40 km lang.

Mitternachtssonnen-Marathon
Mitte Juni findet dieser weltweit nördlichste Marathonlauf statt.
www.msm.no

MITTERNACHTSSONNE
von 21. Mai bis 23. Juli

Südwestlich der Schiffsanlegestelle steht im Zentrum von Tromsø der **Dom**
Dom (1861) mit schönen Glasmalereien. Um 1250 ließ König Håkon
Håkonsson an dieser Stelle eine Kirche errichten, in deren Umfeld
sich nach und nach eine Siedlung entwickelte. Heute ist der Dom die
größte neugotische Holzkirche Norwegens.

Weiter südwestlich gelangt man vorbei an der Universität zum 2 km ***Tromsø-**
entfernten Tromsø-Museum im Volkspark mit natur- und kulturhis- **Museum**
torischen Sammlungen, in denen vor allem die samische Kultur und
die arktische Natur beleuchtet werden, was auch für Kinder spannend ist. Unter anderem wird man umfassend über die Volksmusik
Lapplands informiert, etwa den **Joik der Samen**, der über Kopf-
hörer angehört werden kann.
❶ Juni – Aug. tgl. 9.00 – 18.00, sonst Mo. – Fr. 9.00 – 16.30, Sa. 12.00 – 15.00,
So. 11.00 – 16.00 Uhr, Eintritt 50 / 25 NOK, www.uit.no/tmn

*Polaria-Erlebnis-zentrum	In der Hjalmar Johansgata 12 erhält man im 1998 eröffneten, archi-tektonisch spannenden Polaria-Erlebniszentrum Einblick in die ark-tische Lebenswelt. In großen Aquarien kann man arktische Fische und andere Meerestiere beobachten – spannend für Groß und Klein. ❶ Mitte Mai – Ende Aug. tgl. 10.00 – 19.00, sonst 11.00 – 17.00 Uhr, Eintritt 105 / 55 NOK, www.polaria.no
*Nordlicht-planetarium	Im nördlichsten Planetarium der Welt (Nordlysplanetarium) auf dem Universitätsgelände in Breivika kann man auf einer Leinwand die verschiedensten Himmelsphänomene wie das Nordlicht erleben. ❶ deutschsprachige Videovorführungen Mo. – Fr. 18.00, Sa. / So. 12.00 Uhr

UMGEBUNG VON TROMSØ

*Aussichts-punkt Storsteinen	In einer Seitenstraße hinter der markanten Eismeerkathedrale liegt die Talstation der Kabinenseilbahn Fjellheisen zum 420 m hohen Storsteinen. Bei schönem Wetter hat man hier eine fantastische Aus-sicht und kann die Mitternachtssonne erleben. Für Hungrige steht die Gebirgsstube »Fjellstua« offen. ❶ Mitte Mai – Mitte Aug. 10.00 – 1.00, sonst mind. 10.00 – 17.00 Uhr, www.fjellheisen.no
Insel Kvaløya	Westlich von Tromsø liegt die Insel Kvaløya (»Walinsel«) mit saftigen Weiden zum Sandnessund hin, über den die 1,2 km lange Sandnes-sund-Brücke führt. Sehenswert sind die 2500 – 4000 Jahre alten **Felsrit-zungen** von Skavberg nahe Straum-hella (im Süden der Insel an der R 862).

> **!** **BAEDEKER TIPP**
>
> *Seeadler beobachten*
>
> Sehr lohnend ist die 20-minütige Fahrt mit der Fähre von Skjervøy zur **Insel Arnøy** und dann weiter zum Ort Årviksand an der Mün-dung des Lyngenfjords. Von hier haben Sie einen herrlichen Blick auf Fugløya, eine der größten Vogelinseln Norwegens mit **300 000 Papageitauchern** und zahlreichen Seeadlern.

Etwa 70 km südöstlich von Tromsø liegt die Halbinsel Lyngen, ein arkti-sches Naturparadies mit den fast 2000 m hohen und schneebedeckten Gipfeln der **»Lyngsalpen«**, ein fast völlig unerschlossenes Wander- und Klettergebiet. Der **Lyngenfjord** er-streckt sich vom Vorgebirge Lyng-stuen (395 m ü. d. M.) etwa 80 km nach Süden. Er zählt zu den großartigsten Fjorden Norwegens. Von Tromsø erreicht man ihn auf der E 8 bis Nordkjosbotn, dann weiter auf der E 6 nach Norden.

StoreJäger-vasstind	Nördlich von Lyngseidet (erreichbar von Tromsø über die R 91) ragt imposant der Store Jægervasstind 1596 m in den Himmel. Dieser

mächtige Berg ist ein wahres **Bergsteigerparadies**. Obwohl ihn der Engländer William S. Slingsby bereits 1898 bezwang, empfinden es viele Bergsteiger als Herausforderung, neue Aufstiegsrouten zu erkunden. Ein guter Ausgangspunkt dafür ist die **Jægervasshytta** am Jægervatnet im Westen.

** Trondheim

E 5

Gebiet: Mittelnorwegen
Einwohnerzahl: 176 400

Trondheim war die erste Hauptstadt Norwegens. Olav der Heilige starb hier, und über seinem Grab wurde der Nidaros-Dom errichtet, die großartigste Kathedrale ganz Skandinaviens. Noch immer werden hier die Könige des Landes gekrönt.

Trondheim erfreut sich einer sehr malerischen Lage in einer Bucht des Trondheimfjords. Die Altstadt wird vom Nidelv umschlossen und bildet so eine Halbinsel, die nur im Westen mit dem Festland verbunden ist. Alle Sehenswürdigkeiten sind gut zu Fuß zu erreichen. Die günstigen Temperaturverhältnisse (im Januarmittel selten unter -3 °C) lassen den Fjord **immer eisfrei** bleiben und ermöglichen eine reiche Vegetation. Die bedeutende Industriestadt hat sich auch als Forschungs- und Wissenschaftsstadt einen Namen gemacht.

Auf der Halbinsel ...

Gut in Form: alte Speicherhäuser in Trondheim

Trondheim erleben

AUSKUNFT
Turistinformasjon
7411 Trondheim
Munkegt. 19, Torget
Tel. 73 80 76 60
www.trondheim.no

ESSEN
❶ *Palmehaven* €€€ – €€€€
Dronningensgate 5
Tel. 73 80 08 00
www.britannia.no
Äußerst vornehmes Restaurant im
Britannia Hotel. Stimmungsvolle Atmo-
sphäre zwischen Palmen und Fontänen.

❷ *To Rom og Kjøkken* €€€
Carl Johansgt. 5, Tel. 73 56 89 00,
www.toromogkjokken.no
Schickes Lokal in einem alten Holzhaus
in der City, dessen köstliche Gerichte für
den mitunter langsamen Service ent-
schädigen. Reservierung empfohlen.

❸ *Erichsen Gården & Konditori*
Nordre gate 8, Tel. 73 51 72 20

! *Mittelalter live!*

BAEDEKER TIPP

Besuchen Sie Trondheim am besten
während der **Olavstage Ende Juli /
Anfang August**. Dann finden in
diversen Kirchen und öffentlichen
Gebäuden zahlreiche Konzerte, Ausstellungen, Musik- und Theater-
vorführungen statt. Im Hof des Erz-
bischöflichen Palais' werden auf
einem Mittelaltermarkt alte Handwerke vorgeführt und norwegisches
Kunstgewerbe wie Keramik, Kerzen
und Schnitzereien verkauft.

In dieser traditionsreichen Konditorei
von 1856 treffen sich die vornehmen
Damen aus dem Stadtteil Singsaker zu
Kaffee und Kuchen.

❹ *Dromedar Kaffebar* €€
Nedre Bakklandet 3
Tel. 73 50 25 02
www.dromeadar.no
Kleines Café im Holzhaus-Stadtteil
Møllenberg. Kaffeespezialitäten und
leckere Kleinigkeiten werden drinnen
und draußen serviert.

ÜBERNACHTEN
❸ *Clarion Collection
Grand Olav* €€€€
Kjøpmannsgt. 48
Tel. 73 80 80 80
www.choicehotels.no
Haus der Spitzenklasse (106 Zi.) im
geschäftigen Zentrum der Stadt. Es
verfügt über viel besuchte und hochklassige gastronomische Einrichtungen
(Restaurant, Café, Bar, Night Club).

❷ *Britannia Hotel* €€€ – €€€€
Dronningensgate 5
Tel. 73 80 08 00
www.britannia.no
Zusätzlich zum First-Class-Komfort in
dem 247 Zi.-Haus werden Restaurant
Palmehaven, Pianobar, Kellerrestaurant
und ein englischer Pub geboten.

❹ *Radisson SAS Royal
Garden Hotel* €€€
Kjøpmannsgt. 73
Tel. 73 80 30 00
www.radissonblu.com/hotel-trondheim
In schöner Lage am Fluss unweit des
Hafens setzt dieses modern gestaltete

Hotel (297 Zi.) mit einer riesigen Lobby architektonische Akzente.

❶ *Pensjonat Jarlen* ☺☺
7012 Trondheim, Kongens Gate 40
Tel. 73 51 32 18, www.jarlen.no
Einfaches Zentrumshotel mit Einzel-,
Doppel- und Familienzimmern.

❺ *Singsaker Sommerhotell* ☺☺
Rogertsgt. 1
Tel. 73 89 31 00
www.sommerhotell.singsaker.no

Dieses einfache Hotel (103 Zi.) liegt sehr ruhig auf der Anhöhe bei der Festung Kristiansten.

MARKT
Täglich Gemüse-, Obst- und Blumen-
markt auf dem Torget

AUSFLÜGE
Die Insel Munkholmen erreicht man mit dem Boot vom Fischmarkt Ravnkloa am Nordende der Munkegata.
Stündlich, Überfahrt ca. 10 Min

Die Gegend um Trondheim gilt als die **Wiege des norwegischen Reiches**. Zwar ließ bereits Olav Tryggvason im Jahr 997 den Königshof »Nidarnes« erbauen, doch gilt **Olav der Heilige** als der eigent-
liche Gründer der Stadt (1016), die fortan und bis zum 16. Jh. **»Nidaros«** (Mündung des Nid) genannt wurde. Nach Olavs Tod (1030)
zogen Scharen von Pilgern zum Totenschrein des heilig gesproche-
nen Königs: Durch diesen Kult wurde Trondheim zur größten und
reichsten Stadt des Landes. Die Reformation setzte den Pilger-
zügen dann ein Ende; der Schrein des Heiligen wurde nach Dänemark entführt und dort vernichtet, der Leichnam im Dom an einer
unbekannten Stelle beerdigt. Kirchen und Klöster verschwanden bis
auf eine kleine Zahl, Trondheims Blüte ging zu Ende. Anfang des
17. Jh.s erlebte die Stadt durch den zunehmenden Holzhandel wieder
einen Aufschwung. Anfang des 19. Jh.s war Trondheim mit 9500 Einwohnern ebenso groß wie Kristiania, das heutige Oslo.

. . . liegt die
Königsstadt

SEHENSWERTES IN TRONDHEIM

Mittelpunkt von Trondheim ist der Torget (Marktplatz) am Schnitt-
punkt der beiden Hauptverkehrsstraßen Kongensgata und Munkegata. Auf dem Platz steht eine hohe, achteckige Säule mit einem
Standbild von Olav Tryggvason (1923).

Torget

Der Nidaros-Dom wurde von König Olav Kyrre (1066 – 1093) **über
dem Grab Olavs des Heiligen** begonnen und nach Errichtung des
ganz Norwegen umfassenden Erzbistums Nidaros 1151 bedeutend
erweitert. In Anlage und Ausführung ist er die großartigste Kirche
Skandinaviens und Trondheims bedeutendste Sehenswürdigkeit. Im
11. und 12. Jh. diente der Dom als Grabstätte der Könige. Bereits im

****Nidaros-
Dom**

Im Nidaros-Dom werden bis heute
Norwegens Könige gekrönt.

15. Jh. wurden hier mehrere Könige gekrönt, und seit 1814 ist die Segnung (Krönung) des norwegischen Königs im Dom zu Trondheim durch die Verfassung festgelegt. Im Dom werden auch die **Krönungsinsignien** aufbewahrt, die für die Besucher ausgestellt werden. Querschiff, Kapitelhaus und das prachtvolle, frühgotische Kuppelachteck sind durch einen **spätromanischen Übergangsstil** gekennzeichnet. Als Baumaterial diente der blaugraue Seifenstein aus der Umgebung von Trondheim. Zu Beginn des 13. Jh.s wurde der **Langchor** mit dem schönen Südportal, 1280 das gewaltige **Hauptschiff** und der Turm im gotischen Stil errichtet. Nach mehreren Bränden lag der westliche Teil, beginnend mit dem Querschiff, in Trümmern. Das Erwachen des Nationalbewusstseins im 19. Jh. bewahrte den Dom vor dem Zerfall: 1869 begann die **Wiederherstellung** und am 28. Juli 1930, zur 900-jährigen Gedenkfeier des Todes Olavs des Heiligen, wurde die Kirche neu geweiht. 1963 versetzte man die 1930 von der im schwäbischen Oettingen ansässigen Firma Steinmeyer gebaute **Orgel** mit ihrem barocken Orgelprospekt unter die Rosette, 1914 bis 1968 wurde die Westfront restauriert. Wunderschön ist auch die **Westfassade** mit Statuen norwegischer Könige und Bischöfe sowie biblischer Figuren. Im Dom herrscht eine feierliche Atmosphäre: Einzige Lichtquellen sind die bunten **Glasfenster** (1913 – 1934) von Gabriel Kielland und die Glasrosette über der Orgel.

❶ Mitte Juni – Mitte Aug. Mo. – Fr. 9.00 – 18.00, Sa. 9.00 – 14.00, So. 9.00 – 17.00 Uhr; Eintritt 60 / 30 NOK

Erzbischöfliches Palais Nebenan liegt der Erkebispegård (Erzbischöfliches Palais), ein mittelalterlicher Steinbau, der einst den Erzbischöfen als Wohnsitz diente. Es ist Nordeuropas ältestes Profangebäude, das einstmals von dicken Ringmauern umgeben war. Heute sind hier ein großes **Museumszentrum** mit interessanten Ausstellungen zur Geschichte Norwegens und Trondheims, eine Waffensammlung und das Museum der Widerstandsbewegung (1940 – 1945) untergebracht.

Nidaros-Dom Trondheim

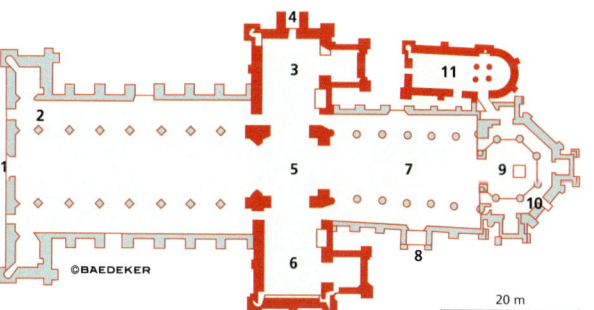

romanisch
gotisch

1 Westportal
2 Krönungsinsignien
3 Nördliches Querschiff
4 Nordportal
5 Vierung
6 Südliches Querschiff
7 Langchor
8 Südliches Chorportal
9 Hochchor (Kuppelachteck)
10 Olavsquelle
11 Sakristei (Kapitelhaus)

20 m

©BAEDEKER

Von der Bybrua, einer roten Holzbrücke (1861), die den Nidelv nordöstlich vom Dom überquert, bietet sich ein schöner Blick auf mehrere alte Lagerhäuser aus dem 18./19. Jh., die auf Pfählen stehen und zum größten Teil restauriert worden sind. Hier findet man heute mehrere **gute Fischrestaurants**. Bereits vor rund 1000 Jahren ließ Olav Tryggvason hier am Nidelv die ersten Speicher am Øvre Elvehavn errichten, doch schon bald brannten sie wieder ab. Auf der Ostseite stehen alte, vielfach restaurierte Holzhäuser, die einstmals als Arbeiterwohnungen dienten. ***Speicherhäuser**

Wenn man von der Bybrua durch die Vorstadt Bakklandet die Anhöhe hinaufgeht, gelangt man zu der im 17. Jh. von General Caspar de Cicignon im europäischen Barockstil erbauten Festung Kristiansten, von der sich ein **weiter Blick über die Stadt** bietet. Am schönsten ist die Aussicht bei Morgenlicht oder bei Sonnenuntergang. **Festung Kristiansten**
❶ Anlage ganzjährig bei Tageslicht, Führungen n.V., Tel. 47 60 19 86, www.trondheim.com/kristiansten_fortress

Nördlich vom Marktplatz, in der Munkegata, steht der um 1770 erbaute Stiftsgården, ein mächtiges gelbes Holzhaus mit etwa 140 Zimmern, das dem norwegischen König bei Besuchen in Trondheim als Wohnsitz dient. Die **Krönungsfeierlichkeiten** vieler Könige, zuletzt Haralds V. (1991), fanden im Stiftshof statt. Das Gebäude kann nur im Rahmen der stündlichen Führungen besichtigt werden. ***Stiftsgården**
❶ Juni –Aug. Mo.–Sa. 10.00–17.00, So. 12.00–15.00 Uhr, www.trondheim.com/royalresidence

Etwas außerhalb des Zentrums befinden sich an der Erling Skakkes gata in mehreren Gebäuden der **Universität Trondheim** diverse **Wissenschaftsmuseen**

Trondheim

↑ *Munkholmen*

400 m

Trondheimfjord

Pop- und
Rockmuseum

BRATTØRA

Anlegestelle
Hurtigrute

Anlege-
stelle
Hurtigrute

Ytre Bassin

Havnegata

Ringve-Museum

Hauptbahnhof

Gästehafen

Østre Kanalhavn

Trøndelag Senter
for Samtidskunst

Fjordgata

Seefahrts-
museum

Fischhalle
Ravnkloa

Vestre Kanalhavn

Olav Tryggvasons gata

Olavshallen

Bakke bru

Folkets
hus

Innherreds-
veien

Dronningens gata

Stifts-
gården

Nordre

Søndre

Prinsens gate

Munkegata

Kjøpmannsgata

Nedre Møllenberg gate

Øvre Møllenberg
gate

Hospital-
kirke

Sandgata

Kongensgata

Ilenkirke

Erling

Elvegata

Wissenschafts-
museen

Skakkes

Theater
Kunst-
gewerbe-
museum

Vår Frue
Kirke

Kongensgata

Munkegata

gate

Nedre Bakklandet

Festung
Kristiansten

Rådhus

Bybrua

Brubakken

Trøndelag Folkemuseum

Kunstmuseum

Bispegata

Kunst-
verein

Sverres

gate

Nidaros-Dom

Erkebispe-
gården

Øvre Bakklandet

Kristiansbakken

Lillegårdsbakken

Nidarø-
Messe-
hallen

Gunnerusgt.

Stadion

Klostergata

St. Olavs Kirke

Elgeseter bru

Nidelva

Margretes gt.

Jemtl. gt.

M. Hansens gt.

Ragnhilds gt.

Klostergata

Høgskoleveien

↓ Oslo, Universität

Volbakken Øvre Bakklandet

Park veien

Neufelts gt.

Nedre Alle

Øvre Alle

©BAEDEKER

1 Olav-Tryyvason-Säule
2 Alte Lagerhäuser

mineralogische, botanische, zoologische (z. B. ein Vogeldiorama) und archäologische Sammlungen sowie eine bedeutende Bibliothek mit alten Handschriften und eine Ausstellung sakraler Kunst. Besonders gelungen ist die 1997 eröffnete Ausstellung »**Trondheim im Mittelalter**« in einem einstigen Lagerhaus von 1843. Das Alltagsleben jener Zeit wird anhand von archäologischen Funden und rekonstruierten Werkstätten und Wohnräumen anschaulich dargestellt. 2012 war das Wissenschaftsmuseum Norwegens Museum des Jahres.

❶ Di.–Fr. 10.00–16.00, Sa./So. 11.00–16.00 Uhr, Eintritt 75/45 NOK, www.ntnu.no

Auf einer Anhöhe im Südwesten der Stadt, wo einst die Sverresborg von König Sverre (1177–1202) stand, befindet sich auf einem riesigen Gelände in schöner Aussichtslage das Volkskundemuseum. **Volkskunde-museum**

❶ Juni–Aug. tgl. 11.00–18.00, sonst Mo.–Fr. 11.00–15.00,
Sa./So. 12.00–16.00 Uhr, Eintritt 100/45 NOK, www.sverresborg.no

UMGEBUNG VON TRONDHEIM

Wenn man vom Zentrum aus der E 6 Richtung Narvik folgt und nach ca. 2 km nach links abbiegt (ausgeschildert), gelangt man zum Hof Ringve Gård, wo im 17. Jh. der verwegene Seeheld und Abenteurer Tordenskjold aufgewachsen ist. Idyllisch in einem wunderbaren, botanischen Garten liegt der Ringve-Hof. Sehenswert sind die authentisch im Stil der Zeit eingerichteten Zimmer der Komponisten Chopin, Grieg (Originalfotos), Beethoven und Mozart. Eine besondere Attraktion ist das 1999 eröffnete **musikhistorische Museum** im Heuboden mit einer herrlichen Sammlung an Tasten-, Blas- und Streichinstrumenten aus aller Welt und einer Sammlung norwegischer Volksmusikinstrumente. ***Ringve-Museum**

❶ Juli, Aug. tgl. 11.00–17.00, bis Mitte Sept. 11.00–16.00, ab Mitte Sept. So. 11.00–16.00 Uhr, Eintritt 90/40 NOK, Hauptgebäude nur mit Führungen zu besichtigen

! **BAEDEKER TIPP**

Spektakulärer Theaterdonner

Norwegens größte Freilichtbühne liegt in Stiklestad. Jedes Jahr um den 29. Juli, dem Todestag Olav Haraldssons, erleben hier 5000 Zuschauer **die Schlacht bei Stiklestad** hautnah, 300 Schauspieler geben ihr Bestes. Im Nasjonale Kulturhus kann man in einem Mauergang, begleitet von heftigen Licht- und Toneffekten, dem Verlauf der Schlacht folgen.

Ein netter Ausflug führt von Trondheim auf dem Fjellsetervei zur Fjellseter (Skigebiet, Sprungschanze) und zur Fjellseter-Kapelle 8 km westlich der Stadt. Von hier folgt man einem Fußweg (15 Min.) zum Gipfel des Gråkallen (556 m) mit **sagenhafter Aussicht über den Trondheimfjord** und auf die Berge von Trollheimen. Man kann auch **Ausflug zum Gråkallen** von Trondheim mit der **Gråkallbahn** (Abfahrt von der St. Olavsgate) oder mit dem Bus von der Dronningensgate bis Lian (30 Min.) fahren und von dort zu Fuß über Fjellseter und Skistua zum Gråkallen aufsteigen (schöne Wanderung; hin und zurück 2,5 Std.).

Felsritzungen bei Hegra
Über die E 14 gelangt man nach Hegra; ca. zwei Kilometer hinter Hegra biegt man bei dem Hinweisschild »Bergmuseet« links auf einen Feldweg ab und erreicht das Leirfallfeld. Hier liegt eines der größten nordeuropäischen Felder mit Felsritzungen aus der Bronzezeit (1500 – 500 v. Chr.). Zu entdecken ist u.a. auch eine Gruppe von 13 Menschen. Die vorderste Figur sowie die drei kleinsten Gestalten stellen **»Maskenmänner«** dar, deren Aufgabe es vermutlich war, das Wachstum der Vegetation zu fördern.

Stiklestad
95 km nordöstlich von Trondheim liegt der für Norweger bedeutsame Ort Stiklestad. Dort, wo heute der Altar der Stiklestad-Kirche (1128, interessante Kalkmalereien) steht, erhielt der Nationalheilige König Olav, alias **Olav Haraldsson** (995 – 1030), am 29. Juli 1030 von seinem Erzfeind Tore Hund den Todesstoß. Olavs Leichnam überführte man später nach Trondheim.

* Vesterålen

G/H 2

Gebiet: Nordnorwegen

Nördlich der Lofoten erstrecken sich die Vesterålen, die zu Unrecht im Schatten ihrer bekannteren Schwestern stehen. Von Andenes starten die berühmten Walsafaris, auf denen man ziemlich sicher Pottwale zu Gesicht bekommt.

Obwohl die Berge nicht so schroff und mächtig sind wie auf den Lofoten, sondern meistens bis hoch hinauf mit grünen Wiesen bewachsen, sind die Vesterålen landschaftlich sehr reizvoll und einen Besuch wert. Zu den Vesterålen zählen die Inseln Andøya, Langøya, Hadseløya sowie Teile der Inseln Hinnøya und Austvågøya.

SEHENSWERTES AUF DEN VESTERÅLEN

Hinnøya
Die weit verzweigte Insel Hinnøya ist nach Spitzbergen die zweitgrößte Insel Norwegens. Der Hauptinselort ist **Harstad**. Die meisten Sehenswürdigkeiten von Harstad sind auf der Trondenes-Halbinsel etwa 3 km nördlich vom Stadtzentrum zu finden. Hier steht die besterhaltene mittelalterliche Kirche Nordnorwegens, die bereits 1250

Vesterålen erleben

ANREISE

Die Vesterålen sind dank Brücken und
Tunnel vom Festland aus komplett mit
dem Auto zu erreichen. Die Schiffe der
Hurtigruten laufen Stokmarknes, Sortland, Risøyhamn und Harstad an.

AUSKUNFT
Harstad Turistkontor
9486 Harstad
Rikard Kaarbøsgate 11
Tel. 77 01 89 89
www.destinationharstad.no

Vesterålen Reiselivslag
8401 Sortland
Kjøpmannsgt. 2
Tel. 76 11 14 80
www.visitvesteralen.com

ÜBERNACHTEN/ESSEN
Strand Hotell Sortland ⬤⬤⬤
Sortland, Strandgata 34
Tel. 76 11 00 80
www.strandhotell.no
Das kleine Hotel (37 Zi.) im Zentrum ist
durch seine kräftige blaue Farbe nicht zu
verfehlen. Einige Räume wurden von der
Norwegischen Akademie für Innendekor
gestaltet und verleihen dem Haus eine
sehr individuelle Note. Im Restaurant
Spisestua, das sich mit nordnorwe-
gischer Küche einen Namen gemacht
hat, werden arktische Fisch- und Fleischgerichte serviert.

Sjøhus Senteret ⬤⬤⬤
Sortland, Ånstadsjøen
Tel. 76 12 37 40
www.lofoten-info.no/sjohussenteret
Sieben komfortable Holzhäuser direkt

am Wasser mit je zwei Schlafräumen.
Auf Wunsch wird der große, hölzerne
Badezuber angeheizt. Im Haupthaus
befindet sich das Restaurant Sjøstua,
von dem aus man bei frischen Fischgerichten einen schönen Blick auf die
Mitternachtssonne genießen kann.

Holmvik Brygge ⬤ – ⬤⬤
Nyksund
Tel. 76 13 47 96
www.nyksund.com
Einfache Unterkunft in einem alten
Fischerhaus in Nyksund

FESTE
Melbu
Jedes Jahr im Juli: Internationales Kultur-
festival mit Konzerten und Theateraufführungen auf Hadseløya
www.sommermelbu.no

Harstad
Im Juni erhalten junge Künstler Gelegenheit, sich bei den Sommerfestspielen
vorzustellen. Beliebt ist auch das
Fischereifestival im Juli.
www.festspillnn.no

MITTERNACHTSSONNE
vom 16. Mai bis 29. Juli

WALSAFARIS
Eine besondere Attraktion: Walsafaris
vom ehemaligen Walfängerort Andenes
aus. Mitarbeiter des Walforschungsinsti-
tuts und des World Wildlife Fund (WWF)
begleiten die Touren, die man auch im
Ort Stø auf Langøya buchen kann.
Juni – Mitte Sept., Tel. 76 11 56 00,
www.whalesafari.no, Dauer 5 Std.

errichtete Trondenes-Kirche. Später wurde die romanische Steinkirche mit ihren fast 2 m dicken Mauern zu Verteidigungszwecken benutzt. Grandios ist von hier die Aussicht auf den Vågsfjord. Die im
Westen von Harstad direkt am Wasser entlangführende Strecke wird
auch »Mitternachtssonnenweg« genannt. Im Süden der Insel thront
der 1266 m hohe Møysalen, der **höchste Gipfel der Vesterålen**, mit
einem lohnenden Panorama über die Vesterålen und die Lofoten bis
hin zu den Bergen Richtung Schweden (Aufstieg von Kaldjord am
Ende der R 822, hin und zurück 9 Std.). Von Lødingen im Süden der
Insel (R 85) kann man mit der Fähre nach Bognes (E 6) übersetzen.

Andøya   Auf einem Felsen direkt am Sund liegt der alte Handelsort **Risøyhamn** mit dem Andøymuseum, in dem kulturhistorische Gegenstände ausgestellt sind. Aus ausgedehnten Moorflächen erheben sich
auf Andøya bis zu 600 m hohe Berge. An der Nordspitze der Insel
liegt der Fischerort **Andenes** mit einer 2,5 km langen Mole. In einem
alten Bürgerhaus befindet sich ein Polar- und Fischereimuseum.
Alles über Wale erfährt man live bei den **Walfsafaris** (▶Baedeker
Wissen S. 475), bei denen man bis zu 20 m lange Pottwale und kleinere Arten zu Gesicht bekommt, oder im Walzentrum von Andenes.
Walsafari: Erw. ca. 100 €, Kinder 65 €, www.whalesafari.no

Langøya   Langøya bildet mit seinen vielen Halbinseln und Fjorden den größten Teil der westlichen Vesterålen. **Sortland** ist ein alter Handelsplatz
und Anlegestelle für die Schiffe der Hurtigrute. Ca. 20 km westlich
von Sortland ragt die atemberaubende Felsnadel des Reka-Gipfels in
den Himmel. Die steil 607 m ü. d. M. aufsteigende Südwestwand ist
noch nie bezwungen worden. Bei **Nykvåg** (zwischen Malnes und
Hovden) direkt am offenen Meer im Westen befindet sich auf den
Felsen Fuglenyken und Måsnykas eine der größten Vogelkolonien
Nordeuropas. Die Vesterålen besitzen zudem **die größten Seeadler-
bestände Nordeuropas**. Der Greifvogel findet hier reichlich Nah-
rung, Gefahr droht aber von Nesträubern. Für Badelustige ist der
800 m lange Sandstrand von **Fjærvoll** (südlich von Føre) interessant.
Der Schriftsteller Knut Hamsun (▶Berühmte Persönlichkeiten) war
in dieser Gegend zwei Jahre lang Polizeihelfer, versuchte sein Glück
aber auch als Lehrer und Geschichtenerzähler.

Hadseløya   **Stokmarknes** auf der Insel Hadseløya ist Handelszentrum mit einer
bedeutenden Handelsflotte und Ausgangspunkt für Schiffstouren in
den Trollfjord (▶Lofoten), eine der schönsten Fjordfahrten Norwegens. Im Süden der Insel liegt der Hafenort **Melbu**. Sehenswert sind
der alte Melbu Hovedgård (1830) mit einem schönen Vorratshaus
(»Stabbur«) und der 200 Jahre alte Rødgården, in dem wechselnde
Sommerausstellungen stattfinden. Bei Taen liegt ein herrlicher **Sandstrand,** an dem man baden und die Mitternachtssonne erleben kann.

Jagd auf die stillen Riesen

Seit Urzeiten bildet der Walfang eine wichtige wirtschaftliche Grundlage für die Menschen, die entlang der nordnorwegischen Küste leben. Nachdem die Bestände aller Großwalarten als Folge der Überfischung weltweit dramatisch dezimiert worden waren, verhängte die Internationale Walfangkommission 1986 ein Verbot des Walfangs und des Exports von Walfleisch. Norwegen hält sich nicht daran und geht noch immer auf Waljagd.

Eine verräterische Blaswolke aus kondensiertem Wasserdampf steigt aus dem Meer. Das Schiff wird den Wal nun so lange verfolgen, bis es das Tier vor dem Bug hat und mit der Harpunenkanone erlegen kann. Hat sich die **Harpune** in den Leib des Meeressäugers gebohrt, explodiert eine kleine Sprenggranate ca. 60 cm tief in seinem Leib. Im Durchschnitt sind die Tiere innerhalb von drei Minuten tot, manchmal dauert der To-

deskampf auch bis zu einer Stunde. Der Kadaver wird dann mit dem Harpunenseil längsseits gebracht und an Bord gehievt, wo er dann sogleich zerlegt wird. Der Wal ist für die Menschen seit Generationen ein Nutztier, das neben Öl und Speck noch **Rohstoffe für Industrieprodukte** wie Parfüm, Kosmetika, Schuhcreme, Lebertran, Leim, Gelatine, Dünger, Futtermittel und Hormonpillen liefern kann. **Norwegen und Japan** zählen zu den

Schauspiel der besonderen Art: Wal-Tourismus

wenigen und oft kritisierten Nationen, die überhaupt noch Walfang betreiben.

Norwegen schießt quer

Als die norwegische Regierung 1993 den Beschluss fasste, die Jagd auf jährlich bis zu 800 Zwergwale wieder zuzulassen – auch wenn die tatsächlichen Fangquoten darunter liegen –, ging ein Ruck der Empörung durch die internationale Tierschützergemeinschaft. Ausländische Firmen antworteten mit dem **Boykott** norwegischer Produkte; europäische Politiker sahen die Beitrittsverhandlungen zur EU gefährdet. Die norwegische Regierung stellte klar: Es gehe beim Walfang nicht nur um wirtschaftliche Interessen, sondern auch um das Prinzip, seine Meeresressourcen eigenständig und verantwortungsvoll verwalten zu dürfen. Die **Internationale Walfang-Kommission (IWC)** hatte noch 1993 das 1986 erlassene **Verbot für kommerziellen Walfang** bekräftigt. Lediglich für Forschungszwecke darf eine begrenzte Zahl von Walen gejagt werden. Das lässt **Schlupflöcher** offen: So töten die Japaner jährlich 440 Zwergwale zu vorgeblich wissenschaftlichen Zwecken.

Was bringt der Walfang?

Norwegen, das als einziges Land nicht an die Beschlüsse des IWC gebunden ist, weil es ein Veto gegen das Fangverbot erhoben hatte, kehrte zum Walfang zurück mit der Begründung, dass die Zwergwalbestände nicht gefährdet seien, da es weltweit etwa 750 000 Tiere dieser Art gebe. Die Abschusszahlen lägen deutlich unter der Reproduktionsrate. Die Jagd auf die größeren und selteneren Arten wie Pottwal, Blauwal, Finnwal und Buckelwal bleibt in Norwegen, wie überall auf der Welt, weiterhin strikt verboten. Trotz dieser Zahlen, die auch von Greenpeace im Prinzip nicht bestritten werden, erlitt das ausgerechnet in ökologischen Fragen als fortschrittlich geltende Norwegen durch die **Wiederaufnahme des Walfangs** einen herben Image-Verlust. Streng ökonomisch macht der Walfang im durch Nordseeöl reich gewordenen Land kaum Sinn. Die Walerträge liegen schätzungsweise bei 5 Millionen Euro jährlich. Im Walfanggewerbe arbeiten höchstens noch 100 Menschen, viele davon als Nebenberufler. Ökologen befürchten, dass das norwegische Beispiel Schule machen könnte. Vor allem Japan läuft Sturm gegen das Walschutzabkommen. 2007 setzten sich die Walfanggegner durch, die IWC beschloss ein weltweites kommerzielles Jagdverbot.

Einst monatelange Hatz

Die Zeit der massiven Walmassaker ging bereits in den 1960er-Jahren zu Ende, weil sie sich schlicht **nicht mehr lohnten**: Von den Großwalarten waren nur noch wenige hundert Exemplare in antarktischen Gewässern übrig geblieben. Die bis zu 40 m langen Blauwale zählen heute nur noch wenige Tausend. Arbeitsteilige Walfangflotten aus allen Industrienationen, Norwegen vorneweg, waren um die Jahrhundertwende in die arktischen und antarktischen Meere vorgestoßen, um die lebenden Rohstoffträger auf monatelangen Fahrten zu jagen. Die moderne Produktpalette der synthetischen Industrien machte die mühselig gewordene Walfängerei schließlich überflüssig. Was jetzt **wieder gejagt** wird, sind die mit 10 m Länge relativ kleinen **Zwergwale** (»vågehval«). Aufgrund heftiger **Proteste** und teils militanter Behinderungsaktionen ausländischer »**Walknutscher**« (so werden sie von den Fischern abschätzig genannt) sind die Fronten verhärtet. Deshalb wird es wohl auch kaum ein Tourist schaffen, auf einem Walfänger mitzufahren.

Auf Walsafari

Um die majestätischen Meerestiere mit eigenen Augen bewundern zu können, empfiehlt es sich, an einer unblutigen »Walsafari« teilzunehmen, wie sie vom Hafenstädtchen **Andenes** auf der Vesterålen-Insel Andøya aus angeboten wird. Ähnlich wie in Kalifornien haben die Bewohner hier den Wal-Tourismus als Devisenbringer und Alternative zum Walfang entdeckt. Denn nicht weit nördlich von Andøya trifft der flache Kontinentalsockel auf tiefere Teile des Atlantiks. Wärmere und kältere Meeresströmungen mischen sich, der Artenreichtum zieht viele Arten von Meeresbewohnern an, darunter auch 20 m lange Pottwale, die man **beim Auf- und Abtauchen beobachten** kann. Im Sommer verlassen sie ihre Reviere am Äquator und ziehen an die Küste Nordnorwegens, um sich hier satt zu fressen. Eine **Walsafari** dauert **mehrere Stunden** und verlangt von den Teilnehmern Wetterfestigkeit (warme, wasserdichte Kleidung mitnehmen!), denn an Bord der kleinen, ehemaligen Walfängerschiffe muss manchmal stundenlang gewartet werden, bis ein Wal auftaucht. Der plötzliche Anblick eines solchen Riesen entschädigt dann aber für alle eventuell erlittenen Strapazen.

Relikt aus vergangenen Tagen: alter Walfänger

SCHWEDEN

Schweden ist das größte Land Skandinaviens. Als Urlaubsland bietet es enorme Vielfalt: Lappland und die Nationalparks Sarek und Padelanta ziehen Outdoor-Freunde an. Die südlicheren Regionen werden gerne von Familien besucht und von Gästen, die Erholung in einer einsamen Hütte suchen oder Strandurlaub an Schwedens Sonnenküsten machen wollen.

Die Landschaft in Südschweden unterscheidet sich kaum von der in Norddeutschland und Dänemark. **Skåne (Schonen)**, der südlichste Zipfel Schwedens, ist ein flacher Landstrich voll endloser Felder mit wenig Wald. Nordisches Gepräge hat die Landschaft Småland. Halland im Westen zeichnet sich durch bekannte Badeorte und schöne Strände aus. Blekinge im Osten ist hügeliger als Skåne, besitzt Laubwälder und schöne Strände an der stark gegliederten Küste. Strände sind auch das Markenzeichen der Inseln Öland und Gotland. Doch ansonsten haben die beiden nicht viel gemeinsam. Während das kleinere **Öland** windzersaust und mit karger Vegetation in der Ostsee liegt, zeichnet sich **Gotland** durch mildes und sonniges Klima aus und wird nicht umsonst »Insel der Rosen« genannt.

Südschweden

In Mittelschweden wechseln Felder mit waldreichen Gebirgen und vermoorten Hochflächen ab. Im Osten liegt die Landeshauptstadt **Stockholm** hinter einem dichten Schärengürtel. Vänersee und Mälarsee prägen das Zentrum dieser Region. Nördlich von Stockholm beginnt für viele erst das richtige Schweden. Uppland mit seiner lebhaften Hauptstadt Uppsala und Gästrikland sind mit ihren Wäldern und Seen erste Vorboten des Nordens. In Västmanland und Dalarna wird die Landschaft bereits wilder. **Dalarna** ist eine der beliebtesten Feriengegenden des Landes. In Hälsingland und Medelpad, den Landschaften an der Küste, herrscht Landwirtschaft vor. Nördlich von Jämtlands größter Stadt Östersund beginnt die Wildnis.

Mittel-schweden

Die meisten Menschen in Nordschweden leben in den Küstenlandschaften Ångermanland, Västerbotten und Norrbotten. Norrland und Lappland sind Gebiete mit endlosen Wäldern. In **Lappland**, der flächenmäßig größten Landschaft Schwedens, leben die wenigsten Menschen. Die Bevölkerung konzentriert sich auf die Bergbaustädte wie z.B. Kiruna. Statt Nadelwäldern wachsen hier lichte Birkengehölze, das Land ist oft sumpfig und moorig. Diese Region, bis vor kurzem noch ausschließlich die Domäne zahlreicher halbwilder Rentierherden, wird seit alters her von den Samen (Lappen) besiedelt (▶Baedeker Wissen S. 546).

Nord-schweden

Legendär ist die schwedische Schärenküste, die Wassersportlern und Naturfreunden eine Fülle von Möglichkeiten bietet.

** **Bohuslän**

——————————————————————— E 7

Landschaft: Bohuslän
Provinz: Västra Götaland Län

Eine der beliebtesten Regionen für den Sommerurlaub ist die Küste nördlich von Göteborg mit ihren unzähligen Buchten, Schären und schönen Stränden. Ein schmuckes Seebad reiht sich hier ans nächste. Bedeutendste Sehenswürdigkeit sind die Felsritzungen von Tanum.

Die Landschaft Bohuslän erstreckt sich nördlich von Göteborg entlang der **Küste des Skagerraks bis zur norwegischen Grenze**. Erst seit dem Frieden von Roskilde (1658) gehört sie zu Schweden. Neben dem Fischfang, der früher fast die einzige Einnahmequelle bildete, ist der Tourismus heute ein wichtiger Wirtschaftszweig.

SEHENSWERTES IN BOHUSLÄN

Inseln und Seebäder Die Hauptverkehrsader der Region ist die von Göteborg über Uddevalla zur schwedisch-norwegischen Grenze führende E 6. Wer etwas Zeit mitbringt, wird sicher viel Vergnügen an diversen Abstechern über kleine Nebenstraßen hin zu Meer, Inseln und vielen bekannten Seebädern haben.

So hübsche Holzhäuser wie die von Smögen gibt es oft in Bohuslän.

Rund 20 km nördlich von Göteborg liegt das idyllische Städtchen **Kungälv** direkt an der E 6. Die Ruinen der Festung Bohus (**Bohus Fästning**) oberhalb von Kungälv gaben der ganzen Landschaft den Namen. Von den oberen Mauern bietet sich ein schöner Blick auf den Nordre Älv, in den hier der Göta Älv mündet, und auf die umliegende Landschaft. Strategisch bedeutsam war die Festung Bohus, weil bis 1658 der Göta Älv **die Grenze zwischen Schweden und Norwegen** bildete. Zu ihrer Verteidigung wurde 1308 die Burg errichtet und nach dem Nordischen Krieg im Renaissancestil neu gebaut.

Festung: Mitte Juni – Mitte Aug. tgl. 10.00 – 20.00, Mitte Aug. – 9. Sept. 11.00 – 19.00, 10. – 30. Sept. Fr. – So. 11.00 – 17.00, Okt. Sa. / So. 11.00 – 17.00 Uhr; engl. Führung Juni – Mitte Aug. 16.00, Mitte Aug. – 9. Sept. 15.00 Uhr; Eintritt 70 / 35 SEK inkl. Führung, www.bohusfastning.com

Unmittelbar südlich von Kungälv lohnt die stillgelegte **Glashütte** von Surte einen Besuch, in der ein Glasmuseum eingerichtet ist. Hier findet man eine Ausstellung über Alexander Samuelson, den Erfinder der Coca-Cola-Flasche. Angegliedert ans Museum ist die Glasbläserei von Heino Jakobsson mit Verkauf eigener Kreationen.

❶ Mitte Juni – Mitte Aug. Di. – Fr., So. 10.00 – 16.00, sonst Di. – Fr., So. 11.00 – 15.00 Uhr, www.glasbruksmuseet.nu

BAEDEKER TIPP

! **Hummerbier zum Schalentier**

Am ersten Montag nach dem 20. September beginnt die **Hummersaison**: Dann fährt man hinaus aufs Meer zu Hummersafaris, und an Land werden nach Lust und Geldbeutel in Restaurants und Fischbuden Schalentiere en masse verspeist. Experimentierfreudige probieren dazu auch schon mal das Hummerbier der Brauerei Grebbestad.

Die kleine **autofreie Insel** Marstrand (mit dem gleichnamigen ***Marstrand** Hauptort) war einst eine Hochburg der Heringsfischerei, bis sie im 19. Jh. zum Nobel-Ferienort vor den Toren Göteborgs avancierte. Die Insel ist **beliebt bei Seglern**, im Sommer findet vor Marstrand die Segelregatta Matchcup Sweden statt. Tagesausflügler setzen mit der Fähre von Köon aus in wenigen Minuten über, um zwischen den bunten Holzhäusern zu bummeln. Ein besonders schöner Holzbau ist das **Societetshus** (1887) im nördlichen Teil der Insel. Heute sind hier Restaurants, Bars, ein Kasino und ein Nachtclub untergebracht. Erinnert wird auch an die Popgruppe ABBA, die 1980 in Marstrand das Video zu ihrem Hit »The Winner Takes It All« drehte.

Societetshus: Långgatan 1, Tel. 0303 6 06 00

Wer Schwedens viertgrößte Insel besuchen will, fährt von Stenung- **Tjörn** sund aus über den 5 km langen Tjörnleden, dessen Herzstück drei imposante Brücken bilden. Im Hauptort **Skärhamn** ist das **Nordische Aquarellmuseum** sehenswert, das sich architektonisch sehr

Bohuslän erleben

Lysekil Turistbyrå
45323 Lysekil, Södra Hamngatan 6
Tel. 0523 1 30 50, www.lysekil.se

Marstrand Turistbyrå
44030 Marstrand, Hamngatan 33
Tel. 0303 6 00 87, www.marstrand.se

Strömstad Tourist
45230 Strömstad
Ångbåtskajen 2, Gamla Tullhuset
Tel. 0526 6 23 30, www.stromstad.se

Tanum Tourist Office
45731 Tanumshede, Apoteksvägen 5
Tel. 0525 1 83 80, www.tanum.se

Uddevalla
45181 Uddevalla, Södra Hamnen 2
Tel. 0522 69 84 70, www.uddevalla.com

ESSEN
Gustafsbergs Badrestaurang ©©
45191 Uddevalla, Gustafsberg 465
Tel. 0522 3 20 60, Sa. geschl.,
www.badrestaurang.se
3 km südlich von Uddevalla mit schöner
Lage am Wasser und sehr guter Küche.

Grebys Skaldjurscafé ©©
Grebbestad, Strandvägen 1
Tel. 0525 1 40 00
www.grebys.se
Herrlich an der Seebrücke von Grebbestad gelegen, ist hier der Name
Programm: Meeresfrüchte aller Art
kommen auf den Teller, im Sommer
kann man nett im Freien sitzen.

Mortens Krog & Nöje © – ©©
Uddevalla, Kungsgatan 17

Tel. 0522 66 53 00
Mo./Di. geschl.
www.mortenskrog.se
Günstige Tagesgerichte, abends oft
Livemusik, Nachtclub.

Storm-Kök] Nattclub © – ©©
Fjällbacka, Allégatan 3
Tel. 0525 3 24 25
Thailändische Küche und viel Stimmung
ist das Motto im Storm. Hierher kommt
v. a. junges Publikum, das nicht nur gut
essen will, sondern danach noch Lust
auf Party hat.

ÜBERNACHTEN
Tanums Gestgifveri ©©©©
Tanum, Apoteksvägen 7
Tel. 0525 2 90 10
www.tanumsgestgifveri.com
Historisches Gasthaus von 1663, seit
den 1920er-Jahren Hotel (19 Zi.) mit
hervorragender Küche. Sparpreis für
ein romantisches Wochenende.

Grand Hotel Marstrand ©©©©
Marstrand, Rådhusgatan 2
Tel. 0303 6 03 22
www.grandmarstrand.se
Das romantische Holzhotel von 1892
bietet alles, was das Herz begehrt:
23 kunstvoll eingerichtete Zimmer,
schöner Gartenterrasse und Suiten mit
Blick auf den Hafen.

Smögens Havsbad ©©©©
Smögen, Hotellgatan 26
Tel. 0523 66 84 50
www.smogenshavsbad.se
Die Räume (74 Zi.) sind hell und im
skandinavischen Design eingerichtet.
Attraktive Spa-Abteilung.

Stora Hotellet – Im Bett um die Welt ✪✪✪ – ✪✪✪✪

Fjällbacka
Galärbacken
Tel. 0525 3 10 03
www.storahotellet-fjallbacka.se
24 Nächte muss man bleiben. Dann hat man alle Zimmer gesehen, die Kapitän Charles Klassen, der Gründer des Hotels, in Erinnerung an Hafenstädte und Mädchen, an Eroberer und den »Rest der Welt« benannt und individuell eingerichtet hat – und ist dann selbst einmal um die Welt gereist.

Strand Vandrarhem & Kusthotell ✪✪

Lysekil, Strandvägen 1
Tel. 0523 7 97 51
www.strandflickorna.se
Nur ein paar Schritte vom Meer entfernt, bieten 20 hübsche Zimmer im Küstenhotel und in der Jugendherberge Strandflickorna guten Standard. Wer's komfortabler mag, findet in der dazugehörigen, alten Villa des Havshotels 15 nostalgisch eingerichtete Räume.

Jugendherberge ✪

Uddevalla, Gustafsberg 408
Tel. 0522 1 52 00
Ca. 6 km vom Bahnhof entfernt, liegt die Jugendherberge direkt am Meer. Sie hat sogar eine Sauna.

MARKT / FESTE
Mittelaltertage in Kungälv

Um den 20. Juli finden gibt es auf der Bohus Fästning bunte Mittelaltertage.
www.medeltidsdagarna.se

SPORT
Fernwanderweg Bohusleden

Der Fernwanderweg ist relativ einfach, gut markiert und 360 km lang. Er beginnt in Lindome (Mölnlycke) südlich von Göteborg und führt bis Strömstad.

Radwanderweg Cykelspåret

Der Radwanderweg Cykelspåret (290 km) führt von Göteborg über Jörlanda, Lysekil und Tanumshede nach Svinesund. Er verläuft meist auf kleinen Wegen. Routenbeschreibungen gibt es in den Touristenbüros (Adressen ▶Auskunft).

---

gelungen in die Schärenlandschaft einpasst und wechselnde Ausstellungen internationaler Aquarellmaler zeigt.

❶ Di. – So. 12.00 – 17.00 Uhr, Eintritt ab 45 SEK, www.akvarellmuseet.org

Uddevalla ist eine lebhafte Industriestadt nördlich von Göteborg am **Uddevalla** Kattegatt bzw. am Byfjord. Am östlichen Stadtrand liegen die Skålgrusbänkar, **die größten fossilen Muschelbänke der Erde**. Am Südufer des Byfjords schließt sich an das Stadtgebiet von Uddevalla mit **Gustafsberg** einer der ältesten Badeorte Schwedens an. Die wichtigste Sehenswürdigkeit ist das **Bohusläns Museum** am nördlichen Ufer der Bäveån.

Bohusläns Museum: Mo. 10.00 – 16.00, Di. – Do. 10.00 – 20.00, Fr. – So. 10.00 – 16.00 Uhr, Eintritt frei, www.bohuslansmuseum.se

Über die Str. Nr. 160, die in südwestlicher Richtung verläuft, gelangt **Lysekil** man ins 61 km entfernte Lysekil. Der Ort liegt am Eingang des Gullmaren, einem weit ins Land reichenden Fjordarm. Die wichtigsten Attraktionen hier sind das **Tunnelaquarium**, in dem die Besucher durch Unterwasserröhren laufen und ringsumher Haie schwimmen und Seesterne, sowie das **Streichelaquarium**.

Aquarien: tgl. 10.00 – 16.00, Mitte Juni – Mitte Aug. bis 18.00 Uhr, Eintritt 110/70/50 SEK; www.havetshus.se

Ausflug nach Fiskebäckskil

Mit einer kleinen Fähre überquert man von Lysekil aus den Gullmarenfjord und ist schon mitten im malerischen Ort Fiskebäckskil, wo man **zwischen weißen Villen und pastellfarbenen Wohnhäusern** schlendern, ausgezeichnete Fischgerichte genießen oder auch eines der zahlreichen Ferienhäuser mieten kann.

Manche mögen's voll: **Smögen**, am Ende der Sotenäs-Halbinsel, platzt während der Saison aus allen Nähten. Über die kilometerlangen Holzstege schieben sich die Touristen im Schneckentempo vorwärts und in den einstigen Bootsschuppen warten Dutzende von Läden auf Käufer.

*Nordens Ark Bei Hunnbeostrand, 20 km östlich, bietet die **»Arche des Nordens«** ein einzigartiges Reservat für vom Aussterben bedrohte Tierarten. Hier haben alte skandinavische Haustierrassen, aber auch einige Exoten wie Pandas, Schneeleoparden oder tadschikische Wildschafe eine Heimstatt gefunden. Unbedingt ein Fernglas mitbringen.

❶ Sommer tgl. 10.00 – 19.00, Frühjahr und Herbst bis 17.00, Winter bis 16.00 Uhr, Eintritt 210/70 SEK, www.nordensark.se

Fjällbacka Fjällbacka ist **einer der schönsten Orte an der Westküste**, denn die steilen Wände des Vetteberg ragen fast senkrecht unmittelbar hinter den letzten Häusern auf und lassen den bunten Holzhäusern nur wenig Platz. Die schwedische Schauspielerin **Ingrid Bergman** verbrachte in dem Ort regelmäßig ihren Urlaub, ihr zu Ehren hat der Hauptplatz ihren Namen erhalten.

Strömstad Strömstad ist die letzte, größere schwedische Stadt vor der norwegischen Grenze, die rund 20 km weiter nördlich durch den Svinesund gebildet wird. Ihn überspannt eine 420 m lange Brücke, von der man eine grandiose Aussicht genießt. Einst ein kleines Fischerdorf, begann auch in Strömstad im 19. Jh. das Kur- und Badeleben. Ein beliebtes Ausflugsziel sind die **Koster-Inseln** 10 km vor der Küste. Die beiden Hauptinseln, Norrkoster und Sörkoster, sind autofrei und stehen unter Naturschutz. Vom Norra Hamn in Strömstad gibt es mehrmals täglich Boote zu den Koster-Inseln. 2009 wurde Schwedens erster Meeresnationalpark, der **Kosterhavet Marine National Park,** eröffnet. An seiner nördlichen Grenze schließt sich jenseits der norwegischen Grenze der Ytre-Hvaler-Nationalpark an. Einzigartig ist, dass hier nicht nur sämtliche für die schwedische Westküste charakteristischen Pflanzen und Tiere leben, sondern auch 300 Spezies, die nirgendwo sonst in Schweden zu finden sind.

** TANUM

Die Menschen der Bronzezeit (1800 – 400 v.Chr.) haben rings um **Felsbilder**
Tanum eindrucksvolle Spuren hinterlassen, die berühmten Felsbilder (**schwed. Hällristningar**), die heute auf der UNESCO-Weltkulturerbe-Liste stehen (►Baedeker Wissen S. 486). Es existieren vier große Fundstellen: Vitlycke, Aspeberget, Fossum und Litlesby. In einiger Entfernung sind noch die Felsritzungen von Torsbo bemerkenswert.

Der Felsen von Vitlycke, nur einige Meter von der Straße den Hang **Vitlycke**
hinauf, ist die meistbesuchte Fundstelle und mit 170 Schalengruben und fast 300 Figuren eine der größten. Hier sind fast alle Ritzungen mit roter Farbe ausgemalt. Das nahe **Vitlycke-Museum** vermittelt sehr anschaulich Deutungen der Felszeichnungen. Ein Highlight sind die nächtlichen Führungen im Spätfrühling und Frühherbst mit Taschenlampen als einziger Lichtquelle.
Museum: Mai – Aug. tgl. 10.00 – 18.00, Sept. tgl. 10.00 – 16.00, Okt. – 4. Nov. Di. – So. 14.00 – 16.00 Uhr, Eintritt frei, www.vitlyckemuseum.se

Aspeberget ist mit Felsbildern übersät, doch einige Bilder sind so **Aspeberget**
schwer beschädigt, dass sie abgedeckt werden mussten. Eine der Figuren lässt 29 Schalengruben über ihrer riesigen Hand schweben. Die Bedeutung ist unklar, vielleicht ist es ein **Kalender**.

Bei Fossum hat sich ein umfangreiches **Felsenbild mit 130 Figuren** **Fossum**
erhalten, vielleicht eine Kampf- oder Jagdszene.

In Litlesby ist der 2,30 m große Speergott die dominierende Gestalt. **Litlesby**
Hier haben die Künstler über einen Zeitraum von mehr als 1000 Jahren ihre Kunstwerke in den Fels geschlagen. Die ältesten Bilder stammen aus der Zeit um 1200 v. Chr. Das Bild von dem Riesengott mit dem Speer in Litlesby könnte **ein Vorgänger Odins** sein.

Beim Abstecher nach Torsbo in der Nähe von Hamburgsund stößt **Torsbo**
man auf fast 1000 Felsritzungen, verteilt auf zehn Felsen, darunter **mehr als 100 Schiffe**. Das größte hat eine Länge von 4,5 m und 124 Passagiere an Bord. Mit der Handwerkstechnik der Bronzezeit war es kaum möglich, solch große Schiffe zu bauen. Vermutlich hat das Riesenschiff von Torsbo rituelle Bedeutung als Symbol für die Fahrt ins Totenreich. Das einzige Schiff, das Archäologen aus dieser Zeit gefunden haben, stammt aus Dänemark. Es hatte Platz für gut 20 Passagiere und sieht denen auf den Felsritzungen verblüffend ähnlich.

Botschaften aus der Vorzeit

Die beeindruckendsten Zeugnisse der Bronzezeit in Südschweden sind die »Hällristningar« genannten Bilder: Die Menschen, die in dieser Periode der Ur- und Frühgeschichte lebten, haben sie an vielen Stellen in die von der letzten Eiszeit glatt gehobelten Felsen geschlagen. Ihre Bedeutung ist bisher nicht bekannt.

Die ersten Hällristningar hat der Norweger Peder Alfsön schon im 17. Jh. entdeckt, doch er glaubte noch, dass Steinmetzlehrlinge sie womöglich aus Langeweile in den Fels geschlagen hätten. Erst im 18. Jh. erkannte man, dass die Bilder viel älter sein müssen. Rund **40 000 Felsbilder** sind bekannt, die meisten entstanden zwischen 1000 und 500 v. Chr. Die häufigsten Motive sind Boote, von denen mittlerweile mehr als 10 000 in allen Formen und Größen entdeckt worden sind.

Rund 40 000 Felsenbilder sind in Schweden bekannt.

Das Rätsel der Bilder

Die Felsritzungen sind zwar keine filigranen Kunstwerke, aber doch erstaunlich vielfältig – und zum Großteil noch völlig rätselhaft. Nur rund 100 Generationen vor uns haben die Künstler von Bohuslän gelebt, aber welche Sprache sie gesprochen haben, und warum sie unter Mühen so viele Kunstwerke schufen, wissen wir bis heute nicht. So sind die Hällristningar wie ein Bilderbuch, zu dem der Text verloren gegangen ist. In Stein gehauene Bilder wurden weltweit gefunden und die Motive ähneln sich teilweise ganz erstaunlich. Ist dies ein Beweis dafür, dass die Menschen in der **Bronzezeit schon weitreichende Kontakte** hatten? Warum stemmt ein Mann ganz

alleine ein Schiff? Warum haben die Menschen auf den Felsbildern oft so **auffällig dicke Waden**? Ist es nur ein Zufall, dass man diese Form der Unterschenkel auch auf Bildern in Afrika und Spanien, sowie auf griechischen Vasen und Bildern aus Italien findet, die zur selben Zeit entstanden sind?

Aus einer anderen Welt

Die häufigsten Motive sind Krieger, Schiffe, Wagen und Tiere. Bilder von arbeitenden Menschen, Häusern oder Kindern gibt es nahezu nicht. Deshalb wird vermutet, dass die Hällristningar keine Alltagsszenen darstellen, sondern eine **mystische oder rituelle Bedeutung** haben. Vielleicht waren sie Ausdruck einer der ersten Religionen der Menschheit. Dafür spricht auch, dass die häufig abgebildeten Äxte zum Kampf völlig ungeeignet waren, denn aus archäologischen Funden wissen wir, dass diese Äxte einen Kern aus Ton besaßen und nur mit einer dünnen Schicht Bronze überzogen waren – und somit als Streitaxt unbrauchbar gewesen wären. Dass manche Körperteile überdimensional groß sind oder einzelne Figuren Flügel tragen, bringen die Archäologen mit der Einnahme **halluzinogener Pflanzen**, wie zum Beispiel Pilzen, in Verbindung. Die Ritzungen würden dann aus einer anderen Welt berichten, die nur in einem erweiterten Bewusstseinszustand zu schauen ist.

Vergänglicher Zauber

Viele Hällristningar sind heute **mit roter Farbe ausgemalt**, damit sie besser zu erkennen sind. Ob sie ursprünglich tatsächlich farbig waren, ist nicht bekannt. Obwohl die Felsen aus hartem Granit bestehen, setzt der **saure Regen** auch ihnen zu und lässt die nur wenige Millimeter tiefen Konturen zunehmend unschärfer werden. Zu ihrem Schutz wurden deshalb mittlerweile einige Hällristningar wieder mit Erde bedeckt.

Zeichen an der Wand: Felsbild aus Aspeberget

** **Falun**

◆ F 8

Landschaft: Dalarna
Provinz: Dalarna Län
Einwohnerzahl: 56 100
Höhe: 113 m ü.d.M.

**Kupfergewinnung hat die mittelschwedische Region Bergs-
lagen lange Zeit geprägt, doch sind die Gruben heute alle stillgelegt. In der alten Bergwerkstadt Falun, wo noch viele der
hölzernen Arbeiterhäuser erhalten sind, erhält man im Besucherstollen einen Eindruck von den seinerzeit schrecklichen
Arbeitsbedingungen unter Tage.**

**Die
Kupferstadt**

Wegen der schon vor rund tausend Jahren entdeckten, großen Kup-
fererzvorkommen war Falun für viele Jahrhunderte **von größter
wirtschaftlicher Bedeutung** für Schweden und im 17. Jh. die zweitgrößte Stadt nach Stockholm. Im modernen Falun spielt der Bergbau
keine Rolle mehr. Die einst ärmlichen Unterkünfte der Arbeiter in

Wunden in der Landschaft: die stillgelegten Kupfergruben von Falun

den Stadtteilen Östanfors, Gamla Herrgården und Elsborg haben sich in mustergültige Siedlungen aus bunt gestrichenen Einfamilienhäusern verwandelt, die als **»Holzstadt Falun«** zusammen mit den Bergwerken von der UNESCO als Weltkulturerbe geführt werden.

Zwischen Falun und Örebro erstreckt sich die Region Bergslagen. Ursprünglich galt als »Bergslag« ein Gebiet, in dem »Bergets Lag«, das **Gesetz des Berges** herrschte. Hier wurde das Gesetz durch die Privilegien geregelt, die die Bergleute zugeteilt bekamen. Schon im 12. Jh. begann man Erz zu brechen und in einfachen Öfen zu schmelzen. Die Wälder lieferten Feuerholz und Holzkohle, die Stromschnellen trieben die Wasserräder der Hütten und Hammerschmieden an. Zu den größten industriellen Zentren stiegen Falun, Borlänge, Norberg, Filipstad, Lindesberg, Nora, Karlskoga, Kopparberg und Norberg auf. Doch Ende der 1990er-Jahre machten fast alle Minen dicht, Zehntausende Arbeiter standen auf der Straße. Heute setzt man in der Region vor allem auf Arbeitsplätze in Tourismus und Handwerk.

> **? BAEDEKER WISSEN**
>
> *Traurige Gewissheit*
>
> Viele Bergleute verloren bei Grubenunglücken in Falun ihr Leben. Der berühmteste von ihnen ist Mats Israelsson, der 1677 verschüttet wurde. Erst 40 Jahre später konnte seine Leiche geborgen und von seiner einstigen, alt gewordenen Verlobten identifiziert werden: Der Körper des jungen Mannes war durch das **Kupfervitriol in den Stollen** konserviert worden. Johann Peter Hebel lieferte diese anrührende Geschichte den Stoff für seine Kalendergeschichte »Unverhofftes Wiedersehen« (1811).

SEHENSWERTES IN FALUN

An der Ostseite des Stortorg erhebt sich die **Kristine Kyrka** (erbaut 1642 – 1655), einer der prächtigsten Renaissancebauten in ganz Schweden. Das Kircheninnere ziert eine prachtvolle Barock- und Renaissanceausstattung, bei der die Farben Karolinerblau und Sandsteinrot vorherrschen.

Stadtzentrum

❶ Mitte Juli – Mitte Aug. tgl. 10.00 – 18.00, sonst bis 16.00 Uhr

Das Volkskunstmuseum der Region Dalarna steht unweit vom Stortorg am westlichen Ufer der Faluå. Hier findet man eine der größten Sammlungen von »Dal-Malerei« – bemalte Kästchen, Schränke, ganze Interieurs und Wandpartien, die zwischen 1780 und 1860 entstanden sind. Publikumsmagnet sind **Selma Lagerlöfs Arbeitszimmer** und ihre Bibliothek.

***Dalarnas Museum**

❶ Di. – Sa. 10.00 – 17.00, So. / Mo. ab 12.00 Uhr, Eintritt frei, www.dalarnasmuseum.se

Falun erleben

AUSKUNFT
Turistinformation Dalarna
79183 Falun
Trotzgatan 10 – 12
Tel. 023 8 30 50
www.visitsodradalarna.se

Filipstad Turistbyrå
68227 Filipstad
Victoriagatan 8
Tel. 0590 6 13 54, www.filipstad.se

ESSEN
Restaurang Hammars ©©
Åsgatan 28, Tel. 023 3 90 39
So. / Mo. geschl.
www.restauranghammars.se
Restaurant in einem ehemaligen Gieße-
reihaus; Einrichtung zwischen Rokoko
und Jugendstil, italienische Küche.

ÜBERNACHTEN
Hennickehammars Herrgård ©©©©
bei Filipstad
Tel. 0590 60 85 00
www.hennickehammar.se
Der Gutsherrenhof (51 Zi.) liegt am
Hemtjärnsee 4 km südlich von Filipstad,
pflegt schwedische Traditionen, besitzt
eine ausgezeichnete Küche und sehr
geschmackvoll eingerichtete Zimmer.
Das Hotel profitiert nicht nur von den
traumhaften Wäldern und Seen in seiner
Umgebung, sondern setzt sich auch für
deren Erhalt ein und wurde dafür mit
dem »Svenska Mötens Umweltdiplom«
ausgezeichnet.

Scandic Lugnet ©©© – ©©©©
Svärdsjögatan 51
Tel. 023 6 69 22 00
www.scandichotels.se

Architektonisch beeindruckendes Hotel
(135 Zi.) im Zentrum mit Pub, Sauna,
Fitnesscenter und Kegelbahn. Wer die
einzigartige Sicht über die Stadt und die
Skischanzen genießen will, muss etwas
tiefer in die Tasche greifen.

First Hotel Grand ©©©
Trotzgatan 9 – 11
Tel. 023 79 48 80
www.firsthotels.com
Stadthotel mit 151, modernen Zimmern
sowie großzügiger Fitness- und Spa-
Abteilung.

Clarion Collection Hotel Berg-
mästaren ©©©
Bergskolegränd 7
Tel. 023 70 17 00
www.choicehotels.no
Großes, aber dennoch gemütliches Hotel
(161 Zi.) im Zentrum von Falun mit
herausragendem Service.

Falu Fängelse Vandrarhem ©©
Villavägen 17
Tel. 023 79 55 75
www.falufangelse.se
In dieser Jugendherberge übernachtet
man in einem ehemaligen Gefängnis.
Ideale Lage, nur wenige Minuten Fußweg zum Zentrum und zu den Sportanlagen.

MARKT
1300 Buden in Filipstad
Jährlich im September findet in Filipstad
der Jahrmarkt »Oxhälja« statt. An 1300
Marktbuden werden Würstchen,
Schnürsenkel, Kleidung und Krimskrams
aller Art angeboten.
www.oxhalja.se

Nordöstlich der Stadt erstreckt sich das große **Sport- und Freizeit-** **Lugnet**
gebiet Lugnet, weithin sichtbar durch die Skisprungschanzen. Der
Turm der 90-m-Schanze kann besichtigt werden. Hier werden 2015
zum vierten Mal die Nordischen Skiweltmeisterschaften ausgetragen;
dafür werden die Schanzen derzeit renoviert.

Schanzenturm: Mitte Mai – Ende Aug. Mo. – Do., So. 10.00 – 18.00, Fr. / Sa.
bis 23.00 Uhr, Aufzug vorhanden

Südwestlich vom Zentrum liegt das
ausgedehnte Werksgelände des Kupferbergwerks **(Falu Koppargruva)**,
dessen Erzvorkommen schon von
den Wikingern ausgebeutet wurden.
Heute ist Schwedens **ältestes und**
bedeutendstes Bergwerk auch Fa-
luns größte Attraktion und zählt
zum Weltkulturerbe der UNESCO.
Das **Bergwerksmuseum** (Gruvmu-
seet) dokumentiert die Geschichte
des Erzbergbaus in Falun und bietet
interessante Einblicke in die Geologie der Gegend und die Firmen-

? **BAEDEKER WISSEN**

Falukorv – die Stollenwurst

Auch Schwedens beliebteste
Wurstsorte, die Falukorv, verdankt
ihre Entstehung der Kupfergrube
von Falun. Denn für den Transport des Kupfers wurden Seile
benötigt, die einst aus Ochsen-
haut gefertigt wurden. **Bergleute**
aus Deutschland zeigten den
Schweden, was man mit dem
übriggebliebenen Ochsenfleisch
machen kann: haltbare Wurst.

geschichte des Großkonzerns Stora, der die Grube betreibt. Gegenüber vom Museum befindet sich der Zugang zum **Besucherstollen**,
der bis in eine Tiefe von 55 m führt. Warme Kleidung und wasser-
dichtes Schuhwerk empfohlen!

Bergwerksmuseum: www.kopparberget.com
Besucherstollen: tgl. 11.30 – 16.00 Uhr; Grubenführungen Mo. – Fr. 14.00,
Sa. / So. auch 12.00 Uhr; Kosten 210 / 80 SEK, www.falugruva.se

Wer die historische Bergbaukultur der Region intensiv erleben   **Wanderroute**
möchte, folgt der etwa 30 km langen Wanderroute **»Vattnets Väg«**
(Weg des Wassers). Er führt ab der Grube Falun entlang historischer
Kanäle, Gräben und Dämme durch die ehemalige Bergbauregion, die
heute ein **reiches Vogelleben, seltene Pflanzen** und eine fantastische Natur zu bieten hat.

www.varldsarvetfalun.se

Direkt neben dem »Kåre«, einer Holzskulptur in Form eines Ziegen-   **Falunrot**
bocks, steht die Fertigungsanlage für die charakteristische, ochsen-
blutrote Farbe, die Falun im ganzen Land bekannt gemacht hat.
»Schwedens Nationalfarbe« und der Anstrich zahlloser schwedischer Holzhäuser wurden bereits um 1530 bei Kopparberget aus dem
Abraum hergestellt. Während einer Fabrikführung erfährt man alles
über das Falunrot.

❶ Ende Juni – Mitte Aug. Mo–Fr 11.00 – 15.00 Uhr, www.falurodfarg.com

SEHENSWERTES IN DER UMGEBUNG

Sundborn Rund 4 km nordöstlich von Falun liegt am kleinen Tofta-See der idyllische Ort Sundborn, in dem der schwedische Maler Carl Larsson (1853 – 1919) von 1901 an mit seiner Frau Karin lebte, die ebenfalls Künstlerin war. **Carl Larssons Gården** ist heute ein Museum. Der Publikumsandrang ist groß, daher sollte man in der Hochsaison Wartezeiten einkalkulieren. Zwischen 1905 und 1912 portraitierte Carl Larsson einige Dorfbewohner und schenkte diese Gemälde später der Gemeinde Sundborn. Heute ist **Carl Larssons Portraitsammlung** im Gemeindehaus neben der Kirche zu sehen.

Carl Larssons Gården: Mai – Sept. tgl. 10.00 – 17.00 stündlich Führungen, sonst tgl. 11.00 Uhr, Eintritt 145 / 50 SEK, www.clg.se

Porträtsammlung: Ende Juni – Anf. Aug. tgl. 11.00 – 16.00 Uhr, Eintritt frei

Filipstad Filipstad liegt südwestlich von Falun an der Kreuzung der Str. Nr. 63 und 64. Die Stadt am kleinen See Daglösen ist eingebettet in eine waldreiche, hügelige Landschaft. Man kann dort hervorragend wandern, **auf Elch-Safari gehen**, fischen oder im klaren Wasser des Sees schwimmen. Der Bergbau ist längst passé, heute zählt die »Wasabröd AB« zu den wichtigsten Arbeitgebern. Das bedeutendste Sommerereignis ist die »Fili-Bjur-Woche« Ende Juli mit Musik und Tanz.

Gävle

✦ **H 6**

Landschaft: Gästrikland
Provinz: Gävleborg Län
Einwohnerzahl: 95 000
Höhe: Meereshöhe

Norrlands älteste Stadt liegt am Bottnischen Meerbusen und besitzt einen riesigen Hafen, von dem aus Holz und Erz verschifft werden. Gävle gilt als hervorragende Einkaufstadt und wird jährlich in der Vorweihnachtszeit zum Schauplatz eines skurrilen Brauchs.

Der Julbock und die Zündler Dieser Brauch dreht sich um den »Julbock«. Seit 1966 stellt man auf dem Slottstorg am 1. Dezember den **größten Stroh-Ziegenbock der Welt** auf. Nicht immer erlebt der Koloss plangemäß das Neue Jahr, versuchen doch Zündler stets, den Bewachern ein Schnippchen zu schlagen und das Strohtier anzuzünden. Zum 40-jährigen Jubiläum schaffte es der Bock 2006 dank Imprägnierung mit Brandschutzmittel heil ins neue Jahr. Auch 2010 hatten die Zündler keinen Erfolg.

Bronzeplastik von Henry Moore – anders als
der Julbock ist sie feuerfest.

Wer will, kann im Dezember per Webcam das Schicksal des Bockes
und die Versuche der Brandstifter live mitverfolgen.
❶ www.merjuligavle.se/Bocken

SEHENSWERTES IN GÄVLE UND UMGEBUNG

Mittelpunkt der Innenstadt, die durch den Brand 1869 und den Wiederaufbau ein neuzeitliches Aussehen bekommen hat, ist der Råd-
hustorg. Die Flaniermeilen Norra Kungsgatan und Norra Rådmans-
gatan führen nordwärts zum Gävle Teater, **einem der stattlichsten
Theatergebäude des Landes** im Stil der Neorenaissance.

Innenstadt

Überquert man den Fluss Gävleån, sieht man südlich vom Rathaus,
auf einer Verkehrsinsel stehend, eine große Bronzeskulptur von
Henry Moore. Ins Auge fallen auch das gelb-weiße **Schloss** aus dem
16. Jh., die nördlichste Festung der Wasa-Könige und das **Provinzmuseum** von Gästrikland. Es zeigt kulturgeschichtliche Sammlungen und schwedische Kunst aus mehreren Jahrhunderten. Gamla
Gefle, nur wenige Schritte vom Provinzmuseum entfernt, ist der Teil
der **Altstadt**, der vom Brand von 1869 verschont geblieben ist. In den
schön restaurierten Holzhäusern sind viele Kunstgewerbeläden untergebracht, so auch die **Galerie von Gunnar Cyrén**, einem der
bekanntesten Glaskünstler Schwedens (Nedre Bergsgatan 11).

Gamla Gefle

Provinzmuseum: Di.–Fr. 10.00–16.00, Mi.–20.00,
Sa./So. 12.00–16.00 Uhr, Eintritt frei, www.lansmuseetgavleborg.se

Gävle erleben

AUSKUNFT
Gävle Turistbyrå
80135 Gävle, Drottninggatan 22
Tel. 026 17 71 17
www.gastrikland.com

Hudiksvalls Turistbyrå
82480 Hudiksvall, Storgatan 33
Tel. 0650 1 91 00
www.hudiksvall.se

ESSEN
Forsbacka Wärdshus ⓔⓔ
Forsbacka, Värdshusvägen 22
Tel. 026 3 51 70
www.forsbackawardshus.se
15 km von Gävle entfernt liegt dieses
Restaurant in herrlicher Lage am Rande
eines englischen Parks.

Söderhielmska Gården ⓔⓔ
Gävle, Södra Kungsgatan 23
Tel. 026 65 28 00
www.soderhielmska.se
Traditionsgasthof von 1773 im
Stadtteil Söder. Angenehme
Atmosphäre und gute Küche.

*Sommerrestaurant
Engeltofta* ⓔ – ⓔⓔ
Gävle, Bönavägen 118
Tel. 026 9 96 60, www.engeltofta.se
Gävles beliebtestes Ausflugsziel liegt
10 km vom Zentrum entfernt, an
Sommerwochenenden trifft man sich
hier am Strand. Jazz- und Liederabende.

Café Mamsell ⓔ
Gävle, Kyrkogatan 14,
Tel. 026 12 34 01
Nettes Café im historischen Berggrenska
Gården.

ÜBERNACHTEN
Scandic Hotel CH ⓔⓔⓔ – ⓔⓔⓔⓔ
Gävle, Nygatan 45
Tel. 026 4 95 84 00
www.scandichotels.se
In zentraler Lage, nur 100 m vom Bahn-
hof und Busterminal entfernt, mit
dem gewohnten Scandic-Hotelketten-
Komfort.

Hotell Hudik ⓔⓔⓔ
Hudiksvall, Norra Kyrkogatan 11
Tel. 0650 54 10 00
www.hotellhudik.se
Kleines Hotel (53 Zi.) im Zentrum von
Hudiksvall, nur 500 m vom Bahnhof
entfernt, Wellnessbereich mit Sauna,
Whirlpool und Swimmingpool.

STF Vandrarhem Engeltofta ⓔⓔ
Gävle, Bönavägen 118
Tel. 026 9 61 60
In Strandnähe und unmittelbarer Nach-
barschaft des Sommerrestaurants
Engeltofta liegt diese Jugendherberge.
Der ideale Ort für einen preisgünstigen
Urlaub am Meer.

EINKAUFEN
Von der Nobelboutique bis zum
gewöhnlichen Kaufhaus findet man in
Gävle alles in der Norra Kungsgatan,
Drottinggatan und Nygatan.

VERANSTALTUNGEN
Der Sommer ist die Zeit der Spielmannstreffen in Hälsingland (Termine in den
Touristenbüros). Am dritten Wochenende im August findet in Söderhamn das
Heringsfest »Strömmingsleken« statt –
eine gute Gelegenheit, Surströmming
zu probieren.

Südöstlich vom Zentrum liegt in der Rälsgatan 1 das Schwedische Eisenbahnmuseum (Järnvägsmuseum), das über eine der größten und beeindruckendsten Sammlungen von Dampfloks und alten Eisenbahnwaggons weltweit verfügt. Auf dem riesigen Gelände werden **150 Jahre schwedische Eisenbahngeschichte** gezeigt – für Eisenbahnfreunde das reinste Vergnügen!

*Eisenbahn-museum

❶ Di. – So. 10.00 – 16.00 Uhr, Eintritt 50 / 30 SEK, www.trafikverket.se

Hudiksvall, 130 km nördlich von Gävle, ist **Hauptort der Landschaft Hälsingland** und liegt am Hudiksvallsfjärden. 1582 mit Stadtrechten versehen, ist es nach Gävle die zweitälteste Stadt in Norrland. Im 19. Jh. entstand der Begriff »Fröhliches Hudik«, der noch heute gerne als Werbung für die Stadt eingesetzt wird: eine Anspielung auf das feucht-fröhliche Leben der Holzbarone, die einst mit dem Holzhandel gutes Geld verdienten. Einige der nach einem Brand 1792 errichteten Häuser bilden **einen der besterhaltenen Stadtkerne** mit Holzbebauung in Schweden. Am Hafen liegt der Stadtteil **Fiskarstaden**, dem die Holzhäuser, Bootsschuppen und Speicher ein altertümliches Flair verleihen. Krimifans kennen Hudiksvall auch als Geburtsort der **Schauspielerin Noomi Rapace**, die in der schwedischen Verfilmung der Stieg-Larsson-Trilogie die Hauptrolle spielte.

Hudiksvall

Der Küstenstrich bei Hudiksvall wird nach Storjungfrun, der größten Insel der Gegend, Jungfrukusten (Jungfrauenküste) genannt. Viele der Schären sind mit **kleinen, malerischen Fischerhäusern** bebaut.

Jungfrauenküste

Über die Str. Nr. 301 erreicht man ca. 15 km vor Bollnäs das **Freilichtmuseum Rengsjö Hembygdsby**. Die etwa 30 historischen Häuser stammen zum Teil noch aus dem 17. Jh. Interessant ist auch das Museum zur bäuerlichen Kultur. Bollnäs selbst wurde durch seine Pfefferminzbonbons berühmt.

Bollnäs

Rund 13 km nordöstlich von Bollnäs steht in Växbo die Växbo Kvarn, eine **Wassermühle** aus dem 19. Jh., in der heute wieder die traditionsreiche Flachsverarbeitung demonstriert wird. Hier werden auch hochwertige Leinenprodukte verkauft. Im Café gibt es leckeren, selbst gebackenen Kuchen.

Växbo

Wassermühle: Tel. 0278 66 62 00

Orbaden Orbaden südlich von Järvsö ist ein ehrwürdiger Kurort am Ufer des Orsjön. Einmalig schön ist der kilometerlange, von dichtem Wald gesäumte Sandstrand, dessen Zungen weit in den See hineinreichen.

★★ Göteborg

E/F 8

Landschaft: Bohuslän
Provinz: Västra Götaland Län
Einwohnerzahl: 516 500
Höhe: Meereshöhe

Göteborg ist die zweitgrößte Stadt Schwedens und steht in scharfer Konkurrenz zu Stockholm. Prächtige Straßen durchziehen die Stadt, der Schärengarten ist auch hier bezaubernd und der wichtigste Hafen des Landes unterstreicht Göteborgs Bedeutung als Wirtschaftsstandort. Wer die Metropole besucht, kann eine weltoffene Atmosphäre und ein großes kulturelles Angebot genießen.

Nachts verwandelt sich die Oper von Göteborg
in einen faszinierenden Lichtertempel.

Highlights Göteborg

▶ **Röhsska Museum**
Schwedens erstes Design-Museum
zeigt Möbel, Glas und andere
schöne Dinge.
Seite 503

▶ **Kunstmuseum**
Stattliche Sammlung skandinavischer
Malerei, dazu Rembrandt, Rubens
und Co.
Seite 503

▶ **Liseberg Vergnügungspark**
Hully-Gully rund um Riesen-Achter-
bahn, Karussells und Showbühnen.
Seite 504

▶ **Universeum**
Hier hopst das giftigste Tier der Welt,
Regenwälder dampfen, Haie und
Rochen schweben durch Unter-
wasser-Welten.
Seite 506

▶ **Fischkirche**
Die berühmte »Feskekörka« ist
ein Muss für alle Liebhaber von
Meeresfrüchten.
Seite 506

▶ **Botanischer Garten**
Lustwandeln im Tal der Anemonen
Seite 506

Göteborg (sprich: Jöteborj) wurde erst in der schwedischen Groß-   **Geschichte**
machtzeit im 17. Jh., also recht spät, angelegt. Strategisch war die
Lage an der Westküste mit Zugang zum Kattegat überaus wichtig.
Dem Einfluss niederländischer Baumeister ist es zuzuschreiben, dass
der Grundriss der Hafenstadt **nach holländischem Vorbild** mit Kanälen und Befestigungen angelegt wurde. Zu dieser Zeit war Göteborg eine der am besten gesicherten Städte mit breiten Wallgräben,
Stadtmauer und den drei Festungen Nya Älvborg, Skansen Kronan
und Skansen Lejonet. Die 1731 gegründete Schwedische Ostindische
Kompanie unterhielt hier einen der wichtigsten europäischen Um-
schlagplätze für Möbel, Porzellan, Tee und Seide.

Während der von Napoleon verhängten Kontinentalsperre (1806)   **Größter**
war Göteborg Drehscheibe für den britischen Handel mit Nord-   **Hafen**
europa. Die Gewinne aus den florierenden Geschäften flossen auch   **Schwedens**
in die Industrialisierung: Werften und Industriebetriebe wie Esab,
SKF, Hasselblad und Volvo siedelten sich an. Die Blütezeit als Welt-
hafen begann für Göteborg zu Beginn des 20. Jh.s mit der Aufnahme
des Schiffsverkehrs nach Übersee. Heute ist der Göteborger Hafen
der größte Schwedens. Gleichwohl hat in jüngster Zeit seine Bedeutung abgenommen und die Hafen- und Werftgebiete werden mehr
und mehr in Wohngebiete, Promenaden und Kultureinrichtungen
umgewandelt. Seit den 1990er-Jahren hat sich die Stadt zu einem bedeutenden **Zentrum für Wissenschaft und Forschung** entwickelt.

Göteborg erleben

AUSKUNFT
Göteborgs Turistbyrå
41110 Göteborg
Kungsportsplatsen 2
Tel. 031 3 68 42 00
www.goteborg.com

Borås Turistbyrå
50315 Borås, Österlånggatan 1 – 3
Tel. 033 35 70 90
www.boras.se

ESSEN
❶ *Fiskekrogen* €€€
Lilla Torget 1, Tel. 031 10 10 05
www.fiskekrogen.com, So. geschl.
Preisgekröntes Restaurant für Fischliebhaber. Auch die Weinkarte mit mehr
als 300 feinen Tropfen ist mit Umsicht
zusammengestellt. Wer sich relativ preisgünstig von der Qualität der Küche
überzeugen möchte, kommt mittags.

❹ *Sjömagasinet* €€€
Klippans Kulturreservat
Adolf Edelsvärds gata 5
Tel. 031 7 75 59 20
www.sjomagasinet.se, So. geschl.
Gourmetrestaurant im alten Gebäude
der Ostindischen Kompanie, ausgezeich-
nete Fischgerichte. Wunderbar an der
Hafeneinfahrt gelegen, im Sommer sitzt
man direkt am Wasser.

❸ *Linnea Art Restaurant* €€€
Södra Vägen 32
Tel. 031 16 11 83
www.linneaartrestaurant.se
So. und Mo. geschl.
Modernes Restaurant und Bistro mit

Eine Riesenauswahl an Spezialitäten bietet die »Feskekôrka«.

exzellenter Küche, in Zusammenarbeit mit einigen der besten Glaskünstler Schwedens stylish eingerichtet.

➋ *A Hereford Beefstouw* ©©©

Linnégatan 5, Tel. 031 7 75 04 41
www.hereford-beef.com
Seit Jahren ein Klassiker für Fleischliebhaber. Hier wählt jeder sein Steak selber aus, das dann nach Wunsch gegrillt wird. Ein reichliches Salatbuffet rundet das Angebot ab.

➏ *Joe Farelli's* ©©

Kungsportsavenyn 12, Tel. 031 10 58 26
www.joefarelli.com
Populäres Restaurant im Zentrum mit italienisch-amerikanischem Essen. Einen Tisch vorzubestellen ist ratsam. Viele behaupten, dass es hier die beste Pizza Göteborgs gibt.

➎ *Restaurang Gabriel* ©©

Fisktorget, Feskekörka
Tel. 031 13 90 51
www.restauranggabriel.se
So. / Mo. geschl.
Bekanntestes Fischrestaurant Göteborgs in der »Fischkirche«. Frischere Zutaten findet man nirgendwo. Empfehlenswert ist besonders das Bohusbuffén. Fischauktionen ab 7.00 Uhr.

➐ *Saluhallen* © – ©©

Gustav Adolfs Torg
So. geschl.
Viele kleine Restaurants – anschauen und das Auge entscheiden lassen. Das Essen ist gut und relativ preiswert.

➑ *Café Kringlan* ©

Haga Nygata 13, Tel. 031 13 09 08
So. geschl.
Kuscheliges Café im alten Stadtteil Haga

mit guter Auswahl an Kaffee und Kuchen. Bei schönem Wetter kann man an den wenigen Tischen vor der Tür auch gut frühstücken.

ÜBERNACHTEN

➊ *Clarion Hotel Post* ©©©©

Drottningtorget 10, Tel. 031 61 90 00
www.clarionpost.com
Im Zentrum gleich neben dem Hauptbahnhof ist der neoklassizistische Bau der Hauptpost architektonisch überzeugend und spektakulär zum Nobelhotel (500 Zi.) umgebaut worden.

➋ *Best Western Hotel Eggers* ©©©©

Drottningtorget
Tel. 031 3 33 44 40
www.hoteleggers.se
70 individuell eingerichtete Zimmer im Stil der Jahrhundertwende in einem unter Denkmalschutz stehenden Haus. Prunkvolles Restaurant mit Kristallkronleuchter. Zentrale Lage.

➌ *Novotel Göteborg* ©©© – ©©©©

Klippan 1, Tel. 031 7 20 22 00
www.novotel.com
Das mächtige rote Backsteingebäude (148 Zi.) am Göta Älv war früher eine Brauerei. Maritimes Ambiente im historischen Milieu und große, moderne Zimmer. Atemberaubende Sicht vom Restaurant auf die Älvsborg-Brücke.

➍ *Barken Viking* ©©©

Gullbergskajen
Tel. 031 63 58 00, www.liseberg.com
Historisches Viermast-Segelschiff, das zum Hotel mit viel maritimem Flair ausgebaut wurde. Das Schiff liegt im Göteborger Gästehafen in der Nähe der neuen Oper vor Anker. 29 verschiedene Kajüten, von einfach bis luxuriös.

Best Western Hotell Borås ❸❸❸
Borås, Sandgardsgatan 25
Tel. 033 7 99 01 00
www.hotellgoteborg.se
Charmantes Hotel (97 Zi.) im Zentrum
von Borås. Generös und originell eingerichtete Zimmer im Stil der goldenen
Zeit Schwedens. Am Abend trifft man
sich im urigen Weinkeller oder im
englischen Pub.

❺ Spar Hotel Garda ❸❸
Norra Kustbanegatan 15-17
Tel. 031 7 52 03 00
www.sparhotel.se
Hotel mit guter Verkehrsanbindung zum
Zentrum. 170 modern eingerichtete
Zimmer zu fairen Preisen.

❻ Göteborgs Vandrarhem ❸
Mölndalsvägen 23, Tel. 031 40 10 50
www.goteborgsvandrarhem.se
Alles von Einzel- bis zu Familienzimmern,
praktisch und sauber. Zentrale Lage
nahe Liseberg.

GÖTEBORG PASS
Der Göteborg Pass gewährt ermäßigten
oder freien Eintritt zu vielen Sehenswürdigkeiten und Freizeiteinrichtungen,
Stadtrundfahrten und Schiffsexkursionen
sowie kostenlose Fahrten mit öffentlichen Verkehrsmitteln.
Erhältlich bei Tourismusbüros, Hotelrezeptionen, Campingplätzen, Zeitungskiosken. 24 Std. kosten für Erw. 285
SEK, Kinder / Jugendliche 175 SEK;
48 Std. Erw. 395 SEK, Kinder / Jugendliche 275 SEK. Die Kategorie Kinder /
Jugendliche gilt von 5 bis 16 Jahren.

RUNDFAHRTEN
Stadtrundfahrten
Einstündige Bustouren starten mehrmals
täglich am Stora Teatern, Tickets
150 / 75 SEK (www.stromma.se).

Hafenrundfahrten
Die Hafen- und Kanalrundfahrten
(rund 50 Min.) mit flachen Paddan-
Booten starten am Kungsportsplats.
www.stromma.se

BESICHTIGUNGSTOUREN
Nostalgische Touren durchs Zentrum mit
bis zu 100 Jahre alten Trambahnen:
Vintage Tram Ringlinien; die Waggons
können auch gemietet werden
(20 / 10 SEK).
www.ringlinien.org.
Die hippe Variante sind Segway-Touren.
Die geführte Tour auf den Besenstielen
mit zwei Rädern kostet 195 SEK für eine
halbe, 350 SEK für eine Stunde.
www.segwayadventure.se

KULINARISCHES
Göteborg wurde zur Kulinarischen
Hauptstadt Schwedens 2012 gewählt.
Die kulinarische Szene hat in den vergangenen Jahren ein fantastisches
Wachstum verzeichnet. Mittlerweile
beherbergt die Stadt vier mit einem
Michelin-Stern ausgezeichnete Restaurants. Außerdem gibt es eine Vielzahl
hervorragender Fischrestaurants. Die
meisten schwedischen Austern wachsen
an der Küste nördlich von Göteborg.
Viele von ihnen werden in der Nähe von
Grebbestad handverlesen – Anlass für
eine Meisterschaft der skurrilen Art:
Jedes Jahr im Frühling steht Grebbestad
im Zeichen der nordischen Meisterschaf-
ten im Austernöffnen. Dieser Wettbewerb findet seit 2005 in dem kleinen
Fischerdorf statt. Köche aus ganz Skandinavien kämpfen um den begehrten
Titel. Es werden auch Austernöffnen,

Austernpflücken, Bootstouren und Tauchaktivitäten angeboten.
www.westschweden.com

FESTIVAL

Jedes Jahr Ende Januar/Anfang Februar zieht Nordeuropas bedeutendstes Filmfestival mehr als 200.000 Besucher an. Hauptpreis des Göteborg International Filmfestival ist der „Goldene Drache".
www.giff.se

EINKAUFEN

Nordstan

Schwedens größtes Einkaufszentrum mit 150 Geschäften am Hauptbahnhof.
www.nordstan.se

Kungsportsaveny

Auf der Kungsportsaveny und in den kleinen Nebenstraßen liegen unzählige Geschäfte und Kunstgalerien.

An der Kungsgatan

Eine 3 km lange Shoppingmeile bilden Kungsgatan, Korsgatan, mehrere Einkaufsgalerien und -passagen. Auch ein Bummel über die Linnégatan und deren Nebenstraßen lohnt.

Antiquitäten

Antikhallarna in der Västra Hamngatan: Kunst und Krempel auf drei Etagen.
www.antikhallarna.se

Haga

Die Haga Nygata ist Fußgängerzone und gesäumt von alten, restaurierten Häusern, in denen viele Cafés und Antiquitätenläden untergebracht sind.

SEHENSWERTES IM ZENTRUM

Ursprünglich wurden – wie in vielen holländischen Städten – die **Hauptverkehrswege Göteborgs von Kanälen gebildet**. Die meisten wurden inzwischen längst zugeschüttet und durch Straßen ersetzt, so z.B. die Östra Hamngatan und die Västra Hamngatan. Nur der Stora Hamnkanal und der einstige Wallgraben, der die Altstadt im Süden begrenzt, existieren noch. **Altstadt**

Der weite, rechteckige Gustav Adolfs Torg an der Nordseite des Stora Hamnkanal bildet den repräsentativen Kern der Altstadt. Die Nordseite des Platzes begrenzt das stattliche Gebäude der **Börse**, an der Westseite steht das 1672 von Nicodemus Tessin d.Ä. erbaute Rådhus, das einen hübschen Innenhof besitzt. **Gustav Adolfs Torg**

In der Norra Hamngatan 12 steht das prächtige, palastähnliche, 1750 errichtete ehemalige Gebäude der Ostindischen Kompanie, in dessen prunkvollen Hallen heute das Göteborgs Stadsmuseum untergebracht ist. Es informiert über Archäologie, Kulturgeschichte und Stadtentwicklung Göteborgs und beherbergt auch die Überreste des einzigen in Schweden gefundenen **Wikingerschiffs**. **Stadtmuseum**
❶ Di. – So. 10.00 – 17.00, Mi. bis 20.00 Uhr, Eintritt 40 SEK, bis 25 J. frei,
www.stadsmuseum.goteborg.se

Am Hafen steht das Wahrzeichen Göteborgs: Das Hochhaus
Utkiken bietet spektakuläre Ausblicke.

Kronhus Etwas nördlich vom Stadtmuseum steht an der Kronhusgatan das
1643–1653 erbaute Kronhus (ehem. Zeughaus), Göteborgs ältestes
erhaltenes Haus. Im sehenswerten **Reichssaal** wurde 1660 der fünf-
jährige Karl XI. zum König ausgerufen. Rund ums Kronhus steht
eine Reihe niedriger Häuser, Läden mehrerer Kunsthandwerker.

Maritima Geht man vom Kronhus zum Ufer des Göta Älv, sieht man schon
Centrum bald die Schiffe des Maritima Centrums. Hier können das U-Boot
»Nordkaparen«, ein Kanonenboot und andere Schiffe besichtigt wer-
den. Ein weiteres hier vertäutes Schiff dient als **Jugendherberge**.
❶ Mai – Sept. tgl. 11.00 – 18.00, April, Okt. Fr. – So. 11.00 – 16.00 Uhr,
Eintritt 90 / 50 SEK, www.goteborgsmaritimacentrum.com

*Oper Folgt man dem Flussufer in nördlicher Richtung, kommt man bald
zum 1994 eröffneten Opernhaus. Architekt Jan Izkowitz ließ sich
vom Meer und der umliegenden Landschaft inspirieren. Bei Dunkelheit spiegelt sich die bunt-spektakuläre Beleuchtung des Gebäudes
recht stimmungsvoll im Wasser.
❶ Tickets: Mo. – Sa 12.00 – 18.00 Uhr bzw. bis Vorstellungsbeginn, im
Sommer tgl. Führungen 13.00 / 15.00 Uhr, Tel. 031 13 13 00, www.opera.se

Utkiken Von der Promenade am Opernhaus hat man einen guten Blick auf
das rot-weiß gestreifte Hochhaus Utkiken, das von den Einheimi-

schen »Lippenstift« genannt wird. Von dessen 86 m hoch gelegener Aussichtsplattform bietet sich **der beste Rundblick** über Göteborg. Vor dem Hochhaus liegt die Viermastbark »Viking« vor Anker, die als schwimmendes Hotel dient.

ENTLANG DER KUNGSPORTSAVENY

Der **Kungsportsplats** mit dem Reiterstandbild Karls IX. ist ein belebter Verkehrsknotenpunkt, an dem Rundfahrten mit Bus oder Paddan-Booten beginnen. Hier beginnt die Kungsportsaveny, **Göteborgs beliebteste Flaniermeile**. Die Prachtpromenade wird von schönen Häusern und unzähligen Cafés, Restaurants und Kneipen gesäumt, in denen bis spät in die Nacht Hochbetrieb herrscht.

Kungsports-aveny

Der 1842 eröffnete Trädgårdsföreningens Park gleicht einer grünen Oase mitten in der Stadt. Sehenswert sind das historische **Palmenhaus**, das **Schmetterlingshaus** und das **Rosarium**.
❶ Mai–Aug. tgl. 7.00–20.00, sonst Mo.–Fr. 7.00–18.00, Sa./So. 9.00–18.00 Uhr, Eintritt frei, www.tradgardsforeningen.se

Trädgårds-föreningens Park

Das nach seinen Gründern, den Brüdern Röhss, benannte Museum liegt ungefähr in der Mitte der Kungsportsaveny und zeigt europäisches **Design und Kunsthandwerk** vom 17. Jh. bis heute. Parallel zu den Dauerausstellungen werden mehrmals im Jahr außergewöhnliche Einzelausstellungen gezeigt.
❶ Mi.–Fr. 12.00–17.00, Di. bis 20.00, Sa./So. ab 11.00 Uhr, Eintritt 40 SEK, bis 25 J. frei, www.designmuseum.se

***Röhsska Museum**

Die Kungsportsaveny endet am Götaplats. In dessen Zentrum steht der riesige Poseidon-Brunnen (1931) von **Carl Milles**, dem bedeutendsten schwedischen Bildhauer, als eines der Wahrzeichen der Stadt. Um den Platz gruppieren sich das Konzerthaus, das Kunstmuseum und das Staatstheater.

Poseidon-Brunnen

Das mächtige Kunstmuseum (Konstmuseet) verfügt über eine beeindruckende Sammlung und widmet sich in erster Linie dem Schaffen nordischer Künstler (Edvard Munch, Carl Larsson, Anders Zorn) vom 15. Jh. bis zu Gegenwart. Auch die internationale Elite wie Rembrandt, Rubens, van Gogh, Cézanne, Picasso und Chagall ist vertreten. Mittlerweile ist auch das **Hasselblad Center** im Kunstmuseum untergebracht. Es zeigt wegweisende Beispiele moderner Fotografie und sehr gute Wechselausstellungen.
❶ Di. und Do. 11.00–18.00, Mi. bis 21.00, Fr.–So. bis 17.00 Uhr, Eintritt 40 SEK, bis 25 J. frei, www.konstmuseum.goteborg.se, bzw. www.hasselbladcenter.se

***Kunstmuseum**

ÖSTLICHE INNENSTADT

*Liseberg Der Liseberg-Vergnügungspark ist eine gigantische Mischung aus Kirmes und Kultur mit Achterbahnen, Wildwasserbahnen, Fahrgeschäften, Theater-, Kleinkunst- und Konzertbühnen sowie Cafés und Restaurants. Besondere Attraktion sind zwei Freifall- und ein Kata-

Göteborg

Essen
1 Fiskekrogen
2 Hereford
3 Linnea Art Restaurant
4 Sjömagasinet
5 Gabriel
6 Joe Farelli's
7 Saluhallen
8 Café Kringlan

Übernachten
1 Clarion Hotel Post
2 Best Western Hotel Eggers
3 Novotel Göteborg
4 Barken Viking
5 Spar Hotel Garda
6 Göteborgs Vandrarhem

pultturm, bei dem die Gondel mit den Passagieren senkrecht in Luft geschossen wird. Überragt wird die mit 20 ha größte Anlage ihrer Art in Nordeuropa vom 146 m hohen Liseberg-Turm, von dem aus man einen hervorragenden Blick über die Stadt hat.

❶ Mai – Aug. u. Mitte Nov. – Weihnachten zu wechselnden Zeiten, www.liseberg.se

Universeum Im Wissenschaftszentrum Universeum kann man exotische Tiere wie Rochen und Haie beobachten, fremde Galaxien und Mondfahrzeuge untersuchen und vor allem viel experimentieren.
❶ Södra Vägen 50, Ende Juni – Mitte Aug. tgl. 9.00 – 21.00, sonst tgl. 10.00 – 18.00 Uhr, Eintritt 165 / 110 SEK, www.universeum.se

Weltkultur-museum Das Museum für Weltkultur (Världskulturmuseet) ermöglicht eine Entdeckungsreise durch die multikulturelle Welt. Sehr eindrucksvoll ist das Gebäude von den Londoner Architekten Cecile Brisac und Edgar Gonzales.
❶ Di. – Fr. 12.00 – 17.00, Sa. / So. ab 11.00 Uhr, www.varldskulturmuseet.se, Eintritt 40 SEK

ANGRENZENDE STADTTEILE

*Slottsskog Folgt man der **Linnégatan** (westlich der Innenstadt), die mit ihren vielen Restaurants, Cafés und kleinen Läden die zweite Aveny Göteborgs ist, vom Järntorg in südlicher Richtung bis zum Linnéplats, erreicht man den Slottsskog. Es ist **Göteborgs größter Park** und ein beliebtes Naherholungsgebiet.

*Botanischer Garten Die südöstliche Fortsetzung des Slottsskog bildet der Botanische Garten (Botaniska Trädgård). Mit 16 000 Pflanzenarten ist er **Schwedens größter botanischer Garten**. Bereits 1923 angelegt, wurde er 2003 zum schönstem Park des Landes gekürt.
❶ tgl. 9.00 Uhr bis Sonnenuntergang

Museen Westlich vom Järntorg am Ufer des Göta Älv befinden sich das **Seefahrtsmuseum** (Sjöfartsmuseet) und das **Aquarium** (Akvariet). Ersteres informiert über die schwedische Seefahrtsgeschichte vom 16. Jh. bis zur Gegenwart. Das Aquarium im gleichen Gebäude zeigt das reiche Leben in den skandinavischen Gewässern.
❶ Di. – So. 10.00 – 17.00, Mi. bis 20.00 Uhr, Eintritt 40 SEK, bis 25 J. frei

Nostalgicum Das Nostalgicum in Gamlestan vermittelt einen stimmigen Einblick in die **1950er- und 1960er-Jahre**, bei einem Glas Himbeerlimonade und mit Klängen aus der Jukebox.
❶ Byfogdegatan 3, Di. – Fr. 10.00 – 18.00, Sa. 12.00 – 15.00 Uhr, Eintritt 50 SEK, www.nostalgicum.se

*Fischkirche In der Nähe des Seefahrtsmuseums befindet sich die Fischkirche (Feskekörka), die ihren Namen den kirchenähnlichen Hallen verdankt (erbaut 1874). Um 7.00 Uhr beginnen die turbulenten Fischauktionen. In den Restaurants kann man gut Fisch essen.
❶ Di. – Sa. 7.00 – 18.00 Uhr, im Sommer auch Mo.

UMGEBUNG VON GÖTEBORG

Ausflug in die Schären

Vor Göteborg liegt ein ausgedehnter Schärengarten mit größeren Inseln wie Öckerö und unzähligen kleinen, die alle beliebte Ausflugsziele sind. Im Sommer werden Ausflugsfahrten ab Lilla Bommen, Stenpiren und Packhuskajen angeboten. Die **Schiffe verkehren das ganze Jahr** über täglich, Fahrpläne gibt es im Touristenbüro.

Schloss Tjolöholm

Weiter südlich bei Kungsbacka (E 6 Ausfahrt Fjärås) lohnt ein Abstecher in westlicher Richtung zum Schloss Tjolöholm. Das Schloss, ein massiger, mittelalterlichen Vorbildern nachempfundener Bau aus rotem Granit, wurde 1898 – 1904 im englischen Tudorstil erbaut. Am Fuß des Schlosshügels liegen das Ökonomiegebäude, das **Wagenmuseum** und die Cafeteria.

❶ Mitte Juni – Ende August tgl. 11.00 – 16.00, sonst Sa. / So. 12.00 – 15.00 Uhr, nur Führungen, www.tjoloholm.se

*Borås

Die südschwedische Textilstadt Borås liegt ca. 65 km östlich von Göteborg zu beiden Seiten der Viskan. Größere Bedeutung als Handelsstadt gewann sie erst, als Eisenbahn und Textilmaschinen hier Einzug hielten. Borås ist **reich an Skulpturen**. Eine davon ist die neun Meter hohe Pinocchio-Statue. Insgesamt zieren rund 30 international angesehene Werke die Stadt, von denen viele bei einem Spaziergang durch das schöne Stadtzentrum bewundern werden können. Mehr Informationen über die Skulpturen erhält man in der Touristeninfor-

Schloss Tjolöholm: Neubau im Tudorstil.

Immer langsam voran

Der nahezu 400 km lange Göta-Kanal bildet zwischen Mem (südwest-
lich von Stockholm) und Göteborg eine Verbindung zwischen Ost- und
Nordsee. Das Mammutprojekt sollte vor allem dem Transport von
Waren dienen, ohne den Wegzoll an die Dänen im Kattegatt zu
bezahlen. Wie so oft kam alles ganz anders.

Einzig die Schleusen sorgen hier und da für gemäßigte
Aufregung auf dem Götakanal.

Schon Gustav Wasa hat mit dem Gedanken gespielt, zwischen Göteborg und Stockholm eine Wasserstraße zu schaffen. Doch erst Karl II. nahm 1716 das Projekt in Angriff. Die **Wasserfälle** von Trollhättan bildeten dabei nur einen der vielen Knackpunkte. Die Ingenieure Swedenborg und Polhern versuchten, sie durch Schleusen zu umgehen. Als der Schutzdamm 1755 aber durch Treibholz zerstört wurde, ruhte die Arbeit, bis Freiherr **Baltasar Bogislaus von Platen** mit Hilfe der besten Kanalbauer, derer er

habhaft werden konnte, 1810 erneut einen Anlauf nahm. Bis 1852 gruben und sprengten sich rund 58000 Soldaten durch Schwedens Mitte, 7 Mio. Tagwerk lang, eine mühselige Arbeit, da der gesamte Abraum von Hand abtransportiert werden musste. 14 Flaschen Branntwein pro Woche sollten die **Arbeitsmoral** aufrechterhalten. Motala am Vättersee wurde zum Zentrum des Kanalbaus und Wiege der schwedischen Maschinenbauindustrie, da hier die Tore der Schleusen hergestellt wurden. 61,5 Kanalkilometer mit 21 Schleusen entstanden zwischen Väner- und Vättersee; zwischen Motala und der Einmündung des Kanals in die Ostsee kamen 92,5 km und 37 Schleusen hinzu.

Opfer der Konkurrenz

Nach seiner Eröffnung, die von Platen nicht mehr erlebte, boomte der Verkehr auf dem Kanal wie geplant. Doch im 20. Jh. liefen Eisenbahn und Lkws dem langsamen Wasserweg den Rang ab. Längst ist der Kanal eine Attraktion für Schwedenreisende, die mehr zur Ruhe tendieren. Die Fahrt auf einem der schmalen, historischen Passagierboote dauert je nach Programm **zwei bis sechs Tage**, bei ca. 10 km/h. Diese Kreuzfahrt der entspannenden Art sollte man rechtzeitig im Voraus buchen, denn sie ist sehr beliebt und wegen des Wetters nur in den Sommermonaten möglich (Buchung: AB Göta Kanalbolag, Pusterviksgatan 13, Göteborg, Tel. 031 80 63 15, www.stromma.se/de/Gota-Kanal).

An der alten Schleuse

In Forsvik am Westufer des Vättersees ist der **Nachbau des Raddampfers »Eric Nordevall II«** zu besichtigen; das Original aus dem 19. Jh. modert auf dem Grund des Sees. Auch die älteste Kanalschleuse kann man hier bewundern und den Schleusenbetrieb beim Kaffee in Forsviks Café & Mat beobachten. Übrigens kann man den Göta-Kanal in den Sommermonaten auch mit dem eigenen oder einem Mietboot befahren. Radfahrer kommen auf ihre Kosten auf dem etwa **190 km langen Fahrradweg** entlang des Kanals von Sjötorp am Väner-See bis zum Ostseestädtchen Mem im Osten; der Weg verläuft größtenteils durch ebenes, windgeschütztes Gelände.

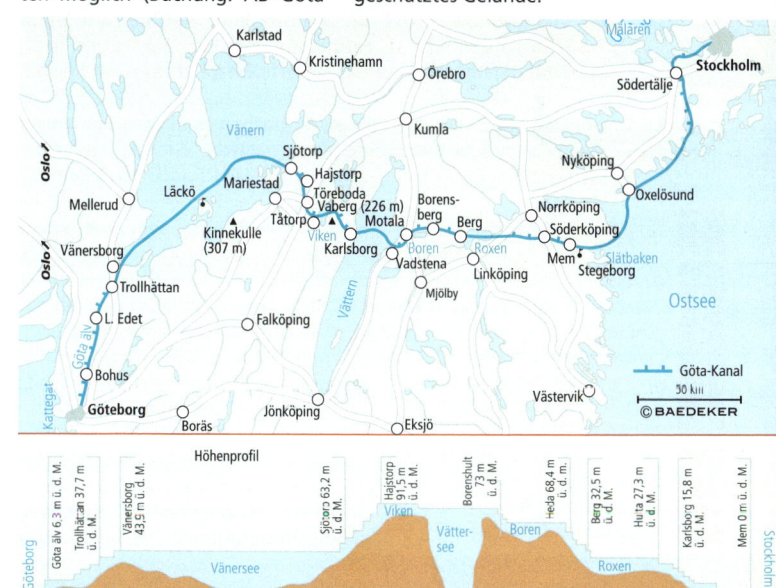

mation. Im westlichen Stadtteil Parkstaden, schon etwas außerhalb des Zentrums, liegt der Ramnapark mit dem **Borås Museum**, einem Freilichtmuseum mit historischen Holzhäusern und der um 1690 entstandenen Ramna-Kirche. Im **Kunstmuseum** befinden sich neben Werken moderner schwedischer Künstler jetzt auch Videoboxen und Kunstwerkstätten. In Alingsås findet alljährlich Nordeuropas größtes Event für experimentelle Lichtinstallationen statt, das mittlerweile bis zu 80 000 Besucher anzieht: **»Lights in Alingsås«** ist erste Adresse für europäische und internationale Lichtdesigner (www. lightsinalingsas.se).

Borås Museum: April – Sept. Di. – So. 11.00 – 17.00, sonst Sa. / So. 12.00 – 16.00 Uhr, Eintritt frei

Kunstmuseum: Di. – Fr. 11.00 – 17.00, Do. bis 20.00, Sa. / So. 11.00 – 16.00 Uhr, Eintritt 50 / 25 SEK; Kulturhuset, Schelegatan 4, www.boras.se/konstmuseum

** **Gotland**

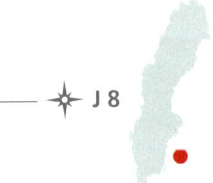

✦ J 8

Landschaft: Gotland
Provinz: Gotland Län
Einwohnerzahl: 57 700

Gotland ist die größte Insel der Ostsee und Schwedens wärmster und sonnigster Ort. Im Sommer kommen hier auf jeden Einheimischen mehr als zehn Touristen. Einzigartig und fotogen sind die Raukar: bizzare, meterhohe Kalkfelsen am Strand.

Sonne und Orchideen

Gotland ist 125 km lang, bis zu 55 km breit und wird von einem 20 – 30 m hohen **Kalksteinplateau** gebildet. Größere Seen oder Wasserläufe gibt es nicht, denn im porösen Boden versickert das Wasser im Nu. Die Westküste ist zwar steil, wird aber von vielen Buchten unterbrochen. Nach Osten flacht die Landschaft ab, und an der Küste findet man die schönsten Sandstrände, die häufig von Dünen und Kiefernwäldern flankiert werden. Das Markenzeichen Gotlands sind die **»Raukar«** (Singular »Rauk«), Türme und Pfeiler aus erodiertem Stein, die man so ausgeprägt nirgendwo im Ostseeraum findet. Wegen des **angenehmen Klimas** ist die **Vegetation** artenreich und sehr

! BAEDEKER TIPP

Insel der Radfahrer

Gotland ist ideal für Radtouren: Wenig Autoverkehr, **kaum Steigungen** und viele Campingplätze machen das Radfahren zum Vergnügen. Nur der Wind stört manchmal etwas. Fahrrad mit Anhänger und Campingausrüstung gibt es bei Gotlands Resor. Visby, Färjeleden 3 Tel. 0498 20 12 60 www.gotlandsresor.se

Charakteristisch für Gotland sind die fotogenen »Raukar«.

üppig, selbst Orchideen gedeihen hier, z.B. Knabenkraut, Mücken-Händelwurz und Frauenschuh. Weideland und Felder prägen die Landschaft, knapp die Hälfte der Insel ist mit Wald bedeckt.

Gotland war einst eine unentbehrliche Anlaufstation für Segelschiffe, die sich auf dem Weg durch die Ostsee ins Baltikum und über die Flüsse bis tief hinein nach Russland und zurück befanden. Bis zum Beginn des 12. Jh.s hatten die Inselbewohner selbst den Warenverkehr unter Kontrolle, doch mit wachsender Bedeutung wurde der Handel immer mehr von Russen und Deutschen beherrscht. 1280 trat die Inselhauptstadt Visby der **Hanse** bei und schloss mit Lübeck ein Schutzbündnis gegen die Seeräuber. Die strategisch wichtige und ökonomisch vielversprechende Lage sollte die Insel in der Folgezeit zum Zankapfel der Mächtigen machen. Im Wechsel stand Visby unter schwedischer, dänischer oder, wie 1808, kurz auch unter russischer Herrschaft. 1995 wurde Visby von der UNESCO zum Weltkulturerbe erklärt. Heute ist der **Tourismus** die wichtigste Einnahmequelle.

Wichtige Handelsstation

94 Kirchen gibt es auf der Insel, für die relativ kleine Bevölkerungszahl eine erstaunliche Menge und ein Hinweis auf den Wohlstand, der zur Zeit ihrer Erbauung herrschte. Die mittelalterlichen Steinkirchen entstanden alle vom späten 12. Jh. bis ca. 1350. Mit der Erobe-

Gotlands Kirchen

rung durch die Dänen 1361 war der Bauboom schlagartig zu Ende, Gotland verarmte. Nur das Innere der Kirchen wurde noch mit **Wandmalereien** verschönert.

** VISBY

Rosen, Kneipen und Ruinen

»Stadt der Rosen und Ruinen« wird Visby, die Inselhauptstadt an der Westküste, gerne genannt. Beides ist richtig, denn Rosen blühen hier dank des milden Klimas recht üppig. Und von den einst 17 Kirchen stehen bis auf eine Ausnahme nur noch Ruinen, steckten doch 1525 die Lübecker fast die ganze Stadt in Brand. Rund 150 Häuser blieben von der Katastrophe verschont, sodass man sich heute durchaus noch ein Bild von einer mittelalterlichen **Hansestadt** machen kann. Visby ist heute Sitz des Landeshauptmanns sowie eines Bischofs und soll sich angeblich der größten Kneipendichte Schwedens erfreuen.

**Stadt-mauer

Der größte Schatz von Visby ist die 3,5 km lange Stadtmauer, die gegen Ende des 13. Jh.s angelegt wurde. Noch heute umgibt sie nahezu **vollständig die Altstadt** und ist durch 44 Türme von 15 bis 20 m Höhe verstärkt. An der Seeseite ist der Kruttornet (Pulverturm) in den Mauerring integriert, nahe der Nordecke der Jungfrutornet (Jungfrauenturm), in den der Sage nach die Goldschmiedstochter eingemauert wurde, die aus Liebe zum Dänenkönig Atterdag die Stadt verraten hatte.

Viel Blutvergießen fand vor diesen Stadtmauern statt – heute sind sie die Zierde von Visby.

Visby

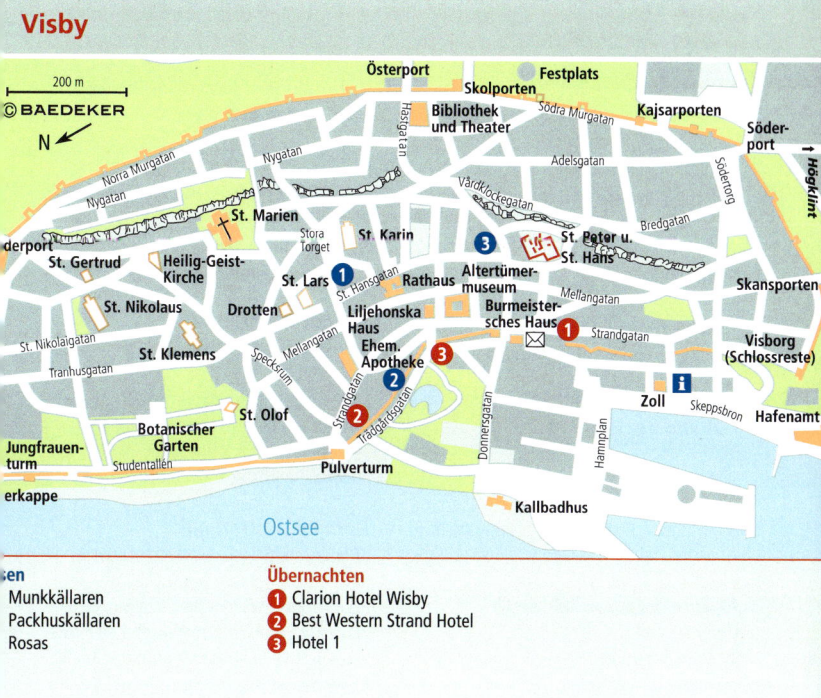

200 m

© BAEDEKER

N

Übernachten
- **1** Clarion Hotel Wisby
- **2** Best Western Strand Hotel
- **3** Hotel 1

...sen
Munkkällaren
Packhuskällaren
Rosas

Mitten in Visby liegt an der Strandgatan das Museum **Gotlands**   **Museen**
Fornsal (Altertümermuseum), dessen hervorragende Sammlungen
rund 8000 Jahre Inselgeschichte präsentieren. Neben den Runenstei-
nen, die zwischen 400 und 1100 n. Chr. geschaffen wurden und die
einzigartig in der nordischen Kunst sind, stellen die Gold- und Silbergegenstände sowie die römischen Münzfunde besondere Schätze
dar. Im **Fenomenalen**, der technisch-naturwissenschaftlichen Abteilung des Museums, kann man auch selbst experimentieren. Das
Kunstmuseum umfasst Werke der gotländischen bildenden Kunst
seit dem 19. Jh.. Der Schwerpunkt liegt auf den Werken zeitgenössischer Künstler (St. Hansgatan 21).

❶ www.gotlandsmuseum.se,
www.lansmuseetgotland.se

Auf der Südseite des Marktplatzes (Stortorg) steht die Ruine der go-   **Marktplatz**
tischen Kirche **St. Karin** (1250 eingeweiht), die einst Teil eines Franziskanerklosters war und als die schönste Ruine von Visby gilt. Am

Gotland erleben

ANREISE

Mit den Fähren von Destination Gotland dauert die Überfahrt von Nynäshamn und Oskarshamn auf dem schwedischen Festland nach Gotland drei Stunden. Im Sommer verkehren auch Fähren zwischen Visby und Grankullavik auf Öland. Die Überfahrt dauert zwei Stunden. Im Sommer laufen die Fähren Visby bis zu zehn Mal täglich an. www. destinationgotland.se

AUSKUNFT
Gotland Turistbyrån
62157 Visby
Skeppsbron 4 – 6
Tel. 0498 20 17 00
www.gotland.info, www.gotlandsresor.se

ESSEN
❶ *Munkkällaren* 🟠🟠 – 🟠🟠🟠
Visby
St. Hansgatan 40
Tel. 0498 27 14 00
www.munkkallaren.se
So. und Mo. geschl.
Unter dem Dach des alten Hauses verbergen sich ein Restaurant, das einheimische Kost und internationale Gerichte zu erschwinglichen Preisen anbietet, aber auch eine Bar, ein Jazz- und ein Nachtklub. Als Live Acts treten vor allem gotländische Musiker, aber auch bisweilen Gast-Gruppen auf.

❷ *Packhuskällaren* 🟠🟠
Visby
Strandgatan 16
Tel. 0498 27 62 00
www.packhuskallaren.net
Restaurant in einem alten Speicherhaus aus dem Mittelalter. Hier wird gute

Hausmannskost serviert, im Sommer auch auf der Terrasse.

❸ *Rosas* 🟠
Visby, Sankt Hansgatan 22
Tel. 0498 21 35 14
www.rosaspensionat.se
Gemütliches Café mit Innenhof

Strandcafé 🟠🟠
Am Strand von Ljugarn
Tel. 0498 49 33 78
www.ljugarnsstrandcafe.se
Eine Oase unter schattigen Bäumen. Tagsüber gut für schnelle Snacks, abends ein Restaurant mit Niveau.

Kulinariska Gotland
Kulinarisches Gotland, diesem Motto haben sich mehrere preisgekrönte Restaurants verschrieben, die aus lokalen Produkten typisch gotländische Gerichte zaubern (www.kulinariskagotland.com).
In Visby: Bakfickan (Stora Torget 1), Donners Brunn (Donners Plats 3), Gamla Masters (Södra Kyrogatan 10), Lindgården (Strandgatan 26), Wallers Krog (Wallérs Plats 2), 50 KVADRAT (St Hansgatan 15). **Weitere auf Gotland:** Konstnärsgården (Romakloster), Smakrike (Claudelins Väg 1 / Ljugarn), Krakas Krog (Kräklings 223 / Katthammarsvik).

ÜBERNACHTEN
❶ *Clarion Hotel Wisby* 🟠🟠🟠🟠
Visby, Strandgatan 6
Tel. 0498 25 75 00
www.wisbyhotell.se
Das beste Hotel der Stadt (134 Zi.) bezaubert durch gediegene, mittelalterliche Atmosphäre und bietet dennoch alle modernen Annehmlichkeiten.

❷ *Best Western Strand Hotel* ⓔⓔⓔ
Visby, Strandgatan 34
Tel. 0498 25 88 00
www.strandhotel.net
Modernes, komfortables Hotel (110 Zi.)
in zentraler Lage der Altstadt, integriert
in die Stadtmauer von Visby.
Geschmackvoll eingerichtete Zimmer.
Viele historische Sehenswürdigkeiten
und das Meer ganz in der Nähe.

❸ *Hotel 1* ⓔⓔⓔ
Visby
Strandgatan 13
Tel. 0498 21 00 10
www.hotel1.nu
Vorzügliches Designhotel mit 42
individuell und edel eingerichteten
Zimmern und Restaurant in einem
alten Gemäuer von 1880. In der Vino-
thek gibt es Weinverkostungen.

STF Vandrarhem Bunge/Fårösund
ⓔ – ⓔⓔ
Fårösund
Änge
Tel. 0498 22 14 90
Ein-, Zwei- und Vierbettzimmer
www.bungevandrarhem.com
Der Schwedische Tourismusverband hat
dem Hostel (116 Betten) 2010 die Auszeichnung »Kissen des Jahres« (Årets
kudde) zugesprochen, die an die jeweils
bei den Gästen beliebteste Jugendherberge vergeben wird. 2011 belegte die
Herberge den Silberrang.

Pensionat Fridhem ⓔⓔ
Västerhejde
(6 km südlich von Visby)
Fridhem
Tel. 0498 29 60 18
www.fridhemspensionat.se
Pension mit 18 Zimmern in der früheren

Sommerresidenz von Prinzessin Eugenie.
Park und schöner Blick aufs Meer.

Lummelunda Vandrarhem ⓔ – ⓔⓔ
62033 Tingstäde
Gustafssons Vandrarhem
Niome Stenkyrka
Tel. 0498 27 30 43
www.lummelundavandrarhem.se
Wer nicht in der Jugendherberge selbst
übernachten will, wohnt in einem der
sechs Häuschen mit Blick aufs Meer
(nördlich von Visby).

FREIZEIT UND SPORT

Rund 800 Kilometer Küstenlinie hat Got-
land – ein Paradies für Sportfischer. Den
Sport nach anerkannten ökologischen
Standards zu betreiben, ermöglicht der
schwedenweite Anbieter FishYour-
Dream. Zur Unterbringung gibt es
Kooperationen mit Hotels, aber auch
Hütten mit Selbstversorgung; sogar rol-
lende Saunawagen können gemietet
werden. Wer Forellen im Wildwasser
beobachten möchte, kann einen erfah-
renen Guide für kleine Gruppen buchen.
Informationen: FishYourDream
Tel. 0733 76 18 97
www.fishyourdream.com
Fahrradverleih:
Gotland ist ein Paradies für Radfahrer.
Fahrradvermietungen gibt es u. a. am
Hafen in Visby und in der Österport.

VERANSTALTUNGEN
Medeltidsvecka

Größtes Ereignis ist das Mittelalter-
festival Anfang August (Woche 32) in
Visby mit sehr stimmungsvollen Konzerten in den Kirchenruinen bei Kerzenlicht,
Tanz, farbenprächtigen Ritterspielen und
einem Mittelaltermarkt.
www.medeltidsveckan.com

Marktplatz geht es dank der vielen Kneipen und Restaurants bis in die Nacht lebhaft zu und im Sommer sind die Freilufterrassen immer gut besucht. Nördlich vom Marktplatz befinden sich direkt an der St. Hansgatan die **Ruinen der Kirchen Drotten und St. Lars** (13. Jh.), deren mächtige Türme einst auch der Verteidigung dienten.

Dom Der dreitürmige Dom St. Maria war ursprünglich das Gotteshaus der deutschen Kaufleute (1225 geweiht). Er wurde mehrmals umgebaut und 1899 – 1907 restauriert. Heute ist er die einzige Kirche in Visby, in der noch Gottesdienste abgehalten werden. Beachtenswert sind die **in Lübeck aus Walnuss- und Ebenholz gearbeitete Barockkanzel** (1684) und ein Taufstein aus rotem Gotlandmarmor (13. Jh.).

*St. Nicolai Durch eine Seitenstraße gelangt man von der Heiliggeistkirche, vorüber an den Resten der kleinen St.-Gertrud-Kapelle, zur Ruine von St. Nicolai. Mit dem Bau der einstigen Dominikanerklosterkirche wurde um 1230 begonnen, 1525 wurde auch sie von den Lübeckern zerstört. Heute dient sie im Sommer als **Kulisse für sehr stimmungsvolle Singspiele.**
❶ Infos und Karten bei der Touristeninformation

*Galgenberg Sehr schön ist ein halbstündiger **Spaziergang** durch die Norderport, vorbei an der Ruine von St. Göran (13. Jh.), auf den Galgenberg.

UMGEBUNG VON VISBY

Roma Man verlässt Visby durch die Söderport und folgt der Straße Nr. 143 nach Roma. 2 km südöstlich des Ortes liegt die **Ruine der Zisterzienserabtei** Romakloster, die 1164 gegründet und nach der Reformation zerstört wurde. In der Ruine der romanischen Kirche werden im Sommer Shakespeare-Stücke aufgeführt.

Dalhem 7 km östlich von Roma liegt Dalhem. Die um 1250 erbaute Kirche zählt wegen ihrer Wand- und Glasmalereien zu den interessantesten auf Gotland. Im 300 m südlich gelegenen, stillgelegten Bahnhof hat das **Eisenbahnmuseum** seinen Sitz. Mit der **Schmalspurbahn** kann man kurze Fahrten nach Hesselby unternehmen. An verkehrsfreien Tagen kann man zwischen 11.00 und 15.00 Uhr auch eine Draisine mieten und auf eigene Faust losfahren.
Eisenbahnmuseum: Juni So., Juli – Mitte Aug. tgl. 11.00 – 16.00 Uhr, www.gotlandstaget.se

Snäckgårds-bad Verlässt man Visby auf der Str. Nr. 149 nördlich durch die Norderport, zweigt nach 4 km westlich eine Straße zum Seebad Snäckgårdsbad ab. Nach 6 km gelangt man zum **Heilkräutergarten**, in dem

Hunderte Arten von Heilpflanzen wachsen – nicht nur für Kräuter-
hexen ein besonders aromatisches Erlebnis.

Krusmyntagården: Juni – Aug. tgl. 10.00 – 18.00, im Juli bis 20.00 Uhr,
Eintritt frei, www.krusmynta.se

An der Straße Nr. 149 folgt nach 4 km die Gemeinde Lummelunda ***Lumme-**
mit einem sehenswerten, erst vor wenigen Jahrzehnten entdeckten **lundagrottan**
und erschlossenen **Tropfsteinhöhlensystem**.

❶ Mitte Juni – Mitte Aug. 9.00 – 18.00 Uhr, ansonsten wechselnd,
Eintritt 130/70 SEK, www.lummelundagrottan.se

Vom Hafen Lickershamn führt ein 600 m langer, schmaler Weg auf **Lickershamn**
dem Klint entlang zu einem der schönsten und größten **Raukar**, der
»Jomfru« (Jungfrau), von wo sich ein herrlicher Blick bietet.

GOTLANDS NORDEN

Gotlands Norden kann man auf einer 60 km langen Fahrt von Visby
aus erkunden. Durch die Norderport fährt man auf der ins Inselinnere führenden Straße Nr. 148

in Richtung Flughafen und weiter **Der Bildstein im Bungenmuseum zeigt**
zu dem kleinen Ort **Bro**. Die ro- **die Entführung der Königstochter Hildur.**
manisch-gotische Kirche (13. Jh.)
mit barocker Innenausstattung

zählt zu den schönsten Gotlands.
An der Außenfassade der Kirche
befinden sich Steine mit Tierdar-
stellungen und Symbolen, die von
einer älteren Kirche stammen.

Über Lärbro, an der Kirche von
Rute (um 1260) vorbei, erreicht
man Bunge mit einer Wehrkirche
aus dem 14. Jh., deren Südportal
reich geschmückt ist und die im
Innern zahlreiche, außerordentlich schöne **Wandmalereien aus
dem 14. Jh.** besitzt. Wahrscheinlich stammen sie von einem Meister aus Böhmen.

Das **Bungemuseum** ist eines der
größten und ältesten Freilichtmuseen Schwedens. Die drei Bauernhöfe aus dem 17., 18. und 19. Jh.

geben Einblicke in das ländliche Leben auf der Insel Gotland. Außerdem sehenswert sind die beiden großen Runensteine.

❶ Mitte Mai – Ende Juni tgl. 12.00 – 16.00, Juli – Mitte Aug. tgl. 11.00 – 18.00, Mitte Aug. – Anfang Sept. tgl. 12.00 – 16.00 Uhr, Eintritt 100 / 50 SEK, www.bungemuseet.se

Raukar In 6 Min. kann man von Fårösund aus zur nordöstlich vorgelagerten kleinen **Insel Fårö (Schafsinsel) übersetzen. Sie ist wenig überlaufen und hat attraktive Sandstrände (Sudersandviken, Ekeviken, Norsta Auren) zu bieten. Ferner finden sich hier **die schönsten Raukar**: Im Naturreservat Digerhuvud stehen auf 3,5 km² mehrere Hundert der verwitterten Kalktürme, die größten sind rund 8 m hoch. Etwas nördlicher, in Langhammars, ragen weitere 50 Raukar in den Himmel.

GOTLANDS SÜDEN

Kneippbyn Von Visby bis zur Südspitze Gotlands sind es ca. 80 km. 4 km südwestlich von Visby liegt die Villa Villekulla, die als **Villa Kunterbunt** durch die Verfilmung der Pippi-Langstrumpf-Geschichten bekannt geworden ist. Sie ist die größte Attraktion des Kneippbyn-Vergnügungsparks mit Shows, Wasserrutsche und Fahrgeschäften.

❶ Juni tgl. 10.00 – 17.00, Juli – Aug. tgl. bis 18.00 Uhr, Tagesticket je nach Saison 125 – 245 SEK, www.kneippbyn.se

*Högklint 4 km weiter erhebt sich der Högklint, eine 45 m hohe Kalksteinklippe, von der man eine weite Sicht auf das Meer und auf Visby hat. Tipp: bei schönem Wetter dort oben den **Sonnenuntergang** genießen.

Tofta Nach weiteren 13 km erreicht man die Kirche von Tofta aus dem 13. Jh. und das Tofta-Strandbad. Im nachgebauten **Wikingerdorf** kann man wie zu Wikingerzeiten weben und spinnen, Bogenschießen und Axtwerfen ausprobieren oder auch nur zuschauen.

Wikingerdorf: Ende Juni – Mitte Aug. Mo. – Sa. 11.00 – 17.00 Uhr, Eintritt 120 / 60 SEK, www.vikingabyn.se

Insel Stora Karlsö Vom Hafenort Klintehamn verkehren Boote zur Insel Stora Karlsö, die als **Vogelreservat** bekannt ist. Zu den 250 hier lebenden Arten gehören Tordalke, Pilgrimsfalken, Eiderenten und Lummen. Zahlreiche Raukar und Grotten prägen die Landschaft. Auf Lilla Karlsö kann man im Juli 3-stündige Touren auf einem Naturlehrpfad buchen und in einer winzige Jugendherberge (ohne Verpflegung) übernachten.

Touren Naturlehrpfad: Tel. 08 7 02 63 01

Ljugarn An der Südostküste liegt der Hafen und Badeort Ljugarn. 2,5 km nordöstlich erstrecken sich die Raukarfelder von Folhammar. Nördlich von Ljugarn ist in einem Waldgebiet die **Torsburg** (ca. 5. Jh.) zu sehen, die älteste prähistorische Befestigungsanlage der Insel. Sie zieht sich um einen steilen Kalkhügel, an der Südseite erhebt sich eine 1,5 km lange und 4 bis 7 m hohe Mauer mit Aussichtsturm.

6 km südlich von Ljugarn sind bei Guffriede sieben große **schiffsför-mige** Steinsetzungen aus der Bronzezeit erhalten.   ***Stein-setzungen**

Halmstad

F 8

Landschaft: Halland
Provinz: Halland Län
Einwohnerzahl: 92 300
Höhe: Meereshöhe

Halmstad ist für seine guten Einkaufs- und Bademöglichkeiten bekannt. Ganz in der Nähe erstreckt sich der längste Sand-strand Schwedens: Auf rund 12 km Länge kann man in Mell-bystrand Burgen bauen und sonnenbaden.

Bei Halmstad liegen mehrere der bekanntesten Strände Schwedens wie Tylösand.

Halmstad erleben

AUSKUNFT
Turistbyrån
Halmstad, Lilla torg, Tel. 035 12 02 00
www.destinationhalmstad.se

ESSEN
Pio Matsal & Bar ☺☺☺
Halmstad, Storgatan 37
Tel. 035 21 06 69, www.pio.se
Moderne, mehrfach preisgekrönte
Küche, umfangreiche Weinkarte.

Fridolfs Krog ☺☺ – ☺☺☺
Halmstad, Brogatan 26
Tel. 035 21 16 66, www.fridolfs.se
Schwedisch-französisch-italienische
Küche. Typischer Landgasthof,
Plätze unbedingt reservieren.

Laxbutiken ☺☺
Heberg
(E 6 zw. Halmstad und Falkenberg)
Tel. 0346 5 11 10, www.laxbutiken.se
Der Name ist Programm: Lachsgerichte
in allen Variationen, sowohl in Selbstbe-
dienung als auch im À-la-carte-Restau-
rant. Für die gebotene Qualität preis-
günstig. Angeschlossen sind ein
Delikatessengeschäft (tgl. 10.00 – 19.00
Uhr) und ein Laxomat (24 Std.-Automat
mit Lachsleckereien).

Lizzies Café ☺
Holm, Tel. 035 3 81 18
Leckere Käsehörnchen und Waffeln sind
ein Grund, bei Lizzies Café in Holm, we-
nige km nördlich von Halmstad, eine
Rast einzulegen. Ein weiterer Grund ist
die kleine Galerie eine Treppe höher mit
Arbeiten einheimischer Künstler.
Mai – Aug. tgl. außer Mo. von
13.00 – 18.00 Uhr (und nach Absprache)

ÜBERNACHTEN
Hotel Tylösand ☺☺☺☺
Tylösand
Tel. 035 3 05 00, www.tylosand.se
Großes, luxuriöses Wellnesshotel
(230 Z.), wunderschön gelegen an
einem der besten Strände Hallands.

Clarion Collection
Hotel Norre Park ☺☺☺
Halmstad, Norra Vägen 7
Tel. 035 21 85 55
www.norrepark.se
Charmantes Hotel (45 Zi., 7 App.),
entstanden zur vorletzten Jahrhundertwende, in ebenso charmanter Umgebung – viele Geschäfte, Restaurants
und Pubs liegen in unmittelbarer Nähe.

Vallåsens Värdshus – Gasthof ☺☺☺
Våxtorp, Rössjöholmsvägen
Tel. 0430 3 00 87
www.vallasensvardshus.se
Konferenz- und Wildnishotel (23 Zi.) am
Fuße der Hügellandschaft Hallandsås.
Der Speisesaal befindet sich in einer
alten Jagdvilla mit herrlichem Ausblick
auf Wald und Lichtung.

Krusbärets Hostel ☺☺
Halmstad, Malensgatan 3
Tel. 035 18 66 66, www.patrikshill.se
Jugendherberge in zentraler Lage

SPORT
Halmstad darf sich Schwedens Golf-
hauptstadt nennen, stehen hier doch
nicht weniger als elf Plätze zur
Verfügung. Europaweit einzigartig
ist Flygstaden, ein Golfplatz für
Menschen mit Behinderung.
Infos zu den Clubs: www.halmstad.se

Die südschwedische Provinzhauptstadt Halmstad liegt an der Mündung des Flusses Nissan in den Kattegatt. Einst gehörte Halmstad zu Dänemark. Da Halland eine **Grenzprovinz** war und es immer wieder Konflikte mit den Schweden gab, ließ Dänenkönig Christian IV. Halmstad Ende des 16. Jh.s befestigen. Nachdem 1619 ein Feuer fast den gesamten Ort zerstört hatte, baute ihn Christian IV. als **Renaissancestadt** mit geraden Straßen und regelmäßigen Vierteln wieder auf. Einige Fachwerkhäuser in der Storgatan stammen noch aus dieser Zeit. Auch der Stadtteil westlich vom Stortorg zeigt zum Großteil noch die Bebauung aus dem 17. und 18. Jh. Erst seit 1645 ist Halmstad schwedisch.

Dänische Vergangenheit

SEHENSWERTES IN HALMSTAD UND UMGEBUNG

Das Zentrum der Stadt bildet das weite Karree des Marktplatzes (Stortorg). In der Mitte steht die große Brunnenskulptur **»Europa mit dem Stier«** (1926) von Carl Milles. Rechts neben dem Rathaus zieht das stattliche Fachwerkhaus Tre Hjärtan (Drei Herzen) aus dem 15. Jh. den Blick auf sich. Es ist das älteste erhaltene Gebäude der Stadt.

Marktplatz

Südlich vom Stortorg gelangt man zum Schloss (17. Jh.), heute die Residenz des Landeshauptmanns und nicht zu besichtigen. Davor liegt das **Segelschulschiff »Najaden«** vor Anker, in das man einen Blick werfen kann. Am jenseitigen Ufer befindet sich ein kleiner Park mit der Bronzeskulptur »Laxen går upp« (Aufsteigender Lachs, 1958) von Walter Bengtsson und der hohen **Betonplastik »Kvinnohuvud« (Frauenkopf) von Pablo Picasso**.

Kunst im Park

Vom Stortorg geht man durch die von stattlichen Häusern gesäumte Storgatan zur Norre Port (1605), dem einzigen verbliebenen Tor der alten Stadtbefestigung. Jenseits des Tors breitet sich der große Norre Katts Park aus, an dessen nördlichem Ende das neu gestaltete **Hallands Konstmuseum** steht, das kunst- und kulturhistorische Sammlungen mit den Schwerpunkten Archäologie, Seefahrt und moderne Kunst zeigt.
❶ Tollsgatan, Di. – So. 12.00 – 16.00, Mi. bis 20.00 Uhr, Eintritt frei, www.hallandskonstmuseum.se

Norre Katts Park

Am nördlichen Stadtrand liegt an der dicht von Birken bestandenen Flanke des Galgenbergs (Galgbjerget; mit Aussichtsturm) das **Freilichtmuseum** Hallandsgård, das historische Holzhäuser aus der Region um Halmstad, eine alte Windmühle, Flachsanbau und einen Kräutergarten zeigt.
❶ Mitte Juni – Mitte Aug. tgl. 11.00 – 17.00 Uhr

Hallandsgård

Tylösand Ca. 8 km westlich von Halmstad liegt der bekannte Badeort Tylösand: rund 400 Einwohner, 7 km Strand. Auf dem Weg dorthin kommt man auf dem Tylösandsvägen direkt am **Freizeitpark Miniland** vorbei, in dem Plastik-Dinosaurier, Karussells und Rutschbahnen auf Familien warten sowie 80 **Modelle von bekannten schwedischen Sehenswürdigkeiten** im Maßstab 1:25.

Freizeitpark: Anf. Juni – Ende Aug. tgl. 10.00 – 18.00 Uhr, Tageskarte 150 SEK, www.aventyrslandet.se

> **!** **BAEDEKER TIPP**
>
> ### Die besten Strände
>
> - **der Schönste**: Tylösand in der Nähe von Halmstad
> - **der Größte**: Mellbystrand an der Laholmbucht ist mit 12 km der längste Sandstrand Schwedens und beliebtestes Surfrevier
> - **der Gemütlichste**: In Frösakull und Ringenäs plantschen gerne auch Familien.

27 km südöstlich von Halmstad liegt **Laholm**. In den verwinkelten Gassen stehen z. T. vorbildlich renovierte alte Häuser. Nicht umsonst schmücken drei Lachse das Stadtwappen, denn der Lagan, der durch die Stadt fließt, ist **einer der besten Lachsflüsse** Schwedens. In guten Jahren ziehen die Angler bis zu 2000 der edlen Fische aus dem Wasser.

✳ Helsingborg

✳ F 8

Landschaft: Skåne (Schonen)
Provinz: Skåne Län
Einwohnerzahl: 130 000
Höhe: Meereshöhe

Helsingborg mit seinen rund 130 000 Einwohnern liegt an der schmalsten Stelle des Öresunds und die meisten Besucher verlassen hier die Fähre, die aus Dänemark kommt. Besonders sehenswert ist die kleine, sehr schöne Altstadt.

Geschichte Erstmals schriftlich erwähnt wurde die Stadt im Jahr 1085. Im Mittelalter war sie als bedeutendes, administratives und militärisches Zentrum für das nördliche Skåne zwischen Dänen und Schweden heiß umkämpft. Erst Magnus Stenbock schlug die Dänen 1710 entscheidend in einer der blutigsten Schlachten, die je auf schwedischem Boden stattgefunden haben. Es dauerte mehr als 100 Jahre, bis sich Helsingborg von den zahlreichen Kriegsschäden erholt hatte. Heute ist es eine **lebhafte Hafen- und Industriestadt** sowie die bedeutendste Anlaufstelle für den schwedisch-dänischen Waren- und Personenverkehr.

SEHENSWERTES IN HELSINGBORG

In unmittelbarer Nähe des Fährhafens liegt der lang gestreckte **Stor-** **Altstadt**
torg, der Hauptplatz der Innenstadt. Bemerkenswert ist das schöne
Jugendstilgebäude, in dem ehemals die Bank von Schonen war und
heute ein Hotel untergebracht ist. An der Kreuzung mit der Strandgatan erhebt sich das neugotische **Rathaus**, ein mächtiger roter Klinkerbau mit Türmchen und Zinnen und einem 65 m hohen Turm aus
dem Jahr 1897. Hinter dem Rathaus liegt die großteils als Fußgängerzone gestaltete Altstadt, die mit ihren repräsentativen Häusern zu
den schönsten Schwedens gehört. An der Norra Storgatan Nr. 21
steht das gut restaurierte Jacob Hansens Hus von 1641, auf dem kleinen Platz davor ein Brunnendenkmal (1927) für den berühmten
dänischen Astronomen **Tycho Brahe** (1546 – 1601).

Über dem lang gestreckten Stortorg ragt das Wahrzeichen der Stadt ***Kärnan**
auf: der Kärnan (spr. tchärnan), ein 35 m hoher, vierkantiger Back-
steinturm. Der **alte Verteidigungsturm** mit seinen bis 4,50 m
dicken Mauern bildete um 1400 den Mittelpunkt einer von Valdemar
Atterdag errichteten Festung, die 1680 zerstört wurde. Im Turm befindet sich ein kleines **Museum** mit einem Modell der einstigen Festung und die Burgkapelle.
❶ Juni – Aug. tgl. 10.00 – 18.00, Apr. / Mai / Sept. Di. – Fr. 9.00 – 16.00,
Sa. / So. ab 11.00, sonst Di. – Fr. 11.00 – 15.00 Uhr, Eintritt 50 SEK

Vom Rathaus in Helsingborg aus kann man schon einen
Blick hinüber nach Dänemark werfen.

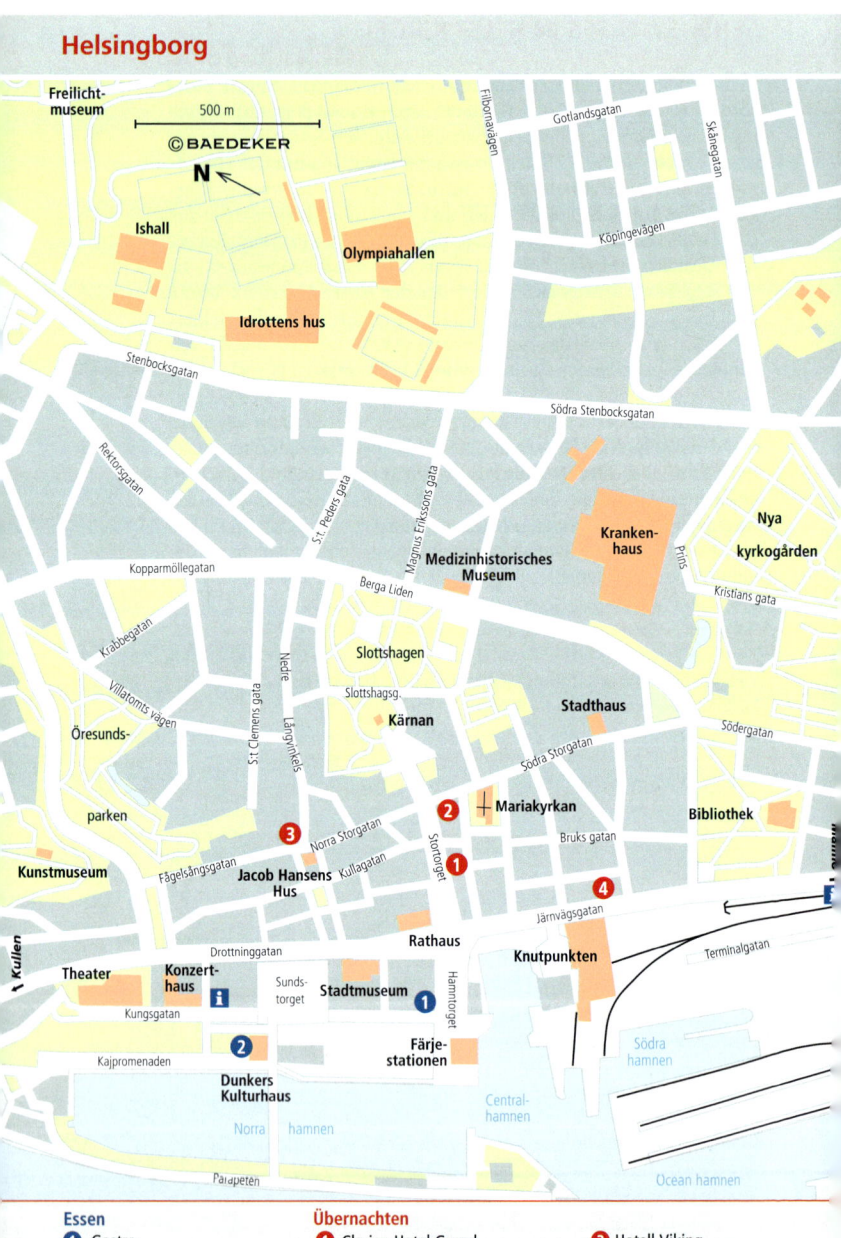

Helsingborg

500 m

© BAEDEKER

N

Freilicht-museum

Ishall

Olympiahallen

Idrottens hus

Stenbocksgatan

Filbornavägen

Gotlandsgatan

Skånegatan

Köpingevägen

Södra Stenbocksgatan

Rektorsgatan

S:t Peders gata

Magnus Erikssons gata

Medizinhistorisches Museum

Krankenhaus

Prins

Nya kyrkogården

Kristians gata

Kopparmöllegatan

Berga Liden

Krabbegatan

Slottshagen

Villatomts vägen

Slottshagsg.

Nedre Långvinkels

Stadthaus

Södergatan

Öresunds-

S:t Clemens gata

Kärnan

Södra Storgatan

parken

Norra Storgatan

2 ✝ Mariakyrkan

Bibliothek

3

Bruks gatan

Kunstmuseum

Fågelsångsgatan

Kullagatan

Jacob Hansens Hus

Stortorget

1

4

Järnvägsgatan

Rathaus

Knutpunkten

Terminalgatan

Drottninggatan

Theater

Konzert-haus

Sunds-torget

Stadtmuseum

1

Hamntorget

Kungsgatan

2

Kajpromenaden

Dunkers Kulturhaus

Färje-stationen

Södra hamnen

Parapeten

Norra hamnen

Central-hamnen

Ocean hamnen

Kullen

Essen
1 Gastro
2 Dunker Bar & Matsalar

Übernachten
1 Clarion Hotel Grand
2 Elite Hotel Mollberg

3 Hotell Viking
4 Cityvandrarhemmet

Helsingborg erleben

AUSKUNFT
Helsingborgs Turistbyrå
25221 Helsingborg
Kungsgatan 11
Dunkers Kulturhus
Tel. 042 10 43 50
www.helsingborg.se

Für Fährpassagiere
First Stop Sweden
25225 Helsingborg
Bredgatan 2
Tel. 042 10 41 30
www.firststopsweden.com

FÄHREN
Fähren über den Öresund ins
dänische Helsingør verkehren rund
um die Uhr alle 20 Min., nachts
alle 30 Minuten.

ESSEN
❶ Gastro ❸❸❸❸
Södra Storgatan 11-13
Tel. 042 24 34 70
Mi.–So. 18.00–24.00 Uhr
www.gastro.nu
Edles und schickes Restaurant mit
französischem Touch; die Küche von
Karl Bengtsson gehört, so die schwedische Gourmetbibel »White Guide«,
zu den Top Ten in Skåne.

❷ Dunker Bar & Matsalar ❸ – ❸❸
Kungsgatan 11
(Dunkers Kulturhus)
Tel. 042 32 29 95
www.dunkermatsalar.com
Europäische Küche mit Blick auf den
Öresund, bunt gemischtes Publikum
im Bistro und zum Lunch, nette
Atmosphäre.

ÜBERNACHTEN
❶ Clarion Grand Hotel ❸❸❸
Stortorget 8–12
Tel. 042 38 04 00
www.nordicchoicehotels.no
In einem eindrucksvollen Backsteingebäude von 1926 residiert das Luxushotel (164 Zi.) mit eigener Kaffeebar und
japanischem Spa in zentraler Lage.

❷ Elite Hotel Mollberg ❸❸❸
Stortorget 18
Tel. 042 37 37 00
www.elite.se
Das älteste Hotel Schwedens (104 Zi.)
ist gut 700 Jahre alt und hat schon viele
Berühmtheiten beherbergt.

❸ Hotell Viking ❸❸❸
Fågelsångsgatan 1
Tel. 042 14 44 20
www.hotellviking.se
Kleines, gemütliches Hotel (40 Zi.) im
Zentrum mit familiärer Atmosphäre.

❹ Cityvandrarhemmet ❸ – ❸❸
Järnvägsgatan 39
Tel. 042 14 58 50
www.cityvandrarhemmet.com
Recht günstige, zentral gelegene
Jugendherberge mit modernisierten
29 Zimmern (Einzel- bis 8-Bett-Raum).

EINKAUFEN
Das vielfältige Angebot in Helsingborg
ist in erster Linie auf die Kurzurlauber
aus Dänemark abgestimmt. Beliebte
Shoppingmeilen sind: Kullagågatan
(Schwedens erste Fußgängerzone, mit
zahlreichen Mode- und Geschenkbouti-
quen), Bruksgatan und Gustav Adolf
Torg (im südlichen Teil von Helsingborg).

**Dunkers
Kulturhus**

Dunkers Kulturhaus, entworfen vom dänischen Architekt Kim Utzon, wird für Musik- und Theatervorstellungen genutzt, außerdem finden wechselnde Ausstellungen statt. Um das Kulturhaus ist ein komplett **neuer Stadtteil direkt am Wasser** entstanden, der architektonisch durchaus sehenswert ist.

❶ Di.– Mi. und Fr. 10.00 – 18.00, Do. bis 20.00, Sa. / So. 10.00 bis 17.00 Uhr, Eintritt 80 SEK, www.dunkeskulturhus.se

BAEDEKER TIPP !

Schlemmen auf See

Das Restaurant auf der Scandlines-Fähre ist bei den Helsingborgern bekannt für seine gute Küche. Während eines Abendessens fährt man **hin und zurück über den Öresund** und genießt dabei abwechselnd die Aussicht auf Helsingør und Helsingborg. Besonders empfehlenswert ist die Meeresfrüchteplatte. (Scandlines, Tel. 042 18 60 00, www.scandlines.se)

Durch die Stenbocksgatan, die die Innenstadt im Osten begrenzt, kommt man zum Freilichtmuseum Fredriksdal. In der prachtvollen Parkanlage stehen das klassizistische Haupthaus Fredriksdals Herregård von 1787 und einige altschonische Bauernhäuser. Bemerkenswert ist auch das 1995 eröffnete **Druckereimuseum**.

❶ Mai – Sept. tgl. 11.00 – 16.00, sonst Mo. – Fr. 11.00 – 16.00 Uhr, Eintritt 80 SEK, www.grafiska museet.se

UMGEBUNG VON HELSINGBORG

**Ramlösa
Brunn**

Rund 4 km südlich vom Zentrum liegt der Mineralquellenort Ramlösa Brunn, der u. a. ein im ganzen Land geschätztes Tafelwasser hervorbringt. Im Brunnspark wurde 1993 der Wasserpavillon eröffnet, in dem die über 300-jährige Kurtradition fortführt wird.

***Schloss
Sofiero**

Schloss Sofiero, 5 km nördlich von Helsingborg, wurde 1864 vom späteren König Oskar II. für seine Frau Sofia gebaut und diente beiden als Sommerresidenz. Das hervorragende Restaurant im ersten Stock zählt zu den zehn besten Schwedens. Die gepflegte Parkanlage, **2010 zum »besten Park Europas« gewählt**, ist ein beliebtes Ausflugsziel. Berühmt sind die Rhododendren, deren Zucht König Gustav VI. besonders am Herzen lag. Interessant sind auch die Themengärten mit Duftpflanzen und Obstbäumen.

❶ Mai – Sept. tgl. 11.00 – 18.00, So. ab 12.00, Park ab 10.00 Uhr, Restaurant: Tel. 042 18 61 30, www.sofiero.se

***Halbinsel
Kullen**

Rund 35 km nordwestlich von Helsingborg erstreckt sich die Halbinsel Kullen. Ihr äußerster Zipfel, die Küste von Kullaberg, steht unter Naturschutz. Sie bildet eine für Südschweden einmalige Geländeformation – eine 15 km lange Gneisscholle, die stehen blieb, als sich das umliegende Land senkte. Entstanden ist ein wildes Szenario: Die

roten Gneisfelsen, in die die Brandung Grotten und Schluchten ge-
fressen hat, fallen mitunter bis zu 50 m senkrecht zum Meer ab. Auf
verschlungenen Wegen kann man entlang der Kullabergküste wandern und die Aussicht genießen. Weiter im Landesinnern stößt man
auf Laub- und Nadelwälder, Wiesen und Moore. Die höchste Erhebung ist der 187 m hohe Berg Håkull. Größter Ort der Halbinsel ist
Höganäs, eines der wichtigsten schwedischen Keramikzentren.
Neben der großen Manufaktur Höganäs Saltglaserat existieren viele
kleine Künstlerateliers. Auch das Höganäs-Museum hat eine Kerami-
kausstellung, und im Museumsshop ist gute Keramik erhältlich.
Höganäs-Museum: Di.–So. 13.00–17.00 Uhr, Eintritt 50/25 SEK, www.
hoganasmuseum.se

Ängelholm, östlich von Höganäs und nördlich von Helsingborg   **Ängelholm**
gelegen, gehört wie seine Umgebung zum »Sveriges Keramikbygd«,
dem **Töpferland Schwedens**. Auch hier herrscht an Töpferateliers
kein Mangel. Der schöne Sandstrand, der sich kilometerlang an der
Skäldervikenbucht erstreckt, bietet viele Bademöglichkeiten.

Ca. 60 km nördlich von Helsingborg liegt die Bärenhalbinsel (Bjäre-   ***Bären-**
halvön). Folgt man auf der Straße von Ängelholm aus der Küste, pas-   **halbinsel**
siert man einige schöne Badeplätze und erreicht schließlich Torekov
am Ende der Bärenhalbinsel – ein
netter Fischerort und Seebad mit
einstöckigen, malerischen Holzhäuschen. Herrlich entspannt man
in dem kleinen **Warmbadehaus**
von 1876, das nach der umfassenden Sanierung von 1997 wieder in
einem ansprechenden Zustand ist.
Von Torekov aus fährt Mitte Juni bis
Mitte August von 10.00 bis 17.00
Uhr stündlich ein Fischerboot zur
Robben-Insel Hallands Väderö.
Warmbadehaus: Hamnplanen,
Tel. 0431 36 36 32

! Bei den Leinenwebern

Kurz bevor man nach Båstad
kommt, lohnt noch ein Besuch
beim **»Vävaren i Båstad« in**
Boarp. Hier können Sie bei der
Herstellung von Leinenprodukten
zuschauen und hochwertige Tisch-
tücher oder Bettwäsche erstehen.
(Mo.–Fr. 10.00–12.30 u.
13.00–18.00, Sa. 10.00–14.00 Uhr,
Tel. 0431 7 31 08,
www.vavarenibastad.se)

Båstad ist das Herz der Bärenhalbinsel und zugleich ein **internatio-**   **Båstad**
nal bekanntes Golf- und Tenniszentrum. Im Tennisstadion, das
direkt am Meer liegt und Teil einer modernen Hotel- und Kuranlage
ist, finden regelmäßig die schwedischen Sandplatzmeisterschaften
statt. Rings um den Ort findet man viele sehr schöne Sandstrände.
Richard Rackham zeigt in seinem **Glasstudio Eldoluft** im Bahnhof
(Stationshuset) viele seiner faszinierenden Kreationen.
Glasstudio Eldoluft: Sommer Mo.–Fr. 10.00–17.00,
Sa. 11.00–14.00 Uhr, sonst n.V., Tel. 0431 7 91 79, www.eldoluft.se

** Kalmar

 ✦ H 8

Landschaft: Småland
Provinz: Kalmar Län
Einwohnerzahl: 63 000
Höhe: Meereshöhe

In Kalmar wurde Geschichte geschrieben, denn hier vereinten sich 1397 Dänemark, Schweden und Norwegen. Das mächtige Wasserschloss spiegelt bis heute den Glanz großer Zeiten.

Neuanfang auf der Insel
Wie ein riesiger, natürlicher Schutzwall wölbt sich die Insel Öland vor Kalmar auf. Wegen ihrer strategisch günstigen Lage stieg die heutige Provinzhauptstadt schon in der Wikingerzeit zu einem bedeutenden Handelsplatz auf. Später wurde Kalmar Mitglied der Hanse. 1397 besiegelten hier Dänemark, Schweden und Norwegen unter Erich von Pommern die **Kalmarer Union**, ein gemeinsames Königreich, das bis 1523 bestand. 1647 ging das mittelalterliche Kalmar, das einst nahe beim Schloss lag, bei einem Brand fast vollständig in Flammen auf. Die Stadt wurde nun auf der Insel Kvarnholmen wieder aufgebaut, jetzt, typisch für die Barockzeit, mit sich rechtwinklig kreuzenden Straßen.

SEHENSWERTES IN KALMAR

Altstadt auf Kvarnholmen
An dem weiten Marktplatz (Stortorg) fallen der **Dom** und das Rathaus auf, beide in der zweiten Hälfte des 17. Jh.s nach Plänen von Nicodemus Tessin d. Ä. errichtet. Der Dom, eine Kreuzkirche mit vier Ecktürmen, wirkt mit seiner klassizistischen, zweigeschossigen Fassade eher wie ein Palast denn ein Gotteshaus. Im Inneren steht ein prachtvoller Barockaltar (1709 / 10). In der Södra Långgatan liegt das **Seefahrtsmuseum**.
Seefahrtsmuseum: Mitte Juni – Mitte Sept. tgl. 11.00 – 16.00, sonst So. 12.00 – 16.00 Uhr, Eintritt 30 / 20 SEK

Provinzmuseum
Dieser Museumsbesuch könnte auch Kindern begeistert, denn fast alles dreht sich im Provinzmuseum (Kalmar Läns Museum), östlich vom Stortorg, um die »Kronan« – ein Kriegsschiff, das 1679 vor Kalmar sank und 300 Jahre später geborgen wurde. Kanonen, Musikinstrumente, Schmuck, Kleidung, Hab und Gut der Besatzung sowie der 1982 geborgene **Goldschatz** – mit 255 Dukaten der größte in ganz Schweden – werden im Museum gezeigt.
❶ Juni – Aug. tgl. 10.00 – 17.00, sonst Mo. – Fr. 10.00 – 16.00, Sa. / So. ab 11.00 Uhr, Eintritt 60 SEK, www.kalmarlansmuseum.se

Kalmar erleben

AUSKUNFT
Kalmar Turistbyrå
39120 Kalmar
Ölandskajen 9
Tel. 0480 41 77 00
www.kalmar.se

Västervik Turistbyrå
59330 Västervik
Storatorget
Tel. 0490 25 40 40
www.vastervik.se

ESSEN
❷ Källaren Kronan ⓔⓔ
Ölandsgatan 7
Tel. 0480 41 14 00
www.kallarenkronan.com, Mo. geschl.
Hier speist man in einem der ältesten
Steinhäuser der Stadt. Highlight ist das
Menü aus den 1660er-Jahren, gut und
günstig isst man zur Lunchzeit.

❸ Restaurang
Larmgatan 10 ⓔⓔ
Södra Långgatan 6
Tel. 0480 8 65 25
www.larmgatan10.se
Empfehlenswerte 2- und 3-Gang-
Menüs, internationale Küche.

❶ Ernesto ⓔ – ⓔⓔ
Södra Långgatan 5
Tel. 0480 2 41 00
www.ernestokalmar.se
Italienische Küche und leckere Cocktails.

ÜBERNACHTEN
❶ Slottshotellet ⓔⓔⓔ
Slottsvägen 7
Tel. 0480 8 82 60
www.slottshotellet.se

Zentral neben Schloss und Park gelege-
nes Hotel im ältesten Stadtteil Kalmars.
Größtenteils klassisch eingerichtete
Zimmer mit antikem Mobiliar und
Kristallkronleuchtern.

❷ Törneby Herrgård ⓔⓔⓔ
Flottiljvägen 9
Tel. 0480 2 00 24
www.torneby.se
Etwa 6 km außerhalb von Kalmar, am
Flughafen in einem alten Park gelegen,
bietet das schön restaurierte Herrenhaus
aus dem 18. Jh. zwölf individuell und
geschmackvoll eingerichtete Zimmer
mit modernstem Komfort.

❸ Kalmar Lågprishotell
Svanen ⓔ – ⓔⓔ
Rappegatan 1
Tel. 0480 2 55 60
www.hotellsvanen.se
Hotel und Jugendherberge in Ängo,
im nördlichen Teil Kalmars, nur knappe
10 Min. zu Fuß ins Zentrum.42 einfache
und saubere Zimmer.

EINKAUFEN
Wichtigste Shoppingmeile in Kalmar
ist die Kaggensgatan.

Bei Töpfern und
Glaskünstlern
Das Stadttor Västerport war früher die
Einfahrt nach Kvarnholmen. Seit der
Renovierung von 1997 liegen dort
Västerports Töpferei und Westholms
Glasstudio. Hier können Sie Töpfern und
Glasbläsern bei der Arbeit zuschauen
und die Werke auch gleich kaufen.
Mo. – Fr. 10.00 – 18.00,
Sa. 10.00 – 15.00 Uhr

*Schloss Von Wassergräben umgeben ist das wuchtige, mittelalterliche Schloss von Kalmar (▶ Bild S. 56). Die ersten Teile des fünftürmigen Baus sind bereits gegen Ende des 11. Jh.s entstanden. Als Festung konnte das Schloss von 1307 bis zum Beginn des Kriegs gegen Dänemark im Jahr 1611 insgesamt **24 Belagerungen** standhalten. Sein heutiges Aussehen mit den wuchtigen Ecktürmen erhielt es im 16. Jh., als die Wasakönige Gustav, Erik XIV. und Johan III. die Burg zu einem Renaissancepalast umbauten. Nach 1677 verfiel das Schloss zusehends, war mal Schnapsbrennerei, mal Gefängnis, bis es Mitte des 19. Jh.s Stück für Stück restauriert wurde. Höhepunkt der Besichtigung ist das **Gemach König Eriks,** das mit exzellenter Intarsienvertäfelung und zahlreichen Wandgemälden ausgeschmückt ist.
❶ wechselnde Öffnungszeiten s. Webseite, Eintritt 100/60 SEK, www.kalmarslott.se

Kunstmuseum Das Kalmarer Kunstmuseum liegt in einem Park neben dem Schloss. Es zeigt **schwedische Kunst aus dem 19. und 20. Jh.** (Siri Derkert, Per Ekström, Axel Kargel, Carl Larsson, Evert Lundquist, Arthur Percy und Anders Zorn) sowie kontinentaleuropäische Kunst bis zur Gegenwart.
❶ Di., Do. – So. 12.00 – 17.00, Mi. 12.00 – 19.00 Uhr, Eintritt 50/40 SEK, www.kalmarkonstmuseum.se

Ölandbrücke Die 1972 eröffnete Ölandbrücke, mit 6072 m **eine der längsten Brücken Europas**, verbindet den Stadtbereich mit der östlich, jenseits des Kalmarsunds, vorgelagerten Insel Öland. Bei der Fahrt über die Brücke genießt man prachtvolle Ausblicke nach beiden Seiten. Die Passage ist kostenlos, Radfahrer müssen den ebenfalls kostenlosen Cykelbuss nehmen, der jede halbe Stunde von Öland und jede volle Stunde von Kalmar fährt (7.00 – 19.00 Uhr).

Västervik Einst war Västervik (140 km nördlich von Kalmar) so bedeutend, dass es in einem Atemzug mit Kalmar genannt wurde. Vor allem die Einnahmen aus der Werftindustrie und Fischerei trugen zum Wohlstand bei, der sich auch im Stadtbild niederschlug. Sorgten die über **5000 Schäreninseln** vor der Stadt früher für Schutz, bilden sie heute ein einzigartiges Segel- und Surfparadies. Direkt am Fischer- und Bootshafen liegt der **Fisch- und Gemüsemarkt**. Wer buntes Markttreiben liebt, ist hier richtig. Zwischen Markt und Gertrudskirche breiten sich Västerviks malerische, alte Holzhäuser aus.

Ausflugsbahn Seit 1879 fährt eine Schmalspurbahn von **Västervik nach Hultsfred**. Immer im Juli kann man heute noch die ca. zweistündige Fahrt im gemütlichen Tempo unternehmen.
❶ ab Västervik tgl. 8.00, 12.00 und 16.25 Uhr sowie Sonderfahrten, Tel. 0490 2 30 10, www.smalsparet.se

Kalmar

Essen
① Ernesto Salonger
② Källaren Kronan
③ Restaurang
   Larmgatan 10

Übernachten
① Slottshotellet
② Törneby Herrgård
③ Kalmar Lågpris-
   hotell Svanen

Gut 50 km westlich von Västervik kommt man über die Str. Nr. 33 zu **Vimmerby**
dem Städtchen Vimmerby. Zigtausende strömen jährlich hierher,
denn die berühmte schwedische Schriftstellerin Astrid Lindgren
wuchs nördlich der Stadt auf dem Hof Näs auf. Diese Chance hat
man nicht ungenutzt verstreichen lassen: Im **Freizeitpark »Astrid
Lindgrens Welt«** am nordwestlichen Stadtrand sind viele Details aus
ihren Kinderbüchern nachgebaut, z.B. die Villa Kunterbunt; dazu
gibt es ein buntes Veranstaltungsprogramm speziell für kleinere Kinder. Mit großem Aufwand wurde der Bereich, der sich mit Ronja
Räubertochter beschäftigt, zum 30. »Geburtstag« des Welterfolgs
2011 um das Zehnfache erweitert: Viel Hightech macht die Mattis-
burg, den Höllenschlund und etwa die Wolfsschlucht zu einem Mul-
timedia-Spektakel für Groß und Klein.
❶ Mitte Juni – Aug. tgl. 10.00 – 18.00, ab Mitte Mai bis 17.00 Uhr,
www.alv.se

»Das kleine Land« liegt nördlich von Vimmerby und zeigt **ganz** **Det Lilla**
Schweden im Kleinformat (bis Ende des 18. Jh.s). So konnte man **Landet**
das komplette Land auf 60 000 m² unterbringen und hatte Platz für
ein typisches Gebäude aus jeder Provinz im Maßstab 1 : 3. Nachbau-
ten zeitgenössischer Architekturbeispiele sind geplant.
❶ tgl. 10.00 – 17.00 Uhr, http://nilspark.se

✳ Karlskrona

◇ G 8

Landschaft: Blekinge
Provinz: Blekinge Län
Einwohnerzahl: 64 000
Höhe: Meereshöhe

**Auf rund 30 Inseln verteilt sich die südschwedische Hafen-
stadt, und ein ganzer Schwarm von Schären bietet Karlskrona
zur See hin den allerbesten Schutz. Wer sich für Seefahrt und
Galionsfiguren interessiert, sollte dem Marinemuseum einen
Besuch abstatten.**

**Marine-
stützpunkt**

Karlskrona wurde 1680 von Karl XI. als Flottenhauptquartier angelegt, da die schwedische Marine dringend einen **eisfreien Hafen**
benötigte. Im 18. Jh. wuchs der Stützpunkt zu einer der bedeutendsten Städte Schwedens heran. Trotz Bränden zeugen noch immer viele Straßen und Gebäude von der Großmachtzeit Schwedens. Heute
hat Karlskrona als Marinestützpunkt, Sitz einer Marineakademie,
wegen seiner Lebensmittelproduktion und der IT-Betriebe Bedeu-

Diese Galionsfiguren haben schon einige Abenteuer auf See erlebt.

tung. Die einst so blühende Werftindustrie ist aber erheblich zurückgegangen. Ein Teil der Militäranlagen, die zu den besterhaltenen der
Welt zählen, sind **UNESCO-Weltkulturerbe**.

SEHENSWERTES IN KARLSKRONA

Der auf der Altstadtinsel Trossö gelegene **Stortorg** ist der Hauptplatz **Marktplatz**
der Stadt. Begrenzt wird er von der **Dreifaltigkeitskirche** (1802)und
von der barocken **Frederikskirche** (1744), die Pläne für beide stammen von Nicodemus Tessin d.J. Am Fischmarkt befindet sich das
Blekinge Museum mit seinen kulturgeschichtlichen Sammlungen.
Blekinge Museum: Juni – Aug. tgl. 10.00 – 18.00, sonst Di. – So.
11.00 – 17.00, Mi. bis 19.00 Uhr, Eintritt im Sommer 60 SEK, www.
blekingemuseum.se

Weiter östlich, am Rande des Marinestützpunkts, steht die dunkelro-   **Admiralitäts-**
te Admiralitetskyrka von 1685. Interessant sind ihr hoher Zentral-   **kirche**

Karlskrona erleben

AUSKUNFT
Turistbyrå
37134 Karlskrona
Stortorget 2
Tel. 0455 30 34 90
www.visitkarlskrona.se

ESSEN
❶ *Porslinan* ⓔⓔ
Ö. Hamngatan 7c
Tel. 0455 1 69 22
Hier trifft sich die Jugend der Stadt
zum Essen, Trinken und Musikhören.
Oft treten regionale Bands auf.

❷ *Café Greven* ⓔ
Borgmästaregatan 21
Tel. 0455 31 18 23
www.cafegreven.com
Mo. geschl.
Café und Restaurant in einem stattlichen
Haus vom Anfang des 18. Jh.s mit
sehenswertem Barockgarten.

ÜBERNACHTEN
❶ *First Hotel Statt* ⓔⓔⓔ
Ronnebygatan 37 – 39
Tel. 0455 5 55 50
www.firsthotels.com
Liebevoll renoviertes Traditionshaus
(107 Zi.) im Zentrum. Ausgezeichnetes
Restaurant sowie Pub und Nachtclub.

❷ *A-Hotel Bed & Breakfast* ⓔⓔ
Alamedan 10
Tel. 0455 30 02 50
www.ahotel.se
Gemütliches Hotel nahe Marinemuseum
und Bahnhof. 50 moderne Zimmer,
auch größere Apartments und Familienzimmer sind vorhanden.

AUSFLÜGE UND SPORT
Bootstouren
Vom Fisketorg (Fischmarkt) in Karlskrona
starten Ausflugsboote in die östlichen
Schären.

Segeln
Jährlich im August zieht die Sail Karlskrona mit einem umfangreichen Programm Segelfreunde aus dem weiten
Umkreis an.
www.karlskrona.se/sail

Radtouren
Blekinge eignet sich hervorragend für
Radtouren, eine Zusammenstellung der
schönsten Touren ist in den Touristenbüros erhältlich.

ÖSTERSJÖFESTIVALEN
Mitte Juli findet in Karlshamn ein
weithin bekanntes Volksfest statt.
www.ostersjofestivalen.se

raum mit offener Balkenkonstruktion und die in Blau und Grau gehaltene Kuppel. Vor der Kirche steht der **»Alte Rosenbohm«**, eine
originelle, oft fotografierte Holzfigur. Wer ihren Hut anhebt, kann
eine Münze in die Sammelbüchse werfen.

**Marine-
museum
Das Marinemuseum existiert bereits seit 1752, das erklärt die umfangreiche **Sammlung, die ihresgleichen sucht**. Seit 1997 ist sie in
einem außergewöhnlicher Bau untergebracht, der sogar Platz für die
Rekonstruktion des Kanonendecks der »Dristigheten« im Maßstab

1:1 bietet. Darüber hinaus zeigt das Museum historische Waffen und nautisches Gerät, zahlreiche Schiffsmodelle, Navigations- und Kommunikationstechnik sowie als Höhepunkt eine grandiose Sammlung **Galionsfiguren**.

❶ Jan.–Apr., Okt.–Dez. Di.–So. 10.00–16.00, Mai u. Sept. tgl. 10.00–16.00, deutschsprachige Führungen Juli, Aug. tgl. 12.00 Uhr, Eintritt Mai–Sept. 100/85 SEK, sonst frei, www.marinmuseum.se

UMGEBUNG VON KARLSKRONA

Ronneby

Der westliche Zweig der E 22 führt nach Ronneby. Eine 1705 entdeckte, eisenhaltige Quelle machte im 19. Jh. aus dem verschlafenen Dorf einen gefragten Kurort. In der **Heiligkreuzkirche** (11. Jh.) wurden bei Renovierungsarbeiten Wandgemälde aus dem 15./16. Jh. freigelegt. Ein makabres Andenken ist eine Tür mit Axthieben. Sie erinnert an die Zeit, als Ronneby noch dänisch war und schwedische Eroberer 1564 ein Blutbad unter den in die Kirche geflüchteten Einwohnern anrichteten.

Eriksberg

Das **größte Wildreservat Nordeuropas** befindet sich an der E 22 zwischen Karlshamn und Ronneby. In dem 10 km² großen Naturschutzgebiet stehen die Chancen recht gut, ein Elchfoto zu schießen. Außerdem bekommt man hier auch **die sehr seltenen Roten Seerosen** zu Gesicht.

❶ Im Juni nur an Wochenenden, Ende Juni–Ende Aug. tgl. 12.00–19.00 Uhr, Eintritt 130/80 SEK, www.eriksberg.nu

Karlshamn

Von Karlshamn aus stachen im 19. Jh. zahlreiche schwedische Auswanderer in See, auf dem Weg in eine ungewisse Zukunft in Amerika. Das Emigrantendenkmal im Hamnpark erinnert an diese Zeit. Übrigens wurde in Schweden einst Tabak angebaut und im 18. Jh. in Karlshamn, das später wegen seiner Punschfabrik als Sündenbabel verschrien war, in 40 Fabriken **zu »snus«, also Kautabak, und Zigarren** verarbeitet. An der Drottninggatan liegt das Kulturkvarter mit einer historischen Druckerei und der Kunsthalle. Hier hat auch das **Punschmuseum** seinen Sitz. Es bewahrt Original-Produktionsräume aus den wilden Zeiten auf, als Karlshamn noch eine Schnapsbrennermetropole war und viel Geld mit »Carlshamns Flaggpunsch« verdient wurde. Im **Entdeckerzentrum**, das in der ehemaligen Baumwollspinnerei Strömma untergebracht ist, können Jung und Alt Naturwissenschaften und Technik spielerisch-praktisch erleben.

Punschmuseum: Vinkelgatan 8, Juni–Aug. Di.–So. 13.00–17.00, sonst Mo.–Fr. 13.00 bis 16.00 Uhr, Eintritt 20 SEK, www.karlshamnsmuseum.se

Entdeckerzentrum: Mitte Juni–Mitte Aug. tgl. 10.00–17.00 Uhr, Eintritt 135/100 SEK, www.kreativum.se

* Kiruna

✦ K 3

Landschaft: Lappland
Provinz: Norrbotten Län
Einwohnerzahl: 23 000
Höhe: 506 m ü.d.M.

Bevor Kiruna zum Inbegriff des »Schwedenstahls« wurde, handelte es sich um eine winzige Samensiedlung mitten im Nirgendwo. Eisenerz spielt noch immer die Hauptrolle in der nördlichsten Stadt Schwedens, doch Besucher interessieren sich heute auch für Hundeschlittenfahren, Wandern, Angeln oder fürs Rafting.

Alles dreht sich um's Eisenerz — Die reichen Eisenerzvorkommen bei Kiruna waren schon seit dem 17. Jh. bekannt. Doch auf Grund der harten klimatischen Bedingungen und weil Transportmöglichkeiten fehlten, war der Abbau der Vorkommen bis zum Beginn des 20. Jh.s praktisch nicht möglich. 1890 wurde die Luosavaara & Kiirunavaara AB (LKAB) gegründet, die bis heute die Eisenerzgruben in Kiruna und Malmberget betreibt. Damit begann die Ära des Erzabbaus. **Riesige Abraumhalden** markieren den Verlauf der Erzader, die auch unter der Stadt weiterzieht und **bis 2013 die Verlegung des Zentrums** erforderlich macht.

Die Gegend rund um Kiruna: allein mit Himmel und See

SEHENSWERTES IN KIRUNA UND UMGEBUNG

Mehrmals täglich bietet die Minengesellschaft Besichtigungstouren zu einer Demonstrationsgrube an, die **540 m tief im Inneren des Berges** liegt. Die Tunnel sind so groß, dass man mit dem Bus zur Erzader fahren kann (Buchung im Touristenbüro). ***Besucherstollen**

Südöstlich vom Stadtzentrum steht auf einer Anhöhe die 1912 von Gustaf Wickman errichtete Holzkirche, eine Stiftung der LKAB, die auf Hjalmar Lundbohm zurückgeht. Dessen ausdrücklicher Wunsch war es, das Gotteshaus **ähnlich einem Lappenzelt** zu gestalten. ***Kirche**

Wenn man von der Kirche westlich geht, erreicht man das an seinem skelettartigen Uhrturm schon von weitem zu erkennende Rathaus, das von Artur von Schmalensee entworfen wurde. 1964 bekam es **Schwedens Architektur-Preis** als schönstes Gebäude des Landes. Trotzdem ist das Rathaus wegen seiner eigenwilligen Architektur auch immer umstritten gewesen. **Stadhus**

Innerhalb der Gemeindegrenze, ungefähr 90 km westlich vom Zentrum, erhebt sich der Kebnekaise, mit 2117 m **der höchste Berg Schwedens**. Wer den südlichen Gipfel erklimmen möchte, fährt auf einer einfachen Straße bis zur Hüttensiedlung Nikkaluokta, von dort geht es zu Fuß über die Kebnekaise Turiststation zum Gipfel. Die Tour ist nur geübten und gut ausgerüsteten Bergsteigern zu empfehlen. ***Kebnekaise**

20 km östlich von Kiruna liegt, abseits der nach Gällivare führenden Straße, die kleine Samensiedlung Jukkasjärvi am gleichnamigen See und am **Torne Älv**, einem der schönsten Wildmarkflüsse Schwedens. Am Ende der Straße trifft man auf die kleine, rot gestrichene, einfache Kirche, deren Ursprünge bis ins Jahr 1600 zurückreichen. Der heutige Bau stammt aus dem Jahr 1726 und ist damit **die älteste Kirche Lapplands**. Wenige Schritte weiter am Seeufer befindet sich das **Freilichtmuseum** Jukkasjärvi Hembygdsgård mit Sammlungen zur Kultur der Samen.

BAEDEKER TIPP

Eiskalt schlafen

Jedes Jahr wird das Eishotel Ende Oktober aus Tausenden Tonnen Eis und Schnee neu errichtet: Vergängliche Kunst, denn das Eis schmilzt spätestens im Mai. Die Temperatur im Hotel beträgt konstant -5 °C, man schläft in Betten aus Eis, die Tannenzweige und Rentierfelle bedecken. Bar, Kapelle, Kino und Kunstgalerie sind für jedermann zugänglich. (Icehotel, Jukkasjärvi, Tel. 0980 6 68 00, www.icehotel.com, Bild S. 139)

Abisko, eine kleine Streusiedlung 96 km nordwestlich von Kiruna, liegt am südlichen Ufer des Torneträsk. Einen bequemeren Einstieg **Abisko**

Kiruna erleben

AUSKUNFT
Kiruna Lappland
Touristeninformation
98131 Kiruna, Lars Janssongatan 17
Folkets Hus, Tel. 0980 1 88 80
www.lappland.se

ESSEN
Skáidi ❸❸ – ❸❸❸
Nikkaluokta (60 km von Kiruna)
Tel. 0980 5 50 15, www.nikkaluokta.com
Das Skáidi bietet einheimische Kost wie
Fisch, Elch- und Rentierfleisch. Kleinig-
keiten gibt es im Café.

Arctic Thai & Grill ❸ – ❸❸
Föraregatan 18, Tel. 0980 6 81 58
www.arcticthai.se
Das Hotel Arctic Eden verfügt über eine
samisch inspirierte Einrichtung und hat
zwei Restaurants: Im Arctic Thai & Grill
gibt es zu moderaten Preisen Asiatisches
und einheimische Gerichte.

ÜBERNACHTEN
Hotel Kebne ❸❸
Konduktörsgatan 7, Tel. 0980 6 81 80
www.hotellkebne.com
Angenehmes, zentral gelegenes Stadthotel (63 Zi.), unweit vom Bahnhof
und von Kirunas Nachtleben. Skifans
finden Hänge und Loipen in Hotelnähe.

Nikkaluokta Sarri AB ❸ – ❸❸
Nikkaluokta 1104 (60 km v. Kiruna)
Tel. 0980 5 50 15, www.nikkaluokta.com
Zehn einfache Hütten für je vier Personen. Das Gebäude mit Panoramaglas-
front wurde nach dem Vorbild eines
typischen Samenzeltes gebaut.
im Winter Ende Februar – Anf. Mai,
im Sommer Mitte Juni – Ende Sept.

AUSFLÜGE
Mit der Bahn nach Narvik
Ein echtes Erlebnis ist die Fahrt mit der
Lapplandbahn von Abisko zum norwe-
gischen Erzhafen Narvik. Wegen der
Aussicht sollte man Richtung Norwegen
rechts sitzen. Fahrtdauer knapp 2 Std.

FESTE
Am letzten Juniwochenende geben sich
schwedische und andere Bands beim
Kiruna-Festival die Klinke in die Hand.
www.kirunafestivalen.nu

FREIZEIT UND SPORT
Das Touristenbüro vermittelt Wanderun-
gen, Goldwaschen, Begegnungen mit
der samischen Kultur, Ausritte mit
Islandpferden, die Besteigungen des
Kebnekaise-Südgipfels, Hundeschlitten-,
Schneemobil- und Raftingtouren, Kanu-
kurse und Angeltrips. Abschlagen unter
der Mitternachtssonne mit fantastischer
Fernsicht ist auf einem spektakulären
18-Loch-Golfplatz möglich.
Mitte Juli–Mitte Sept., ww.bjorkliden.com

MITTERNACHTSSONNE
Kiruna: 27. Mai bis 14. Juli.
Gipfel des Njullá: 31. Mai bis 18. Juli
(Sessellift zur Bergstation, von dort ca.
1 Std. zu Fuß bis zum Gipfel)

SHOPPING
In Karin Vasaras Renskinn Atelje kann
man exklusive Mode aus Rentierleder
erstehen: hervorragende Qualität, stark
von samischen Traditionen beeinflusst.
Föreningsgatan 4, Tel. 80 8 02 85
Mo. – Fr. 10.00 – 18.00
Sa. 10.00 – 15.00 Uhr
www.karinvasara.com

in die Wildnis Lapplands gibt es nicht, denn die Lapplandbahn und die gut ausgebaute E 10 führen nach Abisko. Hier beginnt der berühmte Wanderweg Kungsleden (▶Baedeker Wissen S. 156) und hier lassen sich auch herrliche Tagestouren machen. Im **Naturum** bekommt man von den Bergführern Informationen zum Abisko-Nationalpark und zur lappländischen Flora und Fauna. Auch kann man – mit oder ohne Bergführer – bis zu den **samischen Opferklippen Luopakte** oder auf dem alten Rallarweg entlang der Eisenerzbahn zum Rombakenfjord wandern. Der liegt bereits in Norwegen.

Der nur 7700 ha große Abisko-Nationalpark wirkt **wie ein arktischer Kräutergarten** im nördlichen Lappland. Das Kernstück ist eine Talsenke, die im Süden und Westen von mächtigen Fjällmassiven und im Norden vom **Torneträsk** eingerahmt wird. Besonders eindrucksvoll ist der tiefe Cañon des Abiskojakka, in dem krautreicher Birkenwald und vereinzelte Kiefern wachsen.
Abisko-Nationalpark

Auf den nordwestlich von Abisko gelegenen Berg Njullá (1163 m) führen ein markierter Weg sowie eine Seilbahn. Der Blick über den Torneträsk und die Berge ist unvergesslich.
Njullá

** Lappland

✧ G – L 2/3

Landschaft: Lappland
Provinz: Jämtland Län, Norrbotten Län, Västerbotten Län, Västernorrland Län

Schwedisch-Lappland ist der nördlichste, mit 120 000 km² der größte, aber auch am dünnsten besiedelte Teil Schwedens. Das Land steigt in mehreren Stufen von Ost nach West an. Das Hochgebirge nahe der norwegischen Grenze ist besonders wild, den größten Teil der Region bedecken Wald und Sümpfe.

Schwedisch-Lappland lässt sich gut auf dem Riksväg 45, genannt Inlandsvägen, erkunden. Er ist mit rund 1700 km **die längste Straße Schwedens**, die von Göteborg bis nach Karesuando im äußersten Norden führt. Lappland durchquert sie ab Vilhelmina. Zu den Orten Kiruna und Abisko siehe ▶ Kiruna.
Inlandsvägen

SEHENSWERTES IN LAPPLAND

Der ansehnliche Marktort Vilhelmina liegt mitten im südlichen Lappland und ist **Sitz der offiziellen Samenvertretung**. An der
Vilhelmina

Riesige Rentierherden weiden noch immer in der nördlichen Tundra.

steilen Hauptstraße des alten Ortskerns befindet sich das kleine Museum mit Sammlungen zu Heimatkunde, Steinzeit und Samenkultur.

*Arvidsjaur Arvidsjaur ist einer der bedeutendsten Orte der südlichen Lappmark und wichtiger Verkehrsknotenpunkt an den Str. Nr. 45 und Nr. 95. Wirtschaftlich sind die Holzverarbeitung und die Rentierzucht von Bedeutung. Der Ort ist ein traditioneller Versammlungsplatz der Samen. Im Gamla Prästgård, dem alten Pfarrhof am nordwestlichen Ortsausgang, ist das **Heimatmuseum** untergebracht, das über die Kultur der Waldsamen informiert. Die bedeutendste Attraktion ist die **Lappenstadt** im Zentrum des Ortes. Schwedens älteste noch erhaltende Samensiedlung umfasst etwa 80 Holzhäuser aus dem 17. Jh. Am Eingang liegt das »Arvasgården«, hier kann man Ausflüge buchen, Souvenirs kaufen und die köstliche samische Küche genießen.
Heimatmuseum: Mo. – Fr. 10.00 – 16.30, Sa. 10.00 – 14.00 Uhr
www.hembygdarvidsjaur.se
Lappenstadt: Führungen Mitte Juni – Mitte Aug. tgl. 17.00 Uhr

Tour mit der Dampflok Von Arvidsjaur aus kann man verschiedene Touren mit einer Dampflok auf den Schienen der Inlandsbahn unternehmen. Die Züge führen einen Restaurantwagen mit Bier- und Weinausschank mit. Je nach Strecke ist ein Badeaufenthalt bzw. Grillen oder der Besuch des Eisenbahnmuseums möglich. Ein ungewöhnliches Abenteuer verspricht ein **Ausflug mit einer Draisine** auf den alten Bahnstrecken, etwa die 75 km lange Tour von Arvidsjaur nach Jörn (Kosten für einen Tag ca. 160 SEK); Abfahrt von der Eisenbahnstation.

Westlich von Arvidsjaur führt die Str. Nr. 95 durch eine wald- und wasserreiche Landschaft zu dem knapp 90 km entfernten Kirchdorf Arjeplog, das traumhaft schön am Südende des 64 km langen Sees Hornavan liegt. Weltruf genießt das **Silbermuseum**, das die Kultur der Samen wie auch der Neusiedler widerspiegelt und die wohl größte Sammlung samischer Silberarbeiten besitzt.

**Arjeplog

Silbermuseum: Mitte Juni – Mitte Aug. tgl. 9.00 – 18.00, sonst Mo. – Fr. 10.00 – 12.00 und 13.00 – 16.00, Sa. 10.00 – 14.00 Uhr, Eintritt 60 SEK, www.silvermuseet.arjeplog.se

Fährt man von Arjeplog auf der Str. Nr. 95 weiter in nordwestlicher Richtung, erreicht man bei Jäkkvik den Pieljekaise-Nationalpark mit seinem **Birkenurwald**. Zwei Wanderwege erschließen den Park: der 22 km lange Weg zwischen Jäkkvik und Veiejnäs und der 27 km lange Abschnitt des Kungsleden zwischen Jäkkvik und Adolfström.

Pieljekaise-Nationalpark

** JOKKMOKK

Nach 155 km Fahrt auf dem Inlandsvägen von Arvidsjaur nach Norden erreicht man den Polarkreis und damit auch Jokkmokk, **kulturelles Zentrum der schwedischen Samen.** Die angenehme, sehr großzügig angelegte Stadt fügt sich gut in die fast menschenleere Landschaft mit ihren Birken- und Nadelgehölzen ein. Westlich des Hauptortes erstrecken sich die großen Nationalparks des Nordens: Padjelanta, Stora Sjöfallet und Sarek sowie nördlich der kleinere Muddus-Nationalpark. Zusammen mit mehreren kleineren Naturschutzgebieten bilden sie das 9400 km² umfassende Gebiet von »Lapponia«, das 1996 von der UNESCO zum Weltkulturerbe erklärt wurde. Jokkmokk gilt als einer der besten Ausgangspunkte für Unternehmungen in dieser riesigen Wildnis.

Tor zur Wildnis

BAEDEKER TIPP ❗

Samisches Kunsthandwerk

Einer der besten Orte, um qualitativ hochwertiges, samisches Kunsthandwerk zu erwerben, ist Jokkmokk. In Jokkmokks Stencenter am Talvatissee wird eine große Auswahl an Silberschmuck und Gebrauchsgegenständen aus Stein und Halbedelsteinen angeboten. In Jokkmokks Tenn können Sie den Künstlern bei der Arbeit zuschauen (Järnvägsgatan 19, Tel. 0971 5 54 20, www.jokkmokksten.se).

Am nordwestlichen Ortsrand steht die schlichte, rot gestrichene, hölzerne **Samenkirche aus dem Jahr 1753**. Nachdem sie 1972 völlig niedergebrannt war, wurde sie rekonstruiert. Der Innenraum ist in

Kirchen

Schwedisch-Lappland erleben

AUSKUNFT

Arvidsjaur Turistbyrå
93381 Arvidsjaur, Östra Skolgatan 18c
Tel. 0960 1 75 00, www.arvidsjaur.se

Gällivare Turistbyrå
98231 Gällivare, Storgatan 16
(Central School)
Tel. 0970 1 66 60
www.gellivarelapland.se

Turistbyrå Jokkmokk
96223 Jokkmokk, Stortorget 4
Tel. 0971 2 22 50, www.jokkmokk.se

Vilhelmina Turistbyrå
Södra Lappland, Tel. 0940 3 98 86
www.lappland-tourism.se

ESSEN

Kittelparkens Wärdhus ⊖⊖
Kittelfjäll (130 km von Vilhelmina)
Tel. 0940 8 10 88, www.kittelparken.se
Gute Hausmannskost in schöner Natur.
Im Winter ideal für eine Stärkung
zwischen den Skiabfahrten.

Restaurang Ájtte ⊖⊖
Jokkmokk, Kyrkogatan 3
Tel. 0971 1 70 91
www.restaurantajtte.com
Sa. / So. geschl.
Solides Restaurant im samischen Muse-
um mit lappländischen Spezialitäten

Restaurang Opera
Jokkmokk, Storgatan 36
Tel. 0971 1 05 05
Ein Opernrestaurant mitten in Lappland?
Der Name mag etwas hoch gegriffen
sein, das Essen ist aber durchaus
schmackhaft.

Toppstugan ⊖⊖
Gällivare, Tel. 0970 1 45 60
Aussichtscafé auf Gällivares Hausberg
Dundret. Allein schon wegen des Rund-
blicks einen Besuch wert.

Kaffestugan ⊖
Arvidsjaur, Storgatan 21
Tel. 0960 2 14 89, am Abend geschl.
Günstige Tagesgerichte und lapplän-
dische Spezialitäten.

ÜBERNACHTEN

Hotel Jokkmokk ⊖⊖⊖
Jokkmokk, Solgatan 45
Tel. 0971 7 77 00
www.hoteljokkmokk.se
Komfortables Hotel (85 Zi.) am Talvatis-
See. Restaurant mit Aussicht, kulinarische Leckereien wie geräucherte Ren-
tiersteaks oder Elchfilets. Für Wildnisfee-
ling sorgen Torfhütte und Sauna am Ufer.

Tärnaby Fjällhotell ⊖⊖⊖
Tärnaby, Östra Strandvägen 16
Tel. 0954 1 04 20
www.tarnabyfjallhotell.com
Das kleine, charmante Hotel in der Nähe
der Skiloipen überzeugt mit einer schönen Aussicht. Massagen und eine Pano-
rama-Sauna im Obergeschoss.

Hotell Dorotea ⊖⊖⊖
Dorotea, Bergsvägen 2, Tel. 0942 4 77 80
www.hotelldorotea.se
Direkt am See (29. Z.) und trotzdem
mitten in der Stadt. Ausgezeichnete
Küche mit Wildspezialitäten.

Grand Hotel Lapland ⊖⊖ – ⊖⊖⊖
Gällivare
Lasarettsgatan 1

Tel. 0970 77 22 90, www.ghl.se
Im Zentrum von Gällivare mit fantastischer Sicht auf die Berge. Gartenveranda, englischer Pub und Golfen rund um die Uhr unter der schwedischen Mitternachtssonne sorgen für Abwechslung.

Hotell Wilhelmina ⊙⊙ – ⊙⊙⊙

Vilhelmina, Volgsjövägen 16
Tel. 0940 5 54 20
www.hotellwilhelmina.se
Mittelklassehotel (64 Zi.) in malerischer Lage am Volgsee, am Rande von Vilhelmina. Über das Hotel kann man Ferienhäuser in der denkmalgeschützten Kirchstadt mieten. Besonders preisgünstig lässt es sich im Vandrarhem wohnen.

Hotell Laponia ⊙⊙

Arvidsjaur, Storgatan 45
Tel. 0960 5 55 00
www.hotell-laponia.se
Eine der größten Hotelanlagen (200 Zi.) für Tourismus und Konferenzen im Zentrum Lapplands. Neben Pool, Sauna, Fitnessraum und Spa-Abteilung hat das Hotel auch ein uriges Abendessen in einer Samenhütte zu bieten.

Åsgård Vandrarhem ⊙ – ⊙⊙

Jokkmokk
Åsgatan 20
Tel. 0971 5 59 77
www.jokkmokkhostel.com
Jugendherberge in einem früheren Forsthaus aus den 1930er-Jahren

Campingplatz Kraja ⊙ – ⊙⊙

Eine ungewöhnliche Übernachtungsmöglichkeit bietet der Campingplatz Kraja in Arjeplog mit drei Flößen auf dem See Hornovan. Die schwimmenden Stellplätze für Wohnwagen oder Zelte messen jeweils 4 x 12 m und sind mit einem Außenbordmotor, Gartenmöbeln und einem Badesteg ausgestattet.
ca. 995 SEK pro Nacht, ww.camping.se

SPORT

Die »Jokkmokkguiderna« bieten das ganze Jahr über geführte Wildnis-Aktivitäten an: Wanderungen zum Berg Jarre oder entlang des Muddus-Flusses bis zum 42 m hohen Wasserfall, Tagestouren mit dem Kanu oder zum Sommertraining der Schlittenhunde.
Tel. 0971 1 22 20
www.jokkmokkguiderna.com

MITTERNACHTSSONNE

Gällivare: 2. Juni – 12. Juli

WINTERMARKT

1605 wurde erstmals Markt in Jokkmokk abgehalten, der seither immer Anfang Februar stattfindet. Neben viel Plunder gibt es immer noch samisches Kunsthandwerk und Messer aller Art.

den Farben Blau, Rot und Gelb gehalten und entspricht damit den Farben der samischen Jokkmokktracht.

Ajtte-Museum
An der Kyrkogatan liegt die Hauptsehenswürdigkeit der Stadt: das Ajtte-Museum, das eindrücklich die **Kultur der Samen** veranschaulicht. Alltags- und Festkleidung aus Leder, Kunsthandwerk aus Silber, das Leben der Nomaden und die Rentierzucht werden ebenso thematisiert wie Religion und Mythen (▶Baedeker Wissen S. 546).
❶ Mitte Juni – Mitte Aug. tgl. 9.00 – 18.00, sonst Di. – Fr. 10.00 – 16.00, Sa. 10.00 – 14.00 Uhr, Eintritt Tageskarte 70 SEK, www.ajtte.com

UMGEBUNG VON JOKKMOKK

Kvikkjokk
Einige Kilometer nördlich von Jokkmokk biegt man von der Str. Nr. 45 links nach Kvikkjokk ab. Die landschaftlich schöne Strecke führt ca. 130 km lang an Seen und kleinen Samendörfern vorbei. In Kvikkjokk, am Ende zweier großer Gebirgstäler, endet die Straße. Die komfortable und viel genutzte Gebirgsstation ist Ausgangspunkt vieler Wandertouren in den angrenzenden Nationalpark. Von hier aus ist der Einstieg in den **Kungsleden** (▶ Baedeker Wissen S. 156) leicht.

*Padjelanta-leden
Der Padjelantaleden ist ein rund 150 km langer, gut markierter **Sommerwanderweg**, an dem im Abstand von 10 bis 20 km Selbstversorgerhütten eingerichtet sind. Man kann ihn in Kvikkjokk, Vaisaluokta oder bei den Akkahütten am anderen Ende des Akkajauresees beginnen (Wanderdauer ca. 10 bis 15 Tage). Da nur Anfangs- und Endpunkt gut zu erreichen sind, der restliche Weg aber fernab jeglicher Straße verläuft, kann man die Wanderung kaum abkürzen. Dafür ist man hier eher allein als auf dem Kungsleden.

*Sarek-Nationalpark
Der Sarek-Nationalpark ist zwar nicht weit von Kvikkjokk entfernt, doch Touren in diese vollkommen unberührte Wildnis wollen gut geplant sein. Denn im Gegensatz zu den anderen Nationalparks gibt es im Sarek **keinerlei touristische Infrastruktur:** keine markierten Wege, keine Brücken über die teils reißenden Flüsse und auch keine Hütten. Wer eine Wanderung im Sarek plant, ist in dem 197 000 ha großen Gebiet auf sich allein gestellt. Zum Schnuppern gibt es aber einige relativ einfache Tagestouren, bei denen man von Kvikkjokk aus die grandiose Bergwelt erleben kann: Die Wanderung auf den Berg **Snjerak** ist rund 7 km lang und markiert. Anfangs geht es durch Birkenwälder, später ins Kahlfjäll. Von oben bietet sich ein guter Blick auf das Delta von Kvikkjokk und die Gipfel des Sarek. Ein weiterer schöner Aussichtsberg ist der Namatj, **der heilige Berg der Samen**. Er liegt mitten im Delta und ist auf einem markierten Weg relativ einfach von Kvikkjokk aus zu besteigen.

Der Sarek, eine unberührte Wildnis und ein legendäres Wandergebiet

Ein Volk in vier Ländern

Die Samen (Sámi = »Sumpfleute«), die die Bezeichnung »Lappen« nicht gerne hören, leben in einer Region, die von Norwegen bis zur russischen Halbinsel Kola reicht. Ihre Heimat nennen sie Sameland oder Sápmi. Ihre Sprache, das Saami, gehört zu den finno-ugrischen Sprachen.

▶ **Die Trachten**
Ihre Tracht tragen die Samen heute fast nur noch bei besonderen Festlichkeiten. Wichtigste Merkmale sind die traditionellen Farben, kittelartige Oberteile für Frauen, ein Halstuch oder eine Mütze und die Lederschuhe mit hochgezogenen Spitzen.

Naisenlakki

Silkkihuivi

Hapsut

Vyö

Lapintakki

Huivi

Vyönnapi

Jo
traditionell
Gesa

Paulanauhat

Tupsut

Nutukkaat

▶ Im Rhythmus der Rentiere
Nur noch eine Minderheit
betreibt die Rentierzucht als
Haupterwerb. Diese aber passt
ihr Leben dem Rhythmus der
halbwilden Tiere an und folgt
deren Wanderungen.

🟨 Rentierwanderrouten
🟩 Siedlungsgebiete

Polarkreis

NORWEGEN

RUSSLAND

FINNLAND

SCHWEDEN

©BAEDEKER

Eigene Flagge
Die Farben der Trachten spiegeln sich
in der Flagge der Samen wider. Sie
symbolisieren die verschiedenen
Elemente in ihrem Leben, wobei der
Kreis sowohl für die Sonne als auch
für den Mond steht.

Grün: Natur
Blau: Wasser
Rot: Feuer
Gelb: Sonne

**▶ Verteilung der Samen auf
die einzelnen Staaten**

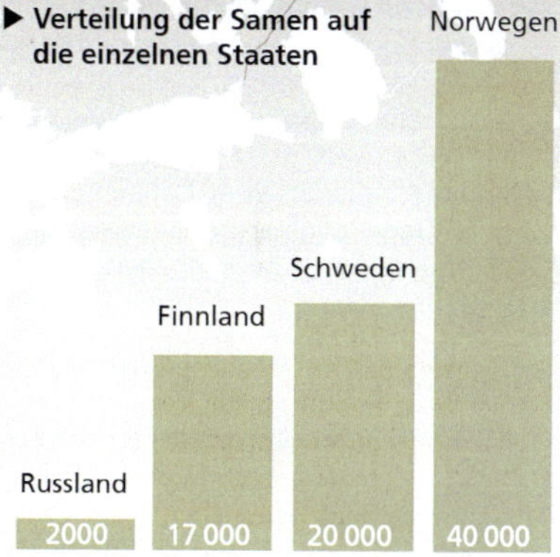

Norwegen

Schweden

Finnland

Russland

Russland	Finnland	Schweden	Norwegen
2000	17 000	20 000	40 000

Traditionelle Behausungen
Die den Rentieren folgenden Samen brauchen
mobile Unterkünfte. Wohnwagen ersetzen
zunehmend die traditionellen Behausungen:
Das Zelt »Lavvu« eignet sich besonders für
das normadische Leben; die »Gamme«,
eine mit Moos bewachsene Hütte,
kann bei guter Instandhaltung über
50 Jahre bewohnt werden.

»Gamme«

»Lavvu«

Porjus   Setzt man von Jokkmokk aus die Fahrt auf dem Inlandsvägen (Str. Nr. 45) fort, erreicht man nach ca. 46 km das Dorf Porjus. Die alte **Turbinenhalle des dortigen Kraftwerks** kann besichtigt werden. Im alten Bahnhof von Porjus betreibt die Fotografin **Patricia Cowern** eine Galerie. Faszinierende Nordlichtfotografien gehören zu den ständigen Ausstellungsstücken.

Kraftwerk: Mitte Juni – Mitte Aug., tgl. Führungen, Tel. 0973 7 76 00

Arctic Image / Arctic Colors Galleri: Stationshuset, Porjus,
www.arctic-color.com, Tel. 0973 1 03 06

*Gällivare   Wer von Porjus direkt auf der Str. Nr. 45 weiterfährt, erreicht nach 42 km Gällivare. Das Zentrum einer Großgemeinde liegt in einem reichen Eisenerzgebiet, in dem überwiegend Magnetit abgebaut wird. Im Stadtbereich ist ein Kulturpfad ausgeschildert, ein Heimatmuseum ergänzt das kulturelle Angebot. Die wichtigste Sehenswürdigkeit der Stadt ist der 823 m hohe **Dundret**, ca. 5 km entfernt. Der Vorgipfel trägt das stattliche Hotel Dundret, welches das Zentrum des großen Wintersport- und Freizeitgebiets Dundrets Fritidsby bildet. Auf den mit niedriger, tundraartiger Vegetation und weiten Blockfeldern bedeckten Hauptgipfel führt eine von der Str. Nr. 45 abzweigende steile Nebenstrecke. Bei Gällivare liegt die Kupfermine Aitik, Europas größter Kupfererztagebau.

BAEDEKER TIPP

! *Lappland per Bahn*

Die Inlandsbahn fährt von Kristinehamn am Nordende des **Vänersees bis ins lappländische Gällivare**. Diese 1300 km durchs Landesinnere zählen zu den landschaftlich schönsten Bahnstrecken Schwedens. Von Mitte Juni bis Mitte September kann man auf eigene Faust, pauschal mit Schienenbussen oder mit nostalgischen Dampflokomotiven in gemütlichem Tempo reisen. Genießer kaufen sich für 1795 SEK die Inlandsbahnkarte und können dann 14 Tage lang nach Herzenslust touren (www.inlandsbanan.se).

Artic Balloon Adventure Gällivare   Im Februar 2012 kamen Heißluftballon-Fans aus ganz Europa nach Gällivare, um die **Fahrt in absoluter Stille** über die unberührte Schneelandschaft zu genießen. Das Artic Balloon Adventure Gällivare wird auch in den nächsten Jahren stattfinden. Tickets können im Voraus bestellt oder vor Ort erworben werden. Auch Aktivitäten wie Übernachtung im Eishotel oder Hundeschlittenfahrten sind möglich.

www.hot-air-balloon-adventure.com

Malmberget   Der Grubenort Malmberget, nördlich von Gällivare, ist eine im Zentrum eher gesichtslose Stadt. Sie schließt an. Außerhalb des Ortes erreicht man das **Grubenmuseum** (Besichtigung: Tourismusbüro Gällivare). Die weithin sichtbare Holzplastik eines Rentiers erinnert daran, dass bis zum Bau der Erzbahn Rentiere für den Materialtransport bis zu 60 kg schwere Akjas (Schlitten) ziehen mussten.

* Linköping

+ G 7

Landschaft: Östergötland
Provinz: Östergötland Län
Einwohnerzahl: 147 000
Höhe: 40 m ü.d.M.

In Linköping hat man viele Häuser der Altstadt nicht einfach wegsaniert, sondern sie stattdessen nach »Gamla Linköping« versetzt – als ein Freilichtmuseum der besonderen Art. Weitere Attraktionen der Universitätsstadt sind der Dom und die Ritterspiele in Schloss Ekenäs.

Erstmals wurde die südschwedische Stadt 1128 erwähnt. Hier besiegte 1598 Herzog Karl von Södermanland (später König Karl IX.), der die Reformation in Schweden durchsetzen wollte, den katholischen König Sigismund von Polen. Dessen Gefolgsleute wurden auf dem Marktplatz hingerichtet. Den wirtschaftlichen Aufschwung brachte 1937 die Verlegung der **Flugzeugproduktion von Saab** nach Linköping.In den 1960er-Jahren wurde die Universität gegründet, heute ist Linköping bekannt für High-Tech- und Software-Industrie.

Geschichte

Statt sie abzureißen, hat man in Linköping die alten
Häuser ins Freilichtmuseum versetzt.

Linköping erleben

AUSKUNFT
Linköpings Turistbyrå
58223 Linköping
Storgatan 15
Tel. 013 1 90 00 70
www.visitlinköping.se

ESSEN
❷ *Wärdshuset*
Gamla Linköping ❸❸❸
Gästgivaregatan 1, Tel. 013 13 31 10
www.wardshuset.com
Die beiden historischen Holzhäuser
wurden vor dem Abriss gerettet und
im Freilichtmuseum Gamla Linköping
wieder aufgebaut. Hausmannskost
und internationale Gerichte, preisgünstiges Lunchbuffet.

❶ *Stångs Magasin* ❸❸ – ❸❸❸
Södra Stånggatan 1
Tel. 013 31 21 00
www.stangsmagasin.se
Stimmungsvoller Gasthof in einem
200 Jahre alten Lagerhaus am Wasser.
Spezialität: Grillgerichte.

ÜBERNACHTEN
❷ *Scandic Frimurarehotellet* ❸❸❸
St. Larsgatan 14

Tel. 013 4 95 30 00
www.scandichotels.se
Zentral gelegen an Linköpings Flaniermeile. Vielleicht etwas kitschig, aber
durchaus sehenswert: die Eingangshalle
des Hotels (208 Zi.) – ganz in Rot, Rosa
und mit goldenen Säulenkapitellen.

❶ *Quality Hotel Ekoxen* ❸❸❸
Klostergatan 68
Tel. 013 25 26 00
www.ekoxen.se
Schönes, geräumiges Hotel (190 Zi.) der
Quality Kette, im Zentrum nahe Stadt-
park. Große Spa-Abteilung inklusive
»Flotation Tank«, in dem man sich wie
schwerelos fühlt. Lohnend ist auch ein
Besuch der modernen, schwedischen
»Brasserie Britto«, die in den Sommer-
monaten ein spezielles Menü für Kinder
anbietet und auch im Freien serviert.

Idingstad Säteri ❸❸❸
Tel. 013 39 64 54, www.idingstad.se.
Am Südufer des Roxen-Sees, etwa
12 km nordöstlich von Linköping, liegt
idyllisch das Herrenhaus Idingstad Säteri,
Hotel und Konferenzzentrum; in der
alten Molkerei aus dem 17. Jh. wird
auch Bed & Breakfast angeboten.

SEHENSWERTES IN LINKÖPING UND UMGEBUNG

Marktplatz Auf dem Marktplatz (Stortorg) steht der Folkunga-Brunnen (1927),
eines der bekanntesten Werke von **Carl Milles**. Östlich des Haupt-
platzes erhebt sich die 1802 erbaute St.-Lars-Kirche, deren Turm aus
dem 12. Jh. stammt. Im Innern befinden sich einige Bilder des Auto-
didakten Pehr Hörberg (1746 – 1816).

*Dom Der Dom, **eine der bedeutendsten und schönsten Kathedralen
Schwedens**, steht nordwestlich vom Stortorg in einem kleinen Park.
Der ursprünglich romanische Bau von 1230 wurde später durch Um-

und Ausbauten gotisch vollendet, an den Flanken der Seitenschiffe kann man noch romanische Bauteile entdecken. Der 107 m hohe Turm, das Wahrzeichen Linköpings, wurde erst 1886 angefügt.

❶ tgl. 9.00 – 18.00 Uhr

Unweit von Dom und Schloss, in dem heute die Bezirksregierung untergebracht ist, befindet sich eines der ältesten und größten Provinzmuseen des Landes in einem architektonisch interessanten, funktionalistischen Gebäude von 1939. Das Museum zeigt Sammlungen zur Vor- und Frühgeschichte, schwedische Kunst vom Mittelalter bis zur Gegenwart sowie eine kleine **medizingeschichtliche Sondersammlung**.

Öster-götlands Länsmuseum

❶ Mi, Fr. – So. 11.00 – 16.00, Di. u. Do. bis 20.00 Uhr, Eintritt 70 SEK, bis 25 J. frei, www.ostergotlandslansmuseum.se

Die interessanteste Sehenswürdigkeit der Stadt ist Alt-Linköping, ein großes und gepflegtes Freilichtmuseum, das durch seine vielen Handwerksbetriebe, Tante-Emma-Läden und Kunstgewerbeateliers sehr lebendig wirkt. **Fast 100 Häuser** umfasst das Gelände, die meisten standen einst im Zentrum von Linköping, mussten aber den Neubauten nach dem Zweiten Weltkrieg weichen. Da viele Häuser von Gamla Linköping bewohnt sind, wirkt es nicht wie ein klassisches Freilichtmuseum, sondern **wie ein nostalgischer Stadtteil**.

*Gamla Linköping

❶ Mo. – Fr. 10.00 – 17.00, Sa. / So. 11.00 16.00 Uhr, Eintritt frei, www.gamlalinko.info

Schloss Ekenäs	Das stattliche, weiße Renaissanceschloss liegt 20 km östlich von Linköping. Sehenswert ist das **farbenfrohe Ritterturnier** Anfang Juni.

❶ Mai – Aug. Sa./So. 13.00 – 16.00, im Juli Di. – So. 13.00 – 16.00, Park tgl. 8.00 – 20.00, Führungen, Ende Mai Ritterturnier, www.ekenasslott.se

Kinda-Kanal Lohnend ist eine Fahrt auf dem Kinda-Kanal, der den Roxensee mit einigen südlich gelegenen, von der Stångån durchflossenen Seen verbindet. Die Fahrt führt **an einigen Landsitzen vorbei** (u.a. am Erlangsee das Herrenhaus Sturefors von 1704) und endet in Horn am Südende des Åsundsees.

❶ www.kindakanal.se

Luftwaffenmuseum Im Luftwaffenmuseum auf dem Flugplatz Malmen werden 100 Jahre technologische Entwicklung im Flugzeugbau dokumentiert und rund 50 zum Teil **einzigartige Exponate** gezeigt.

❶ Sept. – Mai Di. – So. 11.00 – 17.00, Juni – Aug. Mo. – So. 11.00 – 17.00, Mi. bis 20.00 Uhr, Eintritt 60 SEK, www.flygwapenmuseum.se

Pferdemarkt in Ulrika Etwa 40 km südwestlich von Linköping liegt das Örtchen Ulrika, dessen berühmter und traditionsreicher Pferdemarkt **jährlich im September** rund 40 000 Besucher anzieht.

Luleå

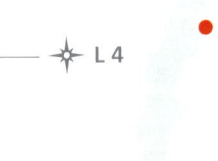

✦ L 4

Landschaft: Norrbotten
Provinz: Norrbottens Län
Einwohnerzahl: 74 400
Höhe: Meereshöhe

Die nüchterne Industriestadt bietet wenig fürs Auge, doch die rund 700 vorgelagerten Schäreninseln bilden ein bezauberndes, auch botanisch interessantes Ausflugsziel. Wichtigste Sehenswürdigkeit ist Gammelstad, die größte Kirchstadt in ganz Schweden.

Bedeutender Erzhafen Das alte Luleå (gespr. Lüleo) lag bei seiner Stadterhebung 1621 noch an der Mündung des Flusses Luleälven. Doch wegen der starken Landhebung versandete der Hafen nach wenigen Jahren, und die Stadt musste 1649 auf eine Halbinsel am Lule Älv verlegt werden. In der Folgezeit vernichteten Brände mehrmals die alte Bausubstanz. Neben Narvik ist Luleå der wichtigste Hafen für den Erzexport und wird auch wegen der Einkaufsmöglichkeiten geschätzt. Das soziale **Netzwerk Facebook** plant hier sein erstes europäisches Datenzentrum einzurichten.

Luleå erleben

AUSKUNFT
Luleå Turistbyrå
97185 Luleå
Skeppsbrogatan
Kulturens Hus
Tel. 0920 45 70 00
www.visitlulea.se

Haparanda Turistbyrå
Haparanda Stad
Tel. 0922 1 20 10
www.haparandatornio.com

ESSEN
Margaretas Wärdshus ⓔⓔⓔ
Luleå, Gammelstad
Lulevägen 2
Tel. 0920 25 42 90
www.margaretasvardshus.se
Das bekannteste Restaurant der Stadt
leitet Fernsehköchin Margareta Almlöw.
Das »Wärdshus« liegt in einem
geschmackvoll restaurierten Hof in
Gammelstad.

Restaurang Aurorum ⓔⓔ
Luleå, Aurorum 2
Tel. 0920 7 51 70
www.restaurangaurorum.se
Solide Hausmannskost, manchmal mit
ausländischen Einflüssen kombiniert.
Preisgünstig zur Mittagszeit.

Restaurang Minerva ⓔ
Haparanda, Torget 3
Tel. 0922 6 88 07
www.minerva.svefi.net
Restaurant der schwedisch-finnischen
Volkshochschule. Man isst hier zwar
günstig und gut, doch muss man
dafür ein wenig Kantinenatmosphäre
in Kauf nehmen.

ÜBERNACHTEN
Fyrhotellet ⓔⓔⓔ
97251 Luleå
Hällvägen 10
Tel. 0920 22 08 47
www.fyrhotellet.com
Nur für Abenteuerlustige, denn dieses
Hotel ist in einem ehemaligen Leucht-
turm im äußeren Schärengarten von
Luleå untergebracht. Gutes Fisch-
restaurant.

Elite Stadshotellet ⓔⓔⓔ
97232 Lulea, Storgatan 15
Tel. 0920 27 40 00
www.elite.se
Im Stadtzentrum gelegen, mit individuell eingerichteten Zimmern (158)
und einem prachtvollen Bankettsaal im
Renaissance-Stil.

Haparanda Stadshotell ⓔⓔⓔ
Haparanda, Torget 7
Tel. 0922 6 14 90
www.haparandastadshotell.se
In dem prächtigen Haus (92 Zi.) haben
sich die Mächtigen aus dem Zarenreich,
der Sowjetunion und dem Westen
getroffen und Politik gemacht.

Kukkolaforsen
Turist & Konferens ⓔ – ⓔⓔ
Kukkolaforsen 184
Tel. 0922 3 10 00
www.kukkolaforsen.se
15 km nördlich von Haparanda, am Ufer
des Thorne Flusses, idyllisch gelegen in
einem Fischzuchtgebiet mit Blick auf die
Stromschnellen. Im Restaurant gibt es
die Fische lecker zubereitet. Unterkunft
auf dem Campingplatz oder in Ferienhäuschen.

AUSFLÜGE

In den Schärengarten vor Luleå: Vom Norra Hamn verkehren von Mitte Juni bis Mitte August täglich Boote, Abfahrt meist gegen 10 Uhr.

Infos und Fahrkarten im Touristenbüro

Rentiere sind in der Region etwas Alltägliches. Nicht so alltäglich ist für Besucher aber ein Ausflug mit einem Rentier, bei dem man die sanfte Natur dieser Tiere in ihrer natürlichen Umgebung erlebt. Ganz zu schweigen davon, dass die Vierbeiner einem das lästige Schleppen des Gepäcks gerne abnehmen.

Infos und Buchungen im Wildnisdorf Solberget, www.solberget.com

SEHENSWERTES IN LULEÅ UND UMGEBUNG

Kernstadt Im Stadtzentrum befindet sich in der Storgatan Nr. 2 **Norrbottens Museum**, das archäologische und lokalhistorische Funde zeigt sowie über die Geschichte der Samen informiert. Nördlich der Innenstadt liegt die **Bucht Stadsviken** mit dem Norra Hamn, von dem die Ausflugsschiffe auslaufen. In einem stattlichen Holzbau befindet sich das **Theater Norrbottens**. Nordwestlich vom Zentrum erstreckt sich an der Ausfallstraße in Richtung Haparanda das Gelände der Technischen Hochschule, auf dem das **Haus der Technik** technische und naturwissenschaftliche Zusammenhänge erklärt und zum Experimentieren einlädt.

Norrbottens Museum: Juni – Aug. Mo. – Fr. 10.00 – 16.00, Sa. / So. 12.00 – 16.00, sonst Mo geschl., www.nll.se

Haus der Technik: Di. – So. 11.00 – 16.00 Uhr, Eintritt 70 SEK, www.teknikenshus.se

*Gammelstad Etwa 10 km nordwestlich, dort, wo Luleå im 14. Jh. ursprünglich gegründet wurde, befindet sich Gammelstad. Als man im 15. Jh. mit dem Bau der Kirche begann, lag diese etwas erhöht mitten in der Mündung des Lule Älv. Über 400 kleine Holzhäuschen scharen sich um die Kirche, in denen die Kaufleute und Kirchenbesucher übernachteten, wenn sie ihrer Kirchpflicht nachkamen. Einst gab es in Schweden mehr als 70 dieser Kirchstädte, von denen heute **noch 16 erhalten** sind. Von diesen ist Gammelstad die größte, am besten erhaltene und seit 1996 UNESCO-Weltkulturerbe. Die Kirche ist ein gotischer Bruchsteinbau mit klassizistischem Turm, beachtenswerter Kanzel und einem Antwerpener Schnitzaltar.

❶ www.lulea.se/gammelstad

?

BAEDEKER WISSEN

In Gottes Namen

Einst herrschte in Schweden **Kirchpflicht**: Wer bis zu 10 km von einer Kirche entfernt wohnte, musste jeden Sonntag zum Gottesdienst erscheinen, bei 20 km Anreise nur alle 14 Tage. Die Gläubigen konnten in den Holzhäuschen übernachten, die bei den Kirchen gebaut wurden. Heute sind diese Kirchstädte gut besuchte Sehenswürdigkeiten.

Rund 50 km weiter östlich liegt am Torne Älv, der hier die natürliche Grenze zu Finnland bildet, die Stadt Haparanda. Sie wurde 1809 gegründet, nachdem die östliche Nachbarstadt Tornio zusammen mit Finnland an Russland abgetreten worden war. Heute sind Haparanda und Tornio Schwesterstädte, die zwar durch Fluss und Landesgrenze getrennt, aber trotzdem eng miteinander verflochten sind. Nicht versäumen sollte man einen Abstecher ins finnische ▶Tornio (S. 294).

Haparanda

✱✱ Lund

✦ F 9

Landschaft: Skåne (Schonen)
Provinz: Skåne Län
Einwohnerzahl: 111 800
Höhe: Meereshöhe

Lund besitzt neben Uppsala die renommierteste schwedische Universität mit rund 40 000 Studenten. Wichtigste Sehenswürdigkeit der Stadt ist der imposante Dom, das bedeutendste romanische Bauwerk des Landes.

Die südschwedische Stadt liegt etwa 20 km nordöstlich der großen Hafenstadt Malmö. Sie wurde wahrscheinlich 990 vom dänischen König Sven Gabelbart gegründet. **Seit 1666 ist Lund Sitz einer Hochschule.** Vom 12. bis zum 15. Jh. war es die größte Stadt Skandinaviens und Sitz eines dänischen Bischofs, 1104 sogar des Erzbischofs. Aus diesem Grund wurde sie seinerzeit auch »Metropolis Daniae« genannt.

»Dänische Metropole«

SEHENSWERTES IN LUND

Der Dom von Lund ist die bedeutendste romanische Kirche des Landes und Lunds wichtigste Sehenswürdigkeit. Er wurde mehrfach umgebaut und ist unbedingt einen Besuch wert. Bis auf die Renaissancekanzel und den prächtigen, geschnitzten Altarschrein, der aus Norddeutschland stammt (14. Jh.), ist der Kirchenraum weitgehend schmucklos. Immer am Semesterende werden in der Kirche auch die frisch Promovierten der Universität geehrt. Besonders schön ist die geräumige **Krypta**, welche die gesamte Breite des Gebäudes einnimmt. Der **Brunnen** trägt satirische, niederdeutsche Inschriften, er ist ein Werk des westfälischen Meisters van Düren, der 1512 – 1527 in Lund lebte. Für Lunds Einwohner bildete übrigens lange Zeit der Brunnen die einzige Trinkwasserversorgung.

✱✱Dom

❶ Mo. – Fr. 8.00 – 18.00, Sa. 9.30 – 17.00, So. bis 18.00 Uhr

Lund erleben

AUSKUNFT
Turistbyrå
Botulfsgatan 1A, 22350 Lund,
Tel. (046) 35 50 40, www.lund.se

ESSEN
Dalby Gästgivaregård
Dalby, Tingsgatan 6i
Tel. (046) 20 00 06
www.gastrogate.com/restaurang
/dalbygastis
Eine der ältesten Gaststätten Schonens,
wenige Kilometer südöstlich von Lund.
Das Restaurant wurde mehrfach unter
die besten des Landes gewählt.

❶ *Grand Hotel* ⊚⊚⊚
Bantorget 1, Tel. (046) 280 61 00
www.grandilund.se
Hier kann man angenehm übernachten
und sehr gut essen. Das Hotelrestaurant
bietet neben internationaler Küche auch
eine reiche Auswahl an Spezialitäten aus
Schonen und eine ganz vorzügliche
Weinkarte.

❷ *Saluhallen*
Mårtenstorget In der alten Markthalle
von Lund befinden sich mehrere kleine,
preis-günstige Restaurants, die vor allem
zur Mittagszeit beliebt sind. Neben Thai-
küche und Kebab gibt es auch gue
Fisch- und Schalentiergerichte. Geöffnet:

Mo. – Fr. 9.00 – 18.00, Sa. 9.00 – 15.00
Uhr. Lage: südlich vom Dom

ÜBERNACHTEN
❶ *Hotel Concordia* ⊚⊚⊚ – ⊚⊚⊚⊚
Stålbrogatan 1
Tel. (046) 13 50 50
62 Zi., www.concordia.se
Erstklassiges Hotel mit langer Geschichte. Früher wohnten hier Gelehrte, die
den Schriftsteller August Strindberg im
gegenüberliegenden Haus kopfschüt-
telnd dabei beobachteten, wie er auf al-
chimistischem Wege versuchte, Gold
herzustellen.

❷ *Hotel Duxiana* ⊚⊚⊚ – ⊚⊚⊚⊚
St. Petri Kyrkogata 7
Tel. (046) 13 55 15
31 Zi., www.lund.hotelduxiana.com
Relativ kleines, aber sehr persönliches
Hotel im Herzen von Lund. Helle, geräu-
mige und geschmackvoll eingerichtete
Zimmer. Der schwedische Bettenherstel-
ler Dux stattet das Hotel mit Betten aus
– guter Schlaf sollte garantiert sein.

MARKT
Ein besonderer Genuss für alle Sinne: Je-
den Vormittag außer sonntags werden
Obst, Gemüse, Kräuter und Blumen auf
dem Mårtenstorg in Lund angeboten.
Natürlich gibt es auch Kleinigkeiten zum
Essen.

Kungshus Beim Lundagård, dem Park nahe beim Dom, erhebt sich das turm-
geschmückte Gebäude. König Karl XII. soll hier **die Wendeltreppe
hinaufgeritten** sein, als er, von Feldzügen auf dem europäischen
Festland kommend, sein Lager in Lund aufschlug.

*Kulturen Am Tegnérplatz steht das klassizistische Gebäude des kulturhistorischen Museums »Kulturen« mit Mobiliar, Hausgerät, guter Kera-

miksammlung sowie einer großen Freilichtabteilung mit rund **40 alten Bauernhäusern** aus der Region. Das Freilichtmuseum wurde 1882 als eines der ersten seiner Art eröffnet.

❶ Mitte Apr. – Ende Sept. tgl. 11.00 – 17.00, sonst Di. – So. 12.00 – 16.00 Uhr, Eintritt 120 / 80 SEK, www.kulturen.com

Südöstlich vom Lundagård liegt der Mårtenstorg, morgens wird hier Markt abgehalten, abends treffen sich die Studenten in den umliegenden Kneipen. An seiner Nordseite liegt die **Kunsthalle**, in der moderne schwedische Kunst und Sonderausstellungen (etwa Werke von der Malerin und Theosophin Hilma af Klint) gezeigt werden.

Mårtenstorg

❶ Di., Mi., Fr., So. 12.00 – 17.00, Do. bis 20.00, Sa. 10.00 – 17.00 Uhr, www.lundskonsthall.se

Am nördlichen Rand des Lundagård ziehen die hervorragend restaurierten klassizistischen Gebäude der Universität die Blicke auf sich. Weiter nördlich liegt die **Universitätsbibliothek,** die wertvolle Handschriften und mehr als 2,5 Mio. Bücher besitzt. Östlich, im

Universität

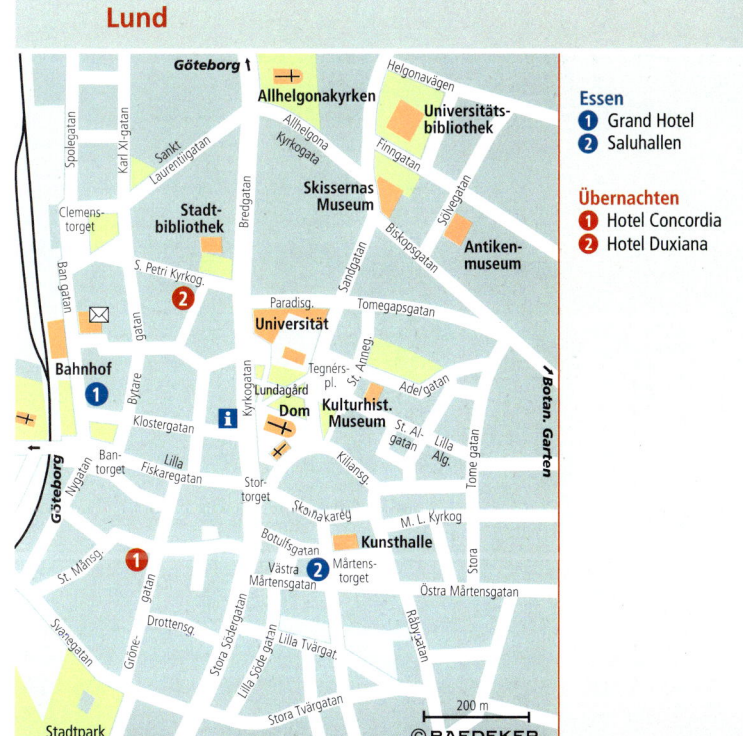

✶✶ *Älteste romanische Kirche Schwedens*

Der Dom von Lund, um 1080 vom Dänenkönig Knut dem Heiligen gegründet, ist die älteste und bedeutendste romanische Kirche Schwedens. Der heutige Bau wurde zwischen 1123 (Krypta) und 1161 (Apsis am Hauptchor) fertig gestellt, aber bereits 1145 eingeweiht. Als im 16. Jh. Lund an Bedeutung rapide verlor, verfiel auch der Dom. Im 18. und 19. Jh. wurde er umfangreich restauriert.

Öffnungszeiten:
Mo. – Fr. 8.00 – 18, Sa. 9.30 – 17.00, So. bis 18.00 Uhr. Die astronomische Uhr spielt werktags um 12.00 und 15.00, sonn- und feiertags um 13.00 und 15.00 Uhr.

❶ *Schiff*
Ein gotisches Kreuzrippengewölbe überspannt das Hauptschiff, während die Seitenschiffe noch romanische Gewölbe besitzen.

❷ *Kanzel*
Johannes Ganssog aus Frankfurt an der Oder schuf 1592 das Kunstwerk aus Alabaster, Sand- und Kalkstein.

Blick in die Krypta, unten an der vordersten Säule die »Frau« Finns

❸ *Chorgestühl*
Das Chorgestühl (15. Jh.) besteht aus Eichenholz und gehört zu den größten und schönsten seiner Zeit in ganz Europa.

❹ *Altar*
Der geschnitzte Altaraufsatz (1398) zählt zu den ältesten gotischen Retabeln Schwedens. Er wird von 40 Figuren geziert und stammt wohl aus Norddeutschland.

❺ *Mosaik*
Das auffallende, 6 m hohe Christusmosaik (1925) in der Apsis ist ein Werk des dänischen Künstlers Joakim Skopvgaard.

❻ *Krypta*
18 Säulen tragen die Decke der Krypta, zwei davon zeigen Menschengestalten, die die Säule fest umklammert halten. Der Sage nach soll es sich dabei um den legendären Erbauer der Kirche, den Riesen Finn, und seine Frau handeln. Wer hier wirklich dargestellt sein soll, ist unklar. Die Krypta besitzt mit ihrem jeweils dreischiffigen Langhaus und Querhaus einen ungewöhnlichen Grundriss und ist von großartiger Raumwirkung. Hier liegt neben dem zentralen Grab des Erzbischofs Birger (gest. 1519) auch das des Erzbischofs Herman.

Bereich der Sölvegatan, erreicht man das Antikenmuseum und das Archiv für dekorative Kunst.

❶ Mo. – Fr. 9.00 – 14.00 Uhr

UMGEBUNG VON LUND

Bosjökloster

Die direkte Umgebung von Lund ist flach und wenig spektakulär. Ungefähr 30 km nordöstlich von Lund (Str. Nr. 23) erreicht man Schloss Bosjökloster. Das um 1080 gegründete Benediktinerkloster liegt auf einer Landzunge im Ringsee und ist eines der ältesten Schlösser Skånes. Der mächtige, weiße und mit zahlreichen Giebeldächern verzierte Bau beherbergt im Innern das Klostermuseum. Im Park sind der Rosen- und der Kräutergarten sowie die **tausendjährige Eiche** sehenswert. Es gibt ein ambitioniertes Konzertprogramm.

❶ Mai – Sept. tgl. 10.00 – 18.00 Uhr, www.bosjokloster.se

Skånes Djurpark

Rund 3 km nördlich des Ortes Höör liegt Skånes Djurpark mit mehr als 800 nordischen Tieren, z.B. **Wölfe, Elche, Luchse** und Adler.

❶ Mai – Aug. tgl. 9.00 – 17.00, Jan. – März bis 15.00, Apr. Sa. / So. 9.00 – 17.00 Uhr, Eintritt 120 / 80 SEK, www.skanesdjurpark.se

Landskrona

Einen netten Ausflug bedeutet die Fahrt nach Landskrona. Dort lohnt der Besuch der **wuchtigen Zitadelle**, dem Landskrona Slott. Der Zweckbau aus rotem Ziegelmauerwerk wurde 1549 errichtet. Das ringsum geschlossene, von einem Wassergraben umzogene Karree liegt inmitten einer weiteren Wall- und Grabenanlage. Im südwestlichen Eckturm gibt es eine Fotodokumentation zu sehen, im südöstlichen die Zellen der von 1825 – 1940 bestehenden Haftanstalt.

*Insel Ven

Von Landskrona (im Sommer auch von Helsingborg und Råå) fahren Schiffe in 25 Min. zur Insel Ven. Die kleine Insel kann man bequem mit einem Leihfahrrad oder zu Fuß erkunden. Auf Ven haben sich **zahlreiche Künstler** niedergelassen, die alljährlich zu Christi Himmelfahrt die »Kunstrunde« veranstalten und Besuchern ihre Ateliers öffnen. Der berühmte dänische Astronom Tycho Brahe lebte von 1578 bis 1598 in **Schloss Uranienborg** auf Ven. Der dänische König Frederik II. (Ven wurde erst 1658 schwedisch) hatte ihm die Insel mit ihrer klaren, staubfreien Luft für seine Forschungen zur Verfügung gestellt. Im Observatorium entdeckte Brahe **die erste Supernova** – mit bloßem Auge, denn das Fernrohr war noch nicht erfunden. Vom Schloss ist heute nichts mehr zu sehen, stattdessen gibt es ein Museum, das das Leben und die Arbeit des Sternenforschers beschreibt.

❶ Juli – Mitte Aug. tgl. 10.00 – 18.00, Apri – Juni und Mitte Aug. – Ende Sept. 10.00 – 16.00 Uhr, Eintritt 60 SEK, inkl. Besuch des Observatoriums, www.tychobrahe.com

∗ Mälarsee

H 7

Landschaft: Södermanland, Uppland und Västmanland

Nach Vänern und Vättern ist der Mälarsee der dritt-größte See Schwedens. Entlang seiner verschlungenen Ufer liegt die bevölkerungsreichste Region des Landes. Dazu finden sich hier viele Herrenhäuser und Schlösser, wie zum Beispiel auch das berühmte Schloss Gripsholm.

Einst war der Mälarsee eine Ostseebucht, aber seit dem 12. Jh. gilt er wegen der durch die Landhebung hervorgerufenen Veränderung des Wasserstandes als Binnensee. Die Nähe zu Stockholm, das am Ostufer liegt, machte den See einst für den Adel attraktiv. Daher rührt die große Zahl stattlicher Schlösser und Herrensitze. Weil die zugehörigen Ländereien nie bebaut wurden, ist heute rund um den artenreichen See, über dem häufig der Fischadler seine Kreise zieht, noch sehr viel Grün erhalten.

Stadt, Land, See

Am Mälarsee bewegt man sich am besten zu Wasser, etwa mit einem solchen Schärenkreuzer.

Mälarsee erleben

AUSKUNFT
Eskilstuna Turistbyrå
63186 Eskilstuna
Tullgatan 4
Rothoffsvillan
Tel. 016 7 10 70 00
www.eskilstuna.se, www.etuna.se

Sigtuna Turistbyrå
19323 Sigtuna, Stora Gatan 33
Tel. 08 59 48 06 50
www.sigtunaturism.se

Strängäs Fremdenverkehrsbüro
64530 Strängnäs
Strängnäs Storgatan 38 (Västerviken)
Tel. 0152 2 96 99
www.strangnas.se

Mariefreds Turistbyrå
64730 Mariefred
Rådhuset, Rådhustorget
Tel. 0159 2 96 99
www.strangnas.se

Västerås Turistbyrå
72213 Västerås
Kopparbergsvägen 3
Tel. 021 39 01 00
www.vastmanland.se

ESSEN
Oliver Twist Liquid ⊜⊜
Eskilstuna, Careligatan 2
Tel. 016 51 11 11
Das Vergnügungszentrum der Stadt,
mit fünf Bars, drei Tanzflächen und
einem Restaurant.

Papas Tapas ⊜
Eskilstuna, Kriebsensg. 11
Tel. 016 12 81 01, www.papastapas.se

Beliebter Treffpunkt im Zentrum für
einen schnellen Lunch; Tex-Mex-Küche
und Tapas.

Konditori Fredman ⊜
Mariefred, Kyrkogatan 11
Tel. 0159 1 21 10
Etwas für Gaumen und Auge sind die
herrlich grünen Marzipantorten.

Café Ångbåtsbron ⊜
Strängnäs, Dampferanlegestelle
Östra Strandvägen
Tel. 0152 1 84 00
Wenn es nach Zimt und frisch Gebacke-
nem duftet, sollten Sie hier unbedingt
die süßen Stückchen probieren; nur im
Sommer geöffnet.

ÜBERNACHTEN
Sigtuna Stads Hotell ⊜⊜⊜⊜
Sigtuna, Stora Nygatan 3
Tel. 08 59 25 01 00
www.sigtunastadshotell.se
Ein Hauch des mittelalterlichen Sigtuna
kombiniert mit modernem, schwedischen Design. Alle 26 Zimmer mit
schöner Aussicht.

Ulvhälls Herrgård ⊜⊜⊜⊜
Strängnäs, Ulvhälls Allé
Tel. 0152 1 86 80, www.ulvhall.se
Pompöses Gutsherrenhaus mit 13 Zi.
Im Speisesaal fühlt man sich unter
Kristallleuchtern wie zur Gründungs-
zeit des Hotels.

Gripsholms Värdshus & Hotel ⊜⊜⊜
Mariefred, Kyrkogatan 1
Tel. 0159 3 47 50,
www.gripsholms-vardshus.se
Der älteste Gasthof Schwedens,

ursprünglich ein Kloster aus dem 15. Jh., ist heute ein wunderschönes Hotel (45 Zi.) mit Blick auf Schloss Gripsholm.

Hotel Laurentius ❸❸❸
Strängnäs, Östra Strandvägen 12
Tel. 0152 1 04 44
www.hotellaurentius.com
Historisches Holzhaus (12 Zi.), zentrumsnah und mit Aussicht auf den See.

AUSFLÜGE
Eine sehr nostalgische Fahrt kann man mit dem historischen Dampfer »Mariefred«, Baujahr 1903, nach Stockholm und Schloss Gripsholm unternehmen. Wechselnde Fahrzeiten.
Tel. 08 6 69 88 50, www.mariefred.info

FESTE
Ende Juni findet in Eskilstuna das Sundbyholm Festival statt, ein hochkarätig besetztes Musikevent. In der zweiten Augusthälfte trifft man sich in der Stadt zum Angelwettbewerb und zu Drachenbootrennen.

SEHENSWERTES AM MÄLARSEE

Die idyllische Kleinstadt Mariefred westlich von Södertälje geht auf das 1493 gegründete **Kartäuserkloster** Pax Mariae zurück, das bis zur Reformationszeit bestand. Der Ort wird überragt von der auf einem bewaldeten Hügel stehenden Kirche (1624). Unterhalb liegt der alte Teil des Städtchens, dessen enge Gassen von malerischen Holzhäusern gesäumt werden. Im alten **Gripsholm Kungsladugård** ist heute ein internationales Zentrum für grafische Kunst untergebracht, das wechselnde Ausstellungen zeigt. 1895 wurde die Bahnlinie nach Mariefred eröffnet; heute wird die Schmalspurbahn von einem Museumsverein betrieben.

Mariefred

Schmalspurbahn: mehrmals tgl. Fahrten auf der Strecke Mariefred-Läggesta, Dauer ca. 45 Min., wwwoslj.nu

Der Friedhof von Mariefred liegt nordöstlich außerhalb des Zentrums. Hier wurde auch der deutsche Schriftsteller **Kurt Tucholsky** bestattet, der im Sommer 1929 in Mariefred wohnte und hier den Stoff für seine Sommergeschichte »Schloss Gripsholm« fand. Später kehrte er als Emigrant nach Schweden zurück, wo er sich 1935, schwerkrank, schließlich das Leben nahm. Sein schlichtes Grab unter einer alten Eiche ziert das Goethe-Zitat »Alles Vergängliche Ist Nur Ein Gleichnis.«

Friedhof von Mariefred

Auf einer Insel im Mälarsee liegt sehr malerisch Schloss Gripsholm. Es spielte in der Geschichte des Landes mehrmals eine zentrale Rolle, so 1809, als König **Gustav IV. Adolf** hier zur **Abdankung** gezwungen wurde. Kurt Tucholsky machte das Schloss weltberühmt (▶ Baedeker Wissen S. 564).

**Schloss Gripsholm

❶ Mitte Mai – Mitte Sept. tgl. 10.00 – 16.00, sonst Sa. / So. 12.00 – 15.00 Uhr

** *Inbegriff schwedischer Romantik*

*Das auf einer Insel im Mälarsee gelegene Schloss Gripsholm gilt als
Inbegriff der schwedischen Romantik und zählt zu den berühmtesten
Bauwerken des Landes. Gustav Wasa erbaute Gripsholm; Karl XV.
war der letzte, der das mehrfach erweiterte Schloss bis 1864 bewohnte.*

Öffnungszeiten: Mitte Mai – Mitte
Sept. tgl. 10.00 – 16.00,
sonst Sa./So. 12.00 – 15.00 Uhr,
Eintritt 100/50 SEK

❶ *Zentrale Gebäudegruppe*
1537 – 1545 wurde unter Gustav
Wasa die unregelmäßige Sechseck-
anlage mit den vier Türmen erbaut.
Gripsholm ist Schloss und Festung –
mit vier Meter dicken Mauern.

❷ *Theaterturm*
Theaterkönig Gustav III. ließ 1782
hier ein Schlosstheater einrichten;
der Turm selbst ist so alt wie die
anderen Türme (16. Jh.).

❸ *Astraksaal*
Im Stil der Vasa-Zeit ausgestattet,

mit einer Kassettendecke aus dem
Jahr 1570.

❹ *Schlafzimmer Gustavs III.*
Zunächst für Christina II. eingerichtet,
u. a. mit japanischer Lacktruhe.

❺ *Statthalterflügel*
Der Anbau wurde 1690 errichtet.

❻ *Kavalierflügel*
In der Zeit Gustavs III. (1746 – 1792)
kam die Flügel mit 28 Gästezimmern
und vier Halbetagen hinzu.

❼ *Hauptmannflügel*
Zwischen 1550 und 1590 wurde der
Eingangsbereich um eine Gebäudegruppe erweitert. Seit 1596 befindet
sich das Haupttor an dieser Stelle.

Gustav III. mit seinen Brüdern, gemalt von Alexander Roslin (1718 – 1793)

Strängnäs Strängnäs liegt am südlichen Ufer des Mälarsees. Seit dem 12. Jh. ist die Kleinstadt Sitz eines Bischofs und am 6. Juni 1523 wurde hier Gustav Wasa zum König ausgerufen. Der 6. Juni ist heute National-feiertag in Schweden. Der hoch gelegene stattliche **Dom** wurde 1291 geweiht, später mehrmals verändert und von 1907 – 1910 restauriert. Im sehenswerten Innern des Gebäudes befinden sich u.a. die Gräber Sten Stures d. Ä. (gest. 1503) und König Karls IX., dem Vater Gustav Adolfs (gest. 1611). Der schöne Schnitzaltar von 1490 aus Brüssel zeigt in geschlossenem Zustand Mariä Verkündigung sowie das Jüngste Gericht.

*Eskilstuna Eskilstuna bildet das Bindeglied zwischen dem Mälarsee und dem Hjälmaren-See. Die Anfänge der Eisenindustrie reichen in dieser Gegend bis ins 16. Jh. zurück. Nordwestlich vom Zentrum gelangt man zum **Freilichtmuseum** Rademacherschmiede (Rademacher-smedjorna). Die Gold-, Silber- und Kupferschmieden sowie Kunst-gewerbeläden befinden sich in historischen Gebäuden aus dem 17. Jahrhundert.Westlich außerhalb liegt der **Parken-Zoo**, der vor allem für die Gruppe von weißen Tigern, das Flamingotal und den Märchenpark bekannt ist.
Parken-Zoo: Juli – Mitte Aug. tgl. 10.00 – 19.00, Mai – Mitte Juni und Mitte Aug. – Mitte Sept. 10.00 – 17.00 Uhr, Eintritt 215/165 SEK, www.parkenzoo.se

* VÄSTERÅS

Spezialität: Im Mittelalter war Västerås eine der bedeutendsten Städte des Lan-
Salzgurken des. Von den elf Reichstagen, die in Västerås abgehalten wurden, hatte der im Jahre 1527 die größte Bedeutung, weil damals unter Gustav Wasa die **Reformation** beschlossen wurde. Heute leben hier rund 140 000 Menschen. Die Stadt ist ein wichtiger Industriestandort und bietet Gelegenheit, die regionale Spezialität »Västeråsgurkor« einzukaufen, Salzgurken in Dill.

*Dom Nördlich vom Marktplatz (Stortorg) erhebt sich der Dom, der 1271 geweiht und später mehrmals umgebaut wurde. 1694 fügte Nicode-mus Tessin d. J. den 103 m hohen Turm an. Sehenswert ist der teil-weise **in Gold gefasste gotische Schnitzaltar**. Links vor der Haupt-fassade steht ein mächtiges Bronzedenkmal von Carl Milles (1923) für Johannes Rudbeckius, der 1619 – 1646 Bischof von Västerås war.

Schloss Beim Dom überquert man die Svartån und geht auf der Slottsgatan nach Süden zum Schloss. Es wurde im 13. Jh. als Festung errichtet und beherbergt heute das Provinzmuseum. Im Museum sind prähis-torische Funde und kulturgeschichtliche Sammlungen zu sehen.

Der Bestattungsplatz Anundshögen liegt 6 km nordöstlich außerhalb des Zentrums. Die Grabhügel und **schiffsförmigen Steinsetzungen** aus der Wikingerzeit entstanden zwischen 500 und 1050 n. Chr. und gehören zu den umfassendsten derartigen Anlagen in Schweden.

*Anunds-högen

Rund 15 km südwestlich von Västerås liegt an einer kleinen Bucht des Mälarsees Schloss Tidö, eines der am besten erhaltenen schwedischen Schlösser aus der **Übergangszeit zwischen Renaissance und Barock**. Die Schlosskapelle und einige Schauräume sowie das Spielzeugmuseum können im Sommer besichtigt werden.

Schloss Tidö

❶ Apr. / Mai Sa. / So. 11.00 – 17.00, Juni – Aug. Di. – So. 11.00 – 17.00, Sept. Fr. – So. 12.00 – 17.00 Uhr, Eintritt 90 / 50 SEK, www.tidoslott.se

An der Nordseite des Mälarsees liegt **Enköping**, das aber wenig zu bieten hat. Ganz anders der 10 km nordöstlich von Enköping gelegenen Weiler Härkeberga: Hier steht eine kleine Dorfkirche aus dem 13. / 14. Jh., deren hervorragend erhaltene, nahezu lückenlose **gotische Ausmalung mit biblischen Szenen** einzigartig ist.

Härkeberga

Sigtuna liegt hübsch am Sigtunafjärden, einer nördlichen Verzweigung des Mälarsees. Zu Beginn des 11. Jh.s gründete König Olov Eriksson die Stadt, die sich zu einer der größten und schönsten des Landes entwickelte. Sigtuna wurde **Bischofssitz**, doch als der Bischof von Svea 1130 seine Residenz in das nahe Uppsala verlegte, ging auch die Bedeutung der Stadt zurück. Heute ist Sigtuna ein beliebtes Ziel der Ausflugsboote, die in Stockholm und Uppsala ablegen. Der Ortskern ist Fußgängerzone, und so kann man gemütlich entlang der schmucken Holzhäuser bummeln, in denen viele Geschäfte untergebracht sind. Sehenswert ist das angeblich **kleinste Rathaus Schwedens**, erbaut im Jahre 1744. Dort, wo vor 1000 Jahren der Königshof von Erik Segersäll lag, befindet sich heute das **Sigtuna-Museum.** Hier werden zahlreiche Funde aus der Wikingerzeit und dem frühen Mittelalter gezeigt.

*Sigtuna

Runde Sache: Wikingergrab Anundshögen

Rathaus: tgl. 12.00 – 16.00 Uhr, Sept. – Mai Mo. geschl.

Sigtuna-Museum:
Stora Gatan 55, tgl. 12.00 – 16.00 Uhr, Sept. – Mai Mo. geschl.

*Skokloster   Folgt man von Sigtuna der Str. Nr. 263, so erreicht man bei Häggeby die Abzweigung nach Skokloster, einen weithin sichtbaren, weißen Vierflügelbau mit laternengekrönten Ecktürmen. Ursprünglich war dieser ein 1244 gegründeter Zisterzienserkonvent, der jedoch 1574 bis auf die Kirche abgerissen wurde. 1654 – 1657 wurde das heutige Schloss erbaut. Die gut erhaltenen Räume sind reich ausgestattet und im Rahmen einer Führung zugänglich. Neben schönen Stuckarbeiten und den sehenswerten Wand- und Deckengemälden sind auch die Gemälde- und die Waffensammlung sehr eindrucksvoll.

❶ Mai – Mitte Juni, Sept. Sa / So. 12.00 – 16.00, Juni–Ende Aug. tgl. 11.00 – 17.00 Uhr, Eintritt 70 SEK, www.skoklostersslott.se

✴✴ Malmö

✧ F 9

Lage: Skåne / Schonen (Schweden)
Einwohnerzahl: 302 000

Die Fertigstellung der Öresundbrücke bescherte Malmö, drittgrößte Stadt Schwedens und Wirtschaftszentrum von Schonen, einen bis heute ungebrochenen Boom, der sich in ambitionierten Bauprojekten wie Västra Hamnen und in einer lebendigen Kunst- und Kulturszene ausdrückt.

Stadtgeschichte   Malmö wurde schon 1259 erwähnt als Landungsplatz in der seichten Lomma-Bucht, wo Schiffe der Hanse auf Heringsfang gingen. Die Befestigungsanlagen ließ Dänenkönig Erich von Pommern erbauen. Seit dem Frieden von Roskilde 1658 gehört Malmö zu Schweden. Ihren Aufschwung im 18. Jh. hat die Stadt sowohl dem Hafen als auch Kaufmann Franz Suell (1744 – 1817) zu verdanken, dessen Standbild in der Norra Vallgatan steht. Weiteres Wachstum brachte 1856 der Bau der Eisenbahn nach Stockholm. 2005 wurde im ehemaligen Werftgebiet Västra Hamnen der 190 m hohe **»Turning Torso«** fertig. Seit 2011 verbindet der Citytunnel, ein Eisenbahntunnel, den Hauptbahnhof mit der Öresundbrücke.

2011 ist Malmö vom World Wide Fund For Nature (WWF) für die nachhaltig angelegte Stadtentwicklung zum Klimaschutz als **»Earth Hour Capital 2011«** ausgezeichnet worden.

SEHENSWERTES IN MALMÖ

*Altstadt   Die meisten Sehenswürdigkeiten sind gut zu Fuß erreichbar. Sie liegen innerhalb des Ringkanals, der die Altstadt umschließt. Ihr Zentrum bildet der **Stortorget** mit einem 1896 gegossenen Reiterstand-

Hinter der geschlossenen Häuserfront am Hafen verbirgt
sich eine lebhafte, sehr nette Altstadt.

bild Karls X. Gustavs, der die Provinz Skåne 1658 mit Schweden
vereinigte. An der Ostseite des weiten Stortorget, den zahlreiche
stattliche Gebäude aus der Zeit um 1900 umgeben, steht das prachtvolle Renaissance-**Rathaus** von 1546, links über Eck die **Residenz**
des Landeshauptmanns. Die Kyrkogata führt zur **Petri-Kirche**, die im
14. Jh. als gotischer Backsteinbau nach Vorbild der Lübecker Marienkirche entstand. Das weiß verputzte Innere überspannen
schmucklose Gewölbe, die Pfeiler zieren Epitaphe aus der Renaissance. Der Kirchenschatz ruht in einer Panzerglasvitrine im Neben-
schiff. Schönster Platz ist der **Lilla Torg** mit seinen für Schweden so
ungewöhnlichen, farbigen Fachwerkhäusern aus dem 16. bis 18. Jh.
– sie sind ein dänisches Erbe und machen den »Kleinen Platz« geradezu heimelig. Im Sommer wird in zahlreichen Straßenlokalen ge-
schlemmt, gelacht, geflirtet, im Winter drehen nicht nur die Einheimischen zu Pop und Rock Pirouetten auf dem Eis.

Ein Torweg führt zum Speicher des Hedmanska Gården – hier präsentiert und verkauft seit 1964 das Form Design Center skandinavi-

**Form Design
Center**

Malmö erleben

AUSKUNFT
Malmö Turism
Malmö
Centralstationen (Hauptbahnhof)
Tel. 040 34 12 00
www.malmo.se, www.malmotown.com

ÖRESUND-TICKET
UND MALMÖ-KARTE
Die bei Malmö Turism erhältliche
»Malmökortet« für 1 oder 2 Tage
gewährt freie Fahrt mit den Stadtbussen,
kostenloses Parken und freien Eintritt in
die Städtischen Museen, eine Sightsee-
ingtour und Rabatte bei Kanalrundfahrten, Events, in Restaurants und
Geschäften. Die Karte gilt für einen
Erwachsenen und zwei Kinder, (1 Tag
130 SEK, zwei Tage 160 SEK). Enthalten
ist die Malmö City Karte, mit der man in
zahlreichen Restauranten und Geschäften Rabatte erhält.
www.malmotown.com
Wer Lust auf einen Abstecher in die
dänische Hautpstadt Kopenhagen hat,
nimmt am besten den Zug: Der braucht
vom Hauptbahnhof Malmö nur 35
Minuten, und mit dem Öresund-Rund-
Ticket kann man für 249 SEK zwei Tage
lang mit Bussen und Bahn die gesamte
Öresundregion erkunden. Kinder unter
7 J. sind frei, bis 16 J. halber Preis.
Skånetrafiken, Tel. 0771 77 77 77
www.skanetrafiken.se

ESSEN
1 *Johan P.* ⒺⒺⒺ
Saluhallen, Landbygatan 5
Tel. 040 97 18 18, www.johanp.nu
Das Fischlokal in der Markthalle gehört
mit seiner erstklassigen Küche zu den
Top 200 der schwedischen Restaurants.

2 *Årstiderna i Kockska huset* ⒺⒺⒺ
Frans Suellsgatan 3
Tel. 040 23 09 10, So. geschl.
www.arstiderna.se
Im Backsteinkeller des Kocksahuset
aus dem 16. Jh. servieren Marie und
Wilhelm Pieplow schwedische Hausmannskost stilvoll als Gabelhappen
für Gourmets.

3 *Café Siesta* ⒺⒺ
Hjorttackegatan 1,
Tel. 040 6 11 10 27, siesta.nu
Guter Brunch am Wochenende, der hier
»Frunch« genannt wird, beliebt bei
Malmös Kulturschaffenden.

6 *Malmö Chokladfabrik* ⒺⒺ
Möllevångsgatan 36B
www.malmochokladfabrik.se
Eine süße Verführung ist die Schoko-
ladenfabrik, die seit 1888 nach bester
belgischer Tradition Pralinen, Trüffel und
andere Versuchungen herstellt. Im Café
kann man Kleinigkeiten essen (nicht nur
Schokolade) und im angeschlossenen
Museum alles über Schokolade lernen.
Mo. – Fr. 12.00 – 18.00,
Sa. 10.00 – 14.00 Uhr

4 *Skeppsbron 2* Ⓔ – ⒺⒺ
Børshuset, Skeppsbron 2
Tel. 040 30 62 02, www.skeppsbron2.com
Reiche Geschmackserfahrungen mit
Blick aufs Wasser – es werden auch
Kochabende veranstaltet.

5 *Hipp* Ⓔ
Kalendegatan 12
Tel. 040 97 40 30, www.hipp.se
Im ehemaligen Hippodrom von Malmö
kann man vorzüglich zu Mittag speisen.

Mo. – Fr. 11.30 – 14.00 Uhr,
Fr. 16.00 Uhr Afterworkparty

ÜBERNACHTEN
Häckeberga Slott ●●●●
www.hackebergaslott.se
Schloss aus dem 19. Jh., schön auf einer
Insel im See gelegen, Zimmer im Schloss
und im ehemaligen Stall. Die Kuche
bietet neben regionaltypischen Fisch-
und Wildgerichten köstliche Desserts.

❶ Scandic Kramer ●●●
20121 Malmö, Stortorget 7
Tel. 040 6 93 54 00
www.scandichotels.com
Der liebevoll restaurierte Bau aus dem
19. Jh. bietet im Herzen der Altstadt
große Zimmer und perfekten Service.
Elegante Kramer Gastronomi & Bar.

❸ Hotel Plaza ●●
Kasinogatan 6
Tel. 040 33 05 50
www.hotel-plaza.com
Kleines Haus (48 Zi.), persönlicher Service.

❷ Vandrarhemmet Villa Hilleröd ●
21747 Malmö, Ängdalavägen 38
Tel. 040 26 56 26, www.villahillerod.se
Ein schönes Beispiel dafür, dass ein Vand-

rarhem viel mehr als eine Jugendherberge sein kann. Nur 2 km vom Zentrum.

EINKAUFEN
Wichtigste Einkaufsmeilen sind die Fußgängerzone Södergatan und angrenzende Straßen. Am Lilla Torg findet man
im Form Design Center schwedisches
Kunsthandwerk, größte Shopping Mall
ist das Hansa Zentrum an der Stora
Nygatan. Di. – Do. und So. 8.00 – 13.00
Uhr gibt es am Fiskehoddorna fangfrischen Fisch, Flohmarktfreunde treffen
sich sonntags an der Södra Promenaden.

FESTE
Malmöfestival
Höhepunkt im Kulturkalender ist das
jährliche Malmöfestival in der dritten
Augustwoche mit 900 Stunden kosten-
loser Unterhaltung, Musik und kulinarischen Spezialitäten. Mit 1,5 Millionen
Besuchern ist es das größte Festival Südschwedens
www.malmofestivalen.se

KANALRUNDFAHRTEN
Gegenüber vom Hauptbahnhof legt von
April bis Sept. mehrmals täglich das Aus-
flugsboot Rundan zu einer herrlichen
Tour durch Kanäle und Schlosspark ab.
www.stromma.se

sches Design von 50 Firmen – Klassiker von Georg Jensen, Marimekko aus Finnland, Kosta Boda und Orrefors, aber auch Werke
junge Designer.
❶ Di. – Sa. 11.00 – 17.00, So. 12.00 – 16.00 Uhr, www.formdesigncenter.com

Zu den schönsten **alten Bürgerhäusern** Malmös gehören das Flens-　**Altstadt**
burgska Hus von 1589 in der Södergatan 9 und das Jörgen Kocks Hus
von 1525 sowie das Rosenvingeska Hus von 1534 in der Västergatan
2 bzw. 5. Das Tunnelns Hus in der Adelgatan 4 ist auf 1519 datiert,
das Diedenska Hus in der Östergatan 6 auf 1620, und das Thottska
Hus zwei Häuser weiter auf 1558. Szenegänger zieht es in die Gassen

Malmö

200 m

©BAEDEKER

↑ Turning Torso

VÄSTRA HAMNEN

Skånes Tanztheater

Nyhamnen

Kinagatan

Stadtarchiv

Koggenmuseum

Malmö Mässan

Universitets-bron
Hans Michelsensg.
Stepps bron
Storg.
Utställningsg.
Jörgen Kocksgatan
Vintergatan
Carlsgatan

Inre Hamnen

Stora Varvsgatan

Malmö högsk

Suells bron

✉ ℹ

Hauptbahnhof

Norra Vallgatan

Norra Neptunig
Bagers-plats
④
A

Malmö högsk
Sjömans gården
Malmö högsk

Citadellsvägen

Residenset
②
Stortorget
Adelg
Olsg
Öster gatan
† St. Gertrud
Drottning torget
† Carol-Kirche

Stora Promenaden
Östra Promenaden

St. Peter

Norra Vallgatan
Väster gatan

Fiske-hoddoma hus
Kommandanten-haus
Malmöhusvägen
Hovrätten
Lilla torg
①
①
Rathaus
Baltzars gatan
Djäkneg
Rundelsg
Norra Gröna gatan
Stora Kvarng
Gasverksg

Jakob Nilsg
③
Engelbrektsg
Stomakareg
⑤
Hippo dromen

Technik- und Seefahrts-museum
Malmö-Museen Malmö-Haus

Form Design Center
Södergatan
Kalendeg

GAMLA STADEN
Stora Nygatan
Rooseum

RÖR STAD
St.

Kungsparken

Gryn bodg

Slottsgatan

Kasino

Stora Nygatan
Gustav Adolfs torg

Södra Promenaden
Amirals bron

Drottninggatan

Läns styrelsen
St.

MALMÖHUS

Parkkanalen

Alter Friedhof

Davids halls bron

Malmö Latinskola
Kungsgatan

Slottsparken

Fersens bro
Torggatan

Stadt-bibliothek

Kungs Oscars väg

Regements

gatan

Aq-Va-Kul

Storgatan
Davids halls torg

Lugna

Föreningsgatan

Konzert-haus

KRON PRINSEN

Idrottsplats

HÄST HAGEN

Denerg
Erik Dahlb
Davids bergsgatan
Södra Förstadsgatan

August Palms plats

Mariedalsvägen

Fägelbacksgatan

Thotts gatan

Vår Frälsares k:a

Carl Gustafs

Fersens väg

Holmgatan
Triangeln

LUGNET

Lugnagatan

Stadshuset

Spångatan

DAVIDS HALL

Rönneholmsvägen
Föreningsgatan

Harr verksgatan

Föreningsg

Carl Herslöws väg

Östra

Malmö Intiman

Musiktheater Storan

②
Västra
Rönneholmsvägen

↓ **Dildammsparken**

Kunsthalle

⑥

rund um den **Gustav Adolfs Torg** und nach **Möllevangen**, wo Malmös multikulturelles Herz schlägt.

Ein Wassergraben umgibt Schloss Malmöhus. Die vierflügelige Festungsanlage mit gedrungenen Ecktürmen wurde 1537 – 1542 erbaut und nach einem Brand 1870 erneuert. Im Erdgeschoss lockt das **Naturmuseum** mit Tropikarium, Aquarium und Nachttierhaus. Im Stockwerk darüber präsentiert das **Kunstmuseum** skandinavische Kunst des 20. Jh.s. Im **Stadtmuseum** kann man neben Modellen der Stadt auch mittelalterliche Gebrauchskeramik, königliche Gemächer und den **Rittersaal** bestaunen.

**Schloss Malmöhus

❶ Juni – Aug. tgl. 10.00 – 16.00, sonst ab 12.00 Uhr, www.malmo.se/museer

Vorbei am Kommandanthuset, das wechselnde Ausstellungen zeigt, und den falunroten Fiskehoddorna, in denen Fischer Lachs und Makrele frisch aus dem Rauch verkaufen, geht es weiter zum sehenswerten Technik- und Seefahrtsmuseum, das **interaktiv Flugtechnik**, Schienen- und Straßenverkehr, Lebensmitteltechnologie und Kernkraft dokumentiert – besichtigen Sie auch das **U-Boot**. Vor dem Gebäude hält die über 100 Jahre alte Museumsstraßenbahn, die binnen 15 Minuten, vorbei an Malmöhus, durch den Schlosspark zur Stadtbibliothek rattert.

*Technik- und Seefahrts- museum

Technik- und Seefahrtsmuseum: Juni – Aug. tgl. 10.00 – 16.00, sonst ab 12.00 Uhr, Eintritt 40 / 20 SEK, www.malmo.se/museer

Museumsstraßenbahn: Mai – Sept. Sa. und So., www.ss.se

Rund um 1 : 1-Repliken zweier Hansekoggen entstand ein Erlebniszentrum zur mittelalterlichen Seefahrt: das Koggenmuseum (Medeltidsskeppen), zu dem auch eine **authentische Gaststätte** gehört.

*Koggen- museum

❶ Jan. – Apr. Mo – Fr. 11.00 – 16.00, Mitte Apr. – Sept. tgl. 11.00 – 16.00 Uhr, Eintritt 40 SEK, www.medeltidsskeppen.se

Die neueste und größte Sehenswürdigkeit der Stadt liegt etwas außerhalb am Westhafen. Der **Turning Torso**, ein nach einem Entwurf des spanischen Stararchitekten Santiago Calatrava erbautes Hochhaus, ist mit seinen 190 Metern nicht nur das höchste Gebäude Schwedens, sondern auch eines der spektakulärsten. Der Turning Torso reckt sich, einem verdrehten Körper gleich, in die Höhe. Die Inspiration, ein in sich verdrehtes Hochhaus zu bauen, kam Calatrava beim Betrachten einer Skulptur, die die Drehbewegung des menschlichen Körpers darstellte. Nur in den untersten beiden Kuben sind Büros untergebracht, ab dem dritten Stock schließt sich der Wohnbereich mit insgesamt 150 Appartements an. Damit ist der 54-geschossige Turning Torso das zweithöchste Wohnhaus Europas. Eine Besichtigung ist nicht möglich. Trotzdem sollte man sich nicht mit einem Blick aus der Ferne begnügen. Besonders faszinierend

Verdrehtes Hochhaus

sind die Lichtreflexionen in den Fensterfronten, die sich je nach Tageszeit und Standpunkt des Betrachters immer wieder ändern.

Westhafen Der Stadtteil **Västra Hamnen**, Westhafen, wäre auch ohne den Turning Torso einen Besuch wert. Aus dem ehemaligen Industriegebiet ist ein lebhaftes Wohngebiet entstanden, das **nach allen Regeln ökologischer Baukunst** errichtet wurde. Für den Besucher wichtiger aber ist vermutlich, dass hier auch eine neue und lebhafte Restaurantszene herangewachsen ist. Hier speist man gut und edel bei faszinierenden Ausblicken auf den Öresund.

Die **Kunsthalle** am südlichen Rand des Zentrums, eine der größten in Europa für zeitgenössische Kunst, stellt auch zahlreiche Arbeiten schwedischer Künstler aus.

❶ tgl. 11.00 – 17.00, Mi. bis 21.00 Uhr, www.konsthallmalmo.se

Strandleben in Malmö

Malmös »Copacabana« heißt Ribersborg. Zwei Kilometer lang säumt feinster Sandstrand die seichte Badebucht. Im **»Kallbadhus« von 1898** können Abgehärtete ganzjährig in Salzwasser baden, in der holzbefeuerten Sauna schwitzen und im Café den Sundblick genießen (www.ribersborgskallbadhus.se).

Moderna Museet Das Museum für moderne Kunst, untergebracht im ehemaligen Gaswerk von Malmö, präsentiert eine umfangreiche und beeindruckende Sammlung von Gegenwartskunst mit wechselnden Ausstellungen.

❶ Di. – So. 11.00 – 18.00 Uhr; Eintritt 50/40 SEK, www.modernamuseet.se

TRELLEBORG

Stadt mit Wikingerburg Trelleborg, im 12. Jahrhundert gegründet, hatte seine Blütezeit im Mittelalter dank der damals reichen Heringsgründe in der Ostsee. Für die Entwicklung ungemein wichtig war der Bau des Hafens, denn die Fährverbindungen nach Travemünde, Rostock und Saßnitz sind heute ein wichtiger Wirtschaftsfaktor. Das Zentrum der Altstadt bildet der Stortorg. An der nordöstlichen Ecke des Stadtparks steht der nüchterne Klinkerbau der **Kunsthalle**, ein Geschenk des Bildhauers Axel Emil Ebbe (1868 – 1941) an seine Heimatstadt. Hier wird unter anderem eine stattliche Zahl seiner Skulpturen gezeigt. Ende der 1980er-Jahre wurden mitten in der Stadt die Überreste einer 1000 Jahre alten Wikingerburg, der **Trelleborg** aus der Zeit Harald Blauzahns, entdeckt. Ursprünglich hatte die Befestigungsanlage, die aus einem Erdwall und Palisaden aus gespaltenen Stämmen bestand, einen Durchmesser von 143 m. Gegenwärtig ist ein Viertel rekonstruiert (Bryggaregatan).

Kunsthalle: Ende Juni – Mitte Aug. Mi. – So. 13.00 – 16.00 Uhr

✳ Norrköping

✦ H 7

Landschaft: Östergötland
Provinz: Östergötland Län
Einwohnerzahl: 130 700
Höhe: Meereshöhe

Norrköping galt seiner florierenden Textilindustrie wegen einst als das »Manchester Schwedens«. Doch längst steckt dieser Industriezweig auch im skandinavischen Land in der Krise. Die verlassenen Fabriken werden heute von Unternehmen, der Universität sowie Museen genutzt.

Die südschwedische Hafenstadt Norrköping (sprich: Norrtchöping) liegt an der **Mündung des Motala Ströms** in die Ostseebucht Bråviken, die sich fast 50 km weit ins Binnenland vorschiebt. Sie bildet die natürliche Grenze zwischen der Waldlandschaft Kolmården im Norden und dem fruchtbaren Vikbolandet im Süden. Der Fluss prägt die Stadt durch zahlreiche **Wasserfälle und Stromschnellen**.

Leben am Wasser

Norrköping erleben

AUSKUNFT
Upplev Norrköping
60181 Norrköping
Värmekyrkan, Källvindsgatan 1
Tel. 011 15 50 00
www.upplev.norrkoping.se

ESSEN
Värdshuset Löfstad Slott ●● – ●●●
60597 Norrköping
Axel Lillies Väg
Tel. 011 33 51 65
www.vardshusetlofstadslott.se
In einem Flügel von Schloss Löfstad, rund 8 km südlich von Norrköping, bietet das Schlossrestaurant überwiegend regionale Spezialitäten.

Hantverkaren ●●
Stohagsgatan 4, Tel. 011 12 40 58
nur wochentags geöffnet

Preisgünstige Alternative für ein solides Frühstück und Mittagessen.

ÜBERNACHTEN
Hotel Kneippen ●●
Kneippgatan 7
Tel. 011 13 30 60
www.kneippen.se
Um 1900 bei Prominenz und Adel sehr beliebtes Kur- und Wellnesshotel. 22 moderne, helle Zimmer, nur 10 Min. Fußweg zum Zentrum.

Marieborgs Kursgård ●●
Marieborgsvägen
Tel. 011 21 96 11
www.marieborg.net
Preiswertes »Bed & Breakfast« mit 58 Zi., 5 km nördlich von Norrköping. Wunderschöne Lage mit Blick über den Motala-Fluss.

✷✷ *Schnelle Verbindung*

Seit am 1. Juli 2000 die Öresundbrücke nach sieben Jahren Bauzeit eröffnet wurde, kann man mit dem Auto in knapp zehn Minuten von Dänemark nach Schweden fahren, statt die Fähre zu nehmen. Blickfang des imposanten Bauwerks sind zwei kilometerweit sichtbare Pylone.

❶ *Tunnel und Insel Peberholm*
Die 16 km lange Querung des Öresunds beginnt auf dänischer Seite mit der Fahrt durch einen 4 km langen Unterwassertunnel – oberirdisch liegt die Einflugschneise des Kopenhagener Flughafens. Ans Licht kommt der Tunnel auf der künstlichen Insel Peberholm (»Pfefferinsel«), und die Auffahrt auf die 7845 m lange Brücke beginnt.

❷ *Zufahrtsbrücken*
Im Westen und Osten führen zwei 3 bzw. 3,7 km lange Zufahrtsbrücken auf die Hochseilbrücken zu.

❸ *Hochbrücke*
Kernstück der Öresundquerung ist die 1092 m lange Hochseilbrücke.

Ihre beiden gigantischen, H-förmigen Pylone aus Stahlbeton – sie wurden mit Kletterschalungen betoniert – erheben sich 204 m hoch über den Sund. Mit einer Spannweite von 490 m handelt es sich um die längste Schrägseilbrücke der Welt mit Auto- und Schienentrasse.

❹ *Fahrbahn*
Dem Autoverkehr stehen vier Fahr- und zwei Standstreifen zur Verfügung. 2000 Fahrzeuge rollen pro Tag über die Brücke, deren Baukosten von rund 2 Mia. € mit Mauteinnahmen refinanziert werden sollen.

❺ *Schienentrasse*
Auf dem ca. 8 m tiefer liegenden Unterdeck rollt der Schienenverkehr.

Blick von Malmö aus gen Dänemark, im Hintergrund links Peberholm

San F

VERRA
M

Kope

SEHENSWERTES IN NORRKÖPING UND UMGEBUNG

Innenstadt Südlich vom Bahnhof liegt der **Karl Johans Park,** in dem jedes Jahr im Juni ein neues, kunstvolles Kakteenmotiv aus rund 25 000 dieser stachligen Pflanzen entsteht. Jenseits des Motala Ström befindet sich der **Deutsche Platz** (Tyska Torg) mit der Hedwigskirche, die im 17. Jh. für den deutschen Teil der Bevölkerung erbaut wurde. An der Südseite des Platzes steht das Rathaus (1907 – 1910), dessen Glockenspiel täglich um 12.00 und 17.00 Uhr erklingt.

Museum der Arbeit Das Museum der Arbeit ist **in einer alten Baumwollfabrik** eingerichtet und beleuchtet in wechselnden Ausstellungen die Welt der Arbeiter in der Zeit der frühen Industrialisierung.
❶ tgl. 11.00 – 17.00, Di. bis 20.00 Uhr, Eintritt frei, www.arbetetsmuseum.se

Kunstmuseum Am südlichen Ende der Drottninggatan gelangt man zum Kunstmuseum, das schwedische Malerei und Plastik sowie einen Skulpturengarten zeigt. Die Sammlung schwedischer Kunst des 20. Jh.s gilt als eine der besten des Landes.
❶ Juni – Aug. Di. – So. 12.00 – 16.00, Mi bis 20.00 Uhr,
sonst Di. – So. 11.00 – 17.00, Di. / Do. bis 20 Uhr,
www.norrkoping.se/kultur-fritid/museer/konstmuseum

Stadtmuseum In Norrköpings Stadsmuseum, das sich westlich vom Zentrum am Motala Ström auf mehrere Gebäude verteilt, lebt die große Zeit der örtlichen **Textilindustrie** wieder auf.
❶ Di. – So. 11.00 – 17.00, Mi. bis 20.00 Uhr, Eintritt frei,
www.norrkoping.se/kultur-fritid/museer/stadsmuseum

*Felszeichnungen Westlich vom Zentrum liegt im Stadtteil Himmelstalund an der E 4 ein Sportpark, in dem rund 1600 bronzezeitliche Felsritzungen mit Darstellungen von Schiffen, Tieren und Menschen entdeckt wurden (▶Baedeker Wissen S. 486). Sie sollen vor rund 3000 Jahren entstanden sein. Im nahen **Museum** erfährt man alles Wichtige über deren Entstehung.
❶ Ende Mai – Ende Sept. Di 17.30 – 18.30, Do. – Sa. 10.00 – 14.00 Uhr,
www.ffin.se

Kolmårdens Tierpark Im nordöstlich von Norrköping am Bråviken gelegenen Hafenort Kolmården machen Tiger den Elchen Konkurrenz: Im Kolmårdens Djurpark, der **zu den größten Tierparks Schwedens** gehört, gibt es ein Elefanten- und Raubtierhaus, weiter sind ein Delfinarium und eine Tropenschau zu sehen.
❶ Mai – Aug. 10.00 – 17.00, im Juli bis 18.00 Uhr, Tageskarte 395 / 295 SEK,
www.kolmarden.com

Den kleinen, nordwestlich gelegenen Ort Risinge erreicht man von Norrköping auf der Str. Nr. 51. Hier steht die in der zweiten Hälfte des 12. Jh.s erbaute Marienkirche, deren **Kalkmalereien aus dem frühen 15. Jh.** zu den interessantesten ihrer Art in Schweden zählen. ❶ Ende Juni – Mitte Aug. Mo. – Fr. 10.00 – 17.00, Sa. 10.00 – 13.00, So. 13.00 – 17.00 Uhr

*Marien-kirche Risinge

Die 17 km südöstlich von Norrköping am Götakanal gelegene Stadt Söderköping wurde im 13. Jh. als Lübecker Handelskolonie gegründet und war im Mittelalter einer der wichtigsten schwedischen Handelsplätze. Wegen der **schönen alten Häuser und engen Gassen** sind das Drothemsviertel in der Nähe des Rathausplatzes mit der gleichnamigen Kirche sowie das Schulhaus sehenswert. In der Nähe des Ramunderberges fließt der Götakanal durch Söderköping. Im Sommer zählen der Kanalhafen und die Schleuse mitten in der Stadt wegen ihrer Cafés, Restaurants und Handwerksläden zu den beliebtesten Treffpunkten. Liebhabern von Verfilmungen von Astrid-Lindgren-Büchern kommen einige Ecken sicherlich bekannt vor, denn hier sind **Teile der »Madita«-Filme** gedreht worden.

Söderköping

Zwischen Arkösund im Norden und Gryt im Süden liegt vor der Küste ein relativ kleiner, aber schöner Schärengarten. Von Söderköping führt die Straße Nr. 210 nach Sankt Anna und weiter nach Tyrislöt, wo sich eine Schärenlandschaft wie aus dem Bilderbuch öffnet. An etlichen Stellen kann man hier baden, Boot fahren und fischen. Zahlreiche **Bootsverbindungen erschließen die Inselwelt**, Infos zu Fahrplänen gibt es in den Touristenbüros von Norrköping, Söderköping und Valdemarsvik.

*Schären

✳✳ **Öland**

✦ H 8

Landschaft: Öland
Provinz: Kalmar Län
Einwohnerzahl: 25 000

Windmühlen sind das Wahrzeichen Ölands, und die passende steife Brise weht hier sehr häufig. Das tut der Beliebtheit der zweitgrößten Insel Schwedens keinen Abbruch, denn die Strände sind meist schön, und die Sonne scheint überdurchschnittlich oft.

Öland liegt recht nahe an der Ostküste Schwedens, ist 137 km lang, aber nur 4 – 16 km breit. Daher pfeift hier fast immer der Seewind übers Land. In der Vergangenheit spannte man die Gratis-Windkraft

Insel des Windes

Besondere Schätze gibt es in den windzersausten Heiden zu entdecken, hier die Kultstätte bei Gettlinge.

zum Antrieb von Windmühlen ein und einst standen auf Öland rund 2000 **Windmühlen**, etwa 400 sind noch erhalten und stehen unter Denkmalschutz. Kulturinteressierte finden hier außerdem mittelalterliche Kirchen, vorgeschichtliche Befestigungsanlagen, für Pflanzenfreunde interessant sind die **Orchideen** und die Stora Alvaret, eine steppenähnliche Kalkheide.

Dünen, Heide, Kraniche Im Süden der Insel erstreckt sich die **Stora Alvaret**, eine verkarstete, von niedrigen Steinmauern unterteilte Steppenheide. Die meiste Zeit des Jahres scheint sie nichts als eine eintönige Schafweide zu sein. Doch im Frühjahr verwandelt sich die Landschaft in einen **bunten Blütenteppich** aus gelben Sonnenröschen, duftendem Klee und blauen Kugelblumen, gefolgt von seltenen Orchideen. Im Herbst hingegen rasten hier die Kraniche in großer Zahl – ein unvergesslicher Anblick. Die Mitte Ölands, zwischen Borgholm und Färjestaden, ist in Küstennähe von Laub- und Nadelwald geprägt, während das Inselinnere von **Haselbüschen und Waldwiesen** bedeckt ist. Der Norden schließlich geht in eine Felsküste über, während im Osten Landzungen mit flachen Buchten voller Dünen abwechseln.

SEHENSWERTES SÜDLICH VON FÄRJESTADEN

Von Kalmar kommend, überquert man die engste Stelle des Kalmarsunds auf der Ölandbrücke. Sie zählt mit 6070 m zu den längsten
Brücken Europas und konfrontiert die Fahrer mit oft **heftigem Sei-
tenwind**. Dafür bietet sich für die Beifahrer ein schöner Rückblick
auf Kalmar.

***Öland-
brücke**

Direkt beim östlichen Brückenkopf liegt der Hafenort Färjestaden; in
der Nähe befindet sich der **Ölands Djurpark**, ein Freizeitzentrum
mit Zoo, Dinosaurierpark, Schwimmbad und Märchenland.
Ölands Djurpark: Juli 10.00 – 18.00, Mai – Sept. 11.00 – 16.00 Uhr, Eintritt
ab 120 SEK, www.olandsdjurpark.com

Färjestaden

Träffpunkt Öland ist ein Informationszentrum mit »Historium«,
einer Ausstellung zur Geschichte Ölands. Für die Fahrt nach Süden
empfiehlt es sich, nicht die im Inselinnern verlaufende Straße
Nr. 136 zu benutzen, sondern die sehr **viel interessantere Landstraße in Ufernähe**.

**Träffpunkt
Öland**

Nach rund 4 km erreicht man den Karlevistenen. Dieser **älteste
Runenstein der Insel** trägt eine ausführliche Inschrift, die besagt,
dass der Stein von Sibbe dem Weisen, einem dänischen Seekönig, am
Ende des Jahres 1000 gesetzt wurde.

***Karlevi-
stenen**

Rund 3 km östlich von Mörbylånga ragt der **bronzezeitliche Grabhügel** Mysinge Hög auf, von dessen Höhe man einen herrlichen

Mysinge Hög

Öland erleben

AUSKUNFT
*Borgholms Turist/
Resecentrum*
38731 Borgholm
Storgatan 1
Tel. 0485 8 90 00
www.olandsturist.se

Träffpunkt Öland
38621 Färjestaden
Box 44
(am Brückenkopf Färjestaden)
Tel. 0485 8 90 00
www.olandsturist.se

ESSEN
Lammet & Grisen ⊖⊖ – ⊖⊖⊖
Löttorp, Hornvägen 35
Tel. 0485 2 03 50, www.lammet.nu
Der Name ist Programm, denn köstliche
Lamm- und Schweinegerichte kommen
hier auf den Tisch. Außerdem ist die
Dachterrasse der schönste Platz, um sich
den Sonnenuntergang anzusehen.

Sandviks Kvarn ⊖ – ⊖⊖
nördlich von Sandvik, Tel. 0485 2 61 72
www.sandvikskvarn.se
Öländer Spezialitäten und Hausmanns-

kost in einer der größten Windmühlen der Welt. Auch Pizzeria, Cafeteria und Kiosk. Mittagsbuffet mit traditionellen schwedischen Gerichten.

Kaj4 – Krog och Coffee House ☕☕
Färjestaden, Hamnplan 4,
Tel. 0485 3 10 37, www.kaj4.se
Am besten sitzt man draußen mit Blick über den Sund. Kaffeespezialitäten, kleine Gerichte, Schnitzel und Lachs.

ÜBERNACHTEN
Halltorps Gästgiveri ☕☕☕ – ☕☕☕☕
Borgholm, Landsvägen Halltorp 105
Tel. 0485 8 50 00
www.halltorpsgastgiveri.se
36 Zimmer mit schönem Kunsthandwerk, im Stil der verschiedenen schwedischen Landschaften eingerichtet. Von der Sonnenterrasse aus hat man einen ausgezeichneten Blick auf den Kalmarsund. Viele Aktivitäten wie Weinproben, Folkloreabende, Vogelsafaris und Angel-

Besonders stimmungsvoll: Ölands bunte und abwechslungsreiche Flora

touren. Das angeschlossene Restaurant wurde im Jahr 2004 zum besten der Insel gewählt.

Guntorps Herrgård ☕☕☕
Borgholm, Guntorpsgatan
Tel. 0485 1 30 00
www.guntorpsherrgard.se
Alter öländischer Herrenhof mit 32 ansprechend eingerichteten Gästezimmern. Erstklassiges Restaurant mit typisch schwedischem Smörgåsbord und lokalen Spezialitäten wie Elchsalami, Leberpudding und eingelegtem Hering.

Auf Öland gibt es mehr als 20 Campingplätze, die meisten in der Nähe von Färjestaden, Borgholm und der Böda-Bucht. Einige vermieten auch günstige Hütten. Informationen im Touristenbüro.

AUSFLÜGE
Von Borgholm und Byxelkrok starten Boote zur Insel Blå Jungfrun.

FREIZEIT UND SPORT
Die schönsten Sandstrände, an denen man freilich selten allein ist, liegen in der Böda-Bucht. Öland ist ein Mekka für Radfahrer, Räder vermieten die Campingplätze. Weitere Adressen über die Touristeninformation Borgholm.

VERANSTALTUNGEN
Walpurgisfeuer
Ende April flammen an der Schlossruine Borgholm die Walpurgisfeuer auf.

Geburtstagsfeier von Kronprinzessin Victoria
Jährlich am 14. Juli. Feierliches Ereignis und Volksfest für die ganze Familie mit einem großen Künstleraufgebot in der Sportarena Bornholm.

Blick über die Weite der Stora Alvaret hat. In der Umgebung sind sehenswerte Kammergräber aus der jüngeren Steinzeit erhalten.

Von Mysinge folgt man weiter der Str. Nr. 136 in südlicher Richtung, wo man bald das Gräberfeld von Gettlinge mit mehr als **200 Gräbern aus der Eisenzeit** erreicht. Es ist damit eines der größten der Insel. Im nördlichen Teil des rund 2 km langen Feldes sind Steinsetzungen in Schiffsform und etliche Monolithen zu sehen.

Gettlinge

Von Öttenby führt eine Stichstraße durch das Naturreservat bis zur Südspitze von Öland, wo der Långe Jan steht, mit 42 m **der höchste Leuchtturm Schwedens**, von dem aus man eine herrliche Sicht hat. Am Fuß des Leuchtturms befindet sich das **Ottenby Naturum**: ein kleines Vogelmuseum und eine Vogelstation (geführte Touren).
Naturum: Mi. – So. 11.00 – 16.00 Uhr, Tel. 0485 66 12 00, www.sofnet.org

*Långe Jan

Von Ottenby folgt man nun der nahe der Ostküste nach Norden verlaufenden Landstraße. Nördlich von Össby liegt die Eketorpsborg, ein rekonstruiertes **Wehrdorf aus der Eisenzeit** (ca. 300 bis 1200 n. Chr.). Wer sich ein eindrückliches Bild der Zeit machen möchte, als man die Häuser noch mit Kuhdung isolierte, ist hier richtig. Im Sommer wird vorgeführt, wie Handwerker in der Eisenzeit und im Mittelalter arbeiteten. Wer will, kann mitmachen oder original eisenzeitliche Suppe kosten.
Wehrdorf: Mai – Ende Juni und Mitte Aug. – Anf. Sept. 11.00 – 17.00, Juli - Mitte Aug. 10.30 – 18.00 Uhr, www.eketorp.se

*Eketorp

SEHENSWERTES NÖRDLICH VON FÄRJESTADEN

Entweder man setzt die oben beschriebene Rundfahrt von Eketorp aus fort oder fährt von Färjestaden aus direkt an die Westküste nach Norra Möckleby. Je weiter man der Küstenstraße nach Norden folgt, desto mehr wird die Landschaft von Kiefernwäldern und Wacholderheiden geprägt. Bei Länglöt zweigt eine Nebenstraße ab, die nach Himmelsberga führt: Herrenhaus und vier stattliche Bauernhöfe aus dem 18. / 19. Jh. bilden heute ein **Freilichtmuseum**. Im Museumsshop kann man hübsches Kunsthandwerk erstehen.
Freilichtmuseum: Juni – Aug. tgl. 10.00 – 17.30 Uhr, www.olandsmuseum.com

*Himmelsberga

In Gärdslösa steht die besterhaltene mittelalterliche Kirche der Insel, ein romanischer Bau aus dem 12. Jh. mit gotischem Chor, dessen Wände mit Malereien nach alttestamentlichen Motiven geschmückt sind. Etwas weiter trifft man direkt an der Straße auf mehrere **Windmühlen**. Es sind typisch öländische, kleine Bockwindmühlen, die auf einem dicken Eichenstamm ruhen und mit einem langen Hebel in den Wind gedreht werden müssen.

Trollskogen Die Nordspitze von Öland ist von einem rund 6000 ha großen Parkgelände bedeckt, in dem mehr als **50 Baumarten** wachsen. Ein Teil des Parks wird wegen der vom Seewind zerzausten, skurril anmutenden Kiefern »Trollskogen« (Zauberwald) genannt.

Byxelkrok Nahe bei dem kleinen Fischerort Byxelkrok erstreckt sich das von Carl v. Linné als **Neptuni Åkrar** (Äcker des Neptun) bezeichnete Gebiet. Diese eigenartige Strandformation besteht aus losen Steinen, auf denen im Hochsommer der Natternkopf, ein Borretschgewächs, meerblau blüht. Vom Strand blickt man auf **Blå Jungfrun**. Diese Insel aus rötlichem Granit ist Nationalpark und gilt als Treffpunkt von Hexen. Wer das überprüfen will, kann im Sommer an einer Bootstour teilnehmen und auf gut markierten Wegen die Insel erkunden.

Långe Erik Auf der Nordspitze der Insel steht der Leuchtturm Långe Erik. Südlich davor erstreckt sich die **Bödabucht**, die wegen ihrer schönen **Sandstrände** zu den beliebtesten Urlaubsgebieten Ölands gehört.

Borgholm Auf der abseits der Küsten durch das Inselinnere führenden Str. Nr. 136 fährt man wieder nach Süden und an Sandviks Kvarn vorbei,

Fast wie auf einem unbewohnten Planeten: die bizarre Felsenküste bei Byrum

der mit acht Stockwerken **größten holländischen Windmühle auf Öland**. Dann erreicht man Borgholm, die einzige Stadt der Insel, die mit ihrer Hafenpromenade, Restaurants und Geschäften ein Anziehungspunkt für alle Inseltouristen und entsprechend überlaufen ist.

Im Sommer bestehen Bootsverbindungen nach Oskarshamn auf dem schwedischen Festland und zur Insel Blå Jungfrun. Rund 1 km südwestlich der Stadt liegt erhöht die mächtige Ruine von **Schloss Borgholm**. Es wurde 1572 an der Stelle einer alten Burg errichtet, später umgebaut und 1806 durch einen Brand zerstört. Heute finden in der Ruine Musikfestspiele statt.

BAEDEKER TIPP

! *Fotogene Steine*

Bei Byrum erheben sich an der Westküste die **Byrums Raukar**, Ölands einziges (und unter Naturschutz stehendes) Gebiet, wo insgesamt 120 dieser bizarren und höchst fotogenen Felsnadeln zu finden sind.

Unweit südlich von Borgholm liegt in einer geschützten Senke Schloss Solliden. Das weiße, klassizistische Schlösschen wirkt bescheiden, gegenüber steht etwas erhöht das kleine, ganz mit Grün überwucherte Spielhaus. 1903 – 1906 wurde das Anwesen für Königin Victoria angelegt, es dient heute der schwedischen Königsfamilie als Sommersitz und ist nicht zugänglich. Besichtigt werden kann aber der **englische Park** mit seinen schönen alten Bäumen.
❶ Mitte Mai – Mitte Sept. tgl. 11.00 – 18.00 Uhr, Eintritt 75 SEK, Führung 350 SEK, www.sollidensslott.se

**Schloss Solliden

Rund 15 km südöstlich von Borgholm liegt im Inselinnern das große eisenzeitliche Gräberfeld Karums Alvar mit der 30 m langen schiffsförmigen Steinsetzung **»Arche Noah«**. In der Nähe befinden sich zwei Kalksteinhügel, wo der Sage nach Odin sein Ross Sleipnir angebunden haben soll.

Karums Alvar

* Örebro

✈ G 7

Landschaft: Närke
Provinz: Örebro Län
Einwohnerzahl: 136 900
Höhe: 22 m ü.d.M.

Nördlich von Örebro breiten sich die sanften Hügel des Bergslagen aus. Schon immer war die Stadt ein wichtiges Bindeglied zwischen diesem Bergbaugebiet und dem angrenzenden Bauernland. Wahrzeichen der alten Handelsmetropole ist das wuchtige Schloss.

Örebro erleben

AUSKUNFT
Örebrokompaniet
70135 Örebro
Olof Palmes Torg 3
Tel. 019 21 21 21
www.orebrotown.se

ESSEN
Svampen €€
Dalbygatan 4
Tel. 019 6 11 37 35
www.svampen.nu
Der markante Wasserturm ist ein weithin sichtbares Wahrzeichen von Örebro. Im Kopf des Pilzes befindet sich ein Café mit schöner Aussicht. Außerdem kann man das Erlebniszentrum Aqua Nova besuchen, das alles Wissenswerte zum Thema Wasser bereithält.

ÜBERNACHTEN
Grythyttans Gästgivaregård €€€€
Grythyttan
Prästgatan 2
Tel. 0591 6 33 00
www.grythyttan.com
Edler Gasthof nordwestlich von Örebro. Exklusive Küche, die zu den besten des Landes zählt, erlesen ist auch die Weinkarte. Historisch-romantische Zimmer.

Hotel Göta €€ – €€€
Olaigatan 11
Tel. 019 6 11 53 63
www.hotellgota.nu
Charmantes Hotel (20 Zi.) in unmittelbarer Nähe des Schlosses. Wellness-Abteilung mit skandinavischer Sauna, Solarium und Massage.

EINKAUFEN
In der Innenstadt kann man vor allem im Gebiet Storgatan-Drottninggatan-Stortorg-Våghustorg einkaufen. 9 km südlich von Örebro liegt das riesige Einkaufszentrum Marieberg mit über 60 Geschäften.

FREIZEIT UND SPORT
Ausflüge
Im Hochsommer verkehren Ausflugsboote auf dem Hjälmarkanal, 40 km nordöstlich von Örebro.
Touristenbüro Arboga, Tel. 0589 8 71 51, und Kungsör, Tel. 0227 60 01 01

Vogelbeobachtungen
Jedes Jahr Ende März rasten zwischen 1000 und 3000 Singschwäne auf ihrem Weg nach Russland und Finnland am Tysslingen-See westlich von Örebro. Sie vollführen vor allem am Morgen ihre Tänze und trompeten lautstark. Seit der See renaturiert wurde, lohnt auch ein Besuch außerhalb der Schwanenrast, denn jetzt brüten wieder unzählige Vögel am Tysslingen.

Kanufahren
Der Hjälmarkanal ist auch bei Kanuten ein beliebtes Revier. Routenbeschreibungen und Adressen von Kanuvermietern hält die Touristeninformation bereit.

SEHENSWERTES IN ÖREBRO UND UMGEBUNG

Nikolaikirche In der Nikolaikirche (18. Jh.) am Marktplatz wurde 1810 der französische Marschall Jean Baptiste Bernadotte zum Thronfolger gewählt, da das schwedische Königshaus keine Nachkommen hatte. In der

Kirche ist der legendäre schwedische Volksheld und Reichshaupt-
mann **Engelbrekt Engelbrektsson** bestattet. Sein Bronzestandbild
(1865, von Carl Gustav Qvarnström) steht gegenüber der Kirche vor
dem neugotischen Rathaus.

Nördlich vom Marktplatz erhebt sich auf einer Flussinsel das Schloss, ***Schloss**
ein viertürmiger Renaissancebau, der heute neben dem Schloss- **Örebro**
museum auch ein Restaurant und **das Tourismusbüro** beherbergt.
Die ältesten Teile des Schlosses wurden in der zweiten Hälfte des
13. Jh.s, das heutige Schloss Ende des 16. Jhs. errichtet.
❶ Mo. – Fr. 10.00 – 18.00, Sa. / So. 10.00 – 17.00 Uhr, www.orebroslott.se

Im Örebro Länsmuseet östlich des Schlosses sind Sammlungen zur **Provinz-**
Kunst- und Kulturgeschichte zu sehen. **museum**
❶ Di., Do. 9.00 – 18.00, Mi. 12.00 – 21.00, Fr. – So. 12.00 – 16.00 Uhr,
Eintritt frei, www.orebrolansmuseum.se

Folgt man dem Fluss in östlicher Richtung, kommt man zum Freilicht- ***Wadköping**
museum von Wadköping, dem ältesten Viertel Örebros. Die Häuser
des Museums hatten früher im Zentrum von Örebro gestanden, mussten jedoch Neubauten weichen und wurden hier wieder aufgebaut. So
ist in Wadköping auch ein **sehenswerter historischer Stadtteil** mit
Handwerksbetrieben, Museen, Läden und Cafés entstanden.
Museen: Mai – Aug. tgl. 11.00 – 17.00, sonst Di. – So. bis 16.00 Uhr,
Eintritt frei

Trutzig demonstriert das Schloss von Örebro die
Macht der alten Hansestadt.

Arboga Rund 40 km nordöstlich von Örebro liegt die Stadt Arboga. Sie entstand im 12. Jh., als der Fluss schiffbar gemacht wurde, und entwickelte sich rasch zu einem betriebsamen Handelsplatz. Diese Bedeutung verlor sich allerdings, als man im 17. Jh. die Bergbausiedlungen Nora und Lindesberg gründete und den Hjälmarkanal anlegte. Im idyllischen Zentrum gibt es noch viele Kaufmanns- und Handwerkerhäuser; außerdem ist Arboga Sitz einer **Brauerei.** Wenige Schritte westlich vom Rathaus ist das **Stadtmuseum** zu finden, das über die Zeit der Zünfte informiert (schöne Objekte aus Zinn und Silber).
Stadtmuseum: Di. – Do. 13.00 – 16.00, Sa. bis 15.00 Uhr,
www.arbogamuseum.se

Hjälmarsee Die Verbindung zwischen Arboga und Hjälmarsee bildet der 13,7 km lange Hjälmarkanal, der mit neun Schleusen eine Höhendifferenz von 22 m überwindet. Der 483 km² große See erstreckt sich östlich bis Södermanland. An dem fischreichen Gewässer leben viele Vögel.

** Östersund

✦ **G 5**

Landschaft: Jämtland
Provinz: Jämtland Län
Einwohnerzahl: 59 400
Höhe: 286 m ü.d.M.

Östersund liegt sehr schön am Storsjön-See. Überregional bekannt ist die Stadt als Mekka des Biathlons – 2008 wurden hier die Weltmeisterschaften ausgetragen. Åre, Schwedens wichtigster Wintersportort, liegt ebenfalls in der Umgebung.

Jämtland Das terrassenförmig am östlichen Ufer des Storsjön ansteigende Östersund ist die einzige Stadt im Jämtland – einer wunderschönen Region, die **noch weitgehend unberührt ist. Seen und Berge prägen dieses Gebiet, das vor allem von Skifahrern aufgesucht wird.

SEHENSWERTES IN ÖSTERSUND UND UMGEBUNG

Runenstein von Frösön Der Runenstein von Frösön vor dem Provinzparlament ist der nördlichste Schwedens und auf ihm wird erstmals der Name der Provinz Jämtland erwähnt. Auch von der Christianisierung der Region ist die Rede, was sonst nirgendwo nachzulesen ist. Auf diesem Stein sind zudem die Runen in den Körper einer Schlange eingeritzt, was manche mit der **Sage vom Storsjö-Ungeheuer** in Verbindung bringen.

Östersund erleben

AUSKUNFT
Turist & Kongressbyrå
83182 Östersund
Rådhusgatan 44
Tel. 063 14 40 01
www.visitostersund.se

Åre Turistbyrå
83013 Åre, St Olavsväg 33
Tel. 0647 1 77 20, www.visitare.se

ESSEN
Villa Tottebo ❸❸❸
Åre, Parkvägen 1
(ggü. der Eisenbahnstation in Åre)
Tel. 0647 5 06 20
www.villatottebo.se
Solide Küche mit regionalen Zutaten
in einer Villa von 1897.

En litenröd ❸❸❸
Östersund, Brogränd 19
Tel. 063 12 63 26, www.enlitenrod.se
Pasta, vegetarische Küche, gute Fleisch-
gerichte und als Spezialität Krabben-
und Schokoladenfondue.

Café am Frösöturm ❸
Östersund, Stockevägen 3
Tel. 063 12 81 69
Mitte Mai – Ende September
tgl. 11.00 bis 17.00 Uhr
www.froson.com/tornet
Café mit schöner Aussicht auf die Berg-
welt Jämtlands. Angeschlossen ist eine
Jugendherberge.

ÜBERNACHTEN
Hotel Emma ❸❸
Östersund, Prästgatan 31
Tel. 063 51 78 40
www.hotelemma.com

Nettes Hotel mitten in der Altstadt.
Außergewöhnlich schöne Gästezimmer
im skandinavischen Stil.

Hotell Fjällgården ❸❸
Åre
Fjällgårdsvägen 35
Tel. 0647 1 45 00
www.fjallgarden.se
Das Hotel liegt einzigartig am Berg-
hang mit Blick auf das Skigebiet.
Idealer Ausgangspunkt für diverse
Freiluftaktivitäten.

AUSFLÜGE
Auf dem Storsjön verkehrt im Sommer
die »Thomée«, der 1875 erbaute, älteste Dampfer Schwedens, ab Östersund zu
den Inseln Verkön und Andersön.
www.turist.ostersund.se

FESTIVAL
Storsjöyran, kurz Yran, ist Schwedens
ältestes Stadtfest. Es findet in Östersund
seit den 1960er-Jahren Ende Juli statt und
ist mit rund 50 000 Besuchern eines der
größten Musikfestivals in Skandinavien.
www.storsjoyran.se

WINTERSPORT
Skifahren
Wegen des stabilen Winterwetters
kommt so manche Biathlon-National-
mannschaft nach Östersund zum
Training. Auch Touristen finden hier
insgesamt ideale Bedingungen zum
Eisangeln, Skilanglauf oder zum Schlittschuhlaufen auf dem See.

Hundeschlitten
Das Touristenbüro in Åre vermittelt
Fahrten mit dem Hundeschlitten.

MORA

Zielort des Wasalaufs Mora liegt am nördlichen Ufer des Siljansees. Die Stadt ist Geburts- und Wirkungsstätte des Malers und Bildhauers Anders Zorn (1860 – 1920) und gilt als der beliebteste Urlaubsort am Siljan. Seit 1922 wird es jährlich am ersten Sonntag im März turbulent: Dann steigt der Wasalauf (Vasaloppet), mit 90 km **der längste Skilanglauf der Welt**.

Vasaloppets Hus Am nordöstlichen Rand der Innenstadt steht auf einem künstlich aufgeschütteten kleinen Hügel das Denkmal für Gustav Wasa (von A. Zorn, 1903). Ganz in der Nähe befindet sich das Vasaloppets Hus mit einer **Ausstellung zur Geschichte des Wasalaufs**.
❶ Mo. – Fr. 10.00 – 17.00 Uhr, www.vasaloppet.se

Zorngården Der Zorngården ist ein hübscher Park mit Wohnhaus und Atelier des Künstlers Anders Zorn. Nebenan steht das **Zorn Museum**, das eine umfangreiche Sammlung von Werken des Künstlers enthält.
Zorngården: Mitte Mai – Mitte Sept. Mo. – Sa. 10.00 – 16.00, So. 11.00 – 16.00 Uhr, sonst feste Zeiten: 12.00, 13.00, 14.00 und 15.00 Uhr; Besichtigung nur mit Führungen; Kosten 90 / 50 SEK
Zorn Museum: Mitte Mai – Mitte Sept. Mo. – Sa. 9.00 – 17.00, So. 10.45 – 17.00, sonst tgl. 11.45 – 16.00 Uhr, Eintritt 60 / 50 SEK, www.zorn.se

Zorns Gammelgård Südlich vom Stadtkern liegt am Ufer des Siljansees das **Freilicht-museum** Zorns Gammelgård, wo man eine Anzahl alter Holzhäuser aus der Region sowie ein eindrucksvolles Textilmuseum besichtigen kann.
❶ Mitte Juni – Aug. tgl. 12.00 – 17.00 Uhr

VON MORA UM DEN SILJANSEE

Orsasee Nördlich von Mora erstreckt sich der 56 km² große und bis 97 m tiefe Orsasee, an dessen nördlichem Ufer die Orte Våmhus und Orsa liegen. **Orsa Grönklitt**, 17 km nordwestlich von Orsa, ist ein großzügiges Freizeitgebiet mit Angel- und Wassersportmöglichkeiten, im Winter kann man Ski fahren. Außerdem ist Grönklitt für sein **Bären-gehege** bekannt, das größte in Nordeuropa. Inzwischen sind auch Leoparden und Eisbären hier eingezogen.
Bärengehege: Ende Juni – Mitte Aug. tgl. 10.00 – 18.00, sonst bis 15.00 Uhr, Eintritt 190 / 130 SEK, www.orsabjornpark.se

Nusnäs Das bunt lackierte hölzerne **Dalapferdchen**, wohl das bekannteste Souvenir Schwedens, wird im rund 10 km östlich von Mora gelegenen Ort Nusnäs hergestellt. Meist sind die Dalapferdchen rot bemalt, stehen nach Größen sortiert auf stämmigen Beinen in den Regalen und warten auf Käufer.

❶ Werkstätten Edåkersvägen 17 und 24, Sommer: Mo. – Fr. 9.00 – 18.00, Sa. / So. 9.00 – 16.00 Uhr, www.grannas.com, www.nohemslofd.se

Von Mora führt Str. Nr. 70 in östlicher Richtung am Seeufer entlang **Rättvik** nach Rättvik, das an einer Bucht des Siljansees liegt. Im **Freilicht-museum** Rättviks Gammelgård, 2 km nördlich vom Zentrum, sind rund 30 Häuser, altes Hausgerät und Volkstrachten sowie schöne Dala-Malereien zu sehen. Im Kulturhaus am Südrand der Innenstadt findet man das **Naturmuseum**, das u. a. über den Meteoritenein-schlag informiert, der sich wohl vor über 300 Millionen Jahren im Bereich des heutigen Siljansees ereignete.

Freilichtmuseum: Mitte Juni – Mitte Aug. tgl. 12.00 – 16.00 Uhr
Naturmuseum: Sommer Mo. – Do. 11.00 – 19.00, Fr. bis 16.00, Sa. bis 14.00, So. 13.00 – 16.00 Uhr

Die beliebten Dalapferdchen werden noch in Handarbeit hergestellt.

Siljansee erleben

AUSKUNFT
Siljan Turism Mora
79230 Mora, Strandgatan 14A
Tel. 0250 59 20 20
www.siljan.se

ESSEN
*Fryksås Hotell
& Gestgifveri* ⊜⊜⊜ – ⊜⊜⊜⊜
Fryksås, ca. 20 km von Orsa
Tel. 0250 4 60 20, www.fryksashotell.se
Hier werden die besten Wildgerichte
weit und breit serviert. Wer möchte,
kann im kleinen, gemütlichen Fryksås
Hotell übernachten.

Kungshaga Hotell & Wärdshus ⊜⊜
Orsa (2 km außerhalb)
Tel. 0250 4 42 60, www.kungshaga.se
Restaurant in einem alten Herrenhaus
mit schöner Aussicht über den Orsasee.
Bekannt gute Küche.

Sjövillan Restaurang & Bar ⊜⊜
Rättvik,
Långbryggevägen 20
Tel. 0248 1 34 00, www.visitsjovillan.se
Sommerrestaurant in schöner Lage
direkt am Siljansee. Abends Musik im
Pub. Außerdem Kanuverleih, Minigolf-
platz und Kinderschwimmbecken.

ÜBERNACHTEN
Åkerblads Hotell & Gästgiveri ⊜⊜⊜
Tällberg, Sjögattu 2
Tel. 0247 5 08 00
www.akerblads.se
Wunderschönes Hotel (69 Zi.) an einem
sanften Abhang am Siljansee. Exklusive
Küche – jedes Jahr ist das Åkerblads
unter den besten Gourmetrestaurants
Schwedens zu finden. Erschwinglich sind

das Smörgåsbord oder das Dagens Rätt
zur Mittagszeit.

*Dala Husby Hotell
& Restaurang* ⊜⊜⊜
Dala Husby, Smedbyvägen 56
Tel. 0225 4 12 70
www.dalahusbyhotell.com
Kleines Hotel (12 Zi.), ruhig gelegen am
Ufer des Dal Älv. Im Landhausstil ein-
gerichtete, gemütliche Zimmer.
Im Gemeinschaftsraum sitzt man bei
Kaminfeuer, Kaffee und selbst gebacke-
nen Leckereien zusammen.

Vandrarhem Leksand ⊜
Leksand, Källberget, Parkgatu 6
Tel. 0247 1 52 50
www.vandrarhemleksand.se
Eine der ältesten Jugendherbergen
Schwedens (1937 erbaut) in einem
schönen alten Dalarnahof (80 Betten).

EINKAUFEN
Die berühmten Dalapferdchen werden
bei Mora im Ort Nusnäs hergestellt. Dort
kann man sie frisch von der Fabrik weg
kaufen (▶S. 592).

FREIZEIT UND SPORT
Exkursionen
Elchsafaris und Ausritte mit Isländer-
pferden werden u.a. vom Sportzentrum
Orsa Grönklitt angeboten.
Tel. 0250 4 62 00, www.orsagronklitt.se
Weitere Veranstalter nennen die Touris-
teninformationen in Älvdalen und Mora.
Im Internet außerdem:
www.siljan.se und www.alvdalen.se

Wandern und Radfahren
Der »Siljansleden« ist ein 340 km langer

Wander- bzw. 310 km langer Fahrradweg rund um den Siljansee. Die Strecke
ist durchgehend markiert, leicht zu
bewältigen und hat ausreichend Rast-
und Übernachtungsmöglichkeiten.
Auch im Sommer kann man den Wasalauf machen in Form einer wenig
beschwerlichen Wanderung. Der 90 km
lange Weg ist durchgehend markiert
und folgt überwiegend der Skispur.
Übernachtung in Hütten.

Wintersport und Wasalauf

Die Skihänge am Siljansee sind leicht bis
mittelschwer und ideal für Anfänger und
Familien. Skilangläufer finden in den
Wäldern hunderte von Kilometern
gespurter Loipen.
Traditionell wird der Wasalauf am ersten
Sonntag im März ausgetragen, wobei
sich rund 15 000 Skiläufer im klassischen
Stil auf den 90 km langen Weg von
Sälen nach Mora machen. Es gibt auch
kürzere Strecken.

FESTE

»Musik vid Siljan«

Anfang Juli wird in Rättvik mehrere Tage
lang vom Symphonieorchester bis zur
typischen Spelmansstämma musiziert.
www. festivalinfo.se

»Classic Car Week«

Oldtimerfreunde treffen sich in der
ersten Augustwoche in Rättvik. Liebevoll
restaurierte Straßenkreuzer verstopfen
dann die Straßen der kleinen Stadt.
www.classiccarweek.com

Mittsommar

An Mittsommer (um den 24. Juni) wird
in den Orten um den Siljansee mit viel
Tanz und Musik das Aufrichten der
prächtig geschmückten Mittsommer-
bäume gefeiert.

! BAEDEKER TIPP

Oper im Steinbruch

Dalhalla, 7 km nördlich von Rättvik, ist ein seit 1990 stillgelegter
Steinbruch, an dessen Grund sich
ein kleiner See befindet. Die Senke hat die Form eines Amphithea-
ters und verzückt Besucher wegen
der **vorzüglichen Akustik**. Im
Sommer werden in diesem spektakulären Ambiente Opern- und
Musikabende geboten. Aber auch
ohne Konzert lohnt die Besichtigung im Rahmen einer Führung
(Ende Juni – Mitte Aug. tgl.
11.00 – 15.00 Uhr, sonst n. V., Tel.
0248 79 79 50, www.dalhalla.se).

Die Landstraße umrundet nun den Westteil des Siljansees und führt **Gesunda**
über Gesunda und Sollerön nach Mora zurück. In Gesunda hat Anders Zorn 1906 das erste schwedische Spielmannstreffen veranstaltet.
Das **Tomteland** (Nikolausland) am Gesundaberg besteht aus einer
Gruppe von Blockhäusern mit Nikolauswerkstatt und ist vor allem
für Kinder ein Erlebnis.
Tomteland: Mitte Juni – Mitte Aug. 10.00 – 16.00 Uhr, www.tomteland.se

Die von Mora in Richtung Malung führende Str. Nr. 45 berührt den **Siljansfors**
Ort Siljansfors, wo im interessanten **Waldmuseum** erläutert wird,
wie die beschwerliche Waldarbeit vor 200 Jahren bewältigt wurde.
Waldmuseum: Mitte Juni – Mitte Aug. Sa./So. 10.00 – 17.00 Uhr

FJÄLLDALARNA

In der Wildnis Fährt man auf der Str. Nr. 70 von Mora aus Richtung Nordwesten, gelangt man ins raue »Fjälldalarna«, die südlichste Wildnis Schwedens. Berge, weite Sumpfgebiete und einsame Wälder bieten **Kanufahrern, Wanderern und Skiläufern** beste Möglichkeiten. Natürlich kann man auch mit erfahrenen Führern auf Elch- und Bärensafari gehen oder mit dem Kanu den Spuren der Biber folgen.

Älvdalen Das kleine Städtchen Älvdalen liegt in Schwedens einzigem **Porphyrgebiet**. Das vulkanische Gestein, häufig auch »Diamant Schwedens« genannt, wird hier seit 1788 abgebaut. Heute wird aus dem Stein meist Schmuck hergestellt. Das **Porphyrmuseum** im Zentrum von Älvdalen besitzt eine große Sammlung dieser Steine.
Porphyrmuseum: Ende Juni – Aug. tgl. 11.00 – 17.00, sonst Di. – Fr. 10.00 – 12.00 und 13.00 – 15.00 Uhr

Sälen Von Älvdalen lohnt, speziell im Winter, ein Abstecher ins westlich gelegene Sälen, das wegen seiner hervorragenden Wintersportmöglichkeiten bekannt ist. Am ersten Wochenende im März fällt in Sälen der Startschuss zum traditionsreichen **Wasalauf**.

*Njupeskärsfall Auf der Str. Nr. 70 fährt man weiter nach Nordwesten Richtung Idre und biegt auf die Landstraße nach Westen bis Mörkret an der Nordseite des Fulufjäll ab. Nun erreicht man einen Parkplatz, von dem man nach einer kurzen Wanderung den Njupeskärsfall, den mit 93 m (davon 70 m freier Fall) **höchsten Wasserfall Schwedens**.

Idre Idre ist ein kleines Dorf, das sich hervorragend als Ausgangspunkt für Unternehmungen im nordöstlich gelegenen Nipfjäll eignet. Im Winter ist der Wintersportort Idre Fjäll, 10 km nördlich von Idre, ein **schneesicheres Alpin- und Langlaufgebiet**, viele der Abfahrten sind für Kinder und Anfänger geeignet. Folgt man der Str. Nr. 70 weiter nach Westen, erreicht man die norwegische Grenze.

Stöllet In südwestlicher Richtung liegt am Ufer des Klarälven das Örtchen Stöllet, Basis von **Vildmark i Värmland**, die Ein- oder Mehrtagestouren mit selbst gebauten Flößen anbieten. Bevor sich aber das Huckleberry-Finn-Feeling einstellen kann, heißt es erst einmal anpacken, Knoten knüpfen und Holzpfähle schleppen. Nach der Arbeit geht es dann jedoch mit 2 km/h rein ins Vergnügen, das je nach gebuchter Tour den Rest des Tages oder noch mehrere Tage dauert. Während der Fahrt kann man sein Glück auch beim Angeln versuchen, denn der Klarälven ist für das Fliegenfischen sowie das Angeln auf Lachs und Äschen sehr beliebt.
❶ www.vildmark.se, www.varmland.se

** Stockholm

✦ H/J 7

Landschaft: Södermanland
Provinz: Stockholm Län
Einwohnerzahl: 863 100
Höhe: Meereshöhe

Stockholm wird gerne als »Venedig des Nordens« gepriesen: Die größte Stadt Skandinaviens verteilt sich auf 14 Inseln, die über zahlreiche Brücken mit dem Festland verbunden sind. Hier am Wasser sind die Freizeitmöglichkeiten beinahe unerschöpflich, und mit über 100 Museen, Kirchen und Schlössern sowie exzellenten Shoppingmöglichkeiten lohnt Stockholm einen längeren Aufenthalt.

Stockholm ist die **Hauptstadt des Königreichs Schweden**, Sitz der Ministerien, des Reichstags und des höchsten Gerichts sowie eines katholischen Bischofs. Die Stadt liegt an der engen Mündung des Mälarsees in die Ostsee. Aus den Weltkriegen gingen die schwedische Hauptstadt und ihre prachtvollen Gebäude unbeschadet hervor.

Blühende Kapitale

Viel Wasser und jede Menge Brücken sind typisch für die schwedische Hauptstadt Stockholm.

Stockholm

Vasastaden · Flughafen Arlanda · Humlegården

Rådmans-gatan

Strindbergs-museet

Johannes kyrka

Kungliga Biblioteket

A. Fredriks Kyrka

David Bagares Gata

Scala · Folkethus Stora Teat.

Ingenjörs akad.

Norra Latin · City Conference Center

Hötorget

Sture-plan

Vasateatern · Konsert-huset

NORR-MALM

Österr-malmstorg

Dramat. teatern

Oscars-teatern

Sergels Torg · NK

Hallwylska museum

City-terminalen

Kultur-huset · Stadsteatern

Kungs-trädgården

T-Centralen

Karl XII:s Torg

Klara kyrka · Post-terminal

Jakobs-kyrkan

Central-station

Operan · Kungs-trädgården

Vaxholm

Buss-terminal

Konst-akad.

Dans-museet

Medeltids-museet

Rosenbad

Riksdagshuset · Helgeands-holmen

Livrust-kammaren

Riddar-huset

Stor-kyrkan

Kungliga Slottet

GAMLA STAN

Birger-Jarls-torg

Svea Hovrätt

Nobel-museet

RIDDAR-HOLMEN · Riddar-holms-kyrkan

Post-museum

Gamla Stan

Tyska kyrkan

Korn-hamns-torg

Riddarfjärden

●——● U-Bahn (Tunnelbana)

●----● Hop-on-Hop-off Sightseeing-Boote

Söder Mälarstrand

Skinnerviks-parken

Stockholms Stadsmuseum

Slussen

Katarina-hissen

Maria Magdalena kyrka

S:t Pauls-kyrkan

Mariatorget

SÖDERMALM

Söder-hallarna

Medborgarhuset

Medborgar-pladsen

Sankt Eriks Katolska Domkyrka

Globe, Skogs-kyrkogården

Essen

1. Edsbacka Bistro
2. Halv Grek Plus Turk
3. Sturehof
4. Halv Trappa plus Gård
5. Wedholms Fisk
6. F 12
7. Zum Franziskaner
8. Fem Små Hus
9. Den Gyldene Freden
10. Gondolen

Übernachten

1. Längholmens Vandrarhem
2. Mälardrottningen Hotel
3. Victory Hotel
4. Tre Små Rum Hotel
5. Grand Hotel Stockholm
6. af Chapman

Fußgängerzone

Stockholm erleben

AUSKUNFT
Stockholm Visitors Board
11120 Stockholm, Vasagatan 14
Tel. 08 50 82 85 08
www.stockholmtown.com

Hotellcentralen
Terminalslingan, Centralstationen
Tel. 08 7 89 24 90
www.stockholmtown.com

What's on Stockholm
Monatlich erscheinende Broschüre
in Englisch mit dem kompletten
Veranstaltungskalender.

Tafeln im »Den Gyldene Freden«

ESSEN
❶ Edsbacka Bistro ⓔⓔⓔ – ⓔⓔⓔⓔ
Sollentuna, Sollentunaveien 223
Tel. 08 6 31 00 34, So. geschl.
www.edsbackabistro.se

In dem unscheinbaren Gebäude speist
man hervorragend, zur Mittagszeit sogar
durchaus preiswert.

❸ Sturehof ⓔⓔⓔ
Stureplan 2, Tel. 08 4 40 57 30
www.sturehof.com
Das von einem bekannten schwedischen
Designer eingerichtete Lokal ist berühmt
für hervorragende Fischgerichte.

❺ Wedholms Fisk ⓔⓔⓔⓔ
Nybrokajen 17, Tel. 08 6 11 78 74
So. geschl., www.wedholmsfisk.se
Das beste Fischrestaurant Stockholms.
Absolut frischer Fisch und exzellente
Saucen. In dieser preisgekrönten Küche
sind die Portionen erfreulich groß.

❾ Den Gyldene Freden
ⓔⓔⓔ – ⓔⓔⓔⓔ
Österlånggatan 51, Tel. 08 24 97 60
www.gyldenefreden.se
Exquisite schwedische Küche in einem
der ältesten Restaurants der Stadt.
Literaten der Swedish Academy
gehen hier ein und aus.

❿ Gondolen ⓔⓔⓔ – ⓔⓔⓔⓔ
Stadsgården 6, Tel. 08 6 41 70 90
So. geschl., www.eriks.se
Hervorragender Blick aus 36 m Höhe
über die Stadt. Die Cocktails sind
berühmt, aber auch teuer.

Pelikan ⓔⓔ
Blekingegatan 40
Tel. 08 55 60 90 92
www.pelikan.se
Traditionsreiches Restaurant mit konser-
vativem Interieur und entspannter
Atmosphäre. Das Pelikan war einst das

Stammlokal des Dichters und Komponisten Carl Michael Bellman (1740 - 1795).

❹ *Halv Trappa plus Gård* ⓔⓔ
Lästmakargatan 3
Tel. 08 6 11 02 77
Eines der besten chinesischen
Restaurants von ganz Stockholm.

❻ *F 12* ⓔⓔ – ⓔⓔⓔ
Fredsgatan 12, Tel. 08 24 80 52
www.f12.se
Internationale Küche, von kreativen
Köchen zubereitet. Liegt im Herzen
der schwedischen Hauptstadt.
Die F-12-Gruppe betreibt mehrere
Restaurants im Raum Stockholm.

❽ *Fem Små Hus* ⓔⓔⓔ
Nygränd 10, Tel. 08 10 87 75
www.femsmahus.se
Gute schwedische Küche in einem
klassischen Restaurant der
Stockholmer Altstadt.

❷ *Halv Grek Plus Turk* ⓔ
Jungfrugatan 33, Tel. 08 6 65 94 22
www.halvgrekplusturk.se
Der Name ist Programm. Preisgünstige
griechisch-türkische Küche.

❼ *Zum Franziskaner* ⓔⓔ
Skeppsbron 44, Tel. 08 4 11 83 30
www.zumfranziskaner.gastrogate.com
Eines der ältesten Restaurants der Stadt
bietet schwedische und deutsche Hausmannskost.

ÜBERNACHTEN
❷ *Mälardrottningen Hotel* ⓔⓔⓔ
Riddarholmen
Tel. 08 54 51 87 80
www.malardrottningen.se
1924 für den New Yorker Millionär

Prächtig: das Grand Hotel Stockholm

Billing gebaute Luxusyacht, seit 1982 vor
der Altstadt Stockholms schwimmendes
Hotel mit 60 eleganten Kabinen und
außergewöhnlichem Charme.

❸ *Victory Hotel* ⓔⓔⓔⓔ
Lilla Nygatan 5
Tel. 08 50 64 00 00
www.victoryhotel.se
Einzigartiges Luxushotel in einem
mittelalterlichen Gebäude. Jedes der
45 Zimmer ist dekoriert mit dem Bild
eines berühmten Seefahrers.

❺ *Grand Hotel Stockholm* ⓔⓔⓔⓔ
Södra Blasieholmshamnen 8
Tel. 08 6 79 35 00
www.grandhotel.se
Die Nr. 1 Stockholms (300 Zi.), Mitglied
der »Leading Hotels of the World«, mit
einzigartiger Lage am Wasser mit Blick
über Hafen, Altstadt und königlichen
Palast. Hier logieren die Nobelpreis-

träger, wenn sie im Dezember zur
Verleihung nach Stockholm kommen.

❹ *Tre Små Rum Hotel* ⊜⊜

Högbergsgatan 81
Tel. 08 6 41 23 71
www.tresmarum.se
Kleinstes Hotel der Stadt, dafür richtig
gemütlich. Nicht mit nur drei Zimmern,
wie der Name glauben macht, sind doch
seit der Gründung 1993 immerhin vier
neue dazugekommen.

❶ *Långholmens Vandrarhem* ⊜

Gamla Kronohäktet
Långholmsmuren 20
Tel. 08 7 20 85 00
www.langholmen.com
Hotelaufenthalt der etwas anderen Art:
1840 gebaut, diente das Haus bis Mitte
der 1970er-Jahre als Gefängnis.

❻ *af Chapman* ⊜

Skeppsholmen
Flaggsmansvägen 8
Tel. 08 4 63 22 66
www.stfchapman.com
Schönste Jugendherberge Stockholms
auf einem alten Segelschiff. Allerdings
muss man hier lange im Voraus buchen!
In der »Bar Chapman« werden auch im
Freien Drinks serviert.

TRANSPORT
U-Bahn

Das wichtigste und bequemste inner-
städtische Verkehrsmittel ist die Tunnelbana (U-Bahn), mit deren Bau schon
1930 begonnen wurde und die heute
mit drei Linien auch das nahe Umland
erschließt. Wer die Stockholmkarte
besitzt, fährt kostenlos. Sonst kann man
Netzkarten mit 24, 48, 72, 120 Stunden
Gültigkeit erwerben. Fährt man nur in

der Innenstadt, kann man auch die
»rabattkuponger« (Streifenkarte)
kaufen, auf der man je nach Zonenzahl
Felder abstempelt. Einzelfahrkarten sind
im Vorverkauf – also bei »Pressbyråer«
oder am Automaten – wesentlich billiger
als direkt an der Eingangssperre. Im Bus
kann man keine Fahrkarten kaufen. Wer
busfahren will, muss sich also sein Ticket
vorab beschaffen.
Fahrpläne und weitere Infos: www.sl.se

Oldtimer-Straßenbahn

Ein nostalgisches Erlebnis ist die Fahrt
mit der gemütlichen Oldtimer-Straßen-
bahn, die zwischen der Innenstadt und
dem Freilichtmuseum Skansen verkehrt.

VERGÜNSTIGUNGEN
Stockholmskortet

Die Stockholmkarte gewährt freien
Eintritt in 80 Museen und Sehenswürdigkeiten sowie kostenlose Fahrten mit
öffentlichen Verkehrsmitteln und Stadtrundfahrten mit dem Boot. Rundfahrten
mit dem Bus sind ermäßigt.
Erhältlich bei Tourismusinformationen im
Stadtbereich: Stockholmskortet 24, 48,
72, 120 Std.; Erw./Kinder: 450/215,
625/255, 750/285, 950/315 SEK
www.stockholmcard.com

EINKAUFEN
Öffnungszeiten

Die großen Kaufhäuser und viele große
Geschäfte sind werktags teils bis 22.00,
So. 12.00 – 16.00 Uhr geöffnet. Kleinere
Läden haben werktags von 10.00 –
18.00 (max. 19.00 Uhr) geöffnet.

Drottninggatan

Nördlich vom Reichstag durchzieht die
Drottninggatan die Stadt, dicht an dicht
stehen hier große Kaufhäuser und Shop-

pingketten, Boutiquen und Nobel-
geschäfte.

Kungsgatan / Stureplan

Vom Stureplan gehen alle wichtigen
Einkaufsstraßen ab, so auch die Kungsgatan, erste Anlaufstelle in der City mit
Nobelgeschäften und Läden aller Art.
Exklusive Shoppingwünsche wie auch
die Sehnsucht nach einem deutschsprachigen Buch werden in der Sturegallerian am Stureplan befriedigt. Schwedische Glaskunst gibt es z.B. bei Ore-
fors/Koste Boda und Nordiska Kristall.

Norrmalm und Östermalm

Hier findet man exklusive Geschäfte für
Mode und Design sowie erstklassige
Einrichtungshäuser. Östermalm ist
außerdem bekannt für Antiquitäten,
Kunst und Kunsthandwerk. Kulinarische
Köstlichkeiten aus ganz Schweden
bieten die Händler in der großen Markt-
halle am Östermalmstorg feil.

Södermalm

Einstiges Arbeiterviertel im Süden der
Stadt, heute Treff der Bohème: jede
Menge Galerien, trendige Mode- und
Designergeschäfte, dazu am Wochen-
ende der Designmarkt »Street«.

Nordiska Kompaniet (NK)-Kaufhaus

Luxus und schwedisches Kunsthandwerk
hinter Jugendstilfassaden in der
Hamngatan.

Markt

Mo.–Sa. bieten am Hötorget Gemüse-
und Blumenhändler ihre Waren an,
am So. Flohmarkt.

AUSFLÜGE
Nach Drottningholm und Birka

Vom Kai am Stadshus verkehren
Ausflugsschiffe nach Drottningholm
(ca. 2 Std.) und Birka (7,5 Std.).
Fahrplan: Tel. 08 12 00 40 00 und
www.stromma.se/kanalbolaget

Museumsstraßenbahn

Nostalgie pur, eine Fahrt mit der über
50 Jahre alten Museumsstraßenbahn
vom Norrmalmstorg nach Djugården.
21. März – 31. Mai, 5. Sept. – 20. Dez.
Sa./So. 10.36 – mind. 17.00,
Juni – Aug. tgl. 10.36 – mind. 18.00 Uhr
www.destination-stockholm.com/sights/
line7.htm

In den Schärengarten

Eine ganze Flotte von weißen Schärendampfern bricht jeden Tag von Stockholm aus in den 24 000 Inseln zählenden Schärengarten vor den Toren der
Stadt auf. Mit der »Båtluffarkort« kann
man die Schiffe beliebig oft nutzen.
5 Tage ca. 420 SEK
www.waxholmsbolaget.se

Geschichte

Keimzelle der Stadt ist das Inselchen Helgeandsholmen, das heute
fast ganz vom Reichstag eingenommen wird. Dann breitete sich die
Siedlung auch auf die Inseln Stadsholmen und Riddarholmen aus.
Diese Inseln bilden heute **die Altstadt Gamla Stan**. 1252 ließ
Reichsverweser Birger Jarl eine befestigte Burg auf Stadsholmen bau-
en, genannt **Tre Kroner** (Drei Kronen), wobei die drei Kronen, die
das Staatswappen noch heute zeigt, die vereinigten Königreiche von
Götaland, Svealand und Norrland darstellen sollten. Im 14. Jh. hatte

Highlights Stockholm

▶ **Gamla Stan**
Sehen, Staunen, Geld ausgeben:
Stockholms malerisches Herz
Seite 604

▶ **Nationalmuseum**
Nichts für Eilige: Schwedens größtes
Museum birgt 16 000 Kunstwerke.
Seite 610

▶ **Museum der Moderne**
Eine der weltbesten Sammlungen
moderner Kunst in einem außer-
gewöhnlichen Haus auf der Insel
Skeppsholmen
Seite 610

▶ **Vasa-Museum**
Letzter Hafen für die Vasa, von
Besuchern aus aller Welt bewundert.
Seite 615

▶ **Skansen**
Schweden auf kleinstem Raum mit
Windmühlen, Bauernhöfen, Lappen-
hütte und fröhlichen Feiern zu allen
Jahreszeiten
Seite 618

▶ **Schloss Drottningholm**
Barockes Domizil der königlichen
Familie
Seite 621

die Hanse großen Einfluss auf die Geschicke der Stadt, viele Deutsche
siedelten sich hier an und die Hälfte aller Stadträte hatte deutsch zu
sein. 1436 wurde Stockholm **zur Hauptstadt Schwedens**. Ihre Blütezeit begann im 17. Jh., als sie zum Zentrum des schwedischen Ost-
seereichs wurde. Im 19. Jh. stieg die Bewohnerzahl explosionsartig
von 75 000 auf 300 000 an, was zu gravierenden Problemen führte:
Stockholm hatte bis 1861 keine Kanalisation und galt als eine der
schmutzigsten Städte Europas. Das hat sich längst geändert und heute zählt Stockholm zu den schönsten Haupstädten Europas – und zu
den saubersten. In ihrem Einzugsgebiet leben mehr als 1,6 Millionen
Menschen.

GAMLA STAN (ALTSTADT)

Stockholms Herz Den ursprünglichen Stadtkern bilden die **drei Inseln Stadsholmen,
Riddarholmen und Helgeandsholmen**. Wegen seiner Prachtbau-
ten, der malerischen Gassen und der vielen Restaurants ist Gamla
Stan der Touristenmagnet schlechthin. Die vom Gustav Adolfs Torg
am Südrand der Nordstadt kommende Norrbro führt zunächst zur
Insel Helgeandsholmen. Den westlichen Teil nimmt das Gebäude des
Reichstags ein, das 1898 – 1904 errichtet wurde.

*Schloss Unmittelbar südlich der Norrbro steht auf Stadsholmen das mächtige Königliche Schloss (Kungliga Slott). Es wurde nach Plänen von

Nicodemus Tessin d.J. 1754 vollendet und steht an der Stelle der mittelalterlichen Vasaburg, die 1697 einem Brand zum Opfer gefallen war. Es gilt als **einer der bedeutendsten Barockbauten Nordeuropas** und umfasst mehr als 608 Räume. Heute ist das Schloss der Arbeitsplatz des Königs. Der Wohnsitz der königlichen Familie liegt jedoch in Drottningholm. Im ersten Stock befinden sich die Gemächer König Oskars II. (gest. 1907), im zweiten Stock die Prunkräume und die Gästezimmer. Ein silberbeschlagener Thronsessel steht im Reichssaal im Südflügel. In der Schatzkammer im Keller werden die schwedischen Reichsinsignien aufbewahrt (Schlüssel, Reichsapfel und Zepter) sowie das Reichsschwert von Gustav Wasa; in der Rüstkammer funkeln Prunkharnische, Festgewänder und Staatskarossen. Tag für Tag findet im Schlosshof die traditionelle **Wachablösung** mit Marschmusik unter lauten militärischen Kommandos und den Augen vieler Zuschauer statt.

Schloss: Mitte Mai – Mitte Sept. tgl. 10.00 – 17.00, sonst Di. – So. 12.00 – 16.00 Uhr, Eintritt 150 / 75 SEK, www.kungahuset.se

Wachablösung: Juni – Aug. Mo. – Sa. 12.15, So. 13.15, sonst Mi., Sa. 12.15, So. 13.15 Uhr

Arbeitsplatz von Carl XVI. Gustav, König von Schweden – das imposante Schloss zu Stockholm.

*Dom   Südwestlich vom Schloss erhebt sich die **Storkyrka**, die Domkirche und gleichzeitig das älteste Gotteshaus der Stadt ist. Sie wurde 1306 geweiht, fast 200 Jahre lang ausgebaut und 1736 bis 1743 barockisiert. Als Hochzeits- und Krönungskirche der schwedischen Monarchen besitzt sie eine besonders reiche Innenausstattung. Neben dem großen, in Silber und Schwarz gehaltenen Renaissancealtar ist die vom Lübecker Meister Bernt Notke (gest. 1509) geschaffene, berühmte Skulpturengruppe des **Hl. Georg mit dem Drachen** einzigartig.
❶ Sept. – Mai tgl. 9.00 – 16.00, Juni Mo. – Fr. 9.00 – 17.00, Sa. / So. 9.00 – 16.00, Juli, Aug. Mo – Fr. 9.00 – 18.00, Sa. / So. 9.00 – 16.00 Uhr, www.stockholmsdomkyrkoforsamling.se

Stortorg   Südlich des Doms liegt der nicht sonderlich große Stortorg, einst der Hauptplatz der Stadt. Er wird beherrscht von der klassizistischen Säulenfassade der Börse (1778), die heute die Schwedische Akademie sowie die Nobel-Bibliothek beherbergt. Direkt am Stortorg stehen außerdem noch einige schmale Bürgerhäuser mit stattlichen Renaissancefronten. 1520 spielte sich hier das **Stockholmer Blutbad** ab, als Christian II. von Dänemark ingesamt 82 führende Männer Schwedens hinrichten ließ.

Bürgerhäuser auf dem Stortorg

Eine schmale Gasse führt vom Stortorg zur Deutschen Kirche **Tyska Kyrkan**, dem einstigen Gotteshaus der deutschen Kaufmannsgilde, einem Werk der Backsteingotik, jedoch mit starkem Renaissance-Einschlag. Der Turm kam im 19. Jh. hinzu. Nicodemus Tessin d.Ä. entwarf die Kanzel aus Ebenholz und Alabaster.
❶ Mai – Sept. tgl. 11.00 – 17.00, sonst Mi., Fr., Sa. 12.00 – 16.00, So. ab 12.30 Uhr

Riddashus   Westlich der Kirche liegt das Riddarhus, in dem bis 1866 die schwedischen Ritterschaften ihre Versammlungen abhielten. Das Gebäude entstand 1641 – 1674 nach Plänen des französischen Architekten Simon de la Vallée. Beim Riddarhus überquert man den Riddarholmskanal und kommt zur Insel **Riddarholmen**, der »Ritterinsel«.

Viele der ehemaligen Adelspaläs-
te sind heute Regierungsgebäude.
Auf dem **Birger Jarlstorg** steht
auf hoher Säule ein Standbild des
legendären Stadtgründers.

An der Südseite des Platzes steht
die an ihrem durchbrochenen
Turmhelm schon von weitem zu
erkennende **Riddarholm-Kirche**,
einst Teil eines Franziskanerklosters. Seit 1807 wird sie nur noch
als Beisetzungs- und Gedächtnis-
kirche genutzt und ist **Grablege
der schwedischen Könige**, u.a.
liegt hier Gustaf II. Adolf.

❶ Mitte Mai – Ende Sept.
tgl. 10.00 – 17.00 Uhr

Riddarholm-Kirche

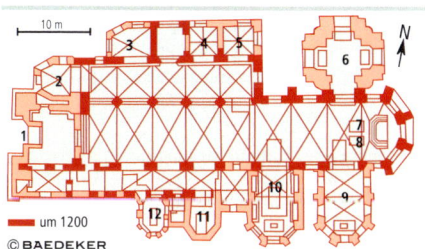

um 1200

© BAEDEKER

1 Westeingang
2 Torstensonsche Kapelle (1651)
3 Wachtmeistersche Kapelle (1654)
4 Lewenhauptsche
5 Kapellen (1654)
6 Karolinische Kapelle (1671 – 1743)
7 Grabmal von Magnus Ladulås († 1290)
8 Grabmal von Karl Knutsson († 1470)
9 Gustav-II-Adolf-Kapelle (1633 – 1634)
10 Bernadottsche Kapelle (1858 – 1860)
11 Vasaborgsche Kapelle (1647)
12 Banérsche Kapelle (1636)

SÖDERMALM

Im 19. Jahrhundert war Södermalm das Viertel der Arbeiter, Künstler und Prostituierten. Die »anständigen« Stockholmer machten einen großen Bogen um »Söder«. Heute ist Södermalm der **angesag-
teste Bezirk Stockholms**.

Wie so viele Gebäude der Stadt wurde auch das Stadtmuseum von
Nicodemus Tessin d. Ä. erbaut. Das Museum informiert den Besucher – unter anderem anhand von Stadtmodellen – über die Geschichte Stockholms. Es beschäftigt sich aber auch mit der Gegenwart und stellt die einzelnen Stadtteile mit ihren Besonderheiten vor.
Das Stadtmuseum veranstaltet Spaziergänge auf den Spuren der Krimis von Stieg Larsson und der Popgruppe Abba. Beide Touren kann
man auch alleine abgehen – im Museum werden die entsprechenden
Stadtpläne verkauft.

**Stads-
museum**

❶ Ryssgården, Di. – So. 11.00 – 17.00, Do. bis 20.00 Uhr, Eintritt 70 SEK,
bis 19 J. frei; www.stadsmuseum.stockholm.se

Über die Hornsgatan und die Bellmansgatan erreicht man das nordwestlich von Södermalm gelegene Viertel am Mariaberget mit seinen
engen, zum Teil steilen Gassen. An den Hornsgatspuckeln – einer
kleinen Straße parallel zur Hornsgatan – liege etwa **ein Dutzend Galerien**; schon in der Vergangenheit haben viele Künstler hier gelebt.
Lohnend ist der kurze Fußweg den Monteliusvägen entlang, der zu
einem der schönsten Aussichtspunkte der Stadt führt.

**Viertel am
Mariaberget**

Maria Mag-
dalena kyrka

Die Maria Magdalena Kirche an der Hornsgatan wurde zwar schon 1634 eingeweiht, ihr heutiges Aussehen erhielt sie aber erst Ende des 17. bzw. Anfang des 18. Jh.s, als sie im Barockstil umgebaut wurde. Auf dem Friedhof liegt der in Schweden sehr bekannte Dichter, Volkssänger und Komponist **Evert Taube** (1890 – 1976) begraben.

❶ tgl. 11.00 – 17.00, Mi. bis 19.50 Uhr

Medborgar-
platsen

Entlang der Götgatan – eine der beliebtesten Einkaufstraßen Stockholms, die Södermalm in Nord-Süd-Richtung durchschneidet – erreicht man den Medborgarplatsen. Er ist der wichtigste Platz und Verkehrsknotenpunkt dieses Stadtteils. An seiner Südseite liegt die Markthalle »Söderhallarna« mit zahlreichen Lebensmittelständen und Restaurants.

*SoFo

Südlich der Folkungagatan („South of Folkungagatan") beginnt Södermalms Ausgehbezirk. Hier liegen neben Restaurants und Kneipen auch kleine Galerien und Boutiquen.

Größtes kugelförmiges Bauwerk der Welt: Globen

Auf einem 46 m hohen Hügel, dem Vita Bergen, erhebt sich die 1906 erbaute Sofia kyrkan über das Häusermeer von Södermalm. Die nach Sofia, der aus Deutschland stammenden Gemahlin von König Oscar II., benannte Kirche wurde von Gustaf Hermansson **im Stil der rheinischen Übergangsromanik** errichtet.

Sofia kyrkan

Von hier aus genießt man einen **ausgezeichneten Blick über Stockholm**. Deswegen ist die Straße auch regelmäßig Ziel der Rundfahrtbusse, die hier eine Pause für den Fotostopp einlegen.

Fjällgatan

Im alten Zollgebäude, das zwischen 1906 und 1910 von dem schwedischen Architekten Ferdinand Boberg erbaut wurde, ist heute das **größte fotografische Museum Nordeuropas** untergebracht. Es ist die Plattform für vier große und gut ein Dutzend kleinerer Wechselausstellungen pro Jahr. Vom Museumsrestaurant im Obergeschoss hat man einen ausgezeichneten Blick auf Gamla Stan mit dem Königsschloss sowie auf die Insel Skeppsholmen.

* Fotografiska

❶ Stadsgårdshamnen 22, So. – Mi. 10.00 – 21.00, Do. – Sa. bis 23.00 Uhr, Eintritt 110 / 80 SEK, www.fotografiska.eu

Von den Mosebacke Terrassen, dem schönsten Biergarten der Stadt, genießt man einen weiten Blick über Stockholm. Weil **August Strindberg** hier auch gern zu Gast war und den Biergarten in seinen Werken literarisch verewigt hat, steht dort eine Strindberg-Statue des berühmten Bildhauers Carl Eldh.

Mosebacke Torg

SEHENSWERTES SÜDLICH VON SÖDERMALM

Die 16 000 Zuschauer fassende Mehrzweckhalle wurde anlässlich der Eishockeyweltmeisterschaft 1989 erbaut. Die 85 m hohe, weiße, weithin sichtbare Kuppel hat dem »Globen« (seit Februar 2009 offiziell: Ericsson Globe) den Spitznamen »hartgekochtes Ei« eingebracht. Mit einem Durchmesser von 110 m ist es das **größte, kugelförmige Bauwerk der Welt**. Die jüngste Attraktion am Globen ist der »Skyview«: An der Außenhaut des Globen entlang fährt ein gläserner Aufzug bis hinauf zum höchsten Punkt des Gebäudes.

*Globen / Ericsson Globe

❶ Mo. – Fr. 9.00 – 18.00, Sa. / So. 9.30 – 16.00 Uhr, Tickets 130 / 100 SEK, www.globearenas.se

Der Waldfriedhof in Stockholm zählt zu den wichtigsten Werken moderner Landschaftsarchitektur und gilt als **einer der schönsten Friedhöfe weltweit**. Seit 1994 befindet er sich auf der Weltkulturerbeliste der UNESCO. Er ist als Ergebnis eines Architektenwettbewerbs im Jahr 1914 entstanden. Der wurde von den beiden jungen Architekten Gunnar Asplund und Sigurd Lewerentz gewonnen, die

*Skogskyrkogården

dann im Laufe von mehr als 40 Jahren Schwedens größten Friedhof schufen. Besonders sehenswert sind der Ulmenhügel und das von Asplund 1939 entworfene riesige Granitkreuz. Den Friedhof kann man ganzjährig rund um die Uhr besuchen.

❶ Besucherzentrum: Juni – August tgl. von 11.00 – 16.00 sowie im Mai und Sept. So. 11.00 – 16.00 Uhr, www.skogskyrkogarden.se

BLASIEHOLMEN UND SKEPPSHOLMEN

**National-museum

Nordwestlich der Altstadt / Gamla Stan liegt Blasieholmen. Dort stellt das Nationalmuseum Gemälde, Grafiken, Zeichnungen und Skulpturen berühmter schwedischer und internationaler Künstler aus; insgesamt umfasst die Sammlung rund 16 000 Werke vom späten Mittelalter bis zum Beginn des 20. Jh.s. Einen Schwerpunkt bildet die **schwedische Malerei** des 18. und 19. Jh.s. Gezeigt werden darüber hinaus Arbeiten internationaler Künstler wie Rembrandt, Rubens, Goya, Renoir, Degas und Gauguin. Die **Sammlung französischer Malerei** aus dem 18. Jh. zählt zu den bedeutendsten weltweit. Seit 2001 zeigt das Museum außerdem die berühmte **Gustavsberg-Porzellansammlung**. Das Nationalmuseum ist 2013 wegen Renovierung geschlossen. Teile der Ausstellung sind dann in der Kunstakademie in der Fredsgatan 12 zu sehen.

❶ Juni – Aug. Di. / Do. 11.00 – 20.00, Mi. / Fr. – So. 11.00 – 17.00, sonst Di. 11.00 – 20.00, Mi. – So. 11.00 – 17.00 Uhr, Eintritt 100 / 80 SEK, www.nationalmuseum.se

Skeppsholms-bron

Über die Skeppsholmsbron erreicht man die **Insel Skeppsholmen**, wo als weithin sichtbarer Blickfang das als Jugendherberge dienende einstige Segelschulschiff »af Chapman« vor Anker liegt.

*Museum der Moderne

Nahebei befindet sich das Moderna Museet. Seine große Sammlung zeitgenössischer Kunst und Fotografie gehört zu den besten Europas. Neben großen Namen wie Picasso, Matisse, Dalí und Klee, die die Dauerausstellung dominieren, werden laufend Ausstellungen zur Gegenwartskunst gezeigt. Nach dem Kunstgenuss kann man sich im Museumsrestaurant verwöhnen lassen, am besten auf der Sonnenterrasse **mit Blick aufs Wasser und die Insel Djurgården**.

❶ Di. / Mi. 10.00 – 20.00, Do. – So. bis 18.00 Uhr, www.modernamuseet.se

Arkitektur-museet

Das Architekturmuseum teilt sich das Gebäude mit dem Modernen Museum. Gezeigt werden zahlreiche Modelle und Zeichnungen, von den ersten Langhäusern der Wikinger über die typisch schwedischen Holzhäuser **bis hin zu modernen Wohnsiedlungen**. Ein anderer Teil der Ausstellung informiert sehr detailliert über die Bauphasen des Stadshuset.

Das kleine, sehenswerte Östasiatiska Museet nordwestlich der Kirche zeigt Kunst und Kunsthandwerk aus China, Japan, Korea und Indien und nennt **eine der bedeutendsten Sammlungen chinesischer Kunst** sein eigen.

Ost-asiatisches Museum

❶ tgl. 10.00 – 20.00 Uhr, freier Eintritt, www.ostasiatiska.se

NORRMALM UND NÖRDLICHE INNENSTADT

Norrmalm ist die moderne City Stockholms. Die meisten Gebäude **zwischen Sergels Torg, Hötorg, Stureplan und Norrmalmstorg** wurden nach dem Zweiten Weltkrieg errichtet und haben die Altbauviertel verdrängt.

Die moderne City

Von Gamla Stan kommt man über die Norrbro zum Stadtteil Norrmalm und zum Gustav Adolfs Torg. Hier befindet sich das 1783 erbaute Erbfürstenpalais, seit 1906 Sitz des Außenministeriums. Rechts, mit Blick auf den Strömmen, steht die **Oper**.

Gustav Adolfs Torg

Östlich des Platzes erstreckt sich der Kungsträdgården, im Sommer **ein besonders beliebter Treffpunkt**. Die Standbilder in diesem Park zeigen die Könige Karl XII. und Karl XIII.

Kungsträd-gården

An der Nordseite des Kungsträdgården verläuft die Hamngatan, die **Hauptachse** der neueren Innenstadt. In der Nähe des Norrmalm-

Hamngatan

Müde vom Stadtrundgang? Dann ab in den Kungsträdgården!

storgs steht der architektonisch gelungene Komplex des NK-Kauf-
hauses, von dessen Dachrestaurant sich ein weiter Rundblick öffnet.
Das Gebäude Hamngatan Nr. 4 ist das von spanischen Vorbildern
beeinflusste ehemalige **Hallwylsche Palais**. Im heutigen Hallwylska
museet kann man sich ein Bild davon machen, wie reiche Adlige Anfang des 20. Jh. zu leben pflegten.

Hallwylsches Palais: Apr. – Okt. Fr. – So. 12.00 – 15.30, Mai – Aug. tgl.
10.00 – 16.30, Sept. tgl. 11.00 – 15.30, Dez. – März Sa. / So. 12.00 – 15.30
Uhr, Eintritt 70 SEK, bis 18 J. frei, www.hallwylskamuseet.se

»Dramaten« An Nybroplan sticht die Jugendstilfassade des **Königlichen Dramatischen Theaters**, kurz »Dramaten« genannt, hervor. Es wurde 1908
eröffnet, auch Ingmar Bergman hat schon hier gearbeitet.

Sergels Torg Am Westende der Hamngatan bildet der weite Sergels Torg einen
städtebaulichen Hauptakzent, dessen Wahrzeichen die knapp 40 m
hoch aufragende, gläserne Skulptur
»Kristallvertikalaccent« von Edvin
Öhrström bildet. Der in mehreren
Ebenen angelegte Platz mit einer
lebhaften Einkaufspassage ist ein
zentraler Verkehrsknotenpunkt und
außerdem ein **beliebter Jugend-
treff**. Seine Südseite wird beherrscht
vom **Kulturhus**, das wegen seiner
vielen interessanten Kulturveranstaltungen, aber auch dank Galerien,
Lesesaal, Theater und Cafés zu den
meistbesuchten Sehenswürdigkeiten
der Stadt zählt.

❶ www.kulturhuset.stockholm.se

BAEDEKER TIPP

!

Kunst im Untergrund

U-Bahn fahren lohnt in Stockholm
gleich doppelt. Denn die »Tunnelbana« ist weit mehr als nur ein
bequemes Transportmittel, sie ist
auch **die längste Galerie der Welt**.
Seit rund 50 Jahren sind die Bahnhöfe die legale Spielwiese der
künstlerischen Avantgarde.
Mittlerweile haben verschiedene
Künstler fast alle Bahnhöfe
fantasievoll und farbenfroh
ausgeschmückt.

Konserthus Vom Sergels Torg führt die Sergelsgatan nach Norden zum Hötorg,
wo das Konserthus (1962) steht, Heimstatt der Stockholmer Philhar-
moniker. Hier werden auch jährlich die **Nobelpreise** verliehen, mit
Ausnahme des Friedensnobelpreises, der in Oslo vergeben wird. Vor
dem Gebäude steht der Orpheus-Brunnen von Carl Milles.

Kungsgatan Beim Konzerthaus und Hötorg verläuft in ost-westlicher Richtung
die Kungsgatan, eine der Hauptgeschäftsstraßen im Innenstadt-
bereich. Man flaniert an den beiden 17-stöckigen Königstürmen sowie dem exklusiven Einkaufszentrum Sturegallerian vorbei.

**Strindberg-
Museum** Westlich parallel zum Sveavägen verläuft die zum Teil als Fußgängerzone gestaltete Drottninggatan. Im Gebäude Nr. 85 wohnte

einst der berühmte Dichter August Strindberg (1849 – 1912), heute ist hier das Strindberg-Museum eingerichtet.

❶ Juli – Aug. Di. – So. 10.00 – 16.00, sonst Di. – So. 12.00 – 16.00 Uhr, Eintritt 60 / 40 SEK, www.strindbergsmuseet.se

KUNGSHOLMEN

Kungsbron und Klaraberg-Viadukt führen weiter nach Westen zur **»Königsinsel«**, die eine schmale Bucht von der übrigen Stadt trennt.

Das Stadshus am Ufer des Riddarfjärden ist eines der markantesten Wahrzeichen von Stockholm. Der dunkelrote Klinkerbau mit seinen grün patinierten Kupferdächern wurde 1911 – 1923 von Ragnar Östberg errichtet. Für die Innenausstattung waren verschiedene Künstler verantwortlich. Ein Fahrstuhl führt hinauf zur Plattform des 106 m hohen Turms, von wo man eine gute Rundsicht genießt. Die **Blaue Halle** ist ein gedeckter Innenhof mit Säulengang. Im großen Ratssaal, heute Sitzungssaal des Stockholmer Gemeinderates, soll die offene Dachkonstruktion das Flair einer Wikingerburg erzeugen. Über 18 Mio. farbige Steinchen sind im **Goldenen Saal** zu prächtigen goldgrundigen Mosaiken zusammengesetzt. In den Sälen findet das jährliche Bankett zu Ehren der frisch gekürten **Nobelpreisträger** statt.

*Stadthaus

❶ Nur zugänglich im Rahmen von Führungen: Juni – Aug. tgl. 10.00 (Deutsch), 11.00, 12.00. 13.00. 15.00 Uhr (Englisch)

Wunderschöne Mosaiken aus 18 Millionen Steinchen schmücken den Goldenen Saal im Stadshus.

ÖSTERMALM

Es ist noch gar nicht so lange her, da grasten in Östermalm noch die **königlichen Schafherden**, denn erst im 19. Jh. wurde das Viertel Teil der City. Das Zentrum liegt um den Östermalmstorg, den stattliche Häuser, Geschäfte, Restaurants und Galerien säumen.

**Strand-
vägen* Zwischen Nybroplan und Djurgården verläuft **eine der schönsten Flaniermeilen der Stadt**, der Strandvägen, an dem zahlreiche palastartige Bauten aus dem 19. Jh. liegen.

Östlich des Parks befindet sich an der Sturegatan Nr. 14 das Gebäude der von Alfred Nobel (▶ Berühmte Persönlichkeiten) gegründeten **Nobel-Stiftung**, die seit 1901 jedes Jahr die Nobel-Preise für besonders herausragende wissenschaftliche, literarische und humanitäre Leistungen vergibt.

An der vom Humlegården südöstlich verlaufenden Linnégatan, Ecke Narvavägen, steht der stattliche Bau des **Historischen Museums** (Historiska Museet), das mit einer Vielzahl archäologischer Funde die Frühgeschichte Schwedens bis zum Mittelalter zeigt. Interesse verdienen u.a. die Bildsteine aus Gotland.

❶ Mai – Aug. tgl. 10.00 – 17.00, sonst Di. – So. 11.00 – 17.00, Do. bis 20.00 Uhr, Eintritt 80 / 60 SEK, www.historiska.se

DJURGÅRDEN

Djurgården ist die **grüne Lunge der Stadt**. Fast die ganze Insel wird als Naherholungsgebiet und für Kultur und Vergnügen genutzt. Hier liegen viele der interessantesten Museen Stockholms.

**Nordisches
Museum* Das Nordiska Museet besitzt umfangreiche Sammlungen zur nordischen Volkskunde. Eine Ausstellung samischer Kultur zeigt Jagd- und Fischfanggeräte, Schnitzereien aus Rentiergeweih sowie **Schamanentrommeln** und andere kultische Gegenstände. Weitere Themen sind schwedische Trachten und Brauchtum, Puppenstuben,

volkstümliche Keramik, Tischkultur seit dem 17. Jh. und verschiedene Weihnachtsbräuche.

❶ Mo. – So. 10.00 – 17.00, Sept. – Mai Mi. bis 20 Uhr,
Eintritt 100 SEK, www.nordiskamuseet.se

Schon von weitem ist an den Schiffsmasten das Vasa-Museum zu erkennen, die wohl bedeutendste Sehenswürdigkeit der Hauptstadt. Das Regalschiff »Vasa« sank 1628 schon bei seiner Jungfernfahrt im Hafenbereich von Stockholm (▶ Baedeker Wissen S. 619). **Um das geborgene Schiff herum** wurde das Museum gebaut, das in drei Galerien den riesigen Schiffsrumpf umzieht, über die »Vasa« und auch rund um die Seefahrt informiert (▶ Baedeker Wissen S. 616).

**Vasa-Museum

❶ Juni – Ende Aug. tgl. 8.30 – 18.00, sonst 10.00 – 17.00, Mi. bis 20.00 Uhr,
Eintritt 110/80 SEK, www.vasamuseet.se

Wenige Schritte weiter in Richtung Skansen erreicht man das Wassermuseum Aquaria: Eine moderne, interessante Anlage mit Süß- und Salzwasserfauna inklusive **Lachs-, Korallen- und Haifischbecken** sowie einem tropischen Regenwald-Biotop.

Aquaria

❶ Mitte Juni – Ende Aug. tgl. 10.00 – 18.00, sonst Di. – So. 10.00 – 16.30 Uhr,
Eintritt 90/50 SEK, www. aquaria.se

Nordöstlich der Museen steht der 155 m hohe Kaknästurm, der in den 1960er-Jahren als Fernsehturm errichtet wurde und seinerzeit der höchste Turm Schwedens war. Nur vom Flugzeug aus hat man einen besseren Blick über die Stadt, außerdem gibt es ein Restaurant. Besonders **hinreißend ist der Blick an klaren Abenden**, wenn Stockholm in allen Farben blitzt und blinkt.

*Kaknästurm

❶ Juni – Aug. 9.00 – 22.00, sonst 10.00 – 21.00 Uhr, Lifttickets 45/20 SEK,
www.kaknastornet.se

Achterbahn und Zuckerwatte das ganze Jahr über bietet der **Freizeitpark** Gröna Lund Tivoli. Seit 1883 drehen sich hier die Karussells, mittlerweile sind Varietés, Musikbühnen, Los- und Würstchenbuden, Cafés und Restaurants dazugekommen.

Gröna Lund

❶ Mai – Sept. tgl. in der Regel 12.00 – 23.00 Uhr, Änderungen möglich.
Djurgårdsfähre ab Slussen oder Nybrokai, Haupteingang Almänna Gränd,
www.gronalund.com

Der besonders bei Familien beliebte Junibacken, in einer ehemaligen Bootshalle untergebracht, erweckt die **Romanwelt von Astrid Lindgren** zum Leben. Auf einer Rundfahrt mit der Bimmelbahn trifft man Karlsson vom Dach, Michel aus Lönneberga, Ronja Räubertochter sowie Pippi Langstrumpf und all die anderen Helden aus Lindgrens Büchern. Aber auch Figuren vieler anderer nordischer Kinderbuchautoren sind hier zu Hause: Willi Wiberg von Gunilla

Junibacken

Ein Haus nur für ein Schiff

Man muss nicht zu den Schiffsliebhabern zählen, um von diesem Museum begeistert zu sein. Der eindrucksvolle Bau umschließt auf mehreren Ebenen das rund 50 m hohe Kriegsschiff »Vasa«, das 1628 auf der Jungfernfahrt sank, aber fast vollständig geborgen und konserviert werden konnte. Das meistbesuchte Museum Skandinaviens gewährt zudem Einblicke in Schiffbau und Leben der Menschen im 17. Jh.

Öffnungszeiten:
Juni – Aug. tgl. 8.30 – 18, sonst
10.00 – 17.00, Mi. bis 20.00 Uhr

❶ Vasa
Kernstück des Museums ist das 1957 geborgene und restaurierte Wrack der »Vasa«, eines der größten Kriegsschiffe seiner Zeit: 62 m lang, 11,7 m breit und bis zur Mastspitze 52,5 m hoch. Sie hätte 445 Menschen aufnehmen können, davon 145 Mann Besatzung sowie 300 Soldaten. Unter den 30 geborgenen Toten befanden sich auch Frauen.

❷ Takelage
Rekonstruiert wurde die Takelage nach Vorbildern aus dem 17. Jahrhundert.

Rundum maritim: Vasa-Museum

❸ Rumpf
Im Rumpf des Schiffes hatt man 120 t Steine als Ballast deponiert. Dieses Gewicht reichte jedoch nicht aus, um den zweigeschossigen Aufbau mit dem zu hohen Kanonengewicht stabil zu halten.

❹ Werft
Zwei Jahre lang arbeiteten 400 Menschen an der »Vasa«, die König Gustav II. Adolf bauen ließ.

❺ Schiffe im Gefecht
Wie man sich den Seekrieg im 17. Jh. vorstelllt, wird hier im Film gezeigt. Von dieser Ebene aus gelangt man auch ins Freie zum Eisbrecher (1915) und zum Feuerschiff (1903).

❻ Leben an Bord
Aufgeschnittene Modelle gewähren einen Blick ins Innere der »Vasa«, die selbst nicht betreten werden kann. So war die Kapitänskajüte recht luxuriös. Hart war indes der Alltag der Mannschaft, die auf Deck schlafen musste und unter Skorbut und Hunger litt. Löffel, Teller, Münzen, sogar ein Backgammonspiel wurden auf der »Vasa« gefunden.

❼ Auf hoher See
Auf dieser Etage wird erläutert, wie man im 17. Jh. segelte und navigierte.

Die Sk[...]
»Vasa[...]
turen, [...]
Löwen [...]
stellten [...]
sollten [...]
unters[...]
von Kö[...]
Deutsc[...]
die Ver[...]

Bergström, die Mumins von Tove Jansson sowie Pettersson und Findus von Sven Nordqvist.

❶ Galärvarvsvägen, Juli – Mitte Aug. tgl. 10.00 – 18.00, Juni
und Mitte – Ende Aug. tgl. 10.00 – 17.00, sonst Di. – So. 10.00 – 17.00 Uhr,
Eintritt: im Sommer 145 / 125 SEK, www.junibacken.se

**Skansen An den Hängen hinter Gröna Lund zieht sich das 1891 eröffnete Freilichtmuseum Skansen hin, das erste seiner Art weltweit. Auf dem
rund 30 ha großen Gelände versammeln sich **historische Gebäude**
aus allen Landesteilen, Kunstgewerbeateliers, eine Glashütte und eine
Holzkirche, dazu Spielplätze, Buden mit allerlei Süßigkeiten und
Souvenirs sowie eine Konzertmuschel. Vom **Aussichtsturm** des Cafés Bredablick überschaut man die ganze Stadt. Im kleinen **Zoo** leben
Tiere, die für Schwedens Wildmark typisch sind, sowie alte Haustierrassen. Auf dem Museumsgelände befinden sich auch das **Tabakmuseum**, das **Biologische Museum** mit Dioramen nordischer Tiere
und ein **Zirkus**.

Zoo: Nov. – Feb. Mo. – Fr. 10.00 – 15.00, Sa. / So. bis 16.00, März / April tgl.
10.00 – 16.00, Mai / Juni bis 19.00, Aug. bis 22.00, Sept. 10.00 – 18.00,
Okt. bis 16.00 Uhr, Eintritt je nach Saison 70 – 150 / 30 – 60 SEK
Tabakmuseum: Mai – September tgl. 11.00 – 17.00, sonst bis 15.00 Uhr
Biologisches Museum: April – Sept. tgl. 11.00 – 16.00,
sonst Di. – Fr. 12.00 – 15.00, Sa. / So. ab 10.00 Uhr, www.skansen.se

Liljevalchs Die Kunsthalle veranstaltet im dreimonatigen Wechsel hochkarätige
konsthall Ausstellungen mit **Werken schwedischer Nachwuchskünstler**. Vor
allem der alljährliche Frühjahrssalon (Vårsalongen) von Ende Januar
bis Ende März hat seit der ersten Veranstaltung 1921 einen festen
Platz im Kunstkalender der Stadt. Am Eingang zur Kunsthalle steht
auf einer hohen Granitsäule »Der Bogenschütze«, eine Skulptur von
Carl Milles.

❶ Djurgårdsvägen 60, Juni – Aug. Di., Do. 11.00 – 19.00,
Mi., Fr. – So. 11.00 – 17.00, sonst Di., Do. 11.00 – 20.00,
Mi., Fr. – So. 11.00 – 17.00 Uhr, www.liljevalchs.se

*Thielska Die Thielska galleriet – in einmaliger Lage am äußersten östlichen
galleriet Zipfel von Djurgården – beherbergt in den Räumen einer weißen Jugendstilvilla eine hervorragende Sammlung nordeuropäischer Kunst.
Zu den Höhepunkten der Sammlung schwedischer Künstler gehören
die hellen, freundlichen Bilder von Carl Larsson und die teils großformatigen Landschaften von Bruno Liljefors. Von dem Norweger
Edvard Munch sind elf Bilder zu sehen, darunter »Das kranke Kind«,
»Verzweiflung« und »Die Mädchen auf der Brücke« sowie eine ganze
Reihe seiner Druckgrafiken.

❶ Blockhusudden, Di. – So. 12.00 – 17.00, Do. bis 20 Uhr,
Eintritt 100 / 80 SEK, www.thielska-galleriet.se

Tragischer Stapellauf

Das Regalschiff »Vasa« hätte der Stolz der schwedischen Kriegsmarine und Schrecken der Feinde sein sollen. Doch als es am 10. August 1628 unter dem Jubel der Bevölkerung vom Stapel lief, ging es noch im Stockholmer Hafen mit Mann und Maus unter. Was war geschehen?

Gustav II. Adolf gab den Auftrag für den Bau des größten Kriegsschiffes der damaligen Zeit, befand er sich doch in harter Auseinandersetzung mit Polen. Kaum erfuhr er, dass sein polnischer Rivale ein ebenso mächtiges Kriegsschiff baute, ließ Gustav II. Adolf **mehr Kanonen** als urspünglich vorgesehen an Bord schaffen. Damit aber stimmte die gesamte Statik des Schiffes nicht mehr. Es lag so tief im Wasser, dass selbst bei leichtem Wind die offenen Luken der unteren Kanonenreihe unter Wasser zu liegen kamen. Nur zwei Windstöße genügten, um die Jungfernfahrt zur Katastrophe werden zu lassen, bei der mehr als 30 Seeleute ihr Leben ließen. Auch dem Kapitän wird Schuld gegeben, da die **Kanonenluken geöffnet** waren.

Die Wiedergeburt

Schon bald nach dem Unglück versuchte man, die »Vasa« zu heben. Doch es gelang lediglich, die Kanonen mit einer Taucherglocke zu bergen, damals ein technisches Bravourstück. Dann wurde es still um die »Vasa«. Normalerweise sorgt der Schiffsbohrwurm dafür, dass kein Wrack lange in seinem kühlen Grab erhalten bleibt. Doch das brackige Wasser der Ostsee meidet der Wurm, und so blieb die »Vasa« intakt. Der Wrackforscher Anders Franzén suchte von 1953 an

systematisch nach der »Vasa«, wurde drei Jahre später fündig und machte sich an die **Bergung. 1957**, also 333 Jahre nach ihrem Untergang, kam die »Vasa« wieder ans Tageslicht. Und mit ihr die vollständige Ausstattung eines Schiffes, das gerne als »schwimmender Palast« bezeichnet wird: 14 000 Holzobjekte wurden geborgen, darunter herrliche Skulpturen; allerlei Gerätschaften geben ein eindrucksvolles Bild vom Leben an Bord im 17. Jh. wieder. Die sechs Segel der »Vasa« sind die ältesten erhaltenen der Welt. Wer heute die »Vasa« besucht, wird ihr in einem dämmrigen Raum mit festgelegter Luftfeuchtigkeit begegnen. Denn das Schiff muss **aufwändig konserviert** werden, um nicht doch noch für immer zu zerfallen.

Schicksal eines Kriegsschiffs: nach kurzer Zeit auf dem Grund der Ostsee.

Waldemar-sudde

Im Süden der Insel ließ sich Prinz Eugen (1865 – 1947), der als Maler berühmt gewordene Sohn Oscars II., auf dem in den Saltsjön hinausragenden Landvorsprung ein Palais bauen. Heute ist es ein gut besuchtes Museum und zeigt einige seiner eigenen Werke und Stücke aus seiner **persönlichen Kunstsammlung**, dazu Wechselausstellungen. Palais und Galeriegebäude liegen in einem sehr schönen Park.

❶ Di. – So. 11.00 – 17.00, Do. bis 20.00 Uhr, Eintritt 100/80 SEK, www.waldemarsudde.se

*Technisches Museum

Folgt man dem Strandvägen immer in östlicher Richtung, erreicht man fast automatisch die Sehenswürdigkeiten im Stadtteil Ladugårdsgärdet, so das Tekniska Museet, **das größte Wissenschafts- und Technologiemuseum des Landes**. Es zeigt Maschinen vom Bergbau- über den Automobil- bis hin zum Haushaltsbereich. Das Teknorama lädt zu eigenem Experimentieren ein.

❶ tgl. 11.00 – 17.00 Uhr, Eintritt 120/40 SEK, www.tekniskamuseet.se

VETENSKAPSSTADEN UND LIDINGÖ

Natur-historisches Reichs-museum

Im Norden von Stockholm liegt die Wissenschaftsstadt mit der Universität. Hier befindet sich das Naturhistoriska Riksmuseet mit seinen naturgeschichtlichen Sammlungen: Schwerpunkt sind die **Polargebiete**. Zum Museum gehört auch das **Cosmonova**, ein großer, sphärischer Theaterbau mit Planetarium und Filmangeboten im Omnimax-Format.

❶ Di. – Fr. 10.00 – 18.00, Sa. / So. ab 11.00 Uhr, Eintritt 80 SEK, Kombinationsticket ab 115 SEK, www.nrm.se

*Ekopark

An der Nordostseite des Stadtgebiets zieht sich der Ekopark hin, eine riesige, **von Wasserläufen durchzogene**, grüne Parklandschaft, die sich aus königlichem Landbesitz entwickelt hat und heute das wichtigste Naherholungsgebiet im Ballungsraum Stockholm bildet.

*Hagaparken

Gustav III. wollte im Hagapark eigentlich ein zweites Versailles schaffen. Seine Ermordung im Jahr 1792 verhinderte die ambitionierten Pläne, und so blieb es bei einem weitläufigen Park mit einigen ungewöhnlichen Gebäuden. Der Pavillon Gustav III. ist **eines der schönsten Beispiele des gustavianischen Stils**, vor allem das Interieur mit Wandmalereien und Spiegelsälen ist sehenswert. Auffällig stehen die drei Kupferzelte an einem Hügel, die Militärzelte des römischen Heeres nachempfunden wurden. Einst dienten sie als Ställe, heute ist in einem ein Museum über die Geschichte des Parks untergebracht. In der Nähe der Kupferzelte flattern im Fjärils- & Fågelhuset exotische Vögel und tropische Schmetterlinge in Glashäusern frei herum. Weiter sehenswert sind der **Echotempel**, die chinesische Pagode, der türkische Kiosk, die Finnhütten und der Stallmeisterhof, der heute als Hotel genutzt wird. Das schlichte Haga-Schloss wurde 1802 – 1805 im Auftrag von Gustav IV. Adolf errichtet. Hier wuchs der gegenwärtige König zusammen mit seinen Geschwistern auf. Seit ihrer Hochzeit 2010 leben **Kronprinzessin Victoria und ihr Ehemann Prinz Daniel** in dem Schloss.

❶ Pavillon: Besichtigung nur im Rahmen von Führungen,
Juni – Aug. Di. – So. 12.00, 13.00, 14.00, 15.00 Uhr, www.kungahuset.se
Fjärils- & Fågelhuset: Apr. – Sept. tgl. 10.00 – 17.00, sonst bis 16.00 Uhr,
Parkmuseum: Di.   So. 10.00   15.00 Uhr, www.fjarilshuset.se

Im Nordosten des Stadtgebiets liegt auf der waldreichen Insel Lidingö der gleichnamige Villenvorort. Sehenswert ist der Millesgården, ehemals **Wohnung und Atelier des Bildhauers Carl Milles** (1875 – 1955), heute Museum. Im Freigelände stehen Repliken verschiedener Arbeiten des Künstlers. Vom Garten aus hat man einen sehr schönen Blick auf die Stadt.   *** Milles-gården**

❶ Mitte Mai – Ende Juli tgl. 11.00 – 17.00, sonst Di. – So. 11.00 – 17.00 Uhr,
Eintritt 100 / 80 SEK, www.millesgarden.se

SEHENSWERTES IN DER UMGEBUNG

Rund 11 km westlich vom Zentrum steht auf einer Insel im Mälarsee Schloss Drottningholm, heute **Wohnsitz der königlichen Familie**.   ****Drottning-holm**

Sehenswert: der Echotempel im Hagaparken

Es wurde 1662 im Auftrag Königin Eleonoras von Nicodemus Tessin d. Ä. nach französischen und holländischen Mustern errichtet. Carl Hårleman und Carl Fredrik Adelcrantz bauten im 18. Jh. neue Flügel an, so entstanden die Räume im französischen Rokokostil. Das Schloss zählt heute zum UNESCO-Weltkulturerbe. Besichtigt werden können das Erdgeschoss und weitere elf Räume. Der klassizistische Bau von 1766 wird heute noch regelmäßig für Aufführungen von **Barockopern** genutzt – wer Zeit hat, sollte sich diese Gelegenheit nicht entgehen lassen! Im Rahmen einer Führung kann man das Foyer und den Zuschauerraum besichtigen. Ein Nebengebäude beherbergt das seit 1922 bestehende Theatermuseum, die größte theatergeschichtliche Sammlung des Landes. Aus dem Jahr 1766 stammt das **Kina Slott**, ein kostbar ausgestatteter Pavillon mit Nebengebäuden nach chinesischen Vorbildern.

Schloss: Mai – Aug. tgl. 10.00 – 16.30, Sept. tgl. 11.00 – 15.30, April Sa./So. 11.00 – 15.30 Uhr, Eintritt 100/80 SEK, www.kungahuset.se
Schlosstheater und Theatermuseum: Juni – Aug. tgl. 11.00 – 16.30, Mai 12.00 – 16.30, Sept. 13.00 – 15.30 Uhr, Führungen jede halbe Stunde: Mai – Aug. 11.00 – 16.30, Sept. 12.00 – 15.30 Uhr

Die Schären Der Stockholmer Schärengarten besteht aus **rund 24 000 Inseln**. Mitte des 19. Jh.s bauten sich die ersten Stockholmer in den Schären

Auf Schloss Drottningholm lebt die königliche Familie.

ihre ersten Sommerhäuschen – heute ist deren Zahl auf rund 50 000 angewachsen. Eine ganze Flotte von **weißen Schärendampfern** bricht jeden Tag von der Hauptstadt in die Inselwelt auf. Wer etwas Zeit hat, besorgt sich eine »Båtluffarkort«, mit der man die Schärendampfer beliebig oft benutzen kann (5 Tage 420 SEK).

❶ www.waxholmsbolaget.se

Besonders beliebt sind die Feste in **Vaxholm**. Am Tag der Schären-   **Feste**
boote (Skärgårdbåtens dag) Anfang Juni gibt es eine Parade der Schärendampfer, Musik und Tanz, am langsten Tag des Jahres wird ein traditionelles Mittsommerfest gefeiert und Mitte August ist Schärenmarkt (Skärgårdsmarknad).

Etwa 28 km westlich von Stockholm liegt im Mälarsee die kleine Insel   ***Björkö**
Björkö (Birkeninsel). Hier wurde gegen Ende des 8. Jh.s die **Wikingersiedlung Birka** gegründet, die zu einem der wichtigsten Handelszentren ihrer Zeit aufstieg. Außerhalb der Siedlung erstreckt sich ein Gräberfeld, mit rund **2500 Grabstätten** das größte in Schweden. Warum diese blühende Handelsstadt schon bald aufgegeben wurde, ist unbekannt. Birka zählt zum UNESCO-Weltkulturerbe. Im Museum kann man sich über den Stand der laufenden Ausgrabungen informieren. Birka ist von Mai – Mitte Sept. mit dem Rundfahrtboot ab Stadshuset erreichbar.
Wikingersiedlung Birka: Mai – Sept. Mo. – Fr. 10.00 – 16.00, Sa./So. bis 17.00 Uhr

Sundsvall

⭒ H 5

Landschaft: Medelpad
Provinz: Västernorrland Län
Einwohnerzahl: 96 000
Höhe: Meereshöhe

Wie Phönix aus der Asche erstand Sundsvall nach einem verheerenden Brand im Jahre 1888 vollkommen neu – diesmal großzügig und ganz aus Stein. Ausreichend Geld für den teuren Baustoff verdiente man mit einem anderen begehrten Material: Holz.

Sundsvall liegt an der Mündung der Selångerån in den Bottnischen   **Zentrum des**
Meerbusen. Ein stürmischer Aufschwung setzte im 19. Jh. ein, als   **Holzhandels**
zahlreiche Sägewerke gegründet wurden. Heute besitzt die Stadt einen Ölhafen, ist Mittelpunkt der schwedischen Holz- und Papierindustrie und wichtigstes Wirtschaftszentrum von Norrland.

SEHENSWERTES IN SUNDSVALL

Marktplatz Der Gesamtplan der alten Stadtanlage geht auf Nicodemus Tessin d. Ä. zurück. **»Stenstaden«** – die Stadt aus Stein – ist mit ihren repräsentativen Häusern rund um den Marktplatz ein architektonisches Highlight. Sundsvall kann man angenehm zu Fuß erkunden, denn viele Fußgängerzonen durchziehen die gesamte Innenstadt.

Kultur-magasin In Verlängerung der Nybrogatan steht das leicht an seiner verglasten Front erkennbare Kulturmagasin, in dem eine Bibliothek, das Medelpad-Archiv sowie das **städtische Museum** untergebracht sind. Im Museum kann man den **Grabfund von Högom** bestaunen (ca. 500 n. Chr.). Zwei Ausstellungen sind der Stadthistorie und der Holzwirtschaft gewidmet. Eine Sammlung zeitgenössischer Kunst rundet das Angebot ab.

Museum: Mo. – Do. 10.00 – 19.00, Fr. bis 18.00, Sa./So. 11.00 – 16.00 Uhr

2001 wurde mit dem Casino Cosmopol das **erste internationale Kasino Schwedens** eröffnet.
❶ tgl. 13.00 – 3.00 Uhr

BAEDEKER TIPP

! *Kulinarische Mutprobe*

Schon mal Surströmming probiert? An dieser Fischdelikatesse scheiden sich die Geister: Durch die Gärung sind die Dosen aufgetrieben und stehen kurz vor dem Platzen, sticht man hinein, entweichen übel riechende Dämpfe. Und der Geschmack? Unbeschreiblich und sehr gewöhnungsbedürftig. Doch das Surströmmingfest am Ende des Sommers ist aus dem Festkalender der Norrländer nicht wegzudenken.

Freilicht-museum Außerhalb des Zentrums liegt auf dem Stadtberg neben einer großen Freizeitanlage das Freilichtmuseum mit alter Töpferwerkstatt, Handwerksmuseum und historischem Kramladen sowie einem kleinen Tierpark. Ein Unikum ist das Museum Skvaderboden, das dem sagenhaften **Skvader**, einer Art schwedischem Wolpertinger, gewidmet ist.
❶ tgl. 11.00 – 16.00 Uhr

Njurunda Südlich von Sundsvall Richtung Njurunda durchquert man auf der E 4 eine schöne Landschaft, in der zahlreiche Vögel leben und **Erdorchideen** vorkommen. In der Nähe von Njurunda steht der größte Grabhügel Norrlands, zu dem ein archäologischer Wanderpfad führt.

✳ HÖGA KUSTEN

Weltweit größte Landhebung Zwischen den Küstenstädten Härnösand und Örnsköldsvik erstreckt sich die Höga Kusten, ein **am Bottnischen Meerbusen** gelegener, hochinteressanter Küstenabschnitt. An der Hohen Küste, die von der

Sundsvall erleben

AUSKUNFT

Sundsvall Turism
85230 Sundsvall, Stora Torget
Tel. 060 6 58 58 00
www.visitsundsvall.se

Härnösand Turistbyrå
 87130 Härnösand, Stora Torget
Tel. 0611 2 04 50, www.harnosand.se

ESSEN

M/S Medvind ⊚⊚
Sundsvalls Inre Hamn, Kajplats 1,
Tel. 060 55 22 90, www.msmedvind.com
Im Sommer legt das Ausflugsboot Mitt-
woch bis Samstag zu einer Schärenfahrt
ab. An Bord gibt es ein reichhaltiges
Buffet mit Fisch und Schalentieren.
3,5 Stunden, Preis 385 SEK

Innergården 1891 ⊚⊚
Sundsvall, Centralgatan 6
Tel. 060 61 18 91, www.innergarden.se
Gemütliches Café und Restaurant. Köst-
liche Kuchen, schwedische Küche. Gute
Pasta-Gerichte. Wochentags zwischen
11.00 und 14.00 Uhr günstige Tagesge-
richte. Im Sommer 40 Plätze im Freien.

Hamnkrogen ⊚ – ⊚⊚
Härnösand, Mötesplats Nattviken
Tel. 0611 2 19 11, So. geschl.
Beliebtes Sommerrestaurant am Jacht-
hafen mit Blick auf die Stadt, empfeh-
lenswert sind die Heringsgerichte.

McDonalds ⊚
Härnösand, Torviksgatan 1
Das McDonalds in Härnösand ist
wohl das einzige weltweit mit einem
»McBoat«: Hier kann man die Ham-
burger direkt vom Boot aus bestellen.

ÜBERNACHTEN

Elite Hotel Knaust ⊚⊚⊚
Sundsvall, Storgatan 13
Tel. 060 6 08 00 00, www.elite.se
Das Hotel (94 Zi.) in der Stadtmitte ist
für seine prächtige Marmortreppe
bekannt. Bei der Renovierung blieb der
19. Jh.-Stil in den Zimmern erhalten, der
Standard wurde modernen Bedürfnissen
angepasst.

First Hotel Härnösand ⊚⊚
Härnösand, Skeppsbron 9
Tel. 0611 55 44 40
www.firsthotels.com
Nettes Hotel (95 Zi.) mit Blick über den
Hafen, 500 m östlich des Bahnhofs

Hotell Royal ⊚⊚
Härnösand, Strandgatan 12
Tel. 0611 2 04 55
www.hotelroyal.se
Die 22 Zimmer in diesem schönen Holzgebäude sind relativ klein, in warmen
Farben gehalten und wurden erst kürz-
lich renoviert. Im Restaurant gibt es
preisgünstige Mittagsgerichte.

STF Vandrarhem ⊚
85640 Sundsvall, Gaffelbyvägen
Norra Stadsberget, Tel. 060 61 21 19
Wer preisgünstig im Grünen und trotzdem nicht weit von Sundsvall entfernt
wohnen möchte, ist hier richtig.

AKTIVITÄTEN

Das Gefühl der Schwerelosigkeit und
vom Wind getragen fliegen zu können,
kann man in Sundsvalls Vindtunnel
Förening im Freifall-Simulator erleben.
Regementsvägen, Tel. 070 5 58 67 03
www.svf.nu

UNESCO in die Liste des Weltnaturerbes aufgenommen wurde, hat die weltweit größte Landhebung nach der letzten Eiszeit stattgefunden. Bis heute hat sich das Land um 286 m gehoben und jedes Jahr kommen weitere 8 mm hinzu. Nirgendwo sonst am Bottnischen Meerbusen findet man so dicht am Wasser so hohe Berge, Grotten und Geröllfelder.

Härnösand

Um die Region rund um die Höga Kusten zu erkunden, bietet sich Härnösand als Ausgangspunkt an. Die alte Hafenstadt, die schon 1565 die Stadtrechte erhielt, breitet sich zu beiden Seiten des Härnösundes aus. Das Stadtbild wird geprägt von **pastellfarbenen Holzhäusern** und eleganten Steingebäuden. Vom Festland führt die Nybrogatan auf die Insel Härnö, auf der die Altstadt liegt. Nördlich der Nybro liegt 1,3 km außerhalb der Stadt das **Länsmuseum,** ein Freilichtmuseum mit vielen alten Häusern aus dem Ångermanland. Auch Härnösands altes Rathaus von 1727 sowie einige weitere historische Holzhäuser aus der Stadt werden gezeigt. Der großzügige Neubau des Provinzmuseums wurde wegen seiner gelungenen Ausstel-

An der Höga Kusten: die malerischen Häuser auf der Insel Trysunda

lungen **preisgekrönt**. Teilweise kurios sind die Nachlässe von Kapitänen, die um die halbe Welt gereist sind, darunter Vogeleier und Mineralien, nautisches Gerät und Puppenstuben – ein kunterbuntes Sammelsurium, witzig und originell.

Länsmuseum: Mitte Juni – Mitte Aug. Di. – So. 11.00 – 16.00 Uhr, Eintritt frei, www.murberget.se

20 km nördlich von Härnösand kommt man zur imposanten Höga-kustenbron, mit 1800 m **eine der längsten Hängebrücken der Welt**. Sie überspannt das Mündungsdelta des Ångerman Älv. An ihrer Nordseite gibt es eine Hotelanlage, eine Touristeninformation und Kinderspielplätze. Dieses Gebiet eignet sich gut als Ausgangspunkt für Wanderungen, denn hier beginnt auch der Högakusten-leden, ein 130 km langer **Wanderweg**. Eine detaillierte Beschreibung ist in den Touristenbüros von Härnösand, Kramfors und Örns-köldsvik erhältlich.

Högakusten-bron

Umeå

✦ K 5

Landschaft: Västerbotten
Provinz: Västerbotten Län
Einwohnerzahl: 116 000
Höhe: Meereshöhe

Die Hafenstadt Umeå am Bottnischen Meerbusen lebt hauptsächlich vom Holz. 1888 vernichtete ein Brand drei Viertel der Häuser. Beim Wiederaufbau wurden breite Straßen mit Birkenalleen angelegt, die der eher nüchternen Stadt ein wenig Flair verleihen.

Umeå, der Hauptort der Provinz Västerbotten, blühte erst im 19. Jh. mit dem Aufschwung der Holzindustrie so richtig auf. Forstwirtschaft und Holzverarbeitung spielen auch heute noch eine ausschlaggebende Rolle. Nicht zuletzt den ca. 36 000 Studenten der Universität und der Fachhochschule sind die vielen **Musik- und Filmfeste** rund ums Jahr zu verdanken.

SEHENSWERTES IN UMEÅ UND UMGEBUNG

Nordöstlich, außerhalb des Zentrums, liegt das Bezirksmuseum Väs-terbottens. Dieses zeigt optisch und didaktisch gelungen die Vor- und Frühgeschichte, Dioramen mit einheimischen Tieren sowie eine interessante Ski-Sammlung mit dem **angeblich ältesten Ski der**

*Museum Gammlia

Umeå erleben

AUSKUNFT
Umeå Turisbyrå
90326 Umeå, Renmarkstorget 15
Tel. 090 16 16 16
www.visitumea.se

Destination Skellefteå
93131 Skellefteå, Nygatan 39
Tel. 0910 45 25 00
www.destinationskelleftea.se

! Edle Lederwaren

In Bölebyns Garveri werden edle
Lederwaren nach alter Tradition
und mit altem Werkzeug hand-
gefertigt. Die Gerberei, die mit
Birkenrinde arbeitet und **einzigartig in ganz Skandinavien** ist, be-
liefert auch das Königshaus (Nya
Älvvägen 647, Tel. 0911 6 20 23,
www.boleby.com. Besuchen
kann man sie im Juli von Mo. – Fr.
12.00 – 16.00 Uhr, sonst n. V. unter
Tel. 0911 6 20 23; sehr schönes
Freiluft-Café).

ESSEN
Brännlands Wärdshus ●●
10 km vom Zentrum in Brännland
Tel. 090 3 01 30
www.brannlandswardhus.se
Landgasthof in einem alten Bauern-
gehöft. Beliebtes Ausflugsziel, hier
kommen Spezialitäten der Region
Västerbotten auf den Tisch.

Restaurang Vitberget ●●
Skellefteå
Mossgatan
Tel. 0910 3 88 50
www.vitbergsstugan.se

Etwas außerhalb in der Nähe der
alpinen Skistrecke gelegenes Restaurant.
Besonders gut sind die Steaks.

ÜBERNACHTEN
Clarion Collection
Hotel Uman ●●●
90326 Umeå, Storgatan 52
Tel. 090 12 72 20
www.choicehotels.se
Im Zentrum gelegenes,komfortables
Hotel (89 Zi.), zuvorkommender Service.

Furunäset Hotell & Konferens ●●●
Piteå, Belonasvängen 2B
Tel. 0911 7 79 50
www.furunasethotell.se
Hotelkomplex (45 Zi.) in der Nähe des
Pite-Flusses, entworfen und gebaut von
Axel Kumlien, der auch das Grand Hotel
in Stockholm konstruierte. Empfehlens-
werter SPA-Bereich. Angeschlossen ist
»Doktors Villan«, ein mehrfach preis-
gekröntes Restaurant in einer verspielten
Holzvilla von 1893. Spezialität ist hier
das dreigängige Nordlandmenü.

SPORT
Der Vindel Älv ist ein ideales Revier für
Wassersportler. Viele Veranstalter bieten
auch Wildwassertouren mit Jet- und
Raftingbooten an. Vermittlung und wei-
tere Infos über die Touristeninformation.

BADEN
Die schönsten Sandstrände am Meer
befinden sich ungefähr 20 km südlich
von Umeå bei Norrmölje Havsbad und
Bettnesand Havsbad. Östlich vom Zentrum lohnt die Umelagun, ein Freizeitbad
mit beheizten Becken, einen Besuch.
www.medley.se/umelagun/

Welt. Im Bild Museet stehen zeitgenössische Kunst und Fotografien im Vordergrund. Das angeschlossene Freilichtmuseum mit seinen historischen Gebäuden geht nahtlos in ein Freizeitgelände über.
❶ Das Museum nimmt derzeit Umbau- und Renovierungsarbeiten vor; für Neueröffnung, Öffnungszeiten und Eintrittspreise: www.vbm.se

Der Vindel Älv zählt zu den vier Nationalflüssen Schwedens. als einziger Strom in Nordschweden wird er nicht für die Energiegewinnung genutzt. Sehenswert sind die Stromschnellen – über 100 an der Zahl – auf dem 470 km langen Fluss. Am spektakulärsten: der Mårdseleforsarna (an der Str. 363, ca. 70 km von Umeå). Die kleinen Inseln (Grill- und Rastplätze) in den Stromschnellen sind **mit Hängebrücken** verbunden. | **Vindel Älv**

Skellefteå (72 000 Einw.), an der Mündung des Skellefte Älv in den Bottnischen Meerbusen gelegen, verdankt seinen Aufschwung den Erzfunden im Umland. In den Gruben des Bergwerksortes Boliden wurden Gold, Silber und Kupfer gewonnen. Der Stadtkern besitzt noch den ursprünglichen rechteckigen Grundriss und zeigt mit den gut erhaltenen Holzhäusern noch immer das typische Bild einer gewachsenen norrländischen Stadt. Im Bereich von Nordånpark und Bonnstan gibt es noch mehr als 100 Kirchhäuser aus dem 17. Jh. zu sehen. Bei der **Kirche** der Landsgemeinde (1485 erbaut) sind vor allem der Viersäulenportikus und die Kuppel bemerkenswert. Im Innern sollte man sich den Lübecker Flügelaltar von Bernt Notke und die kleine Skellefte-Madonna (12. Jh.) ansehen. Das nahe **Heimatmuseum** zeigt Bronzeschmuck aus der Zeit um 300 – 400 n. Chr. und informiert über die Stadtgeschichte. | ***Skellefteå**

BAEDEKER TIPP

! *Die längste Seilbahn der Welt...*

... ist genau 13 163 m lang und verkehrt zwischen Örträsk und Mensträsk (erreichbar auf der Str. Nr. 370 von Boliden aus, ca. 50 km in nordwestlicher Richtung). Mit ihr wurde einst Erz aus den Gruben in Richtung Küste transportiert, heute ist sie eine Touristenattraktion. Rund 90 Min. dauert die **Fahrt über stille Seen, Moore und Wälder** (Ende Juni – Mitte Aug. tgl. 13.00 Uhr, Tel. 0918 2 10 25, www.linbanan.com).

Heimatmuseum: Di. – Do. 10.00 – 19.00, Fr. – So. 12.00 – 16.00 Uhr, www.skellefteamuseum.se

Für die Schweden liegt Piteå an **»Norrlands Riviera«** – wegen des 5 km langen Sandstrandes, der dank überraschend vieler Sonnenstunden mit angenehm temperiertem Wasser gesegnet ist. Im ehemaligen Rathaus, das sich durch eine schöne Holzarchitektur auszeichnet, ist das **Stadtmuseum** untergebracht. | **Piteå**

Stadtmuseum: Di. – Fr. 9.00 – 16.00, Sa. 11.00 – 15.00 Uhr

** Uppsala

———————————————— ✦ H 7

Landschaft: Uppland
Provinz: Uppsala Län
Einwohnerzahl: 200 000
Höhe: 7 m ü.d.M.

Uppsala gehört zu den renommiertesten Universitäten Europas. Schon der spätere Naturforscher Carl von Linné studierte hier. Sein Garten und der Dom sind die wichtigsten Sehenswürdigkeiten der überaus lebendigen Stadt.

Uppsala, viertgrößte Stadt des Landes, liegt ca. 70 km nordwestlich von Stockholm in einer fruchtbaren Ebene an beiden Ufern der Fyrisån. Sie ist Hauptstadt Upplands und Sitz des evangelischen Erzbischofs von Schweden. Die Universität wurde 1477 von Erzbischof Jakob Ulvsson gegründet und entwickelte sich dank der Zuwendungen Gustav Adolfs zu einer Hochburg des Geisteslebens. Der berühmteste Bürger Uppsalas war der Botaniker **Carl von Linné** (1707 – 1778). Er entwickelte ein geniales Nomenklatursystem, das erstmals Ordnung in die Pflanzenwelt brachte. Seine binäre Nomenklatur, nach der jede Pflanze durch einen Gattungs- und Artnamen eindeutig beschrieben ist, ist noch heute international gültig.

SEHENSWERTES IN UPPSALA

Die Innenstadt von Uppsala hat zwei Teile: westlich der Fyrisån befinden sich der überwiegend kirchlich-akademische Bereich und die meisten Sehenswürdigkeiten, östlich des Flusses liegt das eigentliche Zentrum mit Rathaus, Verwaltung und Wirtschaftsunternehmen.

Dom Auf dem ansteigenden rechten Flussufer steht der 1435 geweihte Dom, **Skandinaviens größte Kirche**. Durch Brände mehrmals beschädigt, wurde die Kirche jeweils im Stil der Zeit wiederhergestellt. Die beiden Westtürme, nach 1702 teilweise umgebaut, erhielten 1745 neue Helme. Nach der umstrittenen Restaurierung in der Zeit des Historismus (um 1880) wurde in den letzten Jahrzehnten versucht, das mittelalterliche Erscheinungsbild der Kirche wiederherzustellen. Dennoch ist der Bau ein Sammelsurium unterschiedlicher Stilepochen. Bis ins 18. Jh. wurden hier Schwedens Könige gekrönt, auch wurden hier viele berühmte Schweden bestattet: In der Hauptchorkapelle befindet sich das um 1576 in den Niederlanden gefertigte **Grabmal König Gustav Wasas**. Nahe beim Chorhaupt steht der 1577 angefertigte vergoldete Metallsarkophag mit den Gebeinen König Erichs des Heiligen, des schwedischen Nationalheiligen, der im Jahr 1160 von den Dänen erschlagen wurde. Beim Kircheneingang ist links in den Fußboden das Epitaph des Botanikers Carl von Linné eingelassen. Außerdem sind im Dom der Bischof Nathan Söderblom und der Philosoph Emanuel Svedenborg bestattet. Im nördlichen Fassadenturm wurde das **Dommuseum** eingerichtet.

Dom: tgl. 8.00 – 18.00 Uhr, www.uppsaladomkyrka.se
Dommuseum: Mai – Sept. Mo. – Sa. 10.00 – 17.00, So. 12.30 – 17.00, sonst Mo. – Sa. 10.00 – 16.00, So. 12.30 – 16.00 Uhr, Eintritt 40 SEK

Wenige Schritte vom Dom entfernt steht das von einer Kuppel ge- **Gustavianum** krönte Gustavianum. Hier befinden sich das Museum für nordische Altertümer und das Victoria-Museum, das ägyptische und griechische Altertümer ausstellt. Weiter beherbergt es das **Anatomische Theater** (1663), ein Hörsaal mit Blick auf den Seziertisch.

❶ Juni – Aug. Di. – So. 10.00 – 16.00, sonst 11.00 – 16.00, Sa. / So. 13.00 Uhr, englische Führungen, Eintritt 50 / 40 SEK, www.gustavianum.uu.se

Zwischen der Universität und dem Schloss prangt das stattliche Ge- **Universitäts-** bäude der Universitätsbibliothek (Carolina Rediviva), der mit über **bibliothek**

Außen wie innen ist Uppsalas altehrwürdige Universität eine wahre Pracht.

Uppsala erleben

AUSKUNFT
Uppsala Turist och Kongress AB
75310 Uppsala
Fyristorg 8
Tel. 018 7 27 48 00
www.destinationuppsala.se

Mit Volldampf nach Länna

Im Sommer kann man mit dem
**Dampfzug, Triebwagen oder Old-
timer-Bus** gemütlich von Uppsala
ins 20 km östlich gelegene Länna
fahren. In den Sommermonaten
(ca. Mitte Juni bis Mitte Sept.)
Abfahrt ab Ostbahnhof (Uppsala
Östra Station). Weitergehende
Informationen findet man unter
www.lennakatten.se

ESSEN
❶ Hambergs Fisk ⓔⓔⓔ
Fyristorg 8,
Tel. 018 71 21 50, Mo. / So. geschl.
www.hambergs.se
Hummer, Garnele, Heilbutt, Dorsch,
Dorade – was das Meer hergibt, wird
hier schmackhaft zubereitet.

❷ Flustret ⓔⓔ
Svandammen 1
Tel. 018 10 04 44
www.flustret.se
Restaurant in schöner Lage. Hervor-
ragende Fischgerichte, regelmäßig
Musik- und Comedyveranstaltungen.

❸ Saluhallen (Markthalle) ⓔⓔ
St. Eriks Torg
Tel. 018 1 50 150
www.saluhalleniuppsala.se
Die 2002 umgebaute Markthalle ist

Sitz zahlreicher Restaurants, z.B. des
»Hyllan« (junges Publikum, günstiger
Mittagstisch, abends Barbetrieb, am
Wochenende Disco.

ÜBERNACHTEN
❶ First Hotel Linné ⓔⓔⓔ
Skolgatan 45
Tel. 018 10 20 00
www.firsthotels.se
Zentrale Lage direkt am Linné-Garten.
Modernes, schnörkelloses Stadthotel
(116 Zi.) mit eigenem Kräutergarten.

❷ Hotel Uppsala ⓔⓔⓔ
Kungsgatan 27
Tel. 018 4 80 50 00
www.profilhotels.se
169 angenehme, helle Zimmer in modernem Tagungshotel, zentral gelegen.

**❸ Krusenberg
Herrgård** ⓔⓔⓔ
Krusenberg
Tel. 018 18 03 00
www.krusenbergherrgard.se
Altehrwürdiger schwedischer Herrenhof,
dessen Anfänge im 17. Jh. liegen. Wunderschön am Mälarsee, 10 km südlich
von Uppsala. Das Hauptgebäude (60 Zi.)
liegt inmitten von alten Obstbäumen
und pittoresken Parkanlagen.

EINKAUFEN
Schöne Geschäfte findet man vor allem
am Stora Torget und in der Kungsängs-
gatan. Wer in der Stadt des Wissens
eher nach Büchern Ausschau halten
möchte, wird sicher Vergnügen finden
an den Antiquariaten, die jeden Samstag
am Fluss bei der Dombrücke ihre Waren
feilbieten.

fünf Millionen Bänden größten Bibliothek des Landes. Im Ausstellungsraum ist als kostbarster Besitz der **Codex Argenteus** zu sehen, ein Evangelienbuch in gotischer Sprache aus dem 6. Jh., das seinen Namen dem silberbeschlagenen Einband aus dem 17. Jh. verdankt. Zum Bestand der Bibliothek gehören ferner der Codex Upsaliensis, die älteste erhaltene Handschrift der von Snorre Sturlasson verfassten **jüngeren Edda** um 1300.

❶ Mo.–Fr. 9.00–20.00, Sa. 10.00–17.00 Uhr, www.uu.se

Von der Bibliothek führt der Weg den Berg hinauf zum Schloss, dessen Bau 1548 unter Gustav Wasa begonnen wurde. Von den Bastionen bietet sich ein **schöner Blick auf Stadt und Umland**. Im Schloss ist das städtische Kunstmuseum eingerichtet.   **Schloss**

❶ Di.–Fr. 12.00–16.00, Sa./So. 12.00–16.30 Uhr, Eintritt 40/20 SEK

Vom Schloss gelangt man über eine Freitreppe zum Botanischen Garten. Im Linnéanum sind das Institut für systematische Botanik   **Botanischer Garten**

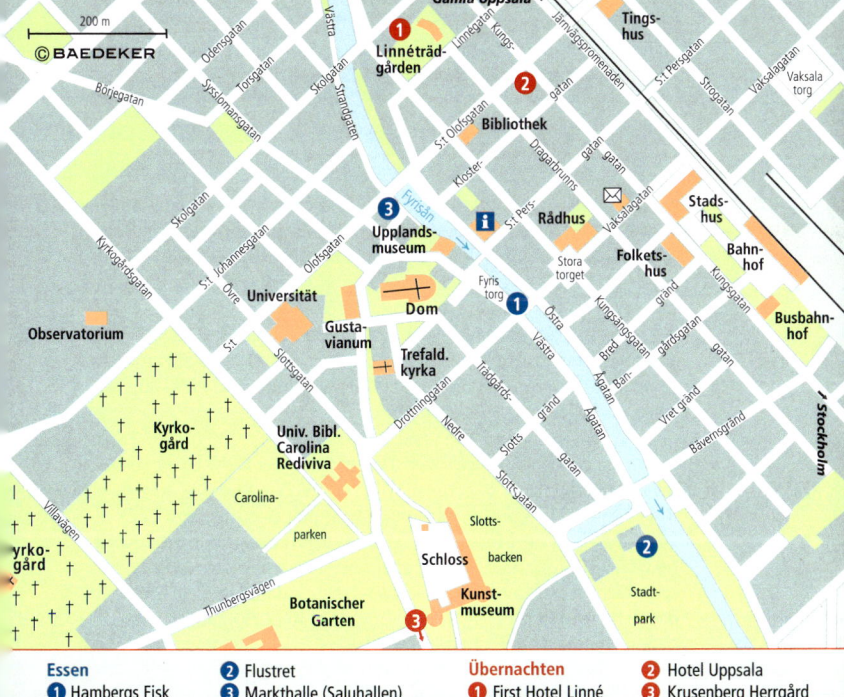

Uppsala

Essen
❶ Hambergs Fisk
❷ Flustret
❸ Markthalle (Saluhallen)

Übernachten
❶ First Hotel Linné
❷ Hotel Uppsala
❸ Krusenberg Herrgård

und eine Kakteensammlung untergebracht. Im tropischen Gewächshaus gibt es ein großes Victoria-Regia-Becken, Orchideen und im Innenhof einen **stilechten Japangarten**.

❶ Park tgl. 7.00 – 19.00, im Sommer bis 21.00,
Orangerie Di. – Fr. 9.00 – 15.00, Gewächshäuser Do. – Fr. 9.00 – 15.00,
Sa. / So. 12.00 – 15.00 Uhr, www.botan.uu.se

Linné-Garten und Museum

Im Norden der Innenstadt liegt an der Svartbäcksgatan der 1655 angelegte und einst von dem Botaniker Carl von Linné betreute Garten, in dem er die Pflanzen nach seinem bahnbrechenden System ordnete. Hier befindet sich auch das Linné-Museum mit allerlei **Kuriositäten und Tierpräparaten**.

❶ Mai – Sept. Di. – So. 11.00 – 17.00 Uhr, Eintritt 40 SEK,
www.linnaeus.se

*Gamla Uppsala

Rund 5 km nördlich vom Zentrum liegt Gamla Uppsala, Keimzelle der heutigen Stadt und ehemaliger Hauptort des Svea-Reichs. Der archäologische Bereich mit Grabhügeln und Thinghügel reicht bis ins 4. Jh. n. Chr. zurück und gehört **zu den größten vor- bzw. frühgeschichtlichen Denkmälern Skandinaviens**. Gleich nebenan steht der Dom von Alt-Uppsala, vermutlich im 11. Jh. errichtet und später zum Bischofssitz auserkoren. Man vermutet, dass hier oder in der Nähe ein Tempel für Odin stand. Sicher ist, dass Alt-Uppsala einst **religiöses Zentrum** des wikingerzeitlichen Schwedens war.

UMGEBUNG VON UPPSALA

*Linnés Hammarby

Ein lohnendes Ausflugsziel ist Linnés Hammarby, das knapp 10 km südöstlich von Uppsala gelegene, **einstige Sommerhaus** des Botanikers Carl von Linné, dem »Kanzleibeamten Gottes«, wie er mitunter gerne genannt wird wegen des von ihm ersonnenen Nomenklatur-Systems. Er hatte das Haus 1758 erworben und ließ sein Arbeits- und Schlafzimmer **mit Seiten aus Botanik-Büchern von Kollegen tapezieren**. Noch heute bedecken diese Pflanzenzeichnungen lückenlos die Wände. Im Hauptgebäude sind Hausrat, Textilien und Kleidungsstücke zu sehen.

❶ Mai u. Sept. Fr. – So. 11.00 – 17.00, Juni – Aug. Di. – So. 11.00 – 17.00 Uhr,
Besichtigung nur im Rahmen einer Führung, 60 SEK, www.hammarby.uu.se

Morasteine

In der Nähe von Linnés Hammarby befinden sich in einem 1779 errichteten Haus die Morasteine. Hier **leisteten die gewählten Könige den Eid**, worauf ihr Name auf einen Stein geschrieben wurde. Das erste Datum stammt von 1275, das letzte aus dem Jahr 1457. Unweit davon lohnt auch die Kirche von Lagga einen Besuch, die Wandmalereien aus dem 15. Jh. besitzt.

Vänersee

✦ F/G 7

Landschaft: Värmland, Dalsland und Västergötland

Verlässt man mit dem Schiff den Götakanal und fährt auf den Vänersee hinaus, glaubt man sich auf dem offenen Meer: Die schier endlose Wasserfläche reicht bis zum Dunst des Horizonts, und weit und breit ist kein Land in Sicht auf Schwedens größtem Binnengewässer.

Der bis zu 106 m tiefe Vänern ist mit einer Fläche von 5546 km² der drittgrößte See Europas. Am Ende der letzten Eiszeit hatte er noch Verbindung zum offenen Meer und wurde erst vor rund 9000 Jahren **durch die Landhebung abgetrennt**. Damals hatte er fast doppelte Größe und weite Teile des heutigen Värmland waren vom Wasser bedeckt. Heute liegt der Wasserspiegel des Sees bereits 45 m über dem Niveau des Meeres – ein Resultat der immer noch fortschreitenden Landhebung.

Ein Kind des Meeres

Farbenfroh: spätsommerliche Stimmung am Vänersee

Vänersee erleben

AUSKUNFT

Karlskoga Turistbyrå
69183 Karlskoga
Kyrkbakken 9
Tel. 0586 6 14 74
www.karlskoga.se

Karlstad Turistbyrå
65220 Karlstad
Torggatan 26, Bibliotekshuset V.
Tel. 054 29 84 00
www.karlstad.se

Destination Läckö-Kinnekulle
53131 Lidköping
Nya stadens torg, Gamla rådhuset
Tel. 0510 2 20 20
www.lackokinnekulle.se

Mariestad Turistbyrå
54286 Mariestad
Kyrkogatan 2
Tel. 0501 75 58 50
www.vastsverige.com/sv/mariestad

Visit Trollhättan Vänersborg
46234 Vänersborg, Järnvägsbacken 1C
Tel. 0521 1 35 09
www.visittrollhattanvanersborg.se

ESSEN

Gate Gästgiveri ⓔⓔ – ⓔⓔⓔ
Arvika, Gate, Tel. 0570 1 31 20
www.gastgiveri.se
Restaurant im ältesten Haus Arvikas,
bekannt für seine typisch värmländische
Küch (nur mittags). Etwas außerhalb
am Kreisverkehr des RV 61 Richtung
Karlstad.

Källaren Munken ⓔⓔ – ⓔⓔⓔ
Karlstad, Västra Torggatan 17

Tel. 054 18 51 50
www.restaurangmunken.se
Gourmetrestaurant im Kellergewölbe.
Hochklassige, schwedische Küche. Zum
selben Haus gehört auch die Brasseriet
Munken, die wesentlich günstigere
Gerichte anbietet.

Kanalhotellet ⓔⓔ
54632 Karlsborg
Storgatan 94
Tel. 0505 1 21 30, www.kanalhotellet.se
Das 1894 im Schweizer Stil erbaute
Hotel am Götakanal ist eines der beliebtesten Fotomotive. Vom großen, eleganten Speisesaal des Restaurants genießt
man einen schönen Blick auf den Kanal
und die vorbeiziehenden Schiffe.

Strandgatan ⓔⓔ
Trollhättan, Strandgatan 34
Tel. 0520 8 37 17
www.strandgatan.com
Bistro direkt am Kanal, v.a. an schönen
Sommertagen ein beliebter Treffpunkt.

Café August ⓔ – ⓔⓔ
Karlstad, Kanikenäsholmen
Tel. 054 21 77 47, www.cafeaugust.se
Café am See, das auch warme Gerichte
serviert, Galerie mit 300 Plätzen im
Freien

Skogshyddan ⓔ – ⓔⓔ
Etwas außerhalb von Vänersborg
Tel. 0521 1 27 74
www.skogshyddan.com
Ältestes Sommerrestaurant der Stadt in
einem alten Landhaus von 1898.
Beliebtes Ausflugsziel, bekannt für
seine Waffeln, die in verschiedenen
Variationen angeboten werden.

ÜBERNACHTEN
Scandic Arvika ⓔⓔⓔ – ⓔⓔⓔⓔ
Arvika, Torggatan 9
Tel. 0570 1 97 50
www.scandichotels.se
Bis es von der Scandic-Gruppe übernommen wurde, hieß das noble Hotel
(88 Zi.) im Stadtzentrum „Oscar Statt"
und spiegelte so die Geschichte Arvikas
wider, das zu Anfang des 19. Jh.s noch
Oskarstad hieß.

Clarion Collection Hotel Bilan ⓔⓔⓔ
Karlstad, Karlsbergsgatan 3
Tel. 054 10 03 00
www.choicehotels.se
First-Class-Hotel im einstigen Bezirksge-
fängnis von Karlstad. Die Zellen in dem
fast 200 Jahre alten Gebäude wurden in
68 bequeme Hotelzimmer umgebaut.

Bristol Hotel Arvika ⓔⓔ – ⓔⓔⓔ
Arvika, Kyrkogatan 25
Tel. 0570 1 32 80
www.bristolhotel.com
Im Zentrum von Arvika versprüht das
nette, familiäre Hotel (32 Zi.) britischen
Charme. Gute Alternative für Preis-
bewusste und Junggebliebene: Die
vielen Restaurants, Pubs und Geschäfte
in der Nähe versprechen Abwechslung
und internationales Flair.

Karlskoga Hotel
& Konferens ⓔⓔ – ⓔⓔⓔ
Karlskoga, Boåsvägen 2
Tel. 0586 6 37 40
www.karlskogahotel.se
Mittelklassehotel (86 Zi.) in der Nähe
vom Alfred-Nobel-Museum Björkborn.
Zentral gelegen.

Scandic Hotel Klarälven ⓔⓔ – ⓔⓔⓔ
Karlstad, Sandbäcksgatan 6

Tel. 054 7 76 45 00
www.scandichotels.com/klaralven
Direkt am Fluss gelegenes Hotel der
Scandicgruppe, natürlich mit Restaurant,
Bistro und Bar.

Hotell Läckö ⓔⓔ – ⓔⓔⓔ
Lidköping
Gamla Stadens Torg 5
Tel. 0510 2 30 00
www.hotellacko.se
Hotel (26 Zi.) mit viel Atmosphäre im
Zentrum von Lidköping. Trotz zahlreicher
Renovierungen im Laufe der Jahre ist
noch das Flair der Gründungszeit vom
Ende des 19. Jh.s spürbar.

Österberga Gård
Bed & Breakfast ⓔ
Mariestad
Österberga Gård
Tel. 0501 2 05 00
www.osterbergagard.se
Einfache Unterkunft in ländlicher
Umgebung, nördlich von Mariestad.

FREIZEIT UND SPORT
Elchsafari
Die Tafelberge am Südrand des Vänern
sind allein schon einen Ausflug wert.
Mehr noch, wenn man ihn mit einer
Elchsafari verbindet. Von Vänersborg aus
startet der Bus im Juli und August
Mo. und Do. jeweils um 18.30 Uhr.
Anmeldungen unter Visit Trollhättan
Vänersborg, Bahnhof Vänersborg,
Tel. 0521 1 35 09

Draisinenfahrt
Von Gullspång (nordöstlicher See) kann
man mit der Draisine eine sehr nette
Tour bis Degerfors machen. Buchung über das Gullspånger
Touristenbüro, Tel. 0551 3 61 40

SEHENSWERTES AM VÄNERSEE

Trollhättan Die Gegend an der Südwestspitze des Vänersees, aus dem hier der Göta Älv austritt, war schon vor 7000 Jahren besiedelt. Heute nennt sich der Ort Trollhättan; hier sitzen Firmen wie Saab und Nohab. Trollhättan wird übrigens auch **»Trollywood«** genannt. Denn hier werden auch Filme produziert. Mit rund 20 Produktionen im Jahr, darunter auch Lars von Triers »Dogville« mit Nicole Kidman, ist die Stadt jetzt reif für einen »Walk of Fame« nach Hollywood-Art.

Lidköping Etwas abseits vom Seeufer geht es zur reizvoll an der Bucht Kinneviken gelegenen, industriereichen Stadt Lidköping. Das hölzerne Jagdschlösschen am Stortorg diente später als Rathaus und entwickelte sich zum Wahrzeichen der Stadt. An den weiten Platz schließt sich die hübsche Fußgängerzone mit ihren niedrigen Häusern an. Einen Besuch verdient die **Porzellanmanufaktur Rörstrand** im Industriegebiet. Es gibt ein großes Werksmuseum sowie eine Verkaufsausstellung, auch mit preisgünstigeren Waren zweiter Wahl.
❶ Mo.–Fr. 10.00–18.00, Sa. bis 15.00, So. 12.00–16.00 Uhr

*Schloss Nördlich von Lidköping ragt die Halbinsel Kallandsö in den Vänern.
Läckö Nahe der Spitze steht – etwas erhöht über dem See – Schloss Lacko, das 1298 zunächst als Festung errichtet wurde. Nach der Reformation wurde es mehrfach umgebaut. Das 700-jährige Schloss ist die **meistbesuchte Sehenswürdigkeit Westschwedens**. Nicht nur die herrliche Lage zieht die Besucher an, sondern auch die überaus gut besuchten Ausstellungen und Konzerte im Königssaal und auf dem Burgwall. Für Gartenliebhaber ist der **Schlossgarten** ein Paradies. Im Stallcafé gibt es Tagesgerichte und Kuchen, das Restaurant Fataburen serviert Spezialitäten aus der Region. In der Nähe des Schlosses kann man an einem Sandstrand baden oder sich dort ein Boot leihen. Das prunkvoll ausgestattete Innere (248 Räume hat das Schloss insgesamt) ist nur mit Führung zugänglich.
❶ Mai–Sept. tgl. stündliche Führungen 11.00–17.00 Uhr, www.lackoslott.se

Einst eine Festung: Schloss Läckö

Einen netten Abstecher bildet die Fahrt nach Skara, das aus einer **Skara** alten Thing- und Kultstätte hervorgegangen war und später Bischofssitz wurde. Die imposante **Domkirche** ist ein dreischiffiger, gotischer Bau aus den Jahren 1312 – 1350. Einige Schritte weiter nordöstlich breitet sich der Stadsträdgård aus, in dem sich das **Provinzmuseum** von Västergötland befindet. Besonders sehenswert sind die 1985 ausgegrabenen Bronzeschilde von Fröslunda aus dem 7. / 8. Jh. v. Chr. Unmittelbar daneben befindet sich das **Freilichtmuseum Fornbyn** mit Häusern aus der Gegend von Skaraborg.

Provinzmuseum: Di. – Fr. 10.00 – 16.00, Sa. / So. ab 11.00 Uhr, Eintritt frei, www.vastergotlandsmuseum.se
Freilichtmuseum: Mai – Sept. tgl. 11.00 – 20.00 Uhr, Eintritt frei

BAEDEKER TIPP !

Der Tanz der Kraniche

Der Hornborgasee zwischen Skara, Skövde und Falköping ist wegen seines reichen Vogellebens weit über die Landesgrenzen hinaus berühmt. Im Frühjahr kommen **mindestens 5000 Kraniche** zu dem von weiten Sumpfflächen umgebenen See und bieten beim Paarungsritual den sehenswerten »Tanz der Kraniche«, der jedes Jahr auch Ornithologen und Naturfotografen anlockt.

Auf der Str. Nr. 184 gelangt man von Skara aus zu dem 27 km südlich **Falköping** gelegenen Städtchen Falköping, in dessen Umgebung sich etwa zwei Drittel der 300 bekannten **Ganggräber** Schwedens aus der Zeit um 3300 v. Chr. befinden. Das bekannteste Grab liegt südlich von Falköping, unweit östlich der Kirche von Luttra. Das größte Ganggrab Skandinaviens liegt bei Karleby, nur wenige Kilometer östlich.

Auf der Rückfahrt zum Vänersee sieht man schon von weitem den ***Kinnekulle** Kinnekulle, der die Bucht Kinneviken im Osten begrenzt. Tannen bedecken den 306 m hohen **Tafelberg**, der einen ausgezeichneten Panoramablick auf den Vänersee bietet. Die Tafelberge in diesem Gebiet entstanden vor etwa 500 Millionen Jahren. Damals lagerten sich Sedimente auf dem Meeresboden ab, die sodann zum Teil von untermeerischer Lava bedeckt wurden. Diese harte Lava bildete einen perfekten Panzer: Während bei der später einsetzenden Landhebung die ungeschützten Sedimentgesteine abgetragen wurden, blieben jene mit Lavahülle stehen.

Der nächste größere Ort am Vänersee ist die an der Mündung der **Mariestad** Tidan gelegene **Industriestadt** Mariestad. Nach einem Brand 1895 musste die Stadt nahezu völlig neu aufgebaut werden. Im nördlichen Teil der Innenstadt steht der 1593 – 1619 erbaute Dom, auf einer Insel im Fluss das Schloss Marieholm.

Kristinehamn an der nordöstlichsten Stelle des Vänersees wurde Mit **Kristinehamn** te des 19. Jh.s an das Eisenbahnnetz angeschlossen und stieg zum

Umschlagplatz für das Holz der Region und das Eisenerz aus Bergslagen auf. Im Sporthafen steht die einem Seezeichen ähnelnde, 15 m hohe Betonskulptur, die **Pablo Picasso** der Stadt 1964 schenkte.

Karlskoga Rund 25 km östlich von Kristinehamn befindet sich am Nordufer des kleinen Möckelnsees in einem alten Bergbaugebiet die Stadt Karlskoga. Außerhalb liegt Alfred Nobels Björkborn, ein weitläufiges Werksgelände mit dem einstigen Wohnhaus des Sprengstoff-Fabrikanten und seinem Laboratorium mit der originalen Einrichtung. Der Herrenhof Björkborn diente **Alfred Nobel** (▶ Berühmte Persönlichkeiten) einst als Wohnsitz und Arbeitsstätte. Sein elegantes, weißes Haus ist zum größten Teil noch so eingerichtet wie zu seinen Lebzeiten; besichtigt werden kann auch das Labor, in dem er u.a. Versuchen mit künstlich hergestellter Seide und synthetischem Gummi nachging. Sein riesiges Vermögen, das er größtenteils durch **Waffenverkäufe** erwirtschaftet hatte, wird von der Nobelstiftung verwaltet, die nur die Zinsen als Nobelpreis ausschüttet. Interessierte können dem **Bofors Industriemuseum** einen Besuch abstatten, das die über 350-jährige Geschichte des Rüstungskonzerns dokumentiert, dessen Eigentümer einst Alfred Nobel war.

Industriemuseum: Juni – Aug. Di. – So. 11.00 – 16.00 Uhr, Eintritt 100 SEK, www.nobelmuseetikarlskoga.se

KARLSTAD

Altstadt Karlstad, das Kultur- und Handelszentrum Värmlands, liegt an der Mündung des 460 km langen Klarälv in den Vänersee. Die Älvgatan vermittelt mit ihren alten Bürgerhäusern ein Bild des alten Karlstad vor dem großen Brand von 1865. Auch die Domkirche (1723 – 1730) und das Bischofspalais von 1780 stammen noch aus jener Zeit. Auf dem Stortorg steht ein Friedensmonument von Ivar Johnsson, das an die Auflösung der schwedisch-norwegischen Union 1905 erinnert.

Värmlands Museet Das Värmland-Museum liegt auf der Landzunge Sandgrundsudden mitten im Stadtzentrum. 2005 wurde es zu Schwedens »Museum des Jahres« gewählt. Schon die beiden Gebäude, Meisterwerke von einigen der bedeutendsten Architekten Schwedens, lohnen einen Blick. Das alte Haus, genannt Cyrillushaus, bekam seinen Namen nach dem Architekten Cyrillus Johansson. Dort befindet sich die Kunstabteilung mit värmländischer Kunst vom 18. Jh. bis zur Gegenwart. Das neue Museumsgebäude wurde 1998 eröffnet. Es stammt von Carl Nyrén und beherbergt Dauer- und Wechselausstellungen sowie ein großes Café.

❶ Mo. – Fr. 10.00 – 18.00, Mi. bis 20.00, Sa. / So. 11.00 16.00 Uhr, Eintritt 60 SEK, www.varmlandsmuseum.se

In der Bibliothek von Gut Mårbacka schrieb
Selma Lagerlöf viele ihrer Romane.

Nördlich von Karlstad erreicht man über die Str. Nr. 61 und 45 das
Gebiet der Frykenseen, einer Kette von drei lang gestreckten, schmalen Seen, die durch Selma Lagerlöfs Roman **»Gösta Berling«** bekannt wurden.

*Frykenseen

Der 40 ha große Rottneros-Park gehört zu den wichtigsten Sehenswürdigkeiten Värmlands. Vorbild für das klassizistische Herrenhaus
war »Ekeby« in Selma Lagerlöfs »Gösta Berling«. Die gepflegte Gartenanlage beinhaltet nicht nur schöne Blumenbeete, die in Zusammenarbeit mit der deutschen **Blumeninsel Mainau** gestaltet werden,
sondern auch eine Vielzahl von Skulpturen von internationalen
Künstlern wie **Carl Milles, Gustav Vigeland und Jean Goujon**.
Auch Kindern wird es in Rottneros nicht langweilig dank Nils-Holgersson-Abenteuerpark, Minizoo und Tropenhaus.
❶ Mitte Juni – Mitte Aug. tgl. 10.00 – 18.00, ab Mitte Mai und bis Ende Aug.
bis 16.00 Uhr, Eintritt im Sommer 120 / 80 SEK, www.rottnerospark.se

*Rottneros

Nach weiteren 5,5 km erreicht man Sunne, das »Broby« aus »Gösta
Berling«. Der als Sommerziel gerne besuchte, freundliche Ort liegt
am Sund zwischen Mellan Fryken und Övra Fryken. Beachtenswert
ist die erhöht gelegene Kirche aus dem 19. Jh.

Sunne

Von Sunne gelangt man auf einer Landstraße zu dem nahe am Ostufer des Sees gelegenen Gut Mårbacka, wo die Dichterin **Selma
Lagerlöf** (1858 – 1940) geboren wurde und ab 1907 wieder wohnte.
Im Sommer kann man im Rahmen von Führungen das Herrenhaus

*Mårbacka

besichtigen. Der beeindruckendste Raum ist die Bibliothek des Hauses, in der Selma Lagerlöf viele ihrer berühmten Romane schrieb. Auf dem Friedhof von **Östra Ämtervik** südlich von Mårbacka liegt Selma Lagerlöf begraben.

🕐 wechselnde Zeiten, in der Regel 11.00–16.00 Uhr,
Eintritt 90/45 SEK, inkl. Führung, www.marbacka.com

Åmål Zurück am Vänern überquert man die Grenze zwischen Värmland und Dalsland und gelangt nach Åmål. Schön ist der **Örnäspark** mit dem Hembygdsgård, wo außer einem kleinen Tierpark historisches Werkzeug und Mobiliar aus der Gegend zu sehen sind. Bei Seglern und sonstigen Wassersportlern ist vor allem die Marina der Stadt bekannt und beliebt.

Mellerud Hinter dem kleinen Industrieort Mellerud entfernt sich die Straße vom See und erreicht nach 30 km die Stadt Vänersborg und kommt von dort aus nach Trollhättan, dem Ausgangspunkt der Fahrt um den Vänern.

∗ Varberg

⊹ F 8

Landschaft: Halland
Provinz: Halland Län
Einwohnerzahl: 58 500
Höhe: Meereshöhe

Von einer großen Vergangenheit als Kur- und Bäderort ist das Varberger Kaltbadehaus geblieben. In der westschwedischen Stadt wird immer noch gebadet, heute aber vor allem an den schönen Sandstränden in der Umgebung.

SEHENSWERTES IN VARBERG UND UMGEBUNG

Societetspark Im zentrumsnahen, gepflegten Societetspark beeindruckt das stattliche Societetshaus von 1880, das heute Café, Pub und Diskothek beherbergt. Das verspielte, weiße Holzgebäude mit den Türmchen erinnert noch an die **Zeit des vornehmen Kur- und Badetourismus**.

∗Festung Das Wahrzeichen der ansonsten etwas gesichtslosen Stadt ist die große Festung, die auf einem ins Meer vorspringenden Felsen liegt. Sie wurde im 13. Jh. von den Dänen erbaut und später mehrmals verändert. Bis 1830 erfüllte sie Verteidigungsfunktionen und diente dann bis 1931 als Gefängnis. Inmitten des Mauerkarrees erhebt sich das

Varberg erleben

AUSKUNFT
Varbergs Turistbyrå
43224 Varberg, Brunnsparken
Tel. 0340 8 68 00
www.marknadvarberg.se

ESSEN
Wärdshuset ©©
Varberg, Kungsgatan 14
Tel. 0340 8 01 11
www.varbergswardshus.com
Restaurant mit internationaler Speise-
karte, der Mittagstisch ist günstiger.

Borggården ©©
Varberg/Festung, Tel. 0340 1 08 66
nur im Sommer geöffnet
www.borggarden.nu
Speisen mit schöner Aussicht über das
Kattegatt. Auf Vorbestellung kann man
an einer Mittelaltertafel teilnehmen.

Restaurant Hertigen Island ©©
Falkenberg (Zugang südlich vom Elvägen)
Tel. 0346 1 00 18, www.hertigen.se
Elegantes Restaurant auf einer Insel in
der Stadt mitten im Fluss Ätran; zum
Komplex gehören auch ein Weinkeller,
eine Bar und ein Nachtclub.

ÜBERNACHTEN
Clarion Collection
Hotel Fregatten ©©©
Varberg, Hamnplan
Tel. 0340 67 70 00
www.choicehotels.no
Erstklassiges Hotel unweit von Hafen
und Badestrand.

Okéns Bed & Breakfast ©©©
Varberg, Västra Vallgatan 25
Tel. 0340 8 08 15, www.okens.se

Kleine, familiäre Unterkunft, romantisch
eingerichtete Zimmer mit bequemen
Himmelbetten und vielen Extras.

Grand Hotel ©©©
Falkenberg, Hotellgatan 1
Tel. 0346 1 44 50
www.grandhotelfalkenberg.se
Nettes Hotel (70 Zi.) mit Blick über den
Ätranfluss; am Wochenende spielen
lokale Gruppen zum Tanz auf.

Värdshuset Hwitan ©© – ©©©
Falkenberg, Storgatan 24
Tel. 0346 8 20 90, www.hwitan.se
Im Zentrum am Ätranfluss (32 Zi.).
Besonders lohnend im Sommer wegen
der großen Gartenterrasse und der
Musikveranstaltungen.

SPORT UND FREIZEIT
Angeln
Durch Falkenberg fließt der Ätran, einer
der legendärsten Lachsflüsse Schwedens. Einige der besten Fangplätze
liegen mitten in der Stadt. Beste Angel-
zeit für die Meerforelle ist der April und
für den Lachs die Periode von Mai bis
September.

Baden und Surfen
Südlich von Varberg liegen bei Träslövs-
läge die schönsten Sandstrände, die
auch bei Surfern sehr beliebt sind. Um
Falkenberg erstrecken sich 13 km Strand.
Die stadtnächsten sind der 2 km lange
Skrea-Strand mit hohen Sanddünen
unmittelbar südlich der Flussmündung
und der Stafsinge-Strand nördlich des
Flusses mit einigen steinigen Abschnit-
ten. Vielen gilt dieser Küstenabschnitt
als Nordeuropas bestes Surfrevier.

schon im 14. Jh. erbaute Schloss, in dessen nördlichem und westlichem Flügel seit 1925 ein **Museum** eingerichtet ist. Dessen bedeutendstes Exponat ist der Bockstenmann, eine **Moorleiche** aus dem 14. Jh., deren durch die Huminsäuren konservierte Kleidung die besterhaltene ihrer Art in Europa ist. Warum der Mann mit einem Eichenpfahl durchbohrt wurde, darüber kann man nur spekulieren. Ausgestellt wird auch die Kugel, die 1718 König Karl VII. traf, als er Frederikstad belagerte. Im nördlichen Teil des Festungsareals befinden sich ein sehenswertes Fahrradmuseum und die beliebte Jugendherberge.

❶ www.lansmuseet.varberg.se, das Museum ist gegenwärtig wegen Renovierung geschlossen

Kaltbadehaus Vom Nordtor der Festung erreicht man auf dem Weg zum Hafen das 1903 erbaute Kaltbadehaus. Es steht auf Stelzen ein Stück vor dem Strand im flachen Wasser und ist mit seiner orientalisch verspielten Fassade und den Türmchen durchaus ein Blickfang. Nach einer aufwändigen Restaurierung strahlt es wieder in neuem Glanz, nur die nahen Hafenanlagen trüben etwas die Badefreuden.

❶ Eintritt 65 / 30 SEK, www.kallbadhuset.se

Sender SAQ Technik- und Funkfreunde zieht der Sender SAQ bei Grimeton zwischen Varberg und Rolfstorp magisch an. Die Anlage gehört zum

Sieht irgendwie orientalisch aus: das Kaltbadehaus von Varberg

UNESCO-Weltkulturerbe und ist dank ihrer 127 m hohen Sende-
masten kaum zu übersehen. 1924 für den Funkverkehr mit den USA
gebaut, stellt sie ein einzigartiges Industriedenkmal dar.

❶ Mai, Sept. Sa. / So. 10.00 – 15.00, Juni – Aug. tgl. 10.00 – 17.00, englische
Führung 13.00 Uhr, Eintritt 75 SEK, bis 18 J. frei

Die Hafenstadt Falkenberg liegt an der Mündung des lachsreichen   ***Falkenberg**
Ätran in das Kattegatt. Zwar hat sich auch hier viel Industrie und
Gewerbe angesiedelt, doch es gibt
im Zentrum noch charmante, alte
Holzhäuser. Aus der Zeit der Burg
stammt auch noch die **St. Laurentii
Kyrka** inmitten der Altstadt. An den
relativ kleinen, teils romanischen
einschiffigen Bau wurde im 18. Jh.
der recht massige Turm angefügt.
Die Wände im Inneren sind noch
vollständig mit Resten spätromanischer bzw. frühgotischer Fresken
bedeckt. Die tonnenförmige Holzdecke trägt eine besonders reiche

> **BAEDEKER TIPP** ❗
>
> *Kaufrausch in der Provinz*
>
> Gekås, das **größte Warenhaus
> Nordeuropas**, liegt in Ullared
> (ca. 40 km östlich von Varberg)
> und bietet alles von Bekleidung
> über Sportartikel bis zu Unter-
> haltungselektronik (Mo. – Fr.
> 8.00 – 20.00, Sa 7.00 – 20.00, So.
> 8.00 – 18.00 Uhr, www.gekas.se).

Bemalung aus dem 17. Jh. 1789 gründete Töpfermeister Hans Törn-
gren die Törngrens Krukmakeri in Falkenberg. In diesem Familienbetrieb bekommt man auch tönerne **Kuckuckspfeifen** (»Lergökar«),
die früher von Lehrlingen gefertigt wurden, um ihren spärlichen
Lohn aufzubessern. Falkenberg ist auch Sitz einer **Brauerei.** Deren
hochmoderne Brauanlagen können besichtigt werden.

Töpferei: Mo. – Fr. 9.30 – 16.30 Uhr, Krukmakaregatan 4

Brauerei: Termine und Voranmeldung bei der Touristeninformation
Falkenberg, Tel. 0346 88 61 00

* Vättersee

⊹ **G 7/8**

Landschaft: Västergötland, Östergötland, Närke und Småland

**Der Vättersee ist der zweitgrößte See Schwedens. Sein Wasser
ist so klar, dass man bis 10 m Tiefe auf den Grund sehen kann.
Touristische Höhepunkte sind das mittelalterliche Vadstena,
der Götakanal und Jönköping, die größte Stadt am Vättern.**

Auch der Vättersee liegt in der Mittelschwedischen Senke. Er ist rund
1912 km² groß, 130 km lang und bis 30 km breit bei einer Tiefe von
maximal 128 m. Sein Wasser ist so klar, weil er ein Quellsee ist und
von nährstoffarmen, klaren Bergbächen gespeist wird. Solches Was-

Vättersee erleben

AUSKUNFT
Grenna touristbyrå
56322 Gränna, Brahegatan 38 – 40
Tel. 0390 4 10 10
www.grm.se

Jönköping touristbyrå
55189 Jönköping, Järnvägsstationen
Tel. 036 10 50 50
www.jonkoping.net

Motala Turistbyrå
59186 Motala, Hamnen
Tel. 0141 22 52 54
www.motala.se

Vadstena Turistbyrå
Rödtornet, Storgatan
Tel. 0143 3 15 70
www.ostergotland.info

Bunt geringelte Zuckerstangen

»**Polkagrisar**« heißen die bunt geringelten Zuckerstangen, meist mit Pfefferminzgeschmack, die in über zehn Kochereien in Gränna hergestellt werden. Erfinderin dieser Köstlichkeit war die mittellose Witwe Amalia Eriksson, die 1895 vom Magistrat der Stadt die Erlaubnis erhielt, Backwerk und Zuckerstangen herstellen zu dürfen – eine geniale Geschäftsidee, wie die Scharen der kleinen und großen Abnehmer zeigen.

ESSEN
Idas Brygga ⊜⊜
Karlsborg, Skepparegatan 9
Tel. 0505 1 31 11, www.idas-brygga.se

Direkt am Götakanal gelegen und bekannt für seine ausgezeichneten Fischgerichte. Günstiges »Dagens Rätt«. Bei Interesse auch Zimmervermietung.

Mäster Gudmunds Källare ⊜⊜ – ⊜⊜⊜
Jönköping, Kapellgatan 2
Tel. 036 10 06 40
www.mastergundmund.se
Lokale Spezialitäten, darunter auch Elchgerichte, werden in diesem Kellerrestaurant serviert.

ÜBERNACHTEN
Elite Stora Hotellet ⊜⊜⊜⊜
Jönköping, Hotellplan
Tel. 036 10 00 00
www.elite.se
Direkt am Südufer des Vättern und zentral in Jönköping gelegenes Hotel (135 Z.) in einem wunderschönen Gebäude aus dem 19. Jahrhundert.

Hotel Gyllene Uttern ⊜⊜⊜⊜
Gränna
Tel. 0390 1 08 00
www.gylleneuttern.se
51 gepflegt eingerichtete Zimmer im Ambiente eines herrlichen Herrenhauses, der Großteil von ihnen mit Aussicht auf Gränna, den Vättersee und die Insel Visingsö. Golfplatz nahebei.

Vadstena Klosterhotell ⊜⊜⊜⊜
Vadstena
Klosterområdet
Tel. 0143 3 15 30
www.klosterhotel.se
Dezenter Luxus im mittelalterlichen Kloster aus dem 13. Jh. Angeschlossen ist das Restaurant »Munkklostret« mit

exzellentem Essen, teils mit mittelalterlicher Musik.

Kanalhotellet ⊜⊜⊜
Karlsborg, Storgatan 94
Tel. 0505 1 21 30
www.kanalhotellet.se
Ehrwürdiges Holzhotel (27 Zi.) von
1894 im Schweizer Stil. Direkt am
Götakanal mit toller Aussicht.

FESTE UND SPORT

Blasmusikfestival
An Pfingsten spielen in Jönköping Big
Bands, Brass-Ensembles, Militärorchester
und Solisten um die Wette beim Internationalen Schwedischen Blasmusikfestival.
www.blasmusik.smot.nu

Ballonfahrerfest
Gränna ist eines der bekanntesten
schwedischen Zentren für Ballonfahrer.

Jeden Februar wird hier Skandinaviens
größtes Ballonevent ausgetragen, und
alljährlich am 11. Juli gedenkt man der
Andrée-Expedition im Jahre 1897 mit
Ballonaufstiegen.

Radrennen um den Vättersee
Mitte Juni kommen Tausende begeister-
ter Radfahrer nach Motala, um am
Jedermannrennen rund um den
Vättersee teilzunehmen. Die 300 km
lange »Vätternrundan« muss aber am
Stück absolviert werden. Wer mitmachen will, sollte sich frühzeitig anmelden; die Teilnehmerzahl ist begrenzt,
und die Tour ist schnell ausgebucht.
www.vatternrundan.se

AUSFLÜGE
Von Hjo aus fährt neben normalen
Schiffen auch ein über 100 Jahre
altes Dampfboot zur Insel Visingsö.

**Hier braucht man Kondition: rund 300 km misst die
Rad-Rennstrecke rund um den Vättersee.**

ser schätzen nicht nur die Gäste, sondern auch die Fische, die hier in großer Zahl vorkommen.

✳ JÖNKÖPING

Größte Stadt am See

Jönköping (128 500 Einw.) liegt sehr schön an der Südspitze des Vättersees und ist von der Land- und Forstwirtschaft des Umlandes geprägt. Südlich vom Zentrum steht am Dag Hammarskjölds Plats der großzügige Neubau des **Landesmuseums** mit einer recht umfangreichen Sammlung von Werken der klassischen Moderne sowie einer stadtgeschichtlichen Abteilung und historischen Sammlungen. Nach einem Umbau präsentiert sich das Museum seit Frühjahr 2013 neu.

❶ www.jkpglm.se

✳Streichholz- museum

Die Västra Storgatan führt zum einstigen Werksgelände der Streichholzfabrik, das heute als Tändsticksområdet ein Kultur- und Sozialzentrum bildet. In den ehemaligen Betriebsräumen der Fabrik ist das Streichholzmuseum eingerichtet, in dem nicht nur die Fertigungstechnik, sondern auch die **soziale Situation der Fabrikarbeiter** Thema ist. Weiter kann man eine umfangreiche Sammlung von Streichholzschachteln bestaunen, sowie sich über den zwielichtigen Zündholzkönig Ivar Kreuger informieren. Auf dem Gelände befinden sich außerdem ein Radiomuseum, Boutiquen und Behindertenwerkstätten, ein Kulturhaus mit Café und das Landestheater.

❶ Juni – Aug. Mo. – Fr. 10.00 – 17.00, Sa. / So. bis 15.00, sonst Di. – So. 11.00 – 15.00 Uhr, Eintritt März – Okt. 40 SEK, www.matchmuseum

Stadtpark

Weiter westlich erstreckt sich der Stadtpark, von dem man einen guten Blick auf den Vättersee hat. Außerdem gibt es hier ein Museum mit **Schwedens größter Sammlung präparierter Vögel** sowie ein Freilichtmuseum mit småländischen Häusern.

❶ Juni bis Aug. tgl. 10.00 – 17.00 Uhr

Stadtteil Huskvarna

Der Stadtteil Huskvarna ist industriell geprägt. Besonders in der Sparte der Motorsägen ist der Markenname Husqvarna bekannt. Das **Husqvarna-Werksmuseum** veranschaulicht 300 Jahre Industriegeschichte. Auch das einstige Schmiededorf mit seinen Kunsthandwerkerateliers ist einen Besuch wert.

Werksmuseum: Hakarpsvägen 1, Mai – Sept. Mo. – Fr. 10.00 – 17.00, Sa. / So. 12.00 – 16.00, sonst Mo. – Fr. 10.00 – 15.00, Sa. / So. 12.00 – 16.00 Uhr

Store Mosse

Das größte schwedische Moorgebiet südlich von Lappland ist der Nationalpark Store Mosse, der südlich von Jönköping über die E 4 zu erreichen ist. Hier eröffnete 2003 ein schön gestaltetes **Naturzentrum**, wo die Besucher, gut gewärmt vom Kaminfeuer, Kanadagänse,

Kraniche und Singschwäne beobachten, die am Kävsjön-See brüten.

❶ Juni – Aug. tgl. 10.00 – 16.00 Uhr

Rund 15 km nördlich von Jönköping, am Westufer des Vättersees, liegt der kleine Ort **Habo**. Seine große, mit roten Schindeln verkleidete **Holzkirche** ist einer der eigenartigsten Sakralbauten Schwedens. Wände und Decken sind aus Holz und mit farbenprächtigen Bibelmotiven geschmückt, die 1741 – 1743 geschaffen wurden. Die Holzkirche wurde 1680 umgebaut; ein alter Taufstein ist erhalten.

Habo-Kirche: im Sommer tgl. 9.00 – 18.00, sonst außer Sa. 10.00 – 16.00 Uhr

Außergewöhnlich: die Habo-Kirche

SEHENSWERTES AM VÄTTERSEE

Das hübsche Städtchen Gränna liegt am Südostufer des Vättersees am Fuß des steilen Grännaberges. Am kopfsteingepflasterten Markt befindet sich das Kulturzentrum Medborgargård. Die schöne Barockkirche steht etwas erhöht über den Häuserzeilen am Fuß des Berges. In Gränna wurde Polarforschers Salomon August Andrée geboren (1854 – 1897), der in einem Heißluftballon den Nordpol überqueren wollte. Das Unternehmen scheiterte jedoch, die Überreste der Expedition fand man erst 1930. Das kleine **Expeditions-Museum** an der Brahegatan zeigt, was von dem wagemutigen Unternehmen übrig geblieben ist. Gegenüber steht Andrées Geburtshaus.

Gränna

Mit dem Schiff kommt man in 20 Min. von Gränna nach Visingsö, der **größten Insel im Vättersee**. Prähistorische Gräberfelder beweisen eine frühe Besiedlung. Die Familie Brahe errichtete Visingborgs Slott, einst das prachtvollste Schloss des Landes, aber seit dem Brand von 1718 eine Ruine.

*Visingsö

Von Gränna folgt man der E 4 in nördlicher Richtung bis jenseits von Ödeshög und biegt links nach Rök ab. Dort steht vor der Kirche Schwedens größter und bedeutendster Runenstein. Der zweieinhalb

**Runen-stein von Rök

Picknick mit Blick auf den Vättersee, der für sein kristallklares Wasser berühmt ist.

Meter hohe Block ist von 700 Runenzeichen bedeckt, in denen so mancher Philologe **das erste Gedicht Schwedens** zu erkennen glaubt. Sicher ist aber, dass ein Wikingerhäuptling zu Beginn des 9. Jh.s den »Rökstenen« zum Gedenken an seinen verstorbenen Sohn Värmod aufstellen ließ. Seine magische Wirkung kann der Stein nicht so recht entfalten, weil er unter einem Dach steht, das aber zu seinem Schutz notwendig geworden ist.

Vadstena verdankt seinen Ursprung der Heiligen Birgitta. Sie war zunächst Haushofmeisterin bei König Magnus Eriksson und Königin Blanka, bis sie ein Offenbarungserlebnis hatte und 1346 den Kungsgård als Klosterstiftung erhielt. Das Kloster wurde allerdings erst sechs Jahre nach ihrem Tod fertiggestellt. Später wurde Vadstena ein wichtiger Wallfahrtsort. Reizvoll sind die Lage des Ortes direkt am Seeufer, die engen Gassen und die Vielzahl alter Häuser. Unmittelbar am Hafen steht das von Gustav Wasa im 16. Jh. errichtete **Schloss**, ein abweisender und glattflächiger, wuchtiger Bau mit gedrungenen Ecktürmen, der von einem Wassergraben umgeben ist. Heute ist das Schloss u.a. Sitz des Landesarchivs. Zwischen Schloss und See liegt der Hamnpark. Auf der Strandpromenade geht man nordwestlich zum Birgittakloster und weiter zur 1430 geweihten einstigen Klosterkirche. Die dreischiffige, gotische Hallenkirche wird nach der Farbe des blaugrauen Steins Blåkyrkan, **Blaue Kirche**, genannt. Bemerkenswert ist die farbige Fassung der Gewölberippen. Größter Schatz ist der Birgitta-Flügelaltar, eine Lübecker Arbeit aus dem 15. Jh. Links davon steht das 1331 gefertigte Reliquiar der Heiligen, die im Mittelteil dargestellt ist.

Schloss: Juni, Aug. tgl. 11.00 – 16.00, Juli bis 18.00 Uhr, Eintritt 70 SEK, www.vadstenadirect.se

Motala Die schon im 14. Jh. als Thingplatz erwähnte Stadt Motala liegt am Götakanal, der hier den Vättersee mit dem Borensee verbindet. Beim Gästehafen am Götakanal ist im ehemaligen Kanalgesellschaftshaus von 1822 das **Kanal- und Seefahrtsmuseum** eingerichtet, in dem das Modell einer Schleusen- und Hubbrückenanlage und eine Reihe von Schiffsmodellen zu sehen sind. An die motorsportliche Tradition der Stadt erinnert das **Motormuseum**, das in einem großen, roten Lagergebäude am Hafen untergebracht ist. Es zeigt eine ganze Reihe exzellent restaurierter Oldtimerautos und -motorräder sowie historische Radioapparate.

Seefahrtsmuseum: Mai Sa. / So. 11.00 – 17.00, Juni – Mitte Aug. tgl. 10.00 – 17.00 Uhr, www.gotakanal.se
Motormuseum: Juni – Aug. Mo. – Sa. 8.00 – 20.00, So. ab 10.00 Uhr, Eintritt 80 / 50 SEK, www.motala-motormuseum.se

Der kleine Tiveden-Nationalpark zwischen Vättern und Unden besteht aus einer wild zerklüfteten Felsenlandschaft, die von **Kiefernurwald** bedeckt ist. Von der Str. Nr. 49 zweigt bei Granvik die Zufahrt zum Park ab und endet an einem Parkplatz mit Infohäuschen. Von hier kann man auf einem rund 5 km langen, markierten Wanderweg den unübersichtlichen Tivedenurwald erkunden. **Nationalpark Tiveden**

Auf der Str. Nr. 49, **einer der landschaftlich schönsten Strecken Schwedens**, fährt man am Westufer des Vättern weiter nach Süden bis Karlsborg, wo der Götakanal in den Vättersee eintritt. Die größte **Karlsborg**

Am Hafen vom südschwedischen Vadstena steht dieses Schloss.

Sehenswürdigkeit der Stadt ist die weitläufige **Festung**, die zwischen 1819 und 1909 auf der in den See ragenden Landspitze angelegt wurde und auch heute noch militärischen Zwecken dient. In die südwestliche Festungsmauer ist die Garnisonskirche integriert, unter der sich ein wehrtechnisches Museum befindet.

✳ Växjö

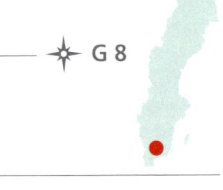

✦ **G 8**

Landschaft: Småland
Provinz: Kronoberg Län
Einwohnerzahl: 83 700
Höhe: 160 m ü.d.M.

Die Provinzhauptstadt Växjö liegt mitten im »Glasreich«, wo sich besonders viele Glasbläsereien konzentrieren. So ist es nicht verwunderlich, dass Växjö auch das größte Glasmuseum ganz Skandinaviens unterhält.

Växjö wird »Wäckschö« ausgesprochen und liegt am gleichnamigen See. Hier, wo die Wege (Väg) am See (Sjö) zusammentrafen, gab es schon in der Eisenzeit und unter den Wikingern einen Handelsplatz. Zwischen der südschwedischen Einkaufsstadt und dem weiter östlich gelegenen Nybro erstreckt sich das berühmte »Schwedische Glasreich« (▶ Baedeker Wissen S. 654). Växjö gilt als **»Umwelthauptstadt« Schwedens**. Seit 1993 hat die Stadt ihren CO$_2$-Ausstoß um rund 30 % verringert.

SEHENSWERTES IN VÄXJÖ UND UMGEBUNG

Dom Das bemerkenswerteste Bauwerk der Stadt ist der weithin sichtbare Dom mit seinem charakteristischen, von zwei spitzen Turmhelmen gekrönten Westwerk. Erbaut im 12. Jh., erscheint die Kathedrale nach der bislang letzten Sanierung 1995 heute sehr hell und wird von modernen Kunstwerken geziert, die u.a. die bekannten **Glaskünstler Göran Wärff und Bertil Vallien** geschaffen haben.
 ❶ tgl. 9.00 – 18.00 Uhr

Auswanderer- Unterquert man die Eisenbahnlinie, steht rechter Hand das Utvanhaus drarnas Hus, das dem Gedenken der zahlreichen Bürger von Växjö gewidmet ist, die in der Zeit zwischen 1850 und 1930 nach Amerika ausgewandert sind. Hier werden wechselnde, historische und ethnologische Ausstellungen veranstaltet.
 ❶ tgl. 10.00 – 17.00 Uhr, www.utvandrarnashus.se

Växjö erleben

AUSKUNFT
Touristenbüro
735103 Växjö, Residenset, Stortorget
Kronobergsgatan
Tel. 0470 73 32 80
www.vaxjo.se/tourism

ESSEN
Lagerlunden
Kungsgatan 6
Tel. 0470 1 34 00
www.elite.se
In diesem zum Stadshotell gehörenden
Restaurant wird moderne, schwedische
Küche geboten. Im Sommer kann man
auch draußen sitzen und das Treiben auf
der belebten Kungsgatan beobachten.

ÜBERNACHTEN
Tofta Strand Hotell & Konditori
Lenhovdavägen 72
Tel. 0470 6 52 90
www.toftastrand.nu
Gemütliches, kleines Hotel in schöner
Lage auf einem Wassergrundstück am
Toftasjö. Die zum Hotel gehörende,
benachbarte Villa Vik mit ihrem vorzüg-
lichen Restaurant war vor 100 Jahren
Wohnsitz der berühmten Sopranistin
Christina Nilsson.

! BAEDEKER TIPP

Kostbares Papier

Der kleine Ort **Lessebo** liegt etwa
in der Mitte zwischen Växjö und
Kalmar. Hier kann man hand-
geschöpftes, nach jahrhunderte-
alter Tradition hergestelltes
Papier kaufen oder sich auf einer
Führung die Papierherstellung
erklären lassen (Lessebö Hand-
pappersbruk, Tel. 0478 4 76 91,
www.lessebo.se).

EINKAUFEN
Zauberhaftes Glas
Die Hütte Bergdala bei Växjö ist für ihr
blaues Glas bekannt. In Kosta werden
Gläser in modernem Design geschaffen.
Tel. 0478 3 45 00
In der Glashütte Orrefors fertigen
Designer neben bunten Glaskunstwer-
ken Wunderschönes aus Kristallglas.
Tel. 0481 3 16 50
Weitere Glashütten sowie Infos über
Vergünstigungen mit dem Glasreich-Pass
bei Einkauf, Unterkunft und für kosten-
lose Führungen:
Glasriket Tourism AB, 38280 Nybro,
Tel. 0481 4 28 81, www.glasriket.se

In dem 100 Jahre alten Lokomotivschuppen können Kinder und
Erwachsene die **Welt der Wissenschaft und Technik erforschen.**
❶ Regementsgatan, Di. – Fr. 10.00 – 16.00, Sa. / So. ab 11.00 Uhr

**Xperiment
Hus**

Im Bezirksmuseum werden die smäländische Kulturgeschichte,
Archäologie, Waldwirtschaft und landwirtschaftliche Entwicklung
dokumentiert. Das äußerst sehenswerte, international renommierte
Schwedische Glasmuseum zeigt eine repräsentative Sammlung
schwedischen Glases aus fünf Jahrhunderten.
❶ tgl. 10.00 – 17.00 Uhr, Eintritt 50 SEK, bis 19 J. frei,
www.smalandsmuseum.se

***Smålands
Museum /
Glasmuseum**

Das schwedische Glasreich

13 international bekannte Glasmanufakturen, jede mit eigenem Profil und besonderer Atmosphäre – versteckt in den Wäldern Smålands liegt das einzigartige Glasreich. Hier kann man nicht nur zusehen, wie aus einer glühenden Glasmasse wundervolle Objekte entstehen, sondern auch selbst an einem Workshop teilnehmen, einmalige Sammlungen von Glaskunst und historischem Glas bewundern und günstig Glaswaren einkaufen.

▶ **Arbeitsschritte**
- Schmelzen (ca. 1800 – 1600 °C)
- Formen (ca. 1600 – 800 °C)
- Kühlen (ca. 600 – 100 °C)

Durch Drehen der Glasmacherpfeife im Hafen wird das flüssige Glas an die Pfeife gebracht.

Nur Sekundenbruchteile hat der Glasbläser, wenn der richtige Schmelzgrad erreicht ist. Er bläst Luft in den rotglühenden Klumpen, durch Drehbewegungen nimmt das Glas Gestalt an. Immer wieder muss es erhitzt werden.

©BAEDEKER

▼

1628
Die erste Glashütte entstand in Småland, als Karl Karlsson Gyllenhielm den aus Deutschland stammenden Glasbläser Paul Gaukunkel anwarb.

▼

1742
wird die bekannteste und heute älteste Glashütte Kosta-Boda gegründet.

▼

1898
Gründung der Glashütte Orrefors, die durch innovative Glastechniken schnell bekannt wurde.

Oslo ○

NORWEGEN

Stockholm ○

SCHWEDEN

Ostsee

Göteborg ○

Nybro ○
Småland ○○ Kalmar

○ Malmö

Glasreich (Glasriket)
Rohstoffe wie Quarz-
sand und Brennholz
aus den vielen
Wäldern machen
Småland zum
idealen Standort für
die Glasproduktion.

www.glasriket.se

▶ **Grundstoffe:**
Glas, Quarzsand,
Natriumcarbonat,
Pottasche, Feldspat
Kalk, Dolomit, Altglas

Je nach Form werden
verschiedene Glaslagen
übereinander geschich-
tet oder verziert.

Bergdala Studioglas
(u.a. Serie mit dem blauen Rand)
www.studioglas.se

Boda (Kunst- und Gebrauchsglas)
www.kostaboda.se

Johansforshyttan (Astrakan-Apfel)
www.johansforshyttan.se

Kosta (Kunst- und Gebrauchsglas)
www.kostaboda.se

MickeJohan Konstglas
(moderne Glasobjekte, seit 2011)
www.mickejohankonstglas.se

Mats Jonasson Målerås
(Kunst- und Zierglas, z.B. Tierreliefs)
www.matsjonasson.com

Nybro (bemaltes Glas)
www.nybro-glasbruk.se

Orrefors (klassisches Design)
www.orrefors.se

Pukeberg (Designausbildung,
Gebrauchs- und Zierglas)
www.bruksshopenipukeberg.se

SEA (zeitlose Klassiker)
www.seaglasbruk.se

Skruf (stilreines Glas,
klassisches und modernes Design)
www.skrufsglasbruk.se

Transjö Hytta (kleinste Hütte
im Glasreich, idyllische Lage,
Workshops) www.transjohytta.com

Åfors (Drei Designer, künstlerisches
Glas) www.kostaboda.se

▼

1900
Neue Ideen, Farben
und Techniken
sorgten für guten
Absatz. Die Zahl der
Glashütten wuchs
auf über 100 Betriebe.

▼

1930
Orrefors entwarf
als erste Glashütte eine
Serie Haushaltsgläser
in geometrischer und
schnörkelloser Form
und stellte sie in
Stockholm aus.

▼

seit 2000
Vermarktung der
noch bestehenden
13 Glashütten
durch eine eigene
Tourismusgesellschaft
(www.glasriket.se).

* Ystad

✦ F 9

Landschaft: Skåne (Schonen)
Provinz: Skåne Län
Einwohnerzahl: 28 500
Höhe: Meereshöhe

Kopfsteinpflaster und mehr als hundert historische Fachwerk-häuser begründen den besonderen Charme von Ystad. Im Mittelalter war es ein Hauptort des Heringsfangs, dann Schmugglerhochburg, heute pilgern Krimifans auf den Spuren von Kurt Wallander hierher.

Die südschwedische Hafenstadt Ystad liegt an der schonischen Ostseeküste. Ursprünglich dänisch, kam sie erst 1658 an Schweden. Ihre eigentliche Blütezeit aber setzte mit der napoleonischen Kontinentalsperre (1806 – 1810) ein, als der Handel mit Schmuggelware den Bürgern in kürzester Zeit hohe Gewinne brachte.

SEHENSWERTES IN YSTAD

Petrikirche Nördlich des Marktplatzes gelangt man zur Petrikirche (13. Jh.). Nahebei steht das ehemalige Franziskanerkonvent, nach dem in Vadstena das besterhaltene in Schweden. Im Jahr 1267 wurde mit dem Bau begonnen, nach der Profanierung durch die Reformation um 1530 benutzte man den Gebäudekomplex als Spital, Schnapsbrennerei und Lagerhaus. Heute werden die Konventsgebäude auch als Stadtmuseum genutzt.

❶ Juni – Aug. Mo. – Fr. 12.00 – 17.00, Sa. / So. 12.00 – 16.00, sonst Di. – Fr. 12.00 – 17.00, Sa. / So. 12.00 – 16.00 Uhr

Spettkaka – ein knuspriger Kuchen

Auf den ersten Blick hat Spettkaka, den man in fast jeder Konditorei sieht, große Ähnlichkeit mit unserem Baumkuchen. Doch ist der schonische Spettkaka ein überaus kalorienhaltiger, knuspriger Kuchen aus Fett, Eiern, Zucker und Mehl, der über offenem Feuer getrocknet wird. Ein leckeres Souvenir, aber nicht leicht zu transportieren, denn die Pyramiden erreichen teilweise eine beeindruckende Größe und sind höchst zerbrechlich.

Das Alte Rathaus am Stortorg wurde über einem Keller mit Kreuzgewölben (14. Jh.) errichtet. Am Stortorg steht auch die **Marienkirche,** deren geschweifte, kupferne Haube aus dem 16. Jh. ein Wahrzeichen der Stadt ist. Das Innere ist reich geschmückt und mit Schnitzereien ausgestattet. Sehenswert ist die wertvolle Silbersammlung.

Ystad erleben

AUSKUNFT
Ystads Turistbyrå
St. Knuts Torg
27142 Ystad
Tel. (04 11) 57 76 81
www.ystad.se

ESSEN
Restaurang Store Thor
Stortorget, Tel. (04 11) 185 10
www.storethor.se
Hier speist man gut und stimmungsvoll
in den aus dem 15. Jh. stammenden
Kellergewölben des Alten Rathauses.

Bryggeriet Restaurang & Pub
Långgatan 20 Tel. (04 11) 699 99
www.restaurangbryggeriet.nu
Minibrauerei und Restaurant. Das »Ysta
Färsköl« wird in Kupferkesseln mitten im
Restaurant gebraut. Die Küche verwen-
det bei der Zubereitung der Speisen, wo
immer es geht, einen kräftigen Schluck
Bier.

Bäckahästens Kaffeestuga
Lilla Östergatan 6
Tel. (04 11) 140 00
Gemütliches Kaffeehaus, im Sommer
auch Gaststätte mit Mittagstisch. Beson-
ders schön ist es im Sommer, wenn im
Freien am alten Apothekengarten ser-
viert wird.

Sandskogens Värdshus
Strandvägen 1, Tel. (04 11) 147 60
www.sandskogen.vendelrestauranger.se
Schönes altes Holzhaus in Strand-nähe.
Um die Mittagszeit wird ein preisgünsti-
ges und gutes »Dagens Rätt« serviert.

ÜBERNACHTEN
Ystads Saltsjöbad
Saltsjöbadsvägen 15
Tel. (04 11) 136 30,
www.ystadssaltsjobad.se
Grandhotel in einzigartiger Lage direkt
am Meer vor den Toren Ystads. Hervor-
ragende Küche.

Anno 1793 Sekelgården
Långgatan 18
Tel. (04 11) 739 00,
24 Zi., www.sekelgarden.se
Kleines, familiengeführtes Hotel im Herzen von Ystad. Das Hotel ist in einem
Fachwerkhaus untergebracht, die Zimmer, darunter die »Wallander-Suite«,
sind liebevoll eingerichtet und sprühen
vor Nostalgie.

FREIZEIT UND SPORT
Badestrände
Östlich von Ystad, zwischen Ales Stenar
und Skillinge, liegen kilometerlange
Sandstrände, der schönste Abschnitt ist
bei Sandhammaren.

Südostwärts vom Stortorg liegt das **Charlotte-Berlins-Museum**, ein
Bürgerhaus mit schöner Einrichtung aus dem 19. Jh. Nur wenige
Schritte weiter südlich steht das regionale **Kunstmuseum** mit einer
Sammlung von Kunst des 19. und 20. Jh.s, Fotogalerie und Café.
Charlotte-Berlins-Museum: Juni – August Mo. – Fr. 12.00 – 17.00,
Sa./So. bis 16 Uhr, Eintritt 40 SEK
Kunstmuseum: Mitte Juni – Ende Aug. Di. – Fr. 10.00 – 17.00,
Sa./So. 12.00 – 16.00, sonst Di. – Fr. 12.00 – 17.00, Sa./So. bis 16.00 Uhr

Pilgrändshus An der Ecke von Stora Östergatan und Pilgränd steht das teilweise von 1480 stammende Pilgrändshus, angeblich **Skandinaviens ältester erhaltener Fachwerkbau**. Der gegenüber liegende Aspelinska Gården (1778) war einst Eigentum einer bekannten und erfolgreichen Goldschmiedfamilie. Weiter östlich und etwas abseits der Stora Östergatan liegt der Per Hälsas Gård, der mehrere Gebäude aus dem 17. – 19. Jh. umfasst.

Sandskog Östlich, außerhalb des Zentrums, liegt der Sandskog (Sandwald). Zu Beginn des 19. Jh.s wurden hier zum Schutz gegen den vom Wind herangetragenen Flugsand Bäume angepflanzt. Heute ist die Gegend ein beliebtes Naherholungsgebiet für Familien mit **schönen Badestränden**.

Wallander auf der Spur Man kann in Ystad auch auf den Spuren von Kurt Wallander wandern. In zehn Büchern von **Henning Mankell** hat der melancholische Kommissar bisher versucht, mysteriöse Morde in seiner Heimatstadt aufzuklären. Mehr als 30 Schauplätze listet der »Wegweiser für Wallander-Fans« auf. Der treue Fan quartiert sich im Hotel Continental ein, isst im »Lottas« zu Abend und trinkt seinen Kaffee in »Fridolfs Konditori«. Das Faltblatt ist in der Touristeninformation erhältlich; zudem werden in den Sommermonaten englisch- und deutschsprachige Führungen angeboten. In der **Cineteket**, einem Filmmuseum im Anschluss an die »Wallander«-Filmstudios, bekommt man unter anderem Hintergrundinfos zu den Wallanderfilmen. Von hier beginnen auch die interessanten Führungen durch die Filmstudios.

Filmstudios: Elis Nilssons väg 8, Tel. 0411 57 70 57, Eintritt 60 SEK, Museumsbesuch und Studioführung 150 SEK, www.ystad.se/cineteket

UMGEBUNG VON YSTAD

Schloss Snogeholm Verlässt man Ystad in nördlicher Richtung auf der Str. Nr. 13, erreicht man noch vor Sjöbo Schloss Snogeholm. In wunderschöner Lage auf einer Landzunge im Snogeholmssjön war es ursprünglich eine Burg aus dem 15. Jh., die um 1860 im französischen Barock umgebaut wurde. Heute beherbergt es ein **exklusives Hotel**.

*Ales Stenar An der Küste südöstlich von Ystad liegt das Fischerdorf Kåseberga. Etwas erhöht über dem Strand befindet sich die hervorragend erhaltene Steinsetzung Ales Stenar, die wohl aus der Wikingerzeit stammt. Insgesamt **59 Steinblöcke bilden einen 67 m langen und 19 m breiten Schiffsgrundriss**. Es könnte aber auch sein, dass Ales Stenar Kalenderfunktion hatte, da sich mit der Steinsetzung auch die Tage des Sonnenjahres und die Stunden des Tages bestimmen lassen.

Etwa 20 km östlich von Ystad hinter Kåseberga erinnert ein **Museum** in dem Haus, in dem Dag Hammarskjöld lebte, an den im Jahr 1961 bei einem Flugzeugabsturz ums Leben gekommenen, früheren schwedischen UN-Generalsekretär. Ein daneben angelegter Meditationsplatz ist sehr beliebt für Trauungen und Taufen.

Dag-Hammar-skjöld-Haus

❶ Juni – Aug. tgl. 12.00 – 17.00 Uhr

Idyllisch und liebevoll herausgeputzt präsentiert sich das **Fischerstädtchen** im Sommer seinen Besuchern. Wer baden möchte, findet in der Umgebung schöne Strände. Die St. Nicolaikirche wurde im 12. Jh. erbaut. Im Innern sind die Kanzel mit einem Monogramm von König Christian IV., das prächtige Taufbecken und das Votivschiff von 1776 sehenswert. Das Museum im Zentrum zeigt Ausstellungen zu Fischerei und Seefahrt sowie zur Klöppeltradition in Österlen.

Simrishamn

Museum: Juli, Aug. Mo. – Fr. 11.00 – 17.00, Sa. 10.00 – 14.00, sonst Di. – Fr. 12.00 – 16.00, Sa. 10.00 – 14.00 Uhr

Die Burg, südöstlich von Simrishamn etwas landeinwärts gelegen, wurde 1499 begonnen und seit der Fertigstellung nicht mehr verändert. Zahlreiche Verteidigungsanlagen und die Wassergräben betonen den Festungscharakter. Im Sommer finden in der Burg oft publikumswirksame und gut besuchte **Ritterspiele**, Mittelalterfestivals und nächtliche Führungen statt.

*Glimminge-hus

❶ Juni – Mitte Aug. tgl. 10.00 – 18.00, April, Mai, Aug., Sept. 11.00 – 16.00, Okt. Sa. / So. 12.00 – 16.00 Uhr, Eintritt 60 SEK

Eine Burg, die seit ihrem Bau nicht mehr verändert wurde: Glimmingehus

Ab Simrishamn führt die Str. Nr. 9 rund 20 km nach Norden zum kleinen Küstenort Kivik, wo alljährlich Ende September der Apfelmarkt Tausende Besucher anzieht. Der jährliche Jahrmarkt im Juli gehört zu den traditionsreichsten Märkten Schwedens. Mitten im Apfelanbaugebiet von Österlen liegt **das größte Rollsteingrab Schwedens:** Das bronzezeitliche Königsgrab ist leicht an dem beeindruckenden Steinhaufen mit 75 m Durchmesser zu erkennen. Im Innern befindet sich eine Kammer mit Steinritzungen, auf denen Sonnenräder, Pferde und Wagen zu sehen sind.

❶ Mai – August tgl. 10.00 – 18.00 Uhr

PRAKTISCHE INFORMATIONEN

Auf welchem Weg Sie am besten Ihr Ziel in Skandinavien erreichen, wie Sie die Kosten niedrig halten, welche Literatur Sie schon vor der Abreise auf Land und Leute einstimmt – und warum Sie vor einem Besuch in einem Privathaushalt Ihre Socken mit Bedacht wählen sollten.

Anreise · Reiseplanung

ANREISE MIT DEM FLUGZEUG

Auch per
Billigflieger

Von allen größeren Flughäfen Europas sind Norwegen, Schweden und Finnland gut erreichbar. Direktflüge von Deutschland aus gehen nach Oslo, Bergen und Stavanger, nach Stockholm und Göteborg sowie nach Helsinki. Mittlerweile steuern auch Billigflieger Skandinavien an, sodass man **mit etwas Glück für kleines Geld gen Norden** abheben kann. Auch die großen Fluggesellschaften bieten zum Teil sehr günstige Direktflüge – wer früh bucht, spart hier in der Regel am meisten. Auskunft geben die einzelnen Fluggesellschaften (siehe Info-Kasten). Inländische Flugverbindungen siehe ▶Verkehr.

MIT BAHN UND BUS

Per Zug

Züge fahren v**on Hamburg über die Vogelfluglinie** (Puttgarden – Rødby) bis nach Oslo (Weiterfahrt über Trondheim bis Bodø möglich) und nach Stockholm. Über aktuelle Fahrpläne und günstige Leistungsangebote informieren die Vertretungen der Deutschen Bahn (www.bahn.de), der Österreichischen Bundesbahnen (ÖBB) und der Schweizerischen Bundesbahnen (SBB). Für Eisenbahnfahrten durch die skandinavischen Länder empfiehlt sich die InterRail-Karte.

Per Bus

Busse verkehren für gewöhnlich nur bis **in die skandinavischen Hauptstädte**. Buchbar sind die Fahrten in Deutschland bei der Deutschen Touring (siehe Info-Kasten).

ANREISE MIT DEM AUTO

Norwegen
und
Schweden

Seit im Jahr 2000 die 16 km lange Öresund-Brücke zwischen Kopenhagen (Dänemark) und Malmö (Schweden) eröffnet wurde, kann man Schweden und Norwegen erreichen, ohne das Schiff benutzen zu müssen. Das **hat allerdings seinen Preis**, denn die Brückennutzung / einfache Fahrt kostet 43 (Auto) bzw. 86 € (Wohnmobil). Außerdem muss man auch die mautpflichtige Brücke über den Großen Belt zwischen den dänischen Orten Nyborg und Korsør benutzen, um überhaupt nach Kopenhagen zu kommen (Pkw 32 € einfache Fahrt, Wohnmobil je nach Länge 32 – 151 €). Gegen die Anfahrt auf dem Landweg spricht auch der Umweg, den man in Kauf nehmen muss. Man sollte daher die Fährverbindungen nicht von der Hand weisen, zumal sich der Fahrer auf dem Schiff erholen kann.

DIREKTFLÜGE

Finnair
www.finnair.com

Germanwings
www.germanwings.com

Lufthansa
www.lufthansa.com

Norwegian
www.norwegian.no

Ryanair
www.ryanair.com

SAS
www.flysas.com

Welcome Air
www.welcomeair.com

INLANDSFLÜGE

SAS (Norwegen und Schweden)
www.flysas.com
*Tel. 01805 11 70 02

Flybe Nordic (Finnland)
fi.flybe.com

Widerøe's Flyveselskap ASA (Norwegen)
www.wideroe.no

BAHN UND BUS

Deutsche Bahn
*Tel. 0180 5 99 66 33
www.bahn.de

Deutsche Touring
Tel. 069 7 90 35 01
www.eurolines.de

Eine finanziell günstige Möglichkeit ist die Anreise über Dänemark und Schweden: Mit den Fähren der »Vogelfluglinie« oder über die Öresundbrücke gelangt man nach Schweden, von Stockholm verkehren Fähren nach Helsinki und Turku. Wer viel Zeit hat oder vor allem Nordfinnland besuchen möchte, kann statt der Finnland-Fähre auch den rund **1000 km langen Landweg** (E4) von Stockholm entlang des Bottnischen Meerbusens zur finnischen Grenze wählen.   Finnland

ANREISE MIT DER FÄHRE

Am angenehmsten gestaltet sich die Anreise über Kiel nach Oslo, denn die (Auto-)Fähre sticht täglich um 14.00 Uhr in See und ist am nächsten Morgen um 10.00 Uhr in Oslo. Man kann also die Schiffsreise genießen, den Tag auf oder unter Deck gemütlich ausklingen lassen und einen guten Teil der Strecke verschlafen. Reisende nach Westnorwegen sind mit der Fähre von Hirtshals an der Nordspitze Dänemarks gut bedient, denn die Fahrzeit z.B. nach Kristiansand ist kurz. Wer gleich in Bergen an Land gehen möchte, schifft sich im dänischen Hanstholm ein. Auf den **in der Hauptsaison stark frequentierten Strecken über Dänemark** sollte man unbedingt rechtzeitig im Voraus buchen.   Norwegen

Schweden Eine bequeme Alternative zur Öresund-Brücke ist die Anfahrt mit der Fähre von Rostock / Warnemünde, Sassnitz oder Travemünde nach Trelleborg oder via Dänemark (siehe Infokasten Vogelfluglinie). Wer mit der Fähre nach **Gotland** möchte, tut gut daran, diese frühzeitig zu buchen, auch um in den Genuss von Frühbucherrabatten zu kommen. Die Fahrzeit der Fähre ab Nynäshamn oder Oskarshamn beträgt ca. 3 Std.

Finnland Von Lübeck und Rostock aus laufen Autofähren den Hafen von Helsinki an; die mit nur 22 Stunden Fahrzeit schnellste Möglichkeit ist die Fährfahrt **von Rostock nach Hanko.**

DEUTSCHLAND – NORWEGEN
Kiel – Oslo
20 Std., Color Line

DEUTSCHLAND – SCHWEDEN
Kiel – Göteborg
14 Std., Stena Line

Travemünde – Malmö
9 Std., Finnlines

Travemünde – Trelleborg
7 – 9 Std., TT-Line

Rostock – Trelleborg
6 – 6,5 Std., TT-Line
4 Std., Scandlines

Sassnitz – Trelleborg
4 Std., Scandlines

DEUTSCHLAND – FINNLAND
Rostock – Helsinki
41 Std., Finnlines

Travemünde – Helsinki
36 Std., Finnlines

DÄNEMARK – NORWEGEN
Frederikshavn – Oslo
8,5 – 13 Std., Stena Line

Hirtshals – Larvik
4 Std., Color Line

Hirtshals – Kristiansand
2,5 – 6,5 Std., Color Line

Hirtshals – Kristiansand
2 1/4 Std., Fjord Line

Hirtshals – Stavanger – Bergen
19 Std., Fjord Line

Kopenhagen – Oslo
18 Std., DFDS Seaways

DEUTSCHLAND – DÄNEMARK – SCHWEDEN (VOGELFLUGLINIE)
Deutschland – Dänemark
Puttgarden – Rødby
1 Std., Scandlines
Rostock (Überseehafen) – Gedser
2 Std., Scandlines

Dänemark – Schweden
(Kopenhagen –) Helsingør – Helsingborg:
1/2 Std., Scandlines
Frederikshavn – Göteborg
2 – 3,5 Std., Stena Line
Grenå – Varberg
4,5 Std., Stena Line

SCHWEDEN – FINNLAND
Kapellskär – Naantali
9 Std., Finnlines

Stockholm – Mariehamn – Helsinki
12,5 Std., Silja Line, Viking Line

Stockholm – Mariehamn – Turku
10 Std., Silja Line, Viking Line

Umeå – Vaasa
3 Std., RG-Line

FÄHRGESELLSCHAFTEN
Bornholm Ferries
Tel. 045 70 23 15 15
www.faergen.dk

Color Line
Tel. 0431 7 30 01 00
www.colorline.com

Destination Gotland
Tel. 0046 7 71 22 33 00
www.destinationgotland.se

DFDS Seaways (Deutschland)
Tel. 01805 30 43 50
www.dfds.de

Eckerö-Line
Tel. 00358 92 28 85 44
www.eckeroline.fi

Ferrycenter
Tel. 00358 92 51 02 00
www.ferrycenter.fi

Finnlines
Tel. 0451 1 50 74 4
www.finnlines.de

Fjord Line
Tel. 03821 7 09 72 10
www.fjordline.com

RG-Line
Tel. 00358 2 07 71 68 10
www.rgline.com

Scandlines
Tel. 01802 11 66 99
www.scandlines.com

Silja Line / Tallink
Tel. 0451 5 89 92 22
www.tallinsksilja.com/de

Stena Line
Tel. 0431 90 99, www.stenaline.de

TT-Line
Tel. 04502 8 01 01, www.ttline.com

Viking Line
Tel. 0451 38 46 30
www.vikingline.de

REISEDOKUMENTE

Die skandinavischen Länder sind dem Schengener Abkommen bei-
getreten, so dass für EU-Bürger keine Passkontrolle stattfindet.
Trotzdem sollte man den Personalausweis oder ein anderes offizielles
Dokument mit sich führen. So gilt für deutsche, österreichische oder
Schweizer Staatsbürger die Faustregel: **gültigen Personalausweis
oder Reisepass** einpacken. Eine Aufenthaltserlaubnis benötigt, wer
länger als drei Monate bleiben will. Kinder brauchen einen Kinder-
reisepass oder einen Personalausweis.

Personal-
ausweis
reicht

Führerschein Es gilt der EU-Führerschein. Schweizer und andere Mitglieder von nicht EU-Staaten benötigen den internationalen Führerschein. Kraftfahrzeugscheine werden anerkannt und sind mitzuführen. Zweckmäßig ist die Mitnahme der Grünen Internationalen Versicherungskarte für Kraftverkehr. Alle Kraftfahrzeuge müssen die **EU-Plakette oder das ovale Nationalitätskennzeichen** tragen.

Kranken-schein Zum Thema Krankenschein / Kostenerstattung usw. ▶S. 673. Seit 2004 ersetzt die **Europäische Krankenversicherungskarte** (EHIC) den Auslandskrankenschein.

Haustiere Hunde und Katzen können mitgebracht werden, sofern sie gegen Tollwut geimpft sind und für sie der **blaue EU-Impfpass** vorliegt (als Vorlaufzeit für die Impfung am besten sechs Monate einplanen). Dennoch sollte man sich schon frühzeitig über die jeweils aktuellsten Bestimmungen bei den Touristinformationen der einzelnen Länder erkundigen, um unliebsame Überraschungen an der Grenze zu vermeiden (▶Auskunft).

ZOLLBESTIMMUNGEN

Schweden und Finnland gehören zur EU, Norwegen nicht. Daher ergeben sich unterschiedliche Zollbestimmungen.

Norwegen Zollfrei eingeführt werden dürfen an Alkoholika: 1,5 l Wein, 1 l Spirituosen (Mindestalter 20 Jahre) und 2 l Bier oder 2 l Wein und 2 l Bier, 200 Zigaretten oder 250 g andere Tabakwaren (Mindestalter 18 Jahre), ferner Geschenke bis zu einem Wert von 6000 NOK. Gegen Verzollung dürfen zusätzlich 4 l Wein oder Spirituosen oder 10 l Bier und 400 Zigaretten eingeführt werden. Das Mindestalter für die Einfuhr von Spirituosen beträgt 20, für die Einfuhr von Wein 18 Jahre. Nicht eingeführt werden dürfen u.a. Milch und Kartoffeln, **Medikamente nur für den persönlichen Gebrauch**!

Schweden und Finnland Für EU-Bürger gibt es bei Waren für den Eigengebrauch keine Einfuhrbeschränkungen. Alkohol darf aber nur von Personen eingeführt werden, die das 20. Lebensjahr vollendet haben. Für Reisende, die aus einem der erst 2004 beigetretenen Staaten nach Finnland einreisen (z. B. Estland), ist die Mitnahme von Zigaretten auf 200 Stück begrenzt. Die **Ålandinseln sind übrigens die einzige Duty-Free-Zone in der Europäischen Union**. Für Reisende, die direkt aus Nicht-EU-Ländern, beispielsweise der Schweiz, einreisen, liegen die **Freimengengrenzen** bei der Einreise für Personen über 18 Jahre bei 200 Zigaretten oder 50 Zigarren oder 250 g Tabak, ferner bei 1 l Spirituosen und 2 l Wein.

Auskunft

TOURISTENINFORMATION
Touristeninformation Norwegen
Deutschland, Österreich und Schweiz:
Caffamacherreihe 5, 20355 Hamburg
*Tel. 0180 5 00 15 48 (0,14 Euro/Min.)
www.visitnorway.de

Visit Sweden-Touristeninformation
Deutschland: Tel. 069 22 22 34 96
Österreich: Tel. 0192 8 67 02
Schweiz: Tel. 044 5 80 62 94
www.visitsweden.com

Tourismusinformation Finnland
Finnische Zentrale für Tourismus
Lessingstr. 5, 60325 Frankfurt/Main
Tel. 069 7 18 19 80
www.visitfinland.com/de

AUSKUNFT VOR ORT
Lokale Büros
siehe Reiseziele von A-Z

ZENTRALE AUSKUNFT IN SKANDINAVIEN
Innovation Norway
Akersgata 13, 0104 Oslo, Tel. 22 00 25 00
www.visitnorway.com

Visit Sweden-Touristeninformation
Stortorget 2 – 4, 83130 Östersund
Tel. 069 22 22 34 9
www.visitsweden.com

Finnische Zentrale für Tourismus
Töölönkatu 11, 00100 Helsinki
Tel. 0358 1 06 05 80 00
www.visitfinland.de

KONSULATE
in Norwegen
Deutsche Botschaft
Oscarsgate 45, 0244 Oslo
Tel. 23 27 54 00, www.oslo.diplo.de

Österreichische Botschaft
Thomas Heftyesgt. 19 – 21
0244 Oslo, Tel. 2 25 40 24 00
www.bmeia.gv.at
www.aussenministerim.at/helsinki

Schweizer Botschaft
Bygdøynesveien 13, 0244 Oslo
Tel. 22 43 05 90, www.eda.admin.ch/oslo

Konsulate in Schweden
Botschaft der
Bundesrepublik Deutschland
Förbundsrepubliken Tysklands Ambassad
Skarpögatan 9, 11527 Stockholm
Tel. 08 6 70 15 00
www.stockholm.diplo.de
Österreichische Botschaft
Kommendörsgatan 35 / V
11458 Stockholm
Tel. 08 6 65 17 70
www.bmeia.gv.at
Schweizer Botschaft
Valhallavägen 64
10041 Stockholm
Tel. 08 6 76 79 00
www.eda.admin.ch/stockholm

Konsulate in Finnland
Deutsche Botschaft
Krogiuksentie 4, 00340 Helsinki
Tel. 09 45 85 80
www.aussenministerium.at/helsinki
www.helsinki.diplo.de

Österreichische Botschaft
Unioninkatu 22, 00130 Helsinki
Tel. 09 6 81 86 00
www.bmeia.gv.at

Schweizerische Botschaft
Uudenmaankatu 16 A, 00120 Helsinki
Tel. 09 6 22 95 00
www.eda.admin.ch/helsinki

Mit Behinderung in Skandinavien

AUSKUNFT IM HEIMATLAND

Bundesverband Selbsthilfe Körperbehinderter
74238 Krautheim / Jagst
Altkrautheimerstraße 20
Tel. 06294 4 28 10
www.bsk-ev.org

Verband aller Körperbehinderten Österreichs
1070 Wien
Schottenfeldgasse 29
Tel. 01 51 23 66 14 60
www.wien.gv.at

Mobility International Schweiz
4600 Olten
Amtshausquai 24
Reisedienst
Tel. 062 2 12 67 40
www.mis-ch.ch

NORWEGEN

Norges Handikapforbund
0134 Oslo
Schweigaardsgt. 12
Postboks 9217, Grønland
Tel. 24 10 24 00
www.nhf.no

SCHWEDEN

De Handikappades Riksförbund
12321 Farsta
Storforsplan 44
Tel. 08 6 85 80 00
www.dhr.se

FINNLAND

Rullaten ry
02770 Espoo
Pajutie 7c
Tel. 050 5 79 53 35
www.rullaten.fi

Sehr gut gerüstet Norwegen, Schweden und Finnland sind seit Jahren vorbildlich bei allen Vorkehrungen für Menschen mit Behinderungen. Viele Hotels bieten besonders ausgestattete Zimmer, in allen öffentlichen Gebäude finden sich Behindertentoiletten. Oft sind Bordsteine an Straßenecken für Rollstuhlfahrer abgeflacht, in der Regel gibt es Rollstuhllifts. Verkehrsampeln geben entsprechende Signale für Seh- und Hörgeschädigte. Schnell- und Expresszüge führen behindertenfreundlich gestaltete Waggons mit. Campingplätze verfügen über entsprechend eingerichtete sanitäre Anlagen.

Elektrizität

Die Stromnetze in Norwegen, Schweden und Finnland führen in der Regel **220 Volt Wechselspannung**, sodass keine Adapter nötig sind.

Ohne Adapter

Etikette

In Skandinavien gibt es einige Besonderheiten, die für Norwegen, Schweden und Finnland gleichermaßen gelten: Bei der Begrüßung ist der Händedruck eher unüblich, ein kurzes »hei/hej« (Norwegen / Schweden) bzw. ein knappes »moi« (Finnland) genügt und hat nichts mit Geringschätzung zu tun. In Norwegen und Schweden **duzt man sich grundsätzlich** (Ausnahme: Mitglieder der Königsfamilie). In Finnland gibt es das »Sie«, dennoch ist es im öffentlichen Leben und am Arbeitsplatz normal, sich über alle Rangunterschiede hinweg mit Du anzusprechen. Die Gleichberechtigung von Mann und Frau hat in Skandinavien Tradition. Frauen in bedeutenden, politischen Funktionen und als geschäftliche Verhandlungspartner sind schon lange keine Ausnahme mehr. **Männlicher Chauvinismus** und eine herablassende Behandlung von Frauen gilt als grober Verstoß gegen die Etikette.

Umgangsformen

BAEDEKER TIPP

! *Rauchverbot*

Striktes Rauchverbot besteht in Norwegen und Schweden in allen öffentlichen Gebäuden und Verkehrsmitteln, in Restaurants, Cafés und Bars, **häufig auch in sämtlichen Räumen eines Hotels**.

In allen drei Ländern ist es üblich, **vor Betreten des Hauses** die Schuhe auszuziehen. Das gilt auch für Gäste!

Schuhe aus!

In Skandinavien gibt es zwar das **Jedermannsrecht** (▶ S. 149) – weit darüber steht aber das Recht auf Privatsphäre. Damit verbietet es sich von selbst, in (zumeist gardinenlose) Fenster, Höfe und Gärten zu schauen. Sollte man bei einem Spaziergang oder einer Wanderung zufällig auf eine Hütte stoßen, hält man angemessenen Abstand, denn auf Privatgrund haben Fremde nichts zu suchen.

Privatsphäre

NORWEGEN

Wenn ein Norweger reserviert wirkt, ja sogar unfreundlich, ist dies in der Regel nicht so gemeint, sondern der sehr zurückhaltenden Art

Zurückhaltung

vieler Norweger zuzuschreiben. Umgekehrt schätzen die Norweger taktvolles Benehmen und Zurückhaltung. Das schließt die reichliche Benutzung des Wortes **»takk«** – Danke aber nicht aus.

Die Fettnäpfchen

Bei der Konversation gibt es eigentlich nur zwei Themen, bei denen man ins Fettnäpfchen treten kann: **Nationalstolz und Walfang**. Die Norweger sind stolz auf sich und ihr kleines Land und zeigen dieses Nationalbewusstsein auch vollkommen selbstverständlich. So ist es normal, die norwegische Fahne am Sommerhaus zu hissen und den Nationalfeiertag fähnchenschwingend und in festlicher Tracht zusammen mit der Königsfamilie zu feiern. Beim Thema Walfang merkt man schnell, dass im hohen Norden nur wenige mit Greenpeace sympathisieren.

Norway by night?

Das norwegische Nachtleben ist nicht mit mittel- oder gar südeuropäischen Verhältnissen vergleichbar. Dafür sorgt schon eine äußerst restriktive Gesetzgebung, was den Konsum von Alkohol und Tabak betrifft. Die Schankrechte und **Sperrstunden** sind ebenfalls genauestens geregelt. Am weitesten entwickelt hat sich das Nachtleben bislang in Oslo, wo es inzwischen etliche »Night Clubs« und Bars gibt. In Bergen, Stavanger, Tromsø und Bodø finden Nachtschwärmer mittlerweile ebenfalls geeignete Lokalitäten.

Trinkgeld

In der Regel wird in Norwegen für normale Dienstleistungen kein Trinkgeld erwartet. Man sollte allerdings bedenken, dass in Norwegen die Preise hoch sind, viele Gehälter im Dienstleistungssektor

Farbenfrohe Sache: Norwegens Nationalfeiertag

aber keineswegs. Bei Stadtführer / innen z.B. stellt das Trinkgeld oft einen **nicht unerheblichen Teil des Verdienstes** dar. Im Restaurant ist es üblich, die Rechnungssumme aufzurunden. Auch Taxifahrer freuen sich über eine kleine Anerkennung.

SCHWEDEN

Die Schweden sind sehr freundliche Menschen, und dies zeigt sich im täglichen Umgang besonders. So bedankt man sich z.B. für alles, und das ausgiebig mit einem »**tack**« – danke. Bei Einladungen zum Essen sollte man **pünktlich** kommen. Bei Privateinladungen werden 10 Min. Verspätung akzeptiert, bei Geschäftsessen sind Verspätungen tabu. Nach Beendigung des Essens, das immer mit einer Tasse Kaffee abgeschlossen wird, bedankt man sich mit einem »tack för maten« (Danke für das Essen). In Schweden kleidet man sich in der Regel leger, bei Geschäftstreffen hingegen konservativ, und wenn sie abends ausgehen, werfen sich die Schweden gern in Schale. Manches Lokal hat einen »**Dresscode**« und verlangt entsprechende Kleidung.

Umgang

Trinkgeld wird in Restaurants nicht erwartet, bei gutem Service kann man sich aber erkenntlich zeigen. Über ein aufgerundetes Entgelt freut sich auch jeder Taxifahrer, bis zu 10 % sind nicht überzogen.

Trinkgeld

FINNLAND

Die Finnen haben ein stark ausgeprägtes Nationalgefühl. Es ankert sowohl in ihrer Geschichte als auch in den **jüngsten, spitzentechnologischen Leistungen** des Landes. Und obwohl die Finnen zuweilen selbst nicht unbedingt sehr gut über die Geschichte anderer Länder informiert sind, kratzt es doch empfindlich am nationalen Ego, wenn der Besucher zu den entscheidenden Ereignissen der finnischen Geschichte nicht zumindest ahnungsvoll nicken kann oder wenn er sich gar die Blöße gibt, Nokia für einen japanischen Mobilfunkgiganten zu halten.

Nationalstolz

Besonders im Umgang mit Fremden geben sich Finnen zwar freundlich, aber eher zurückhaltend. Fast alle Finnen verstehen gut Englisch, haben jedoch häufig große Scheu, in der ungewohnten Sprache unbefangen zu plaudern. Es scheint fast, als ob **Handys** eigens für die Kommunikationsbedürfnisse der »schweigsamen Finnen« erfunden wurden, denn das Bild von einsam an der Kneipentheke telefonierenden Finnen ist mehr als ein treffendes Klischee. Handyklingeln beim Essen und bei Besuchen gilt kaum als unschicklich, absolut tabu ist und bleibt es jedoch in Kirchen und Konzerten.

Keine großen Redner

Trinken Die Finnen stehen in dem zweifelhaften Ruf, eine Nation notorischer Trinker zu sein. Statistisch gesehen bewegen sie sich jedoch mit rund zehn Litern reinen Alkohols im Jahr im europäischen Mittelfeld. Gleichwohl gibt es einen Trend zu besonders häufigem Genuss von Hochprozentigem, und das dann durchaus in der Absicht, sich einen Rausch anzutrinken. Das Trinkverhalten der Finnen ist jedoch **stark im Wandel** begriffen; besonders die Angehörigen der gebildeteren Schichten belassen es bei dem einen oder anderen Bier in der Kneipe oder der Flasche Wein beim Essen mit Freunden.

Sauna Eine besondere Ehre ist es, wenn man von finnischen Bekannten auf ihr Sommerhaus und dort in die eigens für den Gast geheizte Sauna eingeladen wird. Wer hier kneifen will, findet nur bei plausiblen, gesundheitlichen Gründen ehrlich gemeintes Verständnis. Wenn Gäste dabei sind, gehen **Frauen und Männer gewöhnlich getrennt** in die Sauna. Auch öffentliche Mischsaunen gehören nicht zur finnischen Saunakultur.

Geld

Kreditkarten Fast überall in Skandinavien werden die gängigen **Kreditkarten** (Eurocard / Mastercard, American Express, Visa und Diners) als Zahlungsmittel akzeptiert. Ebenso weit verbreitet sind Geldautomaten, die Bank-Karten akzeptieren, mit denen man mit der Geheimnummer Bargeld abheben kann.

NORWEGEN
1 Euro = 7,91 NOK
1 NOK = 0,13 Euro
1 NOK = 0,16 CHF
1 CHF = 6,11 NOK

SCHWEDEN
1 Euro = 8,84 SEK
1 SEK = 0,11 Euro
1 SEK = 0,15 CHF
1 CHF = 6,82 SEK

FINNLAND
In Finnland ist der Euro die offizielle Währung, umrechnen müssen nur die Schweizer:

1 Euro = 1,29 CHF
1 CHF = 0,77 Euro
Aktuelle Informationen:
www.oanda.com.

KREDITKARTE SPERREN
Bank- und Kreditkarten, aber auch Handys können unter folgender Nummer gesperrt werden:

von Skandinavien aus
0049 11 61 16
0049 30 40 50 40 50

von Deutschland aus
11 61 16 (gebührenfrei)

Barzahlungsmittel ist die **norwegische Krone** (NOK). Die Schalter der norwegischen Banken sind im Sommer zu folgenden Zeiten geöffnet: Mo. – Fr. 9.00 – 15.00, einige auch Do. 9.00 – 17.00 Uhr.

Norwegen

In Schweden gilt die **schwedische Krone** (SEK). Banken öffnen im Allgemeinen Mo. – Fr. 9.30 – 15.00, donnerstags bis 17 Uhr. In den Großstädten sind manche Filialen auch länger geöffnet.

Schweden

Als einziges »Euroland« hat Finnland keine 1- und 2-Cent-Münzen im Umlauf. Wer solche als Souvenir mitbringen möchte, erhält sie bei Banken und an einigen Kiosken in Helsinki. Geldautomaten sind durch ein orangefarbenes Schild mit der **Aufschrift »OTTO«** gekennzeichnet. Banken haben Mo. – Fr. 9.00 – 16.30 Uhr geöffnet.

Finnland

Gesundheit

In Norwegen, Schweden und Finnland wird die Europäische Krankenversicherungskarte bei Arztkonsultationen akzeptiert. Eventuelle Eigenbeteiligungen entfallen dadurch aber nicht. Die Versicherungskarte ersetzt auch nicht eine **zusätzliche Auslandsreisekrankenversicherung**. Solch eine Zusatzversicherung abzuschließen ist unbedingt ratsam, z.B. um den Krankenrücktransport abzudecken sowie Kosten, die die deutschen Kassen nicht übernehmen. Denn der Arztbesuch ist in Skandinavien deutlich teurer, die Kassen jedoch richten sich bei der Erstattung nach deutschen Sätzen.

Kranken-versicherung

Eine ärztliche Erstbehandlung von Kranken und Unfallopfern erfolgt in Norwegen normalerweise **über die Aufnahmen der Krankenhäuser** (sykehus, sjukehus) bzw. Notfallpraxen (legevakt) und nur in seltenen Fällen durch Privatärzte. In allen Städten und größeren Orten gibt es Apotheken in ausreichender Zahl. Sie sind zu den normalen Geschäftszeiten geöffnet, hinzu kommen Bereitschaftsapotheken in den Städten. Medikamente sind in Norwegen nur in Apotheken gegen Vorlage von Rezepten norwegischer Ärzte erhältlich.

Norwegen

Bei einem akuten Notfall ist die Notaufnahme (akuttmottagning) der Krankenhäuser zuständig. Man kann sich aber auch in einem Gesundheitszentrum (vårdcentral) oder von einem Arzt behandeln lassen. Wie jeder Schwede auch muss man dort je nach Behandlung zwischen 150 und 320 SEK **Eigenanteil** bezahlen. In Apotheken wird ebenfalls eine Eigenbeteiligung fällig. Wechselnden Apothekennachtdienst gibt es in Schweden nicht, doch finden sich in den Großstädten in Krankenhausnähe Apotheken mit verlängerten Öffnungszeiten. Der Gang zum **Zahnarzt** (tandläkare) kann dagegen teuer

Schweden

werden, denn hier müssen bis zu 70 % der entstandenen Kosten selbst getragen werden.

Finnland Die Behandlung von Kranken und Unfallopfern erfolgt normalerweise über die Aufnahmestationen der Krankenhäuser (finn. Sairaala). Apotheken (finn. apteekki) haben zu den gewöhnlichen Geschäftszeiten geöffnet; Bereitschaftsdienste sind eingerichtet.

Notrufe ▶ Seite 677.

Literatur

Klassiker **Selma Lagerlöf:** Gösta Berling. dtv 1962. Auf andere Art auf Schweden einstimmen lassen kann man sich von den Kindheitserinnerungen der Nobelpreisträgerin. Sie porträtiert die Landschaft und Menschen ihrer Heimatprovinz Värmland.

Carl von Linné: Lappländische Reise. Insel 1964. Der berühmte Botaniker bereiste im 18. Jh. Lappland. Seine Tagebuch-Aufzeichnungen drehen sich v. a. um die herrliche Natur der nordischen Länder.

Klaus Mann: Flucht in den Norden. Rowohlt TB 2003. Der älteste Sohn von Thomas Mann unternahm im Jahr 1932, als sich die politische Situation in Deutschland bereits verfinsterte, mit seiner Schwester Erika eine Reise nach Finnland. Die Eindrücke, die er auf dieser Reise sammeln konnte, inspirierten ihn zu seinem ersten Roman, der bereits 1934 veröffentlicht wurde.

Land und Leute **Tilmann Bünz**: Wer die Kälte liebt. Skandinavien für Anfänger. btb 2008. Der einstige ARD-Korrespondent erzählt Typisches und Besonderes. Für alle, die den Norden nicht nur bereisen, sondern auch verstehen wollen.

Ebba D. Drolshagen: Gebrauchsanweisung für Norwegen. Piper 2007. Kurzweilig und zum Schmunzeln.

Rasso Knoller: Finnland. Ein Länderportrait. Ch. Links Verlag 2011. Unterhaltsame Länderkunde, mit viel Detailwissen geschrieben.

Leena Lander: Mag der Sturm kommen. btb Verlag 2001. Der Roman der erfolgreichsten Schriftstellerin der finnischen Gegenwartsliteratur ist gleichzeitig Liebes- und Familiengeschichte, Thriller und bietet Eindrücke von Finnlands sozialer Zerrissenheit während des Bürgerkriegs zwischen »Weißen« und »Roten«.

Antje Rávic Strubel: Gebrauchsanweisung für Schweden. Piper 2009. Von Stockholm, Göteborg, den Schären, Ikea, Pippi Langstrumpf, dem Wodkagürtel, Elchen und vielem mehr…

Arto Paasilinna: Im Wald der gehenkten Füchse. Lübbe 2000. Paasilinna ist einer der erfolgreichsten finnischen Autoren im Ausland. In seinen Büchern zeichnet er ein von skurrilen Individuen bevölkertes Finnland, deren Abenteuer die Grenzen des Absurden streifen – wie in diesem Roman über den Goldräuber Juntunen, der sich in der Wildnis Lapplands versteckt, und den alkoholkranken Major Remes, der vom Gegner zum Freund wird.

Barbara Schaefer: Nordlicht, Joik und Rentierschlitten. Lebensweisen in Lappland. Picus 2006. Die Autorin schildert ihre mehrwöchige Reise ins nördliche Skandinavien, Begegnungen mit Minenarbeitern und Skischnitzern, berichtet über Robbenröllchen, Walschinken und Kamtschatka-Krabben. Und über ihre Teilnahme an einem Hundeschlittenrennen – genau das Richtige, um Reiselust zu wecken.

Kerstin Ekman: Hexenringe. Piper 2005. Der Roman der schwedischen Schriftstellerin beginnt mit dem lange zurück liegenden Doppelmord in einer Mittsommernacht. 18 Jahre später machen sich Annie und ihre Tochter Mia, die seinerzeit die Leichen gefunden hatten, auf die Suche nach dem Täter. — Krimis

Karin Fossum: Evas Auge. Piper 2005. Nichts für schwache Nerven! Fossum, eine hochkarätige Vertreterin der norwegischen Krimiauto-

Berühmter Botaniker führte Tagebuch: Carl von Linné

renszene, lässt eine junge Frau in den Strudel eines Verbrechens geraten, dessen Zeugin sie aus Neugier wurde.

Anne Holt: In kalter Absicht. Piper 2003. Die Osloerin ist nicht nur eine höchst erfolgreiche Krimiautorin, sie ist auch Rechtsanwältin und Ex-Justizministerin. In diesem Krimi bekommen Eltern die Leiche ihres Sohnes als Paket zugestellt. Hauptkommissar Ingvar Stubo steht vor einem Rätsel und versucht deshalb, die Universitätsdozentin Inger Johanne Vik als Profilerin zu gewinnen.

Leena Lehtolainen: Die Todesspirale. Rowohlt TB 2004. Kommissarin Maria Kallio, die in Helsinki ermittelt, muss den Mordfall einer Eiskunstläuferin lösen, die von ihren eigenen Schlittschuhen erschlagen aufgefunden wurde.

Henning Mankell: Mittsommermord. dtv 2002. Drei Jugendliche werden in einem Naturpark ermordet aufgefunden. Mankell schickt seinen Kommissar Wallander auf die Jagd nach einem Serienmörder.

Håkon Nesser: Kim Novak badete nie im See Genezareth. Btb Verlag 2007. Zwei 14-Jährige verbringen ihre Sommerferien an einem See in Schweden. Die schöne Ewa, die Ähnlichkeit mit Kim Novak hat und auch noch ihre Lehrerin ist, verdreht ihnen den Kopf.

Medien

Film und Fernsehen Das Fernsehen hat einen nicht zu unterschätzenden Anteil daran, dass die meisten Skandinavier über sehr gute Fremdsprachenkenntnisse verfügen. Alle Filme werden nämlich im **Original mit Untertiteln** ausgestrahlt. Von Interesse ist nicht zuletzt der **Wetterbericht** am Ende der abendlichen Nachrichtensendungen. Merken sollte man sich folgende Abkürzungen: »H« (bzw. »K« in Finnland) bedeutet ein Hoch; »L« (bzw. »M« in Finnland) bedeutet ein Tief.

Zeitungen Die führenden **deutschsprachigen Tageszeitungen und Zeitschriften** sind in der Regel in allen wichtigen touristischen Zentren erhältlich, z.B. an Flughäfen und den Bahnhofskiosken der großen Städte, allerdings mitunter erst einen Tag später.

Internet Finnland hat nach den USA die zweithöchste Internetdichte der Welt. Kostenfreien bzw. preisgünstigen Internetservice bieten die städtischen Bibliotheken und Postämter. Internetcafés sind in allen größeren Stadten vorhanden, auch in Norwegen und Schweden. In vielen Städten gibt es **öffentliches und kostenloses WLAN**.

Am weitesten verbreitet ist in Norwegen die Tageszeitung **»Aften-** Norwegen
posten« (www.aftenposten.no). Die norwegischen **Rundfunkan-**
stalten bringen auch Sendungen in deutscher Sprache. Als Service
gibt es in den Sommermonaten zwischen 10.00 – 11.00 Uhr Nachrichten in englischer Sprache.

Die wichtigsten schwedischen Tageszeitungen sind die liberale »**Da-** Schweden
gens Nyheter« (www.dagensnyheter.se) und das konservative
»**Svenska Dagbladet**« (www.svd.se). Boulevardblätter: »Aftonbla-
det« (www.aftonbladet.se) und »Expressen« (www.expressen.se). **Ra-**
dio Schweden sendet täglich, meist ab 16.30 Uhr, ein P**rogramm**
auf Deutsch (Sendezeiten und Frequenzen: www.sverigesradio.se).

Die wichtigste Tageszeitung Finnlands ist der »**Helsingin Sanomat**«. Finnland
Der finnische **Rundfunk** (YLE) bringt im Sommer immer werktags
um 22.55 Uhr **Nachrichten auf Deutsch** im 1. UKW-Programm.

Notrufe

NORWEGEN
Notruf, Polizei
Tel. 112

Notarzt
Tel. 113

Feuerwehr
Tel. 110

Pannenhilfe
Tel. 81 00 05 05

SCHWEDEN
Polizei, Feuerwehr,
Rettung
Tel. 112

Pannenhilfe
Tel. 020 91 29 12

FINNLAND
Notruf, Polizei, Unfallrettung
Tel. 112

Pannenhilfe
Tel. 09 77 47 64 00

DEUTSCHLAND
ADAC-Notrufzentrale München
Tel. 0049 89 22 22 22

Deutsche Rettungsflugwacht
Tel. 0049 7 11 70 10 70

ÖSTERREICH
ÖAMTC-Notrufzentrale
Tel. 0043 12 51 20 00

SCHWEIZ
Notruf
Tel. 0041 112 (Polizei)
140 (Rettungsdienst), 144 (Pannenhilfe)

Post · Telekommunikation

Mobiltelefon
Selbst abgelegene Gegenden sind in der Regel mit starken Mobil-funk-Sendern abgedeckt, nur in Nordschweden kann das Netz etwas löchrig sein. Handybesitzer werden per Roaming automatisch an die skandinavischen Betreiber weitergeschaltet. Vom Handy aus wird nur +Länderkennzahl eingegeben ohne 00 (Eingabe für Deutschland wäre: +49). Mit dem Handy im Ausland telefonieren ist sehr teuer, lieber also **eine SMS verschicken oder das Festnetz nutzen**.

Norwegen
Briefmarken erhält man in allen Postämtern, an Automaten sowie an vielen Kiosken und in zahlreichen Schreibwarengeschäften. Alle Telefonnummern in Norwegen sind achtstellig, es gibt **keine Vor-wahlnummern** für die einzelnen Städte. Münzfernsprecher funktionieren mit 1-, 5-, 10- und meist auch 20-Kronen-Münzen. **Tele-fonkarten (telekort)** kann man in Kiosken und Postämtern kaufen.

Schweden
Die Postämter (postkontor) öffnen im Allgemeinen: Mo.–Fr. 9.00–18.00, Sa. 9.00–13.00 Uhr. Briefmarken (frimärken) sind außer bei Postämtern auch in Tabak- und Papierwarengeschäften, in größeren Lebensmittelgeschäften und zum Teil auch in Kaufhäusern erhältlich. Die **meisten Telefonzellen sind Kartentelefone**. Karten gibt es mit 25, 50 und 100 Einheiten. Erhältlich sind sie bei Zeitungskiosken, Touristenbüros und Geschäften in der Nähe der entsprechenden Telefonzellen. Die Verkaufsstelle ist in den Zellen angegeben.

Finnland
In Finnland sind die Postämter von Mo.–Fr. von 9.00–18.00 Uhr geöffnet. Telefonkarten für die **Telefonzellen** kann man sowohl hier kaufen als auch an Busstationen, Kiosken und in Hotels.

VORWAHLEN

Norwegen
0047

Schweden
0046

Finnland
00358

Deutschland
0049

Österreich
0043

Schweiz
0041

Bei Anrufen aus dem Ausland entfällt die 0 der jeweiligen Ortskennzahl. Ausnahme: Norwegen – hier gibt es keine Ortsnetzkennzahlen.

Preise · Vergünstigungen

Der **InterRail-Pass** der Bahn bietet grenzenloses Reisen zum Pauschalpreis in bis zu 30 europäische Länder sowie bei einer Schifffahrtslinie. Hier kann man sich seine Reise in die nordischen Länder Dänemark, Norwegen, Schweden und Finnland individuell zusammenstellen. Nähere Informationen zu den aktuellen Konditionen findet man auf den Webseiten www.bahn.de/p/view/angebot/paesse/interrail/preise.shtml und unter http://deutsch.interrailnet.com.

In allen drei Ländern gibt es darüber hinaus Ermäßigungen für Gruppen, Studenten und Senioren. Unbegrenzt reisen an 3, 5 oder 10 Tagen eines Monats kann man mit dem **Finnrail Ticket**. Mit dem **Holiday Pass** hat man von Juni bis August an drei Tagen innerhalb eines Monats freie Fahrt.

Übernachten ist in Skandinavien oft teuer, aber es gibt **in vielen Hotels Wochenendrabatte**. Um die Sonderangebote der Hotelketten nutzen zu können, muss man häufig einen Hotelpass oder Hotelscheck erwerben. Damit legt man sich allerdings von vornherein auf eine Hotelkette fest und kann dann ein eventuelles Sonderangebot der Konkurrenz nicht mehr nutzen. Zudem sind in manchen Hotels die Sommersonderangebote billiger als die Übernachtungen mit Scheck. In allen skandinavischen Ländern gilt z.B. der **Nordic Hotel Pass**. Die Hotelschecks müssen vor Antritt der Reise erworben werden.

❶ Infos unter Nordic Hotel Pass, Sommerrogt. 13-15, 0201 Oslo, Tel. 0047 / 22 40 13 00, www.nordicchoicehotels.no

Bahn

BAEDEKER WISSEN

? *Was kostet wie viel?*

Doppelzimmer im Hotel
Norwegen ab 80 €
Schweden ab 60 €
Finnland ab 50 €

Einfache Mahlzeit
Norwegen ab 15 €
Schweden ab 10 €
Finnland ab 8 €

3-Gang-Menü
Norwegen ab 50 €
Schweden ab 30 €
Finnland ab 30 €

Ein Glas Bier im Lokal
Norwegen ab 6,50 €
Schweden ab 5 €
Finnland ab 4 €

Alle großen Städte in Skandinavien bieten eine **City Card** an, mit der man billiger parken kann und freien oder ermäßigten Eintritt bei Museen und anderen Sehenswürdigkeiten erhält, was sich vor allem auch bei einem längeren Aufenthalt lohnt (mehr dazu siehe in den Kapiteln zu Bergen, Oslo, Göteborg, Malmö, Stockholm, Helsinki, Tampere, Turku). Zum Teil können in Verbindung mit der Karte zudem günstige Wochenend- und Ferientarife bei den großen Hotels gebucht werden.

Sparen in Städten

VERGÜNSTIGUNGEN IN DEN EINZELNEN LÄNDERN

Norwegen Der DNT (De Norske Turistforeng) unterhält insgesamt 420 Hütten in Norwegen. Wer einen DNT-Ausweis besitzt, kann hier sehr viel günstiger übernachten. Ausweise können bestellt werden über das deutsche Portal www.huettenwandern.de. Wer den **Fjordpass** für 140 NOK erwirbt, erhält für zwei Personen und Kinder unter 15 Jahren in rund 170 norwegischen Hotels Preisnachlässe.

❶ Tel. 0047 81 56 82 22, www.fjordpass.no

Die norwegische **Fluggesellschaft Widerøe,** die über 30 Flughäfen im Land ansteuert, bietet ein **Explore Norway-Ticket** an, mit dem man 14 Tage lang unbegrenzt innerhalb Norwegens fliegen kann (Verlängerungswochen sind möglich).

❶ Preis 535 €, www.wideroe.no

Schweden Schweden ist kein billiges Reiseland, allerdings auch keineswegs so teuer wie vielfach vermutet. Bei **Hotels** lohnt es grundsätzlich, sich nach Sondertarifen zu erkundigen. An Wochenenden, wenn die Geschäftsreisenden nicht unterwegs sind, erhält man die Zimmer oft deutlich billiger, werktags gilt dasselbe auch im Sommer zwischen Mitte Juni und Mitte August. **Restaurants** servieren von 11.30 – 14.00 Uhr das preisgünstige »dagens rätt« – ein Mittagsangebot, das es oftmals auch in Norwegen gibt.

! **BAEDEKER TIPP**

Rechtzeitig Vorräte anlegen

Wer eine Skandinavien-Tour unternimmt, sollte rechtzeitig einkaufen: **Norwegen ist am allerteuersten,** es lohnt also, vor dem Grenzübertritt die Vorräte aufzufüllen. Für Malmö-Kopenhagen-Hopper: Dänemark ist teurer als Schweden!

Finnland war früher eines der teuersten Reiseländer der Welt. Seit dem EU-Beitritt liegt das Preisniveau nur noch ca. 10 % über dem deutschen. Essen gehen im Restaurant ist immer noch vergleichsweise teuer, Alkohol kostet, wie auch in Schweden und Norwegen, deutlich mehr als in Deutschland. Mit dem **Finnrail-Pass** kann man 3, 5 oder 10 Tage innerhalb eines Monats unbegrenzt Bahn fahren.

Reisezeit

Beste Reisezeit für die drei skandinavischen Länder sind die **Sommermonate Juni, Juli und August,** wenn die Tage am wärmsten sind und die Sonne im hohen Norden gar nicht oder nur für kurze

Beste Reisezeit: Norwegen im Sommer

Zeit unter dem Horizont verschwindet. Bei einer Fahrt zum Nordkap muss man in Lappland auch im Juni noch mit winterlichen Straßenverhältnissen rechnen. September ist ein sehr guter Monat für Aktivurlauber. Jetzt hat man die Wanderpfade für sich allein und die Mückenplage hört auf. Die Nächte können jedoch schon sehr kalt werden. Für Schiffsreisen empfehlen sich die Monate April bis Juni mit klarer Sicht und viel Sonnenschein. Besonders geeignet für **Wintersport** sind die Monate März und April, weil dann die Tage wieder länger werden (Details zum Klima siehe im Kapitel Fakten, S. 21).

Sprache

Norwegisch und Schwedisch gehören zur nordgermanischen oder skandinavischen Sprachgruppe. Eigentümlich ist die Neigung zu Suffixen, wie sie sich im angehängten bestimmten Artikel und in der Bildung des Passivs zeigt (z.B. veien / vägen = der Weg, hjelp søkes = Aushilfe gesucht). Finnisch gehört zu den **finno-ugrischen Sprachen** und ist somit nicht mit Norwegisch und Schwedisch verwandt. 5,5 % der Bevölkerung Finnlands sprechen Schwedisch (besonders an der Süd- und Südwestküste). Im skandinavischen Alphabet folgen æ, ä, å , ø, ö am Ende nach z,

Sprach-
gruppen

In Skandinavien kann man sich an vielen Orten mit Englisch gut verständigen, **manchmal wird auch Deutsch verstanden**. In abgelegenen Gebieten, besonders in Lappland, ist es hingegen nützlich, die wichtigsten Wörter und Redewendungen in der Landessprache parat zu haben.

Englisch hilft

NORWEGEN

Zwei Sprachen Die norwegische Sprache teilt sich heute in das an das Dänische angelehnte Bokmål und das aus den verschiedenen Dialekten aufgebaute Nynorsk (Neunorwegisch), das bis 1929 Landsmål genannt wurde. Das seit der Loslösung von Dänemark (1814) erstarkte Nationalbewusstsein der Bevölkerung lenkte die Aufmerksamkeit wieder auf die alte norwegische Sprache. Während Nynorsk hauptsächlich im Südwesten und Westen des Landes verbreitet ist, wird Bokmål im Osten des Landes und in den Städten gesprochen; beide sind gleichberechtigt.

Aussprache **å** ist ein breiter, dunkler o-Laut (vor tt jedoch kurz); **æ** = ä; **d** ist meist stumm vor s, nach n und l sowie als Endkonsonant nach r; **g** meist wie im Deutschen, aber vor j und y wie j, jeg = »ich« wird jäi ausgesprochen; **gj** wie j; **egn** wird fast wie »ein« gesprochen; **g** auf n (ng) im Auslaut nasal sprechen (z.B. in mange = viele); **h** ist stumm vor j und v, z.B. (h)jerte = Herz, (h)val = Wal; **j** wie im Deutschen, nach Vokalen wie i; **k** vor i und y und in der Verbindung kj wie ch im deutschen Wort »ich« (z.B. kirke, skip wie chirke, schip); **o** häufig ganz dumpf, fast wie u; **ø** wie ö; **s** stets scharf wie das deutsche ß; **sk** vor i und y, sj und skj entsprechen dem deutschen sch; **tj** wie tch; **v** immer wie w; **y** wie ein Laut zwischen i und ü.

SCHWEDEN

Aussprache **å** wie ein breiter dunkler o-Laut **o** meist etwas dumpf, mitunter wie u; **u** fast wie ü; **c** vor e, i, y wie ein scharfes s (ß), sonst wie k; **ch** vor e, i, y, ä, ö, wie sch; **d, h, l** vor j stumm, also djur (Tier) wie jüür; **f** am Silbenende wie w; **g** vor ä, e, i, ö, y und nach l und r wie j, gj vor o und u wie j; **k** vor ä, e, i, ö, y und in der Verbindung kj wie sch, z.B. kyrka wie schürka, kött wie schött; **s** immer scharf wie ß; sj wie sch; **tj** vor ä, e, i, ö, y wie sch; ti in der Endung -tion wie sch; **v** immer wie w; **y** wie ü

FINNLAND

Vokalreich Finnisch ist eine sehr vokalreiche Sprache. Das finnische Alphabet umfasst 21 Buchstaben; b, c, d, f, g, w, x und z findet man nur in Fremdwörtern oder bei Eigennamen. So kompliziert das Finnische aussehen mag – die Aussprache ist verblüffend einfach: Was man liest, das spricht man auch, wobei die Betonung stets auf der ersten Silbe des Wortes liegt. Die einfachen Vokale spricht man kurz (y wie ü), die Doppelvokale (z. B. aa, uu) sehr lang, aber nie getrennt, falls sie nicht durch einen Bindestrich getrennt sind. H wird immer deutlich gesprochen und dient niemals der Dehnung (h nach Vokal vor Konsonanten wie ch, z. B. die Stadt Lahti wie lachti); s immer stimmlos; v immer wie w. Doppelkonsonanten verkürzen nicht wie im Deutschen den vorhergehenden Vokal, sondern sind doppelt lang bzw. besonders deutlich zu sprechen.

Sprachführer Skandinavien

Auf einen Blick

Deutsch	Norwegisch	Schwedisch	Finnisch
Ja./Nein.	Ja./Nej.	Ja (Ha), Jo, Ju./Nej.	niin,kyllä/en,ei
Bitte. (als Aufforderung)	Vær så snill.	Var så god.	olkaa hyvä.
Bitte. (als Antwort auf Danke!)	Ja takk!	För all del!	olkaa hyvä/ pyydän!
Danke.	Takk.	Tack.	kiitos.
Gern geschehen.	Det var da så lite.	Det var ingenting.	Ei se mitään.
Entschuldigung!	Unnskyld!	Ursäkta!	Anteeksi
Wie bitte?	Unnskyld?	Förlåt?	Anteksi, mitä?
Ich verstehe Sie/ dich nicht.	Jeg forstår deg ikke.	Jag förstår inte.	en ymmärrä.
Ich spreche nur wenig …	Jeg snakker bare litt …	Jag talar bara litet …	Minä puhun vain vähän
Sprechen Sie deutsch?	snakker De tysk?	Talar ni tyska?	puhutteko saksaa
Das gefällt mir (nicht).	Det liker jeg (ikke).	Det tycker jag (inte) om.	Tästä minä pidän.
Haben Sie …?	Har dere/du …?	Har ni …?	Onko teillä …?
Ich möchte gern …	Jeg ville gjerne ha …	Jag skulle gärna …	haluaisin mielelläni …
Wie viel kostet es?	Hva koster det?	Vad kostar …?	paljonko maksaa?
Wie viel Uhr ist es?	Hvor mye er klokka?	Hur mycket är klockan?	Paljonko kello on.

Kennenlernen

Guten Morgen!	God morgen!	God morgon!	Hyvää huomenta!

Guten Tag!	God dag!	God dag!	Hyvää päivää!
Guten Abend!	God kveld!	God kväll!	Hyvää iltaa!
Hallo!	Hallo!/Hei!	Hej!	Moi/ Hei
Ich heiße …	Navnet mitt er …	Jag heter …	Minun nimeni on …
Wie ist Ihr Name, bitte?	Unnskyld, hva var navnet?	Vad heter du?	Mikä sinun nimesi on?
Wie geht es Ihnen/dir?	Hvordan har du det?	Hur mår du?	Mitä kuulu?
Danke. Und Ihnen/dir?	Takk, bra. Og du?	Bra tack. Och du själv?	Kiitos hyvää. Entä itsellesi?
Auf Wiedersehen!	På gjensyn!	Adjö!/Hei då!	Näkemiin.

Unterwegs / Auskunft

links/rechts	til venstre/til høyre	till vänster/till höger	vasemmalla/ oikealla
geradeaus	rett fram	rakt fram	suoraan eteenpäin
nah/weit	nær/langt	nära/lång	lähellä/ kaukana
Bitte, wo ist …?	Unnskyld, hvor ligger …?	Var är …?	missä on …?
Hauptbahnhof	hovedstasjon	centralstation	rautatieasema
Ich möchte … mieten	Jeg ville gjerne leie …	Jag skulle vilja hyra …	Minä haluan vuokrata …
… ein Auto	… en bil	… en bil	… auton
… ein Fahrrad	…en sykkel	…en cykel	… polkupyörän

Panne

| Ich habe eine Panne. | Jeg har en skade på bilen. | Min bil har gått sönder. | Minun autossani on vikaa. |
| Wo ist hier in der Nähe eine Werkstatt? | Fins det et verkstedi nærheten? | Finns det någon verkstad häri närheten? | Onko täällä lähellä autokorjaamoa |

Tankstelle

| Wo ist bitte die nächste Tankstelle? | Unnskyld, hvor er nærmeste bensinstasjon? | Ursäkta, var ligger närmaste . . . . bensinstation? | Antecksi missä on lähin huoltoasema |

Ich möchte … Liter …	Jeg skal ha …liter …	…liter, …, tack.	Minä haluan … litraa…
…Normalbenzin.	…normalbensin.	…bensin.	bensaa.
…Super.	…super.	…95 oktan.	95 oktaania.
…Diesel.	…diesel.	…diesel.	dieseliä.
…bleifrei/verbleit.	…blyfri/ …blyholdig	…blyfri bensin/blyad.	lyijytöntä bensaa/lyijyllistä bensaa
Voll tanken, bitte!	Full tank, takk!	Full tank, tack!	Tankki täyteen, kiitos.

Unfall

Hilfe!	Hjelp!	Hjälp!	Apua!
Achtung!	Se opp!/Forsiktig!	Se upp!/Giv akt!	Huomio!
Rufen Sie bitte schnell …	Vær så snill og ring etter …straks.	Var snäll och ring genast elfter…	Soittakaa nopeasti …
…einen Krankenwagen.	…en sjukebil.	…en ambulans.	… ambulanssi.
…die Polizei.	…politiet.	…polisen.	… poliisi.
…die Feuerwehr.	…brannvesenet.	…brandkåren.	… paloauto.
Geben Sie mir bitte Ihren Namen und Ihre Anschrift.	Kan jeg få navnet og adressen din.	Kan jag få ditt namn och din adress.	Saisinko nimenne ja osoitteenne.

Essen / Unterhaltung

Wo gibt es hier …	Hvor er det …	Var finns det …	Missä täällä on …
…ein gutes Restaurant?	…en god restaurant?	…en bra restaurang?	… ravintola?
Auf Ihr Wohl!	Skål!	Skål!	Kippis!
Bezahlen, bitte!	Kan jeg/vi få betale!	Får jag be om notan!	Saanko laskun!
Das Essen war ausgezeichnet.	Maten var utmerket.	Maten var utmärkt.	Ruoka oli erinomaista.

Einkaufen

| Wo finde ich …? | Hvor finner jeg …? | Var hitter jag …? | Mistä löydän … ? |
| Apotheke | apotek | apotek | apteekin |

Bäckerei	bakeri	bageri	leipomon
Kaufhaus	varehus	varuhus	tavaratalon
Lebensmittelge-schäft	dagligvareforretning	livsmedelsaffär	ruokakaupan
Markt	marked	marknad	torin/ markkinat

Übernachtung

Können Sie mir bitte … empfehlen?	Kan du anbefale meg …?	Kan du rekommen-dera mig …?	Voitteko suositella minulle … ?
…ein gutes Hotel	…et godt hotell	…ett bra hotell	hotellia
…eine Pension	…et pensjonat	…ett pensionat	täyshoitolaa
Ich habe bei Ihnen ein Zimmer reserviert.	Jeg har reservert et rom hos dere.	Jag har reserverat ett rum hos er.	Minä olen varannut teille huoneen.
Haben Sie noch Zimmer frei?	Har dere noe ledig rom?	Har ni något rum ledigt?	Onko teillä vapaita huoneita?
ein Einzelzim-mer	et enkeltrom	ett enkelrum	yhden hengen huone
ein Zweibett-zimmer	et dobbeltrom	ett dubbelrum	kahden hengen huone
mit Dusche/Bad	med dusj/bad	med dusch/bad	kylpyhuoneella
für eine Nacht/ Woche	for ei natt/uke	för en natt/vecka	yhdeksi yöksi/ viikoksi
Was kostet das Zimmer mit Frühstück?	Hva koster rommet med frokost?	Vad kostar rummet med frukost?	Paljonko huone aamiaisella maksaa?
…Halbpension?	…halvpensjon?	…halvpension?	… puolihoito?

Arzt (läkare, doktor = schwedisch, lääkari = finnisch)

Ich habe hier Schmerzen.	Jeg har vondt her.	Jag har ont här.	Minua sattuu tästä.

Bank und Post

Wo ist hier bitte …	Unnskyld, hvor finner jeg …	Var finns det …här?	Missä on … ?
…eine Bank?	…en bank?	…en bank?	pankki

…eine Wechselstube?	…et vekslingslkontor?	…ett växelkontor?	vaihtokonttori?
Ich möchte … Euro (Schweizer Franken) in Kronen umwechseln.	Jeg ville gjerne veksle EURO (sveitsiske francs) i kroner.	Jag skulle vilja växla euro (schweizerfranc) till kronor.	Minä haluan vaihtaa … euroa kruunihin
Was kostet …	Hvar koster …	Vad kostar …	Paljonko … maksaa?
…ein Brief …	…et brev …	…ett brev …	… kirje
…eine Postkarte …	…et postkort …	…ett vykort …	… kortti
nach Deutschland?	til Tyskland?	till Tyskland?	… Saksaan?

Wochentage

Montag	mandag	måndag	maanantai
Dienstag	tirsdag	tisdag	tiistai
Mittwoch	onsdag	onsdag	keskiviikko
Donnerstag	torsdag	torsdag	torstai
Freitag	fredag	fredag	perjantai
Samstag	lørdag	lördag	lauantai
Sonntag	søndag	söndag	sunnuntai

Spisekart, Meny / Matsedel / Ruokalista (Speisekarte)

Kaffee	kaffe	kaffee	kahvi
Tee	te	te	tee
Fruchtsaft	fruktsaft/juice	saft	mehu
weich gekochtes Ei	blødkokt egg	löskokt ägg	pehmeäksi keitetty muna
Rühreier	eggerøre	äggröra	munakokkeli
Brot/Brötchen/ Toast	brød/rundstykke/ ristet brød	bröd/franskt bröd/ rostat bröd	leipä/sämpylä/ paahtoleipä
Butter	smør	smör	voi
Käse	ost	ost	juusto
Wurst	pølse	korv	makkara
Schinken	skinke	skinka	kinkku
Honig	honning	honung	hunaja
Marmelade	syltetøy	marmelad	hillo
Müsli	mysli	müsli	mysli
Joghurt	yoghurt	yoghurt	jugurtti

| Obst | frukt | frukt | hedelmät |

Vorspeisen und Suppen

Suppe	suppe	soppa	keitto
Fischsuppe	fiskesuppe	fisksoppa	kalakeitto
Lachs	laks	lax	lohi
Hering	sild	sill	silli
Krabben	reke	räkor	rapuja
geräucherter Lachs	røkelaks	rökt lax	savustettu lohi

Fleischgerichte

Elchbraten	elgsteik	älgstek	hirvi
Hammel	får	får	lammas
Rind	okse	oxfilé	nauta
Schweinefleisch	flesk	fläsk	sika
Braten	steik	stekt	paisti
Hähnchen	kylling	kcykling	kana
Lamm	lamme	lamm	lammas
Rentierbraten	reinsdyrsteik	renstek	poro
Fleisch	kjøtt	kött	liha
Schweinebraten	svinesteik	grisstek	sianpaisti
Wild	vilt	vild	riista

Fisch und Schalentiere

Aal	ål	ål	ankerias
Fisch	fiske	fisk	kala
Hecht	gjedde	gädda	hauki
Hummer	hummer	hummer	hummeri
Flusskrebs	kreps	kräftor	rapu
Heilbutt	kveite	hälleflundra	ruijanpallas
Lachs	laks	lax	lohi
Makrele	makrell	makrill	makrilli
Forelle	ørret	forell, laxöring	taimen
Scholle	rødspette	rödspätta	kampela
Hering	sild	sill	silli
Dorsch	torsk	torsk	turska

Gemüse

| Gurken | agurk | gurka | kurkku |

Kartoffeln	poteter	potatis	peruna
Salat	salat	huvudsallat	salaatti
Kohl	kål	kål	kaali
Zwiebeln	løk	lök	sipuli
Pilz	sopp	svamp	sieni

Gebäck und Torten

Kuchen	kake	kaka	kakku
Gebäck	bakverk	småkakor	leivonnainen

Dessert

Obstkompott	fruktkompott	kompott	hillo
Obstsalat	fruktsalat	fruktsallad	hedelmäsalaatti
Eis	is	glass	jäätelö
Pudding	pudding	pudding	vanukas
Schlagsahne	krem	vispgrädde	kermavaahto
Käseplatte	osteanretning	ostbricka	juustotarjotin

Getränkekarte

Aquavit	akevitt	akvavit	akvaviitti
Weißwein	hvitvin	vitvin	valkoviini
Bier	øl	öl	olut
Rotwein	rødvin	rödvin	punaviini

Alkoholfreie Getränke

Limonade	brus	läskedryck	virvokejuoma
Kaffee	kaffe	kaffee	kahvi
Milch	melk	mjölk	maito
Fruchtsaft	saft/juice	saft	mehu (SAFT)
Tee	te	te	tee
Wasser	vann	mineralvatten	vesi

Zahlen

0	null	noll	nolla
1	ehn/ett	en, ett	yksi
2	to	två	kaksi
3	tre	tre	kolme
4	fire	fyra	nelj
5	fem	fem	viisi
6	seks	sex	kuusi
7	sju (syv)	sju	seitsemän
8	åtte	åtta	kahdeksan
9	ni	nio	yhdeksän

10	ti	tio	kymmenen
11	elleve	elva	yksitoista
12	tolv	tolv	kaksitoista
13	tretten	tretton	kolmetoista
14	fjorten	fjorton	neljätoista
15	femten	femton	viisitoista
16	seksten	sexton	kuusitoista
17	sytten	sjuton	seitsemäntoista
18	atten	arton	kahdeksantoista
19	nitten	nitton	yhdeksäntoista
20	tjue (tyve)	tjugo	kaksikymmentä
21	tjueen	tjugoett	kaksikymmen-täyksi
22	tjueto	tjugotvå	kaksikymmen-täkaksi
30	tretti (tredve)	trettio	kolmekymmen-tä
40	førti	fyrtio	neljäkymmentä
50	femti	femtio	viisikymmentä
60	seksti	sextio	kuusikymmentä
70	sytti	sjuttio	seitsemänkym-mentä
80	åtti	åttio	kahdeksankym-mentä
90	nitti	nittio	yhdeksänkym-mentä
100	hundre	hundra	sata
200	tohundre	två hundra	kaksisata
1000	tusen	tusen	tuhat
2000	totusen	två tusen	kaksituhatta
10 000	titusen	tio tusen	kymmen-entuhatta
1/2	en halv	en halv	puolikas
1/4	en fjerdedel	en fjärdedel, en kvart	neljännes

Straßenverkehr

Die Straßen in Skandinavien sind im Allgemeinen so gut wie in Mitteleuropa. Besonders in abgelegenen Gebieten aber kann so manche **Nebenstraße** auch nur als Schotter- oder Sandpiste ausgebaut sein. Hier empfiehlt es sich, Abstand zum vorausfahrenden Fahrzeug zu halten, um keine Steine auf die Windschutzscheibe zu bekommen.

Bei längerem Regen werden solche Straßen schmierig oder gar schlammig, dann sollte man besonders vorsichtig fahren. Die zum Teil recht schmalen und oft unübersichtlichen **Gebirgsstraßen** in Norwegen und Schweden erfordern Geschick, starke Nerven und ein besonders diszipliniertes Verhalten des Fahrers. Bei Begegnungen an schwierigen Stellen hat **der bergauf Fahrende stets Vorfahrt**. Es gibt Bergstraßen, die nur im wechselnden Einbahnverkehr befahrbar sind. Urlauber mit Wohnwagen oder Wohnmobilen sollten sich vor Antritt der Fahrt bei den Automobilclubs erkundigen, ob die geplante Route auch machbar ist. Viele Brücken, Tunnels und Privatstraßen sind in Norwegen **mautpflichtig** (Maut = »bompenger«). An den Stationen zahlt man am Münzautomaten bzw. der Kasse, meistens sind auch Kreditkarten möglich. In Schweden sind die Brücken über den Öresund und den Großen Belt mautpflichtig.

BAEDEKER WISSEN ?

Spurwechsel in Schweden

Bis 1967 herrschte in Schweden Linksverkehr, gleichzeitig aber hatten die Autos das Steuer auf der linken Seite. Am 3. September 1967 stand der große Seitenwechsel an: Zwischen 1 und 6 Uhr mussten sämtliche Fahrzeuge stillstehen und dann von der linken auf die rechte Fahrspur wechseln.

Kilometer oder Meilen? Grundsätzlich werden Entfernungen in Kilometern (km) angegeben. Fragt man jedoch Einheimische nach Entfernungen, so bekommt man noch sehr **oft Angaben in skandinavischen Meilen** (mil; 1 mil entspricht 10 km).

Verkehrsregeln Die internationalen Verkehrszeichen sind auch in Skandinavien gebräuchlich. Das nebenstehende Zeichen sieht man an den Straßen der nordischen Länder relativ häufig. Es weist auf Sehenswürdigkeiten hin, z. B. eine Burg. Es herrscht Rechtsverkehr. Für alle Insassen des Fahrzeuges gilt **Gurtanlegepflicht**. Straßenbahnen und Busse im Stadtverkehr haben immer Vorfahrt.

Licht In ganz Skandinavien muss auch tagsüber das **Abblendlicht** eines jeden Kraftfahrzeuges außerhalb geschlossener Ortschaften eingeschaltet werden. Standlicht genügt nicht, die **Strafen sind empfindlich hoch**! Das gilt auch für Geschwindigkeitsüberschreitungen und Alkohol am Steuer.

Alkohol am Steuer Die Promillegrenze für Alkohol am Steuer liegt in Norwegen und Schweden bei 0,2 ‰, in Finnland bei 0,5 ‰. Bei Übertretungen drohen in Skandinavien **empfindlichste Geld- oder gar Haftstrafen**.

Tanken Die Benzinpreise liegen in Skandinavien etwas über dem Durchschnitt der deutschsprachigen Länder, Norwegen ist in der Regel

NORWEGEN
Norges Automobil Forbund (NAF)
0609 Oslo
Østensjøvejen 14
Tel. 0 85 05
vom Ausland 0047 92 60 85 05
www.naf.no

Pannenhilfe
Tel. 81 00 05 05

Vegmeldingstjenesten
Straßendienst
auch zuständig bei Wildunfällen
Tel. 175 (vom Inland)
oder 81 54 89 91 (vom Ausland)
www.vegvesen.no

SCHWEDEN
Motormännens Riksförbund
10029 Stockholm
Fridhemsgata 32
Tel. 08 6 90 38 00
www.motormannen.se

Pannenhilfe
Tel. 020 91 29 12

FINNLAND
Autoliitto
Automobile and Touring Club of Finland
00551 Helsinki, Hämeentie 105 A
Tel. 09 72 58 44 00, www.autoliitto.fi

Pannenhilfe
Pannenhilfe rund um die Uhr (Autoliitto)
Tel. 0200 80 80 (1,95 €/min)

DEUTSCHLAND
ADAC-Notrufzentrale München
Tel. 0049 89 22 22 22

ACE-Notruf
*Tel. 01802 34 35 36
Im Ausland 0049 711 5 30 34 35 36

ÖSTERREICH
ÖAMTC-Notrufzentrale Wien
Tel. 0043 1 9 82 13 04
Tel. 0043 1 2 51 20 00

SCHWEIZ
TCS Notruf
Tel. 0041 140 (Pannenhilfe)
Tel. 0041 144 (Rettungsdienst)

teurer als Schweden und Finnland. Verbindliche Angaben sind hier aber schwierig. Angaben über die Tankmöglichkeiten und länderspezifische Informationen erhält man bei den oben aufgeführten Stellen.

Wildunfälle In ganz Skandinavien herrscht erhöhte **Gefahr durch Wildwechsel**, besonders in der Dämmerung und auf breiten Straßen, denn die Tiere bevorzugen diese, da hier ein bisschen Wind weht und die Mücken ihnen darum weniger zusetzen. Warnschilder zeigen an, an welchen Stellen es häufiger zu Wildwechsel kommen kann. **Elche** haben zwar dünne Beine, sind jedoch sehr groß und können bis zu 800 kg wiegen. Bei einem Zusammenprall mit einem Pkw zertrümmert meist der schwere Leib des Elchs die Windschutzscheibe. Kollisionen mit Elchen sind eine der häufigsten Ursachen für **tödliche Verkehrsunfälle!** Überfährt man einen Elch, ein Reh oder Rentier, ist unverzüglich die **Polizei zu benachrichtigen**.

NORWEGEN

Die Hauptstraßen werden unterteilt in Europastraßen, Reichsstraßen (**»Riksveg«, Abkürzung RV**), Schnellstraßen (»Motorveg«) und, im Bereich einiger größerer Städte, auch autobahnähnlich ausgebaute Verkehrswege. Auch alle wichtigen Bezirksstraßen (»Fylkesveg«) sind durchnummeriert. **Hauptstraßen**

In Norwegen gibt es Schilder, die man in Deutschland nicht kennt (Beispiele: **weißes M auf blauem Grund = Ausweichstelle** oder »Innkjøring forbudt« = Einfahrt verboten!). **Sonderzeichen**

Folgende Kraftstoffe werden angeboten: Gering verbleit (97 Oktan), Verbleit (98 Oktan), Super Bleifrei (bly-fri, 95 Oktan), Super Plus, Bleifrei (blyfri, 98 Oktan), Diesel. Nicht alle Tankstellen akzeptieren Kreditkarten, daher **Bargeld bereithalten.** **Tanken**

Im Winter und Frühjahr ist im Gebirge das Mitführen und rechtzeitige Anlegen von Schneeketten vorgeschrieben. **Spikes-Reifen** sind von 1. November bis zum 1. Sonntag nach Ostern (Nordnorwegen: 15. Oktober bis 30. April) erlaubt. **Reifen**

In geschlossenen Ortschaften: 50 km/h. Außerhalb geschlossener Ortschaften: 80 km/h. Autobahnähnliche Schnellstraßen: 90 km/h. Autobusse: 80 km/h. Gespann mit ungebremstem Anhänger: 60 km/h. **Höchstgeschwindigkeiten**

SCHWEDEN

Nebelschlussleuchten dürfen nicht eingeschaltet werden. Eine **durchgehende, gelbe Linie** am Fahrbahnrand bedeutet Halteverbot; eine gestrichelte gelbe Linie oder eine gelbe Zickzacklinie am Fahrbahnrand zeigt Parkverbot an. **Allgemeine Vorschriften**

In Wohngebieten: 30 km/h
In geschlossenen Ortschaften: 50 km/h
Landstraßen: 70 – 90 km/h
Autobahnen: 110 – 120 km/h
Pkw mit Anhänger: 80 km/h **Höchstgeschwindigkeiten**

Viele schwedische Straßen sind **»eineinhalbspurig«**. Anders als in Deutschland benutzt nicht der Überholende die zweite Spur, sondern das langsamere Fahrzeug macht den Weg frei und weicht kurz auf den rechten Seitenstreifen aus. Macht ein vorausfahrendes Fahrzeug Platz, bedankt man sich durch kurzes rechts-links Blinken. **Überholen**

Tankstellen Tankstellen sind in der Regel Mo. – Sa. 7.00 – 19.00 Uhr, an Autobahnen und Hauptverbindungsstrecken z.T. auch rund um die Uhr geöffnet. Die meisten Tankstellen sind **Selbstbedienungstankstellen** mit Geldscheinautomaten für 20-, 50- und 100-Kronen-Scheine, die Bezahlung mit gängigen, internationalen Kreditkarten ist meist möglich. Sie sind mit dem Wort »sedel« (Banknote) angekündigt – Tankstellen, an denen man an der Kasse der Tankstelle bezahlt, sind mit »kassa« gekennzeichnet.

FINNLAND

Straßen Bei den nummerierten Hauptstraßen unterscheidet man Straßen erster und Straßen zweiter Ordnung; Nummern auf rotem Grund zeigen Fernstraßen oder Reichsstraßen an. Es gibt immer mehr Autobahnabschnitte bzw. vierspurig gut ausgebaute Autostraßen (»Moottoritie«) in der Umgebung der Großstädte.

Lossi Im Land der tausend Seen müssen häufiger einzelne Straßenabschnitte durch **Kurzfähren** (finn. Lossi) miteinander verbunden werden. Die Benutzung ist kostenlos.

Höchst-geschwindig-keiten In geschlossenen Ortschaften: 50 km/h. Landstraßen: 80 – 100 km/h. Autobahnen: 120 km/h. Pkw mit Wohnanhänger: 80 km/h.

Reifen **Winterreifen sind in Finnland Pflicht**. Schneeketten sind nicht erlaubt, dafür aber Spikes-Reifen. Sämtliche Straßen in Finnland sind im Winter gut geräumt und in der Regel problemlos zu befahren.

Tanken An finnischen Tankstellen gibt es unverbleites Benzin als Normal (95 Oktan) und Super (98 Oktan). Kraftstoff ist billiger als in Deutschland. Besonders in abgelegenen Gebieten sind Tankstellen nicht allzu dicht gesät: **Rechtzeitiges Tanken ist angeraten**.

Verkehr

MIETWAGEN

Mindestalter 21 Jahre Bedingungen für das Mieten eines Kraftfahrzeugs ist das Mindestalter von 21 Jahren und der Besitz eines Internationalen Führerscheins, für Reisende aus Deutschland **genügt der nationale Führerschein**. Mietwagenfirmen sind an allen internationalen Flughäfen und Bahnhöfen vertreten. Außer den internationalen Mietwagenfirmen bieten auch einheimische Verleihfirmen vor Ort Wagen an – oft auch günstiger.

BAHN

Das Streckennetz der Norwegischen Staatsbahnen (NSB, Norges Statsbaner) ist relativ dünn. Die Hauptstrecken führen von Oslo nach Stavanger (über Kristiansand), Bergen, Åndalsnes, Trondheim (über Dombås oder Røros) und Bodø (nördlichste Station der NSB; Anschluss an den Norwegen-Bus nach Kirkenes). Man reist in den Expresszügen recht **komfortabel, jedoch langsam**, denn drei Viertel des Streckennetzes sind Steigungs- bzw. Gefällstrecken. Eine Fahrt von Oslo nach Bergen dauert im Sommer knapp sieben Stunden. Im Winter kann es zu vielstündigen Verspätungen kommen. Norwegische Expresszüge sind platzkartenpflichtig. Fahrräder können in diesen Zügen nicht mitgenommen werden. Zu Vergünstigungen ▶ Preise. Auf keinen Fall versäumen sollte man in Norwegen die vielen

Norwegen

MIETWAGEN
Avis
*Tel. 01805 21 77 02
www.avis.de

Budget
*Tel. 01805 21 77 11
www.budget.com

Europcar
*Tel. 0180 5 80 00
www.europcar.de

Hertz
*Tel. 01805 33 35 35
www.hertz.de

BAHN
*Norges Statsbaner
(NSB)*
0048 Oslo
Prinsensgt. 7 – 9
Tel. 81 50 08 88
www.nsb.no

Statens järnvägar (SJ) AB
10550 Stockholm
Tel. 0771 75 75 75
www.sj.se

Finnische Staatsbahn (VR)
Informationen und Reservierungen
Tel. 0600 4 19 02, www.vr.fi

BUS
NOR-WAY Bussekspress
0154 Oslo, Karl Johans gate 2
Tel. 81 54 44 44
www.nor-way.no

Nobina – the Group
17171 Solna, Armégatan 38
Tel. 08 41 06 53 00, www.nobina.com

Swebus Express
Tel. 0771 21 82 18, www.swebus.se

Oy Matkahuolto Ab
Fahrplanservice: Tel. 0200 40 00
www.matkahuolto.fi

Museumsbahnen, die liebevoll gepflegt werden. Außergewöhnliche Bahnstrecken sind die Bergenbahn, die Dovrebahn, die Nordlandbahn und die Flåmsbahn.

Wichtig: Mückenschutz!

Wer viel in Skandinavien unterwegs ist, wird der Mückenplage kaum entgehen. In der warmen Jahreszeit betrifft sie besonders die **feuchten** und **tiefer gelegenen Gebiete** der Region. Daher unbedingt entsprechende Schutzmittel einpacken (Autan, Moskitonetz). Auch in den skandinavischen Supermärkten und Apotheken sind allerlei Abwehrmittel chemischer Art erhältlich. Salzwasser ist für Mücken uninteressant, wer also in Meernähe bzw. an den Fjorden reist, dürfte kaum gepiesackt werden.

Innerhalb Schwedens verfügt die Bahn über ein gut ausgebautes Streckennetz, die Züge sind modern und sehr bequem, das Personal freundlich und hilfsbereit. Zwischen den größeren Städten verkehrt der **Hochgeschwindigkeitszug X 2000**.

Das ca. 6000 km lange Streckennetz der finnischen Staatsbahnen (VR) ist weitmaschig, wird aber durch Autobus- und Schifflinien gut ergänzt. Vor allem der südliche Landesteil ist durch ein dichteres Verbindungsnetz erschlossen; die beiden Hauptlinien in den Norden führen von Helsinki bis nach Kemijärvi und nach Kolari in Lappland. Bahnfahren ist in Finnland im Vergleich zu den anderen nördlichen Ländern günstiger. Zusätzliche Vergünstigungen verringern den Betrag erheblich (▶Preise und Vergünstigungen). Um die langen Entfernungen mit dem Pkw in den Norden zu überbrücken, bietet die Bahn »**car-sleeper-trains**« an: ab Helsinki, Tampere und Turku nach Kontiomäki, Oulu, Rovaniemi und Kolari. Rechtzeitig buchen!

BUS

Gut vernetzt

Das Fernbusliniennetz ist in Skandinavien recht gut ausgebaut, und die einzelnen Buslinien sind sehr gut miteinander vernetzt. Auch hier gibt es viele Sondertarife, über die die Busgesellschaften informieren.

FÄHREN

Norwegen

Die inländischen Schiffsverbindungen spielen verkehrstechnisch eine große Rolle. In Norwegen ergänzen Autofähren über die zahlreichen Fjorde das Straßennetz. Beliebt sind Küsten- und Fjordkreuzfahrten. Von Bergen fahren die Postschiffe der **Hurtigruten** (▶Baedeker Wissen S. 386) an der norwegischen Westküste entlang bis Kirkenes und zurück in elf Tagen.

In Schweden spielen Fähren für den Verkehr nicht die entscheidende Rolle wie im fjordreichen Norwegen bzw. im seenreichen Finnland. Inland-Fährverbindungen nach ▶Gotland siehe S. 663, zum Reisen auf dem Götakanal ▶Baedeker Wissen S. 508.

Schweden

Binnenseekreuzfahrten von einstündigen Rundfahrten bis hin zu mehrtägigen Kreuzfahrten auf **nostalgischen Passagierdampfern** sind eine sehr schöne Möglichkeit, das »Land der tausend Seen« auch von der Seeseite her kennenzulernen. Berühmt sind die **»Silberlinie« und die »Dichterlinie«** (▶Hämeenlinna, Tampere). Die Saison für die Binnenseeschifffahrt beginnt Mitte Juni und endet Ende August, in einigen nördlichen Regionen auch bereits Mitte August. Die Benutzung der Kurzfähren, die als Verbindung von zwei Straßen im Pendelverkehr eingesetzt werden (finn. Lossi), ist kostenlos. Längere Überfahrten in Auto- und Passagierfähren sind kostenpflichtig.

Finnland

Adressen ▶ S. 664

Reedereien

FLUGVERKEHR INLAND

Wer in kurzer Zeit große Strecken bewältigen will, kann auch in Norwegen das Flugzeug nutzen. Via Oslo erreicht man mühelos alle wichtigen Städte des Landes. Bedeutende Regionalflughäfen sind Bergen, Trondheim, Stavanger, Kristiansund, Bodø, Tromsø und Alta (für Nordkap-Touristen). Fluggesellschaften sind die SAS (Scandinavian Airlines System), Widerøe und Norwegian.

Norwegen

Wichtigster Anbieter von Inlandsflügen ist SAS. Fahrräder können als Luftfracht mitbefördert werden.

Schweden

Der Inlandsflugverkehr hat relativ große Bedeutung. Die Finnair mit ihren Tochtergesellschaften fliegt von Helsinki aus 27 Flughäfen an.

Finnland

Zeit

In Norwegen und Schweden gilt die Mitteleuropäische Zeit (MEZ). Von Ende März bis Ende Oktober gilt hier die Mitteleuropäische Sommerzeit (MEZ + eine Stunde). Wer hierher reist, braucht seine Uhr nicht umzustellen.
In **Finnland** hingegen gilt die Osteuropäische Zeit (OEZ = MEZ + 1 Stunde). Da von April bis Oktober auch hier die Sommerzeit eingeführt wurde, muss man das ganze Jahr über bei Ankunft in Finnland die Uhr um eine Stunde vorstellen.

Register

atmosfair

nachdenken • klimabewusst reisen

atmosfair

Reisen verbindet Menschen und Kulturen. Doch wer reist, erzeugt auch CO_2. Der Flugverkehr trägt mit bis zu 10% zur globalen Erwärmung bei. Wer das Klima schützen will, sollte sich nach Möglichkeit für die schonendere Reiseform entscheiden (wie z.B. die Bahn). Gibt es keine Alternative zum Fliegen, kann man mit atmosfair klimafördernde Projekte unterstützen.

atmosfair ist eine gemeinnützige Klimaschutzorganisation unter der Schirmherrschaft von Klaus Töpfer. Flugpassagiere spenden einen kilometerabhängigen Betrag und finanzieren damit Projekte in Entwicklungsländern, die den Ausstoß von Klimagasen verringern helfen. Dazu berechnet man mit dem Emissionsrechner auf **www.atmosfair.de** wieviel CO_2 der Flug produziert und was es kostet, eine vergleichbare Menge Klimagase einzusparen (z.B. Berlin – London – Berlin 13 €).

atmosfair garantiert die sorgfältige Verwendung Ihres Beitrags. Alle Informationen dazu auf www.atmosfair.de. Auch der Karl Baedeker Verlag fliegt mit atmosfair.

Verzeichnis der Karten und Grafiken

Bildnachweis

AKG: 49
Bilderberg: 457or
Bilderberg/ C. Boisvieux: 55, 558
Bilderberg/ Hans Madej: 31
Bilderberg/ Jerzy Modrak: 73, 618
Branscheid: 619
dpa: 65
Dumont Bildarchiv: 4u, 5o, 6, 9, 44, 45, 103, 111, 117, 126, 130, 132, 322, 436, 577lo
Dumont Bildarchiv/ Nowak: U8l, 14, 70, 100, 114, 122, 124, 172, 173, 313, 319, 339, 340, 343, 347, 354, 357, 358, 361, 365, 377, 379, 380, 394, 421, 424, 425 lu, 430, 433, 444, 451, 457ul, 457ur, 458, 468, 475, 488, 496, 498, 502, 507, 517, 543, 593, 611, 659, 670
Dumont Bildarchiv/Franck Schmitt: 113o
Dumont Bildarchiv/Fred Krüger: 43, 79, 144, 209, 239, 272, 273, 274, 292
Dumont Bildarchiv/Heikki Sarviaho: 77
Dumont Bildarchiv/Jörg Modrow: 192, 317, 465
Dumont Bildarchiv/Krause, Johansen: 148
Dumont Bildarchiv/Lennart Hyse 810: 112
Dumont Bildarchiv/Michael Riehle: 13, 56, 98, 154, 186, 480, 487, 508, 512, 523, 532, 549, 559lu, 561, 569, 580, 597, 600, 606, 613, 622, 631, 638, 647, 649, 650, 651, 660
Dumont Bildarchiv/Ola Roe: 27, 111o, 137, 163, 404
Feltes-Peter: 90, 97, 242, 267, 387, 418, 446, 458
Finnish Tourist Board: 226
fotolia: 5u, 110, 151, 153, 158, 165, 223, 235, 248, 261, 279, 350, 477, 608, 681
Glaser: 403
Haafke: 199, 220, 266, 305
Huber: 46, 177, 190, 406

Huber/Gräfenhain: 605
Huber/Römmelt: 536
Huber/Schmid: 333
Interfoto: 78, 81, 84, 88
Istock: 4o, 113u, 118, 121, 138, 146, 202, 228, 297, 415, 621, 675
Klüche: 308
laif: U4u, 194, 285, 310, 384, 387, 399, 460
laif/ Daams: 511
laif/ Galli: 641
look: 37
look/ Hauke Dressler: 478
look/Jan Gruene: 590
Mauritius: U3 3, 29, 196, 283, 371, 439, 565ur, 635
mauritius/ age fotostock: U4 Mitte, 10, 157, 168, 578
mauritius/ Credit Super Stock: 564
mauritius/ great Shots: 519, 584
mauritius/ Magnusson: 587
mauritius/ Rommelt: 187
mauritius/Nordic Photos: 565or
mauritus/ Ekholm: 38
pa: 12, 95, 425 lo, 425 r, 540, 545, 566, 576, 626
pa./epa/Eriksen: 54
pa/ Günter Reck: 644
Peter Nahm: 1, 486, 493, 559lo, 559r, 560, 565l, 567, 582
picure alliance: 41
Randebrock: 62, 66, 140, 181, 217, 218, 225l, 225r, 225u, 233, 251, 256
Szerelmy: 601, 616, 617l, 617m, 617r
van de Perre: 416, 426, 457ol
ZEFA: U2, 167

Titelbild: Bildagentur Huber / Picture Finder

Impressum

Ausstattung:
250 Abbildungen, 71 Karten und grafische Darstellungen, eine große Reisekarte
Text:
P. Almoslechner, Achim Bourmer, Dr. Helmut Eck, Astrid Feltes-Peter, Dr. Teppo Jokinen, Wolfgang Hassenpflug, Dr. Cornelia Hermanns, Johannes Holzleiter, Rasso Knoller, Helmut Linde, Christoph Merten, Hans Molter, Peter M. Nahm, Dr. Christian Nowak, Nordis Redaktion, Guido Pinkau, Silwen Randebrock, H.J. Schmidt, J. Schneider-Rapp, Anja Carstanjen Schroth, Dina Stahn, Werner Strasdat, Christine Wessely, Reinhard Zakrzewski
Überarbeitung: Dr. Christian Nowak, Rasso Knoller
Bearbeitung:
Baedeker-Redaktion (Beate Szerelmy, Redaktionsbüro Negwer)
Kartografie:
Christoph Gallus, Hohberg, Franz Huber, München; Klaus-Peter Lawall, Untensingen
MAIRDUMONT Ostfildern (Reisekarte)
3D-Illustrationen:
jangled nerves, Stuttgart
Infografiken:
Golden Section Graphics GmbH, Berlin

Gestalterisches Konzept:
independent Medien-Design, München
Chefredaktion:
Rainer Eisenschmid, Baedeker Ostfildern

14. Auflage 2013
Völlig überarbeitet und neu gestaltet

© KARL BAEDEKER GmbH, Ostfildern für MAIRDUMONT GmbH & Co KG; Ostfildern

Anzeigenvermarktung:
MAIRDUMONT MEDIA
Tel. 0049 711 4502 333
Fax 0049 711 4502 1012
media@mairdumont.com
http://media.mairdumont.com

Printed in China

Trotz aller Sorgfalt von Redaktion und Autoren zeigt die Erfahrung, dass Fehler und Änderungen nach Drucklegung nicht ausgeschlossen werden können. Dafür kann der Verlag leider keine Haftung übernehmen.
Kritik, Berichtigungen und Verbesserungsvorschläge sind jederzeit willkommen. Schreiben Sie uns, mailen Sie oder rufen Sie an:

Verlag Karl Baedeker / Redaktion
Postfach 3162
D-73751 Ostfildern
Tel. 0711 4502-262
info@baedeker.com
www.baedeker.com

Die Erfindung des Reiseführers

Als **Karl Baedeker** (1801 – 1859) am 1. Juli 1827 in Koblenz seine Verlagsbuchhandlung gründete, hatte er sich kaum träumen lassen, dass sein Name und seine roten Bücher einmal weltweit zum Synonym für Reiseführer werden sollten.

Das erste von ihm verlegte Reisebuch, die 1832 erschienene **Rheinreise,** hatte er noch nicht einmal selbst geschrieben. Aber er entwickelte es von Auflage zu Auflage weiter. Mit der Einteilung in die Kapitel »Allgemein Wissenswertes«, »Praktisches« und »Beschreibung der Merk-(Sehens-)würdigkeiten« fand er die klassische Gliederung des modernen Reiseführers, die bis heute ihre Gültigkeit hat. Der Erfolg war überwältigend: Bis zu seinem Tod erreichten die zwölf von ihm verfassten Titel 74 Auflagen! Seine Söhne und Enkel setzten bis zum Zweiten Weltkrieg sein Werk mit insgesamt 70 Titeln in 500 Auflagen fort.

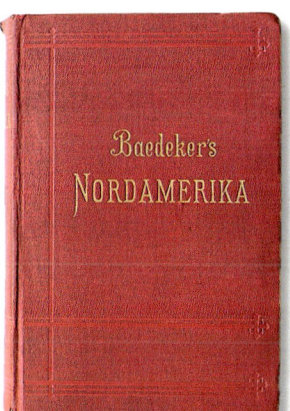

Bis heute versteht der Karl Baedeker Verlag seine große Tradition vor allem als eine Kette von Innovationen: Waren es in der frühen Zeit u. a. die Einführung von Stadtplänen in Lexikonqualität und die Verpflichtung namhafter Wissenschaftler als Autoren, folgte in den 1970ern der erste vierfarbige Reiseführer mit professioneller Extrakarte. Seit 2005 stattet Baedeker seine Bücher mit ausklappbaren 3D-Darstellungen aus. Die neue Generation enthält als erster Reiseführer Infografiken, die (Reise-)Wissen intelligent aufbereiten und Lust auf Entdeckungen machen.

In seiner Zeit, in der es an verlässlichem Wissen für unterwegs fehlte, war Karl Baedeker der Erste, der solche Informationen überhaupt lieferte. In der heutigen Zeit filtern unsere Reiseführer aus dem Überfluss an Informationen heraus, was man für eine Reise wissen muss, auf der man etwas erleben und an die man gerne zurückdenken will. Und damals wie heute gilt für Baedeker: Wissen öffnet Welten.

Baedeker Verlagsprogramm

- Ägypten
- Algarve
- Allgäu
- Amsterdam
- Andalusien
- Argentinien
- Athen
- Australien
- Australien • Osten
- Bali
- Baltikum
- Barcelona
- Bayerischer Wald
- Belgien
- Berlin • Potsdam
- Bodensee
- Brasilien
- Bretagne

- Brüssel
- Budapest
- Bulgarien
- Burgund
- China
- Costa Blanca
- Costa Brava
- Dänemark
- Deutsche Nordseeküste
- Deutschland
- Deutschland • Osten
- Djerba • Südtunesien
- Dominik. Republik
- Dresden
- Dubai • VAE
- Elba
- Elsass • Vogesen
- Finnland
- Florenz
- Florida
- Franken
- Frankfurt am Main
- Frankreich
- Frankreich • Norden
- Fuerteventura
- Gardasee
- Golf von Neapel
- Gomera
- Gran Canaria
- Griechenland
- Griechische Inseln
- Großbritannien
- Hamburg
- Harz
- Hongkong • Macao
- Indien
- Irland
- Island
- Israel
- Istanbul
- Istrien • Kvarner Bucht
- Italien
- Italien • Norden
- Italien • Süden
- Italienische Adria
- Italienische Riviera
- Japan
- Jordanien
- Kalifornien
- Kanada • Osten
- Kanada • Westen
- Kanalinseln
- Kapstadt • Garden Route
- Kenia
- Köln
- Kopenhagen
- Korfu • Ionische Inseln
- Korsika
- Kos
- Kreta
- Kroatische Adriaküste • Dalmatien
- Kuba
- La Palma
- Lanzarote
- Leipzig • Halle
- Lissabon
- Loire
- London
- Madeira
- Madrid
- Malediven
- Mallorca
- Malta • Gozo • Comino
- Marokko
- Mecklenburg-Vorpommern
- Menorca

- Mexiko
- Moskau
- München
- Namibia

- Neuseeland
- New York
- Niederlande
- Norwegen
- Oberbayern
- Oberital. Seen • Lombardei • Mailand
- Österreich
- Paris
- Peking
- Piemont
- Polen
- Polnische Ostseeküste • Danzig • Masuren
- Portugal
- Prag
- Provence • Côte d'Azur
- Rhodos
- Rom
- Rügen • Hiddensee
- Ruhrgebiet
- Rumänien
- Russland (Europäischer Teil)
- Sachsen

- Salzburger Land
- St. Petersburg
- Sardinien
- Schottland
- Schwarzwald
- Schweden
- Schweiz
- Sizilien
- Skandinavien
- Slowenien
- Spanien
- Spanien • Norden • Jakobsweg
- Sri Lanka
- Stuttgart
- Südafrika
- Südengland
- Südschweden • Stockholm
- Südtirol
- Sylt
- Teneriffa
- Tessin
- Thailand
- Thüringen
- Toskana
- Tschechien
- Tunesien
- Türkei
- Türkische Mittelmeerküste
- Umbrien
- USA

- USA • Nordosten
- USA • Nordwesten
- USA • Südwesten
- Usedom
- Venedig
- Vietnam
- Weimar
- Wien
- Zürich
- Zypern

BAEDEKER ENGLISH

- Berlin
- Vienna

Viele Baedeker-Titel sind als E-Book erhältlich: shop.baedeker.com

Kurioses Skandinavien

Worin die Finnen Italienern überlegen sind, warum die 17 in Schweden ein Fluch ist und die Norweger sich gleich zwei Sprachen leisten.

►Ein Land – zwei Sprachen

Das kleine Norwegen leistet sich den Luxus von zwei gleichberechtigten Sprachen. Während im Westen hauptsächlich Nynorsk gesprochen wird, herrscht im Osten und in den Städten Bokmål vor.

►Norwegische Meilen

Offiziell werden Entfernungen in Norwegen in Kilometern angegeben. Einheimische aber rechnen oft noch in norwegischen Meilen, wobei eine Mil 11,3 km entspricht.

►Die Entdeckung Amerikas

Viele Norweger sind felsenfest davon überzeugt, dass einer ihrer Landsmänner, der Wikinger Leif Eriksson, als erster Europäer amerikanischen Boden betrat. Dabei steht außer Zweifel, dass Eriksson in Island geboren wurde.

►Fluchen mit der 17

Auf Schwedisch ist die Zahl 17 ein Fluch. Wer seinen Unmut zeigen, aber ohne Kraftausdrücke auskommen will, flucht daher mit einem herzhaften: »Sjutton!«

►Erfinder der Coca Cola-Flasche

Die berühmte Flasche des Kultgetränks wurde in Amerika erfunden – von dem Schweden Alexander Samuelson. Im Städtchen Surte in Bohuslän geboren, wanderte er 1883 in die USA aus; eine Ausstellung im Glasmuseum von Surte erinnert an den Designer.

►Sex sells? Nicht in Schweden!

Der Besuch bei Prostituierten ist in Schweden nicht erlaubt. Das Sexköpslagen (wörtlich: Sexkaufgesetz) verbietet seit 1999 Männern den Kauf sexueller Dienste.

►Weltmeister im Kaffeetrinken

Die Finnen gelten als gute Trinker. Weltmeister sind sie aber nur im Konsum von Kaffee. Mit fast zehn Kilogramm gerösteten Kaffees verbrauchen sie pro Jahr fast doppelt so viel wie die vermeintliche Kaffeetrinkernation Italien.

►Hellblaue Hakenkreuze

1918 schenkte ein schwedischer Graf den konservativen Truppen im finnischen Bürgerkrieg ein Flugzeug. Da im Familienwappen des Adeligen ein himmelblaues Hakenkreuz vorkam, pinselten es die Finnen aus Dankbarkeit für das Geschenk auf das Flugzeug. Sie besiegten die kommunistischen Gegner, und das Hakenkreuz wurde zum Symbol der finnischen Luftwaffe.

►Mann oder Frau?

Die finnische Sprache kennt kein grammatisches Geschlecht und daher keine Unterscheidung von »er« und »sie«, »sein« oder »ihr«. Ob ein Mann oder eine Frau zu Besuch kommt, erkennt man daher nur aus dem Zusammenhang.